国家社会科学基金重点项目优秀成果

法理·法意·法治
法治中国建设与区域法治研究
（增订版）

戴小明 / 著

图书在版编目(CIP)数据

法理·法意·法治:法治中国建设与区域法治研究/戴小明著. —增订版. —北京:北京大学出版社,2023.6

ISBN 978-7-301-34032-5

Ⅰ.①法… Ⅱ.①戴… Ⅲ.①社会主义法治—建设—研究—中国 Ⅳ.①D920.0

中国国家版本馆 CIP 数据核字(2023)第 097928 号

书　　　名	法理·法意·法治——法治中国建设与区域法治研究(增订版) FALI·FAYI·FAZHI——FAZHI ZHONGGUO JIANSHE YU QUYU FAZHI YANJIU(ZENGDING BAN)
著作责任者	戴小明　著
责任编辑	李小舟
标准书号	ISBN 978-7-301-34032-5
出版发行	北京大学出版社
地　　　址	北京市海淀区成府路 205 号　100871
网　　　址	http://www.pup.cn　新浪微博:@北京大学出版社
电子邮箱	zpup@pup.cn
电　　　话	邮购部 010-62752015　发行部 010-62750672　编辑部 021-62071998
印　刷　者	北京虎彩文化传播有限公司
经　销　者	新华书店
	730 毫米×980 毫米　16 开本　46 印张　686 千字 2023 年 6 月第 1 版　2024 年 7 月第 2 次印刷
定　　　价	146.00 元

未经许可,不得以任何方式复制或抄袭本书之部分或全部内容。

版权所有,侵权必究

举报电话:010-62752024　电子邮箱:fd@pup.cn

图书如有印装质量问题,请与出版部联系,电话:010-62756370

内 容 提 要

　　治国凭圭臬,安邦靠准绳;法律是治国之重器,良法是善治之前提,法之盛衰关乎政之治乱;"中国之治"的核心是制度之治,制度之治的要义是法律之治,法治是制度之治最基本、最稳定、最可靠的保障,是实现中国式现代化的制度根基;国家治理体系是以法治为基础而建立的规范体系和权力运行机制,法治与国家治理体系内在统一、外在耦合,国家治理现代化在本体和路径上就是国家治理法治化,内含良法的基本价值,内置善治的创新机制;立良法、谋善治、促发展,是现代法治的精髓和依归,国家治理不仅需要完备的法律体系,更要求法律的良好运行与有效实施,将蕴涵于法律体系中的价值理念和规范效力,切实转化为治理效能。区域法治是国家法治的区域表达,是国家法治的落地落实和逻辑展开,是法治中国历史逻辑、理论逻辑和实践逻辑的必然;区域法治持续拓展国家法治多样性新形态,是观察国家法治发展的新理念、新维度、新视阈,互联网、数字化推动区域法治创新发展并开辟无限空间。

　　法理是法的精神(法意)的学理解释,是法律制度形态的理论基础和思想底蕴。全书聚焦法治,思考法理,体悟法意,以习近平新时代中国特色社会主义思想为指引,以习近平法治思想为遵循,以推进法治中国建设为主线,以助力国家治理现代化为目标,坚持把马克思主义法治基本原理同中国法治建设具体实际相结合、同中华优秀传统法律文化相结合,消化吸收域外法治思想资源、文明养分,从经验研究到概念创造,致力法治中国理论与实践探索,构建中国法治话语,用中国法治话语阐释中国法治实践,用中国法治实践升华中国法治理论;从文化视角切入,在历史经验、中国特色与国际比较中,坚持政理、法理、道理和学理贯通,解读法律、观照法治;从生命体验切入,在天道人伦、时空转换的广阔视野中,诠释法理,对法、法治、德治、善治等,进行结构性理论阐释和通俗性思想表达,探求法律原理与真谛,揭示法治作为规则治理体系的分层实践与空间关系的理论逻辑;以国家治理现代化的宏阔视野,从区域法治的演进脉动和生成逻辑中,探寻区域法治的理论机理、价值功能与未来前景,总结考察区域法治的鲜活实践经验,彰显大国治理的法治之道,阐明现代化中华法治文明新形态为世界法治文明的划时代发展所贡献的中国智慧;铸牢中华民族共同体意识,将民族区域法治归类于区域法治的学术范畴,丰富区域法治研究内容,开拓中国法学理论视界,着力以基础理论研究与应用对策研究的融合共进助推新时代中国法学创新发展,全景式展现法治中国建设实践的生动图景以及现代化中华法治文明新形态。

中国特色社会主义法治话语的重要创新*

（代序）

话语是人类言语表达的载体，是人类传播信息的工具。语言是思想的直接现实，是文明"基因"的第一载体，不同的语言塑造不同的文化，启发创新研究范式，拓展理论研究视域。话语是思想智慧和价值情感的具体叙说，是表达思想、建构理论的媒介，话语概念中蕴含着理论实质，理论逻辑中塑造着话语内涵。话语形塑理论，理论依托话语；话语体系承载、蕴含特定思想价值观念，奠基思想理论逻辑，系统展示理论内在思想活力，是理论创新成果的集中体现。在人类思想理论的历史长河中，任何规范、概念、知识，离不开话语的表达；任何的理论、学说，离不开话语的言说，离不开话语体系的概括、支撑，而任何一种伟大理论的话语体系都有其独特品性和不一样风格。话语的内核是思想，话语蕴含理论自信，展现思想力量，话语体系以其内涵的思想力量而形成的影响力、支配力和权威力就是话语权，是国家文化软实力的重要组成部分。

习近平强调指出："要加强对我国法治的原创性概念、判断、范畴、理论的研究，加强中国特色法学学科体系、学术体系、话语体系建设。"[①]法治话语是法治理论和知识的表现形式，法治理论是法治话语的基本内核，立场鲜明、内涵丰富、论述深刻、逻辑缜密的话语体系是成熟法治理论的重要标志。习近平法治思想继承马克思主义法治理论、赓续中华优秀法文化基因、借鉴吸收人类法治文明有益成果，在新时代波澜壮阔的治国理政

---

* 本文为2021年12月3日笔者应邀在"习近平法治思想的原创性贡献"学术研讨会上所作的《习近平法治思想的原创性话语贡献》主旨发言，原载《学习时报》2022年1月28日，人民网、学习强国、光明网、民主与法制网以及法治网等新媒体同时段同步转发，《中国司法》2022年第2期转载；收入本书时，笔者对内容进行了补充与更新。

① 习近平：《全面推进中国特色社会主义法治体系建设》（2021年12月6日），载《习近平谈治国理政》（第四卷），外文出版社2022年版，第304页。

伟大实践中应运而生，并在坚持和完善中国特色社会主义制度、推进国家治理体系和治理能力现代化进程中不断创新发展，顺应时代要求、体现时代精神、回答时代之问，赋予中华法治文明崭新内涵，是中国共产党百年以来法治理论创新与实践探索的新发展新飞跃，是中华法文化和中国法治精神的时代精华，是当今时代最鲜活的马克思主义法治理论，展现了非凡的话语魅力和思想伟力。

习近平法治思想站立时代潮头、立足中国大地、传承文化根脉，坚持把马克思主义法治基本原理同中国法治建设的具体实际相结合、同中华优秀传统法律文化相结合，消化、吸收域外法治文明养分，海纳百川、熔古铸今；遵循中国语言文化和思维逻辑，创造性转化、创新性发展，创新中国法治话语叙述、阐释和呈现方式，构建中国特色社会主义法治话语体系，用中国法治话语总结中国法治经验，用中国法治理论引领中国法治实践，用中国法治实践升华中国法治理论，提出一系列中国特色社会主义法治新概念、新范畴、新论断；深刻阐明全面依法治国若干重大关系，形成系统科学的法治理论体系，建构现代化中华法治文明新形态，实现了马克思主义法治理论中国化新的飞跃，成功开创了中国法治话语对中国法治、世界法治的主流叙事，丰富和发展人类法治文明，为走出西方的概念理论陷阱、有效消解西方法治话语霸权，尤其是从根本上消除在一段时期里自由主义法治理论的消极影响，凝聚中国法治力量，增强中国法治自信，打造具有中国特色、中国风格、中国气派的法治话语体系作出重大原创性贡献；牢牢把握法治意识形态的话语权、主动权和主导权，法治意识形态领域形势发生全局性、根本性转变，极大地提升了中国法治在世界法治舞台的话语权和影响力。

习近平法治思想开辟马克思主义法治理论新境界，拓展中国特色社会主义法治新道路，赋予中华法治文明新内涵。话语源于生活，认识来自实践，法治话语成于对法治生活、法治实践的思考和提炼；法治话语体系是法治理论和知识体系的高度凝结，是法治思想、理论、知识、文化以及语言与思维的集中阐发，是法治实践经验的总结升华。坚持马克思主义立场观点方法，聚焦法治改革实践的内容构建，立足于以人民为中心的法治话语叙事,以生动质朴的法治语言、准确精辟的概括,全面重构新时代中国法治知识和价值图谱,建构中国自主的法治知识体系,思良法、谋善治,习近平法治思想凝结了以"十一个坚持"为核心要义的理论体系,高屋建瓴、举旗定向、高瞻远瞩、审时度势,充满中国智慧,系统阐述新时代推进全面依法治国的重要思想和战略部署,深入解答了我国社会主义法治建设一系列重大理论和实践问题,推动中国特色社会主义法治理论创新发展。其系列原创性法治话语、全新的法治话语体系,主要贯穿、体现在以下五个方面:

一是在政治方向上明确,坚持党对全面依法治国的领导,坚持以人民为中心,坚持中国特色社会主义法治道路,深刻回答了全面依法治国由谁领导、为了谁、依靠谁和走什么道路等大是大非问题,指明中国特色社会主义法治前进方向。具体是,以全新的视野深化对共产党执政规律、社会主义建设规律、人类社会发展规律的认识,特别是对法治发展规律的认识,具体阐明党的领导是推进全面依法治国的根本保证,党的领导是我国社会主义法治之魂,是中国法治同西方资本主义国家法治最大的区别;全面依法治国最广泛、最深厚的基础是人民,坚持法治为了人民、依靠人民、造福人民、保护人民,把体现人民利益、反映人民愿望、维护人民权益、增进人民福祉落实到法治体系建设全过程;中国特色社会主义法治体系是中国特色社会主义制度的重要组成部分,中国特色社会主义法治道路,是社会主义法治建设成就和经验的集中体现,是建设社会主义法治国家的唯一正确道路。

二是在战略地位上明确,坚持在法治轨道上推进国家治理体系和治理能力现代化,深刻回答了为什么要推进全面依法治国,指明全面依法治国的战略定位。也就是,法治兴则民族兴,法治强则国家强;法治是国家治理体系和治理能力的重要依托,全面依法治国是中国特色社会主义的本质要求和重要保障,是实现国家治理体系和治理能力现代化的必然要求,是国家治理的一场深刻革命,事关我们党执政兴国,事关人民幸福安康,事关党和国家事业发展;在统筹推进伟大斗争、伟大工程、伟大事业、伟大梦想的实践中,在全面建设社会主义现代化国家新征程上,我们要更加重视法治、厉行法治,更好发挥法治固根本、稳预期、利长远的保障作用,在法治轨道上推进中国式现代化;要以解决法治领域突出问题为着力点,更好推进中国特色社会主义法治体系建设,提高全面依法治国能力和水平,为全面建设社会主义现代化国家、实现第二个百年奋斗目标提供有力法治保障。

三是在工作布局上明确,坚持建设中国特色社会主义法治体系,坚持依法治国、依法执政、依法行政共同推进,法治国家、法治政府、法治社会一体建设,深刻回答了全面依法治国的谋篇布局,指明新时代中国特色社会主义法治的战略部署。具体是,提出中国特色社会主义法治体系的重大命题,全面推进依法治国的总目标是建设中国特色社会主义法治体系、建设社会主义法治国家,要全面深化法治领域改革,统筹推进法律规范体系、法治实施体系、法治监督体系、法治保障体系和党内法规体系建设;全面推进依法治国,必须努力形成国家法律法规和党内法规制度相辅相成、相互促进、相互保障的格局;坚持依法治国和以德治国相结合,实现法治和德治相辅相成、相得益彰;全面依法治国是一个系统工程,要整体谋划,更加注重系统性、整体性、协同性,把推进全民守法作为基础工程,推动各级领导干部带头尊法学法守法用法,引导广大群众自觉守法、遇事找法、解决问题靠法。

四是在主要任务上明确,坚持依宪治国、依宪执政,坚持全面推进科学立法、严格执法、公正司法、全民守法,坚持统筹推进国内法治和涉外法治,深刻回答了全面依法治国的重点任务,指明新时代法治中国建设的战略安排。这就是,宪法是治国安邦的总章程,是国家一切法律法规的总依据、总源头,具有最高的法律地位、法律权威、法律效力;坚持依法治国首先要坚持依宪治国,坚持依法执政首先要坚持依宪执政,必须以宪法为根本活动准则,维护宪法尊严、保证宪法实施,任何组织和个人都不得有超越宪法法律的特权,一切违反宪法法律的行为都必须予以追究;加强重点领域、新兴领域、涉外领域立法,加快完善以宪法为核心的中国特色社会主义法律体系,推动我国法域外适用的法律体系建设,提升涉外执法司法效能;深化法治领域改革,围绕让人民群众在每一项法律制度、每一个执法决定、每一宗司法案件中都感受到公平正义这个目标,深化司法体制综合配套改革,加快建设公正高效权威的社会主义司法制度,让人民群众切实感受到公平正义就在身边。

五是在队伍保障上明确,坚持建设德才兼备的高素质法治工作队伍,坚持抓住领导干部这个"关键少数",深刻回答了全面依法治国的专业化法治队伍建设路径,指明全面依法治国的人才支撑和"关键少数"。具体是,领导干部具体行使党的执政权和国家立法权、行政权、监察权、司法权,是全面依法治国的关键,其运用法治思维和法治方式的能力,直接决定着推进全面依法治国的成效,也直接决定着法治能否成为我们党治国理政的基本方式。因此,领导干部要带头尊崇法治、敬畏法律,了解法律、掌握法律,不断提高运用法治思维和法治方式深化改革、推动发展、化解矛盾、维护稳定、应对风险的能力,不断提升决策科学化、民主化、法治化水平。同时,全面推进依法治国,先要把专门队伍建设好,完善法治人才培养体系,加快发展律师、公证、司法鉴定、仲裁、调解等法律服务队伍,深化执法司法人员管理体制改革,着力建设一支忠于党、忠于国家、忠于人民、忠于法律的社会主义法治工作队伍,培养一批理论扎实、学术精湛、熟悉国际规则、会讲中国人权故事的高端人权专家队伍;要加强涉外法治人才建设,运用法治手段开展国际斗争。

习近平法治思想运用辩证唯物主义和历史唯物主义世界观、方法论,把法律置于社会系统审视,正确认识和把握法治建设中的重大关系,深刻揭示了法和法治要义,以及党和法、政治和法治、政策和法律、改革和法治、依法治国和以德治国、依法治国和依规治党等重大关系。这些重点论述、标志性概念、重大命题和核心观点包括:法律是什么?最形象的说法就是准绳。用法律的准绳去衡量、规范、引导社会生活,这就是法治;守法律、重程序,这是法治的第一位要求。党的领导和依法治国不是对立的,而是统一的,所谓"党大还是法大",是一个政治陷阱,是一个伪命题。每一种法治形态背后都有一套政治理论,每一种法治模式当中都有一种政治逻辑,每一条法治道路底下都有一种政治立场。党的政策和国家法律都是人民根本意志的反映,在本质上是一致的。"改革与法治如鸟之两翼、车之两轮"，要坚持在法治下推进改革，在改革中完善法治。法治和德治不可分离、不可偏废，国家治理需要法律和道德协同发力，要坚持依法治国和以德治国相结合，实现法治和德治相辅相成、相得益彰。同时，要发挥依法治国和依规治党的互补性作用，确保党既依循宪法法律治国理政，又依据党内法规管党治党、从严治党。全面依法治国是一个系统工程，要整体谋划，更加注重系统性、整体性、协同性。

总之，习近平法治思想的一系列原创性话语，坚持政治性与学理性相结合、理论性与实践性相统一、开放性与主体性相衔接，蕴含着深邃思考，绽放着时代光芒，有深度、有高度、有温度、有态度，特别是创立以"十一个坚持"为主体架构的中国特色社会主义法治话语体系、理论精髓，守正创新、融通古今，胸怀天下，引领世界，循规律、明大道，接地气、贴民心，顺应人民期盼、维护人民利益，满足人民群众对美好生活的向往，充分彰显了中国特色社会主义法治的道路自信、理论自信、制度自信和文化自信，推动新时代中国法治话语实现整体性全面重塑，全面反映了习近平新时代中国特色社会主义思想在法治领域的原创性贡献，为新时代全面依法治国提供了根本遵循和行动指南。党的十八大以来的非凡十年，中国特色社会主义法治体系不断健全，法治中国建设迈出坚实步伐，法治固根本、稳预期、利长远的保障作用进一步发挥，党运用法治方式领导和治理国家的能力显著增强。党的十九届六中全会通过的《中共中央关于党的百年奋斗重大成就和历史经验的决议》，深刻总结了新时代在全面依法治国上取得的原创性思想、变革性实践、突破性进展、标志性成果。

观察十三届全国人大的年度工作，科学立法、民主立法、依法立法不断推进，以宪法为核心的中国特色社会主义法律体系日臻完善，为推进国家治理体系和治理能力现代化，满足人民群众对美好生活新期待提供了坚实有力的法治保障。具有标志性意义的工作有：2018年，通过第五个宪法修正案，将党的十九大确定的重大理论观点和重大方针政策载入国家根本法，夯实了国家长治久安的制度根基，同时成立专门的合宪性审查工作机构。2019年，通过关于在中华人民共和国成立七十周年之际对部分服刑罪犯予以特赦的决定，贯彻落实宽严相济刑事政策，充分发挥特赦的感召效应,对九类服刑罪犯实行特赦。2020年,新冠肺炎疫情发生后,首次启动专项立法修法工作,通过关于全面禁止非法野生动物交易、革除滥食野生动物陋习、切实保障人民群众生命健康安全的决定;通过新中国第一部以法典命名的法律——《中华人民共和国民法典》,中国由此正式迈入"民法典时代"。2021年,进一步完善宪法相关法,维护宪法的最高法律地位、权威和效力,修订香港基本法附件一和附件二,形成一套符合香港法律地位和实际情况的民主选举制度,纠正违宪违法行为,维护国家法治统一。2022年,审议通过关于修改地方各级人民代表大会和地方各级人民政府组织法的决定,展现了国家治理体系和治理能力现代化取得的新的重大成就。

坚持依法治国,是中华文明治国之道的历史传承和创新发展。实践证明,进入新时代以来,建构现代化中华法治文明新形态,以创造性转化和创新性发展大力推动中华法治文明复兴,坚定走中国式现代化法治道路,完善以宪法为核心的中国特色社会主义法治体系,加快推进良法善治的法治中国,形成全面依法治国总体格局,社会主义法治建设成就斐然:社会主义法治国家建设深入推进,全面依法治国总体格局基本形成,中国特色社会主义法治体系加快建设,司法体制改革取得重大进展,社会公平正义保障更为坚实。法治中国建设开创新局面,全面依法治国凝聚全民高度共识,攻克了许多长期没有解决的难题,办成了许多事关长远的大事要事,彰显的正是"中国之制"的治理效能、坚强有力的法治保障。习近平法治思想既是新时代十年法治发展的伟大理论成就,也是这十年法治建设取得历史性成就的根本原因。中国特色社会主义法治凝结着中国共产党人治国理政的理论成果和实践经验,是制度之治最基本最稳定最可靠的保障。

习近平法治思想是中国共产党百年来提出的最全面、最系统、最科学的法治理论体系,开辟了马克思主义法治理论中国化时代化新境界,拓展了中国特色社会主义法治新道路,赋予了中华法治文明新内涵,贡献了维护国际法治秩序新智慧,是最具原创性的当代中国马克思主义法治理论。党的二十大报告贯穿法治思维、体现法治精神,总结新时代法治中国建设的五大重要成就,制定新征程法治中国建设两步走的战略安排,重申全面依法治国的重大意义与价值功能,明确全面依法治国的基本遵循和路线方针,提出新时代新征程全面依法治国的四大重点工程,对法治国家建设作出新的重大部署,为"坚持全面依法治国,推进法治中国建设"指明了方向、提供了系统的行动指南,进一步丰富和发展了习近平法治思想,开辟了法治中国建设新视野。

"我们要坚持走中国特色社会主义法治道路,建设中国特色社会主义法治体系、建设社会主义法治国家,围绕保障和促进社会公平正义,坚持依法治国、依法执政、依法行政共同推进,坚持法治国家、法治政府、法治社会一体建设,全面推进科学立法、严格执法、公正司法、全民守法,全面推进国家各方面工作法治化。"①在全面建设社会主义现代化国家新征程上,只要我们坚定不移坚持以习近平新时代中国特色社会主义思想为指导,深入贯彻习近平法治思想,深刻领会新时代推进法治中国建设的战略部署,沿着中国特色社会主义法治道路砥砺前行,完整准确将党的二十大精神全面落实到法治中国建设工作中,既立足当前,运用法治思维和法治方式解决经济社会发展面临的深层次问题,又着眼长远,筑法治之基、行法治之力、积法治之势,就一定能够促进各方面制度更加成熟更加定型,不断夯实国家治理现代化的法治根基,推进法治中国建设开辟新境界、迈出新步伐、创造新成就,谱写法治中国建设新篇章,以更高水平的法治创造为人类政治文明进步贡献中国智慧和中国方案。

---

① 习近平:《高举中国特色社会主义伟大旗帜 为全面建设社会主义现代化国家而团结奋斗——在中国共产党第二十次全国代表大会上的报告》(2022年10月16日),载《人民日报》2022年10月26日。

目 录

绪论　国家治理现代化的理论维度　001

• 史料钩沉 •
党的领导制度在国家制度和治理体系中的统领性地位　028

第一章　新时代法治建设的道德指引　045
　　一、道德：社会个体成员内心的法律　050
　　二、法律：个体社会成员成文的道德　068
　　三、法治：文化共识之上的良法善治　078

• 司法判例 •
用法治的力量守护世道与人心　093

第二章　马克思主义法治理论中国化的最新成果　099
　　一、习近平法治思想论要　101
　　二、彰显法治的中国特色　141
　　三、全面依法治国的科学指南　154
　　四、全面从严治党法治化的基本遵循　161

• 拓展阅读 •
加强对权力运行的制约和监督　171
湖南以"十必严"强化"一把手"监督　201

第三章　法治国家及其生成逻辑　205
　　一、法治国家的"语刺"　207
　　二、法治国家本质与基本特征　218

三、法治国家生成的历史逻辑　　　　　　　　　　250
　　　四、法治国家生成的理论逻辑　　　　　　　　　　263

• 因地制宜 •

底线思维与应急处置　　　　　　　　　　　　　　　　274

第四章　国家结构形式与区域治理　　　　　　　　　　277
　　　一、国家结构形式理论　　　　　　　　　　　　　279
　　　二、中国特色国家结构形式　　　　　　　　　　　300
　　　三、民族区域自治：独特的制度创造　　　　　　　334
　　　四、自治权及其理论基础　　　　　　　　　　　　348

• 立法创新 •

协同立法：法治中国建设的重大举措　　　　　　　　　361

第五章　时空逻辑的法理和法治　　　　　　　　　　　367
　　　一、法是时空逻辑的产物　　　　　　　　　　　　369
　　　二、法是人类理性的选择　　　　　　　　　　　　390
　　　三、人民幸福是最高法律　　　　　　　　　　　　425

• 法治民意 •

新时代法治发展与民众期待　　　　　　　　　　　　　448

第六章　区域法治的法理展开　　　　　　　　　　　　451
　　　一、区域法治的渊源　　　　　　　　　　　　　　455
　　　二、区域法治研究缘起　　　　　　　　　　　　　473
　　　三、区域法治概念辨析　　　　　　　　　　　　　493
　　　四、区域法治与省域治理　　　　　　　　　　　　507

• 案例讨论 •

技术创新与金融安全　　　　　　　　　　　　　　　　522
长三角区域法治创新发展　　　　　　　　　　　　　　527

第七章　区域法治发展前瞻　　529
一、引言:科技引领变革　　531
二、区域法治历史与现实　　540
三、区域法治研究:价值与意义　　562
四、区域法治前瞻:基础与未来　　582

• 以案析法 •

唐山"烧烤店打人案"暴露的基层治理共性顽症　　609

第八章　典型样态:民族区域法治　　613
一、新中国民族区域法治与经验　　615
二、民族区域立法合作的实践探索　　633
三、民族自治地方自治立法权保障　　647
四、法治中国建设与民族区域自治　　690

• 区域创新 •

云贵川协同立法保护赤水河　　707

京津冀诞生首部区域协同立法　　709

后　记　　711

增订版补记　　715

绪论

国家治理现代化的理论维度[*]

制度优势是一个国家的最大优势,制度竞争是国家间最根本的竞争。中国特色社会主义制度是当代中国发展进步的根本制度保障,具有鲜明中国特色、显著制度优势、强大自我完善能力。国家治理现代化是现代国家建设的基本要义,是理论、历史与实践逻辑的统一,是制度规定性与实践多样性的统一。中国特色社会主义制度是一个严密完整的科学制度体系,"四梁八柱"是根本制度、基本制度、重要制度,具有统领地位的是党的领导制度。在当代中国,国家治理现代化首要的是坚持党的领导,中国特色社会主义制度具有多方面显著优势,其中,中国共产党领导是最大优势,是其他方面优势得以存在和发挥作用的根本保证,确保了现代国家建设的正确方向,引领中国式现代化道路的形成和拓展,充分彰显了中国特色社会主义的强大生命力和巨大优越性。

"中国之治"的核心是制度之治,制度之治的要义是法律之治;中国式现代化道路既遵循现代化的普遍规律,又立足国情具有鲜明自身特色。法治是国家现代化的必然要求,一个现代化国家必然是法治国家,没有国家治理体系的"法治化",就没有国家治理体系和治理能力的现代化。法律是治国之重器,法治是国家治理体系和治理能力的重要依托;制度是治理的依据,治理是制度的实践过程;制度是规则体系的集成,法律是最重要的制度形式,也是制度的最高形态;国家治理体系是以法治为基础而建立的规范体系和权力运行机制,国家治理能力是由制度吸纳力、制度整合力、制度执行力所构成的整体能力;国家治理不仅需要完备的法律体系,更要求法律的良好运行与有效实施,将蕴含于法律体系中的价值理念和规范效力,切实转化为治理效能;法治是国家治理体系的骨干工程,法律是治国之重器,良法是善治之前提,法之盛衰关乎政之治乱。法治是制度之治最基本、最稳定、最可靠的保障,是实现中国式现代化的制度根基,在法治轨道上全面建设社会主义现代化国家,必须更好发挥法治固根本、稳预期、利长远的保障作用。

---

[*] 本部分架构,源自2019年9—12月笔者在中央党校(国家行政学院)学习期间,于11月25日参加进修一部主办的"学习贯彻党的十九届四中全会精神"学员论坛所作的主题发言,基本观点摘要刊于2019年11月29日《光明日报》《学习时报》。

世界上不存在完全相同的政治制度,也不存在适用于一切国家的政治制度模式。"物之不齐,物之情也。"各国国情不同,每个国家的政治制度都是独特的,都是由这个国家的人民决定的,都是在这个国家历史传承、文化传统、经济社会发展的基础上长期发展、渐进改进、内生性演化的结果。①

——习近平

"中国之治"的核心是制度之治,制度之治的要义是法律之治。法治是国家现代化的必然要求,国家治理体系的现代化,离不开法律制度、法律体系以及法治体系的现代化,没有国家治理体系的"法治化",就没有国家治理体系和治理能力的现代化。现代国家之间的竞争,表面上是经济、科技等实力强弱的比拼,深层次上是制度优劣的竞争。制度竞争是综合国力竞争的重要方面,制度优势是一个国家赢得战略主动的重要优势。习近平强调指出:"制度优势是一个国家的最大优势,制度竞争是国家间最根本的竞争。制度稳则国家稳。"②党的十九届四中全会专题聚焦国家制度建设,描绘"中国之治"愿景、彰显"中国之治"优势、部署"中国之治"任务,历史上第一次由中央全会专门研究国家制度和国家治理问题,具有开创性和里程碑意义。

国家治理体系和治理能力现代化(即国家治理现代化),是中国共产党坚持和完善中国特色社会主义制度、履行长期执政使命的必然要求,是满足人民群众美好生活新期待、建设社会主义现代化强国的制度保障,是现代国家建构的内在逻辑和国家现代化发展的应有之义。国家治理现代化表征的是国家治理体系和治理能力与国家发展和社会进步的协调性、

---

① 习近平:《坚定对中国特色社会主义政治制度的自信》(2014年9月5日),载《习近平谈治国理政》(第二卷),外文出版社2017年版,第286页。
② 习近平:《坚持和完善中国特色社会主义制度、推进国家治理体系和治理能力现代化》(2019年10月31日),载《习近平谈治国理政》(第三卷),外文出版社2020年版,第119页。

一致性程度。深入学习领会习近平关于中国特色社会主义国家制度和法律制度的重要论述，全面贯彻落实党的十九届四中全会精神，深刻领悟国家治理现代化的基本要义，准确把握国家治理现代化的历史性、实践性、创新性、战略性、系统性和协同性等基本特征，坚定中国特色社会主义制度自信，毫不动摇推进国家治理体系和治理能力现代化，坚持以中国式现代化全面推进中华民族伟大复兴，首先要从以下五个维度提高理论认识。

一、历史维度：国家治理现代化是一个历史延续的过程，没有完成时，只有进行时

中国特色社会主义制度是党和人民在长期实践探索中形成的科学制度体系。新中国是在中国共产党的坚强领导下，从积贫积弱的旧中国奋发图强站立起来的。翻开中国历史，一个显而易见的事实是：在当代中国，无论是制度的完善、体制的调整还是社会的转型，均由中国共产党主导和推动。建立一个什么样的国家制度和国家治理体系，是近代以来中国人民面临的关乎民族存亡的历史性课题。中国共产党把马克思主义国家学说同中国具体实际相结合，不断探索实践，不断改革创新，积累了新民主主义革命时期在根据地执政的宝贵经验，经历了新中国成立70多年特别是改革开放以来40多年的伟大实践，形成和发展了由党的领导和经济、政治、文化、社会、生态文明、军事、外事等方面制度构成的一整套中国特色社会主义制度和国家治理体系。

中国共产党对国家治理现代化的探索，孕育于新民主主义革命时期。中华民族是有着5000多年辉煌灿烂文明史的伟大民族，为人类文明进步作出了不可磨灭的贡献。在人类历史长河中，中国综合国力曾长期居世界前列。但到清朝的中后期，特别是1840年鸦片战争之后，由于西方列强对中国的侵略日甚一日，由于统治者的腐败无能，中国的发展开始陷入停滞，逐渐成为半殖民地半封建社会，国家蒙辱、人民蒙难、文明蒙尘，百姓陷入深重苦难之中。为了拯救民族危亡，中国人民奋起反抗，仁人志士奔走呐喊，太平天国运动、戊戌变法、义和团运动、辛亥革命接连而起，各种救国方案轮番出台，尝试了君主立宪制、议会制、总统制等各种制度模式，但都以失败而告终。中国迫切需要新的思想引领救亡运动，迫切需要新的组织凝聚革命力量,建立新制度、进行国家建设。

在历史的大浪淘沙中,中国人民选择了用马克思主义科学真理武装起来的中国共产党。1921年中国共产党诞生,"中国产生了共产党,这是开天辟地的大事变,深刻改变了近代以后中华民族发展的方向和进程,深刻改变了中国人民和中华民族的前途和命运,深刻改变了世界发展的趋势和格局"[①]。中国革命进入了全新的发展阶段,中国共产党团结带领中国人民经过28年浴血奋战,打败日本帝国主义,推翻国民党反动统治,完成新民主主义革命,建立现代国家,实现了从几千年封建专制政治向人民民主的历史性跨越,国家治理现代化成为可能。新中国成立前夕,中国人民政治协商会议通过的《中国人民政治协商会议共同纲领》(以下简称《共同纲领》)对作为国家根本政治制度的人民代表大会制度以及作为国家基本政治制度的中国共产党领导的多党合作和政治协商制度、民族区域自治制度已经有所规定,作为基本政治制度的基层群众自治制度虽然没有在《共同纲领》中作出明确规定,但在新中国成立之初也已有了雏形。此外,外交和国防等领域的一些制度在那时也已经建立起来。

1949年10月,中华人民共和国的成立,开创了中华民族的新纪元,中国人民从此站起来了!中国人民从深受奴役和压迫的半殖民地半封建社会进入了人民当家作主的新时代,中华民族的历史发展从此开启了新的历史纪元,现代国家建设、国家治理现代化从此起步。中国共产党团结带领全国各族人民奠基国家制度,确立社会主义基本政治制度、经济制度,消灭一切剥削制度,从国体、政体以及各方面立起了国家制度体系的"四梁八柱",为当代中国一切发展进步奠定了根本政治前提和制度基础,在一个人口众多、地域辽阔但百废待兴的大国,建立新型现代国家制度,真正实现了国家统一、人民自由、民族团结、天下大治,各族人民在历史上第一次真正获得了平等的政治权利、共同当家做了主人,人民第一次成为国家、社会和自己命运的主人。

1978年12月,党的十一届三中全会召开,不仅开启了改革开放和社

[①] 习近平:《在庆祝中国共产党成立100周年大会上的讲话》(2021年7月1日),载《习近平谈治国理政》(第四卷),外文出版社2022年版,第4页。

会主义现代化建设的新时期,而且开启了对已经建立的制度进行完善、对尚未建立的制度进行补充的新阶段,国家治理现代化踏上新征程。全会公报提出:"为了保障人民民主,必须加强社会主义法制,使民主制度化、法律化,使这种制度和法律具有稳定性、连续性和极大的权威,做到有法可依,有法必依,执法必严,违法必究。"从此,发展社会主义民主、健全社会主义法制成为党和国家坚定不移的方针,中国共产党以社会主义现代化的全新视角思考和探索国家治理问题,全面加快改革步伐,改革党和国家制度,开辟中国特色社会主义道路,形成中国特色社会主义理论体系,确立中国特色社会主义制度,国家制度活力释放,实现了经济改革、经济繁荣、社会进步、对外开放、融入世界的发展新格局。1980年8月,改革开放的总设计师邓小平在总结"文化大革命"的教训时,鲜明指出:"领导制度、组织制度问题更带有根本性、全局性、稳定性和长期性。""制度好可以使坏人无法任意横行,制度不好可以使好人无法充分做好事,甚至会走向反面。"①改革开放是中国走向复兴之路、实现强国梦想的必由之路。

中国特色社会主义进入新时代,以习近平同志为核心的党中央举旗定向、谋篇布局、强基固本、开拓创新,管党治党与国家治理有机结合,依法治国与制度治党、依规治党统筹推进,不断完善、加强党和国家制度建设,党的领导和党的建设全面加强,党的执政能力和领导水平显著提高,国家制度创新前所未有,国家治理体系不断完善、治理能力大幅提升,国家治理现代化开创新局面。党的十九大以来,总结历史经验特别是党的十八大以来全面从严治党成功经验的基础上,毫不动摇坚持和完善党的领导,继续推进党的建设新的伟大工程,以党的执政现代化引领国家治理现代化。"整体性推进中央和地方各级各类机构改革,重构性健全党的领导体系、政府治理体系、武装力量体系、群团工作体系,系统性增强党的领导力、政府执行力、武装力量战斗力、群团组织活力,适应新时代要求的党和国家机构职能体系主体框架初步建立,为完善和发展中国特色社会主

---

① 邓小平:《党和国家领导制度的改革》(一九八〇年八月十八日),载《邓小平文选》(第二卷),人民出版社1994年版,第333页。

义制度、推进国家治理体系和治理能力现代化提供了有力组织保障。"①全面深化改革不断推进,向广度和深度发展,中国特色社会主义制度更加成熟更加定型,国家治理体系和治理能力现代化水平不断提高,党和国家事业焕发出新的生机活力。

国家治理现代化体现了现代国家建构的过程,国家治理的成败取决于国家治理的制度逻辑及其治理的有效性。习近平指出:"在中国建立什么样的政治制度,是近代以后中国人民面临的一个历史性课题。为解决这一历史性课题,中国人民进行了艰辛探索。"②中国共产党对国家治理现代化100多年的思考与探索、新中国70多年国家治理的成功实践,创造了可持续的经济发展、可持续的社会稳定奇迹,如期打赢脱贫攻坚战,社会和谐大局稳定,实现了第一个百年奋斗目标,在中华大地上全面建成了小康社会,历史性地解决了绝对贫困问题,为实现中华民族伟大复兴提供了更为完善的制度保证、更为坚实的物质基础、更为主动的精神力量。"中国共产党和中国人民以英勇顽强的奋斗向世界庄严宣告,中华民族迎来了从站起来、富起来到强起来的伟大飞跃,实现中华民族伟大复兴进入了不可逆转的历史进程!"③正如英国著名历史学家阿诺德·汤因比在中国改革开放前夕的预言:"西方观察者不应低估这样一种可能性:中国有可能自觉地把西方更灵活、也更激烈的活力与自身保守的、稳定的传统文化融为一炉。如果这种有意识、有节制地进行的恰当融合取得成功,其结果可能为文明的人类提供一个全新的文化起点。""如果共产党中国能够在社会和经济的战略选择方面开辟出一条新路,那么它也会证明自己有能力给全世界提供中国和世界都需要的礼物。这个礼物应该是现代西方的活力和传统中国的稳定二者恰当的结合体。"④

---

① 习近平:《继续完善党和国家机构职能体系》(2019年7月5日),载《习近平谈治国理政》(第三卷),外文出版社2020年版,第105页。

② 习近平:《在庆祝全国人民代表大会成立六十周年大会上的讲话》(2014年9月5日),载《求是》2019年第18期。

③ 习近平:《在庆祝中国共产党成立100周年大会上的讲话》(2021年7月1日),载《习近平谈治国理政》(第四卷),外文出版社2022年版,第6页。

④〔英〕阿诺德·汤因比:《历史研究》(修订插图本),刘北成、郭小凌译,上海人民出版社2000年版,第344、394页。

二、实践维度：国家治理现代化是一个动态的探索过程，生成于实践，成型于制度

国家治理是制度科学构建与有效运行的动态实践过程。国家安全是民族复兴的根基，社会稳定是国家强盛的前提；制度是一国之本、国之纲纪，是经济、政治、文化等领域发展实践、发展理念的结晶，是治国之重器、文明进程的成果；治理是制度的实践，是制度的集中体现，经济发展、科学技术、人民生活、社会稳定、生态环境、军事实力、国际地位等，都能从不同方面反映一个国家的综合国力。中华文明能够长期延续、不断发展的一个重要原因，就在于内涵丰富、各具特色的制度逐步发展成为一整套制度体系，为国家治理提供了制度保障。① 制度自信来自对历史经验的深刻总结，也来自对现实问题的深入思考，中国独有的制度框架、灵活坚韧的治国理政实践，在几十年时间里走完发达国家几百年的现代化历程，创造了世所罕见的经济快速发展奇迹和社会长期稳定奇迹。进入新时代，走向历史盛世，实现长治久安，开辟中国特色社会主义国家治理新高度，突破治乱循环的历史惯性，巩固和发展中国特色社会主义事业的辉煌成就，国家治理效能全面提升是中国特色社会主义制度及其执行能力的最好诠释。

国家治理现代化是循序渐进的创造性实践，每个国家实行的制度，是与其国情和社会、经济、政治发展阶段和现实相适应的。马克思曾精辟指出："人们自己创造自己的历史，但是他们并不是随心所欲地创造，并不是在他们自己选定的条件下创造，而是在直接碰到的、既定的、从过去承继下来的条件下创造。"②中国特色社会主义国家制度和法律制度，植根于中华民族5000多年文明史所积淀的深厚历史文化传统，吸收借鉴人类制度文明有益成果，打造出独特新型的现代国家能力，经过长期实践检验，国家制度和国家治理体系形成了包括坚持党的集中统一领导、坚持人民当家作

---

① 参见卜宪群：《不断深化中国古代制度史研究》，载《人民日报》2020年6月22日。
② 马克思：《路易·波拿巴的雾月十八日》，载《马克思恩格斯选集》（第一卷），人民出版社2012年版，第669页。

主、坚持全面依法治国、坚持各民族一律平等等 13 个方面的显著优势①，涵盖改革发展稳定、内政外交国防、治党治国治军各方面，是党领导人民创造出世所罕见的经济快速发展奇迹和社会长期稳定奇迹的根本保障所在，是"中国之治"的制度密码所在，也是坚定"四个自信"的基本依据所在。其中，党的领导是根本、是统领、是最大优势，是其他方面优势得以存在和发挥作用的根本保证，确保了现代国家建设的正确方向，引领中国式现代化道路的形成和拓展，充分彰显了中国特色社会主义的强大生命力和巨大优越性。

中华民族伟大复兴不可能自动实现，始终需要一个能凝聚人心和整合社会的强大领导核心，这就是中国共产党。党的领导制度是国家的根本领导制度，坚持党的集中统一领导，是国家政治稳定、社会和谐的"定海神针"。② 坚持和加强党的全面领导，是创造中国奇迹的最核心密码。近年来，国家政治制度和治理体系的显著优越性在应对新冠肺炎疫情、打赢

---

① 坚持党的集中统一领导，坚持党的科学理论，保持政治稳定，确保国家始终沿着社会主义方向前进的显著优势；坚持人民当家作主，发展人民民主，密切联系群众，紧紧依靠人民推动国家发展的显著优势；坚持全面依法治国，建设社会主义法治国家，切实保障社会公平正义和人民权利的显著优势；坚持全国一盘棋，调动各方面积极性，集中力量办大事的显著优势；坚持各民族一律平等，铸牢中华民族共同体意识，实现共同团结奋斗、共同繁荣发展的显著优势；坚持公有制为主体、多种所有制经济共同发展和按劳分配为主体、多种分配方式并存，把社会主义制度和市场经济有机结合起来，不断解放和发展社会生产力的显著优势；坚持共同的理想信念、价值理念、道德观念，弘扬中华优秀传统文化、革命文化、社会主义先进文化，促进全体人民在思想上精神上紧紧团结在一起的显著优势；坚持以人民为中心的发展思想，不断保障和改善民生、增进人民福祉，走共同富裕道路的显著优势；坚持改革创新、与时俱进，善于自我完善、自我发展，使社会充满生机活力的显著优势；坚持德才兼备、选贤任能，聚天下英才而用之，培养造就更多优秀人才的显著优势；坚持党指挥枪，确保人民军队绝对忠诚于党和人民，有力保障国家主权、安全、发展利益的显著优势；坚持"一国两制"，保持香港、澳门长期繁荣稳定，促进祖国和平统一的显著优势；坚持独立自主和对外开放相统一，积极参与全球治理，为构建人类命运共同体不断作出贡献的显著优势。参见《中共中央关于坚持和完善中国特色社会主义制度 推进国家治理体系和治理能力现代化若干重大问题的决定》，载《中国共产党第十九届中央委员会第四次全体会议文件汇编》，人民出版社 2019 年版，第 19—21 页。

② 回首近百年来的接续奋斗，中国从积贫积弱迈向繁荣富强，中华民族实现从站起来、富起来到强起来的伟大飞跃，党的领导是根本、是关键，这是在中国革命、建设、改革各个历史时期不断被历史和实践反复证明了的真理，并在 2020 年的抗"疫"斗争中又一次得到新的验证：面对突如其来的新冠肺炎疫情，席卷全球规模空前的公共卫生危机，在同一时期不同国家遭遇同样的治理危机所采取的不同对策，深刻而生动体现了不同制度的差异性，以及不同制度在特定重大议题上的价值抉择和应对优劣，如生命健康是否应当优先。无论是决胜脱贫攻坚、疫情防控救治，还是防汛抢险救灾，都是中国政府对"人民至上、生命至上"的最好诠释。

脱贫攻坚战、成功举办北京冬奥会等实践中进一步得到验证,"中国之治"与"西方之乱"对比更加鲜明。中国式现代化的稳步推进,中华民族伟大复兴的制度保证不断完善、物质基础更为坚实、精神力量持续增强,中华民族伟大复兴进入了不可逆转的历史进程。党的领导、人民当家作主、依法治国有机统一是治国之要、强国之基。实现现代化是近代以来中华民族孜孜以求的梦想,习近平强调指出:"在新中国成立特别是改革开放以来的长期探索和实践基础上,经过党的十八大以来在理论和实践上的创新突破,我们成功推进和拓展了中国式现代化。世界上既不存在定于一尊的现代化模式,也不存在放之四海而皆准的现代化标准。我们推进的现代化,是中国共产党领导的社会主义现代化,必须坚持以中国式现代化推进中华民族伟大复兴,既不走封闭僵化的老路,也不走改旗易帜的邪路,坚持把国家和民族发展放在自己力量的基点上、把中国发展进步的命运牢牢掌握在自己手中。"①

　　加强和完善国家治理,赓续中华文明,在文化传承中推进国家治理现代化,预示着中国特色社会主义的光明未来。中华民族历史上治乱交替的惨痛深刻教训,让全党和全国各族人民倍加珍惜今天来之不易的大好局面。经济发展、文化繁荣、社会和谐、政治稳定、人民安居乐业是新时代中国的显著特征。从富起来到强起来的历史性飞跃,不仅仅是一个经济规模或生活水平的量的提升过程,更是一个经济、政治、文化、社会和生态文明协调发展过程,一个国家治理体系的深刻变革过程。党的十八大以来,以习近平同志为核心的党中央坚持统筹推进"五位一体"总体布局、协调推进"四个全面"战略布局,坚定不移谋划改革、推动改革、落实改革,运用改革优势、制度优势、治理优势应对重大风险挑战,推动中国特色社会主义制度更加完善,国家治理体系和治理能力现代化水平明显提高,通过采取一系列战略性举措,推进一系列变革性实践,实现一系列突破性进展,取得一系列标志性成果,攻克了许多长期没有解决的难题,办成了许多事关长远的大事要事,经受住了来自政治、经济、意识形

---

① 《高举中国特色社会主义伟大旗帜 奋力谱写全面建设社会主义现代化国家崭新篇章》,载《人民日报》2022年7月28日。

态、自然界等方面的风险挑战考验,国家治理取得历史性成就、发生历史性变革。

进入新时代的中国,既是意气风发的中国,也是超大规模的富强中国,既是以人为本的善政中国,也是奋斗筑梦的精彩中国。制度优势,在平时更在战时。一声令下,千里支援;统一调度,协同推进。回望2020年上半年所走过的艰难抗疫路程,不难发现,中国之所以能够用1个多月的时间遏制疫情蔓延势头,用3个月时间取得武汉保卫战、湖北保卫战的决定性成果,疫情防控阻击战取得重大战略成果,以及北京以大国首都和全球特大城市的身份,为全球疫情防控提供中国样本,一个根本原因就在于独具优势的中国制度为战胜疫情提供了坚实保障。无论是党的领导所起的关键作用、思想力量所起的引领作用,还是国家力量所起的基础性作用、人民力量所起的决定性作用、道德力量所起的激励作用,都无不彰显着中国特色社会主义制度以及国家治理体系所具有的显著优势与强大生命力。在中华大地上诞生的中国共产党,不仅有中华优秀传统文化的滋养,而且有马克思主义理论的科学指导,拥有马克思主义科学理论指导是我们党鲜明的政治品格和强大的政治优势。新时代十年,党和国家事业取得历史性成就、发生历史性变革,制度优势提供了根本保证。

习近平指出:"制度更加成熟更加定型是一个动态过程,治理能力现代化也是一个动态过程,不可能一蹴而就,也不可能一劳永逸。我们提出的国家制度和国家治理体系建设的目标必须随着实践发展而与时俱进,既不能过于理想化、急于求成,也不能盲目自满、故步自封。"①中国特色社会主义国家制度和法律制度,生长于中国社会土壤,形成于革命、建设、改革长期实践,植根中华历史文化传统,吸收借鉴人类制度文明有益成果,凝聚共同理想信念、文化共识、价值理念和道德观念,具有深厚中华文化根基和包容性,经过长期实践检验,国家制度和国家治理体系特色鲜明,优势独特,生机盎然。融通中华传统治国智慧,批判吸纳域外治理经验,顺应时代潮流,尊重治理规律,国家治理体系日臻完善,国家治理能力显

---

① 习近平:《坚持和完善中国特色社会主义制度、推进国家治理体系和治理能力现代化》(2019年10月31日),载《习近平谈治国理政》(第三卷),外文出版社2020年版,第127页。

著增强,我们现在正在做的,就是在坚持和完善中国特色社会主义制度的实践中推进国家治理体系和治理能力现代化。置身国家治理现代化的火热实践,各级领导干部要永葆革命热情,增强斗争本领,立足本职岗位和职能职责,以制度自信推动制度落实,始终做国家制度的忠诚拥护者、坚定捍卫者、忠实执行者和积极传播者。

三、创新维度:国家治理现代化是一个与时俱进的过程,从来没有最好,只有更好

现代化是一个永恒的、动态的过程,现代化没有历史终点。人无自信,无以自进;国无自信,无以自强。中国特色社会主义制度是具有鲜明中国特色、明显制度优势、强大自我完善能力的先进制度。党的十九届四中全会通过的《中共中央关于坚持和完善中国特色社会主义制度 推进国家治理体系和治理能力现代化若干重大问题的决定》,总结历史和面向未来相统一、保持定力和改革创新相统一、问题导向和目标导向相统一,是一个全面总结中国制度实践、概括中国制度经验、阐释中国制度优势的重要文献。该决定在总结制度实践经验和吸收以往制度理论成果的基础上,第一次系统描绘了由"13个部分"组成的中国特色社会主义制度图谱,从党的领导制度体系、人民当家作主制度体系、中国特色社会主义法治体系等方面,全方位阐述中国制度的丰富内涵和科学体系,提出了一套完整的中国制度的话语体系,以及中国制度的理论体系框架,充分展示了中国共产党在理论上的成熟,在制度上的自觉与自信,蕴含着独特的中国智慧,建构起崭新的制度理论体系。

中国制度蕴含的中国智慧,既体现在把中国特色的理论思维运用于制度实践的探索中,又表现在制度理论的建构上。中国特色社会主义制度的创立、建设、改革和发展的实践,推动了中国制度理论的创新发展。《中共中央关于坚持和完善中国特色社会主义制度 推进国家治理体系和治理能力现代化若干重大问题的决定》对中国特色社会主义制度进行了系统的科学阐释,全面回答了在我国国家制度和国家治理上,紧紧围绕"坚持和巩固什么,完善和发展什么"这个重大政治问题,提出了一系列新思想新观点新举措,既有理论上的新概括又有实践上的新要求,是坚持和完善中国特色社会主义制度、推进国家治理体系和治理能力现代化的政治宣言和行动纲领，是一篇马克思主义的纲领性文献，是从政治上、全局上、战略上全面考量，立足当前、着眼长远作出的重大决策，为推动各方面制度更加成熟更加定型提供了基本遵循和根本指引。

中国特色社会主义制度是中国特色社会主义道路的基石，是当代中国发展进步的根本保证。"明者因时而变，知者随事而制。"①2019年9月24日，中央政治局就"新中国国家制度和法律制度的形成和发展"举行第十七次集体学习，习近平强调："我们要在坚持好、巩固好已经建立起来并经过实践检验的根本制度、基本制度、重要制度的前提下，坚持从我国国情出发，继续加强制度创新，加快建立健全国家治理急需的制度、满足人民日益增长的美好生活需要必备的制度。要及时总结实践中的好经验好做法，成熟的经验和做法可以上升为制度、转化为法律。"②也就是说，创新国家治理体系，提高国家治理能力，要牢牢把握和充分发挥中国特色社会主义国家制度和治理体系的显著优势，释放制度活力，将制度优势转换为国家治理效能。

一个国家的现代化，不仅是经济、科技、国防等的现代化，更是制度和治理的现代化。恩格斯指出："所谓'社会主义社会'不是一种一成不变的东西，而应当和任何其他社会制度一样，把它看成是经常变化和改革的社会。"③改革开放是党和人民大踏步赶上时代的重要法宝，是坚持和发展中国特色社会主义的必由之路，是决定当代中国命运的关键一招。改革开放至今，"我们一直在实践和探索，在坚持中国共产党领导和我国社会主义制度的前提下，在社会主义道路、理论、制度、文化上进行了一系列革命性变革，开辟了中国特色社会主义道路，使我国发展大踏步赶上时代"④。国家治理涉及多领域、多层次、多维度的制度安排，改革是国家治理的变

---

① （汉）桓宽：《盐铁论·忧边》。
② 《继续沿着党和人民开辟的正确道路前进 不断推进国家治理体系和治理能力现代化》，载《人民日报》2019年9月25日。
③ 恩格斯：《恩格斯致奥托·冯·伯尼克》，载《马克思恩格斯文集》（第十卷），人民出版社2009年版，第588页。
④ 习近平：《坚持和发展中国特色社会主义要一以贯之》，载《求是》2022年第18期。

革图新,是推动国家发展的根本动力。国家治理现代化本质上是国家权力配置与运行的转型升级,实现权力配置更加科学、权责更加协同、行使更加规范、运行更加高效、监督更加有力,全面深化改革是组织方式、国家制度和治理体系的深刻变革。党的十八届三中全会首次提出"推进国家治理体系和治理能力现代化"这个重大命题,把完善和发展中国特色社会主义制度、推进国家治理体系和治理能力现代化确定为全面深化改革的总目标,在更高起点、更高层次、更高目标上推进全面深化改革,国家制度创新前所未有,全面深化改革的成效举世瞩目。新时代十年,改革全面发力、多点突破、蹄疾步稳、纵深推进,从夯基垒台、立柱架梁到全面推进、积厚成势,再到系统集成、协同高效,全面深化改革向广度和深度持续进军,许多领域实现历史性变革、系统性重塑、整体性重构,重要领域改革主体框架基本确立,重点领域和关键环节改革取得突破性进展,主要领域基础性制度体系基本形成,经济建设、政治建设、文化建设、社会建设、生态文明建设和党的建设等领域重大改革举措和具体制度正在落地见效,开创了以改革开放推动党和国家各项事业取得历史性成就、发生历史性变革的新局面,党和国家事业焕发出新的生机活力,书写了改革开放史上的精彩华章,为政治稳定、经济发展、文化繁荣、民族团结、人民幸福、社会安宁、国家统一提供了有力保障,为推动中国特色社会主义在各方面建立一整套更加成熟更加定型的制度打下了更加坚实的基础,国家治理效能得到全面提升。

中国特色社会主义制度更加成熟更加定型,国家治理体系和治理能力现代化水平明显提高,为党和国家长治久安、为实现中华民族伟大复兴奠定了更为完善的制度保证。现代化国家制度和国家治理体系具有强大的自我完善能力,展现出旺盛的制度活力,拓展了发展中国家走向现代化的途径,创造了人类文明新形态,为人类对更好社会制度的探索提供了中国方案,深刻影响人类历史进程,展现了人类社会现代化的光明前景。当今世界正经历百年未有之大变局,我国正处于实现中华民族伟大复兴关键时期。社会主义制度在中国的建立和完善,给国家和社会发展带来了根本性、决定性的优势。中国特色社会主义制度特色鲜明,优势独特,生机盎然、系统完备、科学规范、运行有效的制度体系，是新时代制度自信更加坚定的强大底气。新中国70多年社会主义事业的蓬勃发展，党的十八大以来全面深化改革的成功实践，以及抗击新冠肺炎疫情的伟大斗争，已经充分表明并将继续证明，中国共产党领导和我国社会主义制度、国家治理体系具有强大生命力和巨大优越性，能够战胜任何艰难险阻，能够持续推动拥有近十四亿人口的东方大国进步和发展，确保实现全面建成社会主义现代化强国的第二个百年奋斗目标，进而实现中华民族伟大复兴，并为人类文明进步不断作出新的重大贡献。正如习近平所指出："随着中国特色社会主义不断发展，我们的制度必将越来越成熟，我国社会主义制度的优越性必将进一步显现，我们的道路必将越走越宽广，我国发展道路对世界的影响必将越来越大。"①

四、战略维度：国家治理现代化是一个长远的战略过程，必须科学谋划，统筹推进

党的十八届三中全会吹响全面深化改革的号角，对经济体制、政治体制、文化体制、社会体制、生态文明体制、国防和军队改革和党的建设制度改革作出部署，明确全面深化改革的总目标是"完善和发展中国特色社会主义制度，推进国家治理体系和治理能力现代化"，阐明全面深化改革的重大意义、战略重点、优先顺序、主攻方向、工作机制、推进方式和时间表、路线图。党的十九大将"坚持全面深化改革"确立为新时代坚持和发展中国特色社会主义的基本方略，强调构建系统完备、科学规范、运行有效的制度体系，充分发挥我国社会主义制度优越性。党的十九届三中全会通过《中共中央关于深化党和国家机构改革的决定》《深化党和国家机构改革方案》，对党和国家组织结构和管理体制进行系统性、整体性重构，为完善和发展中国特色社会主义制度、推进国家治理体系和治理能力现代化提供了有力组织保障。党的十九届四中全会系统集成了党的十八届三中全会以来全面深化改革的理论成果、制度成果、实践成果，对新时代全面深化改革作出更加清晰的顶层设计，为全面深化改革系统集

---

① 习近平：《关于坚持和发展中国特色社会主义的几个问题》，载《求是》2019年第7期。

成、协同高效提供了根本遵循。党的十九届六中全会通过的《中共中央关于党的百年奋斗重大成就和历史经验的决议》，深刻总结党的百年奋斗重大成就和历史经验，重点总结了新时代在全面深化改革开放上取得的原创性思想、变革性实践、突破性进展、标志性成果。制度本身就是一个国家强盛与否的重要体现，中国特色社会主义制度具有显著优势已被实践反复证明。

"过去搞民主革命，要适合中国情况，走毛泽东同志开辟的农村包围城市的道路。现在搞建设，也要适合中国情况，走出一条中国式的现代化道路。"[①]"我们搞的现代化，是中国式的现代化。我们建设的社会主义，是有中国特色的社会主义。"[②]党的二十大擘画强国复兴宏伟蓝图，建构中国式现代化的全新话语，首次系统论述中国式现代化的核心要义和中国特色，深刻揭示中国式现代化的本质要求和实践逻辑，从世界观到方法论、从重大原则到战略安排对中国式现代化进行了全方位多维度阐释，标志着国家发展理念转型的完成。报告明确指出："从现在起，中国共产党的中心任务就是团结带领全国各族人民全面建成社会主义现代化强国、实现第二个百年奋斗目标，以中国式现代化全面推进中华民族伟大复兴。在新中国成立特别是改革开放以来长期探索和实践基础上，经过十八大以来在理论和实践上的创新突破，我们党成功推进和拓展了中国式现代化。中国式现代化，是中国共产党领导的社会主义现代化，既有各国现代化的共同特征，更有基于自己国情的中国特色。"[③]中国式现代化是人口规模巨大、全体人民共同富裕、物质文明和精神文明相协调、人与自然和谐共生、走和平发展道路的现代化。特色背后的逻辑是本质，本质决定特色的内容且与特色贯通融合，坚持中国共产党领导是中国式现代化的根本

---

① 邓小平：《坚持四项基本原则》（一九七九年三月三十日），载《邓小平文选》（第二卷），人民出版社 1994 年版，第 163 页。
② 邓小平：《路子走对了，政策不会变》（一九八三年六月十八日），载《邓小平文选》（第三卷），人民出版社 1993 年版，第 29 页。
③ 习近平：《高举中国特色社会主义伟大旗帜 为全面建设社会主义现代化国家而团结奋斗——在中国共产党第二十次全国代表大会上的报告》（2022 年 10 月 16 日），载《人民日报》2022 年 10 月 26 日。

保证,坚持中国特色社会主义是中国式现代化的前进方向,实现高质量发展是中国式现代化的内在要求,发展全过程人民民主是中国式现代化的制度优势,丰富人民精神世界是中国式现代化的文化力量,实现全体人民共同富裕是中国式现代化的总体目标,促进人与自然和谐共生是中国式现代化的生态基础,推动构建人类命运共同体是中国式现代化的外部支撑,创造人类文明新形态是中国式现代化的历史贡献。这九个方面的本质要求,归根结底就是——中国式现代化是中国共产党领导的社会主义现代化,党的领导直接关系中国式现代化的根本方向、前途命运、最终成败,中国式现代化必须坚持党的领导。

现代化是世界性潮流,实现现代化是各国人民的共同向往,也是几代中国人的夙愿;人类现代化模式多元多样,各国探索通向现代化的道路与模式不是单一的,具有不同形态和不同样式;现代化发轫于西方近代以来人类文明进程,但现代化不等于西方化,更不能误解、误读为全盘西化;各国的现代化道路不尽相同,世界上既不存在定于一尊的现代化模式,也不存在放之四海而皆准的现代化标准,每个国家必须根据自己的国情选择适合自己的现代化道路。走自己的路,是党的全部理论和实践的立足点,中国式现代化新道路既有域外国家现代化的共同特征,更具有基于中国国情、有别于资本主义现代化道路的中国特色和优越性,不同于西方现代化发展道路。中国式现代化不是单向面的、不均衡的现代化,而是立足本国主场内生演化而来的全面、综合、立体的可持续现代化,扎根中国大地、切合中国实际,是中国人民创造、符合自身国情的新型现代化,反映中国人民意愿,适应时代发展要求,遵循人类社会现代化的普遍规律;同时,摒弃西方以资本为中心、两极分化、物质主义膨胀、极端的贫富差距、对外扩张掠夺的现代化之路,展示出强大的历史自信、道路自觉,开创了具有鲜明包容性特质的人类文明新形态,展现了独特的自主性、创新性和道义性。人口规模巨大的现代化有别于人口体量相对较小的现代化,全体人民共同富裕的现代化有别于两极分化的现代化,物质文明和精神文明相协调的现代化有别于物质主义膨胀的现代化,人与自然和谐共生的现代化有别于人类中心主义的现代化,走和平发展道路的现代化有别于西方对外扩张掠夺的现代化。中国式现代化的鲜明特色,中国式现代化的成功实践,开辟人类文明发展新路径,拓展人类文明丰富内涵,深化人类对现代化的规律性认识,指引人类文明发展正确方向,为全球现代化进程提供新范式,为人类政治文明发展注入新动力,为人类实现现代化提供了新选择、新参照、新借鉴和新思维,为人类对现代化理论的探索作出新贡献。中国式现代化是一种全新的人类文明形态。

　　法治是国家走向现代化的基础工程,是国家强盛的重要保障和标志。法治与"现代化"相伴而生、相辅相成,一个现代化国家必然是法治国家,一个现代化强国,必定是一个良法善治、法治昌明的国家,中国式现代化的本质要求与法治建设和谐共生。现代化是人类政治社会转型和文明进步的过程,国家现代化包括政治现代化、经济现代化和文化现代化,具体也就是物质层面的现代化、人的层面的现代化以及制度层面的现代化,是物质财富与精神财富尽可能的完美结合,是物质生活与精神生活富裕富足的和谐统一,物质现代化、制度现代化以人的现代化为依归,并最终服务于人的全面发展。现代化归根到底是人的现代化,人的现代不仅是现代化的核心内涵,更是现代化不断取得成功的先决条件。"痛切的教训使一些人开始体会和领悟到,那些完善的现代制度以及伴随而来的指导大纲,管理守则,本身是一些空的躯壳。如果一个国家的人民缺乏一种能赋予这些制度以真实生命力的广泛的现代心理基础,如果执行和运用着这些现代制度的人,自身还没有从心理、思想、态度和行为方式上都经历一个向现代化的转变,失败和畸形发展的悲剧结局是不可避免的。再完美的现代制度和管理方式,再先进的技术工艺,也会在一群传统人的手中变成废纸一堆。"[①]法治是现代化的内在要求,推进中国式现代化,法治具有基础性作用,法制护航中国式现代化规范有序发展。国家法律制度维护社会运行秩序、调节社会关系矛盾、确立社会行为导向,对于国家稳定健康发展发挥着重要的"压舱石"作用。推进国家治理体系和治理能力现代化是法治的重要使命,法律制度现代化是调节物质现代化与人的现代化

---

① 〔美〕阿历克斯·英格尔斯等:《人的现代化》,殷陆君编译,四川人民出版社1985年版,第4页。

的基本杠杆,是物质现代化与人的现代化的前提和保障。法治是实现中国式现代化的制度根基,在法治轨道上全面建设社会主义现代化国家,必须更好发挥法治固根本、稳预期、利长远的保障作用,坚持全面依法治国,推进法治中国建设,以法治现代化筑牢中国式现代化的制度基石。党的二十大报告明确提出,到2035年,基本实现国家治理体系和治理能力现代化,全过程人民民主制度更加健全,基本建成法治国家、法治政府、法治社会。坚持不懈推进国家治理体系和治理能力建设,实现国家治理现代化,以中国式现代化全面推进中华民族伟大复兴,展示了中国人民卓越的制度创造力、中国共产党高超的国家治理智慧和治理能力,彰显了以习近平同志为核心的党中央高瞻远瞩的战略眼光和强烈的历史担当,并且充分表明我们党在深刻认识和把握共产党执政规律、社会主义建设规律、人类社会发展规律和中国式现代化实践基础上,对国家治理、中国特色社会主义制度建设规律的认识达到了又一个崭新高度,是马克思主义国家学说、国家建设理论中国化的最新成果。

邓小平指出:"改革并完善党和国家各方面的制度,是一项艰巨的长期的任务,改革并完善党和国家的领导制度,是实现这个任务的关键。"[1]国家治理依照中国特色社会主义制度而展开,国家治理体系和治理能力是国家制度及其执行能力的集中体现。"中国特色社会主义制度是一个严密完整的科学制度体系,起四梁八柱作用的是根本制度、基本制度、重要制度,其中具有统领地位的是党的领导制度。"[2]中国特色社会主义现代化是中国共产党领导下实现的现代化,中国最大的国情是中国共产党的领导,在当代中国,推进国家治理体系和治理能力现代化,首要的就是要毫不动摇地坚持中国共产党的领导。《中共中央关于坚持和完善中国特色社会主义制度 推进国家治理体系和治理能力现代化若干重大问题的决定》指出:"中国共产党领导是中国特色社会主义最本质的

---

[1] 邓小平:《党和国家领导制度的改革》(一九八〇年八月十八日),载《邓小平文选》(第二卷),人民出版社1994年版,第342页。

[2] 习近平:《坚持和完善中国特色社会主义制度、推进国家治理体系和治理能力现代化》(2019年10月31日),载《习近平谈治国理政》(第三卷),外文出版社2020年版,第125页。

特征,是中国特色社会主义制度的最大优势,党是最高政治领导力量。必须坚持党政军民学、东西南北中,党是领导一切的,坚决维护党中央权威,健全总揽全局、协调各方的党的领导制度体系,把党的领导落实到国家治理各领域各方面各环节。"

国家制度是定国安邦的根本,具有全局性、稳定性和长期性,关乎根本,决定长远,关系党和国家事业发展全局。大国强盛,制度稳定、制度变革至关重要,制度兴则国家兴,制度稳则国家稳,制度强则国家强。党的十九届四中全会强调,坚持和完善中国特色社会主义制度、推进国家治理体系和治理能力现代化,是全党的一项重大战略任务。《中共中央关于坚持和完善中国特色社会主义制度 推进国家治理体系和治理能力现代化若干重大问题的决定》以制度之维凸显制度之治和制度权威的极端重要性,"国家治理一切工作和活动都依照中国特色社会主义制度展开",突出党的领导制度在国家治理体系中的统摄性地位,提出了完善坚定维护党中央权威和集中统一领导、健全党的全面领导制度的各项制度,把健全维护党的集中统一的组织制度作为坚持和完善党的领导制度体系的重要内容,纳入国家制度和国家治理体系之中。

党的十九届四中全会深刻洞察时代发展大势、准确把握历史发展趋势、深入分析我国国家制度和国家治理体系的演进方向与规律,牢牢掌握历史主动,有效应对世界之变、时代之变、历史之变,科学回答中国之问、世界之问、人民之问、时代之问,从党和国家事业发展的全局和长远出发,清晰擘画了国家制度与国家治理体系和治理能力建设"三步走"的总体目标、明确的路线图和三阶段时间表。《中共中央关于坚持和完善中国特色社会主义制度 推进国家治理体系和治理能力现代化若干重大问题的决定》提出:"坚持和完善中国特色社会主义制度、推进国家治理体系和治理能力现代化的总体目标是,到我们党成立一百年时,在各方面制度更加成熟更加定型上取得明显成效;到二〇三五年,各方面制度更加完善,基本实现国家治理体系和治理能力现代化;到新中国成立一百年时,全面实现国家治理体系和治理能力现代化,使中国特色社会主义制度更加巩固、优越性充分展现。"全会重点对各级党委和政府以及全体领导干部提出具体要求;切实强化制度意识,带头维护制度权威,以身示范、做制度执行的表率,带动全党全社会自觉尊崇制度、严格执行制度、坚决维护制度;加强制度理论研究和宣传教育,引导全党全社会充分认识中国特色社会主义制度的本质特征和优越性,坚定制度自信;推动广大干部严格按照制度履行职责、行使权力、开展工作,提高推进"五位一体"总体布局和"四个全面"战略布局等各项工作能力和水平;建立健全权威高效的制度执行机制,加强制度执行监督,确保执行不偏向、不变通、不走样,坚决杜绝做选择、搞变通、打折扣的现象发生。

五、协同维度:国家治理现代化是一个系统集成的过程,必须顶层设计,整体联动

国家制度是国家治理的根本依据,国家治理的一切工作和活动都依照国家制度展开;国家治理体系和治理能力是国家制度及其执行能力的集中体现,是把国家制度优势转化为国家治理效能的基本依托。推进国家治理现代化,就是要推动中国特色社会主义制度不断自我完善和发展,跳出"其兴也勃焉,其亡也忽焉"的历史周期率,开创良制善治新辉煌。党的十九届四中全会围绕坚持和完善支撑中国特色社会主义制度的根本制度、基本制度、重要制度,提出了坚持和完善党的领导制度体系、坚持和完善人民当家作主制度体系、坚持和完善中国特色社会主义法治体系等涵盖13大领域的重点任务[①],既阐明了必须牢牢坚持的重大制度和原则,又

[①] 参见《中共中央关于坚持和完善中国特色社会主义制度 推进国家治理体系和治理能力现代化若干重大问题的决定》,载《中国共产党第十九届中央委员会第四次全体会议文件汇编》,人民出版社2019年版,第30—32页。例如,在"坚持和完善人民当家作主制度体系,发展社会主义民主政治"部分,指出要"坚持和完善民族区域自治制度。坚定不移走中国特色解决民族问题的正确道路,坚持各民族一律平等,坚持各民族共同团结奋斗、共同繁荣发展,保证民族自治地方依法行使自治权,保障少数民族合法权益,巩固和发展平等团结互助和谐的社会主义民族关系。坚持不懈开展马克思主义祖国观、民族观、文化观、历史观宣传教育,打牢中华民族共同体思想基础。全面深入持久开展民族团结进步创建,加强各民族交往交流交融。支持和帮助民族地区加快发展,不断提高各族群众生活水平"。在"坚持和完善中国特色社会主义法治体系,提高党依法治国、依法执政能力"部分,指出"建设中国特色社会主义法治体系、建设社会主义法治国家是坚持和发展中国特色社会主义的内在要求。必须坚定不移走中国特色社会主义法治道路,全面推进依法治国,坚持依法治国、依法执政、依法行政共同推进,坚持法治国家、法治政府、法治社会一体建设,加快形成完备的法律规范体系、高效的法治实施体系、严密的法治监督体系、有力的法治保障体系,加快形成完善的党内法规体系,全面推进科学立法、严格执法、公正司法、全民守法,推进法治中国建设"。

部署了推进制度建设的重大任务和举措,明确了国家制度和治理体系必须坚持和巩固的根本点、完善和发展的着力点。坚持和完善党的领导根本制度、坚持和完善人民民主专政根本制度、坚持和完善人民代表大会根本制度、坚持和完善马克思主义在意识形态领域指导地位根本制度、坚持和完善党对人民军队的绝对领导根本制度是最根本的要求和保证。对于这些体现中国特色社会主义本质特征和国家性质,从根本上保证中国特色社会主义方向,在中国特色社会主义制度中起决定性作用的根本制度,任何时候任何情况下都只能巩固而不能动摇,只能完善而不能削弱。

"犯其至难而图其至远"[①],法治是治国理政的基本方式,也是衡量国家治理体系和治理能力现代化水平的重要指标。国家治理现代化与法治内在联结、相互依存,法律是治国之重器,法治是国家治理体系和治理能力的重要依托;制度是治理的依据,治理是制度的实践过程;制度是规则体系的集成,法律是最重要的制度形式,也是制度的最高形态,所有政策必须在法律框架内发布;国家治理体系是以法治为基础而建立的规范体系和权力运行机制,国家治理能力是由制度吸纳力、制度整合力、制度执行力所构成的整体治理能力;国家治理不仅需要完备的法律体系,更要求法律的良好运行与有效实施,将蕴含于法律体系中的价值理念和规范效力,切实转化为治理效能;法治是国家治理体系的骨干工程,法律是治国之重器,良法是善治之前提,法之盛衰关乎政之治乱。所以,正是从这个意义上说,法是立国的根本制度,法治是制度之治最基本最稳定最可靠的保障[②]。法治是推动经济社会发展的有效手段,是推进国家治理体系和治理能力现代化的必由之路。《中共中央关于坚持和完善中国特色社会主义制度 推进国家治理体系和治理能力现代化若干重大问题的决定》明确提出了坚持和完善中国特色社会主义法治体系、提高党依法治

---

① （北宋）苏轼:《思治论》。

② 早在古罗马时期,法学家西塞罗就指出,国家乃是人民的事业,但人民不是某种随意聚合的集合体,而是很多人基于法的一致和共同的利益而联合起来的集合体。"国家是一个民族的财产。但是一个民族并不是随随便便一群人,不管以什么方式聚集起来的集合体,而是很多人依据一项关于正义的协议和一个为了共同利益的伙伴关系而联合起来的一个集合体。"参见〔古罗马〕西塞罗:《国家篇 法律篇》,沈叔平、苏力译,商务印书馆2009年版,第35页。

国和依法执政能力、推进法治中国建设的要求和路径：健全保证宪法全面实施的体制机制，完善立法体制机制，健全社会公平正义法治保障制度，加强对法律实施的监督。在社会生活中，大至国家行政，小到民众日常，无不与法律制度相关。我们党自成立之日起就高度重视法治建设，一切为了人民，这是法治中国的目标指引。大国治理，机杼万端，要在中央，事在四方。从基层社会治理而言，推进国家治理体系和治理能力现代化，更加需要从一件一件具体的事情做起，下足"绣花功夫"。

中国特色社会主义制度是当代中国发展进步的根本制度保障，是具有鲜明中国特色、显著制度优势、强大自我完善能力的先进制度。国家治理既是宏大的，又是具体的；既是宏观的，也是微观的；不仅是国家政治活动的反映，更体现在民众的日常生活中。国家制度价值要通过细化制度安排、形成务实管用的治理体系来实现，具体制度必须有效对接民众生活，治理效能才能充分显现，民众的获得感幸福感才有可能如影随形。很自然，如果没有有效的治理能力，再好的制度也难以发挥作用。2019年12月26日至27日，习近平在中央政治局"不忘初心、牢记使命"专题民主生活会上特别强调："党和国家各方面工作越来越专业化、专门化、精细化，国家治理能力既体现在我们把方向、谋大局、定政策、促改革的综合能力上，也体现在我们处理每一个方面事情和每一项工作的具体本领上。"[①]推进国家治理现代化、全面深化改革，既要保持中国特色社会主义制度和国家治理体系的稳定性和延续性，又要抓紧制定国家治理体系和治理能力现代化急需的制度、满足人民对美好生活新期待必备的制度，推动中国特色社会主义制度不断自我完善和发展，永葆生机活力。

制度能否有效运行，不仅是检验制度是否具有显著优势的基本要素，也是制度优势能否转化为治理效能的关键。国家治理是国家、政府、社会、民众基于价值共识协同创造共同生长空间和美好未来的多向度动态

---

① 《带头把不忘初心牢记使命作为终身课题 始终保持共产党人的政治本色和前进动力》，载《人民日报》2019年12月28日。

良性互动活动。治国安邦,治理之要,多元协同,重在基层,最艰巨、最繁重的任务在基层。基层善治是国家治理现代化的牢固基石,激发基层活力,民间共治、基层自治不可或缺;否则,基础不牢、地动山摇,行政有效、治理无效。在国家治理体系中,基层治理直接触摸着社会冷暖和民生百态,基层治理有力有效,能够助力社会和谐稳定、人民平安幸福;基层运转通畅顺畅,能够用一根根"针"穿起"千条线",绣出"中国之治"锦绣画卷。推进国家治理体系和治理能力现代化,优化基层治理尤为关键,治理有效,重点在于治理精准,推动社会治理的科学化、系统化、精细化和智能化,只有做好了"末梢治理"的大文章,构建起"纵向到底、横向到边"的共建共治共享社区治理体系,不断提高基层治理能力,以人民群众可见可感的行动使治理直抵民心,基层社会治理才会更有温度、精度、广度与力度,民众生活和办事才能更方便,表达诉求的渠道更畅通,感觉更平安、更幸福。

譬如,"最多跑一次"、政务服务"跨省通办",不仅仅是便民举措,更是政府服务的重构再造;精准脱贫、精准帮扶,不仅仅是治理方式之变,更是为民政府的应有担当;司法改革、公正审判,不仅仅是司法正义,更是法治阳光普照生命个体的甘甜雨露。而当城市交通拥堵、垃圾扰民成为常态,法定休息日加班成为常态,"黄金周"小汽车免费通行导致高速公路堵塞成灾,决策部门却视而不见,如此等等,所谓现代化治理就一定还只是停留在概念的门槛,难言精细化。群众身边无小事,要走好新形势下的群众路线,善于通过互联网等各种渠道,更好地倾听民声、尊重民意、顺应民心。同时,深入社区,走百姓门、知百家情、办具体事、连民众心,紧盯群众的烦心事、操心事、揪心事,把好事实事做到群众心坎上;健全为民谋利、为民办事、为民解忧的体制机制,更加广泛地问需于民、问计于民、问效于民;建立政社互动、政企互动、党群互动、干群互动的联动机制,有序引导公众参与城市管理和社会治理,帮助查找问题不足,优化公共管理服务措施,推动形成"民众点单、社区订单、政府端菜"的互动协同良好治理格局,是信息化、网络化、数字化时代条件下,推进国家治理体系和治理能力现代化的基本要求、题中应有之义。

在具体的治理实践中,人们常常会提出这样的问题和疑惑:相同的天空、相同的大地,同样的国度、同样的制度,以及区域相近的基础条件,为什么地方、区域之间的治理绩效有着天壤之别?特别是面对同样的问题、同样的难题,为何处置方式、处理效果差异如此巨大?能否最大限度激发人的创造力和能动性?国家治理现代化的核心是国家治理能力问题。习近平指出:"推进国家治理体系和治理能力现代化,就是要适应时代变化,既改革不适应实践发展要求的体制机制、法律法规,又不断构建新的体制机制、法律法规,使各方面制度更加科学、更加完善,实现党、国家、社会各项事务治理制度化、规范化、程序化。要更加注重治理能力建设,增强按制度办事、依法办事意识,善于运用制度和法律治理国家,把各方面制度优势转化为管理国家的效能,提高党科学执政、民主执政、依法执政水平。"[①]这离不开观念的升级、制度的完善,同时也需要技术的支撑、群众的参与。各级党委和政府要因地制宜、大胆探索创新,坚持问题和效果导向,着力固根基、扬优势、补短板、强弱项,推动资源下沉,建强基层组织,把资源向基层倾斜、向一线倾斜,将基层治理的目标聚焦在不断增强百姓的获得感、幸福感、安全感上;要以党建为引领,以人民为中心,以法治为依托,以科技为支撑,创新社会治理,切实提高治理能力和水平。法治作为治国理政的基本方式,不仅要有一套健全、优良的法律体系,更需要行之有效地付诸实践。良制良法只有落地基层,及时满足民众合理需求,真正保障民众的合法权益,并呈现出应有的制度温情,才能带给民众更多实质性的获得感。

当前,以智能化、数字化、网络化为鲜明特征的治理现代化步伐不断加快,必须大力促进区块链、大数据、人工智能等现代科技有效嵌入社会治理全过程,构建精细化服务感知、精准化风险识别、网格化行动协作的智慧治理平台,不断提升基层治理的科学化、精细化、智能化水平,以治理

---

① 习近平:《切实把思想统一到党的十八届三中全会精神上来》(2013 年 11 月 12 日),载《习近平谈治国理政》,外文出版社 2014 年版,第 92 页。

数字化牵引治理现代化。"要鼓励基层大胆创新、大胆探索,及时对基层创造的行之有效的治理理念、治理方式、治理手段进行总结和提炼,不断推动各方面制度完善和发展。"①具体来说,就是要党建引领,建强社区基层组织,着力完善社会治理体系,建设人人有责、人人尽责、人人享有的社会治理共同体,凝聚合力、持续创新、服务群众;顺应发展需要,呼应群众期盼,找准解决之道,让创新为治理赋能,以开创性的改革探索优化制度设计,实践生成制度,完善治理体系;以严格的制度执行激发创新活力,增强执行能力,提高治理水平;以党的建设、合作行动创造治理动力,构建共建共治共享基层社会治理新格局,探索"政治、自治、法治、德治、智治"融合共治,让政府治理和居民自治形成良性互动;以大数据融通助推社会治理精准化、公共服务高效化,确保以人民为中心的发展思想落地生根,全面夯实、筑牢"平安中国"的社会根基。

* * * * *

"天下之势不盛则衰,天下之治不进则退。"②任何国家的存在都需要有价值作为基础,否则国家就成为纯粹工具性的暴力机构。但好的国家治理并不是理想的现实化过程,而是从现实出发不断靠近理想的过程。近代以来,我们在西方文化的压力下,过于重视制度移植,而忽视了内生性制度的设计,否定了中国数千年历史所积累的国家治理的经验,从而使得我们难以真正建立起对基于自身文明的制度的信心。③ 近代中国变法思想家严复曾经说:"非新无以为进,非旧无以为守。"④国家治理现代化是理论、历史与实践逻辑的统一,制度规定性与实践多样性的统一,中国式现代化道路既遵循现代化的普遍规律,又立足自身国情,具有鲜明中国特

---

① 习近平:《坚持和完善中国特色社会主义制度、推进国家治理体系和治理能力现代化》(2019年10月31日),载《习近平谈治国理政》(第三卷),外文出版社2020年版,第128页。
② (南宋)吕祖谦:《东莱博议·葵邱之会》。
③ 参见干春松:《从文明的高度来理解秩序》,http://www.china.com.cn/opinion2020/2020-09/17/content_76713768.shtml,2020年10月3日访问。
④ (清)严复:《主客平议》。

色、符合中国实际,人民立场是国家治理现代化的根本价值取向;中国制度的深层基础和本质是中国道路,中国制度的集中表现是中国治理,三者构成"中国道路——中国制度——中国治理"的逻辑理路,"中国之制"奠基成就"中国之治"。党的十八大以来,全面深化改革不断健全制度框架,全面依法治国推动国家治理深刻变革,全过程人民民主有效提升国家制度治理效能……面对世界百年未有之大变局,发展环境越是严峻复杂,越是考验"中国之制"的韧性与活力,就更要坚定不移全面深化改革,健全各方面制度,完善治理体系,促进制度建设和治理效能更好转化融合。我们有理由坚信,只要全党毫不动摇地坚持以习近平新时代中国特色社会主义思想为指引,持续深入贯彻落实党的十九届四中全会和二十大精神,全面加强党对国家治理现代化的集中统一领导,以党的执政能力建设统领国家治理现代化,坚持人民主体地位,坚持守正创新,就一定能把制度优势更好转化为国家治理效能,保持既有秩序又有活力的长期和谐稳定,中国特色社会主义制度必将更加成熟更加定型、更加完善、更加巩固,"中国之制"优越性将充分展现,让中国特色社会主义制度永葆生机活力,不断迈向"中国之治"新境界,开创良制善治新辉煌,同时为人类进步探索建设更好社会制度贡献中国智慧、提供中国方案。

• 史料钩沉 •

党的领导制度在国家制度和治理体系中的统领性地位

——大国主席制发端:1949—1954年的中央政府

> 我们必须有一个大家共同承认的领袖,这样的领袖能够带着我们前进。三十年革命运动的实践使中国人民有了自己的领袖,就是毛泽东。①
>
> ——周恩来

习近平在党史学习教育动员大会上的重要讲话中强调指出:"旗帜鲜明讲政治、保证党的团结和集中统一是党的生命,也是我们党能成为百年大党、创造世纪伟业的关键所在。""保证全党服从中央,维护党中央权威和集中统一领导,是党的政治建设的首要任务,必须常抓不懈。""要教育引导全党从党史中汲取正反两方面历史经验,坚定不移向党中央看齐,不断提高政治判断力、政治领悟力、政治执行力,切实增强'四个意识'、坚定'四个自信'、做到'两个维护',自觉在思想上政治上行动上同党中央保持高度一致,确保全党上下拧成一股绳,心往一处想、劲往一处使。"②以制度创新保障党的团结和集中统一,确保党的领导制度在国家制度和国家治理体系中的统领性地位,是我们党加强自身建设和治国理政的优良传统、宝贵经验。

中央政府是一国政治体制的支柱,决定着国家的基本面貌。新中国成立以来,中央政府经历过多次变革,这也反映出国家机构设置、变迁受

---

① 周恩来:《学习毛泽东》(一九四九年五月七日),载《周恩来选集》(上卷),人民出版社1980年版,第331页。
② 习近平:《开展党史学习教育要突出重点》(2021年2月20日),载《习近平谈治国理政》(第四卷),外文出版社2022年版,第515、516—517页。

制度条件和具体环境的影响,是国家制度、国家治理体系和治理能力现代化的必然要求。政治学、宪法学界在关于国家权力配置的研究中,1949—1954年的历史常常被忽视,其实,这一时期中央政府制度设计具有鲜明的历史特征。共和国的初创时期,是由领袖来塑造制度。法国著名思想家孟德斯鸠指出:"在社会制度刚刚产生出来时,共和国的首脑们就缔造了共和国的制度,而后来则是共和国的制度造成了共和国的首脑。"①奠基中国社会主义新型国家,以毛泽东为代表的中国共产党主要领导人的政治智慧凝结成具体制度,新中国初创时期的中央政府架构,体现了中国共产党全面执政对国家治理的深刻认知,对中央政府功能与作用的创新思考,并选择了主席制的具体制度形式。

新中国政治体制初创的历史背景

新民主主义革命取得伟大胜利。新中国的政治体制是中国共产党人长期思考和艰辛探索的结果。1921年,中国共产党应运而生,登上中国历史政治舞台。中国成立了共产党,这是开天辟地的大事变,中国革命的面貌由此焕然一新。从此,中国人民谋求民族独立、人民解放和国家富强、人民幸福的斗争就有了主心骨。中国共产党领导中国人民经过28年艰苦卓绝的伟大斗争,推翻了帝国主义、封建主义和官僚资本主义的统治。1949年4月下旬南京解放后,全国革命形势的发展迅猛推进,解放战争已经取得压倒性胜利,夺取新民主主义革命的全面胜利也近在眼前,建立新中国的任务被提上了历史日程,一个独立、统一、民主、自由的新中国,犹如"光芒四射喷薄欲出的一轮朝日"。此时,中国共产党人必须系统思考:全面执政的新生共和国应该是一个什么样的政府形式?中央政府具体应该如何设计?

1949年7月1日是中国共产党28周岁的生日,《人民日报》《光明日报》等各大报纸头版刊登了毛泽东的署名文章《论人民民主专政》。文章

---

① 〔法〕孟德斯鸠:《罗马盛衰原因论》,婉玲译,商务印书馆2009年版,第2页。

鲜明指出:"对人民内部的民主方面和对反动派的专政方面,互相结合起来,就是人民民主专政";"人民民主专政的基础是工人阶级、农民阶级和城市小资产阶级的联盟,而主要是工人和农民的联盟";"工人阶级(经过共产党)领导的以工农联盟为基础的人民民主专政","这就是我们的公式,这就是我们的主要经验,这就是我们的主要纲领"。① 毛泽东关于人民民主专政的系统思想,创造性发展了马克思列宁主义国家学说,与其在七届二中全会上的报告一起,共同构成建立新中国的两块基石,成为中国人民政治协商会议(即新政治协商会议)通过《共同纲领》的理论和政策基础。

毛泽东同志具有崇高领袖威望。"我们党的领导集体,是从遵义会议开始逐步形成的。"②在波澜壮阔的中国革命斗争实践中,毛泽东核心地位逐步形成和确立。1934年10月,中央革命根据地第五次反"围剿"失利后,中共中央、中央红军被迫离开井冈山革命根据地,踏上战略转移的漫漫征程。长征途中,特别是从1935年1月遵义会议开始③,毛泽东以其坚定的信念、顽强的意志、卓越的军事理论和非凡的作战指挥才能、系统的理论创新成果、高超的政治智慧与斗争艺术,赢得全党全军的信任和共产国际的支持,在党内外享有崇高的威望。"一九三五年一月,中央政治局在长征途中举行遵义会议,事实上确立了毛泽东同志在党中央和红军的领导地位,开始确立以毛泽东同志为主要代表的马克思主义正确路线在党中央的领导地位,开始形成以毛泽东同志为核心的党的第一代中央领

---

① 参见毛泽东:《论人民民主专政——纪念中国共产党二十八周年》(一九四九年六月三十日),载《毛泽东选集》(第四卷),人民出版社1991年版,第1475、1478、1480页。

② 邓小平:《第三代领导集体的当务之急》(一九八九年六月十六日),载《邓小平文选》(第三卷),人民出版社1993年版,第309页。

③ "在党的历史上,遵义会议是一次具有伟大转折意义的重要会议。这次会议在红军第五次反'围剿'失败和长征初期严重受挫的历史关头召开,确立了毛泽东同志在党中央和红军的领导地位,开始确立了以毛泽东同志为主要代表的马克思主义正确路线在党中央的领导地位,开始形成以毛泽东同志为核心的党的第一代中央领导集体,开启了我们党独立自主解决中国革命实际问题的新阶段,在最危急关头挽救了党、挽救了红军、挽救了中国革命。但是,遵义会议后,全党真正深刻认识到维护党中央权威和集中统一领导的重大意义并成为自觉行动还经历了一个过程。"参见习近平:《开展党史学习教育要突出重点》(2021年2月20日),载《习近平谈治国理政》(第四卷),外文出版社2022年版,第515—516页。

导集体,开启了党独立自主解决中国革命实际问题新阶段,在最危急关头挽救了党、挽救了红军、挽救了中国革命,并且在这以后使党能够战胜张国焘的分裂主义,胜利完成长征,打开中国革命新局面。这在党的历史上是一个生死攸关的转折点。"①遵义会议"开始了以毛泽东同志为首的中央的新的领导,是中国党内最有历史意义的转变"。

1938年9月至11月,"决定中国之命运"的党的六届六中全会在延安召开,进一步巩固了毛泽东在全党的领导地位。1945年4月至6月,党的第七次全国代表大会确立毛泽东思想为党的指导思想并写入党章,正式形成以毛泽东同志为核心的党的第一代中央领导集体,毛泽东在全党全军的领导地位完全确立,成为当之无愧的党的核心和军队领袖。"到了今天,全党已经空前一致地认识到了毛泽东同志的路线的正确性,空前自觉地团结在毛泽东的旗帜下了。"②在七届一中全会上,选举毛泽东为中央委员会主席、中央政治局主席、中央书记处主席;8月,中央政治局会议决定毛泽东为中央军事委员会(简称中央军委)主席。毛泽东关于新民主主义建国方略的理论思考和深远谋划,以及中央人民政府如何体现毛泽东同志的领袖地位,直接影响着新中国政治体制的样貌和走向。

召开新政协建立正式政治体制。筹备成立新中国的工作,是通过新政治协商会议进行的。在中国共产党的号召和领导下,1949年9月21日,中国人民政治协商会议第一届全体会议召开,由它代行全国人民代表大会这一最高国家权力机关的职权。新政治协商会议是成立中华人民共和国的一次重大政治活动,制定通过了起到临时宪法作用的《共同纲领》,确定了新中国的国体和政体,制定了一系列政治、经济、文化、民族、外交以及军事方面的基本政策,擘画了建立新中国、建设新中国的宏伟蓝图。如《共同纲领》规定了新民主主义的中华人民共和国国家机构的基本架构;《中华人民共和国中央人民政府组织法》(以下简称《中央人民政府组

---

① 《中共中央关于党的百年奋斗重大成就和历史经验的决议》,载《中国共产党第十九届中央委员会第六次全体会议文件汇编》,人民出版社2021年版,第24—25页。
② 《关于若干历史问题的决议》(一九四五年四月二十日中国共产党第六届中央委员会扩大的第七次全体会议通过),中共党史出版社2013年版,第21、54页。

织法》),成为建立中央人民政府的直接法律依据。《共同纲领》《中国人民政治协商会议组织法》《中央人民政府组织法》构成新中国奠基的三个历史性宪法文件,共同确立了堪称"四九宪制"的国家权力配置基本格局,为确立大国主席制奠定了坚实的法律基础。

新中国的大国制度选择

中央人民政府行使最高权力。根据其时的宪法性文件,新中国采用人民代表大会制度,但全国人民代表大会尚未召开,暂由中国人民政治协商会议的全体会议代行前者的主权性权力,是临时的最高国家权力机关。然而,新政治协商会议全体会议行使权力的方式是制定《中央人民政府组织法》,选举中华人民共和国中央人民政府委员会,作为行使最高国家权力的常设机关,行使主权性权力。可见,无论是法律规定,还是具体的实践,新政协全体会议所代行的人民主权都是一次性的,即由它选举产生的中央人民政府委员会受委托并依法行使国家权力。中央人民政府委员会亦是最高权力机关,行使最高国家权力。中央人民政府委员会对外代表中华人民共和国,对内领导国家政权,拥有的权力极为广泛,包括立法权、任免权、重大事务决定权以及外交权力等。中央人民政府委员会产生的政务院、人民革命军事委员会、最高人民法院和最高人民检察署分别行使行政权、军事权、审判权和检察权。

委员会体制的集体领导特征。中央人民政府采用了委员会的组织形式,统一行使国家权力。按照著名宪法学家许崇德教授的描述,这个委员会就是一个"大政府",是军政合一、议行合一的超级国家权力机关。这表明,当时的中央政府具有很强的集体领导的特点。一方面,中央人民政府委员会的决策机制是少数服从多数,体现了委员会的特点。另一方面,根据《中央人民政府组织法》,中央人民政府委员会组织政务院并任命其成员,"以为国家政务的最高执行机关"。这里的政务院就是最高执行机关,行使执行权即行政权。不过,《共同纲领》并未规定政务院及其职权,《中央人民政府组织法》是它的直接依据,但组织法关于中央人民政府和政务院的权力划分的规定,表明政务院是受到极大限制的执行机关,突出了中央人民政府对于国家治理的实际作用,让立法、决策、执行和监督的多种权力都汇集到了中央人民政府委员会,与以苏联为代表的社会主义宪法传统不同,中央人民政府虽然同样以议行合一原理为圭臬,却有自己的独特创造,表现为通过中央人民政府主席这一职位实现议、行两端的权力集中。

坚持集体领导突出主席地位。中央人民政府委员会选举中央人民政府主席、副主席和秘书长作为组成人员,且由主席主持委员会的会议并领导委员会的工作,副主席、秘书长皆协助主席执行职务。可见,中央人民政府主席既嵌入在委员会之中,又带有一定的独立性。一方面,《共同纲领》没有关于主席或国家元首、政府首脑、最高领袖的明确规定,《中央人民政府组织法》亦没有单独设置主席职务,只是将其作为委员会的一部分,但并没有脱离集体领导体制。另一方面,主席领导委员会的工作这一规定具有很强的模糊性。《中央人民政府组织法》规定,在中央人民政府委员会休会期间,政务院对中央人民政府的主席负责,并报告工作。换句话说,当委员会休会时,主席可以代行职责,实际影响政务院的工作。这一时期,担任中央人民政府主席的毛泽东具有崇高的权威,行使着宽泛的权力,在国家机构中是居于最高领导地位的。因此,无论是在规范意义上,还是在实际政治生活中,中央人民政府主席都位于新中国国家机构体系的顶端。

中央人民政府主席的制度逻辑

基于国情的阶段性安排。中央人民政府委员会设主席1名,副主席6名,委员56名,秘书长1名。1949年9月,新政治协商会议一致选举毛泽东为中央人民政府主席,朱德、刘少奇、宋庆龄、李济深、张澜、高岗为副主席,陈毅等56人为中央人民政府委员会委员。中央人民政府委员会组织政务院作为最高执行机关,组织人民革命军事委员会作为国家军事的最高统辖机关,组织最高人民法院、最高人民检察署作为国家的最高审判机关和检察机关。这就是 1949—1954 年期间的我国中央国家机构的基本面貌,它是在普选的人民代表大会召开之前的临时性国家机构安排,是基于新政治协商会议确立的政治框架的制度模式,既带有鲜明的协商性、阶段性和过渡性,又体现了高度的政治性特征。

牢固确立大国领袖地位。担任中央人民政府主席的毛泽东具有崇高的政治威望,对于当时还在进行的解放战争和实现国家统一来说,突出毛泽东的领袖地位非常重要。设立中央人民政府,采用委员会体制,并由主席进行领导,就让这个带有议行合一色彩的"大政府"既体现集体领导的民主性,又具有高度集中的统一性。这是从当时历史发展阶段的实际情况与具体国情出发所作出的正确抉择,并契合了当时凸显毛泽东作为大国领袖地位的现实需要。正是因为采用主席制,确保了毛泽东党中央的核心、全党的核心地位,维护了党中央权威和集中统一领导,并在新中国成立后,由毛泽东统一领导指挥,稳定全国政治大局,继续推进解放战争、巩固和发展人民民主专政、推行社会主义革命才取得巨大成功。社会主义基本制度的建立,为当代中国一切发展进步奠定了根本政治前提和制度基础。

展现大国治理体系优势。中央人民政府主席的制度设计充分考虑了初创的社会主义中国新政权巩固和国家治理的现实国情。主席的地位和能够行使的权力已经超越了现代总统制下的总统。后者是国家行政分支的首脑,亦是代表国家的元首。根据现代政治学理论和宪法学原理,总统地位的崇高与强大正是因为它结合了国家元首和政府首脑权力配置的两种逻辑,让行政权与民主同一性糅合在一起,吸收了君主制色彩和民主制逻辑,从而在权威性上超越了议会制下的政府首脑(总理或首相)和国家元首(国王或总统)。中央人民政府主席更接近主权性权力,领导着作为最高权力机关的中央人民政府委员会,而且它是当时议行合一原则的主要制度载体。尽管有政务院负责具体执行,但由于中央人民政府的广泛权力,以及委员会休会期间由主席单独行使权力,使得主席对于国家治理发挥着直接作用。

大国主席制的深远历史意义

主席制是重大的制度创建。在当时旧世界刚刚打破、国家建设百废待兴的社会历史条件下，由中央人民政府委员会实际行使主权性权力具有现实可行性和实践可操作性，中央人民政府实行委员会制并明确了主席的核心地位，符合建政初期的政治力量对比和国家治理需要。尽管中央人民政府委员会非常重要，行使着十分广泛的权力，同时产生了分工协作的权力分支，尤其是产生政务院作为执行机关，建立起了一个相对完备的权力分工体系，特别是行政执行体系。这样的制度设计充分考虑了新中国成立初期的军事、政治、经济和社会具体状况，具有强烈的新民主主义属性，较好地完成了阶段性和过渡性的任务，充分兼顾了民主性、科学性和有效性，是原则性和灵活性相结合在政权组织建设方面的范例。

启示国家主席的制度设计。1954年宪法起草时，中共中央决定改革国家的机构设置，设立"国家主席"。1954年9月，第一届全国人民代表大会第一次全体会议通过了中国第一部社会主义宪法（即"五四宪法"），中央国家机构调整，"中华人民共和国中央人民政府委员会"撤销，它的主要权力纳入全国人民代表大会及其常务委员会，原政务院转制为新的中央人民政府即国务院，另设中华人民共和国主席即国家主席，是独立的国家机关，既是国家的代表，又是国家的象征，充分吸收了中央人民政府委员会主席的制度设计及其优越性，新中国当时所学习的苏联并没有国家主席的制度形式。"五四宪法"规定的国家主席并非虚位国家元首，而是享有实质性权力，甚至是国家政治事务的决断者，中央人民政府仅指国务院，由总理负责，总理和国家主席共同分享行政权力，并在特定情形下接受国家主席的领导。后来，国家主席一职建制的设立产生争议并一度悬置、经历反复，"七五宪法"取消，"七八宪法"也没有设立。1982年全面修改《中华人民共和国宪法》（以下简称《宪法》），恢复了国家主席建制。1993年以后，我国党和国家政治生活形成中共中央总书记、国家主席、中央军委主席、国家军委主席"四位一体"的党领导国家体制格局，坚持党的全面领导的体制机制不断完善、更加定型。

体现大国大党的核心体制。习近平强调指出:"我们党是按照马克思主义建党原则建立起来的,形成了包括党的中央组织、地方组织、基层组织在内的严密组织体系。这是世界上任何其他政党都不具有的强大优势。党中央是大脑和中枢,党中央必须有定于一尊、一锤定音的权威,这样才能'如身使臂,如臂使指,叱咤变化,无有留难,则天下之势一矣'。"① 政党建设需要权威保障,国家治理离不开权威支撑,社会秩序依靠权威维系,建立权威、尊重和维护权威是马克思主义政党建设的重大课题,确立和维护无产阶级政党的领导核心,是马克思主义建党学说的内在要义和基本观点。马克思主义者认为,政治权威是一个历史范畴,不论是推翻旧制度还是建设新制度,都不可缺失;不仅革命权威、政治权威具有重要作用,个人权威、领袖权威同样对无产阶级政党建设具有重要作用;马克思恩格斯在领导欧洲工人运动和创立科学社会主义理论、建立无产阶级政党的实践中,始终强调权威的必要性和重要性。马克思生动形象地指出:"一个单独的提琴手是自己指挥自己,一个乐队就需要一个乐队指挥。"②"每一个社会时代都需要有自己的大人物,如果没有这样的人物,它就要把他们创造出来。"③恩格斯通过深入批判无政府主义国家观,系统论证了权威的极端重要性:"没有权威,就不可能有任何的一致行动。"④"不论在哪一种场合,都要碰到一个显而易见的权威。""能最清楚地说明需要权威,而且是需要专断的权威的,要算是在汪洋大海上航行的船了。那里,在危急关头,大家的生命能否得救,就要看所有的人能否立即绝对服从一个人的意志。"⑤具体到革命斗争实践中,"巴黎公社遭到灭亡,就是由于缺

---

① 习近平:《不断增强"四个意识"、坚定"四个自信"、做到"两个维护"》(2017年10月25日—2019年5月31日),载《习近平谈治国理政》(第三卷),外文出版社2020年版,第86页。

② 马克思:《〈资本论〉第一卷节选》,载《马克思恩格斯选集》(第二卷),人民出版社2012年版,第208页。

③ 马克思:《1848年至1850年的法兰西阶级斗争》,载《马克思恩格斯选集》(第一卷),人民出版社2012年版,第502页。

④ 恩格斯:《恩格斯致保尔·拉法格》,载《马克思恩格斯文集》(第十卷),人民出版社2009年版,第372页。

⑤ 恩格斯:《论权威》,载《马克思恩格斯选集》(第三卷),人民出版社2012年版,第276页。

乏集中和权威"①。恩格斯告诫无产阶级,要深刻吸取巴黎公社留下的经验教训:如果没有强有力的无产阶级政治权威,就不能保卫和巩固无产阶级革命的成果。

伟大人物具有非凡政治智慧、顽强意志品质、强烈使命担当。"谁道出了他那个时代的意志,把它告诉他那个时代并使之实现,他就是那个时代的伟大人物。他所做的是时代的内心东西和本质,他使时代现实化。"②一个伟大的人物之所以伟大,并不是因为他的个人特点使伟大的历史事件具有个别面貌,而是因为他受时代影响能为所发生的社会需要服务,"因为他比别人看得远些,他的欲望比别人强烈些。"③世界社会主义运动发展史、中国共产党百年奋斗史以及中外国家治理的实践表明,一个政党,没有领袖就没有灵魂,没有科学的理论武装,只能是一盘散沙;是否拥有权威的政党领袖和科学的指导思想,事关无产阶级政党的生死存亡和社会主义事业的兴衰成败。拥有坚强的领导核心、科学的理论指导,是马克思主义政党思想上政治上成熟的显著标志,是中国共产党创造百年辉煌、成就千秋伟业的成功密码。人民是历史的创造者,"人民,只有人民,才是创造世界历史的动力"④。历史活动是群众的活动,领袖来自人民,人民群众在历史进程中的决定性作用和领袖人物的领导核心作用并不矛盾。马克思主义唯物史观科学揭示了人民群众在创造历史中的主体地位,同时充分肯定了杰出人物在社会进步中的开创引领作用,认为每一个时代都要有自己的杰出人物。因为杰出人物能够正确判断时代发展大势、洞察亿万人民群众的共同愿望,能够提出历史任务、明确未来奋斗目标,具有远大的理想追求、高超的政治智慧、强烈的历史担当,善于组织和依靠人民群众把共同愿望变为现实。确立和维护坚强的领导核心,创立

---

① 恩格斯:《恩格斯致卡洛·特尔察吉》,载《马克思恩格斯文集》(第十卷),人民出版社2009年版,第375页。
② 〔德〕黑格尔:《法哲学原理》,范扬、张企泰译,商务印书馆1961年版,第379页。
③ 〔俄〕普列汉诺夫:《论个人在历史上的作用问题》,王荫庭译,商务印书馆2010年版,第55页。
④ 毛泽东:《论联合政府》(一九四五年四月二十四日),载《毛泽东选集》(第三卷),人民出版社1991年版,第1031页。

和发展科学的指导思想,是马克思主义建党学说的重大原则,是无产阶级政党推进伟大斗争、开创伟大事业的根本保证。

在领导俄国社会主义运动中,列宁深切认识到领袖人物和科学理论的重要性,他明确指出:"在历史上,任何一个阶级,如果不推举出自己的善于组织运动和领导运动的政治领袖和先进代表,就不可能取得统治地位。"[①]"没有革命的理论,就不会有革命的运动。""只有以先进理论为指南的党,才能实现先进战士的作用。"[②]"造就一批有经验、有极高威望的党的领袖是一件长期的艰难的事情。但是做不到这一点,无产阶级专政、无产阶级的'意志统一'就只能是一句空话。"[③]十月革命后,苏维埃政权建立初期实行战时共产主义和新经济政策,新生人民政权得以全面巩固,就是政治权威、政党权威和领袖权威合力的充分展现。《关于建国以来党的若干历史问题的决议》明确指出:"如果没有毛泽东同志多次从危机中挽救中国革命,如果没有以他为首的党中央给全党、全国各族人民和人民军队指明坚定正确的政治方向,我们党和人民可能还要在黑暗中摸索更长时间。"[④]

* * * * * *

大国强盛,核心领航;政党强大,核心统帅。一个国家、一个政党,领导核心至关重要。人类政治实践和政治文明的演进智慧启迪,确立核心体制是立国治国的基础性课题,是政党执政、国家发展的关键性问题。邓小平强调:"任何一个领导集体都要有一个核心,没有核心的领导是靠不住的。"[⑤]学史明理,学史增信,学史循道,在庆祝建党百年华诞的重大时

[①] 列宁:《我们运动的迫切任务》,载《列宁选集》(第一卷),人民出版社2012年版,第286页。

[②] 列宁:《怎么办?——我们运动中的迫切问题》,载《列宁选集》(第一卷),人民出版社2012年版,第311—312页。

[③] 列宁:《给德国共产党员的一封信》,载《列宁全集》(第四十二卷),人民出版社2017年版,第108页。

[④] 《关于建国以来党的若干历史问题的决议》(一九八一年六月二十七日中国共产党第十一届中央委员会第六次全体会议一致通过),中共党史出版社2013年版,第62页。

[⑤] 邓小平:《第三代领导集体的当务之急》(一九八九年六月十六日),载《邓小平文选》(第三卷),人民出版社1993年版,第310页。

刻,在"两个一百年"奋斗目标历史交汇的关键节点,重温中国共产党全面执政初期新中国这段政治史、宪制史,我们可以发现,中国共产党在建政初期就已经深刻认识到了核心体制的重要性。确立和维护领导核心,保障党的团结和集中统一领导,是马克思主义政党政治建设的基本要求,是马克思主义政党成熟的标志,坚持和加强党的领导,维护党中央权威和集中统一领导,必须在实践中形成和确立坚强有力的领导核心,必须健全和维护党中央集中统一领导的各项制度。如何确立核心、捍卫核心、巩固核心,确保全党在思想上高度认同核心、政治上坚决忠诚核心、行动上始终维护核心,需要通过制度建设加以体现和保障,唯有如此,才能在进行具有许多新的历史特点的伟大斗争中立于不败之地。设计一个具有强烈统合性的中央人民政府并由主席进行领导,将中央人民政府主席置于国家机构体系的顶端,行使极为广泛的权力,对于落实大国大党的核心体制来说,具有极为重要的意义。这也影响了"五四宪法"以后的社会主义国家机构的基本特征,至今仍能为我们全面加强党的领导的制度建设、深化党和国家机构改革、推进国家治理体系和治理能力现代化提供许多有益启示。同时,也为我们心怀"国之大者"、筑牢"四个意识"、坚定"四个自信"、做到"两个维护"提供了鲜活的历史参照。

溯历史之源,启复兴新篇。百年党史给我们的一个重要启示就是,坚决维护党中央的核心、全党的核心是党在重大时刻凝聚共识、果断抉择的关键,是党团结统一、胜利前进的重要保证。历史已经充分证明,中国共产党的领导是党和国家的根本所在、命脉所在,是全国各族人民的利益所系、命运所系。中国共产党领导是中国特色社会主义最本质的特征,是中国特色社会主义制度的最大优势,是当代中国最大的国情,党是最高政治领导力量。坚持党的领导,必须进一步健全党的领导制度体系,"建立不忘初心、牢记使命的制度""完善坚定维护党中央权威和集中统一领导的各项制度""健全党的全面领导制度""健全为人民执政、靠人民执政各项制度""健全提高党的执政能力和领导水平制度""完善全面从严治党制度"等,着力从制度安排上发挥党的领导这个最大的体制优势,把党的领导落实到国家治理各领域各方面各环节,不断提高党科学执政、民主执政、依法执政水平,确保党总揽全局、协调各方的领导核心作用得到充分发挥,"推动全党增强'四个意识'、坚定'四个自信'、做到'两个维护',自觉在思想上政治上行动上同以习近平同志为核心的党中央保持高度一致,坚决把维护习近平总书记党中央的核心、全党的核心地位落到实处"①。2021年3月,十三届全国人大四次会议修改完善《中华人民共和国全国人民代表大会组织法》,明确全国人大及其常委会坚持中国共产党的领导,就是坚持党对国家各项工作全面领导的重要举措。

大道蕴于历史,智慧源于实践。一个民族、一个国家要想走在时代前列,就一刻不能没有伟大人物的引领,就一刻不能没有先进思想的指导。在百年奋斗中,我们党之所以能够在危难之际绝处逢生、在失误之后拨乱反正、在磨难面前百折不挠,始终打不败、压不垮,在风雨洗礼中不断发展壮大,是因为有坚强的领导核心、科学的理论指导。从党的百年奋斗史中汲取奋进力量,以史为鉴、向史而新、开创未来,新时代、新征程、新使命,必须毫不动摇坚持党的集中统一领导。党的百年奋斗史,党的领导核心的形成、确立与党的创新理论是内在联系、有机统一的,直接关系中国革命、建设、改革的兴衰成败,维护党的核心和党中央权威与坚持马克思主义的指导,是中国共产党不断取得胜利的密码。新时代十年,坚持党的领导不仅在理论上有了新认识,而且在实践中有了新探索,尤其是在制度体系的建构和建设方面,横向到边、纵向到底的党的全面领导制度体系不断完善,党的全面领导的组织体系、价值体系、功能体系日益优化。作为党史上第三个回顾和总结自身历史的重要文献,2021年11月,党的十九届六中全会通过的《中共中央关于党的百年奋斗重大成就和历史经验的决议》是阐释中国共产党成功奥秘的权威版本。该决议明确指出:"党确立习近平同志党中央的核心、全党的核心地位,确立习近平新时代中国特色社会主义思想的指导地位,反映了全党全军全国各族人民共同心愿,对新时代党和国家事业发展、对推进中华民族伟大复兴历史进程具有决定性

---

① 《中共中央关于坚持和完善中国特色社会主义制度 推进国家治理体系和治理能力现代化若干重大问题的决定》(2019年10月31日中国共产党第十九届中央委员会第四次全体会议通过),载《中国共产党第十九届中央委员会第四次全体会议文件汇编》,人民出版社2019年版,第24页。

意义。""两个确立"的提出,是党深刻总结百年奋斗历程特别是党的十八大以来的伟大实践得出的最重要政治成果、最重大政治抉择、最宝贵历史经验,是维护马克思主义政党团结和集中统一的必然结论,是历史唯物主义的必然结论,是历史的选择、人民的选择、时代的选择,彰显了中国共产党作为马克思主义政党对遵循政党建设规律、担当政党历史使命的高度自觉,为走好新时代新征程赶考之路提供了科学的思想指引和坚强的领导保证,对团结带领全国各族人民全面建成社会主义现代化强国、实现第二个百年奋斗目标,以中国式现代化全面推进中华民族伟大复兴具有决定性意义。

初心如一,踔厉奋发,笃行不怠。回望来时奋进路,"两个确立"高度凝练了百年大党最宝贵的政治智慧、政治经验,坚持党中央集中统一领导是党的领导的最高原则,维护党的领袖的核心地位是马克思主义的一个重大原则。"两个确立"是新时代非凡十年发生的客观历史事实、最重要的政治成果,集中体现了中国共产党政治建设和国家治理的重大成果与宝贵经验。"十年来,我们经历了对党和人民事业具有重大现实意义和深远历史意义的三件大事:一是迎来中国共产党成立一百周年,二是中国特色社会主义进入新时代,三是完成脱贫攻坚、全面建成小康社会的历史任务,实现第一个百年奋斗目标。"[①]进入新时代,以习近平同志为核心的党中央把人民对美好生活的向往作为奋斗目标,以伟大的历史主动精神、巨大的政治勇气、强烈的责任担当,统筹推进"五位一体"总体布局、协调推进"四个全面"战略布局,取得"两个确立"的重大政治成果,党在革命性锻造中更加坚强有力,胜利实现全面建成小康社会目标,维护国家安全能力显著提高,国家国际地位显著提升,中国制度优势更加彰显;法治进步,经济发展,社会稳定,人民小康,国家强盛,举世瞩目,人所共见,党和国家事业实现一系列突破性进展,取得一系列标志性成果,具有重大意义的三件大事,为实现中华民族伟大复兴提供了更为完善的制度保证、更为坚实的

---

① 习近平:《高举中国特色社会主义伟大旗帜 为全面建设社会主义现代化国家而团结奋斗——在中国共产党第二十次全国代表大会上的报告》(2022年10月16日),载《人民日报》2022年10月26日。

物质基础、更为主动的精神力量。锻造民族复兴伟业坚强领导核心,推动中华民族伟大复兴进入不可逆转的历史进程,中国人民更加自信自立自强,为世界和平与发展注入强大正能量,彰显马克思主义的强大生命力,"新时代十年的伟大变革,在党史、新中国史、改革开放史、社会主义发展史、中华民族发展史上具有里程碑意义。"[1]实践充分证明,"两个确立"是推动党和国家事业取得历史性成就、发生历史性变革的根本原因和决定性因素,是战胜一切艰难险阻、应对一切不确定性的最大确定性、最大底气、最大保证。"两个确立"的决定性意义已经体现在新时代十年的伟大变革中,也必将充分彰显在全面建设社会主义现代化国家新征程的华彩篇章中。坚持党的领导是宪法的基本原则,习近平新时代中国特色社会主义思想是宪法确立的必须长期坚持的国家指导思想;维护习近平总书记党中央的核心、全党的核心地位,维护党中央权威和集中统一领导,是党的一项重要领导制度,"两个维护"是全党在革命性锻造中形成的共同意志,是成熟马克思主义政党的内在要求,是党的最高政治原则、最根本的政治纪律和政治规矩;准确把握"两个确立"的本质内涵,深刻领悟"两个确立"的决定性意义,全面贯彻"两个确立"的实践要求,是新时代坚持和发展中国特色社会主义的根本政治遵循、最重要的政治规矩,全党同志要把"两个确立"的政治共识自觉转化为"两个维护"的实际行动。

舟行万里,操之在舵。核心就是灵魂、就是力量,理论就是旗帜、就是方向。成就非凡之事业,须有非凡之精神和非凡之行动。"一个知道自己的目的,也知道怎样达到这个目的的政党,一个真正想达到这个目的并且具有达到这个目的所必不可缺的顽强精神的政党,——这样的政党将是不可战胜的。"[2]回望中国的现代化历程,中国特色社会主义是实现中华民族伟大复兴的唯一正确道路,在党的坚强领导下,我们已经走出一条光明大道,创造了人类文明新形态。征途漫漫,惟有奋斗,推进新时代党的建

---

[1] 习近平:《高举中国特色社会主义伟大旗帜 为全面建设社会主义现代化国家而团结奋斗——在中国共产党第二十次全国代表大会上的报告》(2022年10月16日),载《人民日报》2022年10月26日。

[2] 恩格斯:《致奥古斯特·倍倍尔》,载《马克思恩格斯全集》(第三十九卷),人民出版社1974年版,第139页。

设新的伟大工程,全面增强党的执政本领,坚持和发展中国特色社会主义,奋进全面建设社会主义现代化国家新征程,不断开创中国特色社会主义新局面,我们必须牢牢把握坚持党的全面领导的最高原则,深刻认识坚持和加强党中央集中统一领导的极端重要性,"健全总揽全局、协调各方的党的领导制度体系,完善党中央重大决策部署落实机制,确保全党在政治立场、政治方向、政治原则、政治道路上同党中央保持高度一致,确保党的团结统一"①。维护党中央集中统一领导,是一个成熟的马克思主义执政党的重大建党原则,中国共产党是靠革命理想和铁的纪律组织起来的马克思主义政党,党的二十大通过的党章修正案,把党是最高政治领导力量,坚持和加强党的全面领导写入党章,坚持和加强党中央集中统一领导是全党共同的政治责任,新时代新征程坚持和发展中国特色社会主义事业,最紧要的是深刻领悟"两个确立"的决定性意义,进一步增强忠诚拥护"两个确立"的思想自觉、政治自觉和行动自觉,坚决做到"两个维护",牢记"国之大者",不断提高政治判断力、政治领悟力、政治执行力,严格遵守党章和党内政治生活准则,坚定不移维护习近平总书记党中央的核心、全党的核心地位,坚决维护党中央权威和集中统一领导,毫不动摇把"两个确立"贯彻落实到党的建设各领域全过程,确保全党始终保持统一的思想、坚定的意志、协调的行动、强大的战斗力,确保党在世界形势深刻变化的历史进程中始终走在时代前列,在应对国内外各种风险挑战的历史进程中始终成为全国人民的主心骨,确保党永远不变质、不变色、不变味,确保党在新时代坚持和发展中国特色社会主义的历史进程中始终成为坚强领导核心。

中国革命、建设、改革和新时代十年的伟大成就已经反复验证,办好中国的事情,关键在党;全面建设社会主义现代化国家、全面推进中华民族伟大复兴,关键在党。党的二十大报告系统阐述了新时代新征程中国共产党的使命任务,强调前进道路上必须牢牢把握的"五项重大原则":坚

---

① 习近平:《高举中国特色社会主义伟大旗帜 为全面建设社会主义现代化国家而团结奋斗——在中国共产党第二十次全国代表大会上的报告》(2022年10月16日),载《人民日报》2022年10月26日。

持和加强党的全面领导,坚持中国特色社会主义道路,坚持以人民为中心的发展思想,坚持深化改革开放,坚持发扬斗争精神。以史为鉴、开创未来,必须坚持党的坚强领导。"坚决维护党中央权威和集中统一领导,把党的领导落实到党和国家事业各领域各方面各环节,使党始终成为风雨来袭时全体人民最可靠的主心骨,确保我国社会主义现代化建设正确方向,确保拥有团结奋斗的强大政治凝聚力、发展自信心,集聚起万众一心、共克时艰的磅礴力量。"①2022年1月6日,中共中央政治局常务委员会召开会议,听取全国人大常委会、国务院、全国政协、最高人民法院、最高人民检察院党组工作汇报,听取中央书记处工作报告。会议指出:"治理好我们这个拥有9500万党员的大党、这个拥有14亿多人口的大国,必须坚持党的全面领导特别是党中央集中统一领导。党的十八大以来,党和国家事业取得历史性成就、发生历史性变革,根本原因就在于我们坚持党的领导不动摇,坚持党中央权威和集中统一领导不动摇。党中央每年听取全国人大常委会、国务院、全国政协、最高人民法院、最高人民检察院党组工作汇报和中央书记处工作报告,对坚持党的全面领导、维护党中央权威和集中统一领导起到了示范作用,要长期坚持下去。"②

---

① 习近平:《高举中国特色社会主义伟大旗帜 为全面建设社会主义现代化国家而团结奋斗——在中国共产党第二十次全国代表大会上的报告》(2022年10月16日),载《人民日报》2022年10月26日。
② 《中共中央政治局常务委员会召开会议》,载《人民日报》2022年1月7日。

第一章

新时代法治建设的道德指引

法治是人类特定时空文化条件下的治道活动,文化是法治的深层土壤,法治国家建设离不开道德的滋养。"法安天下,德润人心",德治是基础,法治是保障,两者紧密结合方能达至良法善治。国家治理的根基是人民发自内心的拥护和真诚的信仰,现代治理是德治与法治的结合、道德治理与法律治理的统一,更是文化认同、文化共识之上的规则之治和良法之治,德治崇善断恶,法治扬善除恶。人类从来没有抽象的法律,法律与道德都是民族历史文化精神的产物,国家和社会治理需要法律与道德共同发挥作用。国家治理除了应有的典章制度、社会规范,还有无形的精神层面上的要素;人类既是命运共同体,也是道德共同体,道德性是人类文明的一个普遍特征,人类对自身的言行不只有对利益的关切和考量,而且还有道德的观照。

人类政治文明的实践已经充分证明,国家治理有自身的脉动规律,既要塑形,更要铸魂,培根铸魂是根本,化人通心为正道。严刑峻法只能治标,除了法律的威慑,必须聚力教育,荡涤人心,矫正金钱至上的价值导向,铲除唯利是图的社会土壤;要加强道德建设,提升公民素质,培元固本,综合施策,德法共治,标本兼治。道德是人与生俱来的善性,是世所共举的人性之光,人的堕落从不相信道德开始;道德的根本力量是向善,法律是良善与公正的艺术;法治既是对恶念恶行的约束和禁止,更是对人性本善的维护与倡导,是全社会对契约精神的崇尚和对诚信原则的恪守。法律是道德的底线,也是道德的屏障,从文化层面而言,道德是内心的法律,法律是成文的道德,道德与法律相对分离、法治与德治主次有序,但最终只有获得更高层次的复归,才能形成良法善治的统一体。而这一"正反合"的辩证发展过程,寓于社会主义法治中国建设的伟大实践,必然体现出中华民族伟大复兴的文化自觉与自信。

如果没有中华五千年文明,哪里有什么中国特色?如果不是中国特色,哪有我们今天这么成功的中国特色社会主义道路?我们要特别重视挖掘中华五千年文明中的精华,把弘扬优秀传统文化同马克思主义立场观点方法结合起来,坚定不移走中国特色社会主义道路。①

——习近平

要治理共和国,仅拥有才智、远见或是具备勤奋,是远远不够的,还需要有绝对可靠的法则(infallible rules),以及关于公平和正义的真正的科学(true science of equity and justice)。②

——〔英〕托马斯·霍布斯

公正的政治法令不过是从道德规范中精选出来的一部分。③

——〔英〕葛德文

法服务于道德,但服务的方式并非执行道德的诫命,而是保障内在于所有人意志中的道德力量的自由展开。但法的存在是独立的,由此,如果在个别情形中有可能出现实际存在之权利的不道德行使,那么这里并不存在任何矛盾之处。④

——〔德〕萨维尼

法治是人类的共同梦想和美好追求,是人类特定时空文化条件下的治道活动,是国家治理现代化的基本标志,而文化是法治的深层土壤。纵观人类法治实践和法律文明的变迁历程,不同的文化背景,不同的历史底蕴,总是造就不同文化内涵的法治。文化的内涵极为丰富深邃,但其本质

---

① 转引自史竞男等:《"我们要特别重视挖掘中华五千年文明中的精华"》,载《新华每日电讯》2022年7月4日。
② Thomas Hobbes, *Behemoth or The Long Parliament*, Frank Cass & Co. Ltd., 1969, p.70.
③ 〔英〕威廉·葛德文:《政治正义论》(第一卷),何慕李译,商务印书馆1980年版,第82页。
④ 〔德〕萨维尼:《当代罗马法体系Ⅰ》,朱虎译,中国法制出版社2010年版,第257—258页。

是道德和素质,来源于民族精神的高度凝练。国家治理除了应有的典章制度、社会规范,还有无形的精神层面上的要素;人类既是命运共同体,也是道德共同体,道德性是人类文明的一个普遍特征,人类对自身的言行不只有对利益的关切和考量,而且还有道德的观照。"人类有一个普遍的、永恒的正义理想;幸赖于此,法才未与暴力相混同。法利用暴力来实施制裁,有时还要改造凭借暴力创设的某些机构;法之所以能够改造它们,正是因为法与暴力不同。""而正义总是以其'要有良知、有道德'的本义来影响法律。"①

"社会的利益高于个人的利益,必须使这两者处于一种公正而和谐的关系之中。只要进步仍将是未来的规律,像它对于过去那样,那么单纯追求财富就不是人类的最终的命运了。"②法律规范了公民的义务,比如纳税、服兵役以及服从法院审判和选举结果的义务等。但义务不完全等同于责任,在现实中,责任往往超出了义务的范围;公民的义务离不开法律来规范,但公民的责任,则更多需要社会道德引导和个人自省与自觉。法律是对人群生活普遍看重的生活意义的选择和设定,人类从来没有抽象的法律,法律与道德都是民族历史文化精神的产物,国家治理和社会治理都需要法律与道德共同发挥作用。"因为社会虽然不是建立在个人道德的基础上,却也不是非道德的,毋宁说,它是建立在社会道德上面的。我们在这里论证的是,个人道德要在社会中发挥作用,就需要社会道德,也包括法律道德。"③

孔子曰:"圣人之治化也,必刑政相参焉。太上以德教民,而以礼齐之;其次以政焉导民,以刑禁之,刑不刑也。化之弗变,导之弗从,伤义以败俗,于是乎用刑矣。制五刑必即天伦,行刑罚则轻无赦。刑,侀也;侀,成也。壹成而不可更,故君子尽心焉。"④人类政治文明的实践已经充分证明,国家治理有其自身的脉动规律,既要塑形,更要铸魂,培根铸魂是根

---

① 〔法〕莫里斯·奥里乌:《法源》,鲁仁译,商务印书馆2022年版,第3、62页。
② 〔美〕路易斯·亨利·摩尔根:《古代社会》(新译本·下册),杨东莼、马雍、马巨译,商务印书馆1977年版,第556页。
③ 〔美〕伯尔曼:《法律与宗教》,梁治平译,商务印书馆2012年版,第86页。
④ 《孔子家语·刑政第三十一》。

本,化人通心为正道。"恃德者昌,恃力者亡。"①法律是外在的制约,人如果没有道德底线,无法自我约束,就会千方百计钻法律空子,作奸犯科。严刑峻法只能治标,除了法律的威慑,必须聚力教育,荡涤人心,矫正金钱至上的价值导向,铲除唯利是图的社会土壤;要加强道德建设,提升公民素质,培元固本,综合施策,德法共治,标本兼治。"夫仁义礼制者,治之本也;法令刑罚者,治之末也。无本者不立,无末者不成。"②治国先治人心,这是中国古代国家治理传承的经典智慧,为我们今天的法治建设提供了有益启示。

习近平强调:"要把道德要求贯彻到法治建设中。以法治承载道德理念,道德才有可靠制度支撑。法律法规要树立鲜明道德导向,弘扬美德义行,立法、执法、司法都要体现社会主义道德要求,都要把社会主义核心价值观贯穿其中,使社会主义法治成为良法善治。要把实践中广泛认同、较为成熟、操作性强的道德要求及时上升为法律规范,引导全社会崇德向善。要坚持严格执法,弘扬真善美、打击假恶丑。要坚持公正司法,发挥司法断案惩恶扬善功能。"③党的十八届四中全会通过的《中共中央关于全面推进依法治国若干重大问题的决定》明确指出,全面推进依法治国,建设中国特色社会主义法治体系,建设社会主义法治国家,必须坚持依法治国和以德治国相结合,一手抓法治,一手抓德治,既要重视发挥法律的规范作用,又要重视发挥道德的教化作用,以法治体现道德理念、强化法律对道德建设的促进作用,以道德滋养法治精神、强化道德对法治文化的支撑作用,实现法律和道德相辅相成、法治和德治相得益彰,不断提高国家治理体系和治理能力的现代化水平。《中共中央关于全面推进依法治国若干重大问题的决定》的科学阐释,揭示了人类社会法治建设、法治发展的基本规律,指明了法治中国建设的基本遵循和内在逻辑。

---

① 《史记·商君列传》。
② 《群书治要·袁子正书》。
③ 习近平:《坚持依法治国和以德治国相结合》(2016年12月9日),载《习近平谈治国理政》(第二卷),外文出版社2017年版,第134页。

一、道德:社会个体成员内心的法律

(一) 德之大者:建设社会主义法治中国

"信仰不仅要求个人的德行,而且要求集体的德行,而体现在法律中的集体德行也和人可能做的其他任何事情一样具有终极价值(而非仅仅是次要价值)。"①文学大师金庸先生曾言:侠之大者,为国为民。②但在国家与人民的面前,"侠"的格局还是小了。或者说,面对绵延几千年的中华文明,泱泱十四亿多人口的伟大国家,唯至高的"德性"方可与之匹配。德之大者,应是胸怀天下、悲悯苍生,为中华民族担当。中国共产党一经诞生,就把为中国人民谋幸福、为中华民族谋复兴确立为自己的初心使命,点亮了实现中华民族伟大复兴的灯塔。回眸中国共产党百年光辉历程:从建党的开天辟地,到新中国成立的改天换地,到改革开放的翻天覆地,再到党的十八大以来党和国家事业取得历史性成就、发生历史性变革;新时代十年,中华大地上全面建成小康社会,第一个百年奋斗目标如期实现,中国人民正意气风发迈向全面建成社会主义现代化强国的第二个百年奋斗目标,领导人民完成民族独立、推翻封建压迫、建设中国特色社会主义、推动改革开放、领航中华民族伟大复兴,中华民族迎来了从站起来、富起来到强起来的伟大飞跃,实现中华民族伟大复兴进入了不可逆转的历史进程!历史逻辑、科学理论、历史贡献、当下实践和实际成效,有力证成政党执政和长期执政的正当性、合法性。具体而言,民主政府的合法性来源于全体人民,以彪炳史册的一个个辉煌成就博得全国各族人民衷心拥戴,不断证成新政权的"德性",中国共产党民主建政、长期执政的正当性和合法性——源自历史、人心的向背和人民的选择,始终赢得人民拥

---

① 〔美〕伯尔曼:《法律与宗教》,梁治平译,商务印书馆2012年版,第81页。
② 参见金庸:《神雕侠侣》第二十回"侠之大者",生活·读书·新知三联书店1999年版,第758页以下。

护、巩固长期执政地位。① 为中国人民谋幸福、为中华民族谋复兴是中国共产党的初心使命，为人类谋进步、为世界谋大同也是党的责任担当，维护世界和平、促进世界发展，中国发展离不开世界，世界发展也需要中国。和平、发展、公平、正义、民主、自由是全人类的共同价值，"构建人类命运共同体"不仅是一个政治理念，更是对天下人的道德期望。

《中国共产党章程》总纲开宗明义："中国共产党是中国工人阶级的先锋队，同时是中国人民和中华民族的先锋队，是中国特色社会主义事业的领导核心，代表中国先进生产力的发展要求，代表中国先进文化的前进方向，代表中国最广大人民的根本利益。党的最高理想和最终目标是实现共产主义。""两个先锋队""三个代表"深刻阐明了中国共产党是什么、要干什么这个根本问题，既揭示了中国共产党为什么能，也说明了历史选择中国共产党、人民选择中国共产党的根本原因。中国共产党矢志为国家、为人民奉献一切，从中国大地、中国文化和中国文明中不断汲取强大力量和智慧，也必将赢得中国人民更广泛、更有力、更坚定的支持。从石库门到天安门，从兴业路到复兴路，从井冈山到北京城，党历经沧桑而初心不改、饱经风霜而本色依旧，党的百年历史就是一部来自人民、为了人民、依靠人民的历史，党从诞生之日起就将"一切为了人民"写在自己的旗帜上；党的百年历史也是一部人民选择、人民拥护、人民爱戴的历史，血肉相连本就源自中国共产党的内生基因，人民群众始终与党同甘共苦、风雨同舟，有了人民群众的坚定支持，任何艰难险阻都阻挡不了党前进的步伐。人民共和国缔造者毛泽东旗帜鲜明地说："我们的党从它一开始，就是一个以马克思列宁主义的理论为基础的党"，理论和实践相结合，"是我们共产党人区别于其他任何政党的显著标志之一"；"我们共产党人区别于其他任何政党的又一个显著的标志，就是和最广大的人民群众取得最密切的联系。全心全意地为人民服务，一刻也不脱离群众；一切从人民的利益

---

① 参见李伟红、姜洁：《王岐山会见出席"2015 中国共产党与世界对话会"外方代表》，载《人民日报》2015 年 9 月 10 日。

出发,而不是从个人或小集团的利益出发"。① 纵观毛泽东为中国社会主义革命和建设事业奋斗的一生,他信奉"人民就是上帝",待百姓如亲人,始终放在心中最高位置,要求全党同志把人民当上帝,情系百姓疾苦、关注百姓利益、关爱百姓情感,把为广大人民群众谋利益作为最崇高的使命:"我们一定要坚持下去,一定要不断地工作,我们也会感动上帝的。这个上帝不是别人,就是全中国的人民大众。"② 改革开放总设计师邓小平饱含深情地说:"我是中国人民的儿子。我深情地爱着我的祖国和人民。"③

心中装着百姓,手中握有真理,脚踏人间正道。新时代领路人习近平豪迈自信地说:"这么大一个国家,责任非常重、工作非常艰巨。我将无我,不负人民。我愿意做到一个'无我'的状态,为中国的发展奉献自己。"④"中国共产党始终代表最广大人民根本利益,与人民休戚与共、生死相依,没有任何自己特殊的利益,从来不代表任何利益集团、任何权势团体、任何特权阶层的利益。"⑤"我们的目标很宏伟,也很朴素,归根结底就是让全体中国人民都过上好日子。以人民为中心是我们的根本执政理念。"⑥"民有所想我有所谋,民有所呼我有所应,民有所求我有所为",习近平始终牢记党的宗旨,自党的十八大以来,走遍了十四个集中连片特困地区、五十多次深入农村一线调研脱贫攻坚和乡村振兴工作,从黄土地到黑土地、从吕梁山区到罗霄山脉、从零下十几度到海拔四千米……从人民中走来,与人民同行,为人民奋斗的脚步从未停歇。共产党就是给人民办事

---

① 参见毛泽东:《论联合政府》(一九四五年四月二十四日),载《毛泽东选集》(第三卷),人民出版社1991年版,第1093—1095页。
② 毛泽东:《愚公移山》(一九四五年六月十一日),载《毛泽东选集》(第三卷),人民出版社1991年版,第1102页。
③ 邓小平:《〈邓小平文集〉序言》(1981年2月14日,为英国培格曼出版公司出版的《邓小平文集》英文版写的序言),http://cpc.people.com.cn/GB/33839/34943/34978/35419/2665810.html,2020年3月5日访问。
④ 习近平:《我将无我,不负人民》(2019年3月22日),载《习近平谈治国理政》(第三卷),外文出版社2020年版,第144页。
⑤ 习近平:《在庆祝中国共产党成立100周年大会上的讲话》(2021年7月1日),载《习近平谈治国理政》(第四卷),外文出版社2022年版,第9页。
⑥ 《习近平同俄罗斯总统普京举行视频会晤》(2021年12月15日),载《人民日报》2021年12月16日。

的，人民是党永远不变的牵挂，中国共产党从建党之初就开始重视人民、依靠人民，争取民心、赢得民意，风雨同舟、同甘共苦，发展至今已上升到"坚持人民至上"的理念，这就是"德之大者"，是最大的"德政""仁政"。

党的二十大报告庄严承诺："我们要实现好、维护好、发展好最广大人民根本利益，紧紧抓住人民最关心最直接最现实的利益问题，坚持尽力而为、量力而行，深入群众、深入基层，采取更多惠民生、暖民心举措，着力解决好人民群众急难愁盼问题，健全基本公共服务体系，提高公共服务水平，增强均衡性和可及性，扎实推进共同富裕。"①一个政党最难也是最宝贵的，就是历经沧桑而初心不改、饱经风霜而本色依旧，在长期执政条件下坚持自我革命，始终做到自我净化、自我完善、自我革新、自我提高。环顾世界，很少有哪个政党像中国共产党这样，在理论上鲜明提出、在实践中明确要求以人民利益为出发点和落脚点；很少有哪个政党像中国共产党这样，把公而忘私、奉献牺牲作为对党员的基本道德要求；新时代新征程，面对新赶考之路、复兴之路、现代化强国之路，只要全党时刻保持解决大党独有难题的清醒和坚定，确保党永远不变质、不变色、不变味，慎终如始保有与人民群众的血肉联系，就一定能团结带领全国各族人民闯过一道又一道雄关，抵达一个又一个胜利的彼岸！

法治是国家治理体系和治理能力的重要依托，全面建设社会主义现代化国家，离不开法治的引领和规范，中华民族的伟大复兴，离不开法治的保障和支撑。党的十八大第一次系统提出全面依法治国；2014年10月，党的十八届四中全会集理论创新和实践总结之大成，以法治思维图善治，专题研讨依法治国问题，并通过了党的历史上第一个关于加强法治建设的决定，对全面推进依法治国适时作出顶层设计，描绘了建设法治中国的总蓝图，按下"法治快进键"，开启了中国法治的崭新时代，书写了法治史的新篇章，"法治"成为新时代的至高"德性"——推行"真"法治：具有高度主体性意识的法治中国建设，保证国家走上坚实的依法治国道路，使

---

① 习近平：《高举中国特色社会主义伟大旗帜 为全面建设社会主义现代化国家而团结奋斗——在中国共产党第二十次全国代表大会上的报告》（2022年10月16日），载《人民日报》2022年10月26日。

"'法治'有益于所有人",让全体国民受益。① 中国共产党百年波澜壮阔的历史昭示,不论怎样的艰难险阻,只要坚持一切为了人民,一切依靠人民,事业发展就有了基本的保障。全面推进依法治国,人民群众是法治中国建设的主体,必须依靠人民、引导全民参与。但同时还要清醒地认识到,全民参与的法治建设,与以往"把党的正确主张变为群众的自觉行动"有所不同。它关涉在坚持党的领导和社会主义制度的前提下,法治中国怎样完成宪法建制以及公民参与的"根本性问题"。② 全民参与的法治建设,是中国现代国家建设与国家治道变革必须面对的历史性"议程"。

人的问题,是一个根本问题、原则问题,是检验一个政党、一个政权性质的试金石;人心向背,历来是决定一个政党、一个政权盛衰的根本原因。"得天下有道:得其民,斯得天下矣。得其民有道:得其心,斯得民矣。得其心有道:所欲与之聚之,所恶勿施尔也。"③民心是最大的政治,民生是最大的民心,正义是最强的力量;得民心者得天下,顺民意者得民心,失民心者失天下。1944年8月12日,毛泽东在审阅《解放日报》社论稿《衡阳失守后国民党将如何?》时鲜明指出:"一切问题的关键在政治,一切政治的关键在民众,不解决要不要民众的问题,什么都无从谈起。要民众,虽危险也有出路;不要民众,一切必然是漆黑一团。"④习近平强调:"历史充分证明,江山就是人民,人民就是江山,人心向背关系党的生死存亡。赢得人民信任,得到人民支持,党就能够克服任何困难,就能够无往而不胜。反之,我们将一事无成,甚至走向衰败。"⑤民意是执政的基石,群众路线是所有现代政党的生命,是党管政治的核心,没有这个核心,党就远离了政

---

① 参见〔美〕布雷恩·Z. 塔玛纳哈:《论法治——历史、政治和理论》,李桂林译,武汉大学出版社2010年版,第1页。

② 美国著名汉学家孔飞力先生曾指出,在中国现代国家形成的过程中,持续存在着一种"根本性议程"或"建制议程"(constructional agenda)。所谓"根本性"问题,指的是当时人们关于为公共生活带来合法性秩序的种种考虑;所谓"议程",指的是人们在行动中把握这些考虑的意愿。参见〔美〕孔飞力:《中国现代国家的起源》,陈兼、陈之宏译,生活·读书·新知三联书店2013年版,第1—2页。

③ 《孟子·离娄上》。

④ 毛泽东:《一切政治的关键在民众》(一九四四年八月十二日),载《毛泽东文集》(第三卷),人民出版社1996年版,第202页。

⑤ 习近平:《开展党史学习教育要突出重点》(2021年2月20日),载《习近平谈治国理政》(第四卷),外文出版社2022年版,第512页。

治,远离了人心。① "人民至上、生命至上,保护人民生命安全和身体健康可以不惜一切代价!"② "中国共产党领导人民打江山、守江山,守的是人民的心。治国有常,利民为本。为民造福是立党为公、执政为民的本质要求。必须坚持在发展中保障和改善民生,鼓励共同奋斗创造美好生活,不断实现人民对美好生活的向往。"③ "与天下同利者,天下持之;擅天下之利者,天下谋之。"④ 中国共产党始终同人民同呼吸、共命运、心连心,从"全心全意为人民服务"到"人民对美好生活的向往",就是中国共产党的奋斗目标,凝结着中国共产党人对人民难以割舍的深情。坚持人民至上的价值追求,践行服务人民的铮铮誓言,生动展现了中国共产党对唯物史观的科学认识、对共产党执政规律的深刻把握,以及不变的执政理念、不变的人民情怀。

民生决定民心,民生好坏决定民心向背,民心向背决定政党命运和国运兴衰,这是历史公理或者说人类社会发展的普遍规律。当然,"一个国家的繁荣,不取决于它的国库之殷实,不取决于它的城堡之坚固,也不取决于它的公共设施之华丽;而在于它的公民的文明素养,即在于人们所受的教育、人们的远见卓识和品格的高下。这才是真正的利害所在、真正的力量所在"⑤。实践表明,在促进社会公平、正义和道德力量上,离不开执政党、政府的强力推动,同时更需要民众的智慧和协同。尤为重要的是,全民参与法治建设本身即是提高全体国民"德性"的最佳历练过程,譬如,培育妥协谦和的人文精神,养成开放包容的大爱情怀,坚守公平正义的价值追求。德之大者,不专属于政党或历史伟人,芸芸众生处江湖之远,亦

---

① 2014年12月31日,习近平在全国政协新年茶话会上的讲话中明确指出:"问题是时代的声音,人心是最大的政治。推进党和国家各项工作,必须坚持问题导向,倾听人民呼声。"参见《全国政协举行新年茶话会》,载《人民日报》2015年1月1日。另参见习近平:《人民对美好生活的向往,就是我们的奋斗目标》(2012年11月15日),载《习近平谈治国理政》,外文出版社2014年版,第3—5页。

② 习近平:《坚持人民至上》,载《求是》2022年第20期。

③ 习近平:《高举中国特色社会主义伟大旗帜 为全面建设社会主义现代化国家而团结奋斗——在中国共产党第二十次全国代表大会上的报告》(2022年10月16日),载《人民日报》2022年10月26日。

④ 《管子·版法解》。

⑤ 〔英〕塞缪尔·斯迈尔斯:《品格的力量》,宋景堂等译,北京图书馆出版社1999年版,第1页。

位卑未敢忘忧国,让尽量多的普通人,而不是少数圣贤或精英,能够共同建立起一种诉诸自由而非压制、共好而非独善、德行而非强权、民主而非专制的高品质公共生活,是国家治理现代化的基本目标。公民参与既是一个体现人民当家作主的实践过程,也是一个将法律精神潜移默化融入民众思想观念的验证过程,在公共生活的相互关怀、启发、交融中激发个体公德,摆脱消极情绪和金钱物质的奴役。反之,民意表达渠道不畅,参与机制缺失,必将导致道德沦丧。法国政治、历史学家托克维尔曾敏锐地指出:当无民意表达之机制,私利将占领人们灵魂——"他们一心关注的只是自己的个人利益,他们只考虑自己,蜷缩于狭隘的个人主义之中,公益品德完全被窒息。"①

人类创造了文化,文化也塑造着人类,文化的最大特点在于化人。"刚柔交错,天文也。文明以止,人文也。观乎天文,以察时变。观乎人文,以化成天下。"②法律的重要作用之一,就是教化倡导。中华民族伟大复兴,根本上是文化的复兴。国学大师钱穆精辟指出:"一切问题,由文化问题产生;一切问题,由文化问题解决。"③以英国的法文化传统和法治历程为例,英国没有成文宪法,并且在相当长的时期里没有明确的个人权利法案④,没有司法审查,但英国正是自由主义的诞生地与法治的堡垒。这是因为,在英国存在着一种深深地植根于文化和社会中,广泛地存在于民众和官员之中的共同信念和承诺:政府的权力是应该受到法律约束的。⑤也就是,法治之要旨,在于信仰法律至上,将权力关进制度的牢笼,政府守法,自觉接受民众监督,切实保障不可侵犯的人权。法治是围绕制约公权、保障私权所建构的国家法律制度体系,法治国家决不允许存在法外之

---

① 〔法〕托克维尔:《旧制度与大革命》,冯棠译,商务印书馆 2009 年版,第 35 页。
② 《周易·贲卦第二十二》。
③ 钱穆:《文化学大义》,中正书局 1981 年版,第 3 页。
④ 1998 年 11 月,英国议会通过《人权法案》(Human Rights Act);2000 年 10 月 1 日,《人权法案》正式生效。但保守党已决定用《英国权利法案》取代原有的《人权法案》,并计划通过女王的演讲宣布这一决定。2015 年 5 月 27 日,英国民众于议会广场前举行游行示威,反对英国政府取消《人权法案》。
⑤ 参见〔美〕布雷恩·Z. 塔玛纳哈:《论法治——历史、政治和理论》,李桂林译,武汉大学出版社 2010 年版,第 72 页。

地,公民在法律面前一律平等。在一个成熟的法治社会,没有任何领域、任何单位、任何团体和任何个人拥有任何不受监督和监管的权利。站在新的历史起点,中国共产党人鲜明提出"全面推进依法治国",无疑是为国为民,乃"德之大者"。

(二) 德之中者:培育和践行社会主义核心价值观

美国文化人类学者克利福德·吉尔兹指出:"法学和民族志,一如航行术、园艺、政治和诗歌,都是具有地方性意义的技艺,因为它们的运作凭靠的乃是地方性知识(Local Knowledge)。"①法国启蒙思想家、法学理论奠基人孟德斯鸠则在其名著《论法的精神》中试图从地理、宗教、民情、风俗中追寻法的精神。虽然他们都没有能全部洞悉法的本质最终根源于特定社会的经济物质条件,但是从德与法的关系来说,一个民族的德性惯习的确极大地影响到法的内容与形式。正是在这个意义上,德与法相互交融,德乃民众心中之法。因此,要建构具有高度主体性意识的法治中国,也就必须培育和践行当代中国人的德性生活,重塑心灵秩序和社会行为规范。早在春秋战国时期,法家代表人物管仲就提出了"国之四维"的治国纲纪准则:"国有四维,一维绝则倾,二维绝则危,三维绝则覆,四维绝则灭。倾可正也,危可安也,覆可起也,灭不可复错也。何谓四维? 一曰礼,二曰义,三曰廉,四曰耻。礼不逾节,义不自进,廉不蔽恶,耻不从枉。故不逾节,则上位安;不自进,则民无巧诈;不蔽恶,则行自全;不从枉,则邪事不生。"②然而,反观现实生活,在某些时段里,当代中国人的精神生活和思想建设在多元文化与价值观的十字路口,确曾徘徊不前。

"正也者,正于天之为人性命也。天之为人性命,使行仁义而羞可耻,非若鸟兽然,苟为生,苟为利而已。"③"正"源于天而成为人之性命,使人能够"行仁义""羞可耻",从而与禽兽区别开来。每个时代都有每个时代的

---

① 〔美〕克利福德·吉尔兹:《地方性知识——阐释人类学论文集》,王海龙、张家瑄译,中央编译出版社 2000 版;〔美〕克利福德·吉尔兹:《地方性知识:事实与法律的比较透视》,邓正来译,载梁治平主编:《法律的文化解释》,生活·读书·新知三联书店 1994 年版,第 73 页。
② 《管子·牧民》。
③ (汉)董仲舒:《春秋繁露·竹林》。

精神,每个时代都有每个时代的价值观念。人类道德惯习的历史嬗变或道德进步——社会、人心向上向善,遵循着自身的发展规律、演进逻辑,而最忌讳的是急功近利,它无法严格或公式化、机械化地用投入去预测产出,更不是简单的资源叠加或某种制度的建构,在特定空间、高度稳定性中,道德实践还将受到时代精神的引领,回应时代关切。党的十八大和十八届三中全会提出、倡导的"社会主义核心价值观",正是我们这个时代——当下中国的道德内核,是凝聚社会共识的基础性价值体系和时代精神即当代中国精神的集中体现,是凝聚中国力量的思想道德基础。正如习近平所强调指出:"人类社会发展的历史表明,对一个民族、一个国家来说,最持久、最深层的力量是全社会共同认可的核心价值观。""核心价值观,其实就是一种德,既是个人的德,也是一种大德,就是国家的德、社会的德。国无德不兴,人无德不立。如果一个民族、一个国家没有共同的核心价值观,莫衷一是,行无依归,那这个民族、这个国家就无法前进。"[①]从文化角度观察,核心价值观承载着一个民族、一个国家的精神追求,展示民族的文化特质,是民族、国家凝聚力的源泉和赖以维系的精神纽带;从经济角度观察,核心价值观体现社会评判是非曲直的价值标准,影响民众的经济行为方式,关乎可持续发展的市场体系建设;从政治角度观察,核心价值观是国家共同的思想道德基础,是国家认同的主要来源,特别是多民族国家还关乎国家统一与长治久安。因此,法治中国建设必须把社会主义核心价值观贯彻落实到法治体系建设的各方面和全过程。

"道德是主观的或者个人的意志和普遍的意志的统一。"[②]中国语境道德的核心是"善",上善也就是"玄德"——最高的道德境界。品德润身,公德善心,大德铸魂。人之初、性本善,道德是人与生俱来的善性,人若善恶不分、不相信道德,堕落也就开始了;人性的两端是善恶,道德是世所共举的人性之光,其根本力量是向善,深藏于人心的邪不压正、正义战胜邪恶,正是善心善念的定力,公平正义的伟力;个体自律是道德的基础,正心明

---

① 习近平:《青年要自觉践行社会主义核心价值观》(2014年5月4日),载《习近平谈治国理政》,外文出版社2014年版,第168页。
② 〔德〕黑格尔:《历史哲学》,王造时译,商务印书馆1963年版,第90页。

道、正己化人,无数个体的私德水准,夯实社会的公德根基,构筑起高耸的大德大厦;若失去人文精神的滋养,没有核心价值观引领,丧失传统文化精神根基,终将被外界诱惑与纷扰腐蚀,所有人将走向精神上的"无家可归"。社会主义核心价值观以清晰的规范和不可被腐化的价值观,将涉及国家、社会、个人三个不同层面的价值要求融为一体、构成完整体系——富强、民主、文明、和谐是国家层面的价值目标,自由、平等、公正、法治是社会层面的价值取向,爱国、敬业、诚信、友善是公民个人层面的价值准则,全面回答了我们要建设什么样的国家、建设什么样的社会、培育什么样的公民等重大问题。① 显然,这是一套构筑完整的道德论述和评价标准,集中彰显了中国国家理念和核心价值,其生成和实践逻辑是:一方面,它由执政党和政府顺应时势、集中民智而适时提出,并依靠组织的动员力与影响力开展宣传教育、推动实践,将其融入国民教育全过程,落实到经济社会发展和社会治理日常之中,形成不竭正能量。另一方面,人民是道德建设的根本力量,道德实践的主体是"人"而非政治,组织动员只能宣传、倡导、教育和示范,而无法替代,不可包办,更不可道德强迫。例如,"要求官员为父母洗脚"所引发的舆论发酵,即为生动个案:孝心可以教化、也可能被感染,教人行孝或促人行孝也都没有问题,但绝不可以被党委、政府命令。② 道德教育不是磕头洗脚那么简单,更不应成为"道德绑架"。人性是复杂的,善恶都存在,有善也有恶。"有心为善,虽善不赏;无心为恶,虽恶不罚。"③一切伪善与恶等同。

当然,政府代表公共利益、维护公平正义,政府官员行使公权力,理应有更高道德要求、道德操守,这是人类发展进步的基本政治伦理,对政府、公职人员必须设定基本道德底线,如此,政府治理才真正具有正当性,才

---

① 参见中共中央办公厅:《关于培育和践行社会主义核心价值观的意见》,载《人民日报》2013年12月24日。
② 2016年春节放假前夕,湖北省长阳县火烧坪乡给22名机关干部和乡中心学校的300名学生布置了一份特殊的"寒假作业":每人亲手为自己的父母洗脚,而且要求拍照上交。火烧坪乡党委书记李德兵表示,下一步,将把此项活动延伸到乡直单位、村组干部中。参见《湖北长阳给干部布置"作业":为父母洗脚并拍照上交》,http://www.chinanews.com/sh/2016/02-18/7762841.shtml,2016年3月5日访问。
③ 张友鹤辑校:《聊斋志异》(卷一·考城隍),上海古籍出版社1978年版,第1页。

能获得百姓真心认同和拥护。"有德有才是正品,有德无才是次品,无德无才是废品,无德有才是毒品。"德才兼备始终是中国共产党干部选拔的基本原则,《中国共产党章程》第35条明确规定,党按照德才兼备、以德为先的原则选拔干部,坚持五湖四海、任人唯贤,坚持事业为上、公道正派,反对任人唯亲。孔子曰:"为政以德,譬如北辰,居其所而众星共之。"①在历史的长河中,那些帝国的崩溃、王朝的覆灭、执政党的下台,无不与其当政者不立德、不修德、不践德有关,无不与其当权者作风不正、腐败盛行、丧失人心有关。古希腊著名思想家亚里士多德也明言:"人如不作善行(义行)终于不能获得善果(达成善业);人如无善德而欠明哲,终于不能行善(行义);城邦亦然。一个城邦必须有相同于人们所由称为义士、为达者、为哲人的诸品德,惟有勇毅、正义和明哲诸善性,才能达成善业[而导致幸福]。"②百行以德为首,"修其心治其身,而后可以为政于天下"③。

道德的内容丰富而至简,其核心是"善",善良是人最纯洁的品质、最基本的德行。战国时期思想家孟子认为,从终极意义而言,人乃是精神的存在,而不是生物的存在,因此人有比生命更高的价值追求。当个体生命与道德原则发生冲突而不能两全时,应该道德优先,舍弃生命以维护理想中的道德原则。唯此,才能凸显人的高贵与尊严。"生亦我所欲也,义亦我所欲也,二者不可得兼,舍生而取义者也。生亦我所欲,所欲有甚于生者,故不为苟得也;死亦我所恶,所恶有甚于死者,故患有所不辟也。"④如果社会没有道德(慈悲心、同情心、仁爱心,是非观、正义观、耻辱观),没有基本价值共识,人人没有了良知,世间没有了公义,很难想象世界将会咋样。所以,近代唯物主义杰出代表、英国政治哲学家托马斯·霍布斯(Thomas Hobbes)在《狴希莫司》(亦译《贝希摩斯》)中精辟指出:"对私人事务的处理只要求勤奋和天生的才智,但要治理共和国,仅拥有才智、远见或是具备勤奋,是远远不够的,还需要有绝对可靠的法则(infallible

---

① 《论语·为政》。
② 〔古希腊〕亚里士多德:《政治学》,吴寿彭译,商务印书馆1965年版,第342页。
③ (北宋)王安石:《洪范传》。
④ 《孟子·告子上》。

rules），以及关于公平和正义的真正的科学（true science of equity and justice）。"①

孔子曰："克己复礼为仁。一日克己复礼，天下归仁焉。为仁由己，而由人乎哉？"②德乃人之根本，人生成功要素很多，品德最为重要；私德不修，人生必难行稳致远，这是生命的智慧，也是生活的铁律。道德不是也不应是宣传出来的表现形式或具象符号，而是基于个体生命长期实践自然生成的品质，成为民众在日常生活中践行的生活准则和价值观念。道德，流淌于血液基因里，孕育于生命成长中，扩展于公共生活处，完善于自我修炼时；小节不保，终累大德，德不配位，必有灾殃；好的德行源于家庭、传承于父母，"积善之家，必有余庆；积不善之家，必有余殃"③。道德品行是人行走于世间最轩昂的气度，道德无价，德者有得；你若善良，天必护佑，有大德者定有大福，时代永远眷顾对底线的坚守，没有底线最终会输掉一切！在中国先哲老子看来，万物之中，水最能体现道德之善："上善若水。水善利万物而不争，处众人之所恶，故几于道。"④水灌溉万物却不与物争利，身居低凹之处而泰然处之，其善如天高，其居如地卑，故近乎道。倘若人性如水，则为"上善"，即至善的道德，最高的道德境界。具体的衡量标准是："居善地，心善渊，与善仁，言善信，正善治，事善能，动善时。"⑤上善如水，居则处人之下，思则深厚渊博，处世利于万物，说话诚实守信，为政善治，办事规矩周到，行动择机而为，也就是如水那般谦退、深弘、博爱，适时而动，适性而为，无私无偏，这是上善的价值原则。

德国政治哲学思想家和教育家（曾任中学、大学校长）黑格尔认为："一个人做了这样或那样一件合乎伦理的事，还不能就说他是有德的；只有当这种行为方式成为他性格中的固定要素时，他才可以说是有德的。"⑥

---

① Thomas Hobbes, *Behemoth or The Long Parliament*, Frank Cass & Co. Ltd., 1969, p. 70.
② 《论语·颜渊》。
③ 《周易·坤卦第二》。
④ 《道德经·第八章》。
⑤ 同上。
⑥ 〔德〕黑格尔：《法哲学原理》，范扬、张企泰译，商务印书馆1961年版，第194页。

文化建构、道德体系的生成有其自身限度,培育和弘扬社会主义核心价值观,首先必须安顿好自己的文化,仰望崇高,砥砺精神。榜样的力量无穷,精神的力量伟大,行胜于言,说到不如做到;省心向善去恶,才能化性成仁,立地成圣。见贤思齐,见不贤而自省;善者仁心,仁者爱人;己所不欲,勿施于人,也就是能以仁爱之心推己及人。① 所以说,"不要评价别人的德行,因为你不见得比他更高尚。"反求诸己,自省自律;积功累行,止于至善;无缘大慈,同体大悲;"虚伪是双倍的邪恶,自负是双倍的愚蠢"②。道德自律,胜过一切法律;道德用于律人,坏过一切私刑。因此,人们抗拒居高临下的道德批判,期待网络空间清朗,网络暴力、人肉搜索等行为不要发生。现实生活中,网络暴力行为淹没理性、蚕食公序,助长网络戾气,不仅冲破道德的底线,更践踏法律的红线,近年屡有悲剧发生。人生的目的是完成道德的自我,道德的前提是律己、自律,不能强迫他人,这是涵养高尚情操、提升道德修为的要诀,应该成为社会道德建设或道德评价的全民共识。"人的善就是灵魂的合德性的实活动","在生命中获得高尚[高贵]与善的是那些做得好的人"。③ 人的目的即幸福,是获得的而不是以自然的方式达到的,即通过做合德性的事而成为有德性的人。1835 年 8 月,年仅 17 岁的马克思在中学毕业论文《青年在选择职业时的考虑》中明确立志:"在选择职业时,我们应该遵循的主要指针是人类的幸福和我们自身的完美。"他深刻指出,"历史承认那些为共同目标劳动因而自己变得高尚的人是伟大人物;经验赞美那些为大多数人带来幸福的人是最幸福的人"。④

《新时代公民道德建设实施纲要》提出,以法治承载道德理念、鲜明道德导向、弘扬美德义行;完善守法诚信褒奖机制和违法失信惩戒机制,营造诚信社会环境。现实生活中,大多数违反道德规范的行为,自然可通过

---

① 参见《论语·里仁》《论语·颜渊》。
② Thomas Hobbes, *Behemoth or The Long Parliament*, Frank Cass & Co. Ltd., 1969, p.1.
③ 〔古希腊〕亚里士多德:《尼各马可伦理学》,廖申白译注,商务印书馆 2003 年版,第 20、23 页。
④ 参见马克思:《青年在选择职业时的考虑》,载《马克思恩格斯全集》(第四十卷),人民出版社 1982 年版,第 7 页。

社会舆论、教育感化等道德自身的力量来纠正和调整，一部分行为则需要党内法规、国家法律来约束。如对于已经严重侵害国家和社会利益以及严重侵犯他人权益的，自有国家法律将其作为违法犯罪行为进行处理；对于行为轻微危害性较小，虽未构成违法犯罪，但造成不良影响，仅依靠道德力量不能纠正的，则由党纪予以规范约束。《中国共产党纪律处分条例》第137条明确规定："违背社会公序良俗，在公共场所有不当行为，造成不良影响的，给予警告或者严重警告处分；情节较重的，给予撤销党内职务或者留党察看处分；情节严重的，给予开除党籍处分。"第138条规定："有其他严重违反社会公德、家庭美德行为的，应当视具体情节给予警告直至开除党籍处分。"《中华人民共和国政务处分法》第40条规定，公职人员参与赌博的，拒不承担赡养、抚养、扶养义务的，实施家庭暴力，虐待、遗弃家庭成员的，以及其他严重违反家庭美德、社会公德的行为，予以警告、记过或者记大过；情节较重的，予以降级或者撤职；情节严重的，予以开除。以法治为保障，积极培育和践行社会主义核心价值观，为实现公平正义、促进向上向善培植深厚社会土壤。

法律的生命力在于实施，道德的奥义在于践行。中共中央办公厅印发的《关于培育和践行社会主义核心价值观的意见》提出："要把社会主义核心价值观贯彻到依法治国、依法执政、依法行政实践中，落实到立法、执法、司法、普法和依法治理各个方面，用法律的权威来增强人们培育和践行社会主义核心价值观的自觉性。""注重把社会主义核心价值观相关要求上升为具体法律规定，充分发挥法律的规范、引导、保障、促进作用，形成有利于培育和践行社会主义核心价值观的良好法治环境。"对此，《中华人民共和国民法典》（以下简称《民法典》）这部新时代"社会生活的百科全书"进行了有益探索和示范。例如，《民法典》第1条明确将"弘扬社会主义核心价值观"确立为其立法目的之一，凸显了民法典立法目的及其所体现的内在价值体系与社会主义核心价值观之间的天然契合性。第4条至第9条通过规定基本原则，分别将社会主义核心价值观中平等、自由、公正、诚信、法治的内容转化成平等、自愿、公平、诚信、公序良俗和保护生态基本原则。第 7 条规定:"民事主体从事民事活动,应当遵循诚信原则,秉持诚实,恪守承诺。"第 1043 条规定:"家庭应当树立优良家风,弘扬家庭美德,重视家庭文明建设。夫妻应当互相忠实,互相尊重,互相关爱;家庭成员应当敬老爱幼,互相帮助,维护平等、和睦、文明的婚姻家庭关系。"《民法典》开创了将社会主义核心价值观融入民事立法的有效模式。

(三)德之小者:重视中华文明传统的道德自律

"万物有所生,而独知守其根;百事有所出,而独知守其门。"[①]一个时代的价值观念,根植于一个国家特有的历史文化中。中华民族在几千年历史中创造和延续的中华优秀传统文化,是中华民族的根和魂,是最深厚的文化软实力,也是中国特色社会主义植根的文化沃土。习近平指出:"如果没有中华五千年文明,哪里有什么中国特色?如果不是中国特色,哪有我们今天这么成功的中国特色社会主义道路?我们要特别重视挖掘中华五千年文明中的精华,把弘扬优秀传统文化同马克思主义立场观点方法结合起来,坚定不移走中国特色社会主义道路。"坚定中国特色社会主义道路自信、理论自信、制度自信,说到底是要坚定文化自信。新时代法治建设要牢牢守住中华优秀传统文化这个"根"和"魂",从中汲取丰厚滋养,把跨越时空、超越国度、富有永恒魅力、具有当代价值的文化精神弘扬起来,把立足于中华优秀传统文化的社会主义核心价值观,化作百姓日用不觉的行为准则,成为凝聚社会共识的"最大公约数"。"目失镜,则无以正须眉;身失道,则无以知迷惑。"[②]从根本上说,德性最终的决定和实践,必将具体落实、体现在每一个公民自身社会生活和日常行为中,融进血液,滋养心灵,培育风骨,形成自觉,蔚然成风。因此,曾子曰:"吾日三省吾身。为人谋而不忠乎?与朋友交而不信乎?传不习乎?"[③]德国哲学

---

① (汉)刘安:《淮南子·原道训》。
② 《韩非子·观行》。
③ 《论语·学而》。

家康德的墓志铭镌刻着:"位我上者,灿烂星空;道德律令,在我心中。"①道德是法律的基础,法律承载着社会的价值理想和道德追求,法律是道德的底线,也是道德的屏障,道德依靠法律的强制性来保障底线。人类共同体政治文明的演进表明,法治既是对恶念恶行的约束和禁止,更是对人性本善的维护与倡导②,是全社会对契约精神的崇尚和对诚信原则的恪守。

"坚持依法治国和以德治国相结合,把社会主义核心价值观融入法治建设、融入社会发展、融入日常生活。"③坚持德法并举、协同共进,依法治国与以德治国相结合,不仅立足于对人性的深刻洞见,而且其本身也是对当下国人的殷切期待。法律是具有权威性和强制力的他律机制,其建立在对人性极不信任的哲学观之上。如美国大法官霍姆斯就直白地说:"倘若你们想了解法律,而不是别的什么,你们得以一个坏人的眼光看待它。"④但实践表明,他律必须转化为自律,才能更好地发挥作用。遵循尚法轻德,保持敌视人性的立场,难免陷入恶性循环,轻则徒增社会运行成本,重则出现人们一旦有机会可以躲过法律制裁就会肆无忌惮为恶的局面。所以,孔子曰:"道之以政,齐之以刑,民免而无耻;道之以德,齐之以礼,有耻且格。"⑤也正因如此,中国古代国家治理历来高度重视道德教化,

---

① "有两样东西,我们愈经常愈持久地加以思索,它们就愈使心灵充满日新又新、有加无已的景仰和敬畏;在我之上的星空和居我心中的道德法则。"参见〔德〕康德:《实践理性批判》,韩水法译,商务印书馆1999年版,第177页。

② 2015年8月,四川凉山彝族自治州越西县索玛花爱心小学12岁(小学四年级)彝族女孩木苦依伍木的作文《泪》被新华社记者刊发,迅即轰动网络,短短300余字,令人潸然泪下,引发舆论和公众对贫困山区农村发展的广泛关注。而随后,由于当地政府认为网络舆情有损"颜面",随即拆除爱心小学,公安机关对基金会负责人(学校负责人)实施拘押,导致舆论的进一步发酵。此事件表明:基层治理中的许多简单执法,既不是对法治的尊重,也不符合法治的基本精神,往往直接打击民众对法治的认知,对社会人心造成巨大伤害,危害极大。参见吕晓勋:《怎样擦去"最悲伤作文"里的眼泪》,载《人民日报》2015年8月6日;王石川:《"最悲伤作文"如何抵达温暖光亮》,载《人民日报》2015年9月2日。

③ 习近平:《高举中国特色社会主义伟大旗帜 为全面建设社会主义现代化国家而团结奋斗——在中国共产党第二十次全国代表大会上的报告》(2022年10月16日),载《人民日报》2022年10月26日。

④ Oliver Wendell Holmes, The Path of Law, *Harvard Law Review*, No. 10 (1897).

⑤ 《论语·为政》。

主张"德主刑辅""先德后刑""明德慎罚":治道以人的主体至善为根本,以强调人的主体至善为基本路径。①

思想大师亚里士多德认为:"城邦的长成出于人类'生活'的发展,而其实际的存在却是为了'优良的生活'。""人类所不同于其他动物的特性就在他对善恶和是否合乎正义以及其他类似观念的辨认[这些都由言语为之互相传达],而家庭和城邦的结合正是这类义理的结合。""凡订有良法而有志于实行善政的城邦就得操心全邦人民生活中的一切善德和恶行",城邦必须以促进善德为目的,"一个城邦的目的是在促进善德,这样的宗旨不难给它作证"。优良的生活由三方面的善造就:"外物诸善""躯体诸善"和"灵魂诸善"。② 在当今时代语境中,国家于人民的根本意义是:国家为国民美好生活而存在。"人是政治的存在者,必定要过共同的生活。"人的整个一生都离不开法律,要不断接受法律的学习和熏陶。"如果一个人不是在健全的法律下成长的,就很难使他接受正确的德性。因为多数人,尤其青年人,都觉得过节制的、忍耐的生活不快乐。所以,青年人的哺育与教育要在法律指导下进行。这种生活一经成为习惯,便不再是痛苦的。但是,只在青年时期受到正确的哺育和训练还不够,人在成年后还要继续这种学习并养成习惯。"③

习近平指出:"坚定文化自信,离不开对中华民族历史的认知和运用。历史是一面镜子,从历史中,我们能够更好看清世界、参透生活、认识自己;历史也是一位智者,同历史对话,我们能够更好认识过去、把握当下、面向未来。"④基于人类历史演进的逻辑,在这个社会多元价值观易变的信息时代,今日我们重视传统文化资源,大力弘扬中华传统美德,倡导中华

---

① 许纪霖先生认为:"中国的传统政治是外儒内法,外面都讲仁义道德,实际实施的都是法家。法家就是专制君主加上酷律、酷吏。"参见许纪霖:《对谈:如何面对无所不在的暴力?》,http://xujilin.blog.caixin.com/archives134944,2016 年 3 月 6 日访问。

② 参见〔古希腊〕亚里士多德:《政治学》,吴寿彭译,商务印书馆 1965 年版,第 7、8、138—139、340 页。

③ 〔古希腊〕亚里士多德:《尼各马可伦理学》,廖申白译注,商务印书馆 2003 年版,第 303、343 页。

④ 习近平:《要有高度的文化自信》(2016 年 11 月 30 日),载《习近平谈治国理政》(第二卷),外文出版社 2017 年版,第 351 页。

文明的道德自律,就是要重新解释中国文化,全面认知5000年中华文明,彰显中华文明的自信回归,推动、推进国人的文化启蒙,让文明基因传承、延续,教化社会,引导全体社会成员在日常社会生活中践行,力求"小节不亏",加强个人品德、家庭美德、职业道德和社会公德建设,激发人们形成善良的道德意愿、道德情感,自觉培育自重、平等和理性的现代公民素养,明是非,知荣辱,懂敬畏,守准则,敦厚诚信,彰德守法,从而厚植法治精神赖以生长的文化土壤,让法治信仰在民众心中落地生根。我们坚信,在一个成熟的法治国和宪法建制下,践行社会主流核心价值,加强公民的道德自律,自然会极大地增进社会和谐,凝聚社会共识。一方面,现代公共治理要求公民有能力理性参与公共事务(如民主选举、立法参与、社区治理等),这对公民素质提出了较高的要求。另一方面,具有道德自律属性的社会和谐,社会充满温情,必将提高社会信任,减少内耗。因为"如果一个社会内部普遍存在不信任感,就好比对所有型态的经济活动课征税负,而高信任度社会则不须负担此类税负"[①]。

"所有法律制度都不仅要求我们在理智上承认一社会所倡导的合法美德,而且要求我们以我们的全部生命献身于它们。"[②]明大德是国家之根本,守公德是社会之大势,严私德是个人之操守,私德不立,公德难守,大德难彰,三者相辅相成;在心为德,施之为行,道德扩展于公共生活中,如通过加强法律建设为中华民族英烈精神的血脉相承构筑强有力的法治保障。"诚既勇兮又以武,终刚强兮不可凌。身既死兮神以灵,魂魄毅兮为鬼雄。"[③]英雄烈士是民族脊梁、时代先锋,国家以法治保障捍卫英烈权益,推动全社会见贤思齐、崇尚英雄,筑牢信仰之基。《民法典》第185条规定:"侵害英雄烈士等的姓名、肖像、名誉、荣誉,损害社会公共利益的,应当承担民事责任。"《中华人民共和国英雄烈士保护法》(以下简称《英雄烈士保护法》)第26条规定:"以侮辱、诽谤或者其他方式侵害英雄烈士的姓

---

① 〔美〕弗兰西斯·福山:《信任——社会道德与繁荣的创造》,李宛蓉译,远方出版社1998年版,第37页。
② 〔美〕伯尔曼:《法律与宗教》,梁治平译,商务印书馆2012年版,第31页。
③ 《九歌·国殇》。

名、肖像、名誉、荣誉,损害社会公共利益的,依法承担民事责任;构成违反治安管理行为的,由公安机关依法给予治安管理处罚;构成犯罪的,依法追究刑事责任。"2020年12月,十三届全国人大常委会第二十四次会议通过的《中华人民共和国刑法修正案(十一)》增设"侵害英雄烈士名誉、荣誉罪"。特别立法加强精准保护、民事立法明确侵权责任、刑事立法强化打击力度,形成了一套完善的英烈保护法律制度体系。"德之小者"是对每一位中国公民提出的道德自律之要求。"修身、齐家、治国、平天下",就是这个"以小见大"的圣贤智慧:"古之欲明明德于天下者,先治其国;欲治其国者,先齐其家;欲齐其家者,先修其身;欲修其身者,先正其心;欲正其心者,先诚其意;欲诚其意者,先致其知,致知在格物。物格而后知至,知至而后意诚,意诚而后心正,心正而后身修,身修而后家齐,家齐而后国治,国治而后天下平。"① 当然,德之谓大、中、小,系指关涉国家与社会的不同层面,并无高低上下之分。或者可以说,正是德性的不同层次,共同构成每一个中国人值得拥有的德性生活,因为"人是生而自由的,但却无往不在枷锁之中。自以为是其他一切的主人的人,反而比其他一切更是奴隶"②。

二、法律:个体社会成员成文的道德

(一)法之大者:坚持依宪治国和依宪执政

宪法是母法,是法律体系的基石,是一切法律的效力渊源。我国宪法凝聚着中国共产党带领人民不懈奋斗取得的伟大成就和宝贵经验,现行《宪法》于1982年制定,至今已40余年,历经五次修正,是充分体现人民共同意志、充分保障人民民主权利、充分维护人民根本利益的好宪法。但总体来说,其实施效果还不完全理想,尚未形成系统、完备的宪法运行机制。在相当长的一段时期里,人们在生活中远离宪法,这是我们国家在依

---

① 《礼记·大学》。
② 〔法〕卢梭:《社会契约论》,何兆武译,商务印书馆2009年版,第4页。

法执政或法治道路上存在的重大瓶颈。坚持依法治国首先要坚持依宪治国，坚持依法执政首先要坚持依宪执政，习近平强调指出："全面贯彻实施宪法，是建设社会主义法治国家的首要任务和基础性工作。""宪法的生命在于实施，宪法的权威也在于实施。我们要坚持不懈抓好宪法实施工作，把全面贯彻实施宪法提高到一个新水平。"①宪法明确了国家根本任务和奋斗目标，要通过贯彻实施宪法，推进全面建设社会主义现代化国家；切实尊崇宪法、严格实施宪法，在新时代新征程上更好展现国家根本法的力量，要用科学有效、系统完备的制度体系保证宪法实施，加强宪法实施和监督，切实维护国家法治统一。可见，维护宪法尊严，树立宪法权威，弘扬宪法精神，形成中国特色社会主义的宪法实施机制，是"全面推进依法治国"的首要问题，是法治中国的"法之大者"。

宪法是根本大法，是人权的保障书，全面贯彻实施宪法是建设社会主义法治国家的首要任务和基础性工程。近些年来，宪法的重要性日益得到认可，现实生活中人们淡漠宪法，根源于宪法远离民众生活，因为我们的司法之争中，借助的都是其下位法，而不能直接以宪法条文为自己辩护，法院审判案件也不直接援引宪法。自 1955 年 7 月 30 日发布《最高人民法院关于在刑事判决中不宜援引宪法作论罪科刑的依据的复函》开始②，在此后 60 多年的时间里，各级人民法院在司法裁判中援引宪法的案例寥寥无几③。同时，长期以来，包括法学界在内的很多法律人也并不把

---

① 习近平：《在首都各界纪念现行宪法公布施行 30 周年大会上的讲话》（2012 年 12 月 4 日），载《习近平谈治国理政》，外文出版社 2014 年版，第 138 页。

② "新疆省高级人民法院：你院〔55〕刑 2 字第 336 号报告收悉。中华人民共和国宪法是我们国家的根本法，也是一切法律的'母法'。刘少奇委员长在关于中华人民共和国宪法草案的报告中指出：'它在我们国家生活的最重要的问题上，规定了什么样的事是合法的，或者是法定必须执行的，又规定了什么样的事是非法的，必须禁止的。'对刑事方面，它并不规定如何论罪科刑的问题，据此，我们同意你院的意见，在刑事判决中，宪法不宜引为论罪科刑的依据，此复。"参见《最高人民法院关于在刑事判决中不宜援引宪法作论罪科刑的依据的复函》，http://www.law-lib.com/law/law_view.asp?id=101，2016 年 3 月 5 日访问。

③ 也就是说，单独依据宪法规范进行判决的案件在我国还是存在的，只是非常少见，如近年可查寻的判决书样本案例：陈华连等与海口市美兰区大致坡镇栽群村委会后井坡经济社返还征地款纠纷案〔（2007）美民一初字第 608 号〕，就是单独根据《宪法》第 33 条进行判决的情形。但是该案在上诉后，二审法院以"一审判决认定事实清楚，适用法律错误"而予以纠正。具体内容详见该案二审判决书〔（2007）海中法民一终字第 938 号〕。

宪法当作法律，认为宪法是"政治宣言、政治纲领"，不具备其他法律的基本特点——可诉性。如此，宪法只能高高在上，不可能融入公民生活，"高大上"的宪法也自然没有真正成为公民基本权利的"守护神"。

可喜的是，《中共中央关于全面推进依法治国若干重大问题的决定》明确提出"健全宪法实施和监督制度"，这是促进宪法实施的重要举措。其中，完善全国人大及其常委会宪法监督制度，健全宪法解释程序机制，已然成为社会瞩目的焦点。强调宪法监督，意味着与人民代表大会制度相统一的违宪审查制度有望建立和运行，依法撤销和纠正违宪违法的规范性法律文件，应当顺势展开。健全宪法解释程序，表明高度抽象、概括的宪法精神和宪法原则，能够通过法定程序得到权威性的阐释、说明，为宪法实施以及未来宪法的司法适用创造条件。这样，通过不断拓展宪法之法属性的实质内涵，使之成为更加具有可操作性的"活法"，让公民真切感知，进而具体运用。[①] 与此同时，依宪治国的重点在于依宪执政，中国共产党是执政党，只有执政党依宪执政，宪法之权威才能得到根本确立。

当然，依宪执政决不是符号化的法治，而是具体到司法实践领域，具体至宪法作用的有效发挥，切实保护民众利益。习近平明确指出："依法治国，首先是依宪治国；依法执政，关键是依宪执政。新形势下，我们党要履行好执政兴国的重大职责，必须依据党章从严治党、依据宪法治国理政。党领导人民制定宪法和法律，党领导人民执行宪法和法律，党自身必须在宪法和法律范围内活动，真正做到党领导立法、保证执法、带头守法。"[②] 依宪执政，不仅表明全面推进依法治国有了根本保障和推动力，同时也意味着中国共产党在新的历史条件下执政方式的全面转型。因为法治与人治的根本区别并不在于是否有法律，或者是否依法办事，而在于是否让法律具有所有个人和组织都不得超越的至高无上的地位，是否使政府的权力受到法律的限制，是否让所有冲突纠纷都在法律框架下解决，是

[①] 如为纪念中国人民抗日战争暨世界反法西斯战争胜利70周年，时隔40年后，《宪法》特赦条款ได้ะ重新启动，即充分展示了依宪治国、依法治国中宪法的"柔性"品质。

[②] 习近平：《在首都各界纪念现行宪法公布施行30周年大会上的讲话》（2012年12月4日），载《习近平谈治国理政》，外文出版社2014年版，第141—142页。

否坚持落实国家一切权力属于人民的宪法理念。

知宪法于心,守宪法于行。宪法作为国家的根本大法,具有最高法律效力,是治国安邦的总章程,它将国家、社会与个体紧密连接在一起,也是维系一个国家、一个民族凝聚力的根本纽带。有人说,宪法是"高大上"的法律,总觉得距离民众生活很遥远。党的十八大以来,宪法实施提高到新的水平,2018年,全国人大通过第五个宪法修正案,为实现中华民族伟大复兴的中国梦夯实法治基础、汇聚磅礴力量。同时,加强宪法实施和监督,制定监察法、英雄烈士保护法、国歌法,修改国旗法等宪法相关法,落实宪法规定的授勋、特赦等制度;调整设立全国人大宪法和法律委员会;有序推进合宪性审查工作,加强备案审查制度和能力建设;以立法形式建立宪法宣誓制度、设立国家宪法日。中国特色社会主义法律体系日益完善,全国人大及其常委会新制定法律69件,修改法律237件,通过有关法律问题和重大问题的决定99件,作出立法解释9件,迄今现行有效法律共292件。①

规范性文件备案审查是一项具有中国特色、符合中国国情的宪法监督制度,为推动宪法法律实施,保障宪法法律权威,保护公民合法权益,全国人大常委会依照宪法、法律积极推动备案审查工作,稳步推进"有件必备",逐步落实"有备必审",努力实现"有错必纠",切实维护国家法治统一,着力增强备案审查制度刚性,就法规、司法解释等规范性文件中的合宪性、合法性、适当性等问题开展审查研究;对存在违背宪法规定、宪法原则或者宪法精神,与党中央的重大决策部署不相符或者与国家的重大改革方向不一致,违背上位法规定,或者明显不适当等问题的,根据不同情况分别予以纠正、作出处理,防范"法外设权""立法放水"等问题的出现;对存在不符合宪法法律规定、明显不适当等问题的,督促制定机关予以改正。②

---

① 数据截至2022年6月30日。
② 如有的地方性法规规定,小区业主参选业主委员会成员的前提条件之一是必须"按时交纳物业费等相关费用"。有公民对此规定提出审查建议,全国人大常委会法工委审查认为,业主委员会是业主自治组织,其参选资格以业主身份为基础,业主未按时交纳物业管理费,属于业主违反物业服务合同的民事违约行为,地方性法规以此限制业主参选业主委员会的资格,与民法典的有关规定相抵触。经沟通,制定机关已对相关规定作出修改。参见《十三届全国人大常委会第三十二次会议审议多部报告》,载《人民日报》2021年12月22日。

2013—2022年的10年间，全国人大常委会共接收了各类报送备案的规范性文件14261件，对涉及生态环境保护、食品药品安全、人口与计划生育等领域的法规、司法解释以及其他规范性文件组织开展专项审查和集中清理，对公民、组织提出的1.4万余件审查建议进行了逐件认真研究处理，累计推动、督促制定机关修改、废止各类规范性文件2万余件，备案审查制度和能力建设不断加强，有力维护宪法的权威和尊严。① 同时，把立法工作同普法工作有机结合，充分发挥人大机关发言人机制作用，讲好人大故事、立法故事，弘扬法治精神，推进宪法法律有效实施。随着宪法普及的日益深入，我们欣喜地发现，越来越多的人已经充分感知和认识到，宪法就在生活里、生命中，与自己生活息息相关，每时每刻都相伴我们左右，如出生、上学、工作、退休等；每一个公民生命中的重要时刻，都在宪法的呵护和保障之下，从出生到离世，宪法中涉及的遗产继承、接受赠与、生命权、人身自由权、受教育权、选举权与被选举权、婚姻、财产等多种权利，都相伴我们的一生。

　　法治是治国理政的基本方式，也是持续增进民生福祉的重要保障。宪法是"法之大者"，但它不是什么神明的旨意，也不是汉斯·凯尔森（Hans Kelson）所作形而上预设的"基础性规范"，而是公民的生活规范。我国宪法是党领导人民所制定，是国民意志的体现。因此，宪法之所以为宪法的最终依据，应归结为得到当下全体中国人认同的价值共识和德性法则。蕴涵基本价值的根本法则，才是宪法所由产生的逻辑根据，并奠定宪法和宪制的道德根基。只有这样的法则，才能高于宪法，并以根本不变之道赋予宪法根本法特性，使宪法享有最高权威。我们或可将其称为中国人的普遍道德以及期望拥有的德性生活。从这个意义上说，宪法即是时代德性的高度浓缩和集中表达，亦是成文的"德之大者"②。古希腊思想家亚里士多德

---

① 参见张天培：《中国特色社会主义法律体系完善取得显著进展》（中国这十年·系列主题新闻发布），载《人民日报》2022年4月26日。
② 以人的尊严保护为例，尊严来自人反思、评价进而选择自己生活的基本属性，如今已成为当代世界各国宪法文本及实践中的核心概念。中国宪法上的尊严条款，在形式上体现为"内部统摄与外部相互构成的规范地位"，规范含义上则体现为一种对君子人格的追求与国家伦理的拟人化塑造。参见王旭：《宪法上的尊严理论及其体系化》，载《法学研究》2016年第1期。

强调"最高的善",中国春秋时期哲人老子提出"正善治"。古今中外,不同民族、不同国家为实现良政善治进行了不懈探索,毫无疑问,以宪法为根本保障的"中国之治"为人类政治文明发展提供了新的智慧和启示。

(二)法之中者:以区域法治为核心落实具体法治

中国自古就是地域大国,东西南北跨度大,区域差异显著。"为国也,观俗立法则治,察国事本则宜。不观时俗,不察国本,则其法立而民乱,事剧而功寡。"①"法不察民之情而立之,则不威。"②中国既是发展中大国,也是多民族人口大国,历史悠久、地区差异巨大,不同地方、不同区域、不同民族的人们有不同的生活方式和风俗习惯,与此同时,东中西部区域经济社会发展水平也存在较大差异。俗语说:"百里不同风,十里不同俗。"全面推进依法治国,总目标是建设中国特色社会主义法治体系,建设社会主义法治国家,这是基于对法治国家建设基本规律、中国国情科学认知的基本判断与科学决策。"法治体系"是一个崭新概念,表明全面推进依法治国、建设法治中国,将是一个长期的、动态的系统工程,由若干子体系构成,并能够进行更加细化的目标和任务分解,促成具有可操作性的具体法治。

《中共中央关于全面推进依法治国若干重大问题的决定》明确了中国特色社会主义法治体系的具体构成:完备的法律规范体系,高效的法治实施体系,严密的法治监督体系,有力的法治保障体系,完善的党内法规体系;同时提出,要"推进多层次多领域依法治理","发挥市民公约、乡规民约、行业规章、团体章程等社会规范在社会治理中的积极作用。"可见,在各体系内部还应有二阶子系统的规划,从而建设形成相互衔接、多层次、立体化的法治谱系。中国还是统一的多民族国家,如果说法治体系的子系统规划是具体法治的一个重要维度,那么在法制统一、法治中国建设全国一体化的基础上,辩证认识疆域辽阔、地域差别、民族多元、文化多样的实际国情,因地制宜,重视区域法治,则是具体法治的另一个重要维度。例如,坚持依法治疆、团结稳疆、文化润疆、富民兴疆、长期建疆;坚持依法

---

① 《商君书·算地》。
② 《商君书·壹言》。

治藏、富民兴藏、长期建藏、凝聚人心、夯实基础,就是新时代全面依法治国战略布局在具体边疆民族自治地方(或曰特定地缘民族区域)的具体落实和实践,彰显了习近平法治思想领航法治中国的实践伟力、民族区域法治的时代要求。具体以西藏自治区为例,西藏是我国重要的国家安全屏障和生态安全屏障,在党和国家战略全局中居于重要地位。习近平强调指出,西藏工作关系党和国家工作大局,党中央历来高度重视西藏工作,"必须坚持治国必治边、治边先稳藏的战略思想"[①]。我国边疆地域辽阔,战略地位重要、少数民族聚集、资源禀赋突出,必须坚持国家治理和边疆治理、一般性和特殊性有机结合,以国家边疆稳定发展为最高原则,以民族团结为生命线,以依法治边为基本方略。实践表明,随着20世纪末香港、澳门的先后回归,西部大开发、东北老工业基地振兴和中部崛起等国家战略的先后实施,以及作为基本政治制度的民族区域自治的良好运行,将区域经济开发纳入法治轨道,对促进和保障地方经济社会的可持续发展具有重大意义、深远影响,蕴含于区域协调发展和社会治理之中的区域法治思维逐渐成形。

党的十八大以来,坚持全面依法治国,深化依法治国实践,法治中国建设迈出坚实步伐,省域、市域、县域,纷纷明确提出法治浙江、法治武汉、法治昆山……法治东北,科学制定各具地方、区域特色的法治五年规划,是不同区域立足自身实际、依据宪法法律所开展的法治创新创造活动,是法治中国建设区域性多样性鲜活样本的魅力呈现,是具体法治的生动诠释,展现了区域法治的创新活力。区域法治发展的不平衡和不均衡作为一个客观存在,既是中国法治发展的基本特征,也是影响法治发展的重要变量。同时,中国是世界上最大的发展中国家,仍然并将长期处于社会主义初级阶段的基本国情,决定了区域经济社会发展差距的客观存在,区域间经济社会发展水平的巨大差异,也必然影响或制约区域法治发展的进程和效果,法治建设既不可能一蹴而就,也不可能全国范围齐头并进。因此,在中央全面推进依法治国的顶层设计之下,应当充分尊重和发挥地方

[①] 《依法治藏富民兴藏长期建藏 加快西藏全面建成小康社会步伐》,载《人民日报》2015年8月26日。

治理的积极性、探索性、创造性,鼓励地方的创新实践和改革试验。其中,东部地区发达省域、市域,应该努力建成全国法治建设先导区或示范区,实现法治政府建设、公正廉洁司法、社会管理法治化、法制宣传教育工作、法治创建绩效等走在全国前列。中部地区,如笔者曾工作所在的武陵山片区腹地——湖北省恩施土家族苗族自治州,是中西结合部少数民族聚居区,其社会、经济、文化状况及自然环境等均与东部沿海地区有较大差异,法治建设必须立足自身区域实际,以《中华人民共和国民族区域自治法》(以下简称《民族区域自治法》)为基本遵循稳步推进。同理,西部地区特别是边疆民族省区的法治环境更为复杂,实现法治建设的目标更艰难、任务更艰巨。可见,具体法治是法治落地生根之所在,是"法之中者"。

(三)法之小者:增强全民法治观念与法律信仰

"在目标互异的个人中间,一种共有的正义观建立起公民友谊的纽带,对正义的普遍欲望限制着对其他目标的追逐。我们可以认为,一种公共的正义观构成了一个良序的人类联合体的基本宪章。"①法治社会是构筑法治国家的基础,全社会人人参与法治实践,共同助力法治创新发展,法治社会的基础才能日益稳固。民众对法律的信仰是法治实现的文化根基、精神先导,中国的法治之路之所以艰难,在很大程度上源于民众缺乏对法律的信仰、对法治的尊崇。"法律必须被信仰,否则它将形同虚设。它不仅包含有人的理性和意志,而且还包含了他的情感,他的直觉和献身,以及他的信仰。"②法律是成文的道德,因为法律是道德的文字化表达,道德是法律之所以行之有效的内在根源。法律与道德相互促进与融合的成熟形式,即表现为法治观念与法律信仰,亦即形成法律至上的规则意识、法治文化,形成守法光荣、违法可耻的社会氛围。一切法律之中最重要的是,"这种法律既不是铭刻在大理石上,也不是铭刻在铜表上,而是铭刻在公民们的内心里;它形成了国家的真正的宪法;它每天都在获得新的

---

① 〔美〕约翰·罗尔斯:《正义论》(修订版),何怀宏等译,中国社会科学出版社2009年版,第4页。

② 〔美〕伯尔曼:《法律与宗教》,梁治平译,商务印书馆2012年版,第7页。

力量;当其他法律衰老或消亡的时候,它可以复活那些法律或代替那些法律,它可以保持一个民族的创制精神,而且可以不知不觉地以习惯的力量取代权威的力量"①。这是法国启蒙思想家卢梭贡献的法治智慧,法治的真谛在于全体人民的真诚信仰和忠实践行。"法立而能守,则德可久,业可大。"②只有确立并严格遵循法律,法治所蕴含的良法价值追求才能彰显,事业才有可能壮大。

德国法学家祈克(O. F. von Gierke)曾在《法律与道德》中对法律与道德的关系作出深刻阐明:法和道德具有紧密的联系,都是精神性社会的生成物。法与道德也有根本区别,即法具有强制力,它依靠外部(国家的)强制力来实行,由于文明社会中强制力由国家独占,因此法和国家互为因果;道德则不然,它的目的是人的内心服从,它与国家的强制力遥遥相对。同时,法律源自社会信念,而道德则源自个人信念;法律是允许、命令和禁止人的行为的规范,而道德则以人的思维为对象,着重于人的内部的意志决定,两者有交叉又有区别,在相交叉的领域,两者都有拘束力,而越出了交叉的范围,则属于两者各自管辖的领域。当然,一般而言,道德管辖的范围比法律要大得多。此外,法和道德还有冲突之时,即对道德允许的,法有时会禁止;对道德禁止的,有时法律却是允许的。因此,必须协调两者的关系,既要发挥道德的规范作用,也要倡导法律的教化作用。③

道德如流水,润物细无声。综观人类法治文明史,法治并不排斥道德,而是可以从内在性上促成道德的生长;当然,这个促生不是代替,而是为道德提供一个制度性的环境。即像奥斯丁、哈特、拉兹一脉的实证分析法学所指出的,法律规则就是法律规则,不能把道德混同于法律,但两者之间也并非绝缘无关,或截然对立。法律规则能够为道德的生成提供一个有助益的制度构架,为道德的培育提供一个正常的环境;法律规则固然不是道德,但能够激发和净化人们的内心情志,扬清祛浊,去伪存真。所

---

① 〔法〕卢梭:《社会契约论》,何兆武译,商务印书馆2009年版,第70页。
② (南宋)朱熹:《论语集注》。
③ 参见何勤华:《西方法学史》,中国政法大学出版社1996年版,第222—223页。

以,法律规则不直接等同于道德良知,但可以培育和激发人们的道德良知。还是胡适先生说得好:(即便是在)一个肮脏的国家,如果人人讲规则而不是谈道德,(它)最终会变成一个有人味儿的正常国家,道德自然会逐渐回归。真正的道德只能从法治之维中开出,或者说,只有从法治秩序中才能真正地开辟出一个道德世界。① 正如在突发紧急状态下,为公共利益让渡部分个人权益,是个人对共同体的道义责任和公民品德,也是从法理上对个人合法权益进行限缩、克减的理由。

"道德无所不在,法也就'包罗万象',但是对于个人来说,法不但意味着国家的暴力(刑),通常还是耻辱的象征,因为它所惩罚的,总是不道德。"②法律是最低的约束,而道德是更高的精神境界。一般而言,法律是道德的底线,是涵盖全体国民并且为全体国民(不分地区、民族、宗教)共同遵守的最低道德标准,在德性方面的要求要远低于道德要求。也就是说,在绝大多数情形下,违法行为皆有违人们的道德直觉,必然会遭受到负面评价——人们常说的"缺德",违法就是"缺德"。此外,当下国人的权利意识正全面觉醒,基于传统熟人社会道德约束力的减弱,以及多元价值观的冲击,使得人们越来越习惯于权利的主张,而非义务的承担。那种"一切为权利而斗争"的"斤斤计较",成了守法的象征,成为另一种"德性",守法就是"有德"。很显然,这是典型的把法律当成实用的工具,不仅被社会诟病,也为社会有识之士所警醒。③ 法律更应该是根植于人们内心的信仰,利益的潮水并不能漫过法律的堤坝,财富的追求也不能湮灭道德的光照,人类不能沉湎于社会欲望的极端化、暴戾化之中。"口言善,身行恶,国妖也。"④美国"革命之父"、《独立宣言》思想奠基人之一的托马斯·

---

① 参见高全喜:《法治的德性之维:从胡适的一番言谈说起》,载《中国法律评论》2016年第1期。
② 梁治平:《死亡与再生:新世纪的曙光(代译序)》,载〔美〕伯尔曼:《法律与宗教》,梁治平译,商务印书馆2012年版,第21页。
③ 假如我们法律人离开了脚下的大地,不再接受历史文化的熏陶,不再热爱我们的祖国和人民,也不再具有公共人格和公民德性,盲目崇拜为权利而斗争的时候,我们就再也不能区分一个夏洛克的灵魂与窦娥的灵魂有什么区别,我们法律人的职业就会因为丧失了这个热爱而丧失灵魂。今天在全球资本市场上游荡的法律军团,用美国法学家克罗曼的话说,就是"迷失的法律人"。参见强世功:《"迷失的法律人",请别忘了灵魂》,载《法制资讯》2014年第1期。
④ 《荀子·大略》。

潘恩曾深刻地指出:"思想上的谎言在社会里所产生的道德上的损害,是无法计算的,如果我可以这样说的话。当一个人已经腐化而污辱了他的思想的贞洁,从而宣扬他自己所不相信的东西,他已经准备犯其他任何的罪行。"[①]

法律依赖道德而被认同和遵行,法治的实现在于信仰。法治成功的内在标志是法律被民众所尊重和真诚信仰,而不是畏惧、忌惮法的强制力。法律信仰源自法治环境的熏陶、法治实践的锤炼,精神不在,灵魂不在,信仰不在。所谓"法之小者",就是春风化雨、润物无声地增强法治的道德底蕴,引导并赢得社会"人心",让法律信仰深植于民众的日常生活和心灵深处。具体来说,一是要持续加强法治教育,不断增强全体社会成员的公民意识、法治观念和法律权威信念,内化于心,以内心的原动力支撑起法律信仰的道德基础;二是要提高社会治理的法治化水平,增加面向基层的法律服务供给,提高法律的亲和力,让普通民众在生活实践中增强对法律价值的感受、体认和认同;三是要引导广大民众善于运用法律化解矛盾纠纷和维护正当权益,在具体司法实践中亲自体验法律、感知法律,真实感受法的存在、法的保护,真切感知法律价值、法治阳光,从而认同法律蕴含的道德标准和价值判断。如此,法律将不再仅仅只是纸上的条文,而必将成为每一个公民内心的信仰所系——发自内心深处的认同和自觉自愿的依归,即对法律的信仰自然而生。

三、法治:文化共识之上的良法善治

(一)相对分离:法律与道德并非浑然一体

"不言而喻,自从法律、公共道德和宗教被公开表述和承认,就有了关于法,伦理和国家的真理。"[②]法律和道德的关系问题,是法理学持续讨论的经典论题。德治是中国传统法的根本精神,德法共治,深植于中华传统

---

① 〔美〕托马斯·潘恩:《潘恩选集》,马清槐等译,商务印书馆2009年版,第351页。
② 〔德〕黑格尔:《法哲学原理》,范扬、张企泰译,商务印书馆1961年版,第3页。

文化沃土。晚清门户开放后,启蒙思想家、法学家们在中西文化的比较中,就已经敏锐地意识到中西方语言中"法"概念上存在的重大差异、中外文化对法的不同理解和基本内涵。沈家本认为:"西文'法'字,于中文有'理'、'礼'、'法'、'制'之异译,不专指刑法一端。"①严复在译介西方法学文献时,也明确指出:"西文'法'字,于中文有理、礼、法、制四者之异译,学者审之。"②"礼"的含义广泛而丰富,"道德仁义,非礼不成,教训正俗,非礼不备。分争辨讼,非礼不决。君臣上下父子兄弟,非礼不定。宦学事师,非礼不亲。班朝治军,莅官行法,非礼威严不行。祷祠祭祀,供给鬼神,非礼不诚不庄。是以君子恭敬撙节退让以明礼"③。一切社会行为都要发生于情,合乎以礼。

国人擅长整体性和综合性的思维方式,因而常常容易将道德与法律作浑然一体的认知和阐释,然后如太极文化八卦一般,重视两者的相互转化,循环无穷。"无极而太极。太极动而生阳,动极而静;静而生阴,静极复动。一动一静,互为其根;分阴分阳,两仪立焉……"④这也是中国古代法律传统中礼法合流、法律道德化与道德法律化的根本原因之一。应当承认,古代法、法律和道德是混杂的或曰浑然一体,但随着人类的进步,法律与道德实现了分离。"东方的和西方的法典的遗迹,也都明显地证明不管它们的主要性质是如何的不同,它们中间都混杂着宗教的、民事的以及仅仅是道德的各种命令;而这是和我们从其他来源所知道的古代思想完全一致的,至于把法律从道德中分离出来,把宗教从法律中分离出来,则非常明显是属于智力发展的较后阶段的事。"⑤社会演进特别是现代社会,道德与法律的相对分离,有其独特的内在价值和重要意义。法律是对人群生活普遍看重的生活意义的选择和设定,法律获得相对独立性和自足性,有助于形成适应现代工商业社会生活的法律体系,树立法律权威,构建现代法治国家。

---

① 沈家本:《寄簃文存》,商务印书馆2017年版,第212页。
② 〔法〕孟德斯鸠:《孟德斯鸠法意》,严复译,商务印书馆1981年版,第3页。
③ 《礼记·曲礼》。
④ (北宋)周敦颐:《太极图说》。
⑤ 〔英〕梅因:《古代法》,沈景一译,商务印书馆2009年版,第11页。

"公正的政治法令不过是从道德规范中精选出来的一部分。"在西学传统中,道德与法律的关系问题,是自然法学派与实证主义法学派交锋的主要战场。后者的立场可归结为分离命题(Separation Thesis),即法律与道德不存在概念上的必然联系。事实上,双方延绵百年的论战,并未得出什么"唯一正解"。最终,我们只能说:自然法理念有助于对制定法的内在"德性"展开反思;实证法传统有利于树立法律的逻辑,形成根据法律进行判断的思维惯习。一般而言,在社会稳定的常态下,实证主义法学传统总会占据主流地位。动辄以道德或自然法理念质疑法律,只会动摇社会稳定的基础,破坏人们交往的秩序。除非出现极端情况,并给出充分论证,否则法律必须被尊重。这也就是"拉德布鲁赫定理"所要表述的基本原理:"通常情况下法的安定性应居于首位,即便法律不善也不能动摇安定性,但如果安定性与正义的冲突达到了'不能容忍'的程度,法律已经沦为'非正当法'(false law, un-richtiges Recht),法律就必须向正义屈服。"[①]

现代化离不开经济发展,离不开物质财富的增长,但当财富成为广大社会成员的单一追求,一切市场化、商业化,人成为金钱驱使的奴隶,除了金钱一无所有,社会必将弊病丛生;娱乐是人类的本能,是活力社会的基本元素,更是民族精神的升华,但若娱乐至死,社会必将一步步走向堕落。对此,我们必须高度警惕。古希腊政治思想家柏拉图深刻指出,"一个国家里尊重了钱财,尊重了有钱的人,善德和善人便不受尊重了",因为"受到尊重的,人们就去实践它,不受尊重的,就不去实践它。总是这样的"。[②] 20世纪80年代,改革开放后,中国文化市场的阀门洞开,各种外来思潮涌入,有些人对西方文化不加分辨地盲目崇拜,传统文化中的高尚道德和价值观几乎被扭曲殆尽。"现在触动利益往往比触及灵魂还难。"[③] 正在融入

[①] 〔德〕古斯塔夫·拉德布鲁赫:《法律智慧警句集》,舒国滢译,中国法制出版社2001年版,第170—171页。

[②] 参见〔古希腊〕柏拉图:《理想国》,郭斌和、张竹明译,商务印书馆1986年版,第322页。

[③] 参见《李克强总理等会见采访两会的中外记者并回答提问》,载《人民日报》2013年3月18日。

全球化的盛世中国,已进入社会变革高速转型的关键期,社会转型加快,经济转轨加速,社会矛盾加剧,社会流动急剧变化,新旧秩序交融与裂变,一段时期里,"一些人对中国特色社会主义政治制度自信不足,有法不依、执法不严等问题严重存在;拜金主义、享乐主义、极端个人主义和历史虚无主义等错误思潮不时出现,网络舆论乱象丛生,严重影响人们思想和社会舆论环境"①。物质主义、功利主义、现实主义、工具主义、商业主义如影随形,喧嚣噪杂,思想观念价值撕裂,法治不彰,腐败蔓延,"四风"肆虐,特权横行,文艺大腕、企业大款、贪腐官员和涉黑涉恶成员自我膨胀,挑战社会底线,挥金如土,视人民为草芥;整个社会风气深受"赌场资本主义"影响,浮躁浅薄,急功近利,良知泯灭,道德沦丧,传统美德没有生存和成长的空间;勤劳节俭、艰苦奋斗、诚信忠厚、率真直言等传统美德,成为"傻瓜"和失败者的象征、代名词,投机钻营和趋炎附势却是成功之道;嚣嚣红尘,没有敬畏,分配不公,诚信缺失,人心浮躁,作风漂浮,社会愤怒,信任危机弥散在整个社会的方方面面,神州信仰体系维修迫在眉睫,社会管理创新迟缓,社会治理特别是基层治理任务艰巨,道德建设任重道远。

人类学家摩尔根以深邃的睿智为人们提供了深刻的启迪:"自从进入文明时代以来,财富的增长是如此巨大,它的形式是如此繁多,它的用途是如此广泛,为了所有者的利益而对它进行的管理又是如此巧妙,以致这种财富对人民说来已经变成了一种无法控制的力量。人类的智慧在自己的创造物面前感到迷惘而不知所措了。但是,总有一天,人类的理智定会强健到能够支配财富,一定会规定国家对它所保护的财产的关系,以及所有者的权利的范围。社会的利益高于个人的利益,必须使这两者处于一种公正而和谐的关系之中。只要进步仍将是未来的规律,象它对于过去那样,那么单纯追求财富就不是人类的最终的命运了。"②党的十八届四中

---

① 习近平:《高举中国特色社会主义伟大旗帜 为全面建设社会主义现代化国家而团结奋斗——在中国共产党第二十次全国代表大会上的报告》(2022年10月16日),载《人民日报》2022年10月26日。

② 〔美〕路易斯·亨利·摩尔根:《古代社会》(新译本·下册),杨东莼、马雍、马巨译,商务印书馆1977年版,第556页。

全会强调,"全面推进依法治国,必须坚持依法治国和以德治国相结合",恰逢其时:适时适度矫正现代文明浪潮中的偏颇,重拾古典文明与信仰之清华与朗润。此刻,我们在辩证分析法律的相对独立性、看到法律与道德相对分离的同时,应充分认识法律规范与道德规范的一致性,即发挥法律的规范作用,以其权威性和强制性规范社会成员行为,用法律的准绳衡量、规范、引导社会生活;发挥道德的教化作用,以其说服力和劝导力提高社会成员的思想道德觉悟,用道德的引导规范人们的行为和调节社会关系,对法治中国建设更具现实意义。① 2022年3月,90后男演员邓伦偷逃税,从极具潜力的男星到人设崩塌的素人,历时仅约三小时,代言迅速被撤,账号迅速被删,内容迅速被下架。这再一次鲜活警示:试探法律底线,丧失基本的守法伦理,再风光的演艺事业也会被"熔断",这是法治和道德力量的合力彰显。当下,中华传统文化势不可挡的回归,文化自信在充分满足人民精神文化需求中更加坚定,是泱泱华夏之福和富强崛起之希望。

  国家之魂,文以化之,文以铸之;以法为教,以德铸之;文化自信自强,事关国运兴衰、事关文化安全、事关民族精神独立性。意识形态是文化的核心,关乎旗帜、关乎道路、关乎国家政治安全。习近平指出:"我们要以更大的力度、更实的措施加快建设社会主义文化强国,培育和践行社会主义核心价值观,推动中华优秀传统文化创造性转化、创新性发展,让中华文明的影响力、凝聚力、感召力更加充分地展示出来。"② 意识形态工作为国家立心、为民族铸魂,党的十八大以来,党和政府准确把握全球化进程中国际思想文化相互激荡、国内社会思想观念深刻变化的趋势,充分认识

---

  ① 法律史教授范忠信先生对此有专门研究,他通过对中西法律文化的考察、比较发现:近代以来,至少从形式上讲,欧美国家与我国先秦法家有一个巨大的共性,即把尽可能多的道德纳入刑法,更多地注重通过刑法逼使人们形成良好的道德行为习惯,更多地注重社会道德、国家道德(即作为社会成员和国民应遵守的道德),而不是私家道德(对亲属的道德)。因此,在通常被认为更重视划分法律与道德的界限、更注重保障个人权利和自由(即便体现"权利本位"而不是"义务本位")的欧美国家,其将道德要求纳入法律使之成为个人强制性义务的程度,远甚于受儒家传统文化深刻影响的今日中国!详见范忠信:《国民冷漠、息责与怯懦的法律治疗——欧美刑法强化精神文明的作法与启示》,载《中国法学》1997年第4期。

  ② 习近平:《在第十三届全国人民代表大会第一次会议上的讲话》(2018年3月20日),载《人民日报》2018年3月21日。

治国理政意识形态工作的极端重要性,强调文化自信是更基础、更广泛、更深厚的自信,是一个国家、一个民族发展中最基本、最深沉、最持久的力量,没有高度的文化自信、没有文化繁荣兴盛,就没有中华民族伟大复兴。旗帜鲜明反对历史虚无主义,牢牢把握宣传思想文化主导权,着力整治过去一个时期落实党的领导弱化、虚化、淡化问题,就意识形态领域方向性、战略性问题作出全面部署,确立和坚持马克思主义在意识形态领域指导地位的根本制度,建设具有强大凝聚力和引领力的社会主义意识形态。坚守中华文化立场,重塑国家价值观、社会价值观,坚持把文化自信所蕴含的最基本、最深沉、最持久的力量充分激发出来,守正创新、激浊扬清,用社会主义核心价值观培根铸魂,深入推进群众性精神文明创建,从惩戒老赖,到规制"霸座";从制定英烈保护法、设立烈士纪念日,到弘扬家庭美德树立优良家风;从对"劣迹艺人"零容忍,处理坚决、毫不手软,到大力营造清朗网络环境,社会主义核心价值观、先进文化和时代精神充盈网络空间,文化事业日益繁荣,网络生态持续向好,法治和德治共同发力助推全社会风清气正,挺起中华民族的精气神,不断将精神文明建设推向更高水平,增强中华文明传播力影响力,意识形态领域形势发生全局性、根本性转变,全党全国各族人民文化自信明显增强,焕发出更为主动的精神力量,党的面貌、国家的面貌、人民群众的精神风貌焕然一新,全党全国各族人民在文化思潮激荡与利益多元化面前形成广泛的价值共识、坚定的文化自信,中国人民的精神面貌发生了由内而外的深刻变化,全社会凝聚力和向心力极大提升,为新时代开创党和国家事业新局面提供了坚强思想保证和强大精神力量,为中华民族伟大复兴注入不竭动力。"今日之中国,已非昨日之中国",中国人民可以自信地平视这个世界。

(二)主次有序:依法治国为主,以德治国为辅

习近平明确强调:"法律是准绳,任何时候都必须遵循;道德是基石,任何时候都不可忽视。在新的历史条件下,我们要把依法治国基本方略、依法执政基本方式落实好,把法治中国建设好,必须坚持依法治国和以德

治国相结合,使法治和德治在国家治理中相互补充、相互促进、相得益彰,推进国家治理体系和治理能力现代化。"①法治是国家治理体系和治理能力的重要依托,依法治国是国家治理体系和治理能力现代化的根本要求,以德治国是国家治理体系和治理能力现代化的道德滋养、文化支撑。法律与道德相对分离的命题,表明在法治稳定时期,法律可以作为相对独立的系统看待,同时肯认道德与法律的作用其实难以决然剥离。或者说,我们承认建设社会主义法治中国,法律与道德皆不可或缺,它们共同发挥作用。然而,在现代国家治理中,当命题转向治国方略,亦即究竟是"依法治国"为主,抑或是"以德治国"为要(也就是"法律主治"或"道德主治"),答案当然毫无疑问地指向前者,理论不用争辩,逻辑毋庸置疑,这是历史智慧的结晶。行善犹如美化建筑物的装饰品,而不是支撑建筑物的地基,正义犹如支撑整个大厦的主要支柱,如果这根柱子松动的话,那么人类社会这个雄伟而巨大的建筑必然会在顷刻之间土崩瓦解。因此,法治所建立的正义秩序,是任何一个社会都迫切需要的支柱。②

依法治国和以德治国主次有序,依法治国是主体,以德治国为辅助,这是由法律与道德自身属性所决定的。现代法律是高度建制化的制度性事实,具有规范性、普遍性、稳定性、程序性、连续性、权威性、强制性以及权利义务性特征,体现出适应现代社会的形式理性化和科层化的实践要求。相较而言,道德治理则有可能陷入混沌的非技术化、非建制化和非程序化的局面,因为道德只有依靠法律的强制性才能保障底线,如对那些伤风败俗的丑恶行为、激起公愤的缺德现象,仅靠道德教育是远远不够的,必须运用法治手段进行治理。所以,总体来说,在现当代复杂社会形态下,道德治理难以独自构成一种"治式",无法提升至治国方略的层次。此外,法律的"自创生"和"自我复制"的特性,使得法律移植要比道德移植难度小得多,因而也更有利于世界各政治实体及区域间的相互借鉴。当然,"治理人类不要用极端的方法;我们对于自然所给予我们领导人类的手

---

① 习近平:《坚持依法治国和以德治国相结合》(2016年12月9日),载《习近平谈治国理政》(第二卷),外文出版社2017年版,第133页。

② 参见〔英〕亚当·斯密:《道德情操论》,蒋自强等译,商务印书馆1997年版,第106页。

段,应该谨慎地使用"①。

"一个特定社会从其初生时代和在其原始状态就已经采用的一些惯例,一般是一些在大体上最能适合于促进其物质和道德福利的惯例;如果它们能保持其完整性,以至新的社会需要培养出新的惯行,则这个社会几乎可以肯定是向上发展的。"②"法主德辅"绝非否定道德之作用,而是指在治国方略的层面上,法治更适合作为主体,也更应该成为主体。法治首先是一种信仰,国家治理的根基是人民发自内心的拥护和真诚的信仰,这一点无须多言。党的十八届四中全会关于坚持依法治国和以德治国相结合的主张,本身是在"全面推进依法治国"的框架下提出来的。以德治国是建构法治中国的重要组成部分和具体战略。换句话说,依法治国和以德治国相结合,既是互为支撑的结合,也是主次有序的结合;既是对域外法治文化优秀元素的吸收借鉴,也是对中国法律传统本土因素的现代转换。

德国哲学大师黑格尔指出:"历史对于一个民族永远是非常重要的;因为他们靠了历史,才能够意识到他们自己的'精神'表现在'法律'、'礼节'、'风俗'和'事功'上的发展行程。'法律'所表现的风俗和设备,在本质上是民族生存的永久的东西。"③"礼法"在中国传统国家治理中具有深厚的实践基础,植根于中国人心目中的法律观念和习惯,"礼法并用"是中华法系的重要特征。法,古字写作"灋",在古代中国,"法"与"刑"通用。许慎《说文解字》释义:"灋,刑也。平之如水,从水;廌,所以触不直者去之,从去。"随着文字的发展演进,法的内涵也不断扩展,法不仅包括国家制度,还与习惯、风俗渗透融合。出礼入刑、隆礼重法,德法相互衔接、相互渗透、综合为治,彰显了中华优秀传统法律文化的治国智慧。

---

① 〔法〕孟德斯鸠:《论法的精神》(上册),张雁深译,商务印书馆1961年版,第85页。
② 〔英〕梅因:《古代法》,沈景一译,商务印书馆2009年版,第12—13页。
③ 〔德〕黑格尔:《历史哲学》,王造时译,商务印书馆1963年版,第206页。

(三)相辅相成:法治乃良法之善治

在人类思想史上,无论哲学家福特的"电车问题"思想实验①,还是法学家富勒的"洞穴奇案"②,不同地域与文化中的人类,对于道德的定义差异客观存在。但不可否认,道德始终是人类区别于其他动物世界的基本标识,是人类从蒙昧、野蛮不断走向文明的文化基因;崇德向善是中国传统文化的核心价值观,也是人类的共有价值追求。古希腊思想家亚里士多德指出:"城邦不仅为生活而存在,实在应该为优良的生活而存在";"而法律的实际意义却应该是促成全邦人民都能进于正义和善德的[永久]制度"。同时,"虽有良法,要是人民不能全部遵循,仍然不能实现法治。法治应包含两重意义:已成立的法律获得普遍的服从,而大家所服从的法律又应该本身是制订得良好的法律"。③ 良法是符合正义和善德的法律,中国古代儒家文化历来强调礼、乐、德、教对刑、政的指引作用,所谓"礼乐不兴则刑罚不中,刑罚不中则民无所措手足"④。反对严刑峻法,滥杀无辜,"无罪而杀士,则大夫可以去;无罪而戮民,则士可以徙"⑤。所以,良法是法治的价值标准和理性追求,善治是法治的运行模式和实现方式,良法与

---

① 一辆失控的列车在铁轨上疾行,列车前方的铁轨上有5人被绑着无法动弹。作为一名旁观者,你可以拉动轨道的操纵杆,让列车转到另一条轨道上;但另一轨道上也有1人被绑着。所以,转轨也就意味着牺牲1人,而救下本来必死无疑的5人。面对这种情况,你会作何选择?这就是英国哲学家福特(Philippa Foot)1967年提出的"电车问题"思想实验,探讨的是哲学上功利主义与康德主义道德义务的分歧;在功利主义看来,多数人的利益最应该得到保障,因此有时必须牺牲少数人来拯救多数人;而康德主义认为,道德须要建立在必要的义务责任上,如果"不可杀人"是一种道德义务,在"电车问题"中就不能转轨,用牺牲1人来拯救其他5人。

② "洞穴奇案"(The Case of the Speluncean Explorers)由美国现代法理学家富勒(Lon Luvois Fuller)于1949年提出;5名探险队员在一处洞穴探险中被困,20天后营救人员与探险队员取得了断断续续的无线电联络,并告知被困者最少还要等待10天才能获救。而此时,探险队的食粮已绝,不可能再坚持10天,留给他们的选择只剩下同类相食的唯一选择。被困队员在极端饥饿中又坚持了3天,最后通过抽签将其中1名队员杀害后分食,就这样,幸存队员在被困的第32天获救。探险队获救后,幸存队员被控谋杀罪,初审法庭判处有罪,并处以死刑;被告选择上诉至最高法庭,同时舆论一致认为探险队应当被判无罪。在这一虚拟案例中,富勒通过最高法院5位法官的判词,反映出五种不同的法律哲学流派对案件的认识。

③ 参见〔古希腊〕亚里士多德:《政治学》,吴寿彭译,商务印书馆1965年版,第137、138、199页。

④ 《论语·子路》。

⑤ 《孟子·离娄下》。

善治的有机结合,构成现代法治的核心和依归,尤其是社会主义法治的精神与精髓。法律与道德相对分离,法治与德治主次有序,但我们的认识和实践并不止步于此,而是为了最终获得更高层次的复归,形成良法善治的辩证统一体。因此,道德与法律从历史上的浑然一体,到近现代的相对分离,再到社会主义法治中国的相辅相成,是一个"正反合"的辩证发展过程,是在不断扬弃中获得"统一"的升华。

从思维特性上看,西方传统深受形式逻辑和分析哲学的熏陶,因而更愿意将法律作为一个相对封闭的系统看待、认识,钻研法律的内部构造和法律适用的方法。与此同时,西方特有的自然法与制定法的二元对立,为反思法的强制力提供了有益的视角和参照。应当承认,这些探讨深化了人们对法、法律现象的多维认识。但也必须看到,道德与法律之关系,并非唯此一种方式。中华文明特有的圆通和包容的性格,为两者的相互结合,获得更高层次的统一,提供了更多的可能性。归根结底,法治是良法之善治,是良善之人认识、认知和处理天人关系、人人关系——坚守人性法则[①]、尊重生命价值、维护人格尊严的高级治理方式,是寓德于法的治国方略。良法善治是国家治理的基本价值,良法是实现善治的前提,只有那些合乎道德、具有深厚道德基础的法律,即蕴涵人类理性和正义的法律,才能为更多的人们所自觉遵行。

"法律应在任何方面受到尊重而保持无上的权威,执政人员和公民团体只应在法律(通则)所不及的'个别'事例上有所抉择,两者都不该侵犯法律。"[②]当法治被理解为政府受法律限制,即以制度制约权力,监督国家权力不要破坏公民群体所共同珍惜的东西,尤其是人的尊严生活所必需的那些民主价值时,它就是一种普遍的人类善,这一思想遗产首先是在中世纪确立下来的。[③] 当然,一个国家的法律究竟是不是良法,关键要看它

---

① 卢梭:"人所共有的自由,乃是人性的产物。人性的首要法则,是要维护自身的生存,人性的首要关怀,是对于其自身所应有的关怀"。参见〔法〕卢梭:《社会契约论》,何兆武译,商务印书馆2009年版,第5页。
② 〔古希腊〕亚里士多德:《政治学》,吴寿彭译,商务印书馆1965年版,第192页。
③ 参见〔美〕布雷恩·Z.塔玛纳哈:《论法治——历史、政治和理论》,李桂林译,武汉大学出版社2010年版,第174页。

是否符合这个国家的政体结构、经济社会发展水平、历史文化传统和自然地理要素等。法治中国是具有高度主体性意识的法治形式,而非跟随西人亦步亦趋。无疑,法治中国建设,应当展现中国气象和中国智慧,寻找中国文化传统"创造的转化"(creative transformation),重建对中国的认知,"把一些中国文化传统中的符号与价值系统加以改造,使经过改造的符号与价值系统变成有利于变迁的种子,同时在变迁的过程中继续保持文化的认同"①。也就是,要把优秀传统文化的精神标识提炼出来、展示出来,把优秀传统文化中具有当代价值、世界意义的文化精髓提炼出来、展示出来,以时代精神激活中华优秀传统文化的生命力,充分展现中华文化的底蕴与魅力。

从文化自觉迈向文化自信,法律与道德的辩证统一,必须在社会主义法治中国的伟大实践中获得,也同样必须经历实践的检验。②"徒善不足以为政,徒法不能以自行。"③法治和德治,犹如车之两轮、鸟之双翼,不可偏废。坚持依法治国和以德治国相结合,推进法治国家建设,是我们党的一贯主张。党的十一届三中全会召开不久,1979年6月,邓小平就鲜明指出:"民主和法制,这两个方面都应该加强,过去我们都不足。"④党的十五大正式提出依法治国、建设社会主义法治国家后,十六大阐述了依法治国和以德治国相辅相成之辩证关系;十七大既论述了全面落实依法治国基本方略,加快建设社会主义法治国家,又论述了弘扬中华文化,汲取中华优秀传统文化的思想精华和道德精髓,建设中华民族共有精神家园;十八大重申要坚持依法治国和以德治国相结合,十八届四中全会通过的《中共中央关于全面推进依法治国若干重大问题的决定》对两者结合作出了最新的全面科学论述。坚持依法治国和以德治国相结合,是坚持走中国特色社会主义法治道路的内在要求,体现了中国特色社会主义法治理论的

---

① 林毓生:《中国传统的创造性转化》,生活·读书·新知三联书店1988年版,第324页。
② 参见戴小明、朱政:《道德与法律究竟是一种什么关系》,载《光明日报》2015年4月2日。
③ 《孟子·离娄上》。
④ 邓小平:《民主和法制两手都不能削弱》(一九七九年六月二十八日),载《邓小平文选》(第二卷),人民出版社1994年版,第189页。

一脉相承和与时俱进。法治国家建设离不开道德教化和滋养,"不知耻者,无所不为"①。没有道德滋养,法治文化必然缺乏源头活水,法律实施将缺失坚实的社会基础。因此,必须以道德滋养法治精神,强化道德对法治文化的支撑作用。

所以,"正是在受到信任因此而不要求强力制裁的时候,法律才是有效率的;依法统治者无须处处都仰赖警察。""真正能阻止犯罪的乃是守法的传统,这种传统又植根于一种深切而热烈的信念之中,那就是,法律不只是世俗政策的工具,它也是终极目的和生活意义的一部分。"②现代治理是德治与法治的结合,道德治理与法律治理的统一,更是文化认同、文化共识之上的规则之治、良法善治。国家治理的根基是人民发自内心的拥护和真诚信仰,法律如果不能在人们的内心和情感上获得普遍认同,那么即便是有国家强制力作后盾,也很难溶入他们的血液和灵魂,成为信仰,自觉遵从。所以说,一切法律之中最重要的法律,既不是印在文本里,更不是刻在铜表上,既不依耳提面命,更不靠武力杀伐,而是铭刻于公民的心灵中,外化于公民的行动上,成为公民内心自觉的一种理念、信仰,这就是对法律的信仰,一种对规则、秩序、平等、自由、公平、正义的信仰。诚如古希腊思想家苏格拉底将法律信仰置于生命之上、用生命践行忠诚与信仰的经典诠释那样!③

契约精神是法治的基石,契约的核心是信用。"民主国家并不是大家长制的国家——并不建筑在一种还没有发达的信赖上面——而是具有各

---

① (北宋)欧阳修:《魏公卿上尊号表》。
② 〔美〕伯尔曼:《法律与宗教》,梁治平译,商务印书馆2012年版,第20页。
③ 据史料记载,苏格拉底被雅典法庭以侮辱雅典神和腐蚀雅典青年思想之罪名判处死刑,临刑前的一段时间里,热爱他的学生和朋友们不满法庭的判决,策划他越狱逃走。他们买通狱卒制定了周密的逃跑计划,只要苏格拉底愿意,就可以带着家眷远走他乡,但苏格拉底断然拒绝,而是按照雅典法律饮下毒酒,面带微笑而死。因为他认为,逃亡只会进一步破坏雅典法律的权威:"逃离监狱是毁坏国家和法律的行为,如果法庭的判决不生效力、被人随意废弃,那么国家还能存在吗?逃离监狱是蔑视法律的行为,是践踏自己立下的契约,是最下贱的奴才干的勾当。如果我含冤而死,这不是法律的原因,而是由于恶人的蓄意。如果我无耻逃亡,以错还错、以恶报恶,毁伤的不仅是法律,而且是我自己、我的朋友和我的国家。"参见〔古希腊〕柏拉图:《苏格拉底最后的日子——柏拉图对话集》,余灵灵、罗林平译,上海三联书店1988年版,第106页。

种法律、具有在一种公平的和道德的基础上订立法律的意识,并且知道这些法律是积极的。""民主政体里的主要因素是道德的意见。孟德斯鸠说过,德行是民主政体的基础;对于我们普通所抱的民主政体观念,这一句名言是又正确又重要的。"① 具体而言,诚信是民主法治的基石、民主政体的关键,制度信任是国家治理、国家强盛的"硬通货";政治体系优良,制度选贤与能,人民彼此信任,民主法治良性循环;好国民滋养好民主,好民主产生好政府,好政府产生好政策,这就是良法善治的基本逻辑。"政治制度是从城邦公民的习惯里产生出来的;习惯的倾向决定其他一切的方向。"唯选票以决胜负是对民主理念的简单化、庸俗化,思想家柏拉图亲历古希腊政治的成败,对民主制早有深刻洞察:"民主制度以轻薄浮躁的态度践踏所有这些理想,完全不问一个人原来是干什么的,品行如何,只要他转身从政时声称自己对人民一片好心,就能得到尊敬和荣耀。"② 2020年总统大选被称为美国历史上最丑陋的大选,暴露了程序民主的诸多缺陷,在选举政治下,政府公开成为各种利益角逐的阵地,不同利益集团享有不同的优势,使合法的政治游戏有可能产生合法的坏政府。这验证了美国人对民主形式的重视似乎远远超过民主的结果,民主共和两党不顾国家整体利益进行恶斗,对国家造成难以弥补的伤害,特朗普败选后坚决拒绝承认败选结果,竟然煽动武力叛乱③,纵容暴徒攻击最高民主殿堂——国会山,国会大厦暴乱事件严重亵渎民主法治,成为象征美国民主衰亡的一个"史诗级"事件,引发美国民众以及国际社会对美式民主的普遍担忧和强烈质疑,已经完全背离华盛顿建立美利坚合众国的初心:"国家的政策将建筑在纯正不移的个人道德原则的基础上,这个自由政府将

---

① 〔德〕黑格尔:《历史哲学》,王造时译,商务印书馆1963年版,第296页。
② 〔古希腊〕柏拉图:《理想国》,郭斌和、张竹明译,商务印书馆1986年版,第314、333页。
③ 2021年1月6日,美国总统特朗普的支持者暴力闯入国会大厦,殴打工作人员和警察,至少有9人在暴乱发生期间及之后死亡,100多名警察在暴乱中受伤,司法部逮捕并起诉了800名与暴乱有关的人士,为美国历史上最大规模的逮捕行动。美国国会众议院"国会山暴乱"事件特别委员会表示,国会大厦暴乱事件不是自发的,而是一次"未遂政变",特朗普试图推翻2020年大选结果直接导致了国会暴乱的发生。特别委员会主席、民主党众议员本尼·汤普森表示,国会大厦暴乱事件是一场"无耻的未遂政变","目的是推翻政府",(美国)民主仍然处于危险之中。

以它能博得公民的热爱与全世界的尊重等特点而显示出它的优越性。"①

道德,在黑格尔看来,也是法的一种,一种具有特殊规定的内心的法,亦即"主观意志的法"。② 得道多助,失道寡助。③ 时代永远眷顾对底线的坚守,没有底线最终会输掉一切。人类法治文明的历史演进已经昭示,缺乏德性支持的法律,终究不能化为令人称道的法治。一个民族的悲剧是整个社会变得是非不分,曲直不辨,随波逐流;当越来越多的人不再讲道义,不重视诚信,没有了道德底线,法治难兴,法律形同虚设。信任是人类社会存在的基础,加强道德建设,确立共享价值观,厚植普遍信任的人文土壤,防范社会信任结构体系断裂,是人类不同历史时期实现社会有效整合的共同主题。否则,如果人与人之间没有了最起码的信任,人们可能寸步难行。所以说,一个没有道德根基、没有文化滋养的民族将是一个危险的民族,而一个拥有良好德性生活和德性教化的民族肯定是一个充满希望、生机无限的民族。"君子之德风,小人之德草,草上之风必偃。"④道德价值虽然看不见摸不着,却是维系一个社会极其重要的无形资产。立法易,而法治难;立宪易,而行宪难;社会无德,法不能治;社会有德,法治自然。立法者有德,良法易见,立法者无德,良法难成;执法者有德,权能公用,执法者无德,权必滥用;司法者有德,公正可期,司法者无德,公正不能。

奉法者强则国强,崇德者荣则国兴。"故法不能独立,类不能自行,得其人则存,失其人则亡。法者,治之端也;君子者,法之原也。故有君子,则法虽省,足以遍矣;无君子,则法虽俱,失先后之施,不能应事之变,足以乱矣。"⑤对此,中西方先贤的智慧是相通的,如在古罗马法学家西塞罗看来,政治高于哲学是一个根本性的超越。政治家实际上能够通过法律去

---

① 〔美〕乔治·华盛顿:《华盛顿选集》,聂崇信等译,商务印书馆2012年版,第243页。
② 参见〔德〕黑格尔:《法哲学原理》,范扬、张企泰译,商务印书馆1961年版,第128页。
③ 《孟子·公孙丑下》:"得道者多助,失道者寡助。寡助之至,亲戚畔之;多助之至,天下顺之。"
④ 《论语·颜渊》。
⑤ 《荀子·君道》。

认可在民众传统中逐渐形成的道德规范,并通过国家机关使民众遵循这些道德规范和法律;而哲学家通过自身的言传身教及著书立说,只能促使少量的人遵循道德。"因此完全可以说,官员是说话的法律,法律是不说话的官员。"①任何公共治理都离不开合法性(legitimacy)②问题,官员的"身教"比起任何的"解说"、法律规范都更具有说服力,政府必须建立起最基本的自我道德约束,公职是国家公器,公职人员行使公权力,也理应有比常人更高的道德自觉、道德操守、胸怀大爱、心系民众,克己奉公、持心公正,廉洁自守、取信于民,始终能将公众利益、公共责任置于个人之上。总之,法律与道德都是民族历史文化精神的产物,也只能在文化路径中予以科学阐释,为法治注入文明基因。习近平在党的二十大报告中强调,坚持全面依法治国,推进法治中国建设;"加快建设法治社会。法治社会是构筑法治国家的基础。弘扬社会主义法治精神,传承中华优秀传统法律文化,引导全体人民做社会主义法治的忠实崇尚者、自觉遵守者、坚定捍卫者。建设覆盖城乡的现代公共法律服务体系,深入开展法治宣传教育,增强全民法治观念。推进多层次多领域依法治理,提升社会治理法治化水平。发挥领导干部示范带头作用,努力使尊法学法守法用法在全社会蔚然成风"③。中国梦,法治路,对法治中国的乐观,与法治中国同行,为法治中国助力,源于我们对优秀传统中华文化的自醒、自觉与高度自信,基于中国特色社会主义的道路自信、理论自信、制度自信,以及中华民族伟大复兴的文化自信。

---

① 〔古罗马〕西塞罗:《论共和国 论法律》,王焕生译,中国政法大学出版社1997年版,第4—5、255页。
② 合法性是指组织为其外部环境所接受。
③ 习近平:《高举中国特色社会主义伟大旗帜 为全面建设社会主义现代化国家而团结奋斗——在中国共产党第二十次全国代表大会上的报告》(2022年10月16日),载《人民日报》2022年10月26日。

• 司法判例 •

用法治的力量守护世道与人心①

2022年1月10日,山东省青岛市城阳区人民法院对江歌母亲江秋莲诉刘暖曦(原名刘鑫,江歌生前朋友)生命权纠纷案一审宣判,刘暖曦被判赔偿江母经济损失496000元及精神损害抚慰金200000元,并承担全部案件受理费。在国内判决的"江歌案",事实上是江歌被害一事的衍生案件,是江歌母亲和刘暖曦的民事纠纷,案件已经迁延了数年,但每次在舆论场上出现,总能引发巨大关注。江歌离世1894天后,江母坚持不懈地讨公道等到了结果,案件相关话题再次冲上热搜。江秋莲表示,决定接受一审判决结果,不上诉;起诉刘暖曦的目的本不在赔偿金的多少。同时,她感谢青岛市城阳区人民法院的公平判决与温度:"这个判决书有令我深深感动的温度,它所褒扬和谴责的,是对我这几年经历的理解与安慰。"如果能拿到696000元的赔偿金,将全部捐给失学女童。

2022年12月30日,山东省青岛市中级人民法院对江秋莲与刘暖曦生命权纠纷案作出二审判决:驳回上诉,维持原判。法院认为,在救助民事法律关系中,被救助者负有对救助者必要的注意、救助、安全保障义务,既契合我国民法诚实信用、公序良俗基本原则的应有之义,也符合社会主义核心价值观的指引方向,更是中华民族助人为乐、知恩图报优秀美德的内在要求。刘暖曦作为侵害风险的引入者和被救助者,未履行对救助者江歌负有的注意、救助、安全保障义务,对江歌遇害存在明显过错,应当承担侵权损害赔偿责任。法安天下,德润人心。生命权是自然人最高的人格利益,是法律与道德共同维护的核心价值。任何人因过错侵害他人生命权,都应依法承担侵权责任。一审法院对于刘暖曦应当承担侵权责任

---

① 综合其时新闻报道、媒体讨论编写。

的认定,是依据法律规定作出的法律评判,也契合友爱互助的传统,依法应予维持。

轰动一时的命案

2016年,江秋莲的独生女儿江歌与同乡刘鑫在日本东京求学相识成为好友。案发前两个多月,刘鑫因前男友陈世峰不同意分手而与其发生争执,向江歌求助后,江歌同意让她与自己同住。2016年11月2日15时许,陈世峰找到刘鑫与江歌同住的公寓,上门纠缠,刘鑫向已外出的江歌求助。江歌提议报警,刘鑫以合住公寓违反当地法律以及不想把事情闹大为由加以劝阻,并请求江歌回来帮助解围。江歌返回公寓,将陈世峰劝离后返回学校上课,陈世峰则继续尾随刘鑫并向其发送恐吓信息。刘鑫为摆脱其纠缠求助同事冒充男友,陈世峰愤而离开并给刘鑫发信息,恫言"我会不顾一切"。期间,刘鑫未将陈世峰纠缠恐吓的相关情况告知江歌。当晚23时许,刘鑫因感觉害怕,通过微信要求江歌在地铁站等她一同返回公寓。11月3日零时许,刘鑫、江歌二人汇合后一同步行返回公寓。二人前后进入公寓二楼过道,事先埋伏在楼上的陈世峰携刀冲至二楼,与走在后面的江歌遭遇并发生争执。而走在前面的刘鑫打开房门,先行入室并将门锁闭。陈世峰在公寓门外,手持水果刀捅刺江歌颈部十余刀后逃离现场。刘鑫在屋内两次拨打报警电话。最终,江歌因左颈总动脉损伤失血过多,经抢救无效死亡。

2017年12月20日,陈世峰因故意杀人罪和恐吓罪被日本东京地方裁判所判处有期徒刑20年。然而,该案并没有尘埃落定,围绕江歌帮助刘鑫的行为定义、刘鑫在事后对江歌家人的态度表现,掀起了巨大的舆论波澜。江秋莲与刘鑫因江歌死亡原因等产生争议,刘鑫还通过网络对江秋莲发表过刺激性言语。江秋莲于2018年10月15日通过微博表示启动对刘鑫的法律诉讼,请求判令刘鑫赔偿江秋莲死亡赔偿金、丧葬费、误工费、交通费、住宿费、签证费等各项经济损失及精神损害抚慰金,共计

2070609.33元，并承担诉讼费用。2019年10月28日，江秋莲向青岛市城阳区法院提起生命权侵权诉讼。2020年3月，城阳区法院发布公告称，已受理原告江秋莲诉刘鑫生命权纠纷一案。其中，隔开江歌与刘鑫的那扇门，一度成为舆论关注的焦点。刘鑫接受《新京报》采访时回忆，听到江歌第一声尖叫就去推门，但推开30公分就被一股力推了回来，第二次再推就推不动了。"我没有堵住门，第一时间去开门了，门从外面被反推了回来，再也没推开。""警察来了之后，我是直接开的门。"刘鑫说，直到警察到来，她都没有出门看一眼。江秋莲认为，刘鑫在陈世峰行凶时并未开门施救，在案中有不可推卸的责任；刘鑫先进屋反锁了门，阻断了江歌的逃生之路。"因为日本的门，不从里面反锁、不用钥匙锁死，从外面是可以打开的。""（刘鑫）明知有危险自己关上门报警，把江歌关在门外被杀害，是多大心机？"2021年4月15日，该案件开庭审理但未当庭宣判，城阳区法院在官方微博进行了图文直播，引发关注。

法院的一审判决

法院审理认为，刘暖曦作为江歌的好友和被救助者，对于由其引入的侵害危险，没有如实向江歌进行告知和提醒，在面临陈世峰不法侵害的紧迫危险之时，为求自保而置他人的生命安全于不顾，将江歌阻挡在门外，致其被杀害，具有明显过错，应当承担相应的民事赔偿责任。综合考量本案的事发经过、行为人的过错程度、因果关系等因素，法院对江秋莲主张的有证据支持的各项经济损失1240279元，酌情支持496000元；对于江秋莲主张的其他经济损失，不予支持。本案中，江歌在救助刘暖曦的过程中遇害，江秋莲失去爱女，遭受了巨大伤痛，后续又为赴国外处理后事而奔波劳碌。刘暖曦在事发后发表刺激性言论，进一步伤害了江秋莲的情感，依法应承担精神损害赔偿责任。法院根据行为情节、损害程度、社会影响，酌情判令刘暖曦赔偿江秋莲精神损害抚慰金200000元。

法院在判决书中指出，扶危济困是中华民族的传统美德，诚信友善是社会主义核心价值观的重要内容。司法裁判应当守护社会道德底线，弘扬美德义行，引导全社会崇德向善。基于民法诚实信用基本原则和权利义务相一致原则，在社会交往中，引入侵害危险、维持危险状态的人，负有采取必要合理措施以防止他人受到损害的安全保障义务；在形成救助关系的情况下，施救者对被救助者具有合理的信赖，被救助者对于施救者负有更高的诚实告知和善意提醒的注意义务。本案中，根据现有证据，作为被救助者和侵害危险引入者的刘暖曦，对施救者江歌并未充分尽到注意和安全保障义务，具有明显过错，理应承担法律责任。需要指出的是，江歌作为一名在异国求学的女学生，对身陷困境的同胞施以援手，给予了真诚的关心和帮助，并因此受到不法侵害而失去生命，其无私帮助他人的行为，体现了中华民族传统美德，与社会主义核心价值观和公序良俗相契合，应予褒扬，其受到不法侵害，理应得到法律救济。刘暖曦作为江歌的好友和被救助者，在事发之后，非但没有心怀感恩对逝者亲属给予体恤和安慰，反而以不当言语相激，进一步加重了他人的伤痛，其行为有违常理人情，应予谴责，应当承担民事赔偿责任并负担全部案件受理费。据此，法院依法作出上述判决。

舆论场的正能量

司法审判不是机械的事实认定和法律适用，而必然涉及价值判断、价值选择；法院在追求法律公正的同时，也必须致力于守护社会道义。读罢判决书，"扶危济困""诚信友善"这八个字，恰恰是青岛市城阳区人民法院作出的一审判决中，最为闪光的词汇。而这组词汇的最大亮点，是它们根本不是出自《民法典》等成文法，而是源于承办法官对于法治理念的理解与诠释。特别是，在这段瞬间传遍网络的判词中，最受关注的说理部分，反倒没有引用任何一条具体的法律规定，但字字在条文之外，句句在法理之中；存在于传统与现实之中的扶危济困、朋友之谊、以德报德的价值判断，在法律框架内被清晰地表达了出来，也是法律内蕴的道德力量的一次具象化呈现。通过法律正义纠正背弃的道德正义，法院一审判决是体现司法温情的最理想范本，用法律守护道德与公正，一个母亲6年的坚持，终于有了回响。这是善行的力量,这是道德力量的彰显!

　　社会是命运共同体,同时也是一个道德共同体。司法不仅要实现司法正义,为所有社会群体带来普遍正义,而且要通过司法正义促进社会道义。上述判决书将道德谴责与法律惩戒准确结合,用法治手段弥补道德准则的缺失,以法律证明、还原事件真相,"道德无法约束的行为,法律可以惩戒",体现了法律与道德相辅相成、法治与德治协同发力。民众对司法裁判的认知,也由此得到了深化与升华:司法裁判并不只是成文的法律概念、术语、原则的叠加,同时也应直面那些存在于良心、共识、传统之中的价值判断。"道之以德,齐之以礼",善意永远是人世间的珍贵宝石,蕴藏于社会普通大众的内心。案件宣判后,社会各界持续关注,媒体广泛开展讨论,舆论纷纷点赞,《人民日报》官方微博也在第一时间发表评论:江歌无私救人,获得法律力挺。而刘鑫则为她的行为付出了法律代价。一褒一贬,展现法治温度,契合公序良俗。惩恶扬善、激浊扬清,正是法律存在的价值。捍卫正义,守卫公道,让违法者存忌惮,让行善者有力量,则社会更有勃勃生机。

　　近年来,最高人民法院积极践行和弘扬社会主义核心价值观,不断规范和加强裁判文书释法说理,先后印发《关于在人民法院工作中培育和践行社会主义核心价值观的若干意见》《关于在司法解释中全面贯彻社会主义核心价值观的工作规划》《关于深入推进社会主义核心价值观融入裁判文书释法说理的指导意见》等规范性文件,先后发布"弘扬社会主义核心价值观典型案例",公正审理"英烈保护公益诉讼案""私自上树摘杨梅坠亡案""冰面遛狗溺亡索赔案"等系列案件,充分发挥人民法院在培育和践行社会主义核心价值观方面的引领、规范和保障作用,以司法公正引领社会公正,让遵法守纪者扬眉吐气,让违法失德者寸步难行。

第二章

马克思主义法治理论中国化的最新成果

中国特色社会主义法治凝聚着中国共产党人治国理政的理论成果和实践经验，是制度之治最基本、最稳定、最可靠的保障。2020年11月，中央全面依法治国工作会议首次提出并系统阐述了习近平法治思想，明确了习近平法治思想在全面依法治国工作中的指导地位，这在我国社会主义法治建设史上具有里程碑意义，是中国特色社会主义国家制度、法律制度趋于成熟和完善的新坐标。习近平法治思想是在党的十八大以来进行伟大斗争、建设伟大工程、推进伟大事业、实现伟大梦想的实践中形成和丰富发展的，是顺应实现中华民族伟大复兴时代要求应运而生的重大理论创新成果，既有从无到有的理论创新，也有从旧到新的理论发展，既有前后相续的经验传承，也有因时因势的思想升华，是当今时代最鲜活的马克思主义法治理论，标志着中国共产党对社会主义法治建设和人类政治文明发展的规律性认识达到新的历史高度。

党的十八大以来，新时代新征程领路人习近平胸怀"国之大者"，心系"国之大事"，肩扛"国之大责"，在治国理政的伟大实践中，从党和国家事业发展的战略全局谋划，坚持依规治党和依法治国有机统一，以正确的认识论和科学的方法论，从中国具体国情出发，站在时代和法治发展前沿认识法治、定位法治、布局法治、推进法治、厉行法治，创造性提出了关于全面依法治国的一系列具有原创性、标志性的新理念、新思想、新战略，系统思考和深刻回答了走什么样的法治道路、建构什么样的法治模式、中国法治何以强起来等一系列重大理论和实践问题，形成了一个视野宏阔、意蕴深邃、理论完备、内涵丰富、逻辑严密的科学理论体系——习近平法治思想。这是植根中国大地、解答时代之问、符合中国实际、具有中国气派的原创性法治理论，全面反映了习近平新时代中国特色社会主义思想在法治领域的原创性贡献，具有鲜明的时代性、强烈的实践性、坚定的人民性、高远的战略性和严谨的科学性，立足中国特色社会主义现代化建设之基，回答了中华民族伟大复兴法治保障的时代之问，为中国特色社会主义法治建设迈向新时代、开启新征程、谱写新篇章提供了强有力的思想武器和科学的行动指南，是新时代全面依法治国的根本遵循。

一、习近平法治思想论要[①]

"法者,治之端也。"[②]法治,是规范,是保障,在国家治理中具有基础性地位;法律制度的制定是国家治理的起点,法律的有效实施是实现国家大治的保证。全面依法治国是国家治理领域一场广泛而深刻的革命,是坚持和发展中国特色社会主义的本质要求和重要保障。坚持全面依法治国是中国特色社会主义国家制度和国家治理体系的显著优势。习近平明确指出:"坚持在法治轨道上推进国家治理体系和治理能力现代化。法治是国家治理体系和治理能力的重要依托。只有全面依法治国才能有效保障国家治理体系的系统性、规范性、协调性,才能最大限度凝聚社会共识。""在统筹推进伟大斗争、伟大工程、伟大事业、伟大梦想的实践中,在全面建设社会主义现代化国家新征程上,我们要更加重视法治、厉行法治,更好发挥法治固根本、稳预期、利长远的保障作用,坚持依法应对重大挑战、抵御重大风险、克服重大阻力、解决重大矛盾。"[③]

党的十八大以来,以习近平同志为核心的党中央从党和国家事业发展全局谋划,坚持依法治国和依规治党有机统一,以正确的认识论和科学的方法论,围绕"两个一百年"奋斗目标和党的历史使命,从中国具体国情出发,站在时代和法治发展前沿,创造性地提出了一系列全面依法治国新理念新观点新论断,形成了一个逻辑严密的科学理论体系——习近平法治思想,系统回答了新时代中国特色社会主义法治建设一系列重大和根本性问题,贯穿着坚定的信仰信念、鲜明的人民立场、敏锐的战略眼光、科学的辩证思维、深邃的思想内涵、强烈的创新精神,是中国特色社会主义

[①] 参见戴小明:《谱写中国特色社会主义法治理论的新篇章——习近平全面依法治国新思想新战略论要》,载《法学评论》2019年第6期。
[②] 《荀子·君道》。
[③] 习近平:《以科学理论为指导,为全面建设社会主义现代化国家提供有力法治保障》(2020年11月16日),载《习近平谈治国理政》(第四卷),外文出版社2022年版,第292页。

法治新时代的思想旗帜、理论指引和根本遵循,为中国特色社会主义法治建设迈向新时代、开启新征程、谱写新篇章提供了强有力的思想武器和科学的行动指南,法治中国建设呈现新图景。

(一) 中国特色社会主义法治的道路自信

方向决定道路,道路决定命运。道路问题既是理论问题,也是实践课题。坚持正确的法治道路关系法治建设根本、关系国家治理全局,绝不能含糊不清,绝不能有任何疑惑。不同国家有着不同的历史背景和文化差异,世界上并不存在单一的法治模式,更不存在唯一正确的法治道路。习近平指出:"走自己的路,是党的全部理论和实践立足点,更是党百年奋斗得出的历史结论。"[①]这一重要论断,体现了我们党对社会主义历史经验的深刻总结,对马克思主义的科学运用,对历史条件和世界发展多样性的正确认识,同时也包含着我们党独立自主的探索精神和勇于开拓创新的自觉自信。一个国家走的法治道路行不行,关键要看是否适合本国国情,是否顺应时代法治发展潮流,能否推动和保障经济发展、社会进步、民生改善、社会稳定,能否得到广大人民的大力支持和衷心拥护。中国法治现代化是中国式现代化道路在法治领域的具体体现,不是西方法治发展的翻版,而是中华法治文明的现代发展,是立足中国国情、符合中国实际、以人民为中心的法治现代化,走自己的路、坚持和发展中国特色社会主义法治道路,满足人民法治需求、反映人民法治智慧。走自己的路,就是强调不要模仿别人的路,而要走出一条与众不同的路,立足国情创新创造;走自己的路,就是要解决在方向上"往哪走"、在方式上"如何走"的问题,方向上南辕北辙,定会误入歧途,方式上缘木求鱼,定会造成不赀之损。习近平强调:"全面推进依法治国,必须走对路。如果路走错了,南辕北辙了,那再提什么要求和举措也都没有意义了。全会通过的《中共中央关于全面推进依法治国若干重大问题的决定》有一条贯穿全篇的红线,这就是坚持和拓展中国特色社会主义法治道路。中国特色社会主义法治道路是一

[①] 习近平:《在庆祝中国共产党成立100周年大会上的讲话》(2021年7月1日),载《习近平谈治国理政》(第四卷),外文出版社2022年版,第10页。

个管总的东西。"①

"物之不齐,物之情也。"②事物具有多样性,千差万别是事物存在的客观规律。人类法治实践探索、法治文明的发展已经证明,法治从传统和古典发展到现代,世界上并没有一成不变的法治现代化道路,法治模式不可能定于一尊。在不同社会历史条件下,法律制度的生成和运作模式具有显著区别。法治道路的确立离不开具体的经济、政治、文化和社会环境。也就是,因现实国情的差异、政治条件和历史文化传统的不同,法治道路的选择绝对不能照搬照抄。特别是把外来模式生搬硬套到历史文化及国情截然不同的国家,必然水土不服,最终难以立足。对此,18世纪上半叶法国杰出的启蒙思想家、比较法学创始人之一的孟德斯鸠曾有经典论述:"为某一国人民而制定的法律,应该是非常适合于该国人民的;所以如果一个国家的法律竟能适合于另外一个国家的话,那只是非常凑巧的事。"③独特的文化传统、独特的历史命运、独特的国情民情,走什么路、举什么旗、定什么制,始终是中国特色社会主义事业改革发展的根本问题。法治道路决定法治方向、关乎法治成败,中国特色社会主义法治道路,本质上是中国特色社会主义道路在法治领域的具体体现。习近平法治思想深刻阐明了全面依法治国向哪里走、走什么路的重大问题,深刻揭示了中国法治道路的本质内涵,坚持中国特色社会主义法治道路,指明了全面推进依法治国的正确方向,也是习近平法治国思想的根本立足点和鲜明标识。习近平特别指出,坚持党的领导,坚持中国特色社会主义制度,贯彻中国特色社会主义法治理论,"这3个方面实质上是中国特色社会主义法治道路的核心要义,规定和确保了中国特色社会主义法治体系的制度属性和前进方向"④。从而向全社会释放正确而明确的信号,统一全党全国各族

---

① 习近平:《加快建设社会主义法治国家》(2014年10月23日),载《习近平谈治国理政》(第二卷),外文出版社2017年版,第113页。
② 《孟子·滕文公上》。
③ 〔法〕孟德斯鸠:《论法的精神》(上册),张雁深译,商务印书馆1961年版,第6页。
④ 习近平:《关于〈中共中央关于全面推进依法治国若干重大问题的决定〉的说明》,载《中国共产党第十八届中央委员会第四次全体会议文件汇编》,人民出版社2014年版,第78—79页。

人民的认识和行动,为法治中国建设提供了最根本的指引和遵循。

1. 坚持党的领导是宪法一以贯之的精神。坚持党对全面依法治国的领导,是中国特色社会主义法治的本质特征和内在要求。领导问题既是革命和建设的首要问题,也是法治的首要问题,涉及根本、关乎长远。中国共产党是最高政治领导力量,办好中国的事情关键在党,党的领导是当代中国国家治理的鲜明特色、中国法治发展的核心逻辑。宪法是我们党长期执政的根本法律依据,是国家政治和社会生活的最高法律规范。新中国立宪、历次宪法修订都确认了中国共产党领导的宪法定位,党的领导是中国特色社会主义法治之魂,具有清晰的历史逻辑、现实参照、坚实的法理基础和宪制安排,把坚持党的领导贯彻落实到依法治国全过程和各方面是中国特色社会主义法治的独特优势和基本经验。"我国宪法确认了中国共产党的领导地位,这是我国宪法最显著的特征,也是我国宪法得到全面贯彻实施的根本保证。只有中国共产党才能坚持立党为公、执政为民,充分发扬民主,领导人民制定出体现人民意志的宪法,领导人民实施宪法,确保我国宪法发展的正确政治方向。"①党的十九大报告鲜明提出"坚持党对一切工作的领导",并将其作为基本方略"十四条"的第一条,意义重大深远。党的领导不是抽象的,而是全面的、系统的、整体的,必须体现于党和国家事业的各领域、各方面、全过程。坚持党对一切工作的领导,既是重要原则,又是内在要求,也是基本任务,是统领全面依法治国具体实践的政治主题,必须落实到一切工作之中。

党的领导是社会主义法治的最大优势。习近平鲜明指出,要坚持党对全面依法治国的领导,党的领导是推进全面依法治国的根本保证,"正反两方面的经验告诉我们,国际国内环境越是复杂,改革开放和社会主义现代化建设任务越是繁重,越要运用法治思维和法治手段巩固执政地位、改善执政方式、提高执政能力,保证党和国家长治久安。全党同志都必须清醒认识到,全面依法治国决不是要削弱党的领导,而是要加强和改善党

---

① 习近平:《谱写新时代中国宪法实践新篇章——纪念现行宪法公布施行40周年》,载《人民日报》2022年12月20日。

的领导。要健全党领导全面依法治国的制度和工作机制,推进党的领导制度化、法治化,通过法治保障党的路线方针政策有效实施。要坚持依法治国和依规治党有机统一,确保党既依据宪法法律治国理政,又依据党内法规管党治党、从严治党"①。党的十八大以来,以习近平同志为核心的党中央明确提出全面依法治国,并将其纳入"四个全面"战略布局,作出一系列重大决策部署。党的十八届三中全会明确提出建设法治中国。党的十八届四中全会专门进行研究,审议通过了《中共中央关于全面推进依法治国若干重大问题的决定》。党的十九大描绘了2035年基本建成法治国家、法治政府、法治社会的宏伟蓝图。党的十九届三中全会决定组建中央全面依法治国委员会,加强党对全面依法治国的统一领导、统一部署、统筹推进。党的十九届四中全会聚焦坚持和完善中国特色社会主义法治体系,对提高党依法治国、依法执政能力作出专门部署。党的十九届五中全会提出,有效发挥法治固根本、稳预期、利长远的保障作用。2020年11月召开的中央全面依法治国工作会议,明确了习近平法治思想在全面依法治国中的指导地位。在以习近平同志为核心的党中央坚强领导下,法治中国建设力度不断加大、步伐不断加快、成效不断彰显,全面依法治国开启了充满生机活力的新篇章:适时修改宪法,健全保证宪法实施的法律制度;编纂民法典,修改环境保护法,制定反食品浪费法等,法律立改废释聚焦重要领域有序开展;通过优化营商环境条例、市场主体登记管理条例等,营商环境的法治保障更有力……每一次立法,都是时代命题的回应、人民智慧的汇聚、法治建设的跃升。

党的领导是过程的、动态的,要适应环境的变化、形势的发展,始终坚持、完善和加强,更好发挥党"总揽全局、协调各方"的领导核心作用,把基层党组织建设成为有效实现党的领导的坚强战斗堡垒。党对依法治国的领导,主要体现为党领导立法、保证执法、支持司法、带头守法,具体体现为党支持人大、政府、政协和法院、检察院依法依章程履行职能、开展工

---

① 习近平:《以科学理论为指导,为全面建设社会主义现代化国家提供有力法治保障》(2020年11月16日),载《习近平谈治国理政》(第四卷),外文出版社2022年版,第287—288页。

作、发挥作用,并善于运用法律保障党的重大决策、政策有效实施,这是习近平法治思想的重要方法论和实践要求。旗帜鲜明坚持和加强党的全面领导,坚持抓住领导干部这个"关键少数",是全面推进依法治国的关键之举。新时代十年,在党的历史上写下了多个"第一次":第一次召开中央全会专题研究部署全面依法治国;第一次组建中央全面依法治国委员会;第一次召开中央全面依法治国工作会议;党的二十大报告第一次单独把法治建设作为专章论述、专门部署。从成立中央全面依法治国领导小组,到组建中央全面依法治国委员会[①],从重大执法决定法制审核,到落实领导干部带头学法制度[②],从党政主要负责人履行推进法治建设第一责任人职责,到建立领导干部干预司法活动、插手具体案件处理的记录、通报和责任追究制度,以及建立法律顾问制度、设立公职律师、完善党政部门依法决策机制、建立行政机关内部重大决策合法性审查机制、建立重大决策终身责任追究制度及责任倒查机制、开展法治督察等一系列制度安排,紧盯"关键少数",突出以上带下,层层压实法治主体责任。特别是《党政主要负责人履行推进法治建设第一责任人职责规定》,贯彻落实《中共中央关于全面推进依法治国若干重大问题的决定》,"把法治建设成效作为衡量各级领导班子和领导干部工作实绩重要内容,纳入政绩考核指标体系",全面推动党政主要负责人切实履行推进法治建设第一责任人职责,充分发挥"关键少数"的关键表率作用,有力推动和加强了党对法治建设的集中统一领导,形成推进法治建设的强大合力。2018年《中华人民共和国宪法修正案》(以下简称《宪法修正案》)进一步强化了中国共产党的领导地位,中国共产党领导是中国特色社会主义最本质的特征成为宪法的核

---

① 根据中共中央《深化党和国家机构改革方案》,2018年,中央全面依法治国委员会成立,成为党中央决策议事协调机构,负责全面依法治国顶层设计、总体布局、统筹协调、整体推进、督促落实,委员会下设立法、执法、司法、守法普法4个协调小组,负责研究科学立法、严格执法、公正司法、全民守法方面的重大问题,协调推动相关法治措施的制定和实施。

② 带头尊法学法,十八届、十九届中央政治局共举行了8次主题涉及全面依法治国的集体学习,如2013年2月23日,十八届中央政治局举行第四次集体学习,主题就是"全面依法治国";2016年12月9日,十八届中央政治局举行第三十七次集体学习,内容为"我国历史上的法治和德治";2018年2月24日,十九届中央政治局举行内容为"我国宪法和推进全面依法治国"的集体学习;2021年12月6日,举行了主题为"建设中国特色社会主义法治体系"的集体学习。

心原则,展现了坚定的道路自信、理论自信、制度自信、文化自信和宪法自信;2019年《中共中央关于加强党的政治建设的意见》提出,制定和修改有关法律法规要明确规定党领导相关工作的法律地位。坚持党的全面领导,必须持续发力,久久为功。譬如,近年来制定和修订《中共中央政治局关于加强和维护党中央集中统一领导的若干规定》《中国共产党重大事项请示报告条例》等党内法规,从制度上保证了党的领导全覆盖,保证了党中央集中统一领导更加坚强有力。

2. 坚持党的领导和依法治国高度统一。党的领导是中国特色社会主义法治建设最重要的前提条件和最根本的保障。事实表明,相互依存、高度统一、完全一致是党的领导和社会主义法治在本质上的反映,党的领导确保法治正确航向,是破解法治领域改革难题的重要法宝,社会主义法治离不开党的领导,党的领导要依靠社会主义法治;在法治领域坚持党的领导,就是要绝对坚守和维护以党的领导为核心的国家体制,党的领导是中国特色社会主义制度之所以能永葆生机活力的密码,是人民当家作主和依法治国的根本保证,而人民当家作主是社会主义民主政治的本质和核心,依法治国是党领导人民治理国家的基本方式。这样的依存性和逻辑理路,是中国特色社会主义民主法治经验的科学总结,三者统一于我国社会主义民主政治的伟大实践,实践证明行之有效。习近平强调指出:"必须坚持中国共产党领导。坚持党总揽全局、协调各方的领导核心作用,坚决维护党中央权威和集中统一领导,保证党的理论、路线、方针政策和决策部署在国家工作中得到全面贯彻和有效执行,支持和保证国家政权机关依照宪法法律积极主动、独立负责、协调一致开展工作。要加强和改善党的领导,善于使党的主张通过法定程序成为国家意志,善于使党组织推荐的人选通过法定程序成为国家政权机关的领导人员,善于通过国家政权机关实施党对国家和社会的领导,维护党和国家权威、维护全党全国团结统一。"①我国《宪法》明确规定:中华人民共和国的一切权力属于人民。推进全面依法治国,根本目的是依法保障人民权益。

---

① 习近平:《毫不动摇坚持、与时俱进完善人民代表大会制度》(2021年10月13日),载《习近平谈治国理政》(第四卷),外文出版社2022年版,第250页。

"坚持以人民为中心。全面依法治国最广泛、最深厚的基础是人民,必须坚持为了人民、依靠人民。要把体现人民利益、反映人民愿望、维护人民权益、增进人民福祉落实到全面依法治国各领域全过程,保证人民在党的领导下通过各种途径和形式管理国家事务、管理经济文化事业、管理社会事务,保证人民依法享有广泛的权利和自由、承担应尽的义务。"①回应人民群众新期待,系统研究谋划和及时有效解决法治领域人民群众反映强烈的突出问题,不断增强人民群众获得感幸福感安全感,用法治保障人民群众安居乐业,党的二十大报告明确提出,健全人民当家作主制度体系,加强人民当家作主制度保障。一个国家民主不民主,关键在于是不是真正做到了人民当家作主,中国的民主是维护人民根本利益的人民民主,在党的领导下中国人民享有广泛充分、真实具体、有效管用的民主,全体人民平等参与国家管理和社会治理,民主生活丰富多彩,民主权利广泛多样。人民民主是社会主义的生命,是全面建设社会主义现代化国家的应有之义。人民民主是一种全过程的新型民主,人民当家作主是中国民主的本质和核心,是全过程人民民主的根本出发点和落脚点。民主需要法律制度安排,加强人民当家作主制度保障离不开法治,发展社会主义民主,必须健全社会主义法治。全过程人民民主是人民当家作主的生动实践,我们党始终坚持和完善人民当家作主制度体系,创新社会主义民主政治形式,坚持党的领导、人民当家作主与依法治国有机统一,尊重人民主体地位,充分发挥全过程人民民主的制度优势。不断发展全过程人民民主,用法治保障人民当家作主,就是要筑牢全过程人民民主的法治根基,实现"最广泛、最真实、最管用"的中国式民主。我们党始终保证人民当家作主落实到国家政治生活和社会生活之中,保证人民依照法律规定,通过各种途径和形式,管理国家事务,管理经济和文化事业,管理社会事务;让每一个民声民情都能被重视、每一个民意民智都能被尊重、每一个民意痛点都能被解决,全面保障人民当家作主,保证国家政治生活既充满活力又安定有序。

人民是我们党执政的最大底气,全过程人民民主彰显社会主义民主

---

① 习近平:《以科学理论为指导,为全面建设社会主义现代化国家提供有力法治保障》(2020年11月16日),载《习近平谈治国理政》(第四卷),外文出版社2022年版,第288—289页。

政治的本质属性。在当代中国,全过程人民民主焕发勃勃生机,保证人民当家作主,保证国家政治生活既充满生机活力又安定有序,关键就是要坚持党的领导、人民当家作主、依法治国有机统一。反之,若没有坚强的领导核心,国家动荡不安,有再好的法律也只能是一纸空文。习近平指出:"只有在党的领导下依法治国、厉行法治,人民当家作主才能充分实现,国家和社会生活法治化才能有序推进。"[①]改革开放特别是党的十八大以来,我国坚持走中国特色社会主义政治发展道路,全面发展全过程人民民主,社会主义民主政治制度化、规范化、程序化全面推进,社会主义协商民主广泛开展,人民当家作主更为扎实,全面依法治国总体格局基本形成。党的二十大报告进一步重申,坚定不移走中国特色社会主义政治发展道路,坚持党的领导、人民当家作主、依法治国有机统一,坚持人民主体地位,充分体现人民意志、保障人民权益、激发人民创造活力;健全人民当家作主制度体系,扩大人民有序政治参与;加强人民当家作主制度保障;全面发展协商民主;积极发展基层民主;巩固和发展最广泛的爱国统一战线。党的二十大通过的党章修正案,把走中国特色社会主义法治道路,发展更加广泛、更加充分、更加健全的全过程人民民主,建立健全民主选举、民主协商、民主决策、民主管理、民主监督的制度和程序,统筹发展和安全等内容写入党章。这些都为新时代新征程全面依法治国、充分发挥中国特色社会主义民主政治优势和特点提供了根本路径指引,为人类法治文明贡献了中国经验和中国智慧。

3. 依法治国是党领导人民治理国家的基本方略[②]。人民是中国共产党执政的根基、执政的动力、执政的目标,是全面依法治国的力量源泉,全面依法治国是为了更好地保障人民利益和幸福生活。历史表明,人民利益不会自动实现,只能由国家或者政府去代表、去努力,由执政党引领、推动。党领导人民制定实施宪法,坚持全面依法治国,就是为了实现好、维

---

① 习近平:《加快建设社会主义法治国家》(2014年10月23日),载《习近平谈治国理政》(第二卷),外文出版社2017年版,第114页。
② "我们必须坚持依法治国作为党领导人民治理国家的基本方略、把法治作为治国理政的基本方式,不断把法治中国建设推向前进。"参见习近平:《在庆祝全国人民代表大会成立六十周年大会上的讲话》(2014年9月5日),载《求是》2019年第18期。

护好、发展好人民当家作主,新时代发展全过程人民民主的重大理念和实践要求与之既一脉相承又与时俱进。民主是全人类的共同价值,是中国共产党和中国人民始终不渝坚持的重要理念,实现和发展人民民主贯穿党百年奋斗的全过程。特别是坚持人民当家作主,发展全过程人民民主的创新探索、生动实践,保证人民依法享有广泛权利和自由,形成全面、广泛、有机衔接的人民当家作主制度体系,全方位监督政府,具有强大生命力。民意至上是现代民主政治的基本价值,人民对法治建设的参与程度,决定着法治发展的进程及其广度和深度,坚持法治是为了人民幸福、保障人民利益,全面贯彻且充分体现了全过程人民民主的本质和要求。同时,坚持程序与实体、手段与目的、过程与结果的辩证统一,在法治轨道上推进全过程人民民主,也为人类政治文明贡献了中国智慧和中国方案。法治是治国理政的基本方式,是国家治理体系和治理能力的重要依托,已经成为新时代的中国共识;法律是治国之重器,并且从工具、从制度成为治国的理念。坚持依法治国,把国家和社会治理纳入法治轨道,有效避免了社会发展中的人治纷扰,防范民主失控而导致政治动荡。习近平强调:"发展人民民主必须坚持依法治国、维护宪法法律权威,使民主制度化、法律化,使这种制度和法律不因领导人的改变而改变,不因领导人的看法和注意力的改变而改变。"①总结历史经验,改革开放以来,我们党把民主法治建设提升到一个全新的高度,通过法治同时重塑权力结构和权威体系。党的十五大正式提出依法治国基本方略,具有非凡的历史意义,为开辟中国特色社会主义法治道路奠定了理论基石、政策基础。

  法治是实现国家长治久安的必由之路。党的十八大开启中国特色社会主义法治新征程,党更加重视发挥法治在治国理政中的基础性保障作用,更加重视通过全面依法治国为中国特色社会主义事业提供根本性制度保障。以习近平同志为核心的党中央高度重视、强力推进法治,党的十八届四中全会聚焦全面依法治国,将全面依法治国作为"四个全面"战略布局的重要内容,"全面"是一种理念,更是一种方法,全面依法治国是理

---

① 习近平:《在庆祝全国人民代表大会成立六十周年大会上的讲话》(2014年9月5日),载《求是》2019年第18期。

念和方法论的全新转变,中国共产党对于法治广度和深度的认识不断提高。法治的"关键少数"——各级领导干部"权在法下、令由法出"的法治自觉正在养成,"尊重权利、谦抑权力"的法治素养不断提升。党的十九大把坚持全面依法治国确定为习近平新时代中国特色社会主义思想和基本方略的重要内容,从领域方略到全局方略,依法治国在党和国家全局中的地位与作用得到显著提升。党的十九届二中全会专题聚焦宪法修改,把实施宪法摆在全面依法治国的突出位置,充分彰显了中国智慧,体现了制度自信,宪法在治国理政中的重要地位和作用全面凸显。与此同时,党中央组建中央全面依法治国委员会,从全局和战略高度对全面依法治国作出一系列重大决策部署,推动我国社会主义法治建设发生历史性变革、取得历史性成就,全面依法治国实践取得重大进展。

4. 坚持依法执政,全党在宪法法律范围内活动。新中国法治历经曲折、艰难而行。改革开放以来,党和国家总结法治的外部经验和内在规律,特别是社会主义法治的成功经验和深刻教训,把依法治国确定为党领导人民治理国家的基本方略,把依法执政确定为党治国理政的基本方式,走出了一条适合自身国情的中国特色社会主义法治道路。党的十六大明确要求:各级党委和领导干部要"不断提高依法执政的能力"[①]。中国共产党由革命党成功转型成为长期执政的世界大党,是社会主义法治的领导者、组织者和实践者,坚持依法执政对全面依法治国具有重大的引领和推动作用。习近平指出:"党领导人民制定宪法法律,党领导人民实施宪法法律,党自身必须在宪法法律范围内活动,这就是党的领导力量的体现。全党在宪法法律范围内活动,这是我们党的高度自觉,也是坚持党的领导的具体体现,党和法、党的领导和依法治国是高度统一的。"[②]《中国共产党

[①] 2004年党的十六届四中全会通过的《中共中央关于加强党的执政能力建设的决定》指出:"党的执政能力,就是党提出和运用正确的理论、路线、方针、政策和策略,领导制定和实施宪法和法律,采取科学的领导制度和领导方式,动员和组织人民依法管理国家和社会事务、经济和文化事业,有效治党治国治军,建设社会主义现代化国家的本领。"

[②] 习近平:《在省部级主要领导干部学习贯彻党的十八届四中全会精神全面推进依法治国专题研讨班上的讲话》(2015年2月2日),载《习近平关于全面依法治国论述摘编》,中央文献出版社2015年版,第36页。

章程》规定:"坚持党的领导、人民当家作主、依法治国有机统一,走中国特色社会主义政治发展道路、中国特色社会主义法治道路,扩大社会主义民主,建设中国特色社会主义法治体系,建设社会主义法治国家,巩固人民民主专政,建设社会主义政治文明。"中国共产党的领导地位由宪法和法律明确,党领导人民制定实施宪法和法律,并自觉在宪法和法律范围内活动,遵守法律同坚持党的领导内在统一。在当代中国,"坚持党的领导"与"党自身必须在宪法法律范围内活动"合力构成了建设现代国家和法治中国的政治与法律基础。

坚持抓住领导干部这个"关键少数",推动各级领导干部带头尊法学法守法用法。依法治国和依法执政的实现,需要执政党和政府及其工作人员尤其是各级领导干部,在法治轨道上行使权力、在宪法法律范围内活动。党的十九大报告明确提出全面增强执政本领,强调领导十三亿多人的社会主义大国,既要政治过硬,也要本领高强;要增强依法执政本领,加快形成覆盖党的领导和党的建设各方面的党内法规制度体系,加强和改善对国家政权机关的领导,充分发挥依规治党对党和国家事业发展的政治保障作用,形成国家法律和党内法规相辅相成的格局。① 党的十九届四中全会要求"坚持和完善中国特色社会主义法治体系,提高党依法治国、依法执政能力"。2021年6月,《中共中央关于加强对"一把手"和领导班子监督的意见》发布,就强化监督执纪、更好发挥"关键少数"引领示范作用提出具体要求。这是党的政治建设和执政能力建设不断提升的过程,是新时代坚持依法执政、党规国法相互衔接协调发展的新要求,也是对各级党组织和所有党员干部提出的具体要求,任何个人、团体以及政府机关都没有治外特权,特别是各级党组织和全体党员、干部,要牢固树立法治意识,牢记法律红线不可逾越、法律底线不可触碰,坚持党章党规为本,宪法法律至上,法律面前人人平等,把对法治的尊重、对法律的敬畏转化为谋划工作时的法治思维、处理问题时的法治方式,自觉在法治轨道上想问题、作决策、办事情,带头营造办事依法、遇事找法、解决问题用法、化解矛

---

① 参见习近平:《决胜全面建成小康社会,夺取新时代中国特色社会主义伟大胜利》(2017年10月18日),载《习近平谈治国理政》(第三卷),外文出版社2020年版,第53页。

盾靠法的法治环境,全面提升依法执政、依法行政的能力和水平,充分发挥自身在依法治国中的政治核心作用和先锋模范作用,始终成为法治的示范者、引领者、先行者,形成强大的法治"头雁效应"。

(二)新时代全面依法治国的战略布局

"不谋万世者,不足谋一时;不谋全局者,不足谋一域。"①战略部署既是基础又是核心,既要兼顾现况又要预见未来。全面依法治国是国家治理的重大抉择,其战略地位随着中国特色社会主义事业的推进不断强化。习近平强调:"全面推进依法治国,是着眼于实现中华民族伟大复兴中国梦、实现党和国家长治久安的长远考虑。对全面推进依法治国作出部署,既是立足于解决我国改革发展稳定中的矛盾和问题的现实考量,也是着眼于长远的战略谋划。"②党的十八大以来,习近平高瞻远瞩,对新时代中国特色社会主义法治建设进行战略谋划、做出战略部署,明确全面依法治国总目标、法治建设新方针、法治中国建设"三个共同推进""三个一体建设"的重点任务,为协调推进"四个全面"战略布局提供重要法治保障。

1. 牢牢把握全面依法治国总目标。纵观人类法治实践,法治与民主、权力相伴相依,没有民主就没有法治;民主是法治的前提,法治是民主的基础,也是民主的保障;只有人民成为国家的主人,民主才有可能,法治才有希望;严格依法行政是法治的核心,确保权力正当运行是法治的重点,终极目标是确保社会形成由规则治理的管理方式、活动方式和法治秩序,维护公共利益,保障公民权利。从宏观上看,法治是治国方略和战略;从微观上看,法治是方式、依据和手段。党的十八届四中全会明确提出:全面推进依法治国,总目标是建设中国特色社会主义法治体系,建设社会主义法治国家。总目标擘画了全面依法治国的总蓝图,具有举旗定向、纲举目张的重大意义。习近平指出:"鲜明提出坚持走中国特色社会主义

---

① (清)陈澹然:《寤言卷二·迁都建藩议》。
② 习近平:《在中共十八届四中全会第二次全体会议上的讲话》(2014年10月23日),载《习近平关于全面依法治国论述摘编》,中央文献出版社2015年版,第11页。

法治道路、建设中国特色社会主义法治体系的重大论断,明确建设社会主义法治国家的性质、方向、道路、抓手,必将有力推进社会主义法治国家建设。"①坚持建设中国特色社会主义法治体系是全面推进依法治国的发展目标和总抓手。

法治体系是国家治理体系的骨干工程,中国特色社会主义法治体系是涵盖法治领域各环节和法治保障等方面的制度体系以及运行体系,贯穿法治国家、法治政府、法治社会建设各个领域,涵盖立法、执法、司法、守法各个环节,涉及法律规范、法治实施、法治监督、法治保障、党内法规各个方面,是推进全面依法治国的总抓手,也是推进国家治理体系和治理能力现代化的重要方面。习近平法治思想科学阐述了中国特色社会主义法治体系的基本内涵——完备的法律规范体系、高效的法治实施体系、严密的法治监督体系、有力的法治保障体系、完善的党内法规体系。这就从宏大视角系统阐明了中国特色社会主义法治体系的具体内容和基本要求,具有总揽全局、牵引各方的重大理论意义和实践价值,谋划和指明了新时代全面依法治国的各项内容和具体路径。特别是我们党坚持依法治国和依规治党有机统一,党内法规既是管党治党的重要依据,也是建设社会主义法治国家的重要保障。在习近平法治思想指引下,近年来,《法治中国建设规划(2020—2025年)》《法治政府建设实施纲要(2021—2025年)》《法治社会建设实施纲要(2020—2025年)》制定实施,法治中国、法治政府、法治社会建设依照既定时间表、路线图、施工图有序大力推进,新时代社会主义法治国家建设取得历史性成就、发生历史性变革。

2. 突出法治中国建设的重点任务。法治中国是法治国家、法治政府、法治社会一体建设的中国。依法治国,重在法之必行。法治的真谛在于如何对待权力,对于公共权力,必须厘清边界,法无授权不可为;同时,身为公民,也应有权利的底线。如此,在权力规制与权利保护之间,才能培育生长出法治的参天大树。坚持依法治国、依法执政、依法行政共同推进,坚持法治国家、法治政府、法治社会一体建设,是习近平法治思想的

---

① 习近平:《关于〈中共中央关于全面推进依法治国若干重大问题的决定〉的说明》,载《中国共产党第十八届中央委员会第四次全体会议文件汇编》,人民出版社2014年版,第73—74页。

"十一个坚持"之一,逻辑内在统一,内容深度融合。全面依法治国是一个系统工程,必须统筹兼顾、把握重点、整体谋划,更加注重系统性、整体性、协同性。坚持"三个共同推进""三个一体建设",明确了法治中国建设的逻辑理路和重点任务,清晰勾画了全面依法治国的具体面貌,描绘了法治国家建设的顶层方案和工作路径。依法治国着眼于国家和社会治理全局,依法执政强调党的执政方式,依法行政指向法治政府建设。依法治国、依法执政、依法行政是有机联系的整体,三者本质一致、目标一体、成效相关,缺少任何一个方面,法治中国建设都难以有效推动,必须相互统一、共同推进、形成合力。

现代法治经验已经证成,依法治国的关键是在限制国家权力的同时提高国家能力,执政党依法执政、政府依法行政决定着法治国家建设成败。法治国家、法治政府、法治社会彼此紧密联系、共生共存、相互支撑、相辅相成、共存共赢,三者共同构成法治中国建设的"三驾马车"。其中,法治国家是法治政府、法治社会建设的目标,法治政府、法治社会建设必须服从、服务于法治国家建设;法治政府是法治国家建设的主体和重点,是法治社会建设的先导和示范,对法治国家、法治社会建设具有示范带动作用,要率先突破;法治社会是构筑法治国家的基础,是法治政府建设的依托,法治国家、法治政府建设必须筑牢法治社会根基。法治共识能不能变成现实,能不能建成法治国家,关键在于能不能建成法治政府和法治社会,打造全社会信仰法律、尊重法律的法治环境,让法治成为"关键少数"的行为准则,各级政府及其工作人员严格依法用权,法律红线不触碰,法律底线不逾越;让法治成为广大民众美好的生活方式,全体社会成员普遍具有法律观念和法治意识,真正接受法治理念、崇尚法治精神、服从法治规范,自觉遵守法律,坚信法治的力量,在全社会形成信仰法治、尊重法治、遵从法律的浓厚氛围,使法治建设与法治发展具有坚实文化根基和良好社会环境,进而实现自治、法治、德治的相融共进,形成共策、共商、共治的社会治理格局。

3. 全面落实新时代法治建设方针。 依法治国,良法先行。良法是善治的前提,善治是法治的追求。国家法治建设是超级综合的系统工程,立法、执法、司法、守法环环相扣,不可偏废。根据全面推进依法治国面临的新形势、新任务、新要求,习近平全面深刻阐释了立法、执法、司法、守法四个方面改革举措,提出了"坚持全面推进科学立法、严格执法、公正司法、全民守法"的新时代法治建设指导方针(简称"新十六字方针"),丰富和发展了党的十一届三中全会提出的"有法可依,有法必依,执法必严,违法必究"十六字方针,形成了新时代全面依法治国的基本格局,为全面依法治国提供了明确的实现路径和方式,全面依法治国在创新中发展。国家走向现代化,必先实现法治化。立法、执法、司法和守法这四项工作构成了全面依法治国的四个面向。立法是前提,科学立法,保障高质量立法,巩固法治根基,形成完备的法律体系;执法是关键,严格执法,建设法治政府,确保法律有效落实;司法是防线,公正司法,守卫司法公信,让人民感受到公平正义;守法是基础,全民守法,倡导社会新风,是法治水平提升的基本标志,小到文明行走,大到依法治国,法治的根基在人民。法律信仰是文化,更是价值追求,当人民信任法律,把法律作为一种价值追求,作为美好生活的动力,全社会的法律信仰可期,全民守法自然水到渠成。

新中国成立70多年来,中国法治在波澜壮阔中探索前行,从无法可依到有法可循,从注重数量到提高质量,从依法治国到全面推进依法治国再到全面依法治国,法治成为执政兴国的治国方略,成为全社会的最大公约数。法治建设"新十六字方针"是习近平法治思想对新中国法治进步特别是改革开放以来法治建设成就的系统总结和有效提升,整体展现了法治中国建设从打基础到系统建构演进的清晰逻辑、具体路径。中国特色社会主义法治进入新时代,法律话语正在成为不同利益的表达方式,也成为公民、社会组织互动互助的一个基本渠道。积极回应人民的新要求新期待,系统解决法治领域人民群众反映强烈的突出问题,补短板、填空白、强弱项,加强重点领域、新兴领域、涉外领域立法,统筹推进国内法治和涉外法治,推进科学立法、民主立法、依法立法,统筹立改废释纂,增强立法系统性、整体性、协同性、时效性,以良法善治保障新业态、新模式健康发展。习近平指出:"要积极推进国家安全、科技创新、公共卫生、生物安全、生态文明、防范风险、涉外法治等重要领域立法,健全国家治理急需的法律制度、满足人民日益增长的美好生活需要必备的法律制度,填补空白点、补强薄弱点。数字经济、互联网金融、人工智能、大数据、云计算等新技术新应用快速发展,催生一系列新业态新模式,但相关法律制度还存在时间差、空白区。网络犯罪已成为危害我国国家政治安全、网络安全、社会安全、经济安全等的重要风险之一。"①国家法治是动态的系统工程,也是具体的生动实践,包括法律的制定,以及法律的实施、法律的监督和法律的信仰,是立法、执法、司法、守法的有机统一。全面推进科学立法、严格执法、公正司法、全民守法,密织法律之网,强化法治之力,党和国家事业发展才能有根本性、全局性、长期性的制度保障,确保国家社会在深刻变革大潮中既生机勃勃又井然有序。

4. 坚持依法治国和以德治国相结合。 法治是文化认同、价值共识之上的规则之治、良法善治。法律本身所固有的道德,蕴含在其固持一般规则概念的正义原则之中。法安天下,德润人心,德治与法治具有内在的高度一致性。德法共治是我国古代治国理政的成功经验,也是中华传统法文化的精髓,坚持依法治国和以德治国相结合是建设社会主义法治国家的基本原则,是中国法治的鲜明特色。法律是善良与公正的艺术,离不开道德的滋养。法律应具有道德性,即法律必须满足道德或者正义的一定条件,只有这样的法律才能称为良法。"以德为法"作为中国传统治理智慧,法律不仅是规范,也是道德,法律是成文的道德,道德是内心的法律。美国的法律甚至可以被理解为基于犹太教和基督教传统的道德的法典化。②"美国的法律制度,也像许多其他法律制度一样,意欲保护且促进道德的、理性的和精神的价值('正义'),而不仅仅是社会的、经济的和政治的组织('秩序');而流行于美国的信仰体系,也像许多其他国家中流行的

---

① 习近平:《以科学理论为指导,为全面建设社会主义现代化国家提供有力法治保障》(2020年11月16日),载《习近平谈治国理政》(第四卷),外文出版社2022年版,第293页。
② 参见季卫东:《通往法治的道路:社会的多元与权威体系》,法律出版社2014年版,第32—33页。

信仰体系一样,想要引领和指导支配着美国的法律制度。"①法律和道德都是重要的社会规范,能够用以规范人的行为,调整社会关系,对于维护良好的、稳定的、和谐的社会关系都发挥着重要作用。习近平法治思想对中华传统法文化创造性转化、创新性发展,具有深厚的文化底蕴。习近平强调指出:"法律是准绳,任何时候都必须遵循;道德是基石,任何时候都不可忽视。在新的历史条件下,我们要把依法治国基本方略、依法执政基本方式落实好,把法治中国建设好,必须坚持依法治国和以德治国相结合,使法治和德治在国家治理中相互补充、相互促进、相得益彰,推进国家治理体系和治理能力现代化。"②社会主义核心价值观继承和弘扬了中华民族传统美德。党的十八大报告提出,要"倡导富强、民主、文明、和谐,倡导自由、平等、公正、法治,倡导爱国、敬业、诚信、友善,积极培育和践行社会主义核心价值观"。2018年3月,"国家倡导社会主义核心价值观"明确写入宪法,社会主义核心价值观成为国家法定意志。

坚持建设德才兼备的高素质法治工作队伍是习近平法治思想的重要内容,是全面推进依法治国的组织保障。国家治理需要法律和道德协同发力,法律是底线的道德,也是道德的保障;一个良善的司法判决,既要坚守法律的正义,也要充分彰显人文的温情。因此,全面推进依法治国,必须着力建设一支忠于党、忠于国家、忠于人民、忠于法律的社会主义法治工作队伍,推进法治专门队伍正规化、专业化、职业化,提高职业素养和专业水平。坚持立德树人,德法兼修,努力培养造就一大批高素质法治人才及后备力量。同时,要充分发挥道德的教化功能,提高全社会文明程度,为全面依法治国创造良好人文环境,以道德滋养法治精神、强化道德对法治文化的支撑作用,把社会主义核心价值观融入法治建设、融入社会发

---

① 〔美〕伯尔曼:《法律与宗教》,梁治平译,商务印书馆2012年版,第1—2页。
② 习近平:《坚持依法治国和以德治国相结合》(2016年12月9日),载《习近平谈治国理政》(第二卷),外文出版社2017年版,第133页。

展、融入日常生活,让法治精神浸入人心、融入血液、植入灵魂。① 文化是最持久的力量,没有文化的根基,没有道德的滋养,法治不可能落地生根,更不可能传承发展、代代赓续、长久护佑。习近平指出:"发挥好道德的教化作用,必须以道德滋养法治精神、强化道德对法治文化的支撑作用。再多再好的法律,必须转化为人们内心自觉才能真正为人们所遵行。"② 我们坚信,中华传统法律文明的当代复兴,必将给新时代中国特色社会主义法治增添浓厚的民族色彩③。

(三) 新时代深化依法治国实践的具体任务

法治是实现国家长治久安的必由之路。全面推进依法治国是事关我们党执政兴国的全局性课题。党的十八大以来,以习近平同志为核心的党中央战略谋划,顶层设计,统筹布局,坚定不移全面推进依法治国,特别是党的十八届四中全会,全面聚焦法治,既突出战略重点,又关照综合施策,制定全面依法治国的总蓝图,确定法治中国建设的路线图、作业图,是新时代治国理政的大智慧、大思路、大战略,生动展示了新时代中国特色

---

① 现实生活中法治的尴尬也充分表明道德建设的不可或缺,典型的案例是:2020年12月21日,编剧余飞、宋方金等发布111位编剧、导演、制片人、作家的联名信,直指有抄袭劣迹的畅销书作者、知名电影导演郭敬明和制片人于正出现在综艺中进行话题炒作,以此追逐点击率、收视率,信中还直指郭敬明、于正在法院判决后,拒绝执行法院的道歉判决,引起了相关从业者和社会各界的强烈反感。2020年的最后一天即12月31日,时隔15年,郭敬明终于发文就2006年法院判决其小说《梦里花落知多少》抄袭作家庄羽的小说《圈里圈外》之事在微博上道歉,后悔在法院判决后不肯承认错误;于正就其《宫锁连城》侵犯《梅花烙》版权一事向琼瑶道歉,用了6年时间正视错误。这充分显示了社会舆论、道德正义的巨大力量,正如《梅花英雄梦》中的一句话,"正义或许会迟到,但是,一定不会缺席"。

② 习近平:《加快建设社会主义法治国家》(2014年10月23日),载《习近平谈治国理政》(第二卷),外文出版社2017年版,第117页。

③ 民法典是国家和民族精神的立法表达。2020年5月28日,十三届全国人大三次会议表决通过,2021年1月1日起施行的《民法典》,凸显着中华文化的印记,熔铸中华民族的"精气神",具有鲜明的民族性,弘扬社会主义核心价值观,强化对人格权的全面保护,维护家庭成员合法权益……民族精神融入民法典,引领传统美德和社会公德深入人心。总则编第1条开宗明义:"为了保护民事主体的合法权益,调整民事关系,维护社会和经济秩序,适应中国特色社会主义发展要求,弘扬社会主义核心价值观,根据宪法,制定本法。"法典坚持依法治国和以德治国结合,充分体现了中国特色社会主义法治特征,各分编规定树立优良家风,重视家庭和睦和夫妻相互关爱;完善遗赠扶养协议制度,强调尊老、敬老、爱老、助老;细化侵权责任规定,为见义勇为者免除后顾之忧;等等。

社会主义法治的目标追求,全面依法治国已经由共识变成现实,大踏步进入"快车道",显著增强了我们党运用法律手段领导和治理国家的能力,既有针对性地解决了一系列重大法治理论问题,又破解了一系列重大法治实践难题,全面依法治国实现历史性突破,法治中国建设迈出重大步伐。

1. 加强宪法实施和监督。 宪法的生命在于实施,宪法的权威也在于实施,没有宪法实施,宪法就不成其为社会共识,不成其为根本规范。在法治轨道上全面建设社会主义现代化国家,必须更好发挥我国宪法制度的显著优势和重要作用,强化宪法意识,弘扬宪法精神,推动宪法实施,切实把宪法实施贯穿落实到治国理政的各方面、全过程,进一步提高党依宪治国、依宪执政的能力,全面推进国家各方面工作法治化。党领导人民制定宪法和法律,党首先要带头尊崇和执行宪法。习近平强调:"宪法具有最高的法律地位、法律权威、法律效力。我们党首先要带头尊崇和执行宪法,把领导人民制定和实施宪法法律同党坚持在宪法法律范围内活动统一起来。任何组织或者个人都不得有超越宪法法律的特权。一切违反宪法法律的行为,都必须予以追究。"①四十多年的运行实践表明,作为改革开放的重要成果和直接表征,现行《宪法》符合我国国情,符合实际情况,符合时代要求,并且不断适应新形势,遵循法治规律,通过宪法修改与时俱进,永葆生机活力,有力推动和加强了社会主义法治建设,有力推动和保障了党和国家事业发展。

党的十八大以来,习近平要求全面贯彻实施宪法,运用宪法治国理政,健全保证宪法全面实施的制度体系,不断提高宪法实施和监督水平;建立宪法宣誓制度,设立国家宪法日,开展宪法教育,普及宪法知识;国歌法、国旗法、国徽法成为落实宪法规定的国家象征与标志重要制度;全国人大组织法、全国人大议事规则修改,巩固国家根本政治制度;完善香港特别行政区选举制度,确保香港长治久安和长期繁荣稳定。党的十八届四中全会提出,加强宪法实施和监督,健全宪法解释程序机制,为宪法实施创造条件。同时,加强备案审查制度和能力建设,对违宪违法的规范性

---

① 《更加注重发挥宪法重要作用 把实施宪法提高到新的水平》,载《人民日报》2018年2月26日。

文件坚决依法撤销和纠正。党的十九大报告提出，推进合宪性审查工作，维护宪法核心地位和法律体系的协调统一。2018年《宪法修正案》第70条明确规定，改革全国人民代表大会专门委员会的"法律委员会"，设立"宪法和法律委员会"，推动宪法实施和监督工作进入新阶段，"中国之治"的基石更加巩固。特别是历史首次，国家领导人履行宪法宣誓，敬畏宪法，充分彰显了以习近平同志为核心的党中央坚持依宪执政、依宪治国，坚决维护宪法权威的坚定意志和坚强决心。

2. 完善以宪法为核心的法律体系。"立善法于天下，则天下治；立善法于一国，则一国治。"①法律是治国之重器，良法是善治之前提，"宪法——法律的准绳"②，完备而良善的法律规范体系不仅是建设法治体系的必需，也是法治国家的基本标志以及政权稳定和社会发展的基本保障。"法与时转则治，治与世宜则有功。"法律的生长、完善，离不开其所处历史和文化的滋养。宪法变迁和宪法发展的实践表明，宪法作为上层建筑，必须适应经济基础的变化，宪法保有持久生命力，必须适应新形势、吸纳新经验、确认新成果、作出新规范，即宪法内容要适时把党和人民在实践中取得的重大理论、实践、制度创新成果上升为宪法规定，才能更好发挥宪法在国家治理中的应有作用。宪法修改是宪法发展的重要方式，党的十九届二中全会专门讨论宪法修改问题，充分表明执政党在新时代对宪法的高度重视。2018年3月，十三届全国人大一次会议通过的《宪法修正案》，是推进全面依法治国的重大举措，为新时代中国特色社会主义事业提供了根本法治保障。科学立法，体制先行，完善立法体制，推动法制统一，是习近平法治思想的重要内容，特别是其中关于立法目标、内容和方式的系统理论阐释和有力的制度实践，为完善立法体制、提升立法质量指明了方向。与此同时，完善党内法规体系是推进国家治理体系和治理能力现代化的重要保障，要加强党内法规建设，形成完备的党内法规体系，实现党内法规与国家法律的有效衔接，"发挥好党内法规在维护党中央集

---

① （北宋）王安石：《周公论》。
② 马克思：《1848年至1850年的法兰西阶级斗争》，载《马克思恩格斯选集》（第一卷），人民出版社2012年版，第479页。

中统一领导、保障党长期执政和国家长治久安方面的重大作用"①。

加快重点领域立法、完善法律体系,健全人大主导立法的工作机制,发挥立法对改革的引领和推动作用,实现立法与改革协调推进,以良法促进发展、保障善治,是新时代完善中国特色社会主义法律体系目标和任务的科学定位。新时代十年,编纂《民法典》,国家安全、卫生健康、公共文化等重要领域的基础性、综合性、统领性法律相继制定出台,生态环境、教育科技等领域的法律进行了全面系统的修改完善,网络数据、生物安全等新兴领域法律填补立法空白取得突破,统筹推进国内法治和涉外法治,加强涉外领域立法。截至 2022 年 9 月底,我国现行有效法律 293 件、行政法规有 598 件,地方性法规有 13000 余件,制定和修订 158 部中央党内法规。② 以宪法为核心的中国特色社会主义法律体系日趋科学完善,特别是作为社会主义市场经济的基本法律、人民生活的重要行为准则、法官裁判民商事案件的基本依据,《民法典》不仅能有效巩固全面建成小康社会过程中取得的成果,也将为全面建成社会主义现代化强国注入新的血液。法典化是世界范围内法治发展的普遍规律,从《中华人民共和国民法通则》(以下简称《民法通则》)到《民法典》,具有划时代的意义,《民法典》编纂历时 5 载,10 次向全社会公开征求意见,收到 42.5 万人提出的 102 万条建议,充分体现了民主立法、科学立法和依法立法要求,见证了法治中国前进的步伐。作为新中国历史上第一部以"法典"命名的法律,《民法典》反映了新时代全面推进依法治国的重要成果,切实回应了人民群众的法治需求,为实现人民群众日益增长的美好生活需要提供了坚实可靠的法律保障,是推进国家治理体系和治理能力现代化的战略举措——开启中国民事法律新时代,开创经济社会高质量发展新征程,标注制度文明新高度,推动"中国之治"进入了更高境界。

《民法典》体现中国法治特色,符合基本国情,具有科学性、实践性、前瞻性。编纂《民法典》是党的十八届四中全会确定的一项重大政治任务和

---

① 《发挥好党内法规在维护党中央集中统一领导 保障党长期执政和国家长治久安方面的重大作用》,载《人民日报》2021 年 12 月 21 日。

② 参见刘华东:《更高水平的法治中国阔步走来》,载《光明日报》2022 年 10 月 20 日。

立法任务,是以习近平同志为核心的党中央作出的重大法治建设部署;《民法典》的颁布实施是深入贯彻落实习近平法治思想、推进中国特色社会主义法律体系建设的重大成果。习近平强调:"有关国家机关要适应改革开放和社会主义现代化建设要求,加强同民法典相关联、相配套的法律法规制度建设,不断总结实践经验,修改完善相关法律法规和司法解释。对同民法典规定和原则不一致的国家有关规定,要抓紧清理,该修改的修改,该废止的废止。要发挥法律解释的作用,及时明确法律规定含义和适用法律依据,保持民法典稳定性和适应性相统一。""随着经济社会不断发展、经济社会生活中各种利益关系不断变化,民法典在实施过程中必然会遇到一些新情况新问题。这次新冠肺炎疫情防控的实践表明,新技术、新产业、新业态和人们新的工作方式、交往方式、生活方式不断涌现,也给民事立法提出了新课题。要坚持问题导向,适应技术发展进步新需要,在新的实践基础上推动民法典不断完善和发展。"[1]

3. 建设法治政府,推进依法行政。法治政府是职能科学、权责法定、执法严明、公正公开、廉洁高效、守法诚信的政府。法治政府建设是全面依法治国的重点任务和主体工程,是推进国家治理体系和治理能力现代化的重要支撑,只有政府带头依法行政、依法办事,国家才能在法治轨道上有序发展。法治政府是国家治理现代化的重要标志,建设法治政府是建设法治中国的基本要求,是推进国家治理体系和治理能力现代化的重要抓手;转变政府职能,扎实推进依法行政,把权力关进制度的笼子,全面推进严格规范公正文明执法,是全面依法治国的应有之义。也就是,必须把依法用权作为关键任务,把扩大公众有序参与作为重要途径,把加强权力运行监督作为基础保障,把提高公务人员的法治意识和法治素养作为基本内容,实现监督监察全覆盖,让权力在阳光下行使,消除公权力监督的真空地带,确保权力始终在法治的轨道上运行[2]。习近平指出:"执法是

---

[1] 习近平:《实施好民法典》(2020年5月29日),载《习近平谈治国理政》(第四卷),外文出版社2022年版,第283页。
[2] 《江苏省重大行政决策程序实施办法》自2020年8月1日起施行。办法对重大行政决策的全过程进行规范指导,并规定决策机关违反规定造成决策严重失误,或者依法应当及时作出决策而久拖不决,造成重大损失、恶劣影响的,应当倒查责任,实行终身责任追究。资料来源:江苏省人民政府网,http://www.jiangsu.gov.cn/art/2020/5/29/art_46143_9190441.html。

行政机关履行政府职能、管理经济社会事务的主要方式,各级政府必须依法全面履行职能,坚持法定职责必须为、法无授权不可为,健全依法决策机制,完善执法程序,严格执法责任,做到严格规范公正文明执法。"① 为此,要加快转变政府职能,优化政府职责体系和组织结构,推进机构、职能、权限、程序、责任法定化,提高行政效率和公信力,构建和完善市场监管有效、公共服务精细、权责界限清晰的政府治理体系,实现市场有效、政府有为、社会有序;健全行政权力制约和监督体系,促进行政权力规范透明运行,进一步厘清政府和市场、政府和社会之间的关系,用法治给行政权力定规矩、划界限,规范行政决策程序。需要特别指出的是,《民法典》已经颁布,其实施水平和效果是衡量法治政府建设成效的重要方面、重要指标,作为保障市场经济、市民生活的基本法律,《民法典》被誉为"社会生活的百科全书",主旨在于保护公民的民事权利,关系到每一个公民的生活,为国家公权力的规范运行与社会生活自由之间划定了界限,各级政府要以《民法典》的有效实施为抓手推进法治政府建设,提升"中国之治"新高度。

全面实施《民法典》对于全面依法治国、推进国家治理体系和治理能力现代化、切实维护最广大人民根本利益具有重大而深远的意义。习近平专门就《民法典》的全面实施对全党和各级政府提出了明确要求:"各级政府要以保证民法典有效实施为重要抓手推进法治政府建设,把民法典作为行政决策、行政管理、行政监督的重要标尺,不得违背法律法规随意作出减损公民、法人和其他组织合法权益或增加其义务的决定。要规范行政许可、行政处罚、行政强制、行政征收、行政收费、行政检查、行政裁决等活动,提高依法行政能力和水平,依法严肃处理侵犯群众合法权益的行为和人员。"② 各级政府必须高度重视法治思维的养成,提高全体公职人员依法履职的自觉性,遇到问题想法,解决问题依法,处置矛盾用法;要加强制度供给,以规范和约束公权力为重点,建立健全党统一指挥、全面覆盖、

---

① 习近平:《加快建设社会主义法治国家》,载《求是》2015年第1期。
② 习近平:《实施好民法典》(2020年5月29日),载《习近平谈治国理政》(第四卷),外文出版社2022年版,第283页。

权威高效的制约监督体系和上下联动监督网,加强对行政权力的制约和监督;要着力完善权力清单管理,深化行政审批制度改革,构建决策科学、执行坚决、监督有力的权力运行机制;要健全行政决策制度机制,如专家咨询制度、行政听证制度、法律顾问制度等。严格行政执法,加强执法规范化建设,全面推行行政执法三项制度①,推动形成权责统一、高效有序的行政执法体系,落实行政执法责任制。同时,全面推进政务公开,以公开为常态、不公开为例外,让广大民众看得见、能监督,通过公开透明的权力运行赢得人民群众的信任和拥护。需要特别指出的是,建设法治政府,推进依法行政,蕴涵着现代行政不能仅仅满足于循规蹈矩、办事不违法、不逾规,而应该不断大胆探索政府管理如何能更好地满足人民对美好生活的需要,如何能更好地适应市场经济和高科技发展,如何能更好地提高政务服务的效率和质量。

4. 深化司法体制综合配套改革。公平正义是社会、国家正常运转的基本原则,是人民的期盼、社会稳定的基石,也是社会文明进步的重要标志。渴望公平是基本人性,公正是司法的灵魂和生命,司法的目标就是维护社会公平正义。公正司法是新时代国家治理体系和治理能力现代化的基本要义,是守护社会公平正义的最后一道防线。全面依法治国,必须紧紧围绕保障和促进社会公平正义来进行。习近平强调:"深化司法体制改革,是要更好坚持党的领导、更好发挥我国司法制度的特色、更好促进社会公平正义。凡是符合这个方向、应该改又能够改的,就要坚决改;凡是不符合这个方向、不应该改的,就决不能改。简单临摹、机械移植,只会造成水土不服,甚至在根本问题上出现颠覆性错误。"②同时,他生动阐释了司法实践中"100-1=0"法治公式的道理,警示执法司法维护公平正义:一个错案的负面影响足以摧毁九十九个公平裁判积累起来的良好形象;执法司法中万分之一的失误,对当事人就是百分之百的伤害。③党的十八

---

① 即行政执法公示制度、执法全过程记录制度、重大执法决定法制审核制度。
② 习近平:《在中央政法工作会议上的讲话》(2014年1月7日),载《习近平关于全面依法治国论述摘编》,中央文献出版社2015年版,第77页。
③ 参见中共中央宣传部:《习近平新时代中国特色社会主义思想学习纲要》,学习出版社、人民出版社2019年版,第104页。

大以来，加快建设公正高效权威的社会主义司法制度，司法体制改革始终坚持正确方向，坚持走中国道路，加强顶层设计，自上而下有序推动，统筹推进司法责任制等司法基础体制改革，直面司法现实问题，敢于啃硬骨头，勇于闯难关，取得显著成效，司法职权配置显著优化，执法司法的公信力大幅提升，人民群众的法治"获得感"不断增强。

习近平指出："法治建设要为了人民、依靠人民、造福人民、保护人民。必须牢牢把握社会公平正义这一法治价值追求，努力让人民群众在每一项法律制度、每一个执法决定、每一宗司法案件中都感受到公平正义。"[1]深化司法体制综合配套改革，就是要坚持司法为民，健全法律监督新格局，严格公正司法，不断增强人民群众的获得感幸福感安全感。[2] 全面准确落实司法责任制，规范司法权力运行，加快建设公正高效权威的社会主义司法制度，进一步破解司法领域改革的瓶颈问题，加强以诉源治理为基础、以审判为中心、以司法责任制为核心的司法体制建设，依照《关于深化司法责任制综合配套改革的意见》，建立主审法官制度、法官终身负责制、错案倒查制度，防范司法系统内部的行政化，确保审判中心地位，全面落实司法责任制，真正"让审理者裁判、由裁判者负责"，推动审判体系和审判能力现代化，提升审判执行质效，提高司法公信力；进一步规范司法权运行，强化对司法活动的制约监督，坚决防止执法不严、司法不公特别是司法腐败，最大限度杜绝冤假错案；健全和完善以审判为中心的诉讼制度，推动网络技术、大数据、云计算、人工智能等科技创新成果同司法工作深度融合，建立一体化智慧司法（主要包括智慧法院与智慧检务）服务体系，着力提升司法质量和效率，在更高水平上实现公正与效率相统一；推

---

[1] 习近平：《加强党对全面依法治国的领导》，载《求是》2019年第4期。

[2] 为全面准确落实司法责任制、规范合议庭运行机制、明确合议庭职责，《最高人民法院关于规范合议庭运行机制的意见》（法发〔2022〕31号）于2022年10月印发。意见按照中央关于深化执法司法权力运行机制改革的决策部署，结合近年推进落实司法责任制的新情况、新要求，立足各地法院审判工作实际，进一步细化合议庭组成机制，完善合议庭成员职责、评议规则和裁判文书制作方式，并就合议庭运行与院庭长履行监督管理职责、"四类案件"（指符合下列情形之一的案件：重大、疑难、复杂、敏感的；涉及群体性纠纷或者引发社会广泛关注，可能影响社会稳定的；与本院或者上级人民法院的类案裁判可能发生冲突的；有关单位或者个人反映法官有违法审判行为的）监督管理机制的衔接等重点问题作出规范。意见特别明确，院庭长对"四类案件"审理有异议的，不得直接改变合议庭意见。

进案件繁简分流、轻重分离、快慢分道,为人民群众提供便捷、高效、优质的司法服务,通过办理一件件实实在在的案件,不断满足人民群众对公平正义的更高需求,让看得见的公平正义触摸法治的温度与力度,让百姓真实感受到公平正义就在身边,让司法阳光普照每一位公民的美好生活,确保公平正义不仅要实现,还要以更加便捷高效的方式实现,把公平正义根植于百姓心田;①完善包括律师、公证、法律援助、司法鉴定、仲裁、人民调解等在内的公共法律服务体系,方便人民群众得到及时、高效的法律服务。这是新时代推进全面依法治国的重要任务和基本目标要求。

(四) 新时代提高宪法实施水平的目标要求

宪法是法治国家的根本法,是治国安邦的总章程、治国理政的总依据,是党和人民意志的集中体现,具有最高的法律地位、法律权威、法律效力;宪法与国家前途、人民命运息息相关,谱写新时代中国宪法实施新篇章,坚持依宪治国、依宪执政是坚持全面依法治国、推进法治中国建设的工作重点。党的二十大报告强调:"加强宪法实施和监督,健全保证宪法全面实施的制度体系,更好发挥宪法在治国理政中的重要作用,维护宪法权威。"②宪法规范的贯彻落实是宪法的生命,依宪执政、依宪治国要求全面实施宪法。新时代全面依法治国的根本任务,关键是要在更高起点推进宪法实施,把全面贯彻实施宪法提高到新的水平、推向新的高度,以宪

---

① 2020年7月,一则自媒体发布的关于《最高人民法院关于审理民事纠纷案件中涉及刑事犯罪若干程序问题的处理意见》系"假法规"的文章,曾引发舆论关注。澎湃新闻通过"中国裁判文书网"等渠道核实发现情况属实,而不少上诉人在上诉意见中却引用了该意见,不同法院判决裁定出现了截然不同的处理意见,有的直接指出该意见不存在,有的未提出该意见存在问题也未引用该意见,有的案件在原判决基础上进行了纠正,但未否定该意见,还有的直接指出该意见存在并对案件进行了维持。那么,出现此类法律依据冲突和乌龙事件的原因何在?这多与法官自身素质不高、业务信息更新不详、面对自媒体信息冲击自身辨别能力不强等有关,且多数法院系统内部也并未设立自查的环节,全国范围内目前也没有建立起统一的法律法规知识库等相关平台。参见《多地法院曾引"最高法意见"判案,最高法判定书:没出台过》,https://www.thepaper.cn/newsDetail_forward_8505409,2020年7月30日访问。

② 习近平:《高举中国特色社会主义伟大旗帜 为全面建设社会主义现代化国家而团结奋斗——在中国共产党第二十次全国代表大会上的报告》(2022年10月16日),载《人民日报》2022年10月26日。

法的有效实施引领、推动法律的全面实施,以依宪执政推进依法治国,以依法治国保障依法行政,以依法行政确保执法为民落地落细。

1. 毫不动摇坚持依宪治国。宪法凝聚社会共识,夯实国家根基、指引政治方向、划分权力边界、保障政治的可预见性和稳定性。依宪治国是新时代国家治理体系和治理能力现代化的重大命题。坚持依法治国首先要坚持依宪治国,坚持依法执政首先要坚持依宪执政。习近平指出:"依法治国,首先是依宪治国;依法执政,关键是依宪执政。新形势下,我们党要履行好执政兴国的重大职责,必须依据党章从严治党、依据宪法治国理政。"①实践充分证明,现行《宪法》是一部好法律。但无须讳言,在现实生活中,宪法贯彻实施还存在诸多盲区,如保障宪法实施的监督机制和具体制度还不健全,宪法的崇高权威还没有充分彰显,社会成员的宪法意识还有待进一步增强。中国特色社会主义进入新时代,法治中国建设站在新的历史起点上,推进宪法实施,坚持依宪治国,既是坚定宪法自信、更好发挥宪法作为国家根本法作用的必然要求,也是执政党全面加强自身建设、提高执政能力和水平的自觉选择。从宪法出发,我们就会走上建设法治国家的通衢大道;以宪法为基石,我们就能获得党和国家兴旺发达的蓬勃伟力。

我们党高度重视运用宪法法律巩固人民政权、开展国家治理。不论是《中华苏维埃共和国宪法大纲》,还是新中国成立后的"五四宪法",再到改革开放后的"八二宪法"及其5次修改,都有力证明,通过宪法法律确认和巩固国家根本制度、基本制度、重要制度,并运用国家强制力保证实施,保障了国家治理体系的系统性、规范性、协调性。宪法凝聚和集中体现中国共产党治国理政的经验智慧、中国人民探索社会主义现代化道路的历史成就、国家发展的指导思想和科学理论;宪法文本规定了社会主义国家的性质和党的领导地位、人民代表大会的根本政治制度、公民的基本权利和义务、国家机构的职权与组织和活动原则以及国家的基本制度、发展道路和奋斗目标。宪法的这些规定性和话语体系既具有宪法的普遍特征,

---

① 习近平:《在首都各界纪念现行宪法公布施行30周年大会上的讲话》(2012年12月4日),载《习近平谈治国理政》,外文出版社2014年版,第141—142页。

也具有鲜明的中国特色、独特优势。毫不动摇坚持依宪治国，就是要坚定不移坚持以宪法为统领治国理政，具体包括必须毫不动摇坚持习近平法治思想，坚持宪法确立的国家指导思想不动摇，坚持宪法确认的党的领导地位不动摇，坚持宪法确立的国家根本任务、发展道路和奋斗目标不动摇，坚持宪法确立的国体和政体不动摇。

2. 坚定维护宪法尊严和权威。制定和实施宪法，是人类社会走向现代化的重要支撑，宪法的至上地位，是一个国家现代化的重要内容和标志，必须坚持宪法的国家根本法地位。宪法作为国家政治和社会生活的最高法律规范，宪法文本凝结着一个国家最根本的价值观。宪法权威是指宪法在国家政治生活和社会生活中的根本法作用，其指引、规范、激励政党和所有国家机关、社会组织、公民的行为。全国各族人民、一切国家机关和武装力量、各政党和各社会团体、各企事业组织，都必须以宪法为根本活动准则，并且负有维护宪法尊严、保证宪法实施的职责。习近平深刻指出："宪法的根基在于人民发自内心的拥护，宪法的伟力在于人民出自真诚的信仰。只有保证公民在法律面前一律平等，尊重和保障人权，保证人民依法享有广泛的权利和自由，宪法才能深入人心，走入人民群众，宪法实施才能真正成为全体人民的自觉行动。"[①]宪法没有权威，就不可能真正地通过宪法来反映人民的意志，最大限度地实现人民的利益。

维护宪法权威，捍卫宪法尊严，提升党员领导干部和国家工作人员以及全体社会成员的宪法意识、宪法思维，第一，要遵循法治逻辑和法治规律，党员领导干部必须学习宪法、认知宪法，尊崇宪法、信仰宪法，将其作为所有公职人员任职的基本要求。第二，要严格落实执行宪法宣誓制度，国家工作人员正式任职必须向宪法宣誓，以严肃庄重的政治仪式让宣誓人心存敬畏，将宪法精神铭刻心中，永远恪守用权底线，这既是对人民的承诺，也是增强宪法意识和法治思维的有效途径。第三，要在全社会持续加强宪法宣传教育，因地制宜，久久为功，弘扬宪法精神，传播宪法理念，培育宪法文化，维护宪法权威。第四，要充分发挥宪法解释功能，把宪法

---

① 习近平：《在首都各界纪念现行宪法公布施行30周年大会上的讲话》（2012年12月4日），载《习近平谈治国理政》，外文出版社2014年版，第140—141页。

精神贯彻到法治工作的各方面和全过程,让宪法从法律文本进入社会规范,进入公民的工作和日常生活,让百姓切身感受到宪法与权利同在、与美好生活相伴。总之,开展经常性、常态化的法治宣传教育,营造尊崇宪法、敬畏宪法的浓厚社会氛围,目的在于提升公民的宪法意识,让广大民众在教育和实践中养成法律自觉,有序表达自我意志,维护合法权益。列宁指出:"什么是宪法?宪法就是一张写着人民权利的纸。""宪法是人民代表参与立法和管理国家的法律。"①而公民权利要得到实现,宪法实施就必须得到可靠保障,宪法权威必须得到全面尊重。

3. 积极推进合宪性审查工作。既有的实践已经表明,宪法实施离不开宪法监督。宪法实施是一项持续推进的系统工程,涉及法治建设的方方面面。合宪性审查是法治国家的宪制基础工程,其要解决的是违宪问题,包括限制立法权和限制滥用权力的政府行为。"合宪性"是判断一个国家是否法治的根本标准。党的十九大报告明确指出:"加强宪法实施和监督,推进合宪性审查工作,维护宪法权威。"这是深化依法治国实践的重要制度安排,虽然违宪审查制度建设将是一个长期的过程,但合宪性审查的首次提出,对于社会主义民主法治发展特别是新时代宪法实施,无疑具有重要的里程碑意义和实践价值:有效确保社会主义法治体系的完整性和统一性,推动宪法全面贯彻实施,加强宪法监督,及时纠正违宪违法行为,切实维护宪法权威。

习近平指出:"要完善宪法监督制度,积极稳妥推进合宪性审查工作,加强备案审查制度和能力建设。"②对此,全国人民代表大会宪法和法律委员会已在宪法修正案中明确。为推进宪法实施,让宪法真正从纸面走进现实,2018年3月,全国人大法律委员会更名为"全国人大宪法和法律委员会"。与此同步,2018年6月,《全国人民代表大会常务委员会关于全国人民代表大会宪法和法律委员会职责问题的决定》明确规定:"全国人

---

① 列宁:《两次会战之间》,载《列宁全集》(第十二卷),人民出版社2017年版,第50页;《俄国社会民主党中的倒退倾向》,载《列宁全集》(第四卷),人民出版社2013年版,第220页。

② 《更加注重发挥宪法重要作用 把实施宪法提高到新的水平》,载《人民日报》2018年2月26日。

大宪法和法律委员会在继续承担统一审议法律草案工作的基础上，增加推动宪法实施、开展宪法解释、推进合宪性审查、加强宪法监督、配合宪法宣传等工作职责。"①可见，宪法和法律委员会不仅仅是名称的变更，而是坚持依宪治国、全面推进依法治国的重要战略举措，是落实党的十九大精神推进合宪性审查工作的重要机制建构，必将推进合宪性审查工作的健康发展，监督和防范违宪违法行为的发生，譬如规范性文件出台后的合宪性审查，积极开展重大决策、重要规定出台前的合宪性咨询与确认工作等，从而为中央决策和重大改革提供有力的宪法支撑，为坚持和加强党的领导夯实宪法基础。②

（五）习近平法治思想的理论品格

理论的飞跃具有本质规定性和内在规律性，习近平新时代中国特色社会主义思想的创新创造、马克思主义中国化新的飞跃的鲜明标识，突出表现为对时代课题作出新回答、开辟理论创新新境界、推动变革实践新升华、形成"两个结合"新结晶、做出未来发展新指引。习近平法治思想是顺应实现中华民族伟大复兴时代要求应运而生的科学理论，既有从无到有的理论创新，也有从旧到新的理论发展，既有前后相续的经验传承，也有因时因势的思想升华，深刻总结了共产党依法执政规律、社会主义法治建设规律、人类社会法治文明发展规律，集中展现了马克思主义法治理论在

---

① 2018年6月22日，十三届全国人大常委会第三次会议通过。2018年10月，全国人大常委会法工委新设宪法室，承担推动宪法实施、开展宪法解释、推进合宪性审查、加强宪法监督、配合宪法宣传等工作。宪法室成立以来，曾对制定监察法规决定开展合宪性审查，在外商投资法草案审议中也加强了合宪性研究。

② 以2020年为例，全国人大常委会办公厅共收到报送备案的行政法规、地方性法规、自治条例和单行条例、经济特区法规、司法解释、特别行政区法律1310件，法制工作委员会逐件开展了主动审查。同时，法制工作委员会对5146件公民、组织提出的审查建议，也在逐一审查后，向审查建议人作了反馈。特别是法制工作委员会围绕防控新冠肺炎疫情、野生动物保护、配合民法典实施、食品药品安全、优化营商环境五个方面，组织开展了专项审查和集中清理，推动制定机关清理法规、规章、司法解释等各类规范性文件3300余件，及时修改废止完善其中与上位法规定不一致、与中央精神不符合、与时代要求不适应的内容。此外，还对司法部等单位移送的58件法规进行了审查研究。备案审查工作在保证党中央令行禁止、保障宪法法律实施、保护公民和组织合法权益等方面发挥了重要作用。参见王比学：《备案审查彰显人大监督力度》，载《人民日报》2021年1月22日。

新时代中国实践的光辉成果,是马克思主义法治理论中国化的重大历史性飞跃,在中国特色社会主义法治建设进程中统一全党意志、凝聚社会共识、创新法治理论、推进法治实践,具有政治、理论、实践、历史等多维度的重大意义:政治意义在于,为推进新时代全面依法治国提供了科学指引;理论意义在于,实现了马克思主义法治理论中国化时代化新的历史性飞跃;实践意义在于,推动了新时代全面依法治国发生历史性变革、取得历史性成就;历史意义在于,实现了中华优秀传统法律文化的创造性转化以及创新性发展。

法是人类文明的产物,法治是政治文明的必然,站在新的历史起点上,坚持习近平法治思想的科学指引,坚持走中国特色社会主义法治道路,必将不断夯实安邦固本基石,筑牢千秋伟业根基。习近平法治思想坚持不忘本来、吸收外来、面向未来,理论渊源十分广博,既有马克思主义法学理论源头又有中国传统法文化活水,既来自中国特色社会主义法治实践又吸收人类法治文明的先进成果[①],既传承中华优秀传统法文化又借鉴国外法治有益成果,既蕴含民族精神又符合中国实际,集法律文化之大成,汇法治实践之经验,悠远、博大、深邃的思想理论渊源和新时代波澜壮阔的法治改革为习近平法治思想提供了坚实的理论基础与生动的实践经验。正是在从历史和现实相贯通、国际和国内相关联、理论和实际相结合上深刻回答新时代为什么实行全面依法治国、怎样实行全面依法治国等一系列重大问题中,奠定了习近平法治思想中国特色、人民立场、时代特征、实践特点、战略属性等科学内涵的坚实理论基石。

1. 鲜明的时代性。 时代是思想之母,科学理论从对时代课题的回答中产生。社会发展需要法治建设提供规范保障,反之也为法治发展提供

[①] "柏拉图的《理想国》、亚里士多德的《政治学》、托马斯·莫尔的《乌托邦》、康帕内拉的《太阳城》、洛克的《政府论》、孟德斯鸠的《论法的精神》、卢梭的《社会契约论》、汉密尔顿等人著的《联邦党人文集》、黑格尔的《法哲学原理》、克劳塞维茨的《战争论》、亚当·斯密的《国民财富的性质和原因的研究》、马尔萨斯的《人口原理》、凯恩斯的《就业、利息和货币通论》、约瑟夫·熊彼特的《经济发展理论》、萨缪尔森的《经济学》、弗里德曼的《资本主义与自由》、西蒙·库兹涅茨的《各国的经济增长》等著作,过去我都翻阅过,一个重要感受就是这些著作都是时代的产物,都是思考和研究当时当地社会突出矛盾和问题的结果。"参见习近平:《加快构建中国特色哲学社会科学》(2016年5月17日),载《习近平谈治国理政》(第二卷),外文出版社2017年版,第342—343页。

着动力。法治文明的进步不可阻挡,法治发展要与时代同步,离不开创新思想的引领,马克思指出:"批判的武器当然不能代替武器的批判,物质力量只能用物质力量来摧毁;但是理论一经掌握群众,也会变成物质力量。理论只要说服人[ad hominem],就能掌握群众;而理论只要彻底,就能说服人[ad hominem]。所谓彻底,就是抓住事物的根本。而人的根本就是人本身。"①科学的理论从来不是无源之水、无本之木。习近平法治思想正是以习近平为核心的党中央在新时代治国理政的伟大实践与思考中创立并不断发展的,是中国特色社会主义法治实践创新的科学总结和理论升华,体现了对人类法治规律的尊重和科学把握,对中华优秀法文化的继承弘扬,对全球法治精髓和国际法治经验的理性借鉴;会通古今、融汇中西,扬弃继承、发展创新,是顺应历史潮流、符合当代中国发展规律、时代逻辑和现实要求的科学理论体系,是植根中国大地、符合中国实际、具有中国气派的原创性理论。

法治是人类文明的重要成果,是现代国家最可靠最稳定最持久最有效的治理方式。天下大治,是古往今来治国者孜孜以求的理想,也是中国共产党带领中国人民矢志不渝的追寻。新时代全面依法治国,需要深刻把握马克思主义法治理论的核心要义,充分汲取中华民族自古至今的治理智慧,广泛吸纳世界法治文明的优秀成果,既要一脉相承又要与时俱进,既要兼收并蓄又要融会贯通。习近平法治思想坚守马克思主义大本大源,牢牢把握世界法治发展的大方向,同时在源远流长的中华法律思想和制度中挖掘与现代法治相通的矿脉,凸显了中国共产党人追求民主法治、守正创新、为民造福的使命担当,体现了执政党对治国理政规律尤其是法治建设规律、人类社会发展规律认识的深化,展现了执政党的成熟和高度自信,为世界法治文明尤其是法治后发国家走向现代化提供了中国智慧和中国方案,是中华民族对世界法治文明和人类法治文化的原创性理论贡献。习近平法治思想是集体智慧的结晶,是中国共产党关于法治建设理论的又一次重大升华,以其丰富的理论内涵和广阔的实践外延,指

---

① 马克思:《〈黑格尔法哲学批判〉导言》,载《马克思恩格斯选集》(第一卷),人民出版社2012年版,第9—10页。

明了新时代中国特色社会主义法治的道路方向、根本保障以及总目标、总路径、总任务、总布局等各个方面的具体要求,及时而系统地回答了新时代法治实践的系列重大难题,是解决中国当下和未来社会面临的主要矛盾、实现人民对美好生活向往的指导思想,为中国特色社会主义法治奠定历史性基业。

2. 强烈的实践性。 实践是理论之源,理论逻辑是实践逻辑的科学反映。实践是人的目的性活动,是检验真理的标准、尺度。任何一种理论、认识、制度,只有经过实践的检验,才能证明是科学的,也才能称得上具有优势。习近平深刻指出:"全面推进依法治国是关系我们党执政兴国、关系人民幸福安康、关系党和国家长治久安的重大战略问题,是完善和发展中国特色社会主义制度、推进国家治理体系和治理能力现代化的重要方面。"①经过40多年的改革开放,中国改革已进入深水区,中国经济已深度融入世界贸易体系和国际分工,着眼中华民族伟大复兴战略全局和世界百年未有之大变局,应对重大挑战、抵御重大风险、克服重大阻力、化解重大矛盾、解决重大问题②,规范收入分配秩序、健全财富积累机制,实现高水平对外开放,稳步扩大规则、规制、管理、标准等制度型开放,深化国内相关领域改革,扩大市场准入,以及积极主动参与全球治理(如话语建构、议题设置、规则制定、方向引领和霸权反制)等,法治是唯一有效选择,也是最佳选择;善于运用国际规则维护国家主权、安全和发展利益,坚持统筹推进国内法治和涉外法治是建设法治强国的必然要求③;没有全面依法

---

① 习近平:《关于〈中共中央关于全面推进依法治国若干重大问题的决定〉的说明》,载《中国共产党第十八届中央委员会第四次全体会议文件汇编》,人民出版社2014年版,第71页。

② 面对新中国成立以来重大突发公共卫生事件——新冠肺炎疫情防控,习近平在中央全面依法治国委员会第三次会议上明确指出:"要完善疫情防控相关立法,加强配套制度建设,完善处罚程序,强化公共安全保障,构建系统完备、科学规范、运行有效的疫情防控法律体系。"参见《全面提高依法防控依法治理能力 为疫情防控提供有力法治保障》,载《人民日报》2020年2月6日。

③ 如随着我国日益走近世界舞台中央,企业和公民走向世界也越来越多,要更好维护国家主权、安全和发展利益,维护广大企业和公民合法权益,必须善于运用法治,尤其是要加强涉外法治工作,培养造就一大批高素质涉外法治人才。但据中国国际法学会2021年提供的数据,我国能够熟练从事涉外业务的律师仅7000余名,其中可以从事"双反双保"业务的律师仅500余名,可以在世界贸易组织(WTO)争端解决机制中独立办案的律师仅300余名,人才储备远远无法满足与大国地位相匹配的现实需求。

治国,就治不好国、理不好政,战略布局就会落空。理论源自实践,高于实践,指导实践。党的十八大以来,在以习近平同志为核心的党中央坚强领导下,既立足当前,运用法治思维和法治方式解决经济社会发展面临的深层次问题,又着眼长远,筑法治之基、行法治之力、积法治之势,法治中国建设取得历史性成就、发生历史性变革,全面依法治国的趋势性革新正在形成,习近平法治思想正是对新时代全面依法治国生动实践的科学总结,体现了强烈的问题意识和精准的问题导向,是深刻理解当下中国所处历史方位和发展阶段的重要理论创新,具有非常明确的问题意识,提出了最具理论说服力和科学性、可行性的解决方案。

中国特色社会主义进入新时代,我国社会主要矛盾已经转化为人民日益增长的美好生活需要和不平衡不充分的发展之间的矛盾,百姓生活已从温饱进入小康,多样多层多元化的需求日益增长和不断提高,如民主法治、公平正义、环境生态、发展安全等。党的十九大报告对我国社会主要矛盾的新表述,极大拓展了中国民主法治建设空间。根据人民网2022年2月开展的第21次全国两会调查结果显示,在设置的17个候选热词中,依法治国、从严治党、社会保障、社会治理、国家安全等热点问题排在网友关注前列,选择"依法治国"一词的网友人数最多,占比64.8%。[①] 经过接续奋斗,中国已全面建成小康社会,历史性地解决了绝对贫困问题,开启全面建设社会主义现代化国家新征程,站立潮头、继往开来,在新的历史方位上深化依法治国实践,更好满足人民群众在民主、法治、公平、正义、安全、环境等方面日益增长的要求,守护人民美好幸福生活、为高质量发展赋能、提高人民生活品质、促进共同富裕,让民之所需成为政之所向。目标指向非常明确,就是要通过在法治下推进改革、在改革中完善法治,实现制度聚合与集成、协同高效,形成总体性的制度成果和制度文明,从而为经济高质量可持续健康发展保驾护航,为防范社会风险隐患建立法治保护网,为社会公平正义提供制度依靠,这是全面建设社会主义现代化

---

① 参见薄晨棣:《两会调查:"依法治国"最受关注 网友期待公共法律服务体系更完善》,http://lianghui.people.com.cn/2022npc/n1/2022/0301/c441810-32362211.html,2022年3月1日访问。

国家的重要助推器和安全阀,坚持在法治轨道上推进国家治理体系和治理能力现代化是实现良法善治的必由之路。

3. 坚定的人民性。以人民为中心是中国式法治现代化的根本立场。全面依法治国最广泛、最深厚的基础是人民,根本目的是为了人民、依靠人民、造福人民、保护人民。人民是国家建设的根本力量,始终坚持以人民为中心,是全面推进依法治国的力量源泉。人民是国家的根本,民心是最大的政治。人民立场是中国共产党的根本政治立场,是马克思主义政党区别于其他政党的显著标志:"共产党人不是同其他工人政党相对立的特殊政党。他们没有任何同整个无产阶级的利益不同的利益。"①人民是国家的主人,依法治国的主体。社会主义法治建设必须为了人民、依靠人民、造福人民、保护人民。中国共产党是具有远大理想和崇高使命的百年大党、世界第一大执政党,是具有文明使命、长期执政的马克思主义政党,致力于为中国人民谋幸福、为中华民族谋复兴,致力于为人类谋进步、为世界谋大同,始终把人民放在第一位,党来自人民,永远与人民风雨同舟、患难与共、同心同行,全心全意为了人民,除了工人阶级和最广大人民的利益,没有自己特殊的利益,为人民福祉服务和奋斗,不是为了执政而执政。习近平强调:"江山就是人民、人民就是江山,打江山、守江山,守的是人民的心。中国共产党根基在人民、血脉在人民、力量在人民。中国共产党始终代表最广大人民根本利益,与人民休戚与共、生死相依,没有任何自己特殊的利益,从来不代表任何利益集团、任何权势团体、任何特权阶层的利益。"②坚持人民至上,牢记初心使命,始终把人民放在心中最高位置,发展依靠人民,发展为了人民,发展成果由人民共享;坚持以人民为师、对人民负责,发展全过程人民民主,维护社会公平正义,顺应民意、尊重民智,坚定践行人民幸福生活是最大的人权;明确全面推进依法治国,根本目的是依法保障人民权益,矢志公平正义的崇高价值追求,把体现人

---

① 马克思、恩格斯:《共产党宣言》,载《马克思恩格斯选集》(第一卷),人民出版社2012年版,第413页。

② 习近平:《在庆祝中国共产党成立100周年大会上的讲话》(2021年7月1日),载《习近平谈治国理政》(第四卷),外文出版社2022年版,第9页。

民利益、反映人民愿望、维护人民权益、增进人民福祉落实落细到依法治国全过程,依法保障全体公民享有广泛的权利,保障公民的人身权、财产权、基本政治权利等各项权利不受侵犯,保证公民的经济、文化、社会等各方面权利得到落实。

坚持以人民为中心,保证人民当家作主,植根于自古有之的民本主义中国传统,是中国特色社会主义的鲜明底色。"治国有常,而利民为本。"党的十八大以来,以习近平同志为核心的党中央领航新时代,以民之所望为施政所向,推动法治、厉行法治,牢牢把握我国发展的阶段性特征,牢牢把握人民群众对美好生活的向往,以法治助推民生改善,以法治保障人民安居乐业;集中解决制度性的问题,集中解决社会矛盾比较尖锐的问题,集中解决群众反映比较强烈的问题,不断增强人民群众获得感、幸福感、安全感。譬如,作为保障个人权益最重要的法律,《民法典》的编纂施行,着力产权保护,回应亿万公众"有恒产者有恒心"的期待,生动诠释了以人民为中心的立法原则,具体展现了人民至上的法治理念;二孩生育政策平稳落地落实,鼓励三胎的政策正式启动,助力人口结构优化;深化户籍制度改革,解决"进不去的城市、回不了的乡村"难题,让更多人享有均等化的公共服务;财税改革迈出新步伐,"营改增"释放经济新活力,建立中央财政资金直达基层直达民生的机制;全面建成小康社会,历史性地解决了绝对贫困问题;促进教育均衡发展,尽力让每一个孩子分享学习的快乐、拥有多彩的童年;坚决整治打着教育旗号侵害群众利益的校外培训,严禁随意资本化运作,规范校外培训机构的野蛮生长;医药卫生改革,破除"以药养医",公立医院回归公益,织就世界最大基本医疗保障网;清朗网络空间,净化网络环境,加强个人信息保护;制定《中华人民共和国网络安全法》,确立网络安全审查制度,防范国家数据安全风险;中央八项规定,徙木立信、春风化雨,开启激浊扬清、刷新吏治的作风之变;法律及其实施充分体现人民意志,彰显社会公平正义的法治价值追求,努力让人民群众在每一项法律制度、每一个执法决定、每一个司法案件中都感受到公平正义。①

---

① 参见戴小明:《国家治理现代化的重大飞跃》,载《学习时报》2017 年 10 月 13 日(十九大时光·大有专论)。

4. 高远的战略性。法治护航助力复兴伟业。法治是现代文明的突出标志,全面依法治国涉及治国理政的方方面面,包括各方面体制与制度的创新,各领域、各层次改革的系统推进等。一个国家走向现代化必然要走向法治化,现代化国家必然是法治国家,现代化强国当然是法治强国,法治涵养战略定力,新时代需要法治的强盛。协调推进"四个全面"战略布局是习近平新时代治国理政的大智慧大方略,全面依法治国既是"四个全面"战略布局的重要内容,也是"四个全面"战略布局的重要保障。习近平指出:"推进国家治理体系和治理能力现代化,必须坚持依法治国,为党和国家事业发展提供根本性、全局性、长期性的制度保障。我们提出全面推进依法治国,坚定不移厉行法治,一个重要意图就是为子孙万代计、为长远发展谋。"[1]进入新时代,以习近平同志为核心的党中央全面推进依法治国,推出了一大批具有标志性、基础性、关键性的法律法规,中国特色社会主义法律体系更加完备,国家治理体系迈向新的历史高度。如制定、颁布和实施《民法典》,是法治健全完善的重要标识,也契合了推进国家治理体系和治理能力现代化的时代发展需要。

面向未来是一种历史视野和大格局,是对历史发展必然性认识的能动体现。习近平法治思想擘画法治未来发展,内容博大精深、主旨鲜明,立足中国当下法治的生动实践,又着眼于法治未来,为法治中国建设提供了思想指引和行动指南,是新时代中国特色社会主义事业"五位一体"总体战略和"四个全面"战略布局理论支撑的有机组成部分;是我们国家在2035年基本实现社会主义现代化,基本建成法治国家、法治政府、法治社会,到21世纪中叶建成富强民主文明和谐美丽的社会主义现代化强国、实现国家治理体系和治理能力现代化的基本方略;是既具有理论前瞻性,又具有实践指导性的科学理论,特别是法治中国的提出,让法治国家建设由宏大战略具象为可操作的具体实践目标。党的十九大报告以"八个明

---

[1] 习近平:《在中共十八届四中全会第二次全体会议上的讲话》(2014年10月23日),载《习近平关于全面依法治国论述摘编》,中央文献出版社2015年版,第12—13页。

确""十四个坚持"的精辟语言概括了习近平新时代中国特色社会主义思想,全面推进依法治国总目标确立为"八个明确"之一,坚持全面依法治国作为新时代坚持和发展中国特色社会主义基本方略的"十四条"之一,标志着全面依法治国成为党和国家指导思想具体内容的基本构成,成为基本方略和奋斗目标的重要内容。

5. 严谨的科学性。科学理论是实践的指南。党的十九大、十九届六中全会提出的"十个明确"①"十四个坚持""十三个方面成就"概括了习近平新时代中国特色社会主义思想的主要内容,全面推进依法治国总目标是"十个明确"之一,坚持全面依法治国作为新时代坚持和发展中国特色社会主义基本方略的"十四条"之一,法治国家、法治政府、法治社会基本建成确立为2035年基本实现社会主义现代化的重要目标,标志着全面依法治国成为党和国家指导思想具体内容的基本构成,成为基本方略和奋斗目标的重要内容。习近平法治思想是习近平新时代中国特色社会主义思想的重要组成部分,内涵丰富,博大精深,主要内容和思想精髓包括:坚持党对全面依法治国的领导;坚持以人民为中心;坚持中国特色社会主义法治道路;坚持依宪治国、依宪执政;坚持在法治轨道上推进国家治理体系和治理能力现代化;坚持建设中国特色社会主义法治体系;坚持依法治国、依法执政、依法行政共同推进,法治国家、法治政府、法治社会一体建设;坚持全面推进科学立法、严格执法、公正司法、全民守法;坚持统筹推进国内法治和涉外法治;坚持建设德才兼备的高素质法治工作队伍;坚持抓住领导干部这个"关键少数"②。

---

① 《中共中央关于党的百年奋斗重大成就和历史经验的决议》在党的十九大报告概括的"八个明确"基础上,提出"十个明确",对习近平新时代中国特色社会主义思想的核心内容作了进一步概括,充实了新的重要思想观点,其中之一就是"明确全面推进依法治国总目标是建设中国特色社会主义法治体系、建设社会主义法治国家"。

② 2020年12月4日,海南省高级人民法院原副院长张家慧案在海南省第一中级法院一审宣判,其敛财、判案潜规则引发社会广泛关注,发人深省:行贿的37人竟有18名律师,其中不少人在海南省司法界举足轻重,如行贿245万元的涂显亚是法官出身,海南方圆律师事务所合伙律师、主任,兼任海南省律师协会副会长;行贿50万元的吴镇是海南省律师协会副会长;行贿20万元的赵建平是海南川海律师事务所律师主任,还曾任海南省律师协会副会长。

这"十一个坚持"①,全面回答了全面依法治国的根本保证、力量源泉、发展道路、首要任务、必由之路、总体目标、工作布局、基本方针、必然要求、队伍保障、关键因素等一系列带有方向性、根本性、全局性的重大问题和现实课题,是马克思主义法治理论中国化的最新成果,既是中国特色社会主义法治实践经验的总结,也是今后一个时期全面依法治国事业的指南,必须长期坚持,不断丰富和发展。

习近平法治思想内涵深刻,富含哲理,从法哲学的视角分析提炼、归纳概括,蕴含着宪法至上的宪制观、党法统一的政治观、统筹布局的战略观、顶层设计的方略观、全面推进的系统观、辩证思维的哲学观、公平正义的价值观、人民中心的主体观、良法善治的法治观、于法有据的改革观、依法治权的监督观、以人为本的发展观、共建共享的治理观、共同富裕的民生观、生命一体的人权观、法德协同的人文观、生态优先的环境观、天下为公的大道观、民族复兴的强国观、军队现代化的国防观和总体国家安全观、命运共同体的全球观等核心价值、创新理念,与上述"十一个坚持"的思想精髓高度融合,构成有机统一的整体,以坚定的立场和鲜明观点,深刻阐明了法治与党的领导、法治与政治、法治与人民、法治与国情、法治与改革、法治与德治等辩证关系,系统回答了中国特色社会主义法治道路的根本要义、法治理念,以及新时代为什么实行全面依法治国、怎样实行全面依法治国、中国法治何以强起来等一系列重大理论和实践问题,形成了一个视野宏阔、意蕴深邃、论述精辟、逻辑严密、系统完备的科学理论体系,谱写了中国特色社会主义法治理论的新篇章,是植根中国大地、解答时代之问、反映人民意愿、符合中国实际、具有中国气派的原创性理论成

---

① 2018年8月24日,习近平在中央全面依法治国委员会第一次会议的讲话中,曾把党的十八大以来提出的一系列全面依法治国新理念新思想新战略,概括为"十个坚持"。参见习近平:《坚持以全面依法治国新理念新思想新战略为指导,坚定不移走中国特色社会主义法治道路》(2018年8月24日),载《习近平谈治国理政》(第三卷),外文出版社2020年版,第284—287页。2020年11月16日,习近平在中央全面依法治国工作会议发表的讲话中,新增了"坚持在法治轨道上推进国家治理体系和治理能力现代化""坚持统筹推进国内法治和涉外法治",原有的"坚持处理好全面依法治国的辩证关系"虽然不再作专门表述,但辩证观点体现在讲话全篇之中。具体内容参见习近平:《以科学理论为指导,为全面建设社会主义现代化国家提供有力法治保障》(2020年11月16日),载《习近平谈治国理政》(第四卷),外文出版社2022年版,第287—298页。

果,是全面依法治国的科学指南和根本遵循,必将引领中国马克思主义法学和新时代中国特色社会主义法治理论不断迈向新境界新高度。

二、彰显法治的中国特色[①]

法是人类文明的产物,法治是政治文明的必然,代表着人类政治文明演进的崇高价值,体现国家治理体系和治理能力现代化的基本要求。法治具有民族性、历史性、时代性、开放性、包容性。中国特色社会主义法治孕育于新中国社会主义建设伟大实践,在改革开放中产生、创新和发展。改革开放40多年特别是党的十八大以来,中国法治大胆探索、主动应变、积极求变,通过总结法治的外部经验和内在规律,正本清源,守正创新,从法制到法治、从法律体系到法治体系、从有法可依到科学立法、从法律之治到良法善治、从依法治国到全面依法治国,中国特色社会主义法治始终坚持党的领导、植根中国大地、推进理论创新,在改革中不断激发活力,在开放中进一步彰显特色,走出了一条既借鉴西方又不同于西方的法治文明进步的中国之路——中国特色社会主义法治道路。

(一)坚持党对全面依法治国的领导

党的十九届六中全会通过的《中共中央关于党的百年奋斗重大成就和历史经验的决议》,以"十个明确"对习近平新时代中国特色社会主义思想的核心内容作了进一步系统概括,并将中国共产党领导置于"十个明确"的首位,提出"明确中国特色社会主义最本质的特征是中国共产党领导,中国特色社会主义制度的最大优势是中国共产党领导,中国共产党是最高政治领导力量,全党必须增强'四个意识'、坚定'四个自信'、做到'两个维护'"。这既是对建党百年历史经验的科学概括,也是对科学社会主义基本原则的创新性发展。新时代十年,以习近平同志为核心的党中央采取一系列重大战略举措,坚持和加强党的全面领导,着力解决过去一个

[①] 参见戴小明:《坚持中国特色社会主义法治道路》,载《光明日报》2019年2月20日。

时期党内存在的落实党的领导弱化、虚化、淡化、边缘化的问题,党对全面依法治国的领导更加坚强有力。坚持和加强党对法治工作的全面领导,不仅是党的十八大以来社会主义法治国家建设取得的历史性成就之一,也是新时代十年法治中国建设迈出坚实步伐及其原创性思想、变革性实践、突破性进展、标志性成果的根本保证。

1. 坚持党对法治工作的全面领导。在当代中国,党的领导具有清晰的历史逻辑、现实参照和坚实的法理基础、宪制安排。《宪法》总纲开宗明义:"社会主义制度是中华人民共和国的根本制度。中国共产党领导是中国特色社会主义最本质的特征。"党的领导是中国特色社会主义法治之魂,是全面依法治国的核心要义。坚持和加强党对依法治国的领导,是新时代坚持和发展中国特色社会主义基本方略第一条"坚持党对一切工作的领导"在法治领域、法治实践的具体体现。旗帜鲜明、毫不动摇坚持党的领导是改革开放40多年以来法治建设不断取得辉煌成就的基本经验。党的建设弱化、党的领导不力,就会削弱党的执政能力,甚至面临执政危机。[1] 习近平深刻指出:"推进党的领导制度化、法治化,既是加强党的领导的应有之义,也是法治建设的重要任务。为什么我国能保持长期稳定,没有乱?根本的一条就是我们始终坚持共产党领导。党的领导是党和国家事业不断发展的'定海神针'。"[2]中国共产党领导是中国特色社会主义

---

[1] 笔者在基层调研时,与公安干警面对面交换意见曾感慨:"长期以来,我知道政法系统有黑,但没想到如此的黑!"基础不牢,地动山摇。2018年启动的旨在打击黑社会组织犯罪的扫黑除恶专项治理,目的在于保障人民安居乐业、社会安定有序、国家长治久安,进而巩固地方基层政权。按照中央"两个一律"的要求(即对涉黑涉恶案件,一律深挖背后腐败问题;对黑恶势力"关系网""保护伞"一律一查到底,绝不姑息),各地不断加大对黑恶势力"保护伞"的打击力度。黑恶势力"保护伞"主要是指国家公职人员利用手中权力,参与涉黑涉恶违法犯罪,或包庇、纵容黑恶犯罪,有案不立、立案不查、查案不力,为黑恶势力违法犯罪提供便利条件,帮助黑恶势力逃避惩处。"比如,一些黑恶势力长期进行聚众滋事、垄断经营、敲诈勒索、开设赌场等违法活动,老百姓敢怒不敢言。黑恶势力怎么就能在我们眼皮子底下从小到大发展起来?我看背后就存在执法者听之任之不作为的情况,一些地方执法部门甚至同黑恶势力沆瀣一气,充当保护伞。执法部门代表的是人民利益,决不能成为家族势力、黑恶势力的保护伞。"参见习近平:《加强党对全面依法治国的领导》,载《求是》2019年第4期。云南昆明21年前因犯强奸、故意伤害等多项罪名而被判死刑的孙小果,直到2020年2月20日才被执行死刑,是司法腐败和黑恶势力"保护伞"的典型案例。2020年11月16—17日,中央全面依法治国工作会议明确要求,要推动扫黑除恶常态化。

[2] 习近平:《加强党对全面依法治国的领导》,载《求是》2019年第4期。

最本质的特征,中国特色社会主义制度的最大优势是中国共产党领导,"古人云:令之不行,政之不立。党政军民学,东西南北中,党是领导一切的"①。党的领导是中国特色社会主义法治的逻辑旨归、本质要求,必须始终如一坚持党的领导,坚定中国特色社会主义法治的道路自信。党的领导是人民当家作主和社会主义法治发展的根本保证。党是最高政治领导力量,坚持党对法治工作的全面领导,从来就不是抽象的,而是明确的,最根本的就是要在法治建设中牢牢把握新时代党的建设总要求②,加强党对全面依法治国的集中统一领导,把党的意志和主张贯彻落实到立法、执法、司法、守法全过程和各环节,往深里抓、往实里做,实现党的政治领导、思想领导、组织领导的有机统一,坚定维护以习近平同志为核心的党中央权威和集中统一领导,坚定不移走中国特色社会主义法治道路,为全面建成小康社会、全面深化改革、全面从严治党提供长期稳定的法治保障。

2. 明晰党与法关系的科学认知。党和法、党和法治的关系是法治建设的核心问题、根本问题,必须科学认知和全面正确把握。习近平明确指出:"党和法的关系是政治和法治关系的集中反映。法治当中有政治,没有脱离政治的法治。西方法学家也认为公法只是一种复杂的政治话语形态,公法领域内的争论只是政治争论的延伸。每一种法治形态背后都有一套政治理论,每一种法治模式当中都有一种政治逻辑,每一条法治道路底下都有一种政治立场。"③西方宪政理论宣称,国家机器和现代军队不持

---

① 习近平:《中国共产党的领导是中国特色社会主义最本质的特征》(2014年9月5日—2017年2月13日),载《习近平谈治国理政》(第二卷),外文出版社2017年版,第21页。

② 新时代党的建设总要求是:坚持和加强党的全面领导,坚持党要管党、全面从严治党,以加强党的长期执政能力建设、先进性和纯洁性建设为主线,以党的政治建设为统领,以坚定理想信念宗旨为根基,以调动全党积极性、主动性、创造性为着力点,全面推进党的政治建设、思想建设、组织建设、作风建设、纪律建设,把制度建设贯穿其中,深入推进反腐败斗争,不断提高党的建设质量,把党建设成为始终走在时代前列、人民衷心拥护、勇于自我革命、经得起各种风浪考验、朝气蓬勃的马克思主义执政党。也就是,(1)把党的政治建设摆在首位;(2)用新时代中国特色社会主义思想武装全党;(3)建设高素质专业化干部队伍;(4)加强基层组织建设;(5)持之以恒正风肃纪;(6)夺取反腐败斗争压倒性胜利;(7)健全党和国家监督体系;(8)全面增强执政本领。

③ 习近平:《在省部级主要领导干部学习贯彻党的十八届四中全会精神全面推进依法治国专题研讨班上的讲话》(2015年2月2日),载《习近平关于全面依法治国论述摘编》,中央文献出版社2015年版,第34页。

党派立场,遵循宪法,维护法治,保持中立公正。然而,这样的"无政治立场"不也是一种鲜明的政治立场吗?诚如法国政治思想家托克维尔对美国联邦法官考察所得的认知:"联邦法官不仅应当是品行端正、德高望重、博闻强识的公民,具有一切行政官所必备的品质,而且必须是国务活动家。他们要善于判断自己所处时代的精神,扫除经过努力可以克服的困难,力挽有危险把他们本人与联邦的主权和法律的尊严一切卷走的狂澜。"①

事实上,法律从亚里士多德以来就一直和政治关联在一起。亚里士多德指出:"既然政治学使其他科学为自己服务,既然政治学制定着人们该做什么和不该做什么的法律,它的目的就包含着其他学科的目的。""立法学是政治学的一部分。""法律似乎可以说是政治活动的产品。"②从知识发生学的视角来看,在古典时期,现代意义上的学科划分尚未完成,政治学、法学的界限并不清晰,政治和法原本就融为一体。如《政治学》(亚里士多德著)、《政府论》(约翰·洛克著)、《论法的精神》(孟德斯鸠著)、《联邦党人文集》(汉密尔顿等著)等西方名著常常被视为法学经典,但认真阅读这些经典文献,其着眼点在于政治理论,法或者法律主要是作为政治系统的一个组成部分③。观察西方学术发展史,从柏拉图起,法律问题就一直受到政治哲学家们的特别关注。例如,亚里士多德《政治学》是一部专门讨论国家和法律的政治学论著;卢梭《社会契约论》的核心思想是摧毁君主专制的王权,建立民主政治的人民主权,是一本政治哲学著作,但其第二卷第六章"论法律"、第七章"论立法者"、第十一章"论各种不同的立法体系"、第十二章"法律的分类",论述的就是法律问题。而作为一个政治思想家,卢梭对法律在人们政治生活中的作用有着深刻的认识:"我希望我在有生之日是自由的,死的时候也是自由的,这就是说,我要如此忠

---

① 〔法〕托克维尔:《论美国的民主》(上卷),董果良译,商务印书馆2009年版,第186—187页。
② 〔古希腊〕亚里士多德:《尼各马可伦理学》,廖申白译注,商务印书馆2003年版,第4、346、347页。
③ 孟德斯鸠所著《论法的精神》"是亚里士多德以后第一本综合性的政治学著作;是到他的时代为止最进步的政治理论书"。参见〔法〕孟德斯鸠:《论法的精神》(上册),张雁深译,商务印书馆1961年版,第17页。

实地服从法律,无论是我或其他的人,都不能脱离法律的光荣的约束。这种约束是有益的和温和的,即使是最骄傲的人也愿意驯顺地遵守,因为他不是为了受其他的约束而生的。"①

法治是具有鲜明时代色彩的政治形态,任何形式的法治都以一定的政治理论、政治逻辑、政治立场为支撑,任何时代的法治都会深深打上具体时代的政治烙印,法治与政治从来没有、永远也不可能截然分离,深刻领悟法治要义,必须全面把握法治的政治逻辑、站稳政治立场。一个现代化的国家,必定是法治国家;一个先进的政党,必然是依法执政的政党。中国共产党代表中国最广大人民的根本利益,因民而生、为民而兴,从诞生之日起就把全心全意为人民服务写在自己的旗帜上,矢志不渝为中国人民谋幸福、为中华民族谋复兴。中国社会主义法律是党的主张和人民意愿的体现,党和法、党的领导和依法治国是高度统一的,党的领导和社会主义法治本质相同、目标一致,社会主义法治必须坚持党的领导,党的领导必须依靠社会主义法治。宪法明确规定了中国共产党的领导地位,加强党对全面依法治国的集中统一领导,既是宪法责任、人民意志,更是时代要求、历史担当。全党在宪法法律范围内活动是全面依法治国的应有之义,必须加快党内法规制度建设,实现国家法律和党内法规制度协同互进。

3. 加强和改进党对依法治国的领导。列宁在谈到党在国家政治生活中的重大作用时强调指出:"我们的党是一个执政的党,党的代表大会所通过的决议,对于整个共和国都是必须遵守的"②;"我们共和国的任何一个国家机关没有党中央的指示,都不得决定任何一个重大的政治问题或组织问题"③。全面推进依法治国是国家治理领域一场广泛而深刻的革命,是执政党增强依法执政本领、完成执政使命的自信体现。习近平指

---

① 〔法〕卢梭:《论人与人之间不平等的起因和基础》,李平沤译,商务印书馆 2009 年版,第 22—23 页。
② 列宁:《俄共(布)第十次代表大会》,载《列宁全集》(第三十二卷),人民出版社 1958 年版,第 207 页。
③ 列宁:《共产主义运动中的"左派"幼稚病》(节选),载《列宁选集》(第四卷),人民出版社 2012 年版,第 157 页。

出:"坚持和发展中国特色社会主义更加需要依靠法治,更加需要加强党对全面依法治国的领导。"①新时代加强党对全面依法治国的领导,不是一句空洞的口号,而是具体的。从宏观层面而论,必须推进保障党的全面领导的制度安排和能力建设,充分发挥党总揽全局、协调各方的领导核心作用,坚持科学执政、民主执政、依法执政,贯彻民主集中制,创新和改进领导方式,提高党把方向、谋大局、定政策、促改革能力,调动各方面积极性,及时研究解决法治建设中的重大问题,统筹依法治国各领域工作;②确保党领导立法与立法机关科学立法、党保证执法与行政机关严格执法、党支持司法与司法机关公正司法、党带头守法与全民守法紧密结合、互为促进,并善于运用法律保障党的重大决策、政策有效实施。与此同时,完善党对依法治国的领导,健全党领导全面依法治国的制度和工作机制,持续推进党的领导制度化、法治化,有效提升治国理政的能力和水平;不断探索依法治国基本方略同依法执政基本方式的实现形式,保障人大、政府、政协、监察机关、审判机关、检察机关依法依章程履行职能、开展工作;不断创新"善于使党的主张通过法定程序成为国家意志,善于使党组织推荐的人选通过法定程序成为国家政权机关的领导人员,善于通过国家政权机关实施党对国家和社会的领导,善于运用民主集中制原则维护中央权威、维护全党全国团结统一"的工作方式,让党的领导更加适应实践、时代、人民的要求。从微观层面而言,全体党员特别是领导干部要成为遵守宪法法律的模范,充分发挥共产党员和党的组织在依法治国中的先锋模范和战斗堡垒作用,自觉同一切干扰、危害甚至破坏法治建设的言行作斗争;坚决执行、全面落实领导干部干预和插手司法活动记录制度,维护司法权威。

(二) 植根中国大地深化依法治国实践

1. 立足中国国情。 每个国家和民族的历史传统、文化积淀、基本国

---

① 习近平:《加强党对全面依法治国的领导》,载《求是》2019年第4期。
② 参见习近平:《高举中国特色社会主义伟大旗帜 为全面建设社会主义现代化国家而团结奋斗——在中国共产党第二十次全国代表大会上的报告》(2022年10月16日),载《人民日报》2022年10月26日。

情不同,其发展道路必然有着自己的特色。符合自身实际的、符合人类社会发展规律的道路,才是真正具有生机活力的道路。"美国的政治结构,在我看来只是民主国家可以采取的政府形式之一,而我并不认为它是民主国家应当建立的唯一的和最好的形式。"① 道路标定方向,道路决定前途。习近平强调:"'鞋子合不合脚,自己穿了才知道'。一个国家的发展道路合不合适,只有这个国家的人民才最有发言权。"② 法治道路的选择也当然如此,一个国家走什么样的法治道路、建设什么样的法治体系,是由一个国家的基本国情决定的。正所谓"为国也,观俗立法则治,察国事本则宜。不观时俗,不察国本,则其法立而民乱,事剧而功寡"③。事实上,在人类法治发展的演进中,由于语言、思维方式以及历史文化传统的差异,对法、法治的理解和认识也是多样多元的。譬如,从文字内涵和话语表达的视角,英文 law 翻译成中文的"法",从一开始就具有很大的争议性。严复先生在翻译孟德斯鸠《法意》(即《论法的精神》)时就曾指出,西方语言中的 law 在中文中可以找到不同的概念,包括理、礼、法、制。也就是说,法不仅有刑法的狭义内涵,还包括礼、秩序等广义的内涵,古时中文的"法"只是西方语言中的"法"的很小一部分。所以,直至今日,这仍是学界争鸣的话题。而法治实践的推动则更加艰难、更具挑战性。我国是世界最大的发展中国家和社会主义国家,独特的法治传统、独特的基本国情、独特的现实问题、独特的历史文化,决定了中国特色社会主义法治道路。法安天下,德润人心,迎着改革开放的春风,依法治国行稳致远,大踏步向前迈进,法治建设全面反映中国特色社会主义本质要求,立足中国历史文化传统和现实国情,坚定道路自信、理论自信、制度自信和文化自信,从坚持和发展中国特色社会主义、巩固和完善社会主义民主政治制度、推进国家治理体系和治理能力现代化出发,积极探索符合当前中国时代特征、体现当代中国时代精神的法治实践路径。现在,中国特色社会主义法治道

---

① 〔法〕托克维尔:《论美国的民主》(上卷),董果良译,商务印书馆 2009 年版,第 289 页。
② 习近平:《顺应时代前进潮流,促进世界和平发展》(2013 年 3 月 23 日),载《习近平谈治国理政》,外文出版社 2014 年版,第 273 页。
③ 《商君书·算地》。

路、法治理论、法律制度和法治文化日益绽放出独特的光芒,屹立于世界法治文明之列。

2. 传承文化根脉。"万物有所生,而独知守其根。"①文化是民族的精神命脉,文化如水,超越时空,传承智慧,润泽万物。文化作为精神标识,是一个国家、一个民族区别于其他国家和民族的根本特征,文化自信是一个国家、一个民族发展中更基本、更深沉、更持久的力量。一个民族的复兴,总是以文化的兴盛为强大支撑;一个时代的进步,总是以文化的繁荣为鲜明标识。中华文明源远流长,中华文化博大精深,中华优秀传统文化是中华文明的智慧结晶和精华所在,是中华民族的文化根脉和当代中国文化的根基,是中华民族独特的精神标识。在漫长的历史发展长河中,中华民族创造了灿烂的古代政治文明,形成了关于国家制度和国家治理的丰富思想,中华法制文明积淀了深厚的法律文化,孕育了独具特色的治理思想,形成了独特的法律精神,中华法系在世界几大法系中独树一帜,其中有很多优秀的思想和理念,涵养着中国社会绵延发展。党的二十大报告指出:"坚持和发展马克思主义,必须同中华优秀传统文化相结合。只有植根本国、本民族历史文化沃土,马克思主义真理之树才能根深叶茂。""必须坚定历史自信、文化自信,坚持古为今用、推陈出新,把马克思主义思想精髓同中华优秀传统文化精华贯通起来、同人民群众日用而不觉的共同价值观念融通起来,不断赋予科学理论鲜明的中国特色,不断夯实马克思主义中国化时代化的历史基础和群众基础,让马克思主义在中国牢牢扎根。"②中国特色社会主义法治植根于5000多年中华文化沃土,吸吮着中华优秀传统文化养分,具有无比深厚的历史底蕴。习近平强调:"我国古代法制蕴含着十分丰富的智慧和资源,中华法系在世界几大法系中独树一帜。要注意研究我国古代法制传统和成败得失,挖掘和传承中华法律文化精华,汲取营养、择善而用。"③法治是文化共识、价值认同之上的

---

① (汉)刘安:《淮南子·原道训》。
② 习近平:《高举中国特色社会主义伟大旗帜 为全面建设社会主义现代化国家而团结奋斗——在中国共产党第二十次全国代表大会上的报告》(2022年10月16日),载《人民日报》2022年10月26日。
③ 习近平:《加快建设社会主义法治国家》,载《求是》2015年第1期。

规则之治、秩序之治、宪制之治、互信共治、良法善治。良法尊重人性特点、尊重文化传统、尊重法治规律,良法是善治的前提,良法奠基善治,支撑共治。法治是文明的产物,法治和文化传统具有天然的历史继承性,中华法文化是中华优秀传统文化的有机组成部分,是激励中国人民树立高度文化自信和文化自觉的精神力量,是中国式法治现代化新道路的智慧源泉。

文化是国家和民族之魂,也是国家治理之魂。"源浚者流长,根深者叶茂。"①中华民族历史悠久,读懂今日之中国,唯有了解古代之中国。毛泽东指出:"今天的中国是历史的中国的一个发展;我们是马克思主义的历史主义者,我们不应当割断历史。"②中国共产党坚持把马克思主义基本原理同中国具体实际相结合、同中华优秀传统文化相结合,是马克思主义的忠实继承者和丰富发展者,也是中华优秀传统文化的忠实传承者和发扬光大者。中华文化具有深厚历史传统,蕴含着讲仁爱、重民本、守诚信、崇正义、尚和合、求大同的鲜明精神特质和发展形态,从根本上塑造着中国人的精神世界和行为方式。中华优秀法文化是新时代深化依法治国实践的宝贵财富、历史资源,全面依法治国、建设法治中国,要深入挖掘中华优秀传统文化价值内涵,进一步激发中华优秀法文化的生机与活力,继承和弘扬中华优秀法文化的思想精髓,发掘中国传统治理智慧的当代价值、启示意义。例如,"以德为法""以德服人""德主刑辅"的德治观;"君子之德风,小人之德草,草上之风必偃""德不配位,必有灾殃;德薄而位尊,智小而谋大,力小而任重,鲜不及矣"的政德观;"富而有德、富而好礼、富而能俭"的财富观;"物必先腐,而后虫生""善不可失,恶不可长"的自律观;"民吾同胞,物吾与也"的伦理观;"天地与我同根,万物与我一体"的生态观;"读书志在圣贤,非徒科第。为官心存君国,岂计身家"的价值观;"祸莫大于不知足,咎莫大于欲得。故,知足之足,常足矣"的幸福观;"修己安人,内圣外王"的修身为政之道;等等。这些都是中华优秀传统文化的思

---

① (唐)张说:《起义堂颂》。
② 毛泽东:《中国共产党在民族战争中的地位》(一九三八年十月十四日),载《毛泽东选集》(第二卷),人民出版社 1991 年版,第 534 页。

想精华和道德精髓,是中国古代数千年治国理政经验的总结和升华,广博深邃的中华法文化,闪耀着永恒的治理智慧和人性的光辉。①

3. 坚持问题导向。问题是时代的声音,思想是行动的指南。问题来自现实对理论的需要,人类认识世界、改造世界的过程,就是一个发现问题、解决问题的过程,问题是实践的起点,也是创新的动力源,问题倒逼改革、推动创新。改革开放是决定当代中国命运的关键抉择,法治护航美好生活,改革开放的壮阔实践,就是党带领人民群众以法治凝聚改革开放共识,推进改革、扩大开放,在发现问题、解决问题中不断推进、不断深化的进程。中国特色社会主义是理论与实践的双重探索,党的十八大以来,以习近平同志为核心的党中央提出一系列全面依法治国新理念新思想新战略,从全局和战略高度对全面依法治国作出一系列重大决策部署,明确全面依法治国的指导思想、发展道路、工作布局、重点任务,推出一系列重大举措;鲜明提出全面依法治国,并将其纳入"四个全面"战略布局予以有力推进;党的十八届四中全会专门进行研究,作出关于全面推进依法治国若干重大问题的决定;组建中央全面依法治国委员会;适应党和国家事业发展要求,完善立法体制,加强重点领域立法,中国特色社会主义法律体系日趋完善;坚持依宪治国,与时俱进适时修改宪法,设立国家宪法日,建立宪法宣誓制度,宪法实施和监督全面加强;推进法治政府建设,建立政府权力清单、负面清单、责任清单,坚定不移推进法治领域改革,依法纠正一批重大冤假错案件,坚持把全民普法和守法作为依法治国的基础性工作,推进法治队伍建设,发展壮大法律服务队伍;坚持依法执政,加强党内法规制度建设,推进国家监察体制改革,依法惩治腐败犯罪,全面从严治党成效卓著。治党治国治军、内政外交国防、改革发展稳定,在习近平总书记亲自指挥、亲自部署下,始终由法治引领、靠法治保障;从抗击新冠肺炎疫情到推动全面深化改革,从助力打赢三大攻坚战到深入开展扫黑除恶

---

① 什么是文化?文包含文字、文章、礼乐、曲调等;化即人受教而变化,本义是"教行",人接受教诲之后,为人处事、待人接物等发生了很多变化。简而言之,文化就是以文字、文章、礼乐、曲调等文艺形式变化人的气质;崇德向善、转迷开悟、成圣成贤。所以,中国人经常说文以载道、以文化人,"读书志在圣贤,非徒科第",读书贵在变化气质。

专项斗争,法治固根本、稳预期、利长远的保障作用得到充分发挥,社会主义法治建设发生历史性变革、取得历史性成就,书写了新时代法治中国建设的恢弘篇章。

(三)创新中国特色社会主义法治理论

1. 发展中国特色社会主义法治理论。理论来源于实践,是对实践高度凝练的总结。一个先进的政党必定有科学理论武装,成就伟大事业必须有创新理论指导,没有科学理论指导的实践是盲目的实践。实践发展永无止境,认识真理永无止境,理论创新永无止境。习近平强调指出:"我们要在迅速变化的时代中赢得主动,要在新的伟大斗争中赢得胜利,就要在坚持马克思主义基本原理的基础上,以更宽广的视野、更长远的眼光来思考和把握国家未来发展面临的一系列重大战略问题,在理论上不断拓展新视野、作出新概括。"[①]改革开放以来,法治建设稳步推进,法治理论不断创新。党的十一届三中全会提出:"为了保障人民民主,必须加强社会主义法制,使民主制度化、法律化。""八二宪法"明文规定:"国家维护社会主义法制的统一和尊严。"党的十五大明确:"依法治国,建设社会主义法治国家。"党的十六大强调:"发展社会主义民主政治,最根本的是要把坚持党的领导、人民当家作主和依法治国有机统一起来。"党的十八大以来,以习近平同志为核心的党中央从关系党和国家前途命运、长治久安的战略全局高度来定位法治、布局法治、厉行法治,围绕为什么推进依法治国、如何推进依法治国、建设什么样的法治国家等重大问题,在理论和实践上进行创造性思考与探索,提出一系列中国特色社会主义法治的新论断新观点新战略,创立了一个逻辑严密的科学理论体系——习近平法治思想,我们党对社会主义法治规律的认识达到全新的高度,在中国特色社会主义法治道路等重大理论和现实问题上形成了完备的理论、清晰的逻辑、明确的话语体系。习近平新时代中国特色社会主义思想明确全面推进依法治国总目标是建设中国特色社会主义法治体系、建设社会主义法治国家。

[①] 习近平:《高举中国特色社会主义伟大旗帜,为决胜全面小康社会实现中国梦而奋斗》(2017年7月26日),载《习近平谈治国理政》(第二卷),外文出版社2017年版,第62—63页。

法治成为新时代中国社会的基本共识,全社会办事依法、遇事找法、解决问题用法、化解矛盾靠法的法治环境正在形成。

2. 全面学习贯彻习近平法治思想。理论的先进,是最彻底的先进;思想的主动,是最大的主动。新时代催生新思想,新思想引领新实践,新时代法治建设离不开科学理论的指引。2020年11月16—17日召开的中央全面依法治国工作会议,首次提出并系统阐述了习近平法治思想,明确习近平法治思想在全面依法治国工作中的指导地位,不仅具有十分重大的理论和实践意义,而且具有非常重要的政治和法治价值。习近平法治思想从中国革命、建设、改革的伟大实践出发,着眼全面建设社会主义现代化国家、实现中华民族伟大复兴的奋斗目标,深刻回答了新时代为什么实行全面依法治国、怎样实行全面依法治国等一系列重大问题,是顺应实现中华民族伟大复兴时代要求应运而生的原创性理论创新成果,是马克思主义法治理论中国化最新成果。习近平法治思想以坚持党对全面依法治国的领导、坚持以人民为中心、坚持中国特色社会主义法治道路等"十一个坚持"为主要内容和思想精髓,成为习近平新时代中国特色社会主义思想的有机组成部分,是全面依法治国的根本遵循和行动指南。

我们要系统深入学习、全面领会领悟、坚决贯彻落实,深刻理解坚持党对全面依法治国的领导是中国特色社会主义法治的本质特征和内在要求;坚持以人民为中心是全面推进依法治国的力量源泉;坚持中国特色社会主义法治道路是全面推进依法治国的发展道路和正确方向;坚持依宪治国、依宪执政是全面推进依法治国的工作重点;坚持在法治轨道上推进国家治理体系和治理能力现代化是实现良法善治的必由之路;坚持建设中国特色社会主义法治体系是全面推进依法治国的发展目标和总抓手;坚持依法治国、依法执政、依法行政共同推进,法治国家、法治政府、法治社会一体建设是全面推进依法治国的战略布局;坚持全面推进科学立法、严格执法、公正司法、全民守法是新时代法治建设的"十六字"方针;坚持统筹推进国内法治和涉外法治是建设法治强国的必然要求;坚持建设德才兼备的高素质法治工作队伍是全面推进依法治国的组织保障;坚持抓住领导干部这个"关键少数"是全面推进依法治国的关键问题。深入研究阐释习近平法治思想，准确理解这一重要思想的基本精神、核心要义、丰富内涵和实践要求，深刻把握其形成发展的实践逻辑、理论逻辑和历史逻辑，推进法学理论、法律制度和法治文化创新发展；紧紧围绕经济社会发展重大问题和人民群众日益增长的法治需求，推出更多高质量研究成果，培养更多高素质法治人才；积极参与涉外法治斗争，更好运用法治方式应对挑战、防范风险、反制打压，坚决维护国家主权、安全和发展利益，维护中国法律的尊严不容侵犯。

3. 坚定中国特色社会主义法治的理论自信。 改革是释放体制活力的不竭源泉，开放已经成为当代中国的鲜明标识。新时代改革开放再出发，实践发展永无止境，理论创新永不停步。党的十八届四中全会通过的《中共中央关于全面推进依法治国若干重大问题的决定》明确要求，要"围绕社会主义法治建设重大理论和实践问题，推进法治理论创新，发展符合中国实际、具有中国特色、体现社会发展规律的社会主义法治理论，为依法治国提供理论指导和学理支撑"。新时代全面推进依法治国、深化依法治国实践，必须毫不动摇坚持习近平法治思想，牢牢把握全面依法治国的政治方向即坚持党对全面依法治国的领导，坚持以人民为中心，坚持中国特色社会主义法治道路；重要地位即全面依法治国是新时代坚持和发展中国特色社会主义的基本方略，是国家治理的一场深刻革命，是社会主义现代化建设的有力保障；工作布局即坚持在法治轨道上推进国家治理体系和治理能力现代化，坚持建设中国特色社会主义法治体系，坚持依法治国、依法执政、依法行政共同推进，坚持法治国家、法治政府、法治社会一体建设；重点任务即坚持依宪治国、依宪执政，坚持全面推进科学立法、严格执法、公正司法、全民守法，坚持统筹推进国内法治和涉外法治；重大关系即正确认识和处理政治和法治的关系、改革和法治的关系，依法治国和以德治国的关系、依法治国和依规治党的关系等；重要保障即坚持建设德才兼备的高素质法治队伍，坚持抓住领导干部这个"关键少数"。

创新和发展中国特色社会主义法治理论，以法治理论创新成果引领全面依法治国实践，为改革发展稳定提供有力法治保障。为此，广大法学理论工作者要脚踏中国大地，以彰显中国之路、中国之治、中国之理为思想追求,不断深化对法治内在逻辑和发展规律的认识和阐释。也就是,立时代潮头,发思想先声,坚持以人民为中心的研究导向,聆听时代的声音,回应时代的呼唤,勇于回答时代课题,秉持强烈的问题意识和创新精神,紧密结合新时代全面依法治国的新要求,及时对新时代中国特色社会主义法治实践中出现的各种新情况、新问题进行深入研究和思考,从专业的、学理的角度,提炼出有学术性的新理论、总结出有探索性的新实践,揭示其中的规律,着力提出能够体现中国立场、中国风格、中国气派、中国智慧、中国价值的标志性概念、重大命题、核心观点;统筹法学学科体系的整体设计、提升法学理论研究的自主性、增强法学话语体系的感召力,建构具有中国特色的马克思主义法学学科体系、学术体系、话语体系,推进新时代中国特色社会主义法治理论创新发展,提高中国法学在学术思想和学术话语上的原创力,大力提升新时代中国法治国际传播力、辐射力和解释力,彻底摆脱对西方法学的"学徒心态",为发展马克思主义法学进一步作出中国法治理论的原创性贡献,为全面依法治国战略的深入推进注入坚实而鲜活的理论力量。

三、全面依法治国的科学指南[①]

坚持中国特色社会主义法治道路,本质上是中国特色社会主义道路在法治领域的具体体现;发展中国特色社会主义法治理论,本质上是中国特色社会主义理论体系在法治问题上的理论成果;建设中国特色社会主义法治体系,本质上是中国特色社会主义制度的法律表现形式。党的二十大报告强调指出:"全面依法治国是国家治理的一场深刻革命,关系党执政兴国,关系人民幸福安康,关系党和国家长治久安。必须更好发挥法治固根本、稳预期、利长远的保障作用,在法治轨道上全面建设社会主义现代化国家。"[②]

[①] 参见戴小明:《全面依法治国的科学指南——深入学习贯彻习近平总书记关于法治建设的重要论述》,载《光明日报》2018年4月2日;《新华文摘》2018年第13期全文转载、封面重点推荐。

[②] 习近平:《高举中国特色社会主义伟大旗帜 为全面建设社会主义现代化国家而团结奋斗——在中国共产党第二十次全国代表大会上的报告》(2022年10月16日),载《人民日报》2022年10月26日。

治党治国离不开法治保障,美好生活有赖法治护航,高质量发展需要法治推动,法治是治国理政的基本方式。党的十八大以来,习近平胸怀"国之大者",心系"国之大事",肩扛"国之大责",立足推进国家治理体系和治理能力现代化,坚持依法治国和依规治党有机统一,对全面依法治国、建设社会主义法治国家进行深入思考和科学回答,系统阐明了新时代中国特色社会主义法治建设的一系列根本性问题,为中国特色社会主义法治建设迈向新时代、开启新征程、谱写新篇章提供了强有力的思想武器和科学的行动指南。

(一)中国特色社会主义法治的重大理论创新

习近平关于法治建设的重要论述,是顺应历史潮流、传承中华法文化精华、借鉴国际法治经验的最新成果,是符合当代中国发展规律、时代逻辑和现实要求的科学理论体系,为新时代中国特色社会主义法治建设提供了根本遵循,是中华民族对世界法治文明和人类法治文化的原创性理论贡献。全面依法治国是中国特色社会主义的本质要求和重要保障,是国家治理的一场深刻革命。

习近平关于法治建设的重要论述,为党和国家事业发展提供根本性、全局性、长期性的制度保障。现代化国家必然是法治国家,现代化强国必然是法治强国。党的十八大以来,以习近平同志为核心的党中央从坚持和发展中国特色社会主义全局出发,从实现国家治理体系和治理能力现代化的高度提出了全面依法治国这一重大战略部署,为全面建设社会主义现代化国家、实现中华民族伟大复兴的中国梦提供坚强法治保障。世界上一些国家虽然一度实现快速发展,但并没有顺利迈进现代化门槛,而是落入这样或那样的"陷阱",很大程度上与法治不彰密切相关。习近平强调:"我们提出全面推进依法治国,坚定不移厉行法治,一个重要意图就是为子孙万代计、为长远发展谋。"[①]全面推进依法治国,是着眼于实现中华民族伟大复兴中国梦、实现党和国家长治久安的前瞻性深邃思考、全局

---

① 习近平:《在中共十八届四中全会第二次全体会议上的讲话》(2014年10月23日),载《习近平关于全面依法治国论述摘编》,中央文献出版社2015年版,第12—13页。

性谋划、战略性布局。

习近平关于法治建设的重要论述,以其强烈的问题意识和实践导向,有力回应了时代需要,是在新的历史条件下全面依法治国的科学指南。坚持顶层设计和法治实践相结合,坚持理论指导和改革探索相统一,坚持问题导向和整体布局相衔接,是中国特色社会主义法治建设的重要特点。习近平关于法治建设的重要论述系统阐述了新时代推进全面依法治国的重要思想和战略部署,深入回答我国社会主义法治建设一系列重大理论和实践问题,是马克思主义法学理论中国化的最新成果,是深刻理解当下中国所处历史方位和发展阶段的理论创新,为推动我国经济社会持续健康发展、不断开拓中国特色社会主义事业更加广阔的发展前景提供了重要保障。

2020年11月,中央全面依法治国工作会议正式提出习近平法治思想,这是党的十八大以来法治建设最重要的标志性成果,是中国共产党百年来提出的最全面、最系统、最科学的法治思想体系,是最具原创性的当代中国马克思主义法治理论、21世纪马克思主义法治理论,在中国特色社会主义法治建设的进程中具有重大意义。新时代十年,在习近平法治思想指引下,法治中国建设开创新局面,全面依法治国开辟新境界,社会主义法治建设发生历史性变革、取得历史性成就,奠定了中华民族千秋伟业的法治基石。党的二十大报告对坚持以习近平法治思想为指导,深入推进法治中国建设作出重大决策部署,为新时代新征程推进全面依法治国、建设社会主义法治国家指明了前进方向。

(二)坚定不移走中国特色社会主义法治道路

建设中国特色社会主义法治体系、建设社会主义法治国家是全面依法治国的总目标。习近平指出:"鲜明提出坚持走中国特色社会主义法治道路、建设中国特色社会主义法治体系的重大论断,明确建设社会主义法治国家的性质、方向、道路、抓手,必将有力推进社会主义法治国家建设。"①习近平关于法治建设的重要论述,深刻阐述了建设中国特色社会主

---

① 习近平:《关于〈中共中央关于全面推进依法治国若干重大问题的决定〉的说明》,载《中国共产党第十八届中央委员会第四次全体会议文件汇编》,人民出版社2014年版,第73—74页。

义法治体系、建设社会主义法治国家的科学内涵和基本要求,既明确了全面推进依法治国的性质和方向,又突出了全面推进依法治国的工作重点和总抓手,对全面推进依法治国具有纲举目张的意义。

坚持党的领导、人民当家作主、依法治国有机统一。党的领导是人民当家作主和依法治国的根本保证,人民当家作主是社会主义民主政治的本质特征,依法治国是党领导人民治理国家的基本方式,三者统一于社会主义民主政治的伟大实践。其中,党的领导是中国特色社会主义最本质的特征,是中国特色社会主义制度的最大优势。全面依法治国是中国特色社会主义的本质要求和重要保障,必须把党的领导贯彻落实到依法治国全过程和各方面。唯有如此,才能确保中国特色社会主义法治道路的正确前进方向。习近平精辟指出:"党和法的关系是一个根本问题,处理得好,则法治兴、党兴、国家兴;处理得不好,则法治衰、党衰、国家衰。"① "只有在党的领导下依法治国、厉行法治,人民当家作主才能充分实现,国家和社会生活法治化才能有序推进。"②我国社会主义制度保证了人民当家作主的主体地位,也保证了人民在全面依法治国中的主体地位。要保证人民在党的领导下,依照法律规定,通过各种途径和形式管理国家事务,管理经济和文化事业,管理社会事务。要把体现人民利益、反映人民愿望、维护人民权益、增进人民福祉落实到依法治国全过程,使法律及其实施充分体现人民意志。

新的历史条件下,我们要把依法治国基本方略、依法执政基本方式落实好,把法治中国建设好,必须坚持依法治国和以德治国相结合。法安天下,德润人心。习近平明确指出:"法律有效实施有赖于道德支持,道德践行也离不开法律约束。法治和德治不可分离、不可偏废,国家治理需要法律和道德协同发力。"③法律是准绳,任何时候都必须遵循;道德是基石,任

---

① 习近平:《在省部级主要领导干部学习贯彻党的十八届四中全会精神全面推进依法治国专题研讨班上的讲话》(2015年2月2日),载《习近平关于全面依法治国论述摘编》,中央文献出版社2015年版,第33页。
② 习近平:《加快建设社会主义法治国家》,载《求是》2015年第1期。
③ 习近平:《坚持依法治国和以德治国相结合》(2016年12月9日),载《习近平谈治国理政》(第二卷),外文出版社2017年版,第133页。

何时候都不可忽视。法律是成文的道德,道德是内心的法律,法律和道德都具有规范社会行为、维护社会秩序的作用。在深化依法治国实践中,既要发挥好法律的规范作用,以法治体现道德理念、强化法律对道德建设的促进作用,又要发挥好道德的教化作用,以道德滋养法治精神、强化道德对法治文化的支撑作用,实现法律和道德相辅相成、法治和德治相得益彰。

(三)将全面依法治国落地落实

当前,全球气候变化、贫富差距扩大、地缘政治冲突、恐怖主义威胁等问题日益成为世界性的治理难题;后疫情时代俄罗斯乌克兰军事冲突、世界经济动荡,以及部分国家政治崩溃、社会萎靡和可能的国家解体(如英国等),变乱交织的世界进入新的动荡变革期,正面临着不同于往日的挑战、风险与威胁,国际力量对比发生深刻变化,大国战略博弈领域不断扩展,国际秩序正进行深度调整;世界百年未有之大变局加速演进,世界之变、时代之变、历史之变正以前所未有的方式展开,并且世界大变局还在深刻复杂演化之中。在分裂和对抗的世界中加强合作,也就是,在一个极端不稳定且充满冲突的世界,能否以确定性政策措施对冲不确定性因素影响,成为国家治理的重大时代课题。

国际国内环境一些超预期变化加大,国内外突发不确定性因素增多,有效应对挑战难度增大,改革发展稳定任务艰巨繁重,对外开放深入推进,中华民族伟大复兴正面临前所未有的机遇和挑战,改革发展稳定任务之重、矛盾风险挑战之多、治国理政考验之大都前所未有,如何在大变局中经受考验,妥善应对一系列风险挑战,对国家治理体系和治理能力提出了更高要求,需要更好发挥法治固根本、稳预期、利长远的作用,以制度稳定营造可预期的发展环境。习近平深刻指出:"中国走向世界,以负责任大国参与国际事务,必须善于运用法治。在对外斗争中,我们要拿起法律武器,占领法治制高点,敢于向破坏者、搅局者说不。全球治理体系正处于调整变革的关键时期,我们要积极参与国际规则制定,做全球治理变革进程的参与者、推动者、引领者。"①国家发展离不开法治护航,百姓福祉需要法治保障。立足新发展阶段,贯彻新发展理念,构建新发展格局,推动高质量发展,提高人民生活品质,促进共同富裕,都对法治建设提出了新的更高要求。

奋进新时代新征程,必须坚定不移走中国特色社会主义法治道路,以解决法治领域突出问题为着力点,更好推进中国特色社会主义法治体系建设,提高全面依法治国能力和水平。完善以宪法为核心的中国特色社会主义法律体系,完备良善的法律规范体系既是法治中国建设的题中应有之义,又是政权稳定和社会发展的基本保障,首先要维护宪法权威、捍卫宪法尊严、保证宪法实施。宪法是国家根本法,是治国安邦的总章程,是党和人民意志的集中体现。习近平强调:"维护宪法法律权威就是维护党和人民共同意志的权威,捍卫宪法法律尊严就是捍卫党和人民共同意志的尊严,保证宪法法律实施就是保证党和人民共同意志的实现。"②党的十八大以来,以习近平同志为核心的党中央高度重视宪法在治国理政中的重要地位和作用,明确坚持依法治国首先要坚持依宪治国,坚持依法执政首先要坚持依宪执政,把实施宪法摆在全面依法治国的突出位置,采取一系列有力措施加强宪法实施和监督工作,为保证宪法实施提供了强有力的政治和制度保障。与此同时,坚持立法先行,立改废释纂协同并举,统筹加快完善法律、行政法规、地方性法规体系;完善立法体制,优化立法职权配置,明确立法权力边界,加强重点领域立法。近年来,编纂民法典,确保发展成果更多更公平惠及全体人民;《中华人民共和国乡村振兴促进法》正式施行,为实施乡村振兴战略提供有力法治保障;《中华人民共和国长江保护法》(以下简称《长江保护法》)颁布施行,让守护母亲河从此有法可依;强化反垄断和反不正当竞争执法司法,营造各类市场主体公平参与竞争、同等受法律保护的市场环境……从加强重点领域立法、引领推动国家发展,到积极回应社会热点、突出保障人民权益,加快完善中国特色社会主义法律体系取得新成效、呈现新特点,依法治国实践全面深化,法治

---

① 习近平:《加强党对全面依法治国的领导》,载《求是》2019 年第 4 期。
② 习近平:《加快建设社会主义法治国家》,载《求是》2015 年第 1 期。

中国建设迈出坚实步伐。

  法律的生命力在于实施,法律的权威也在于实施。要坚持依法治国、依法执政、依法行政共同推进,法治国家、法治政府、法治社会一体建设。依法治国是党领导人民治理国家的基本方式,要做到依法治国,关键在于各级党组织和党员领导干部做到依法执政,各级政府及其工作人员做到依法行政。依法执政是我们党经过长期实践探索得以确立的执政方式,坚持依法执政对全面依法治国具有重大牵引和推动作用。习近平强调:"任何组织或者个人都必须在宪法和法律范围内活动,任何公民、社会组织和国家机关都要以宪法和法律为行为准则,依照宪法和法律行使权利或权力、履行义务或职责。"[1]全面依法治国,政府必须全面履行职能,将权力关进制度的笼子里,各级行政机关必须依法履行职责,坚持法定职责必须为、法无授权不可为,决不允许任何组织或者个人有超越法律的特权。为此,要建立健全制约监督体系和上下联动监督网,构建决策科学、执行坚决、监督有力的权力运行机制,完善权力清单管理制度,进一步推进行政审批制度改革,健全依法决策、科学决策、民主决策的制度机制,包括完善行政立法的体制机制、健全依法决策机制、普遍建立政府法律顾问制度等;要深入推进行政执法体制改革,完善行政执法程序,全面落实行政执法责任制等。

  全面依法治国,要建立严密的法治监督体系,真正让党规发力、让法律生威。党的二十大报告提出的"全面推进国家各方面工作法治化",就是把经济建设、政治建设、文化建设、社会建设、生态文明建设、国防军队建设、党的建设,国家治理、政党治理、政府治理、军队治理、社会治理、对外事务等国家各方面工作纳入法治轨道,做到法律规范全覆盖、依法治理全链条、良法善治全方位。习近平指出:"要加强对干部经常性的管理监督,形成对干部的严格约束。没有监督的权力必然导致腐败,这是一条铁

---

[1] 习近平:《在十八届中央政治局第四次集体学习时的讲话》(2013年2月23日),载《习近平关于全面依法治国论述摘编》,中央文献出版社2015年版,第87—88页。

律。"①因此,要努力形成科学有效的权力运行制约和监督体系,增强监督合力和实效,做到有权必有责、用权受监督、违法必追究。深化国家监察体制改革是以习近平同志为核心的党中央作出的事关全局的重大政治体制改革。这项改革打破了以往体制机制的障碍,推动国家监察理念思路、方式方法的与时俱进,是对国家监督制度的重大顶层设计,是在全面依法治国大背景之下,推进新时代国家治理体系和治理能力现代化的重大举措。

四、全面从严治党法治化的基本遵循②

坚持依规治党、加强党内法规制度建设,是"中国之治"的独特密码。党的十八届六中全会聚焦全面从严治党的重大主题,适应时代变化新形势、事业发展新要求,审议通过《关于新形势下党内政治生活的若干准则》《中国共产党党内监督条例》(以下简称《条例》),是继巡视工作条例、廉洁自律准则、纪律处分条例、问责条例之后,党内法规建设的重要成果;是依法治国基本方略在党的建设领域的具体实践,从标准和手段上为全面从严治党确立法治支撑,为实现党内政治生活和党内监督制度化、规范化、程序化,推进党的建设新的伟大工程注入新动力,进一步扎紧全面从严治党的制度铁笼;是全面从严治党、依规管党治党、制度兴党强党的重大举措,充分体现了以习近平同志为核心的党中央坚定不移推进全面从严治党的坚强决心、历史担当和治理智慧,展示了党中央"全面从严治党永远在路上"的政治自觉和坚定信念,开创了党的建设新格局、新境界和新气象。

(一)优化顶层设计,推进依规全面从严治党

治国必先治党,治党务必从严,从严必依法度。纵观19世纪以来大

---

① 习近平:《在全国组织工作会议上的讲话》(2013年6月28日),载《习近平关于党风廉政建设和反腐败斗争论述摘编》,中央文献出版社、中国方正出版社2015年版,第124页。
② 戴小明:《全面从严治党法治化的基本遵循——学习〈中国共产党党内监督条例〉》,载《学习时报》2016年11月10日;人大复印报刊资料《中国共产党》2016年第12期全文转载。

国崛起的历史轨迹，不难发现，每一个强国背后都有一个强大的政党，而强大只能在自我革命中锻造。勇于自我革命是中国共产党由弱到强、不断发展壮大的重要原因，也锻造了中国共产党人忠诚、干净、担当的政治品格。加强党内监督是党的建设的基础工程，依法依规治党是党在新时代全面依法治国大格局下管党治党、持续推进自我革命的战略选择。党的十八届四中全会通过的《中共中央关于全面推进依法治国若干重大问题的决定》，深刻诠释了党的建设与法治建设相辅相成、共生共存的密切关系："依法执政，既要求党依据宪法法律治国理政，也要求党依据党内法规管党治党。"该决定同时将"完善的党内法规体系"明确纳入中国特色社会主义法治体系，并指出："党内法规既是管党治党的重要依据，也是建设社会主义法治国家的有力保障。"《条例》以党章为根本遵循，坚持继承和创新的有机统一，系统总结党的建设的历史经验，直面当前党内监督存在的突出问题，充分吸收近年来特别是党的十八大以来全面从严治党的理论和实践成果，贯彻法治理念，运用法治思维，彰显法治原则，围绕权力、责任、担当设计制度规则，对强化新形势下的党内监督作出顶层设计，是全面从严治党法治化的重要制度创新。

《条例》共 8 章 47 条。第一章总则列 9 条，主要明确立规目的和依据，阐述党内监督的指导思想、基本原则、监督内容、监督对象、监督方式以及强化自我监督、构建党内监督体系等重要问题。第二、三、四、五章列 27 条，分别就党的中央组织、党委（党组）、党的纪律检查委员会、党的基层组织和党员这五类监督主体的监督职责以及相应监督制度作出规定，形成党中央统一领导，党委（党组）全面监督，纪律检查机关专责监督，党的工作部门职能监督，党的基层组织日常监督，党员民主监督的党内监督体系。尤其是对中央层面提出专门要求，单独设立第二章"党的中央组织的监督"，突出对高级干部即党的中央委员会、中央政治局、中央政治局常务委员会成员的监督，以法宣示"党内监督没有禁区、没有例外"，是依规治党的重大突破，展现了党中央以身作则、率先垂范、以上率下的政治品格和担当精神。第六、七、八章列 11 条，分别就党内监督和外部监督相结合、整改和保障、附则等作出规定。

(二)立规宗旨明确,全面规定党内监督重点

中国共产党多年的执政实践表明,办好中国的事情,千钧重担,关键在党,关键在党要管党、全面从严治党。全面从严治党,是依据党的领导地位和历史使命提出的党的建设新的伟大工程。党内监督是党的建设的重要内容,是全面从严治党的基础保障,是永葆党的肌体健康和执政活力的生命之源。"人民对美好生活的向往,就是我们的奋斗目标。""新形势下,我们党面临着许多严峻挑战,党内存在着许多亟待解决的问题。尤其是一些党员干部中发生的贪污腐败、脱离群众、形式主义、官僚主义等问题,必须下大气力解决。全党必须警醒起来。打铁还需自身硬。我们的责任,就是同全党同志一道,坚持党要管党、从严治党,切实解决自身存在的突出问题,切实改进工作作风,密切联系群众,使我们党始终成为中国特色社会主义事业的坚强领导核心。"①这是新时代习近平代表中国共产党人向人民作出的庄严承诺。

《条例》第 1 条开宗明义立规目的:坚持党的领导,加强党的建设,全面从严治党,强化党内监督,保持党的先进性和纯洁性。第 5 条明确规定党内监督的任务:确保党章党规党纪在全党有效执行,维护党的团结统一,重点解决党的领导弱化、党的建设缺失、全面从严治党不力,党的观念淡漠、组织涣散、纪律松弛,管党治党宽松软问题,保证党的组织充分履行职能、发挥核心作用,保证全体党员发挥先锋模范作用,保证党的领导干部忠诚干净担当。同时,概括列举了党内监督八个方面的主要内容。第 17 条规定:党内监督必须加强对党组织主要负责人和关键岗位领导干部的监督,重点监督其政治立场、加强党的建设、从严治党,执行党的决议,公道正派选人用人,责任担当、廉洁自律,落实意识形态工作责任制情况。

(三)瞄准关键少数,紧盯主要领导特别监督

将欲治人,必先治己。领导干部身份独特、地位重要、作用突出、影响

---

① 习近平:《人民对美好生活的向往,就是我们的奋斗目标》(2012 年 11 月 15 日),载《习近平谈治国理政》,外文出版社 2014 年版,第 4—5 页。

重大,率先垂范方能上行下效。古语云:"其身正,不令而行;其身不正,虽令不从。""苟正其身矣,于从政乎何有?不能正其身,如正人何?"①习近平以强烈的忧患意识谆谆告诫全党:"如果管党不力、治党不严,人民群众反映强烈的党内突出问题得不到解决,那我们党迟早会失去执政资格,不可避免被历史淘汰。管党治党,必须严字当头,把严的要求贯穿全过程,做到真管真严、敢管敢严、长管长严。"②他强调指出,党要管党,首先是管好干部;从严治党,关键是从严治吏。"要加强对一把手的监督,认真执行民主集中制,健全施政行为公开制度,保证领导干部做到位高不擅权、权重不谋私。"③法律面前人人平等是法治的核心理念,法律是治国理政最大、最重要的规矩,任何人都没有法律之外的绝对权力。党的执政地位和先锋队性质决定了深化全面从严治党,实现党内监督制度与时俱进,净化党内政治生态,必须坚持纪严于法、纪在法前,领导干部严于一般党员干部,用纪律管住大多数,运用党内法规把党要管党落到实处,促进党员、领导干部带头遵守国家法律。党员干部必须时刻保持清醒,把纪律和规矩挺在前面,用铁的纪律从严治党,遵守宪法法律只是基本底线,而遵守和执行党纪党规意味着更高的标准、更严的要求。

权力就是责任,责任就要担当,绝对权力必然导致绝对腐败。加强党内监督,必须从领导干部特别是高级干部做起,这是《条例》的鲜明特色。《条例》破解一把手监督难题,在着眼对"最大多数"全覆盖的同时,致力对"关键少数"的精准监督。《条例》第6条规定:党内监督的重点对象是党的领导机关和领导干部特别是主要领导干部。第14条规定:中央政治局委员应当严格执行中央八项规定,自觉参加双重组织生活,如实向党中央报告个人重要事项。中国共产党是一个有着8800多万名党员、3200多

---

① 《论语·子路》。
② 习近平:《不忘初心,继续前进》(2016年7月1日),载《习近平谈治国理政》(第二卷),外文出版社2017年版,第43—44页。
③ 习近平:《把权力关进制度的笼子里》(2013年1月22日),载《习近平谈治国理政》,外文出版社2014年版,第388页。

个地方党委、440多万个基层组织的世界第一大执政党[①],党的领导是中国特色社会主义最本质的特征。党员领导干部是党中央重大决策部署的具体落实者、实践者,是党风政风的引领者,面对具有许多新的历史特点的伟大斗争,只有通过加强重点监督,注重标本兼治,思想建党与制度治党紧密结合,从严治党与制度治党同步推进,才能持续培养造就具有铁一般信仰、铁一般信念、铁一般纪律、铁一般担当的干部队伍。

(四) 覆盖各级组织,明晰所有监督主体责任

党兴,则国家兴、民族兴,党强,则国家强、民族强。加强党的建设,推进全面从严治党,营造风清气正的党内政治生态,厚植党执政的政治基础,提高党的创造力凝聚力战斗力,有效提升党的领导水平和执政能力,实现党的能力提升和国家治理能力提升的同频共振,必须加强党内监督,全方位扎紧制度笼子,覆盖权力运行全过程,做到责任清晰,主体明确,从根本上解决主体责任缺失、监督责任缺位、制度空转悬置、管党治党宽松软的问题,为巩固党的执政地位强基固本。习近平明确指出:"基层是党的执政之基、力量之源。只有基层党组织坚强有力,党员发挥应有作用,党的根基才能牢固,党才能有战斗力。""要把全面从严治党落实到每个支部、每名党员。"[②]《条例》全面压实监督责任,明确清晰地规定了党的中央组织、党委(党组)、党的纪律检查委员会、党的基层组织和党员的监督职责。

制度建设更带有根本性、全局性、稳定性、长期性。职权法定、权责统一的法治原则要求,有权必有责、有责要担当,用权受监督、失责必追究。《条例》突出"关键少数",层层示范,传导压力,明确规定:党的中央委员会、中央政治局、中央政治局常务委员会全面领导党内监督工作;中央委

---

① 中央组织部党内统计数据显示,截至2021年年底,中国共产党党员总数为9671.2万名,党的基层组织为493.6万个;基层党组织不断夯实巩固,全国共设立基层党委27.8万个、总支部31.6万个、支部434.2万个。参见《中国共产党党员队伍持续发展壮大》,载《人民日报》2022年6月30日。

② 习近平:《"两学一做"学习教育,基础在学,关键在做》(2016年2月4日、2017年4月13日),载《习近平谈治国理政》(第二卷),外文出版社2017年版,第173页。

员会全体会议每年听取中央政治局工作报告,监督中央政治局工作,部署加强党内监督的重大任务;党委(党组)在党内监督中承担主体责任,书记是第一责任人,党委常委会委员(党组成员)和党委委员在职责范围内履行监督职责;党的各级纪律检查委员会是党内监督的专责机关,履行监督执纪问责职责;党的工作部门应当严格执行各项监督制度,加强职责范围内党内监督工作,既加强对本部门本单位的内部监督,又强化对本系统的日常监督;党的基层组织应当发挥战斗堡垒作用,履行监督职责。党员应当本着对党和人民事业高度负责的态度,积极行使党员权利,履行监督义务。

(五)构建监督体系,党内党外监督共同发力

监督是权力正确运行的根本保证,健全而有力的监督是防范政治腐败、权力滥用的有力武器。加强党内监督是马克思主义政党的一贯要求,加强权力监督是执政党建设的核心内容。从严治党,关键严在强化党内监督,党内监督失效必然导致其他监督失灵。为此,必须大力推进、完善党的制度建设的顶层设计,构建无禁区、全覆盖、零容忍的监督体系,即以党章为根本,以《条例》为龙头,以党内政治生活准则、问责条例、廉洁自律准则、纪律处分条例等党内法规为支撑,不断建立健全党内乃至整个国家治理完整科学的监督制度体系和运行机制,实现依法治国与依规治党的有机统一,把权力关进制度的笼子里,筑牢"不敢腐、不能腐、不想腐"的制度堤坝。习近平深刻指出:没有监督的权力必然导致腐败,这是一条铁律;"强化党内监督,必须坚持、完善、落实民主集中制,把民主基础上的集中和集中指导下的民主有机结合起来,把上级对下级、同级之间以及下级对上级的监督充分调动起来,确保党内监督落到实处、见到实效"①。总之,要完善监督制度,做好监督体系顶层设计,既加强党的自我监督,又加强对国家机器的监督;要整合问责制度,健全问责机制,坚持有责必问、问责必严;要把党内监督同国家监察、群众监督结合起来,同法律监督、民主

---

① 习近平:《在第十八届中央纪律检查委员会第六次全体会议上的讲话》(2016年1月12日),载《人民日报》2016年5月3日。

监督、审计监督、司法监督、舆论监督等协调起来,形成监督合力,推进国家治理体系和治理能力现代化。

人民是治国理政的力量源泉,从严治党必须依靠人民。中国共产党来自人民,失去人民拥护和支持,党就会失去根基。只有充分保障广大党员行使监督权利,激活党员干部的内生动力与监督活力,支持和保障群众监督,实现党内监督同国家监察、法律监督、民主监督、审计监督、司法监督、舆论监督、群众监督等监督形式的高度融合,形成党内监督与社会监督的良性互动,才能从人民群众中汲取治国理政、管党治党的智慧和力量,始终保持同人民群众的血肉联系。《条例》发力党内监督体系建构,汇聚协同监督合力,第37—39条作出规定:各级党委应当支持和保证同级人大、政府、监察机关、司法机关等对国家机关及公职人员依法进行监督,人民政协依章程进行民主监督,审计机关依法进行审计监督。有关国家机关发现党的领导干部违反党规党纪、需要党组织处理的,应当及时向有关党组织报告。审计机关发现党的领导干部涉嫌违纪的问题线索,应当向同级党组织报告,必要时向上级党组织报告,并按照规定将问题线索移送相关纪律检查机关处理。各级党组织应当支持民主党派履行监督职能,重视民主党派和无党派人士提出的意见、批评、建议,完善知情、沟通、反馈、落实等机制。各级党组织和党的领导干部应当认真对待、自觉接受社会监督,利用互联网技术和信息化手段,推动党务公开、拓宽监督渠道,虚心接受群众批评。

(六)着力党内民主,保证权力规范有序运行

党内民主是党的生命,是党内政治生活积极健康的重要基础,是增强党的创新活力、巩固党的团结统一的重要保证。发扬党内民主,保障党员权利,加强权力监督,要进一步健全党员民主权利的保障机制,拓宽党内民主渠道,开辟党内民主新途径,完善党内情况通报、情况反映和党内重大决策征求意见制度,实现党员对党内事务的充分了解、广泛参与和有效监督。《条例》第4条规定:党内监督必须贯彻民主集中制,依规依纪进行,强化自上而下的组织监督,改进自下而上的民主监督,发挥同级相互

监督作用。第43条规定:党组织应当保障党员知情权和监督权,鼓励和支持党员在党内监督中发挥积极作用。提倡署真实姓名反映违纪事实,党组织应当为检举控告者严格保密,并以适当方式向其反馈办理情况。对干扰妨碍监督、打击报复监督者的,依纪严肃处理。

全心全意为人民服务是中国共产党的根本宗旨,厉行权力监督、坚决反对腐败、建设廉洁政治是党的基本追求。民主是监督的基础,没有民主就没有监督,更不可能有严肃的党内政治生活。坚持民主集中制是强化党内监督的核心。健全党内民主制度,发展党内民主,就是要实现"党内监督没有禁区、没有例外",形成民主、清朗的政治生态,以党内民主带动人民民主,推进国家治理体系和治理能力现代化。所以,加强党内监督,有效制约权力,确保党员领导干部正确运用手中权力,严格遵守国家法律,也是提高国家治理能力和治理水平的关键环节、关键举措。从严治党必须坚持制度面前人人平等,党内不允许有不受制约的权力,也不允许有不受监督的特殊党员。《条例》第34条明确规定:各级纪律检查机关必须加强自身建设,健全内控机制,自觉接受党内监督、社会监督、群众监督,确保权力受到严格约束。为保障权力的规范行使和有序运行,《条例》围绕建立健全巡视制度、组织生活制度、党内谈话制度(提醒谈话、诫勉谈话)、干部考察考核制度,以及领导干部述职述廉制度、领导干部个人有关事项报告制度、领导干部插手干预重大事项记录制度等作出具体规定。

"欲知平直,则必准绳;欲知方圆,则必规矩。"[①]天下之事,不难于立法,而难于法之必行。制度的生命力来自执行,党中央有部署,全党组织见行动,确保铁规发力,让禁令生威。贯彻落实好《条例》的规定要求,是全党各级组织和广大党员干部长期的政治任务、政治责任,必须全面落实党内监督责任,做到党中央提倡的坚决响应,党中央决定的坚决执行,党中央禁止的坚决不做,筑牢"四个意识",坚定"四个自信",做到"两个维护",捍卫"两个确立",更加紧密地团结在以习近平同志为核心的党中央

[①] 《吕氏春秋·不苟论·自知》。

周围,更加坚定地维护以习近平同志为核心的党中央权威,更加自觉地在思想上政治上行动上同以习近平同志为核心的党中央保持高度一致,更加扎实地把党中央的各项决策部署落到实处,在实现中华民族伟大复兴中国梦的进程中肩负起应有的历史使命和责任担当。

＊　＊　＊　＊　＊　＊

先进的马克思主义政党不是天生的,而是在不断自我革命中淬炼而成的。党性、党风、党纪是有机整体,党性是根本,党风是表现,党纪是保障,必须坚持党性党风党纪一起抓。"全面从严治党是党永葆生机活力、走好新的赶考之路的必由之路"[①],映照着中国共产党人"永远在路上"的清醒和坚定。自我革命是中国共产党区别于其他政党的显著标志、最鲜明品格,是中国共产党保持先进性和纯洁性的重要途径。腐败是最容易导致政权颠覆的严重问题,全面从严治党是中国共产党在新时代实现自我革命的伟大实践。党的十八大以来,持续正风肃纪反腐,加强党内监督,净化党内政治生态,全面从严治党取得了历史性、开创性成就,产生了全方位、深层次影响,探索出依靠党的自我革命跳出历史周期率的成功路径。《中共中央关于党的百年奋斗重大成就和历史经验的决议》以"十个明确"系统概括习近平新时代中国特色社会主义思想的核心内容,其中之一就是"明确全面从严治党的战略方针,提出新时代党的建设总要求,全面推进党的政治建设、思想建设、组织建设、作风建设、纪律建设,把制度建设贯穿其中,深入推进反腐败斗争,落实管党治党政治责任,以伟大自我革命引领伟大社会革命"。这一重要论断,深刻揭示了自我革命和社会革命相伴相随、互促共进的辩证关系,彰显了中国共产党人的初心使命、

[①] 2022年3月5日,习近平在参加十三届全国人大五次会议内蒙古代表团审议、同代表们交流时,用五个"必由之路"深刻阐明新时代党和人民奋进历程昭示的重要认识,深刻揭示了新时代中国的"成功密码",五方面内容,句句精辟,饱含深意:坚持党的全面领导是坚持和发展中国特色社会主义的必由之路;中国特色社会主义是实现中华民族伟大复兴的必由之路;团结奋斗是中国人民创造历史伟业的必由之路;贯彻新发展理念是新时代我国发展壮大的必由之路;全面从严治党是党永葆生机活力、走好新的赶考之路的必由之路。参见《不断巩固中华民族共同体思想基础 共同建设伟大祖国 共同创造美好生活》,载《人民日报》2022年3月6日。

政治担当、历史自觉,具有深刻思想内涵和重大时代价值。新的赶考路上,只要大力弘扬伟大建党精神,不忘初心使命,勇于自我革命,不断清除一切损害党的先进性和纯洁性的有害因素,不断清除一切侵蚀党的健康肌体的病原体,以彻底的自我革命精神推进新时代党的建设新的伟大工程,我们就一定能够确保党不变质、不变色、不变味,确保党在新时代坚持和发展中国特色社会主义的历史进程中始终成为坚强领导核心。

• 拓展阅读 •

加强对权力运行的制约和监督

——兼论"一把手"和领导班子监督的基本精神与实践指引

坚定不移全面从严治党,深入推进新时代党的建设新的伟大工程,必须把反腐败作为重大政治任务。完善权力监督制约机制,加强对权力运行的制约和监督,是贯穿习近平法治思想的鲜明主题和中国之治的独特密码,也是健全全面从严治党体系的重要内容和关键。领导干部是党执政兴国的"关键少数"、关键力量,"一把手"是地区、部门、单位的主要负责人,领导班子的带头人,重大事项决策拍板人,"关键少数"的少数,执一方之治权,谋一地之发展,领一域之教化,肩负着惠民生、促改革、保安全和抓班子、带队伍、正风气等重大职责。民惟邦本,本固邦宁;悠悠万事,民意为大;大道之行,天下为公;治国有常,利民为本;坚持权为公用、为民造福,始终是立党为公、执政为民的本质要求和不变情怀;中国共产党是世界上最大的马克思主义执政党,党的性质和宗旨决定了与腐败水火不容,与资产阶级政党有着本质的区别。强化对"一把手"和领导班子的监督,充分发挥"关键少数"对全党全社会的风向标作用,以有效监督"关键少数"带动"绝大多数",是中国特色社会主义制度优势的具体彰显,体现全面推进依法治国的内在要求。中国特色社会主义进入新时代,坚持依法治国和依规治党、制度治党紧密结合,以党的自我革命引领社会革命,创新完善中国特色社会主义法治体系,严密法律法规和制度笼子,用法律法规和制度监督制约权力运行,防止权力滥用和变异变质,"让人民监督政府""坚持自我革命""把权力关进制度的笼子里",成功走出了一条依靠中国共产党领导反对腐败、依靠社会主义法治惩治腐败、依靠社会主义制度优势防治腐败的反腐败之路。《中共中央关于加强对"一把手"和领导班子监督的意见》(以下简称《意见》)是坚持和完善党和国家监督体系、破解对"一把手"监督和同级监督难题的重要举措与实践指引。

  党中央强调,腐败是党长期执政的最大威胁,反腐败是一场输不起也决不能输的重大政治斗争,不得罪成百上千的腐败分子,就要得罪十四亿人民,必须把权力关进制度的笼子里,依纪依法设定权力、规范权力、制约权力、监督权力。党坚持不敢腐、不能腐、不想腐一体推进,惩治震慑、制度约束、提高觉悟一体发力,确保党和人民赋予的权力始终用来为人民谋幸福。

  ——《中共中央关于党的百年奋斗重大成就和历史经验的决议》

党的二十大报告强调指出:"健全党统一领导、全面覆盖、权威高效的监督体系,完善权力监督制约机制,以党内监督为主导,促进各类监督贯通协调,让权力在阳光下运行。推进政治监督具体化、精准化、常态化,增强对'一把手'和领导班子监督实效。"[1]权力,普遍存在于人类公共生活中,与人们的现实生活日日相随。政治权力,即公权力或公共权力,乃国家公器,公权力姓公,也必须为公。权力监督是公共治理的内在要素、人类政治生活的永恒主题,在管党治党、治国理政中居于重要地位。"没有监督的权力必然导致腐败,这是一条铁律"[2],把权力关进制度的笼子,以制度刚性防范权力任性,是文明社会的核心价值和人民幸福的牢固基石。实现党内监督全覆盖、对公职人员监察全覆盖[3],加强对主要领导干部和领导班子的监督,充分发挥监督的整体效能,确保党和人民赋予的权力始终用来为人民谋幸福,是新时代坚持和加强党的全面领导,提高党的建设

---

[1] 习近平:《高举中国特色社会主义伟大旗帜 为全面建设社会主义现代化国家而团结奋斗——在中国共产党第二十次全国代表大会上的报告》(2022年10月16日),载《人民日报》2022年10月26日。

[2] 习近平:《着力培养选拔党和人民需要的好干部》(2013年6月28日),载《习近平谈治国理政》,外文出版社2014年版,第418页。

[3] 《中华人民共和国监察法》第15条规定:"监察机关对下列公职人员和有关人员进行监察:(一)中国共产党机关、人民代表大会及其常务委员会机关、人民政府、监察委员会、人民法院、人民检察院、中国人民政治协商会议各级委员会机关,民主党派机关和工商业联合会机关的公务员,以及参照《中华人民共和国公务员法》管理的人员;(二)法律、法规授权或者受国家机关依法委托管理公共事务的组织中从事公务的人员;(三)国有企业管理人员;(四)公办的教育、科研、文化、医疗卫生、体育等单位中从事管理的人员;(五)基层群众性自治组织中从事管理的人员;(六)其他依法履行公职的人员。"

质量,推动全面从严治党向纵深发展的必然要求。习近平深刻指出:"权力是一把'双刃剑',在法治轨道上行使可以造福人民,在法律之外行使则必然祸害国家和人民。把权力关进制度的笼子里,就是要依法设定权力、规范权力、制约权力、监督权力。"①党的二十大从巩固党的长期执政地位、确保党始终成为中国特色社会主义事业坚强领导核心的战略高度,对坚定不移全面从严治党、深入推进新时代党的建设新的伟大工程作出系统周密部署,体现了以习近平同志为核心的党中央时刻保持解决大党独有难题的战略清醒、完善党的自我革命制度规范体系、坚决打赢反腐败斗争攻坚战持久战的高度自觉和使命担当。

一、权力监督:中国共产党的超越

坚持党的全面领导是坚持和发展中国特色社会主义的必由之路,党的领导制度体系是打赢反腐败斗争的根本政治保证。国家是人民的契约,是不同区域的族群基于历史文化认同、价值共识而结成的命运共同体,国家权力是人民的让渡,国家一切权力属于人民。"修长在乎任贤,安高在乎同利。"②人间正道是大公,天下为公,人民最大;中国共产党为中国人民谋幸福、为中华民族谋复兴,志不改、道不变,坚持权为公用、为民造福,始终是立党为公、执政为民的本质要求,不变情怀。"大道之行也,天下为公。选贤与能,讲信修睦。故人不独亲其亲,不独子其子,使老有所终,壮有所用,幼有所长,矜寡孤独废疾者皆有所养,男有分,女有归。"③以马克思主义为指导,坚持人民至上,永远把人民放在心中最高位置,从中华优秀传统文化中汲取丰厚滋养,作为世界上最大的马克思主义执政党、人类前所未有的无产阶级新型政党,引领民族复兴、传承人类文明,矢志为国家、为人民奉献一切,没有自己的任何私利,党的性质和宗旨决定了

---

① 习近平:《领导干部要做尊法学法守法用法的模范》(2015年2月2日),载《习近平谈治国理政》(第二卷),外文出版社2017年版,第128—129页。
② 《管子·版法解》。
③ 《礼记·礼运》。

中国共产党人权力观的根本价值取向,与腐败水火不容。《中国共产党章程》总纲清晰载明:"坚持全心全意为人民服务。党除了工人阶级和最广大人民群众的利益,没有自己特殊的利益。党在任何时候都把群众利益放在第一位,同群众同甘共苦,保持最密切的联系,坚持权为民所用、情为民所系、利为民所谋,不允许任何党员脱离群众,凌驾于群众之上。"第2条规定,中国共产党党员是中国工人阶级的有共产主义觉悟的先锋战士,必须全心全意为人民服务,不惜牺牲个人的一切,为实现共产主义奋斗终身;除了法律和政策规定范围内的个人利益和工作职权以外,所有共产党员都不得谋求任何私利和特权。治国有常,利民为本;在社会主义中国,权力属于人民,权力来自人民,权力为了人民,权力造福人民;倘若制度缺失、监督缺位,权力必然异化滥用,偏离正确行驶轨道,成为腐败分子谋取私利的工具,必将为人民所唾弃;彰显为民本色,防范权力任性,坚守公权为公,恪守法纪底线,必须加强对权力运行的制约和监督,立规矩、明权责,对人民负责,法定职责必须为,法无授权不可为,这既是宪法法律责任、法治政府之要,也是基本的现代政治伦理。《中国共产党党内监督条例》第6条明确规定:"党内监督的重点对象是党的领导机关和领导干部特别是主要领导干部。"

  制度建设带有根本性、全局性、稳定性和长期性。党的十八大以来,以习近平同志为核心的党中央全面推进依法治国,建立健全权威高效的监督体系,增强监督严肃性、协同性、有效性,形成决策科学、执行坚决、监督有力的权力运行机制,注重发挥制度管根本、管长远的作用,坚持以法治思维和法治方式反对腐败,大力推进规范权力运行的国家立法和党内法规制度建设,完善权力运行监督制约机制,推动形成比较完善的反腐败法律体系;制定修订完善一批标志性、关键性、基础性的法律法规制度,审议通过《关于新形势下党内政治生活的若干准则》《中国共产党党内监督条例》《中国共产党重大事项请示报告条例》《中国共产党纪律检查委员会工作条例》《中国共产党组织处理规定(试行)》《党委(党组)落实全面从严治党主体责任规定》,修订制定《中国共产党廉洁自律准则》《中国共产党巡视工作条例》《中国共产党纪律处分条例》《中国共产党问责条例》《中国共产党纪律检查机关监督执纪工作规则》《监察机关监督执法工作规定》《推进领导干部能上能下规定》《中共中央政治局关于加强和维护党中央集中统一领导的若干规定》《中共中央政治局贯彻落实中央八项规定的实施细则》《关于加强新时代离退休干部党的建设工作的意见》,颁布实施《中华人民共和国监察法》《中华人民共和国公职人员政务处分法》《中华人民共和国检察官法》《关于加强行贿犯罪案件办理工作的指导意见》等,及时填补了制度空白、法律漏洞。这些法律法规制度内容丰富,从严肃党内政治生活、规范选人用人,到深化国家监察体制改革,再到严明党的政治纪律、组织纪律和工作纪律,把巡视作为推进党的自我革命、全面从严治党的战略性制度安排等,健全完善全面从严治党体系,适时将规范权力运行和防治腐败的部署要求、经验做法有效转化为制度规范,形成前后衔接、左右联动、上下配套、系统集成的权力运行制约和监督法律法规制度体系,为推进系统施治、标本兼治提供了坚强法律制度支撑和法治保障,推动监督全链条嵌入落实于管党治党、国家治理全过程和各方面,中国特色社会主义监督制度更加成熟定型,更好转化为治理效能。

中国共产党始终坚持唯物辩证法,善于从系统观念出发认识和改造世界。领导干部是党执政兴国的"关键少数"、关键力量,"一把手"是地区、部门、单位的主要负责人,重大事项决策拍板人,"关键少数"的少数,肩负谋发展、促改革、保安全,以及抓班子、带队伍、正风气等重大职责,承担责任越大,能力要求越强,素质要求越高。信任不能代替监督,坚持领导抓、抓领导,"一把手"抓、抓"一把手",以好班长打造好班子,坚持抓住"关键少数"以上率下、示范引领,坚持行使权力和担当责任相统一,突出加强对"一把手"和领导班子成员的监督,管好班子、带好队伍,上级"一把手"必须抓好下级"一把手",一级抓一级、一级管一级、层层抓落实,以有效监督把"关键少数""关键岗位"管住,通过管好一个或两个,以好班子带好一群、示范一片,引领一个区域或整个行业的政治生态风清气正,充分发挥"关键少数"对全党全社会的风向标作用,以有效监督"关键少数"带动"绝大多数",确保权力依规依法公正行使,保障党和国家各项事业高质量发展,这是中国特色社会主义良政善治的题中之义和制度优势的具体彰显，体现全面依法治国的内在要求；坚持辩证思维，系统观念与突出重点相结合，抓住关键、找准重点，抓主要矛盾，抓矛盾的主要方面，盯紧重点人、重点事、重点问题，同时，又不忽略次要矛盾，不忽视整体带动、系统推进，这是唯物辩证法的基本方法论在全面从严治党领域的活学活用，着力打造政治过硬、适应新时代要求、具备领导现代化建设能力的高素质干部队伍；在方法论意义上，既全面监督，又突出重点，这是在实践中总结出的重要经验，是尊重权力运行客观规律、把握权力运行基本规则、强化对权力运行制约和监督的创新之举，是权力监督的具体化、精细化，开辟了持之以恒推进党的伟大自我革命的重要路径，抓好"一把手"监督这个关键环节，也就抓住了监督工作的"牛鼻子"，坚持马克思主义方法论，不断提高反腐败斗争能力和水平。

进入新时代以来，以习近平同志为核心的党中央坚持和加强党的全面领导，毫不动摇大力推进全面从严治党，坚持法律面前人人平等、执行制度没有例外，以无禁区、全覆盖、零容忍的坚定严格执纪执法，坚持重遏制、强高压、长震慑，强化对权力运行的制约和监督，推进系统施治、标本兼治，持续推动落实党委（党组）主体责任、党委（党组）书记第一责任人责任、班子成员"一岗双责"，格外重视对"一把手"的监督，突出教育引导的重点是"一把手"，日常管理的重点是"一把手"，纪律监督的重点是"一把手"，责任约束的重点同样是"一把手"，围绕对"一把手"和领导班子监督，一系列行之有效的制度机制和方式方法正在形成，各级"一把手"和领导班子自觉接受监督的意识明显增强。同时也要清醒地看到，对"一把手"监督仍是薄弱环节，特别是中央垂直单位、中央企业，体量大、下属单位多、分布地域广、监督链条长，"上级监督太远、同级监督太弱、下级监督太难"，对"一把手"和领导班子监督乏力问题依然存在，具体表现有：落实主体责任措施落地不够到位、成效不够明显，各类监督的协调贯通机制不够健全，各方面各层级对"一把手"和班子成员的监督合力尚未形成，监督的精准性、专业性、有效性不够，违规用人、违规用权、违规决策、违规收受礼金"红包"以及违规干预和插手市场经济活动等不同程度存在。此外，新技术已经广泛应用于政府治理场景，例如，作为一种集数据、技术和政府权力深度聚合的疫情防控应用系统——防疫健康码,将数字技术嵌入社会治理,是技术权力与国家权力深度融合的典型样本,在疫情防控的特殊时期,健康码以其技术与权力的强强联手,提高了疫情风险防控的国家能力。但2022年6—7月,河南郑州市"红码事件"、北京市"疫苗令"波折所引发的社会关注①,警醒人们在信息化条件下,权力滥用花样翻新,侵犯个人隐私,限制人身自由,数字滥权的巨大危害性绝不可小觑,破解"一把手"和领导班子监督难题任重道远,完善党内监督体系、落实监督责任的任务依然十分紧迫。

善除害者察其本,善理疾者绝其源。近年来,从金融、能源、政法、粮食购销、矿产资源、投融资平台以及开发区、产业园区建设等重点领域重点行业查处的大量腐败案件看,腐败案尤其是腐败窝案的根子,在"一把手"的权力失控,每一个"塌方式腐败"大案要案的背后,"一把手"的滥权渎职一定是祸根,如有的"一把手"权力滥用,"一言堂"、大搞利益交换,建构"私人领地""独立王国",任性用权、动辄越权,独断专行、唯我独尊,擅权妄为、目无法纪,权欲炽盛、野心膨胀,执法犯法、以案谋私,投机攀附、操弄权术,抗拒约束、抵触监督,私欲膨胀、毫无底线,利益至上、公权私用,违规决策、卖官鬻爵,团团伙伙、拉帮结派,任人唯亲、排斥异己,朝令夕改、换届翻转,纸醉金迷、"风腐一体",结交骗子、政治投机,寡廉鲜耻、

---

① 2022年6月22日,郑州市纪监委通报,市委政法委常务副书记、市新冠肺炎疫情防控指挥部社会管控指导部部长冯某某,团市委书记、市新冠肺炎疫情防控指挥部社会管控指导部副部长张某某等人,法治意识、规矩意识淡薄,违反《河南省新冠肺炎疫情防控健康码管理办法》及健康码赋码转码规则,擅自决定对部分村镇银行储户进入郑州赋红码,严重损害健康码管理使用规定的严肃性,造成严重不良社会影响,是典型的乱作为,冯某某、张某某对此分别负主要领导责任、重要领导责任,陈某等负直接责任,应予从严从重问责追责。参见《关于部分村镇银行储户被赋红码问题调查问责情况的通报》,https://mp.weixin.qq.com/s/ozg6YgM6DoRyFJmVhOLNLQ,2022年6月22日访问。防疫健康码被为所欲为的权力滥用,超出疫情防控目的,悖离健康码适用规则,犹如"电子镣铐",成为限制民众自由流动的维稳工具,极大毁损社会对政府信息收集和数据处理的信赖。河南村镇银行事件所引发的舆论关注表明,社会突发冲突如果不实实在在地从根源上解决矛盾,及时疏导化解纠纷,回应民众的合理诉求,而只诉诸简单粗糙和高压手段,甚至采取违法违规的做法封堵,所谓的维稳只会成为新的不稳定因素。2022年7月6日,北京市卫生健康委员会发布信息,从7月11日起民众进入聚集场所必须接种疫苗,引发舆论"海啸";在网络舆论的巨大压力下,不到2天,北京市收回了这一超越法律规定的强制令。2022年12月12日,中国电信、中国联通、中国移动三大运营商公告,按照有关法律法规规定,自12月13日0时起正式下线防疫专用"通信行程卡",短信、网页、微信小程序、支付宝小程序、APP等查询渠道同步下线,同步删除用户行程相关所有数据,切实依法依规保障个人信息安全。

道德败坏、三观扭曲、声色犬马,既想当官、又想发财,明官暗商、瞒天过海,全家上阵、共同贪腐,贪婪无度、疯狂敛财,退而不休、顶风作案……有的"一把手"占位不为,不履职或不正确履职,不尽责、不担责,熬日子、等位子,阳奉阴违、热衷造势,"权力期投"、隐形腐败①,骗上瞒下、劳民伤财,下捞上供、跑官买官,掩盖问题、推卸责任,议而不决、决而不行,只想揽权、不愿担责,玩潜规则、搞假担当,表演作秀、脱离群众,不务正业、玩物丧志,乐于躺平、玩忽职守,信仰崩塌、党性缺失,嗜赌成性、监守自盗,善于伪装、工于心计,熬资历、等机会,疲劳症、窝里斗,捂盖子、保帽子,拉选票、保位子,和事佬、爱面子,立山头、搭圈子……揽功诿过、争利塞责,不求成绩、安全第一,饱食终日、尸位素餐。因此,在制度上加强对领导干部尤其是增强对"一把手"的监督实效,减少权力寻租空间,仍将是党长期执政面临的最大难题;要进一步完善党的自我革命制度规范体系,"要加强对一把手的监督,认真执行民主集中制,健全施政行为公开制度,保证领导干部做到位高不擅权、权重不谋私"②,特别是要重点围绕加强对高级干部、各级主要领导干部的监督,完善领导班子内部监督制度,深挖根源、找准症结,精准纠治、增强实效,标本兼治、系统治理,有效破解新形势下对"一把手"和领导班子监督难题。

中国共产党的百年历史,既是一部波澜壮阔的社会革命史,也是一部激浊扬清的自我革命史。"政治权力,即国家的权力"③,是公共权力的核心构成,权力腐败本质上是政治变质,政治权力腐败必然引发其他公权力变异变质,权力监督,是人类政治生活的永恒主题。"大臣不廉,无以率下,则小臣必污;小臣不廉,无以治民,则风俗必坏。层累而下,诛求勿已,害必加于百姓,而患仍中于邦家。欲冀太平之理,不可得矣。"④一个政党,

---

① 期权交易,以及政商、银企"旋转门"等隐形变异腐败,改变"一手交钱一手办事"的传统简易模式,在位不收离职收,在岗不收转岗收,企图通过延期兑付的隐秘方式逃避监管和法律制裁。

② 习近平:《把权力关进制度的笼子里》(2013年1月22日),载《习近平谈治国理政》,外文出版社2014年版,第388页。

③ 马克思:《道德化的批评和批评化的道德》,载《马克思恩格斯全集》(第四卷),人民出版社1958年版,第330页。

④ (清)王永吉:《御定人臣儆心录》。

一个政权，其前途和命运最终取决于人心向背；腐败是社会毒瘤，人民群众深恶痛绝；腐败的本质是权力异化、权力出轨、行为越轨，反腐败是刀刃向内、最彻底的自我革命，反腐败斗争关系民心这个最大的政治，唯有拥有刮骨疗伤的勇气，才能收获新生的惊喜。《中共中央关于党的百年奋斗重大成就和历史经验的决议》指出："党中央强调，腐败是党长期执政的最大威胁，反腐败是一场输不起也决不能输的重大政治斗争，不得罪成百上千的腐败分子，就要得罪十四亿人民，必须把权力关进制度的笼子里，依纪依法设定权力、规范权力、制约权力、监督权力。党坚持不敢腐、不能腐、不想腐一体推进，惩治震慑、制度约束、提高觉悟一体发力，确保党和人民赋予的权力始终用来为人民谋幸福。"全面依法治国，要求各级领导干部知敬畏、存戒惧、有底线，讲诚信、懂规矩、守纪律，把依法用权、依法办事理念根植于心中，浸入骨髓融入血液，依法律、重程序、促善治，自觉用法律厘清权力边界，用制度约束权力行使，用法治保障人民合法权益。加强对"一把手"和领导班子成员监督，是提高一体推进"三不腐"（不敢腐、不能腐、不想腐）能力和水平，全面打赢反腐败斗争攻坚战持久战的重点工程。

坚定不移全面从严治党，深入推进新时代党的建设新的伟大工程，必须把反腐败作为重大政治任务。完善权力监督制约机制，加强对权力运行的制约和监督，是贯穿习近平法治思想的鲜明主题和中国之治的独特密码，也是健全全面从严治党体系的重要内容和关键。在新时代治国理政的壮阔实践中，习近平围绕加强对"一把手"和领导班子监督作出一系列重要论述，深刻阐明了"为何监督、监督什么、谁来监督、怎么监督"等重大理论和实践问题，其中"坚持抓住领导干部这个'关键少数'"，构成习近平法治思想精髓和核心要义的"十一个坚持"之一，为健全党内监督体系、推动全面从严治党提供了科学指南和根本遵循。譬如，"要从源头着手，完善管权治吏的体制机制，更加常态化、长效化地防范和治理腐败问题。要着力减少腐败机会，抓住政策制定、决策程序、审批监管、执法司法等关键权力，严格职责权限，规范工作程序，强化权力制约，减少权力对微观经济活动的不当干预。要有效防止腐败滋长，把反腐败防线前移，加强日常管理监督,精准运用'四种形态',抓早抓小、防微杜渐、层层设防。要弘扬党的光荣传统和优良作风,开展有针对性的党性教育、警示教育,用廉洁文化滋养身心,建立符合新时代新阶段要求的干部考核评价体系,注重对年轻干部的教育引导。要建立腐败预警惩治联动机制,加强对腐败手段隐形变异、翻新升级等新特征的分析研究,提高及时发现、有效处理腐败问题的能力"①。这就是,"不敢"是前提,"不能"是关键,"不想"是根本,要充分发挥信仰信念在不敢腐、不能腐、不想腐一体推进中的引领作用,推动他律向自律转化、自律向自觉升华。"各级领导干部尤其要弄明白法律规定我们怎么用权,什么事能干、什么事不能干,心中高悬法律的明镜,手中紧握法律的戒尺,知晓为官做事的尺度。"②确保权力在制度约束下公正行使、在阳光照耀下有序运行,确保权力行使经得起法律和历史的检验、实现良法善治。

中国特色社会主义进入新时代,汲取中华文化传统治理智慧,借鉴世界法治文明的有益成果,坚持依法治国和依规治党、制度治党紧密结合,以党的自我革命引领社会革命,以社会革命促进自我革命,统筹党内法规制度建设和反腐败国家立法,创新完善中国特色社会主义法治体系,严密法律法规和制度规范体系,用法律法规和制度监督制约权力,防止权力滥用和变异变质,以法治思维规范权力运行,体现了制度反腐的基本逻辑,依规治党、以权制权、依法治权,"让人民监督政府""坚持自我革命""把权力关进制度的笼子里",找到了跳出治乱兴衰历史周期率的有效路径③,即外靠发展人民民主、接受人民监督,内靠全面从严治党、推进自我革命,不

---

① 《提高一体推进"三不腐"能力和水平 全面打赢反腐败斗争攻坚战持久战》,载《人民日报》2022年6月19日。
② 习近平:《领导干部要做尊法学法守法用法的模范》(2015年2月2日),载《习近平谈治国理政》(第二卷),外文出版社2017年版,第127页。
③ 1945年7月,毛泽东同志与黄炎培先生"窑洞对",回答了如何跳出治乱兴衰历史周期率、避免人亡政息、确保政权长期存在的问题,即让人民监督政府。党的十八大以来,以习近平同志为核心的党中央在全面从严治党的实践中找到了第二个答案:党的自我革命。"经过不懈努力,党找到了自我革命这一跳出治乱兴衰历史周期率的第二个答案,自我净化、自我完善、自我革新、自我提高能力显著增强,管党治党宽松软状况得到根本扭转,风清气正的党内政治生态不断形成和发展,确保党永远不变质、不变色、不变味。"习近平:《高举中国特色社会主义伟大旗帜 为全面建设社会主义现代化国家而团结奋斗——在中国共产党第二十次全国代表大会上的报告》(2022年10月16日),载《人民日报》2022年10月26日。

断完善制度规范体系,扎牢制度篱笆,成功探索出了一条紧紧依靠中国共产党领导反对腐败、依靠社会主义法治惩治腐败、依靠社会主义制度优势防治腐败的反腐败之路。① 党的十八大以来,完善党和国家监督体系,深化纪检监察体制改革,构建集中统一、权威高效的国家监察体系,运用法治思维和法治方式正风肃纪反腐,不断提升规范化、法治化、正规化水平;坚持无禁区、全覆盖、零容忍,坚持重遏制、强高压、长震慑,不论地区领域、不论机关企业,不论职位高低、不论在职退休,没有法外之地、法外之人、法外之事、法外之权;坚持有案必查、有贪必肃、有腐必反不动摇,"打虎""拍蝇""猎狐"齐发力,受贿行贿一起查,新型腐败和隐性腐败同惩治,追逃追赃不停步②;更加突出对"一把手"和领导班子的监督,督促各级"一把手"依法依规履职用权,坚持党内没有不受约束的特殊党员、在贪腐问题上没有"铁帽子王",始终保持惩治腐败压倒性力量常在,构建起党全面领导的反腐败工作格局,建立起一整套具有可操作性的反腐败机制,以前所未有的力度大刀阔斧强力正风肃纪,开展了史无前例的反腐败斗争,紧盯金融、国企、政法等权力集中、资金密集或资源富集的部门以及行业和领域,抓住政策制定、审批监管、执法司法等关键权力,集中力量靶向治理,坚决查处"影子公司""影子股东"等新型腐败和隐性腐败;全国纪检监察机关共立案 464.8 万余件,其中,立案审查调查中管干部 553 人(含十八届中央委员、中央候补委员 49 人,十八届中央纪委委员 12 人,十九届中央委员、中央候补委员 12 人,十九届中央纪委委员 6 人),处分厅局级干部 2.5 万多人、县处级干部 18.2 万多人;立案审查调查严重违纪违法

---

① "一百年来,党外靠发展人民民主、接受人民监督,内靠全面从严治党、推进自我革命,勇于坚持真理、修正错误,勇于刀刃向内、刮骨疗毒,保证了党长盛不衰、不断发展壮大。"习近平:《坚持不懈把全面从严治党向纵深推进》(2022 年 1 月 18 日),载《习近平谈治国理政》(第四卷),外文出版社 2022 年版,第 549—550 页。

② 《中华人民共和国公职人员政务处分法》第 27 条规定:"已经退休的公职人员退休前或者退休后有违法行为的,不再给予政务处分,但是可以对其立案调查;依法应当予以降级、撤职、开除的,应当按照规定相应调整其享受的待遇,对其违法取得的财物和用于违法行为的本人财物依照本法第二十五条的规定处理。已经离职或者死亡的公职人员在履职期间有违法行为的,依照前款规定处理。"曾经的辞职(离职)不查、(实职)改非不查、异地(任职)不查、典型不查、党外不查、名人不查、退休不查、外逃不查、有病不查、退赃不查、行贿不查、人死不查以及利益均沾、法不责众等,"一些贪腐问题触目惊心",内部问责"宽松软"、"问下不问上""问前不问后"等现象,都正在成为过去式,辞职或退休不是"安全港",也非"护身符",纪法追责没有"休止符",任何人都不可心存侥幸"带病"上岸、安全着陆。

的各级一把手20.7万多人;在高压震慑和政策感召下,共有8万多人向纪检监察机关主动投案;查处行贿人员6.3万多人;全国检察机关共查处行贿人员3.6万余人,书写了反腐败斗争历史性篇章,反腐败斗争取得显著成效。①

答案已成,永远清醒,继续赶考。党的二十大报告强调,腐败是危害党的生命力和战斗力的最大毒瘤,反腐败是最彻底的自我革命。激荡清风正气,凝聚党心民心,反腐败挽救了党,反"四风"重塑了党,反特权密切了党群干群关系,厚植了党的执政根基,党的创造力、凝聚力、战斗力显著增强,党在革命性锻造中浴火重生、更加坚强有力,焕发出新的强大生机与活力。经过艰苦卓绝的努力,新时代反腐败斗争取得压倒性胜利并全面巩固,党风政风焕然一新,社风民风持续向好,产生了全方位、深层次影响,具有历史转折意义,但反腐败斗争还远未到大功告成的时候,腐败和反腐败较量还在激烈进行,反腐败斗争形势依然严峻复杂,遏制增量、清除存量的任务依然艰巨,党的建设特别是党风廉政建设和反腐败斗争面临不少顽固性、多发性问题,对腐败的顽固性和危害性绝不能低估,防范形形色色的利益集团成伙作势、"围猎"腐蚀还任重道远,有效应对腐败手段隐形变异、翻新升级还任重道远,彻底铲除腐败滋生土壤、实现海晏河清还任重道远,清理系统性腐败、化解风险隐患还任重道远。② 2022年7月,中央巡视组向被巡视的中央和国家机关反馈时,指出了政治建设、全面深化改革、防范化解风险等方面巡视发现的突出问题,有的落实全面从严治党"两个责任"不够到位,压力传导不到底不到边,一些重点领域和关键岗位存在廉政风险,"四风"问题仍有发生;有的落实新时代党的组织路线不够到位,领导班子、干部人才队伍和基层党组织建设存在薄弱环节。③ 全党必须深刻认识到,"党面临的执政考验、改革开放考验、市场经济考验、外部环境考验将长期存在,精神懈怠危险、能力不足危险、脱离群众危

---

① 参见孟祥夫:《党在革命性锻造中更加坚强有力》,载《人民日报》2022年10月18日。
② 参见习近平:《坚持不懈把全面从严治党向纵深推进》(2022年1月18日),载《习近平谈治国理政》(第四卷),外文出版社2022年版,第551页;《一刻不停推进全面从严治党 保障党的二十大决策部署贯彻落实》,载《人民日报》2023年1月10日。
③ 参见张洋:《十九届中央第九轮巡视完成反馈》,载《人民日报》2022年7月24日。

险、消极腐败危险将长期存在"①。全面从严治党永远在路上,党的自我革命永远在路上,反腐败只能进不能退,反腐败没有完成时,必须时刻保持解决大党独有难题的清醒和坚定,不断增强忧患意识,保持政治定力、战略主动,常怀远虑、居安思危,决不能有松劲歇脚、疲劳厌战的情绪,管党治党一刻也不能停歇,反腐败没有休止符,必须常抓不懈、紧抓不放,坚决查处政治问题和经济问题交织的腐败,坚决防止领导干部成为利益集团和权势团体的代言人、代理人,坚决防止政商勾连、资本向政治领域渗透等破坏政治生态和经济发展环境,聚焦案件频发领域,及时有力有效回应人民群众难点痛点焦点问题,坚决纠治雁过拔毛的"吃拿卡要"顽症,深入排查整治"四风"等各种损害群众利益的基层"微腐败"和不正之风,以零容忍的坚定,始终保持反腐败高压态势的持续震慑,持之以恒正风肃纪反腐,驰而不息将反腐败斗争进行到底、向基层延伸,坚决打赢反腐败斗争攻坚战持久战。

二、反腐败斗争进行时:制度与人

物不因不生,不革不成;大厦并非一日坍塌,腐败也非一日生成。"国家之败,由官邪也;官之失德,宠赂章也。"②腐败是党内和社会各种不良因素长期积累并交互作用的结果,既有个人原因,也有环境、制度等多方面因素,只要存在腐败问题产生的土壤和条件,反腐败斗争就一刻也不能停歇、不能松懈。《中共中央关于党的百年奋斗重大成就和历史经验的决议》以"十个明确"对习近平新时代中国特色社会主义思想的核心内容作出了系统概括,其中之一便是:"明确全面深化改革总目标是完善和发展中国特色社会主义制度、推进国家治理体系和治理能力现代化。"从"完善权力配置和运行制约"而言,就是要全面加强党的领导,重构权力配置和

---

① 习近平:《高举中国特色社会主义伟大旗帜 为全面建设社会主义现代化国家而团结奋斗——在中国共产党第二十次全国代表大会上的报告》(2022年10月16日),载《人民日报》2022年10月26日。

② 《左传·桓公二年》。

运行机制,实现权力配置更加科学、权责更加协同、行使更加规范、运行更加高效、监督更加有力,把中国特色社会主义制度优势更好转化为国家治理效能,让"中国之治"成色更足、优势更加彰显。好制度还需要有好的执行,才能最大限度释放治理效能。"苟非其人,道不虚行。纵有良法美意,非其人而行之,反成弊政;虽非良法,得贤才行之,亦救得一半。人、法皆善,治道成矣。"①任何制度都是由人来制定,并最终依靠人具体执行与落实,因此,人始终是制度效能的决定性因素或变量,没有正确、有效的执行,再好的制度也会成为"稻草人""橡皮筋"。清是廉之本,廉乃德之基。俗语言"苍蝇不叮无缝的蛋",世上没有什么偶然,所有的偶然背后都包含着某种必然。"唯物辩证法认为外因是变化的条件,内因是变化的根据,外因通过内因而起作用。"②古语有云:"欲生于无度,邪生于无禁。"③格局决定结局,贪欲膨胀是万恶之源;"祸莫大于不知足,咎莫大于欲得。故知足之足,常足矣。"④常言道:一念天堂,一念地狱;贪念生,邪念起,心生贪念,必起祸端,人生必将满盘皆输。"金融大鳄""粮仓硕鼠"等所有腐败官员之所以走向腐败深渊,根源都是由于其自身丧失理想信念、背弃初心使命,没有敬畏、为所欲为,欲壑难填、贪得无厌,加之,某些领域"严的氛围没有形成"、相关节点监管严重缺失,无视政治纪律和政治规矩的"七个有之""小圈子"问题存在⑤,而在追逐名利中迷失、在放纵欲望中沉沦,背弃组织、丧失忠诚,党性变质、初心变色、权力变味。正如马克思所深刻指出的:"被名利弄得鬼迷心窍的人,理智已经无法支配他,于是他一头栽进那

---

① (明)胡居仁:《居业录》。
② 毛泽东:《矛盾论》(一九三七年八月),载《毛泽东选集》(第一卷),人民出版社1991年版,第302页。
③ 《尉缭子·治本》。
④ 《道德经·第四十六章》。
⑤ "一些人无视党的政治纪律和政治规矩,为了自己的所谓仕途,为了自己的所谓影响力,搞任人唯亲、排斥异己的有之,搞团团伙伙、拉帮结派的有之,搞匿名诬告、制造谣言的有之,搞收买人心、拉动选票的有之,搞封官许愿、弹冠相庆的有之,搞自行其是、阳奉阴违的有之,搞尾大不掉、妄议中央的也有之,如此等等。有的人已经到了肆无忌惮、胆大妄为的地步!而这些问题往往没有引起一些地方和部门党组织的注意,发现了问题也没有上升到党纪国法高度来认识和处理。这是不对的,必须加以纠正。"习近平:《在中共十八届四中全会第二次全体会议上的讲话》(2014年10月23日),载《习近平关于党风廉政建设和反腐败斗争论述摘编》,中央文献出版社2015年版,第50页。

不可抗拒的欲念驱使他去的地方;他已经不再自己选择他在社会上的地位,而听任偶然机会和幻想去决定它。"①

贪婪使人堕落,廉洁催人奋进。廉洁自律,是领导干部的基本素养,更是一种境界、一种能力。《中国共产党纪律处分条例》第85条第1款明确规定:"党员干部必须正确行使人民赋予的权力,清正廉洁,反对任何滥用职权、谋求私利的行为。"反腐败是同各种弱化党的先进性、损害党的纯洁性的病原体作斗争,是自我净化、自我完善、自我革新、自我提高的永恒过程。各级领导干部"要有'坚定正确的政治方向'。这个方向是不可动摇的,要有'富贵不能淫,贫贱不能移,威武不能屈'的骨气来坚持这个方向"②。世界上最大的幸福莫过于为人民幸福而奋斗,理想信念是中国共产党人的精神支柱和政治灵魂,是共产党人初心的本质要求,有真信仰者有立场、有原则、有定力,要慎终如始,始终牢记中国共产党是什么、要干什么这个根本问题,自觉践行"三个务必"③,在知足中常乐、淡泊中进取,"居之无倦,行之以忠"④;心存敬畏,时时自我警醒:"君子役物,小人役于物"⑤,坚定理想信念、坚守共产党人精神追求是共产党人安身立命的根本,怎么能让自己禁锢在欲望的枷锁中,任由物欲裹挟而污浊不堪?私德不修,家风不正,公德不立,政德不存,不拘小节必酿大患;要始终牢记名利带不走、污点抹不掉,以及清廉是福、贪欲是祸的道理,涵养无欲则刚的浩然正气,摒弃私欲熏心的卑俗浊气,坚决破除特权思想和特权行为,着力增强拒腐防变能力,时刻以如履薄冰的心态审慎对待权力,即使在个人独立工作、无人监督、有做各种坏事可能的时候,也能够"慎独",不做任何坏事;⑥不沽名钓誉,更不以权谋私,在为谁执政、为谁用权、为谁谋利的根

---

① 马克思:《青年在选择职业时的考虑》,载《马克思恩格斯全集》(第四十卷),人民出版社1982年版,第4页。
② 毛泽东:《永久奋斗》(一九三九年五月三十日),载《毛泽东文集》(第二卷),人民出版社1993年版,第191页。
③ 务必不忘初心、牢记使命,务必谦虚谨慎、艰苦奋斗,务必敢于斗争、善于斗争。
④ 《论语·颜渊》。
⑤ 《荀子·修身》。
⑥ 参见刘少奇:《论共产党员的修养》,载《刘少奇选集》(上卷),人民出版社1981年版。"莫见乎隐,莫显乎微,故君子慎其独也。"(《礼记·中庸》)

本问题上,头脑要特别清醒、立场要特别坚定,永远把人民放在心中最高位置,主动接受监督、自觉接受监督、乐于接受监督,让在监督下工作和生活成为习惯、成为自然;领导干部能否过硬,首先是自身清廉,清廉自守,重在自觉、贵在持久、难在彻底,德高望重、人格魅力本身就是领导力,要牢固树立正确的权力观、地位观、利益观,正己修身、克己奉公①,为政以德,讲党性、重品行、作表率,知法明纪正言行,廉洁奉献当先锋,带头廉洁自律、反对特权思想和特权现象,带头严格执行制度规定、接受党和人民监督,带头抓好家庭家教家风建设、管好家属子女,清清白白做人、干干净净做事、堂堂正正做官,让忠信与清廉牢牢扎根于心田,成为生命旅程的鲜明底色,始终保持共产党人拒腐蚀永不沾的政治本色,追求更有高度、更有境界、更有品位的人生,真正做到权为民所用、情为民所系、利为民所谋,用清廉自守的实际行动诠释忠诚干净担当的政治品格,创造无愧于时代、无愧于人民、无愧于历史的实绩业绩。

反腐弥坚,必作于细、成于严,加强对权力运行的制约和监督是赢得反腐败斗争胜利的基本之策。习近平强调指出:"要强化制约,科学配置权力,形成科学的权力结构和运行机制。要强化监督,着力改进对领导干部特别是一把手行使权力的监督,加强领导班子内部监督。要强化公开,依法公开权力运行流程,让广大干部群众在公开中监督,保证权力正确行使。要落实党委的主体责任和纪委的监督责任,强化责任追究,不能让制度成为纸老虎、稻草人。"②党的二十大报告指出,坚持不敢腐、不能腐、不想腐一体推进,同时发力、同向发力、综合发力;党的二十大通过的《中国共产党章程(修正案)》,将"一体推进不敢腐、不能腐、不想腐"写入党章,以党的根本大法的权威性和严肃性,为加强权力监督、坚决打赢反腐败斗争攻坚战持久战提供了根本遵循。为此,要坚持系统治理,深化标本兼

---

① 《中国共产党廉洁自律准则》微言大义,覆盖全党,强调自律,重在立德,突出"关键少数",紧扣廉洁主题,在对全体党员和各级党员领导干部提出四个"必须"总要求的基础上,对党员提出四个"坚持"的廉洁自律规范,对党员领导干部提出四个"廉洁"的廉洁自律规范,高线标准看得见、够得着、可落实、能践行,充分体现全面从严治党要求。

② 习近平:《深入推进党风廉政建设和反腐败斗争》(2014年1月14日),载《习近平谈治国理政》,外文出版社2014年版,第395页。

治,弘扬中华传统美德,加强家庭家教家风建设,德法共治,以文化人,以廉润心,培植清廉文化厚实沃土,大力营造风清气正的政治生态,让清风正气充盈家庭、单位、部门的每一个角落;坚持用理想信念强基固本,用党的创新理论武装头脑,用优秀传统文化正心明德,补足精神之"钙",铸牢思想之"魂",把治本寓于治标之中,让领导干部因敬畏而"不敢"、因制度而"不能"、因觉悟而"不想",切实增强敢于加强监督、善于有效监督、乐于接受监督的政治自觉、行动自觉和制度自觉;坚持以法治思维和法治方式加强监督制约,贯通从严"惩"、精准"治"、有效"防",扎实推进不敢腐的强大震慑效能、不能腐的刚性制度约束、不想腐的思想教育优势深度融通融合,严厉惩治、规范权力、教育引导紧密结合、协调联动。对领导干部来说,权力监督犹如医生诊疗疾病,重在防范权力腐化变质,早预防、早发现、早处置,决不能讳疾忌医,抗拒或逃避监督。党的十九届四中全会对坚持和完善党和国家监督体系作出系统部署[1],聚力构建严密的法治监督体系,强化全过程人民民主运行中的权力监督和制约,以党内监督为主导,推动完善纪检监察专责监督体系、党内监督体系、各类监督贯通协调机制和基层监督体系,充分发挥各职能部门监督的前沿性、预防性优势,全方位立体化掌握"一把手"和领导班子苗头性、倾向性问题;做实严密基层监督网络,推动全面从严治党向基层延伸,促进各类监督力量贯通融合、相互协同、效能叠加,推进各类监督资源有机整合、配置科学、布局协调,不断完善权力监督制度和执纪执法体系,形成系统集成、常态长效的监督合力,让监督更精准、更聚焦、更有力,最大限度减少权力出轨机会、压减权力设租寻租空间。

坚持权责透明,推动用权公开,加快完善权力配置和运行制约机制,坚持权责法定,建立健全分事行权、分岗设权、分级授权、定期轮岗制度,明晰权力边界,规范工作流程,运用全周期管理方式,聚焦权力集中、资金密集、资源富集、攸关民生的领域和部门,有效制约防止"一把手"大事小

---

[1] 《中共中央关于坚持和完善中国特色社会主义制度 推进国家治理体系和治理能力现代化若干重大问题的决定》"十四、坚持和完善党和国家监督体系,强化对权力运行的制约和监督"明确提出:"破解对'一把手'监督和同级监督难题。"

事"一把抓",决策拍板"一言堂",财政开支"一支笔",选人用人"一句话",推动审批监管、执法司法、工程建设、资源开发、金融信贷、公共资源交易、公共财政支出等重点领域监督机制改革和制度建设,及时把实践探索的有效监督举措上升为制度规范①,堵塞监督漏洞,健全完善制度,更加严密、更加牢固地扎紧制度篱笆;贯彻运用分权、共管、监审、公开、问责等刚性约束,突出务实管用,突出全程管控,突出综合施策,把权力关进制度笼子,形成靠制度管权、管事、管人的长效机制,有效实现有权必有责、用权受监督、违法必追究,为推动依法治权、全程管权、廉洁用权提供有力制度保障,把监督制度优势更好转化为治理效能。

"雁过留声,人过留痕",数字化自媒体时代,"权在用,云在看","随手拍、随时报",人人都在探照灯下,人人都是监督员,行必有"痕";尤其要准确把握不同领域权力变异等腐败新情况新问题新特征,穿透层层防火墙,戳破重重迷魂阵②,着力查"病灶"、挖"病根",以国务院"互联网＋监督"平台为样本,建立优化"互联网＋大数据＋监督"平台,推动监督治理数字化智能化,让一切留痕(包括微博微信、录音录像、会议记录、投标资料、工程质量、资金流向、信用档案和媒体关注、网络舆情等),一网通办、全网存

---

① 例如,严禁领导干部经商,严格规范领导干部配偶、子女及其配偶经商办企业行为,铲除家族式"贪腐共同体",是全面从严治党、从严管理监督干部的必然要求。2022年6月,中共中央办公厅印发的《领导干部配偶、子女及其配偶经商办企业管理规定》,就是近年来实践探索的重要实践成果和制度成果,具有很强的针对性、现实性和可操作性,对于规范和制约权力运行,从源头上防止领导干部利用职权或职务影响谋取不当利益,促进领导干部廉洁从政、廉洁用权、廉洁修身、廉洁齐家,有着重要意义。规定明确:领导干部配偶、子女及其配偶经商办企业管理的适用对象,主要是党政机关、群团组织、企事业单位厅局级及相当职务层次以上领导干部;经商办企业情形,主要是投资开办企业、担任私营企业或外资企业等高级职务、私募股权基金投资及从业、从事有偿社会中介和法律服务等行为。规定对不同层级、不同类别领导干部配偶、子女及其配偶经商办企业分别提出了禁业要求,领导干部职务层次越高要求越严,综合部门严于其他部门。规定要求,领导干部每年报告个人有关事项时,应当如实填报配偶、子女及其配偶经商办企业情况,年度集中报告后新产生的经商办企业情况要及时报告。资料来源:《人民日报》2022年6月20日。

② 反常行为背后往往隐藏着严重的腐败交易,如近年查处的金融领域腐败,花样翻新、手段隐蔽,为了实现更为安全的权钱交易,有的依托技术手段隔离资金流、信息流隐藏腐败行为;有的通过结构化产品、股权代持、内幕交易等手段,为贿赂行为披上市场化的外衣;有的权力与资本相互勾连,在职时"提前筑巢","逃逸式辞职"或退休后"权力变现",或利用"影子公司""影子股东""虚假交易"掩盖利益输送,隐蔽性、复杂程度叠加,不仅发现不易,查处难度也大。

储,查核"异常"①,如社会广泛关注和痛恨的内幕交易、关联交易以及"车轮上的腐败"等,以大数据和大数据技术赋能监督创新,助力监督更精准更有力更高效。具体路径包括:根据不同层级、不同地域以及部门、行业的不同属性和特点,围绕重点领域关键环节,紧盯重要岗位关键人员,严格职责权限,规范工作规程,民主科学决策;找准腐败的突出表现,对廉洁风险易发业务、多发环节和新兴业务有效监测排查,如金融机构的贷款审批、网点建设、招标采购、投资理财以及不良资产处置等领域,分层分类梳理制定"一把手"和领导班子负面清单,统筹"一把手"、同级领导班子以及下级领导班子监督,加强督导指导,延伸"责任链条",逐级压紧压实责任,层层传导压力;贯通执纪执法,有机融合协同,强化综合效能,有的放矢,靶向施治,如建立供应商涉案不良记录和"黑名单"制度,健全经济往来及资金结算台账、供应商关联社会关系排查机制,扎实推进招标投标、建设项目全流程电子化等,强化信用约束,严厉打击"定制式"招投标、"规避式"委托采购等围标串标、以虚假方式骗取中标,实行一票否决,着力落实阳光采购,实现实时动态监测、风险即时预警、问题快速处置,不断提高及时发现和应对新问题新动向的能力,以严监管细化责任到人,确保监督落实纵向到底横向到边,切实把监督全覆盖落实到各层级各方面以及具体事项的相关人员,可查验、可追溯,确保法律制度规范能落地、可操作。

"图难于其易,为大于其细。天下难事必作于易,天下大事必作于细。"②《意见》明确要求:"加强分类指导,细化监督举措。坚持顶层设计和基层创新相结合,鼓励地方、部门和单位探索强化监督的有效办法,及时总结经验,不断增强监督实效。"因此,要完善组织机构,健全监督网络,不断加强内控能力建设,既要着眼宏观,又要规划细节,紧盯权力运行各个

---

① 对此,社会组织、私营领域的成功探索同样提供了有益启示。早在2017年,京东联合美团、百度、小米等14家企业成立"阳光诚信联盟",建立职场黑名单共享机制,若员工因贪腐被开除,联盟成员一律封杀,永不录用,对不良商家主体拒绝合作,共建共治商业环境。近年来,许多互联网知名企业,包括腾讯、阿里巴巴、京东等,高举"反腐"大旗,如腾讯2022年推动的降本增效,将数字化能力引入到内部反舞弊中,通过汇集所有的报销和外部供应商的数据,内审内控进行大数据分析,既精准找到了企业大部分低水平的问题,也发现了内部"触目惊心"的严重贪腐。

② 《道德经·第七十九章》。

环节,适时优化细化制度,既尊重行业规范,又结合单位、部门、区域地方实际,建立健全合理、具体、可操作的权力运行规则流程①;严管厚爱,关口前移,靠前监督,在常和长、严和实、深和细上下功夫,做实日常监管,重要节点提醒提示,强化监督执纪"四种形态"精准运用②,立足抓早抓细、防患未然,对苗头性、倾向性、潜在性问题,早发现、早纠正、早处理,防止小错变大;深化专项治理,以案为鉴、警钟长鸣,充分发挥身边"活教材"的警示作用,对典型案例点名道姓曝光通报,以"案中人"教育身边人;同时作风建设只有进行时、没有完成时,要有效设防,把纪律挺在前面,管在日常、严在经常,严于律己、严负其责,严管所辖、严促执行,畅通群众监督,盯牢"四风"隐形变异、反弹回潮,坚持党性党风党纪一起抓,着力风腐同查、一体纠治,警惕"节日病",严防由风及腐、风腐交织,管好关键人、管到关键处、管住关键事、管在关键时,切实把问题隐患扼杀在萌芽中、初发时;特别是要源头预防,持续优化净化政治生态,依法严惩"政治骗子"和政治掮客,匡正选人用人风气,切实加强对选人用人的监督,严把选人用人政治关、廉洁关,选优配强各级"一把手"和领导班子,加强对年轻干部经常性纪律教育和监督管理,系好廉洁安全带、扣好廉洁从政"第一粒扣子";坚持上下协同聚力,让"一把手"时刻感受到监督常伴,全面防控人财物管理、插手干预重大事项、领导干部家属从业行为等"风险点",构建权力运行全流程、全领域、全方位监管格局,形成分段制衡、分权管理、系统衔接的分层分级制度体系,以精细化的制度设计助力"内部监督常态、同级监督及时、上级监督有力、下级监督方便、自我监督自觉、社会监督常在",聚

---

① 为推动中央企业加强合规管理,切实防控风险,有力保障深化改革与高质量发展,自 2022 年 10 月 1 日起施行的《中央企业合规管理办法》明确要求,中央企业应当结合实际设立首席合规官,由总法律顾问兼任,对企业主要负责人负责,领导合规管理部门组织开展相关工作,指导所属单位加强合规管理;企业应当将合规审查作为必经程序嵌入经营管理流程,重大决策事项的合规审查意见应当由首席合规官签字,对决策事项的合规性提出明确意见;业务及职能部门、合规管理部门依据职责权限完善审查标准、流程、重点等,定期对审查情况开展后评估。

② 《中国共产党党内监督条例》第 7 条规定:"党内监督必须把纪律挺在前面,运用监督执纪'四种形态',经常开展批评和自我批评、约谈函询,让'红红脸、出出汗'成为常态;党纪轻处分、组织调整成为违纪处理的大多数;党纪重处分、重大职务调整的成为少数;严重违纪涉嫌违法立案审查的成为极少数。"

焦监督下沉、制度落地,鼓励群众监督举报,推动监督触角全过程、全链条从权力源头向所及之处延伸,融入审批监管、市场交易的每一个环节;夯实基层基础,增强党组织政治功能,落实党内民主制度,有效发挥基层党组织日常监督和党员民主监督作用,激活基层监督"神经末梢",真正实现"好"制度不断完善、"硬"制度刚性执行,监督监管、督导指导同频共振,巡视巡察、惩治预警上下联动,霹雳手段、治病救人同向用力,持续加固筑牢权力规范廉洁运行防线,确保巡视利剑震慑常在,确保制度执行不偏向、不变通、不走样,确保对"一把手"和领导班子成员的监督不断层、无盲区,确保广大领导干部依法用权、公正用权、为民用权、廉洁用权、文明用权。

"汝游心于淡,合气于漠,顺物自然而无容私焉,而天下治矣。"①管理者游心于恬淡之境,行使权力公平公正,顺物自然,没有私心杂念,天下就会善治。所以说,为政之要,莫先于用人,选对一人、造福一方,选错一人、贻害无穷;治国先治吏,用人腐败是最严重的腐败。"为政者,莫善于清其吏也。"②将教天下,必定其家,必正其身;先禁己身而后人,打铁还需自身硬;"人不率则不从,身不先则不信。"③"一把手"是党政领导集体的"班长"、主心骨,是各地区、单位、部门的主要负责人,是一个地方、部门和单位贯彻中央大政方针、重大决策的第一责任人,是党和国家事业发展的领头雁、全面从严治党的对象和重要主体,在领导班子中岗位关键、作用特殊、责任重大,在人权、事权、财权等方面有着重要的话语权和主要支配权,直接影响和决定着一个地区、部门、系统和单位的发展以及政治生态的优劣,其一言一行对单位乃至社会起着表率和风向标作用。正如人民群众的生动形象表达:单位政治生态怎么样、事业发展好不好,"关键坐在前三排,根源都在主席台"④。因此,"一把手"若出现违纪违法行为影响尤为恶劣,必定会导致一系列的连锁反应,成为政治生态的污染源。党的十

---

① 《庄子·应帝王》。
② 《群书治要·刘广别传》。
③ 《宋史·宋祁传》。
④ "吃百姓之饭,穿百姓之衣,莫道百姓可欺,自己也是百姓;得一官不荣,失一官不辱,勿说一官无用,地方全靠一官。"悬挂于河南省内乡县三省堂前广为流传的这一楹联,自清康熙年间起为后人代代传颂。

八大以来，某些地域、某些领域、某些行业，在某个时间段里成为反腐的焦点，都与"一把手"腐败相关联，有的地方和单位甚至出现前赴后继、窝案串案频发。例如，金融腐败与金融风险相互交织、相伴相生，不仅影响金融职能作用发挥，更容易引发系统性风险，直接影响国家经济安全和社会稳定，银行系统"一把手"一旦腐败，不但严重破坏金融单位的政治生态，牵涉千家万户老百姓切身利益、一辈子生计，还可能危及金融安全、市场秩序、社会稳定。典型案例如2022年6月下旬的"烂尾楼停贷潮"风波，停贷危机引发潜在的连锁反应，除了"烂尾楼"购房者房、财两空带来的社会和民生问题，"烂尾楼停贷潮"还引爆舆论场，消解政府公信力，不能不让人们担忧风险外溢，引发系统性经济金融风险，必须高度警惕。

悠悠万事，民意为大。"烂尾楼停贷潮"波及郑州、长沙、武汉、西安等全国多个城市，"烂尾楼"业主抱团集体强制停贷风波快速蔓延。房子作为衣食住行中一项牵动民心的重要议题，住房正义能否获得保障备受关注。老百姓省吃俭用攒下首付，每月按时偿还房贷，没想到几年过去，没有等到安乐窝，钱也要不回来了，万般无奈之下，一些购房者冒着被纳入征信（个人信用不良记录名单）的高风险，集体宣布停止还房贷。多年来，许多房地产企业通过举债，不断加杠杆扩张，以"拿地、开工、预售、拿地"的高周转模式运作。商品房预售资金直接存入专用监管账户进行监管，是防范房地产市场风险、金融风险的基本常识和有效途径。毋庸置疑，房地产项目预售资金监管出现漏洞是造成"烂尾楼"问题的主要原因。资金安全是银行业的底线，那么，购房资金为何能被挪用？监管账户为何形同虚设？相关银行为何没有履行监管职责？其间，因预售资金监管责任，郑州银行更是与当地房管部门公开相互怒怼。事出反常必有妖，不可不察，必须坚决惩治金融风险乱象背后的腐败，"拔出萝卜带出泥"。十九届中央纪委六次全会提出，要持续推进金融领域腐败治理、促进金融风险的防控化解，持续深化国企反腐败工作，深化粮食购销等领域腐败专项整治。最高人民法院明确：住房和城乡建设主管部门、商业银行等相关单位工作人员在预售资金监管账户项目监管、划拨过程中，滥用职权、玩忽职守、徇私舞弊的,依法追究法律责任。①

三、《意见》:制度创新与实践指引

"政者,正也。子帅以正,孰敢不正?"②"一把手"作为权力监督的重点对象,是"关键少数"中的"关键"。"各级领导干部都要牢记,任何人都没有法律之外的绝对权力,任何人行使权力都必须为人民服务、对人民负责并自觉接受人民监督。"③民主是监督的前提,没有民主就没有监督,权力制约也只能是空谈;真正让人民监督政府,让权力在阳光下运行,强化对"一把手"用权监督,破解"一把手"和领导班子监督难题,是中国特色权力监督体系的有机组成部分,是推进国家治理体系和治理能力现代化的重点,是坚持和加强党的领导、推动全面从严治党向纵深发展的必然选择。2021年6月,《意见》发布,标志着新时代反腐败法律制度体系不断完善,"一把手"和领导班子监督有了专门的党内法规。《意见》立足坚持和完善已有制度,以全新视野深化对权力运行规律、管党治党规律、反腐败斗争规律认识,是针对"一把手"和领导班子监督制定的首个专门文件,重点聚焦"关键少数"特别是"一把手"监督,坚持守正创新,适时吸收新时代全面从严治党治吏、勇于自我革命的新鲜经验,适时把党章党规中对"一把手"和领导班子监督的有关规定进一步细化、具体化,以党内监督为主导,贯通各类监督,着力形成上级组织、同级班子成员、人民群众、社会舆论等监督合力,把近年来实践中的有效做法上升为制度规范,实现制度建设的与时俱进,推进反腐败工作规范化法治化正规化,是完善党内法规体系、全面推进依法治国的重要成果,是坚持和完善党和国家监督体系、破解对

---

① 2022年上半年,63名接受纪律审查和监察调查的中央一级党和国家机关、国企和金融单位干部中,29人来自金融系统(含"一行两会"监管机构)。为确保商品房预售资金用于项目建设,切实保护购房人与债权人合法权益,2022年1月,最高人民法院、住房和城乡建设部、中国人民银行发布《关于规范人民法院保全执行措施确保商品房预售资金用于项目建设的通知》[法(2022)12号]。
② 《论语·颜渊》。
③ 习近平:《把权力关进制度的笼子里》(2013年1月22日),载《习近平谈治国理政》,外文出版社2014年版,第388页。

"一把手"监督和同级监督难题的重要举措与实践指引,释放了一以贯之全面从严治党,持续强化对权力运行制约和监督的强烈信号。

突出政治监督。政治上腐败是最大的腐败,"一把手"是"政治守门人",对"一把手"监督缺失必然导致政治失守、责任缺位。加强"一把手"和领导班子监督,就是以制度约束筑牢领导干部有权必有责,用权受监督的行动自觉,从而不断促使领导干部主动开展监督、自觉接受监督,形成一级抓一级,层层抓落实的监督格局,以强有力政治监督确保政治引领和政治保障作用充分发挥,维护党中央权威和集中统一领导,走好新时代"赶考"路。习近平强调,在领导干部的所有能力中,政治能力是第一位的;"我们党要始终做到不忘初心、牢记使命,把党和人民事业长长久久推进下去,必须增强政治意识,善于从政治上看问题,善于把握政治大局,不断提高政治判断力、政治领悟力、政治执行力。"①壹引其纲,万目皆张,"一切问题的关键在政治"②。《意见》坚定政治方向,坚持政治监督定位,严明政治纪律和政治规矩,深化政治巡视,审查调查从政治纪律严查,问题处置从政治纪律把关,执纪问责着力从政治上审视,将政治监督贯穿"一把手"和领导班子监督全方位、全过程,推动政治监督从严从细,坚决防止和治理"七个有之",大力营造风清气正的政治生态,防范"一把手"凌驾于组织之上、规则之上"狂飙",沦为作风霸道的一言堂霸权"一把手",从领头雁沦为"害群之马";针对"一把手"和领导班子权力运行机制和管理监督体系的薄弱环节,着力夯实政治建设首责,补短板、强弱项、固根基、管长远,完善发现问题、纠正偏差、精准问责、规范问责的有效机制,明确了对"一把手"和领导班子监督的重点内容,即五个强化:强化对"一把手"和领导班子对党忠诚、践行党的性质宗旨情况的监督;强化对贯彻落实党的路线方针政策和党中央重大决策部署、做到"两个维护"情况的监督;强化对立足新发展阶段、贯彻新发展理念、构建新发展格局和推动高质量发展情

---

① 习近平:《不断提高政治判断力、政治领悟力、政治执行力》(2020年12月24日—25日),载《习近平谈治国理政》(第四卷),外文出版社2022年版,第43页。
② 毛泽东:《一切政治的关键在民众》(一九四四年八月十二日),载《毛泽东文集》(第三卷),人民出版社1996年版,第202页。

况的监督;强化对落实全面从严治党主体责任和监督责任情况的监督;强化对贯彻执行民主集中制、依规依法履职用权、担当作为、廉洁自律等情况的监督。① 同时强调,"一把手"要以身作则,自觉接受监督,必须旗帜鲜明讲政治,带头做到"两个维护",全面落实党内监督各项制度,在履行管党治党责任、严格自律上走在前当表率作示范。党的二十大通过的党章修正案,把坚持和加强党中央集中统一领导作为党的政治建设的重大任务,推进政治监督具体化、精准化、常态化,确保全党深刻领悟"两个确立"的决定性意义,坚决做到"两个维护"。

聚焦"一把手"监督。"一把手"的权力监督问题一直是党和国家监督体系的重点,领导干部责任越重大、岗位越重要,越要加强监督,在新时代把党的自我革命推向深入,推动党风廉政建设"两个责任"全面落实,必须从领导干部特别是主要领导干部抓起。"一把手"被赋予重要权力,执一方之治权,谋一地之发展,领一域之教化,是领导班子的带头人,担负着管党治党重要政治责任,如果其疏于、放弃监管履职或违纪违法,最容易产生催化、连锁反应,甚至造成区域性、系统性、塌方式腐败,是党内监督的重中之重、也是难点,加强对"一把手"和领导班子监督,是落实党中央决策部署和全面从严治党战略方针的关键环节、重点工作。《意见》把对"一把手"的监督作为主线贯穿始终,专列规定加强对"一把手"的监督,提出对"一把手"监督的总要求,规定了中共政治局委员对有关地方和部门"一把手"督促、教育、提醒的职责,以及中央纪委、中央组织部督促省级党委加强对下级"一把手"管理的职责,明确加强党组织自上而下的监督,各类监督都要向"一把手"聚焦;强调上级"一把手"必须抓好下级"一把手"监督,明确上级"一把手"监督下级"一把手"的具体职责,上级"一把手"要将监督下级"一把手"情况作为每年述职的重点内容。《意见》还将有关监督制度具体细化,发挥政治巡视利剑作用,专门规定巡视巡察报告应当将

---

① 《推进领导干部能上能下规定》第5条详细列明了不适宜担任现职的15种情形,包括政治能力不过硬、理想信念动摇、担当和斗争精神不强、政绩观存在偏差;违背党的民主集中制原则、组织观念淡薄、事业心和责任感不强、领导能力不足、违规决策或者决策论证不充分不慎重、作风不严不实、品行不端等。

"一把手"履行第一责任人职责和廉洁自律情况单独列出,提出明确意见和整改要求;并明确建立健全述责述廉制度,开展下级"一把手"在上级党委常委会(党组)扩大会议上年度述责述廉、接受评议工作。加强领导班子其他成员对"一把手"的监督也是《意见》的重要内容,"一把手"要自觉接受监督,在民主生活会和组织生活会上带头开展批评和自我批评,领导班子其他成员发现"一把手"存在重要问题的可直接向上级党组织报告。此外,《意见》针对下级领导班子的监督,重点对"一把手"在干部人事管理、执行民主生活会制度、推动构建亲清政商关系、研判信访举报工作等提出要求。

压实主体责任。严格执行全面从严治党责任制度,压实各级党委(党组)全面从严治党主体责任特别是"一把手"第一责任人责任,党委(党组)要发挥主导作用,统筹推进各类监督力量整合、程序契合、工作融合,深化上级党组织对下级党组织的监督。党内监督是全党的任务,党委(党组)负主体责任,书记是第一责任人。强化综合效能,增强监督实效,关键是各级党委(党组)尤其是书记要强化政治担当、履行主体责任。在加强对"一把手"的监督方面,《意见》规定党委(党组)要加强对全面从严治党责任制度执行情况等的监督检查,同时要求党委(党组)加强对下级党委(党组)"一把手"的日常监督,通过驻点调研、专项督查等方式,全面动态掌握其思想、工作等状况;在加强同级领导班子监督方面,《意见》规定党委(党组)要制定落实全面从严治党主体责任年度计划、完善落实领导干部插手干预重大事项记录制度的具体举措,特别强调党委(党组)"一把手"要当好班长,履行好管班子、带队伍、把方向的职责①,经常与领导班子其他成员谈心谈话,对领导班子其他成员所作的函询说明签署意见时,要进行教育提醒,不能"一签了之";在加强对下级领导班子的监督方面,《意见》要求党委(党组)切实管好自己的"责任田",综合运用检查抽查、指导民主生

---

① "要注重提高政治能力,特别是把握方向、把握大势、把握全局的能力和保持政治定力、驾驭政治局面、防范政治风险的能力。"习近平:《不断增强"四个意识"、坚定"四个自信"、做到"两个维护"》(2017年10月25日—2019年5月31日),载《习近平谈治国理政》(第三卷),外文出版社2020年版,第83—84页。

活会、受理信访举报、督促问题整改等方式,加强对下级领导班子及其成员尤其是"一把手"的监督。《意见》坚持党中央集中统一领导,在谋篇布局上强化党委(党组)对监督工作的全面领导,以党委(党组)及其主要责任人为监督主体,规定了具体举措。

推进相互监督。子曰:"见贤思齐焉,见不贤而内自省也。"[1]"君子成人之美,不成人之恶。小人反是。"[2]"一把手"和班子成员分工合作,朝夕相处、相互了解,监督零距离,敢于动真碰硬,及时、方便、有效,充分发挥领导班子成员相互监督作用,党委常委会委员(党组成员)在职责范围内履行监督职责,领导班子成员发现问题相互提醒、扯袖,往往能收到事半功倍之效。任何人可能、也可以不认同他人的观点,但作为领导干部,必须尊重每一个人说话的权利,充分保障人人表达的机会,认真对待他人提出的每一个"不"。《意见》既紧盯"一把手"监督,同时落实班子成员相互监督,完善同级党委班子成员对"一把手"的监督,激活班子成员间的相互监督,推动制度规范执行、落地见效,对发现问题及时报告制度进行了明确,规定中央委员会成员发现其他成员有违反党章、破坏党的纪律、危害党的团结统一的行为,应当及时向党中央报告或者实名向中央纪委常委会反映;领导班子成员发现其他成员有违纪违法问题的,应当及时如实按照程序向党组织反映和报告。为防范权力越位失控,《意见》规定要合理分解、科学配置党委(党组)领导班子权力,坚决防止以专题会议代替常委会会议作出决策,决不允许领导班子成员将分管工作、分管领域变成不受集体领导和监督的"私人领地""自由王国";[3]明确重要事项须提交领导班子会议讨论,领导班子成员应当充分发表意见,分歧较大时应当暂缓表决,对会议表决情况和不同意见应当如实记录、存档备查。此外,《意见》

---

[1] 《论语·里仁》。
[2] 《论语·颜渊》。
[3] 2023年1月,《河南省人民政府工作规则》发布,从履行政府职能、推进政务公开、健全监督制度、工作纪律、廉政和作风建设等方面为省长、副省长、秘书长及省政府各部门主要负责人划定工作规则。其中,明确规定,未经省长批准,副省长不出席各种节会、展会和节庆活动,不出席非兼职部门召开的工作会议,不出席各类剪彩、奠基活动和庆祝会、纪念会、表彰会、博览会、研讨会及各类论坛等。

还要求领导班子成员之间应当经常交换思想，发现问题坦诚向对方提出，强调领导班子成员应按规定对个人有关事项以及组织约谈函询等问题实事求是作出说明。《意见》着眼"当下改"与"长久立"，发挥领导班子近距离常态化监督优势，坚持集体领导制度，对领导班子认真开展批评和自我批评，增强互相监督自觉，解决自身问题专门规定了具体措施。

强化专责监督。纪检监察机关是党内监督和国家监察专责机关，"打铁必须自身硬"，自身硬先要做到自身廉，己身不正祸患无穷；充分发挥纪委监委专责机关作用，以自我革命精神坚决防止"灯下黑"，深入推进纪检监察工作高质量发展，必须锻造纪检监察铁军；"打铁的人"必须是"铁打的人"，纪检监察干部要做到忠诚坚定、无私无畏，始终以党性立身，秉公执纪、谨慎用权，不回避矛盾、积极履行执纪监督职能，及时回应社会关切，敢于善于斗争。各级纪委是管党治党的重要力量，监督是纪检机关的基本职责、第一职责，维护制度权威、保障制度执行，是纪检监察机关的重要职责。《意见》对纪检机关履行协助党委推进全面从严治党职责作出具体规定，譬如，抓好全面从严治党责任制度的组织实施和督促检查，向同级党委领导班子其他成员通报其分管部门和单位领导干部遵守党章党规、廉洁自律等情况。围绕纪检机关的监督专责，《意见》既要求纪检机关做实日常监督，动态更新领导干部廉政档案，严把党风廉政意见回复关等，又要求纪检机关与党委（党组）同向发力，加强对下级党委（党组）"一把手"的监督，全面掌握情况，加强对构建亲清政商关系的监督检查，及时处置投诉举报等。与此同时，《意见》还强化纪检监察机关负责人的监督，着力发挥纪委书记、派驻纪检监察组组长"监督哨"和派驻监督的"探头"作用，规定其发现"一把手"违反决策程序的问题，应当及时提出意见，对纠正不力的要向上级纪委、派出机关反映；要落实纪检机关负责人同下级"一把手"谈话制度等。《意见》坚持党委统一领导，对纪检机关履行协助职责、监督责任规定了具体措施，推动主体责任和监督责任一贯到底，严格监督约束执纪执法权，切实守护好权力闸门。

细化职能监督。党的工作机关是党委抓全面从严治党的具体执行机关，《中国共产党党内监督条例》对党的工作机关发挥职能监督职责作出了规范①。《意见》在规定党委(党组)主体责任和纪委监督责任基础上,贯通落实相关职能部门监管职责,强化党内监督和业务监督融合,建立健全各负其责、统一协调的管党治党责任格局,并注重发挥基层党组织日常监督和党员民主监督作用;重点对组织部门等党的工作机关的职能监督规定了11项监督措施,涵盖日常监督、选人用人、贯彻民主集中制、民主生活会督导等多个方面和各个环节,切实把监督制约深度融入日常工作、融入深化改革、融入全面从严治党、融入领导班子队伍建设等各个领域和全过程。具体以选人用人监督为例,《意见》规定强化选人用人的组织把关,落实干部考察考核制度,党委(党组)要加强对干部选拔任用工作全过程监督,强化对下级领导班子成员特别是"一把手"拟任人选的把关,压实分析研判和动议、民主推荐、考察、讨论决定等每一个环节的领导责任;组织部门应当按照好干部标准,严格落实"凡提四必"程序,严字当头、细处着眼,全面考察干部,审慎"非常规提拔",严防"带病"提拔使用。这些规定有利于推动党的工作机关在党委统一领导下发挥职能优势,防止出现党委主体责任虚化弱化、悬空不落地或议而不决、决而不行等现象,或者党的工作机关职能监督作用发挥不充分的问题。

严肃追责问责。制度的生命在于严格执行,法律的权威在于有效实施。"要以有效问责强化制度执行,既追究乱用滥用权力的渎职行为也追究不用弃用权力的失职行为,既追究直接责任也追究相关领导责任。"②法必明,令必行;有责当尽责,失责必问责,无论是党委还是纪委或者其他相关职能部门,都要对承担的党风廉政建设责任做到守土有责、守土尽责。对此,《意见》规定了6项具体责任追究内容,强调对"一把手"履行第一责任人职责不担当、不作为,对领导干部违规插手干预行为不按要求报告,对纪委书记发现问题不报告或者没有如实报告,对整改问题不及时不到位甚至拒不整改等,依规依纪追究责任。其中,《意见》特别规定领导班子成员发现其他成员有违纪违法问题,对隐瞒不报、当"老好人"的要连带追

---

① 参见第二章第四部分"全面从严治党法治化的基本遵循"。
② 习近平:《一以贯之全面从严治党,强化对权力运行的制约和监督》(2020年1月13日),载《习近平谈治国理政》(第三卷),外文出版社2020年版,第550页。

究责任。秉持正人者须先正己,监督者先受监督,执纪者必先守纪,律人者必先律己,《意见》专门规定,纪委监委对滥用职权、以权谋私、以案牟利的坚决查处,对不抓不管、失职失责的严肃问责。同时,《意见》明确完善纪委书记谈话提醒制度,如实报告领导班子成员履职尽责和廉洁自律情况;纪委书记应当牢固树立报告问题是本职、该报告不报告是失职的意识;发现领导班子成员有苗头性、倾向性问题的,及时进行提醒;发现存在重要问题的,向上级纪委和同级党委主要负责人报告,全面准确反映情况;不报告或者没有如实报告的,依规依纪严肃追究责任,坚决查处执纪违纪、执法违法、失职失责行为,用好问责利器,既要防范问责乏力,也要避免问责泛化,让制度"长牙""带电",让铁规发力、禁令生威。2022年6月,中共中央办公厅印发《纪检监察机关派驻机构工作规则》,对派驻机构工作规程作出全面规范,要求各级纪委监委要推动派驻机构聚焦主责主业,更好发挥政治监督功能,推进派驻监督实现从"有形覆盖"到"有效覆盖"的提升,有力彰显"监督的再监督"作用,确保"治权之权"规范运行,确保执纪执法权正确行使,加强对派驻机构及其干部的管理约束,严防严查监管"内鬼",持续防治"灯下黑";同时,明确"驻在单位领导班子及其成员特别是主要负责人"是重点监督对象。

湖南以"十必严"强化"一把手"监督[①]

加强对主要领导干部和领导班子的监督,是新时代坚持和加强党的全面领导,提高党的建设质量,推动全面从严治党向纵深发展的必然要求。那么,"一把手"和领导班子由谁来监督?怎么监督?《中共中央关于加强对"一把手"和领导班子监督的意见》以加强对"一把手"的监督为主线,围绕强化自上而下的监督、做实同级之间的监督、发挥纪检机关专责监督、压实党的工作机关职能监督等方面,明确了监督重点、细化监督措施、健全制度机制。

为坚决贯彻落实《中共中央关于加强对"一把手"和领导班子监督的意见》,切实强化"一把手"监督,湖南省纪委监委出台《全省纪检监察机关加强"一把手"监督"十必严"》,释放出一以贯之全面从严治党,不断强化对权力运行制约和监督的强烈信号。

"十必严"共10条,主要包括政治监督"评价必严"、主体责任"检查必严"、权力运行"盯防必严"、巡视巡察"体检必严"、廉政谈话"提醒必严"、组织生活"督导必严"、问题线索"处置必严"、谈话函询"核查必严"、廉政意见"把关必严"、违纪违法"查处必严"。在监督对象上聚焦"一把手"这个"关键少数";在监督内容上聚焦提高"政治三力"、落实主体责任、规范权力运行这三件关键事;在监督方式上力求具体可行。

"十必严"突出"严"的主基调,把握对"一把手"监督更严一层的要求,每条都有一个严字,充分体现了全面从严治党要把严的主基调长期坚持下去,释放出对"一把手"监督从严的强烈信号。"十必严"既立足纪委监委的监督专责,又体现纪委监委履行全面从严治党协助职责。同时,贯通纪律监督、监察监督、派驻监督、巡视监督,融通党内党外各项监督,同向

[①] 刘燕娟:《湖南出台"十必严" 加强"一把手"监督》,载《湖南日报》2021年7月8日。

发力、同频共振,共同加强对"一把手"监督。

此外,"十必严"始终贯穿了一体推进"三不"的要求。聚焦"一把手"监督,既注重从严处置问题线索、查处违纪违法案件推进不敢腐,又注重深入剖析、"以案促改"、推动制度完善,推进不能腐,还注重谈话提醒、警示教育推进不想腐,督促各级"一把手"知敬畏、存戒惧、守底线,从内心深处筑牢拒腐防变的根基。

资料链接

湖南省纪检监察机关加强"一把手"监督"十必严"

一、政治监督"评价必严"。每年对"一把手"贯彻落实党中央重大决策部署和习近平总书记重要指示批示精神、落实管党治党政治责任以及省委要求等情况作出具体评价,评价结果记入廉政档案。着重查找"一把手"在政治立场、政治态度、政治担当上的深层次偏差,督促"一把手"不断提高政治判断力、政治领悟力、政治执行力,发现违反政治纪律的问题一律从严查处。

二、主体责任"检查必严"。每年对"一把手"执行《党委(党组)落实全面从严治党主体责任规定》的情况进行监督检查,提出整改建议,推动第一责任人切实履行职责,对不担当、不作为的,依规依纪追究责任;对下级"一把手"在上级党委常委会(党组)扩大会议上述责述廉中报告履行全面从严治党主体责任、廉洁自律等情况,会前予以审查把关。采取廉政情况通报、委托谈话等方式,督促上级"一把手"抓好下级"一把手"。

三、权力运行"盯防必严"。实地听取同一班子成员、管理服务对象对"一把手"行使权力情况的反映,检查民主集中制、"三重一大"集体决策、"一把手"末位表态等制度执行情况,相关情况及时记入廉政档案。纪委书记、派驻纪检监察组组长就所在地区(单位)"一把手"行使权力情况,每年向上级(派出)纪检监察机关作出一次专题报告。

四、巡视巡察"体检必严"。巡视巡察聚焦"一把手"政治表现、履职状态、廉洁自律、生活情况,在巡视巡察报告中单列,予以重点报告。巡视巡察中发现"一把手"问题线索及时报告。督促"一把手"对巡视巡察整改方案签字负责,带头整改自身问题,落实整改第一责任人责任,对整改问题不及时不到位甚至拒不整改的,依规依纪严肃处理。

五、廉政谈话"提醒必严"。新任职"一把手"任前廉政谈话,由纪检监察机关负责人主谈,并发出廉政提醒函。纪检监察机关负责人每年同下级"一把手"进行廉政谈话,发现一般性问题及时向本人提出,发现严重违纪违法问题向同级党委主要负责人报告。

六、组织生活"督导必严"。参加下一级党组织民主生活会,督促"一把手"带头严肃认真开展批评和自我批评,按规定对个人有关事项以及群众反映、巡视巡察反馈、组织约谈函询的问题实事求是作出说明,存在违纪问题的作出深刻检查;督促班子成员对"一把手"提出批评意见,跟踪整改落实。

七、问题线索"处置必严"。对涉及"一把手"的问题线索从快从严处置。加强对"一把手"信访举报情况的动态监测、专题分析,把有亲属经商办企业、民主作风差、社会反映突出、群众评价较差的"一把手"作为日常监督的重中之重。聚焦各级各类"一把手"问题线索中插手工程项目、违反中央八项规定精神等突出问题,开展专项整治。

八、谈话函询"核查必严"。采取谈话函询方式处置的"一把手"问题线索,凡不如实向组织说明问题的,一律予以核实。

九、廉政意见"把关必严"。建立"一把手"廉政档案,进行精准廉政画像,动态更新,推动对"一把手"的日常监督关口前移。对拟任"一把手"人员和现任"一把手"职务调整所出具的廉政意见回复,坚持集体研究,从严把关。

十、违纪违法"查处必严"。对"一把手"违纪违法问题抓早抓小。对"一把手"涉嫌严重违纪或职务违法、职务犯罪问题,坚决从严查处,形成震慑和警示。问题线索经调查不属实,并已造成社会影响的,及时予以澄清正名,保护干事创业积极性。

第三章

法治国家及其生成逻辑

"法治国家"一词最先由学界提出,然后转化为政治命题。1997年9月,党的十五大报告首次提出"建设社会主义法治国家",并将其作为社会主义民主政治发展的目标,从党的政治主张的角度确认"法治国家"的政治基础,同时,确立法治在社会治理中的作用。党的十六大、十七大继续强调建设社会主义法治国家,党的十八大则提出:"加快建设社会主义法治国家。"2014年10月,党的十八届四中全会明确提出,全面推进依法治国总目标是建设中国特色社会主义法治体系、建设社会主义法治国家。当然,作为明确的宪法规范,"法治国家"在宪法文本上正式出现是1999年3月,九届全国人大二次会议通过《宪法修正案》,《宪法》第5条增加一款,作为第1款:"中华人民共和国实行依法治国,建设社会主义法治国家。"

《中共中央关于坚持和完善中国特色社会主义制度 推进国家治理体系和治理能力现代化若干重大问题的决定》指出:"建设中国特色社会主义法治体系、建设社会主义法治国家是坚持和发展中国特色社会主义的内在要求。必须坚定不移走中国特色社会主义法治道路,全面推进依法治国,坚持依法治国、依法执政、依法行政共同推进,坚持法治国家、法治政府、法治社会一体建设,加快形成完备的法律规范体系、高效的法治实施体系、严密的法治监督体系、有力的法治保障体系,加快形成完善的党内法规体系,全面推进科学立法、严格执法、公正司法、全民守法,推进法治中国建设。"不拒众流,方为江海;海纳百川,有容乃大;所有成熟的理论学说,必定自信包容、开放吸纳一切人类文明成果。推动新时代中国法学创新发展,助力法治中国建设,要学习借鉴人类文明的一切有益成果,研习域外法学、政治科学、政治哲学等哲学社会科学知识和方法,从学说史的视角,以人类法治理论的演进轨迹为脉络,探讨法治国家的本质与特征,以及法治国家生成的历史逻辑、理论逻辑,从而创造、丰富并最终形成富有解说力和前瞻性的新时代中国法治国家理论话语。"对世界上的优秀法治文明成果,要积极吸收借鉴,也要加以甄别,有选择地吸收和转化,不能囫囵吞枣、照搬照抄。"[①]

---

① 《立德树人德法兼修抓好法治人才培养 励志勤学刻苦磨炼促进青年成长进步》,载《人民日报》2017年5月4日。

每一个时代的理论思维,包括我们这个时代的理论思维,都是一种历史的产物,它在不同的时代具有完全不同的形式,同时具有完全不同的内容。①

——恩格斯

一、法治国家的"语刺"②

回眸人类政治文明演进,在人类历史的发展历程中,不同国家和民族为了生活有序,治理有方,适应不同的时空环境条件(生存基础、发展阶段、技术进步等),曾经积极尝试探索不一样的治道方式。其中,既有诉诸敬畏与超越的神治,也有追求和谐与崇高的德治,还有满足激情与归属的人治,以及达成庄严与一致的法治。例如,古代中国,早在春秋战国时期,法家学派先驱就明确主张"以法治国",其代表性人物管仲更是精彩描述了"法治国"的美好图景:"夫生法者,君也;守法者,臣也;法于法者,民也。君臣上下贵贱皆从法,此谓为大治。"③当然,在中国法律发展

---

① 恩格斯:《自然辩证法》(节选),载《马克思恩格斯选集》(第三卷),人民出版社2012年版,第873页。
② 笔者认为,研究法治国家首先面临的一个最为棘手的问题就是法治国的语义学难题(语刺)。众所周知,"法治国家"不是中国的原生概念,那么,我们所讨论到的法治国家,到底是指德国的Rechtsstaat、法国的 État de droit、意大利的 Stato di diritto、西班牙的 Estado de derecho,还是英美国家的 rule of law?这些表述之间既有一定关联性,有时我们也不加区分地进行混用,但无论是从历史文化传统还是从概念内涵建构上看,都存在着显著差异。例如,rule of law、Rechtsstaat 等词都有着自身发生、发展的独特历史和价值内涵,浓缩的是英国与德国两种不同的政治法律文化传统,具有相对独立性。但事实上,我国学者在探讨法治国家问题时,经常不加严格区分,有时指的是 rule of law,有时指的是 Rechtsstaat,有时指的是自己独创的具有中国特色的"社会主义法治国家"。到底谁是谁非,只能任人评说。当然,法治国既是实践的产物,也是概念的构建,或是理想图景,虽然这些语词之间在不同国家、不同时期都呈现出了不同景象,但是毕竟还是存在着诸多共通之处,我们可以遵循"法治国"中某些共通原则,尽力从各国历史实践、理论学说中加以展开,推动建构中国特色社会主义法治国家理论。
③ 《管子·任法》。

史上,第一次提倡法律之治而又不废西周的礼治原则并具体加以实践的,是战国时期的法家代表商鞅、韩非,其中的区别在于,与礼治相比,法治具有鲜明的确定性、可预测性和指导性①。中国清末民初著名思想家梁启超先生对近代中国法学和法制建设有开创性贡献,其在《管子传》中曾直接为"法治国"明确作出定义:"今世立宪之国家,学者称为法治国。法治国者,谓以法为治之国也。"

文明互鉴,各美其美,美美与共。应该说,人类社会既已出现的各种治道,都生发于世情和人心,彼此既无高下之别,亦无优劣之分②,都是人类法治文明区域实践、国别探索在不同历史阶段的多样性呈现,都蕴含于人类法治发展演进的历史大逻辑中:原始法治(民间法治)——贵族法治——民主法治,或归类于从习惯法、官僚法到法律秩序的演进模型,或归类于从压制型法治、自治型法治到回应型法治的发展模型,等等。如许多人认为君主制是历史糟粕,内含"世袭特权"与"终身统治",但直到20世纪初,君主制曾经是人类历史上非常先进和普遍的统治形式,1909年之前,整个欧洲只有法国和瑞士两个共和制国家,亚洲则完全处于君主制天下,中国延续了2000多年的封建君主制。君主制的世袭特权与终身统治,在今天看来是"负能量",但以历史逻辑和系统思维,在当时却是巨大的"正能量":最大限度地满足人类对权威与秩序的需要,最大限度地减少权力更替的不确定风险,维护稳定的权力运行秩序。

英国是世界上最早实行君主立宪制并维持最久的国家,也是现代法治的发源地,在大众民主时代的今天,仍然保留着君主立宪制(或曰议会

---

① "圣王者不贵义而贵法,法必明,令必行,则已矣。"(《商君书·画策》)"然则管子虽尊法治而不废礼治,章章然矣!夫使民皆说为善,此礼治之效也!"(《管子传·管子之法治之主义·法治之目的》)

② 例如,古罗马法是古罗马在长期发展的过程中形成的法律体系,经历了从习惯法过渡到成文法的进程,极大促进了罗马奴隶制的经济基础及其上层建筑的发展,并对前资本主义时期和资本主义社会的政治和民事立法起了典范作用,其很多法律概念和法学思想,对后世法律的发展产生了至关重要的影响,当今世界采用大陆法系的国家基本都接受了罗马法的法律传统,是至今法学史上影响最深远的法律。黑格尔曾明确指出:"罗马法就不可能对人下定义,因为奴隶并不包括在人之内,奴隶等级的存在实已破坏了人的概念。"〔德〕黑格尔:《法哲学原理》,范扬、张企泰译,商务印书馆1961年版,第2—3页。

君主制),时常引发民众关于行共和制、反君主制的讨论,以及英国和部分英联邦国家君主制存、废的争议。而长期以来,自我标榜世界民主自由灯塔、法治国家标杆的美国,时至今日,与众多仍然顽强地保留着中世纪政教合一传统的政权,保持着非常密切的联系。当然,毋庸置疑,自现代以来,选择法治之路已经成为世界之大势。① 即便诸如绝对君主制的酋长国卡塔尔,也于 2003 年以全民公投的方式通过永久性宪法,决定卡塔尔成为君主立宪制国家,并在 2021 年 10 月,举行了首次议会选举,议会将享有立法权,可以批准国家总体政策和预算案,但无权约束行政机构在国防、安全、经济和投资等领域的政策。于是,人们不时追问:法治国家的样貌、要义到底是什么呢?

(一)法治国家概念变迁

法治国家,也称法治国、法律国、法律国家等。大智大慧的古希腊人首开西方法治理论之先河,柏拉图法哲学著作《法律篇》中确立和描述了一种新的国家统治形式,即"法治国";亚里士多德师承柏拉图,但比柏拉图的抽象理念更为重视法治,以《法律篇》为基础构想出自己的理想模式:法律治理是最好的治理;法治是守法的治理;法治是良法善治;法治优于一人之治。十七八世纪的英国,既是近代自由主义的发源地,也是近代法治主义的故乡,其中政治哲学家詹姆士·哈林顿(James Harrington)、法哲学家约翰·洛克(John Locke)作出重要贡献。哈林顿在其代表作《大洋国》(《大洋共和国》)一书中提出了法治共和国的模式构想,即以自由为最高价值准则、以法律为绝对统治国家体制;洛克被誉为西方自由主义和法治主义的奠基人,其法治主义不仅比哈林顿的法治共和国更为完善和成熟,而且有力地参与塑造英、美、法等国家的宪制模式,从而深深影响了这些国家从传统社会走向现代社会的进程,时至今日,洛克的法治思想仍然闪耀着不朽的光芒。②

---

① 参见高鸿钧等主编:《英美法原论》(上册),北京大学出版社 2013 年版,第 18 页。
② 参见王人博、程燎原:《法治论》,山东人民出版社 1998 年版,第 21、27 页。

当然,根据学术史的梳理,人们现在所使用的"法治国家"一词是一个舶来品,先由德国传入日本,再由日本传入中国,其发展演变经历了一个曲折复杂的历史过程。① 学者们普遍认为,我们当前使用的"法治国家"一词起源于德国的 Rechtsstaat,是一个地地道道的德国法概念。德国著名学者劳伦斯·冯·斯坦因(Lorenz von Stein)曾经指出:Rechtsstaat 一词独属于德国创造。② 我国台湾地区著名公法学家陈新民教授也指出,法治国(Rechtsstaat)一词,不论在法学界或社会中,早已成为一个共通的名词。此名词乃是一个标准的德语产物,既不是由英文翻译而来,也不是源自法文——虽然法国的宪政国家与法治国家颇有相通之处。③

德国 Rechtsstaat 一词产生的时间,最早可以追溯到 18 世纪末。一般认为,Rechtsstaat 第一次被哲学家普拉西度斯(J. W. Placidus)所使用,其在 1798 年出版的《国家学文献》一书使用 Rechts-staat——当时中间还加有连字符"-",将"法与国家"结合在一起,并从法律制度角度探讨国家问题。普拉西度斯是德国早期自由主义思想家康德的追随者,明确引述并支持康德的国家观是"一群人在法律下的结合",反对一般国家学偏向神学或君主意志的解释,而将国家学说的目的与核心定位于国家与法律的联系上,试图通过法律来界定公民个人与公民个人的政治集合——国家的关系,认为国家的首要或根本目的是保证公民的人权或最大限度的自由。当然,他本人当时并没有料到创造该词后来在法治发展史中具有如此重要意义。

继普拉西度斯之后,德国学者米勒(Adam Müller)在其 1809 年出版的《国政艺术之要素》一书中,第一次完整地表达了"Rechtsstaat"(去掉了中间连字符"-")一词的内涵。但是,米勒表述的是另外一种不同的意思,

---

① 明治初期,日本大规模地引入英、美、法三国的宪制法律书籍,以此三国为代表的西方法治思想开始渗入日本社会。在明治政府决定采取德国宪制后,德国的"法治国"(Rechtsstaat)思想被大规模地引入日本,"法治国""法治主义"等译词相继确立。此后,"法治国"取代了英、美、法国家的法治理念,成为日本社会尤其是公法学界对"法治"的标准解读。参见胡娟:《德国"法治国"思想在近代日本——以 20 世纪初民权学派与官僚学派的论争为中心》,载《中国政法大学学报》2008 年第 1 期。

② Gustavo Gozzi, Rechtsstaat and Individual Rights in German Constitutional History, in: Costa P., Zolo D. (eds), *The Rule of Law History, Theory and Criticism*, Dordrecht: Springer, 2007, p. 237.

③ 陈新民:《法治国公法学原理与实践》(中),中国政法大学出版社 2007 年版,第 52 页。

他在书中解释国家司法部长的地位时,将其说成是"法治国的代表"(Repärsentanten des Rechtsstaates)。在这里,"法治国的代表"之"法治国"Rechtsstaat 的第二个组成部分 Staat 不再表示国家,而是接近"状态"或"事务"的意思,也意味司法部长只是负责处理国家"法律事务的代表人"而已,即法律或司法事务的代表。总体上,"在 19 世纪初叶,法治国家(即 Rechtsstaat)的理论构想,得到了有系统的发挥,并且同宪法制度的理想一道,成了新的自由主义运动的主要宗旨"①。

在接近今人理解"法治国"之意义而使用 Rechtsstaat 一词的,应该是自由主义法学家魏克尔(Carl Theodor Welcker,1790—1869)。② 1812 年,其著作《法、国家和刑罚的终极理由》出版,书的第二篇篇名使用了"法治国"一词,即"客观理性法和法治国的根据"。在书中,魏克尔强调实证法律的重要性,并依人的成长要经历童年、青年和成年规律,以历史学的眼光将国家划分为专制——神权——法治国三种类型。法治国即理性之国,是基于理性且为人类发展到最高层次的国家。魏克尔对宣扬法治国概念的贡献,不仅是文中法治国的名词触目可及,且对法治国虽主要是采行"形式意义"的认定——依法律而治,但其对国家任务的重视及价值判断,已接近实质意义的认定。③ 到 19 世纪中叶,德国 Rechtsstaat 发展基本成熟并广泛传播,对整个欧洲尤其是意大利以及法兰西第三共和国的公法产生了深远影响。

由于普拉西度斯、米勒等人对 Rechtsstaat 的使用、阐释,开风气之先,法治国一词逐渐为人们广泛接受并沿用至今。但今人为了避免将法治国误解为是一种国家形式,喜欢使用"Rechtsstaatlichkeit"(法治)或"Herrschaft des Rechts"(法律的统治)这种用语,它们更能准确地传达国

---

① 〔英〕弗里德里希·奥古斯特·冯·哈耶克:《自由宪章》,杨玉生等译,中国社会科学出版社 2012 年版,第 310—312 页。
② 根据 Danilo Zolo 的研究,第一个使用 Rechtsstaat 一词的是 Robert von Mohl,他在 1830 年 diabolic 出版的论文 Die Polizeiwissenschaft nach den Grundsätzen des Rechtsstaates 中认为,个人自由是国家行为的核心目的。See Danilo Zolo, The Rule of Law: A Critical Reappraisal, in: Costa P., Zolo D. (eds), *The Rule of Law History*, *Theory and Criticism*, Dordrecht: Springer, 2007, p. 1.
③ 陈新民:《法治国公法学原理与实践》(中),中国政法大学出版社 2007 年版,第 60 页。

家应受法律的规范与限制这个法治国最基本的含义。而所谓国家形式的理论要回答的是:谁是国家权力的载体或承担着这个政治统治形式问题。这也就意味着,法治国或法治可以与不同的国家形式——或是一个人掌权的专制(Monrochie),或是少数人共治的贵族制(Aristokratie),或是依据多数原则建立的民主制(Demokratie)——联姻。但为了标明传统,德国学者使用得最多的还是 Rechtsstaat 一语。[①] 可见,法治国概念产生和传播,离不开康德、洪堡、莫尔、施塔尔、施米特、福斯特霍夫等思想大师们的卓越贡献,正是他们的努力,经 200 余年的发展,在德国终于形成了关于法治国家的理论体系和学说。

"法治国家"(Rechtsstaat)产生于德国,是否意味着"法治国家"是世界上仅存的专属于德国的概念呢?还是其他国家也存在着相似或相同类型的"法治国家"概念?这是一个颇有争议的语义问题。众所周知,与以德国为代表的大陆法系不同,在以英美国家为代表的普通法系中也存在着"法治"(rule of law)概念。从英国缘起的"法治"概念,与起源于德国的"法治国家"概念一样,对人类历史产生了深远影响。尤其是第二次世界大战之后,英美国家宪法与法治不断输出,对世界各国以及国际社会产生了深远影响。不过也有观点认为,德国"法治国"思想与实践对西方之外的世界产生过广泛而深刻的影响,在许多地方甚至超过了起源于英美的"法治"影响。但随着二战德国失败,德国法律及其理论在不同程度上受到来自英美国家法治诸多方面的挑战也是事实。

众所周知,英国是现代法治(rule of law)的发祥地,书写了近代法治的最初篇章,成为近代以来世界各国主要模仿与学习的对象。英国人用来反映法治思想的英文词汇最初为"isonomy",以描述对所有的人都平等的法律状况以及行政官员的责任状况,由"isonomia"翻译使用而来,意思是"法律对各种各样的人的平等性",即在法律面前一律平等。[②] 此后,英国

[①] 郑永流:《德国"法治国"思想和制度的起源与变迁》,载《公法》(第二卷),法律出版社 2000 年版,第 40—41 页。

[②] "isonomy"直接来源于意大利语"isonomia",于 18 世纪末从意大利被介绍到英国。参见〔英〕弗里德里希·奥古斯特·冯·哈耶克:《自由宪章》,杨玉生等译,中国社会科学出版社 2012 年版,第 239—245 页。

人又创立了一系列用来表达法治思想的英文词汇,如"equality before the law"(法律面前平等)、"government of law"(法治国家)、"government under law"(依据法律统治)、"Lex, Rex"(法律即王)、"the empire of law"(法律帝国)、"the supremacy of law"(法律至上),等等。但就影响最大、使用最广的而言,应属"rule of law"。

事实上,英国 rule of law 的产生,比德国的 Rechtsstaat 早 200 余年。在英国,rule of law 一词和法治原则的最初确认,最早可以追溯到 1610 年。其时,针对詹姆斯一世颁布的一些不合理规定,英国下议院提出了《控诉请愿书》(The Petition of Grievances),明确指出:"在处于您尊贵的祖先、国王们和女王们治下的您阁下的臣民所享有的诸多其他幸福和自由中,在他们看来,没有什么比受确定的法治(certain rule of law)的引导和统治,而不受任何不确定的或专断的统治形式奴役更为珍贵。"[①]在这里,rule of law 正式提出,并且与"不确定的""专断的"等表述相对应,以显示出其内在含义。

需要指出的是,尽管英国 rule of law 产生的时间较早,但是真正开始被大家接受和熟悉的时间,应该是在 19 世纪后期,准确地说是《英宪精义》1885 年出版之后。在英国法治思想史上,该书作者戴雪(Albert Venn Dicey)是第一位对法治理论作出系统总结的学者。在书中,戴雪认为,法律的统治(rule or supremacy of law)是自诺曼征服以来英国政治制度的两个基本原则之一(另一个是议会至上)。后来,戴雪的论著经几代人不断阅读与推广,以至法治(rule of law)成为法学的核心概念,被法学学习者所熟稔。

(二)代表性观点的评述

"每一个时代的理论思维,包括我们这个时代的理论思维,都是一种历史的产物,它在不同的时代具有完全不同的形式,同时具有完全不同的

[①] 郑永流:《法治四章——英德渊源、国际标准和中国问题》,中国政法大学出版社 2002 年版,第 3 页。

内容。"①从学术史和思想渊源来看,无论是德国的"法治国家",还是英国的"法治",都受古希腊、古罗马影响颇大,法治的用语都直接源于亚里士多德提出的"法治应当优于一人之治"②的精辟论断,西方法律文化之间也存在着天然的联系。但是,由于各国政治、社会、文化等发展历史不同,必然导致法治思想继承与发展的不同轨迹,以及不同时期学者的不同表述,也就产生了德国"法治国家"(Rechtsstaat)与英国的"法治"(rule of law)之间的异同争论。特别是,法治国家的理论研究是近代以来法治发展的全球性命题,并非只在英国、德国等欧洲国家讨论。美国法学家罗伯特·库特(Robert Cooter)着重区分了"法治国家"(the rule-of-law state)与"国家法治"(the rule of state law),提出了独特观点:在法治国家,法律与基于正义观念的社会规范相一致,人们遵守法律是出于对法律本身的尊重,法律能得到有效执行;在国家法治下,法律与社会规范不一致,人们遵守法律只是出于对惩罚的恐惧,法律常常得不到有效执行。因此,要防止国家立法对社会规范治理领域的不当侵入,法律主宰一切并不是真正的法治社会。③"礼俗互动""因俗而治""法俗并治""法俗协同"是法治社会的生成逻辑,也是法治国家的基本特征。在中国学术界的思考探讨中,陈新民先生曾以同质说和异质说理论逻辑,对学者们的不同观点进行归类概括,以下具体择要分述。

第一,异质说。 坚持这一观点的代表人物是德国著名公法学者克理勒(Martin Kriele)教授,他通过比较研究德国法治国家的概念发展后,认为德国实质意义法治国概念是形式意义法治国观念融合兼并、取其长,例如保障人权及法律保留后再加以权力分立与法官独立等制度而形成一种包容性的法治国概念。同时,基于英、德两国法治主义概念的发展史,克理勒指出英国的法治与德国的法治国概念,不仅在实质层面,也在思想层

---

① 恩格斯:《自然辩证法》(节选),载《马克思恩格斯选集》(第三卷),人民出版社 2012 年版,第 873 页。
② 〔古希腊〕亚里士多德:《政治学》,吴寿彭译,商务印书馆 1965 年版,第 167—168 页。
③ 参见张维迎:《博弈与社会》,北京大学出版社 2013 年版,第 359 页。

面存在着明显的不同。德国法治国的概念与英国的法治,为两个完全不同的制度。①

中国持异质说的学者大有人在,认为与法治不同,法治国思想的基本主张是最高立法者,不论是专制君主、独裁者,或是民选的立法机关,完全不受任何一种更高一级法律的束缚。统治者的权力可以受到法律的限制,但是立法者在认为适当的时候可以变更法律。可以预见,在法治国下,统治者可以轻而易举地通过手中握有的任意修改法律的权力来逃避法律的约束。一个法治国可能是一个法制高度完备的国家,但不是一个法治的国家。法治国,就其德文本意及康德的解释而言,指的是有法可依、依法治国的国家,或者说一个有法制的国家。有学者由此提出,传统德文文献中的"法治国"与现代英语文献中所论述的"法治"有相当的差距,后者更受到当今国际学术界的重视和推崇,从法治国到法治是一种历史的进步。②

仔细考察便可发现,德语文献中的法治国的实质含义是"依法而治"或法制国,而不是现代普遍意义上实行法治的国家。它带有实证主义法哲学的意味,直到第二次世界大战之前,欧洲大陆司法传统一直不承认最高立法者应受更高级法律的约束,因此其本义虽承认国家的权力应受法律的限制,却认为立法者可以根据自己的需要任意修改法律。德语文献中的法律国家(Rechtsstaat)有时候也类似于美国老话中"纸面上的法律"的统治,与现代法治理论相去较远。③毫无疑问,德国法治国构成了与普通法法治鼎足而立的另一种法治传统,代表着迥异于英美的以建构理性为基础的另一种理性化治理方式。然而,国内学界在论及西方法治传统时,却时常不加区别地将两者混为一谈。

中文"法治国"一词,若对应外文,应是德语的"Rechtsstaat";英语的"rule of law"译成中文则是"法治"。德语和英语世界的学人都熟知二者

---

① 参见陈新民:《德国公法学基础理论》(上册),山东人民出版社 2001 年版,第 95—96 页。
② 参见卓泽渊:《法政治学》,法律出版社 2005 年版,第 136—137 页。
③ 顾肃:《理想国以后:政治哲学与法学论札》,江苏人民出版社 2006 年版,第 79 页。

有别。但在中文语境中,由于两个译名当中均有"治"字,由此引发理解困难,且需费力区辨。虽然从历史和观念的角度进行区辨非常重要,但若能调整译名的用词,其实就已经能在很大程度上突出两词的重点,显明二者的区别。具体来说,德语的"Rechtsstaat"若能译作"法制国",英语的"rule of law"译成"法治国",则二者区别立现:德国的"法制国"原则重在"制约",即以"法"制约"国"。就此而言,"国"仍是主导,"法"并未获得高于"国"的地位。相反,普通法传统下的"法治"原则强调"统治",即以"法"统治"国"。就此而言,"法"是主导,"国"处于"法"之下。①

第二,同质说。英国学者麦克科米克(Neil Maccormick)经研究分析后,获得两个概念同构型的结论。他指出,英、德两国确实在法治发展史上客观历史环境不同,但不能因此否认两个概念在本质及其目的上的相同。基本上,两个概念都要求对于国家权力(包括行政、立法、司法三权)行使的方式而非内容为其对象,也就是求理想的法律形式而非理想的法律内容。另外,两者在道德价值观方面亦无不同。英国的法治援引洛克的见解,希望将政府的权限纳入法律之中来防止权力滥用,这也正是德国法治国概念最核心的理论,亦即行政与司法的合法性,使国家权力变得可预测。同时,英国学者逐渐形成共识,国家的法律秩序不能仅靠规范,而需依据一些原则来建立规范的正当性,这些法规的原则必须靠所谓的时代精神来解释,这些时代精神可概称为政治价值的精神,包括目的性原则、比例原则等。因此,法治的概念也必须衍生出其他的制度,例如法律的普遍拘束性、持续性、公开性与禁止溯及既往所生之可预测性。所以,英国的法治观与德国现行的法治国概念并无本质以及价值理念上的差异。②

国内也有不少学者持这样的观点。他们认为,法治(rule of law),即法的统治,起源于英国,不仅强调规则的普遍实施,而且突出法的正义性品格,强调对权力的限制和对权利的保护。法治国(Rechtsstaat)是一个起源

---

① 参见刘刚:《德国"法治国"的历史由来》,载《交大法学》2014年第4期。
② 参见陈新民:《德国公法学基础理论》(上册),山东人民出版社2001年版,第96—97页。

于德国的概念,是把法治原则和民族国家结合起来而形成的概念。在基本内涵上,法治国和法治一致。但在德国,法治国概念有时被歪曲为法律仅仅是强者的意志,这样法律就有可能沦落为仅仅是一种专制工具。① 有学者指出,欧陆法学家早已将英美的"法治"纳入"法治国"或"法治国家"的概念之内,我们没有必要把欧陆法学家都已经抛弃的第二次世界大战结束前的"法治国"或"法治国家"概念重新找出来,与新的符合法治精神的"法治国"或"法治国家"进行比较、区辨。"法治国家或法治国,是指国家法治化的状态或者法治化的国家,是法治在国家领域内和国家意义上的现实化。法治包含法治国家和法治社会在内,法治国家与法治社会是法治发展的相互连接的两个阶段,它们都是法治的构成部分。"②很显然,不去面对德国历史中的"法治国",而是直接赋予法治国以法治的含义,可以避免那段痛苦的历史回忆。

以上两种观点至今在中国法学界仍在讨论、争鸣着,谁是谁非没有定论。两种观点的主要分歧在于,异质论者对德国的法治国认定只具形式意义,而英国的法治与实质正义相连;同质论者则没有作这样的区分。事实上,无论是德国的法治国还是英国的法治理论,都是非常复杂的,不同时期、不同学者对两者都有不同的认识与论述,人们既可以对德国的法治国(Rechtsstaat)也可以对英国的法治(rule of law)作出形式与实质的区别。那种简单地在语言上将法治国仅与形式法治国相连,而将正义归于法治(rule of law)的私藏品,是不符合历史事实与法治理论的,因为在莱兹(Rax)、富勒(Fuller)笔下的法治看不到什么实质的内容,而波恩的法治国则是形式与实质的统一,其实践性是显而易见的。③

国家是通过法律组织得以维持和存续的。它有义务去消除人类初始时期存在的相互之间的暴力残害。④ 笔者认为,虽然德国的"法治国"与英

---

① 参见沈国明等:《全面推进依法治国》,上海人民出版社 2015 年版,第 18 页。
② 卓泽渊:《法政治学》,法律出版社 2005 年版,第 139 页。
③ 参见郑永流:《法治四章——英德渊源、国际标准和中国问题》,中国政法大学出版社 2002 年版,第 159 页。
④ 参见〔古罗马〕西塞罗:《论共和国 论法律》,王焕生译,中国政法大学出版社 1997 年版,第 6 页。

国的"法治"概念表述不同、历史演变轨迹不同、国家权力制约与基本权利保护机制不同,但也不可否认两者之间在许多方面存在相通之处,尤其是第二次世界大战以后,随着欧洲国家之间的交往融合,两者之间的相通之处越来越多,其法治精髓几乎可以融为一体。而中国很多学者经常把"法治国"与"法治"不加区别地使用,不管是有意还是无意,都隐约体现出了两者之间的共谋。西方学者早就注意到了德国法治国与英国法治之间存在的巨大差异,但是他们同时也承认,当上升到政治哲学和价值基础高度时,这些差异也就逐渐减少以至不再存在。正如西方学者在评论法治国与法治之间的差别时所指出:"毫无疑问,这两个概念之间有着莫大的相似性:两个概念都对相似的问题提供相似的答案。每个概念的起点,都是探索人们如何受法律统治,以及如何抵制受专制权力的摆布。"①

为了论述上的严谨性和减少歧义,可以把法治国与法治简化为两个等同的概念,把法治国看作是实现了法治的现代国家,法治则是法治国的本质体现,而把传统意义上的依法治国看作是法制国或法律国家。所以,我们在区分两者差异的前提下,注重对两者之间进行概念上的沟通,试图在整体意义上构建出法治国(法治)的含义及其特征图景,并且在此基础上对法治国生成逻辑进行阐释、讨论。②

二、法治国家本质与基本特征

不可否认,法治国家是当今世界各国法政学者使用最为流行的语词之一,然而对其含义的界定仍然没有达成一致。法治国家歧义丛生,争议

---

① N. W. Barber, The Rechtsstaat and the Rule of Law, *The University of Toronto Law Journal*, Vol. 53, No. 4(2003).
② 文中多数使用"法治国"一词的表述,除非前面已加了一定限制性修饰语,如德国、英国之外,并不表示纯粹意义上的 Rechtsstaat,也不表示纯粹意义上的 rule of law,而是在某种程度表述二者之间的取舍与融合。因为在笔者看来,法治国在很大程度上还只是一个理论构建概念,在现实政治社会中也没有完全的实践图景。正如哈贝马斯所言:"法治国在总体上显得不是一个已完成的产品,而像一个易生病的、易犯糊涂的计划,这个计划着眼在一个变幻莫测的形势下,一个合理的法律秩序应被维护、被更新、被扩展,或者干脆重新设计。"转引自郑永流:《法治四章——英德渊源、国际标准和中国问题》,中国政法大学出版社2002年版,第152页。

纷纭,甚至有学者认为,寻求一个在词义与观念中立意义上一致的法治国家概念,是一种天真幼稚的想法。① 不仅西方资本主义国家使用法治国一词,社会主义国家也普遍使用,即使是法西斯国家也曾声称他们的政治体制为法治国家。因此,从经验主义认识论出发,很难为法治国家(具体法治)给出一个统一的定义,因为不同国家有着不同的法治发展历程,形成了各自不同的法治理论与制度。即使如此,我们也无法否定,超然于英国、美国或德国等国家的法治经验,存在着抽象意义上的法治国家概念,形成所谓建构主义的法治国家概念。建构主义的法治概念,为学者留下了巨大的选择与裁量空间,使得法治国家成为一种理想图景或欲达目标。

即使在普通法法系中,美国自独立战争以来的两百多年里,法律经历了独特的发展过程,在许多方面已经把英国的模式抛在一边。与英国不同,美国具有成文宪法,它规定了美国的联邦制结构并对基本的权利加以列举,对于这些权利,立法机构、司法机构和行政机构都不得侵犯。不过,其他因素如国家创始人特定的政治思想,因种族、宗教和文化的差异而带来的人口构成上的多样性、广大的领土以及作为其中最为重要因素的美国社会和经济发展的全部惊人的活力,所有这一切都促使美国法设计了自己的各种方法和解决办法。②

关于法治国家的基本特征,即法治国家以什么特征与非法治国家相区别,中外学者已进行过大量的思考和探索。英国著名宪法学家戴雪把法治国家总结为三大特征:一是普通法的至上性;二是法律面前人人平等;三是宪法权利源于法院和议院所确认的个人权利。③ 很明显,戴雪的法治国家特征是对英国法治经验的总结,具有明显的地方性。与国家法治进程同步,中国学者曾较早概括"法治国家的标志"的学术观点:实行民主政治;"法律之治"必须是"良法之治";法律具有至高无上的权威;司法

---

① See Danilo Zolo, The Rule of Law: A Critical Reappraisal, in: Costa P., Zolo D. (eds), *The Rule of Law History, Theory and Criticism*, Dordrecht: Springer, 2007, p. 5.

② 参见〔德〕K. 茨威格特、H. 克茨:《比较法总论》,潘汉典等译,法律出版社 2003 年版,第 352 页。

③ See A. V. Dicey, Introduction to the Study of the Law of the Constitution, 10th edition, New York: St. Martin's Press, 1976, p. 202.

独立和司法公正;法治国家必须建设现代法律文化,提高法学理论水平,强化公民的法律意识。①

有学者提出,法治国家具有八个特征:民主完善(法治国家的政治前提)、人权保障(法治国家的显著标志)、法律至上(法治国家的理性原则)、法制完备(法治国家的形式要件)、司法公正(法治国家的基本要求)、权力制约(法治国家的切实保证)、依法行政(法治国家的重要标志)、权利本位(法治国家的明显特征)。② 也有学者提出十条标准:法制完备、主权在民、人权保障、权力制衡、法律平等、法律至上、依法行政、司法独立、程序正当、党要守法。③ 应该说,这些提炼较为全面地总结概括了法治国家的本质要求,但如果仔细斟酌,这些内容与其说是法治国家的基本特征,不如说是法治国家构成的基本要素。

另有学者提出,法治本质特征是最高治权归于"公民全体",认为法治观念的深层本质在于法律必须表达全体社会成员的共同意志,必须是集体智慧的结晶。之所以如此,是因为法治是与人治不同的政治体制,在法治体制里,国家不是由个别人当家作主,而是由"人民"当家作主。只有如此,法律才具有至上的地位和得到人们的普遍遵守。④ 从政治角度总结法治国家的基本特征,深入挖掘法治本质,具有一定理论深度。但这种过于偏重政治的视角,使得法治的本质特征淹没在了政治的大海之中,最终只见政治不见法治了。从某种意义上来说,这里所论的与其说是"法治",不如说是"民主共和"。笔者认为,近代以来的民主共和的本质特征是解决治权(主权)的归属问题,而法治更多是解决治权(主权)行使以及制约的问题。即使在君主制国家(主权属于君主),同样可以实现法治,但是不能说这样的国家是民主共和制。

"毋庸置疑,法治的精髓在于,在对公民采取行动的时候(比如将其投

---

① 参见程燎原:《从法制到法治》,法律出版社 1999 年版,第 288—290 页。
② 参见卓泽渊:《法政治学》,法律出版社 2005 年版,第 152—175 页。
③ 参见李步云:《马克思主义法学与社会主义法治国家——法治国家的十条标准》,载《中共中央党校学报》2008 年第 1 期。
④ 参见严存生:《法治的观念与体制——法治国家与政党政治》,商务印书馆 2013 年版,第 4 页。

入监狱或者宣布他据以主张其财产权的一份契据无效),政府将忠实地适用规则,这些规则是作为公民应当遵循、并且对他的权利和义务有决定作用的规则而事先公布的。如果法治不意味着这个,它就没有什么意思。忠实地适用规则转而又意味着规则必须采取一般性宣告的形式。"①基于学界对法治国家基本特征的既有认识,汲取人类法治思想智慧,我们从法律至上、法律正义、权力制约、人权保障四个方面,梳理、概括法治国家的基本特征,试图为深入探讨法治国家本质提供一管之见。

(一)法律至上

所谓法律至上,是指法律具有至高无上的权威,任何人、组织都不得凌驾于宪法和法律之上,享有超越于宪法和法律之上的法外特权。"君臣上下贵贱皆从法,此谓为大治。"②法律至上性是法治国家的核心,是法治国家的本质所在,也可以说是法治国家的同义语。③ 法治国家的本质是法律统治的国家,如果法律至上不能成为现实,也就没有法治国家可言。法律的至高无上性是法治国家第一本质特征。"法律至上是法治的灵魂,它不但是法治区别于人治的根本标志,而且是法治的首要条件。"④法治国家不存在法律之外的权威和特权,法律至上,法律面前人人平等,这是法治最基本的准则,已作为法治国家的宪法原则载入现代国家的根本大法。"法律不论贫富、不论权贵和庄稼人都一视同仁,并不因特殊情况而有出入";"这些法律除了为人民谋福利这一最终目的之外,不应再有其他目的。"⑤

"中华人民共和国实行依法治国,建设社会主义法治国家。国家维护社会主义法制的统一和尊严。一切法律、行政法规和地方性法规都不得同宪法相抵触。一切国家机关和武装力量、各政党和各社会团体、各企业

---

① 〔美〕富勒:《法律的道德性》,郑戈译,商务印书馆2009年版,第210页。
② 《管子·任法》。
③ 如在德国,有些学者认为法律不可能高于国家,国家具有至高性,否则就会返回到自然法状态。具体参见 Gustav Radbruch, Rechtsphilosophie, Stuttgart, 1956, p. 284.
④ 谢维雁:《论法律至上》,载《四川师范大学学报(社会科学版)》1999年第1期。
⑤ 〔英〕洛克:《政府论》(下篇),叶启芳、瞿菊农译,商务印书馆1964年版,第90页。

事业组织都必须遵守宪法和法律。一切违反宪法和法律的行为,必须予以追究。任何组织或者个人都不得有超越宪法和法律的特权。"①这是法律至上在法治中国的充分彰显。"在自由国家里,主宰一切的是法律而不是统治者,法律应当受到公民的尊重,即使在特定的情况下法律于他不利。自由和法治是良好政体的两个相辅相成的方面。"②因此,法律至上是人民主权的必然要求,在真正的法治国家中,法律是人民意志的集中体现,主张法律至上即是主张人民意志至上,最终实现人民主权;法律至上是客观规律的必然,法律是客观规律的反映,承认法律至高无上的权威,便是承认和尊重客观规律;规范性、普遍性、强制性是法律的本质特征,这些特征要求法律得到社会公众的普遍服从即法律至上。法律至上意味着,法律是其他社会系统的价值标准,成为评判人们行为的最高准则;法律至上也意味着,法律比其他行为规范具有更高的约束力,如执政党的政策、行政命令,以及社会伦理、道德规范等都应严格在法律规定范围内加以践行。

法律至上反对权力至上,是对权力至上的坚决否定。法治的基本要求是法律至上,宪法法律必须成为最高权威,任何权力都要受到有效限制和约束。权力与法律是对立统一的矛盾体:一方面,法律出自权力,法律的制定与执行无不需要权力作为最终的保障、后盾;另一方面,权力出自法律,权力是法律的规定授权,没有法律便没有权力。可见,法律依赖权力,同时法律控制权力,两者共同作用于法治发展的整个过程之中,推动法治不断向前发展。法国大革命先驱卢梭曾深刻论证法律和权力的关系:"我们无须再问应该由谁来制定法律,因为法律乃是公意的行为;我们既无须问君主是否超乎法律之上,因为君主也是国家的成员;也无须问法律是否会不公正,因为没有人会对自己本人不公正;更无须问何以人们既是自由的而又要服从法律,因为法律只不过是我们自己意志的记录。""因此,凡是实行法治的国家——无论它的行政形式如何——我就称之为共

---

① 《宪法》第 5 条。
② 〔美〕乔治·霍兰·萨拜因:《政治学说史》(上册),盛葵阳、崔妙因译,商务印书馆 1986 年版,第 39 页。

和国;因为唯有在这里才是公共利益在统治着,公共事物才是作数的。一切合法的政府都是共和制的。"①

法律至上适用于所有组织和个人,但其核心思想与基本精神是反对权力至上、权大于法。历史表明,在任何社会里,影响法律权威的主要障碍是掌握国家权力的人往往不愿意和不习惯按法律办事,他们总是不喜欢用法律来束缚自己的手脚,这有人性与权力具有脆弱性和容易异化的深刻根源。"在美国,我们既有州法又有联邦法,我们可以不用这种而用另一种法律来保护自己;我们既有一般制定法又有宪法,并且可以援用'正当程序'和'同等保护'的条款去抵制立法者的意志;我们既有严格法又有衡平法,既适用严格规则,又可以在特殊情况下偏离规则而作自由裁量。多种法律制度并存于同一政治组织之中,这就为法律至上的观念提供了一种合法依据;政治权力总是服从于法律要求,除非统治者一手遮天,竟能够控制所有现行的法律制度。"②

法律至上反对道德至上,是对道德至上的矫正。"虽然在有组织的社会的历史上,法律作为人际关系的调节器一直发挥着巨大的和决定性的作用,但在任何这样的社会中,仅仅依凭法律这一社会控制力量显然是不够的。实际上,还存在一些能够指导或引导人们行为的其他工具,这些工具是在实现社会目标的过程中用以补充或部分替代法律手段的。这些工具包括权力、行政、道德和习惯。""道德的目的,从其社会意义上来看,就是要通过减小过分自私的影响范围、减少对他人的有害行为、消除两败俱伤的争斗以及社会生活中其他潜在的分裂力量而加强社会和谐。"③因此,法治国家道德即德治的社会教化作用无疑具有重要意义。因为世界上没有任何一个国家、任何一个国家中也没有任何一个人完全没有道德感,没有一个人在任何一个事例中从来不对习俗和行为表示过赞许或憎恶,这些情绪在我们的天性和性情中是那样根深蒂固。④ 这是源自人本质的人

---

① 〔法〕卢梭:《社会契约论》,何兆武译,商务印书馆2003年版,第47、48页。
② 〔美〕伯尔曼:《法律与宗教》,梁治平译,商务印书馆2012年版,第53页。
③ 〔美〕E.博登海默:《法理学:法律哲学与法律方法》,邓正来译,中国政法大学出版社2004年版,第369、387页。
④ See David Hume, *A Treatise of Human Nature*, Oxford: Clarendon Press, 1896, p.474.

性的光辉与力量,因为"人类不好单一和孤独,而是在它产生于世后,即使万物丰裕,也不……""人们互相联合起来是因为人的天性不好孤独,而是喜好共处和联盟"①。

　　法律与道德的关系一直是法学理论的难题,古今中外思想家们争鸣不断。二者的关系主要表现为:一方面,道德是法律的基础,一般而言,违反了法律也即违反了道德;另一方面,道德与法律具有相对独立性,是两个相互联系而又相互独立的社会规范体系。"法律调整人们的外部关系,而道德则支配人们的内心生活和动机。""道德是自律的(产生于人的内心),而法律则是他律的(从外界强加于人的)。"②法律至上并不否定道德作用,法律至上与充分发挥道德作用并不矛盾。对个体而言,法律至上要求在道德与法律发生冲突时,必须依照法律判断作出行为;对国家而言,良法善治必然要求法律的制定与实施立足社会道德基础。德法共治是中国古代治国理政的成功经验,也是中华传统法文化的精髓,坚持依法治国和以德治国相结合是中国特色社会主义法治的鲜明标识。我国《宪法》第24条规定,国家倡导社会主义核心价值观,提倡爱祖国、爱人民、爱劳动、爱科学、爱社会主义的公德。

　　德国著名法学家萨维尼指出:"法服务于道德,但服务的方式并非执行道德的诫命,而是保障内在于所有人意志中的道德力量的自由展开。但法的存在是独立的,由此,如果在个别情形中有可能出现实际存在之权利的不道德行使,那么这里并不存在任何矛盾之处。"③英国实证主义法学家约翰·奥斯丁认为,从广义的角度来看,法包括了准确意义上的法,以及非准确意义上的法。人们可以将这些广义而言的法,相应地划分为如下四类:第一,神法或者上帝法,即上帝对人类设定的法;第二,实际存在的由人制定的法,即我们时常径直而且严格地使用"法"一词所指称的规则,这些规则构成了法哲学的真正对象,以及具体法理学的真正对象;第

---

①〔古罗马〕西塞罗:《论共和国 论法律》,王焕生译,中国政法大学出版社1997年版,第39、40页。
②〔美〕E. 博登海默:《法理学:法律哲学与法律方法》,邓正来译,中国政法大学出版社2004年版,第387、388页。
③〔德〕萨维尼:《当代罗马法体系Ⅰ》,朱虎译,中国法制出版社2010年版,第257—258页。

三,实际存在的社会道德,即实际存在的社会道德规则,或实际存在的社会伦理规则;第四,隐喻意义上的法,或者比喻意义上的法,亦即人们仅仅在隐喻或比喻的意义上使用"法"一词所指称的对象。毫无疑问,神法以及实际存在的由人制定的法,属于人们所说的准确意义上的法。①

总之,国家治理尽管需要借助多元规范的调整,如道德、习俗、宗教等,以形成国家治理下的多元秩序格局。但无论国家治理中所借助的多元规范也罢,经由多元规范调整所形成的多元秩序也罢,都是法律调整射程之内的事,而不是远在法律调整的射程之外。国家治理的基本使命就是依法治理,法律是国家治理的最高规范,也是对社会关系和其他社会规范具有全射程、全覆盖效力的规范;国家治理的最高秩序是法治秩序,其他社会规范所缔造的秩序,都是法治秩序的题中应有之义。唯有如此,才有所谓法治,才有所谓法治国家和法治社会,否则,法治只能被形形色色的其他治理所洞穿,法治大厦也难免因不当需要而被毁于蚁穴。②"法治的特殊地位并不意味着遵循它毫无道德的重要性。恰恰相反,遵守法治也是道德上的德性:当为使法律能够履行有用的社会功能成为必要时,它就成为一个道德要求。正如当造一把刀子是出于道德所要求时,制造刀子就具有了道德重要性。对法治来说,这意味着它在事实上总是具有伟大的道德价值。"③

(二)法律正义

正义或不正义不是虚幻的哲学概念,人生而平等,并无贵贱之分。思想家们的表达通俗易懂:"一个人对另一个人的行为的真正标准是正义。""正义要求我站在公正的旁观者的立场来看待人间关系,而不对自己的偏爱有所留恋。正义是一个最具有普遍性的原则,它在一切可能影响人类幸福的事情上都规定出一种明确的行为方式。""在同每一个人的幸福有

---

① 参见〔英〕约翰·奥斯丁:《法理学的范围》(中译本第二版),刘星译,北京大学出版社 2013 年版,第 1 页。
② 参见谢晖:《法律至上与国家治理》,载《比较法研究》2020 年第 1 期。
③ 〔英〕约瑟夫·莱兹:《法治及其德性》,郑强译,载《公法》(第二卷),法律出版社 2000 年版,第 101 页。

关的事情上,公平地对待他,衡量这种对待的唯一标准是考虑受者的特性和施者的能力。所以,正义的原则,引用一句名言来说,就是'一视同仁'。"①公平正义既是法律的生命和灵魂,也是实现社会正常运行的价值基础。法治国家一定是以人的尊严为核心的正义国家。法律至上性与正义性统一蕴涵于法治之中,法律至上解决的是法治形式问题,法律正义解决的是法治的实质问题;在法律规则管辖的公共领域,不侵犯他人权利,维护基本正义,是法治最为根本的要求。恩格斯指出:"一切人,或至少是一个国家的一切公民,或一个社会的一切成员,都应当有平等的政治地位和社会地位。"在罗马帝国时期,虽然谈不上一般人的平等,但"至少对自由民来说产生了私人的平等,在这种平等的基础上罗马法发展起来了,它是我们所知道的以私有制为基础的法的最完备形式"。②平等是正义的基础,平等观念是法律产生的前提。

　　古希腊政治思想家柏拉图和亚里士多德都曾提出法律必须是良法,法律的执行必须符合自然法,必须符合公平正义的思想。亚里士多德指出,"人类由于志趋善良而有所成就,成为最优良的动物,如果不讲礼法、违背正义,他就堕落为最恶劣的动物";"城邦以正义为原则。由正义衍生的礼法,可凭以判断[人间的]是非曲直,正义恰正是树立社会秩序的基础";"政治学上的善就是'正义',正义以公共利益为依归";"相应于城邦政体的好坏,法律也有好坏,或者是合乎正义或者是不合乎正义","而法律的实际意义却应该是促成全邦人民都能进于正义和善德的[永久]制度";"要使事物合于正义(公平),须有毫无偏私的权衡;法律恰恰正是这样一个中道的权衡"。③古罗马法学家西塞罗指出:"阐释'法律'(Lex)这一术语本身可以清楚地看出,它包含有公正、正确地进行选择(Legere)的意思。""法律的制定是为了保障公民的福祉、国家的繁昌和人们的安宁而

---

① 〔英〕威廉·葛德文:《政治正义论》(第一卷),何慕李译,商务印书馆1980年版,第11—12、84页。
② 参见恩格斯:《反杜林论》,载《马克思恩格斯选集》(第三卷),人民出版社2012年版,第480—481页。
③ 参见〔古希腊〕亚里士多德:《政治学》,吴寿彭译,商务印书馆1965年版,第9、138、148、169页。

幸福的生活。"①法律正义在法治国家中占有重要地位,可以设想,如果人们所普遍遵守的法律本身是非正义的恶法,自然这样至高无上的法律则只会助桀为虐,这就与法治国家的要求背道而驰。因此,查士丁尼的《法学总论》开宗明义,第一卷第一篇即"正义和法律":法学"是关于正义和非正义的科学。""正义是给予每个人他应得的部分的这种坚定而恒久的愿望。""法律的基本原则是:为人诚实,不损害别人,给予每个人他应得的部分。"②

所以,亚里士多德认为,"城邦不仅为生活而存在,实在应该为优良的生活而存在";"政治团体的存在并不由于社会生活,而是为了美善的行为"。一切社会团体建立的目的都在于完成某种"善业",求得某种"善果";城邦建立的目的是达到最高而最广的"善业","必须以促进善德为目的",谋求至高而广泛之"善果"。城邦的善即正义,"以城邦整个利益以及全体公民的共同善业为依据"。城邦以正义为原则,"最严格地遵守平等原则",具有民主精神的特征,国家以最高的善为目的。③卢梭指出:"事物之所以美好并且符合秩序,乃是由于事物的本性所使然而与人类的约定无关。一切正义都来自上帝,唯有上帝才是正义的根源;但是如果我们当真能在这种高度上接受正义的话,我们就既不需要政府,也不需要法律了。毫无疑问,存在着一种完全出自理性的普遍正义;但是要使这种正义能为我们所公认,它就必须是相互的。然而从人世来考察事物,则缺少了自然的制裁,正义的法则在人间便是虚幻的;当正直的人对一切人都遵守正义的法则,却没有人对他也遵守时,正义的法则就只不过造成了坏人的幸福和正直的人的不幸罢了。因此,就需要有约定和法律来把权利与义务结合在一起,并使正义能符合于它的目的。"④

正义是法律的首要价值,也是评判或检验法律优劣、良恶的标准。判断法律优劣、良恶的标准固然很多,不同时代、国家和不同的法律创制者,

---

① 〔古罗马〕西塞罗:《论共和国 论法律》,王焕生译,中国政法大学出版社1997年版,第219页。
② 〔罗马〕查士丁尼:《法学总论——法学阶梯》,张企泰译,商务印书馆1989年版,第5页。
③ 参见〔古希腊〕亚里士多德:《政治学》,吴寿彭译,商务印书馆1965年版,第137—201页。
④ 〔法〕卢梭:《社会契约论》,何兆武译,商务印书馆2003年版,第45页。

差不多都有自己的标准体系,但无论如何,正义总是这种标准体系中不可缺失的一个标准。当代美国著名哲学家、政治学家罗尔斯指出:"正义是社会制度的首要德性,正像真理是思想体系的首要德性一样。一种理论,无论它多么精致和简洁,只要它不真实,就必须加以拒绝或修正;同样,某些法律和制度,不管它们如何有效率和安排有序,只要它们不正义,就必须加以改造或废除。"①在法律中引入正义,便能促成良法、善法的产生;而在法律中摒弃正义,法律便会沦为恶法或劣法。恰如美国当代著名法理学家博登海默所言:"正是正义观念,把我们的注意力转到了作为规范大厦组成部分的规则、原则和标准的公正性与合理性之上。秩序,一如我们所见,所侧重的乃是社会制度和法律制度的形式结构,而正义所关注的却是法律规范和制度性安排的内容、它们对人类的影响以及它们在增进人类幸福与文明建设方面的价值。"②

"最神圣的正义法律就是那些保护我们邻居的生活和人身安全的法律;其次是那些保护个人财产和所有权的法律;最后是那些保护所谓个人权利或别人允诺归还他的东西的法律。"③"法律本身所固有的道德,蕴含在固持一般规则的概念之中的正义原则,都可以在不考虑宗教价值或宗教识见的情况下为道德哲学家们所理解。"④正义是法治的基础,也是法治的目标,但对于什么是正义却意见纷纭,同时这也是法治实践的难题。正义是一个抽象艰深、含义广泛、内容丰富的词汇,甚至有学者认为,正义是一个不可认识、不可解释的概念。奥地利法学家凯尔森指出:"常有一种讲法:的确有一个自然的、绝对善良的秩序,但却是先验的因而是不能理解的;的确有正义这样一种事物,但却是不能明确界说的。这种说法本身就是矛盾。事实上,这只是对一个痛苦事实的委婉说法,即正义是一个人

---

① 〔美〕约翰·罗尔斯:《正义论》(修订版),何怀宏等译,中国社会科学出版社 2009 年版,第 4 页。
② 〔美〕E. 博登海默:《法理学:法律哲学与法律方法》,邓正来译,中国政法大学出版社 2004 年版,第 261 页。
③ 〔英〕亚当·斯密:《道德情操论》,蒋自强等译,商务印书馆 1997 年版,第 103 页。
④ 〔美〕伯尔曼:《法律与宗教》,梁治平译,商务印书馆 2012 年版,第 29 页。

的认识所不能接近的理想。"①

在希腊语中,公正与维护法律秩序的意义密不可分,公正的在其词义上,就是符合法律的、遵守法律的。因此,亚里士多德认为:"公正的也就是守法的和平等的;不公正的也就是违法的和不平等的。"②亚里士多德对正义或公正的论证,主要应用于人的行为,至今仍被学术界(特别是哲学、政治学、法学界)奉为经典论述。公正是贯彻一切德行的最高原则,个人道德要依靠它,社会道德要依靠它。也许这不仅是亚里士多德个人的创见,而是古代人的普遍认识和普遍道德规范,如古希腊人、古埃及人、古印度人、古希伯来人。中国法家始祖管仲讲"礼义廉耻",墨子讲"贵义",也是承认义或公正为百德之王;③"法平如水""法不阿贵"等,都表达了同样的思想。在近现代西方思想家的理论中,正义的概念越来越多地被专门用作评价社会制度的一种道德标准,"正义是社会制度的首要德性,正像真理是思想体系的首要德性一样。一种理论,无论它多么精致和简洁,只要它不真实,就必须加以拒绝或修正;同样,某些法律和制度,不管它们如何有效率和安排有序,只要它们不正义,就必须加以改造或废除。"④也就是,法律或良法首先要以正义为价值核心,法律制度应当以公平正义等价值理念为其正当性的来源,并且以实现公平正义为其主要目标。当代政治哲学家罗尔斯长期专注于社会正义问题,潜心构筑一种理想性质的"公平的正义"(justice as fairness)学说,以数十年学术之功,在《正义论》中熔铸了一个内容广泛而又精致细密的正义理论体系。

亚里士多德的老师、西方哲学奠基者、理想主义始祖柏拉图对"正义"的系统论证、形塑打磨具有开创性。柏拉图以善的理念为指引,把正义作为理想政制的标准,以正义论为政治哲学基础构建了理想城邦善的和智慧生活的美好图景,在《理想国》中详实记述了智者们关于正义以及正义

---

① 〔奥〕凯尔森:《法与国家的一般理论》,沈宗灵译,中国大百科全书出版社1996年版,第13页。
② 〔古希腊〕亚里士多德:《尼各马可伦理学》,廖申白译注,商务印书馆2003年版,第141页。
③ 同上书,"序"第13页。
④ 〔美〕约翰·罗尔斯:《正义论》(修订版),何怀宏等译,中国社会科学出版社2009年版,第3页。

于城邦政治生活的深入对话；克法洛斯认为，正义就是讲真话、有话实说，欠债还钱、有债照还。玻勒马霍斯发挥西蒙尼得的观点，提出"正义就是'把善给予友人，把恶给予敌人'"。而在苏格拉底（对话中的智者之一）看来，正义是人的德性，比金子的价值更高，它牵涉每个人一生的道路问题，"是一个人该怎样采取正当的方式来生活的大事"；"正义就是给每个人以适如其份的报答"，即给每个人以公平对待；正义是智慧与善，不正义是愚昧无知，是一种恶、一种不道德；正义者是快乐的，不正义者是痛苦的；善的城邦国家具有的美德，"一定是智慧的、勇敢的、节制的和正义的"，正义是国家建立的总原则——每个人在国家内做他自己份内的事，人的灵魂有理智、激情、欲望三种品质，"我们每一个人如果自身内的各种品质在自身内各起各的作用，那他就是正义的，即也是做他本份的事情的"，"各起各的作用"就是理智起领导作用，激情服从和协助理智，并由二者共同克制欲望，三者彼此和谐；"不正义、不节制、懦怯、无知，总之，一切的邪恶，正就是三者的混淆与迷失"；人的灵魂有理性、理智、信念和想象四种状态，"根据理性的指示决定下一步的行动应该是最善之道"；"让我们永远坚持走向上的路，追求正义和智慧"，走正义之路。①

正义理念是一切正义制度和正义行为的源泉，现实中的法律和行为是正义理念的具体践行，现实中的法律与理想中的法律可能永远存在差距，但消除贫困、饥饿、不平等和社会不公正，构建以包容和谐、民主自由、公平公正为核心要素的法治型秩序，是人类社会的永恒理想。"总的说来，毫无疑问，正义在全世界各国人民之间基本是相同的，因为人性无论在什么地方差不多都是相同的，但是仍然不难看出，至少在正义的运用中，利益的原则会随着人们所过生活的不同而或多或少有所不同。因之，对某个国家的人说来是错误的事情，对另外一个国家的人说来可能是正确的。由于同样原因，一项法律原来也许是公正的，因为它有助于人们的交往，但随着条件的改变它就可能变成错误的。总之，检验法律和政治制度是否公正完全要看它们是否有益；只要它们能满足安全的需要并使相

---

① 参见〔古希腊〕柏拉图：《理想国》，郭斌和、张竹明译，商务印书馆1986年版，第5—43、144、154、169—170、173、271—276、403、426页。

互交往变得更可靠和更容易,它们就符合公正一词的最明确的意义。"①

平等是公正的前提,公正包含着平等,没有平等就不可能有公正,没有平等公正,正义也就无从谈起。"一个社会体系的正义,本质上依赖于如何分配基本的权利义务,依赖于在社会的不同阶层中存在着的经济机会和社会条件。"②人类在 21 世纪的今天,不同社会对平等的定义和实现途径的分歧仍然客观存在,但平等的意识、平等的观念已经深入人心,故在理念上,现代社会已经把平等确立为一项重要和基础的组织原则,没有一个社会或政权公开宣称追求不平等,或把建立不平等的社会作为目标。所以,尽管平等的现实并不尽如人意,利益集团利用制度程序和规则漏洞光明正大地谋取私利、合法地损害公平公正,但追求平等、不断完善法治,推动社会正义和机会平等,建立维护人的自由与尊严的民主法治制度,落实建设包容和公平社会的理念,实现公平正义,是绝大多数国家的基本共识;法律要保护权利,更倾向对弱者的保护,有常识的温情,对霸权的不妥协,是法治精神的核心所在。譬如,生存是享有一切权利的基础,对困难群体免受强势霸凌、剥削的保护,对社会慈善的倡导、引导,便是最可行、易行的道德和法律底线。2020 年,中国政府在打赢脱贫攻坚战的同时,明确提出更好满足人民对美好生活的向往,"扎实推动共同富裕"。世界瞩目、全球关注,这是中国共产党以人民为中心执政理念和执政追求的生动实践。贫富不均、两极分化,既不公平也不正义,促进共同富裕就是要消除两极分化,促进社会公平正义。习近平强调:"我们要以更大的力度、更实的措施保障和改善民生,加强和创新社会治理,坚决打赢脱贫攻坚战,促进社会公平正义,在幼有所育、学有所教、劳有所得、病有所医、老有所养、住有所居、弱有所扶上不断取得新进展,让实现全体人民共同富裕在广大人民现实生活中更加充分地展示出来。"③

---

① 〔美〕乔治·霍兰·萨拜因:《政治学说史》(上册),盛葵阳、崔妙因译,商务印书馆 1986 年版,第 39 页。
② 〔美〕约翰·罗尔斯:《正义论》(修订版),何怀宏等译,中国社会科学出版社 2009 年版,第 6 页。
③ 习近平:《在第十三届全国人民代表大会第一次会议上的讲话》(2018 年 3 月 20 日),载《人民日报》2018 年 3 月 21 日。

需要强调的是,马克思主义法治理论高度重视法律正义,马克思主义创立者马克思从唯心主义到唯物主义的"革命性转变",可以说就是从对法律本质的深刻认识开始的。青年马克思求学时深受黑格尔法哲学思想影响,是虔诚的唯心论者,博士毕业进入社会后,第一份工作是《莱茵报》编辑,让他有更多机会接触劳苦大众、了解基层社会,对社会现实的认识和理解不断深化,特别是参与《林木盗窃法》法案讨论的经历给马克思上了生动的一课。当时的莱茵省议会正在讨论《林木盗窃法》法案,目的是要惩罚那些到森林里捡枯枝的穷苦农民,因为在林木所有者看来,未经允许私自捡拾森林里的枯枝就是盗窃。但是,农民祖祖辈辈都是靠捡拾枯枝来生火做饭、维持生计,想不到现在枯枝成了林木所有者的私有财产。农民的生计与林木所有者的个人利益发生冲突的时候,法律应该如何取舍?依照黑格尔的国家和法律是"理性"的化身,普鲁士政府就是这样的"理想国家",它会永远坚持公平正义,代表绝大多数人的利益。但《林木盗窃法》却坚定地站在了林木所有者一边,这让马克思非常愤怒,抨击莱茵省议会的立法。

马克思认为,农民捡拾地上的枯枝,是大自然赋予农民的正当权利,可现在社会上的小部分人要把公共财产据为己有,而且还要立法来惩罚农民,这不仅伤害了农民的利益,也伤害了法律公平公正的精神。"法律不应该逃避说真话的普遍义务。法律负有双重的义务这样做,因为它是事物的法理本质的普遍和真正的表达者。因此,事物的法理本质不能按法律行事,而法律倒必须按事物的法理本质行事。但是,如果法律把那种未必能叫作违反林木管理条例的行为称为盗窃林木,那么法律就是撒谎,而穷人就会成为合法谎言的牺牲品了。"[①]经过这次的实践论战,马克思清醒地意识到,普鲁士政府并不是黑格尔国家学说的"理想国家","绝对精神"也很不可靠,它只代表私有者的利益,在阶级社会或私有制条件下,所谓的法律只不过是私有者维护自己利益的工具。"因为私有财产没有办法使自己上升到国家的立场上来,所以国家就有义务使自己降低为私有

---

① 马克思:《第六届莱茵省议会的辩论》(第三篇论文),载《马克思恩格斯全集》(第一卷),人民出版社1995年版,第244页。

财产的同理性和法相抵触的手段。私人利益的空虚的灵魂从来没有被国家观念所照亮和熏染,它的这种非分要求对于国家来说是一个严重而切实的考验。如果国家哪怕在一个方面降低到这种水平,即按私有财产的方式而不是按自己本身的方式来行动,那么由此直接可以得出结论说,国家应该适应私有财产的狭隘范围来选择自己的手段。"①

(三) 权力制约

权力"是人类关系中不可避免的,而且它深深影响着我们的生活或工作,甚至包括我们开哪种车、看哪种电视、追求哪种希望。影响之广之深超过我们的想象。可以这么说,人类就是权力的产物"。② 权力无处不在,权力随时存在,人类社会发展史就是一部权力扩张进步史、权力文明演进史。单独的个人之所以会放弃部分自由结成社群,进而组建国家,一个重要的原因就在于,人们期待借助集体力量即公共力量摆脱风险或个体在突发风险面前脆弱无力的命运。因此,权力作为人与人或人与组织之间的一种特殊影响力,是个体或公共意志的体现。依据权力的属性,权力可有多种理论分类,如公权力(政府)、私权力(市场)和共有权力(社会);政治权力、经济权力、社会权力;个体权力、公共权力;等等。公权力体现公共意志,维护公共秩序,保障公共利益;公权力具有公共性、公开性,要求权力依法行使,不搞法外特权、不行法外特例。社会存在不可能没有权力即公共权力,但权力是"双刃剑":善用,和谐社会、造福人民;滥用,腐败丛生、贻害无穷。国家有效治理,社会有序运转,都离不开权力的保障。公权力是维护公平正义的工具,是公共秩序、社会和谐的纽带,国家治理、社会运行需要权力维系,没有权力的支撑、保障,一切政治理念、公共治理只能是臆想。同时,权力也是腐蚀剂、腐败的催化剂,权力的腐蚀性、人性的弱点和贪欲,要求必须以法划定权力边界、确定权力行使规则、建立权力制约机制,否则,权力必将滋生腐败,必定异化成为谋私的工具,从而引发

---

① 马克思:《第六届莱茵省议会的辩论》(第三篇论文),载《马克思恩格斯全集》(第一卷),人民出版社1995年版,第261页。
② 〔美〕阿尔文·托夫勒:《权力的转移》,吴迎春、傅凌译,中信出版社2006年版,第3页。

社会对立,破坏社会和谐安定,严重危害政治稳定。从王土王臣到分权制衡,再到民主选举,民本民权意识的不断提升,一直是人类社会进步、政治文明发展的主线。

早在古希腊城邦国家时期,亚里士多德曾提出深刻睿见:法律的统治是最好的统治,法律可以控制权力行使流弊,防范政治腐败。① 所以说,人类公共生活需要权力,也必须制约权力,这就是权力存在的辩证法。把权力关进制度的笼子,是文明社会的核心价值和人民幸福的牢固基石。国家治理体系本质上就是要致力于构建一套政府职能科学定位、政府权力边界清晰以及公共权力不缺位、不错位和不越位(即严格依法而治)的规则体系。公权力乃公器,腐败是权力光环的阴暗面,权力偏离正确轨道,无论是滥用职权、以权谋私的积极腐败,还是推诿塞责、失职渎职的消极腐败,都背离权力本质,将给人民利益带来巨大损害。任何法治国家的生成,都发端于思想家们对国家政治权力的忧虑与有效控制的思想智慧,即权力制约或曰以权力制约权力的法律制度设计,直至当下探索的脚步仍未停止、还在进行时。"当权力意志在社会上表现出来时,它总是会同一个在重要性和力量上与其相当甚或超过它的组织原则——法律意志(the will to law)——相碰撞并受到这种原则的反击和限制。权力意志根植于支配他人并使他人受其影响和控制的欲望之中,而法律意志则源于人类反对权力冲动的倾向之中,即要求摆脱他人专断统治的欲望。法律制度最重要的意义之一,就是它可以被视为是一种限制和约束人们的权力欲的一个工具。在相当多的文明社会里,法律为防止压制性的权力(无论是私人权力还是政府权力)的扩张所作的努力已经取得了一定程度的成功,这种说法看来是颇有道理的。"②

权力不一定导致腐败,但不受监督和制约地行使权力必然滋生腐败。"如果你爱他,就送他去美国,因为那里是天堂;如果你恨他,也送他去美

---

① 参见〔古希腊〕亚里士多德:《政治学》,吴寿彭译,商务印书馆 1965 年版,第 162—164 页。
② 〔美〕E. 博登海默:《法理学:法律哲学与法律方法》,邓正来译,中国政法大学出版社 2004 年版,第 377 页。

国,因为那里是地狱。"① 在近代西方政治法律思想史中,以英国政治思想家霍布斯为代表的早期启蒙思想家摆脱神学桎梏,推翻君权神授说,运用人性论阐释国家、思考政府,基于人性本恶、自私自利、残暴好斗,以"利维坦"作比喻论证了强有力国家和政府对于维护社会秩序、避免"战争状态"的必要性。其后,不同时期的政治哲学家们以此为衣钵,"国家是一种必要的恶"被奉为圭臬。霍布斯的国家理论学说(包括无神论、人性论、社会契约论以及国家的本质和存在价值等)对洛克、孟德斯鸠、卢梭等产生重大影响,成为三权分立学说的思想渊源、共同理论营养。思想家们虽然对人性善恶的认知可能有差异(如人性恶是孟德斯鸠国家权力理论的出发点,而人性善、社会恶是卢梭国家权力理论的出发点),但权力必须监督,却是高度的共识。美国独立革命之父、"人类权力最雄辩的辩护者"托马斯·潘恩(Thomas Paine)指出:"社会是由我们的欲望所产生的,政府是由我们的邪恶所产生的";"社会在各种情况下都是受人欢迎的,可是政府呢,即使在其最好的情况下,也不过是一件免不了的祸害;在其最坏的情况下,就成了不可容忍的祸害"。② 在当代,意大利那不勒斯费德里科二世大学学者 Vincenzo Alfano 以"国家与黑手党的异同"为主题,通过对现代政府与黑手党的实证比较研究,明确指出两者并没有什么不同,政府就是合法化的黑社会组织。③ 因此,制约权力、防范政治腐败,是人类政治生活的基本法则。

"权力是一切政治不可或缺的工具,同时因此是一切政治的动力之一。"④对权力实行有效制约是人类理性在政治生活中的必然选择,现代法治在不断认识权力、驾驭权力、驯服权力的过程中产生并日臻完善。人类政治史的演进表明,权力先于法治而存在。权力的产生虽然无法准确考

---

① 改写自电视剧《北京人在纽约》开篇台词。
② Government, even in its best state, is but a necessary evil; in its worst state, an intolerable one. 该句也译为:"政府,即使在其最好的状态下,也只是一种必要的恶,而在最糟糕的情况下,这是一种无法忍受的状态。"参见〔美〕托马斯·潘恩:《常识》,马清槐译,商务印书馆2015年版,第1页。
③ See Vincenzo Alfano, State and Mafia, Differences and Similarities, *Studia Humana*, Volume 4: 1(2015).
④ 〔德〕马克斯·韦伯:《学术与政治》,钱永祥等译,上海三联书店2019年版,第265页。

证，但至少有上万年的历史，因为可以完全肯定，人类自从有了政治组织，也就开始有了权力。而法治则是人类走向文明，在不断驯服权力的进程中发展起来的，即伴随着人类生产力的进步，经济社会发展到一定程度之后，政治生活中才可能有规范权力行使、制约权力滥用、反抗权力剥削的思想与制度出现，是故法治发展到今天也只有一千年左右的时间。所以，实现对权力的有效制约是法治国家的前提和基础，法治全面发展才能有空间。可见，驯服权力、制约权力，防范权力异化，确保权力配置科学、运行高效、行使正确、监督有力，是法治国家生成的逻辑起点。如法国宪法规定，"总理组建政府并向国家元首（即总统）提出建议，然后由国家元首任命部长"；组阁前，除总统和总理需要就人选达成一致外，还必须进行税务状况、犯罪记录、资产申报和利益冲突等层层审查。

"没有权力，便不可能存在任何家庭、市民社会、种族、整个人类，也不可能存在整个物质自然界和宇宙本身。须知即使是宇宙，也都服从于神明，大海、陆地听命于它，人类生活听从最高法律的命令。"[1]应当承认，学界对权力的认识尚未达成共识。丹尼斯指出："权力一直是人人使用而无须适当定义的字眼。人们可以从不同的视角予以不同的回答：如从权力来源视角将权力解释为神的意志或人民公意等；从权力的功能视角将权力解释为强制力量、国家暴力等；从权力范围视角因政治权力与社会权力之不同而分别解释权力等。"同时，他从社会学角度对权力进行了界定，认为在社会科学文献中，虽然有几百种或许几千种社会权力定义，或一些人控制另一些人的权力定义，但只要合乎理智，就没有理由不尽量利用比较熟悉、比较简单的定义。因此，他主张采用稍加修改的罗素定义，即权力是某些人对他人产生预期效果的能力，具体包括权力的有意性、权力的有效性、权力的潜在性、权力关系的单向性或非对称性、权力产生效果的性质等。在这里，丹尼斯运用哲学、伦理学、心理学和政治学理论，立足于当代实际的政治、社会及历史阶段对权力作出了自己的解释。[2]

---

[1] 〔古罗马〕西塞罗：《论共和国 论法律》，王焕生译，中国政法大学出版社1997年版，第255页。
[2] 参见〔美〕丹尼斯·朗：《权力论》，陆震纶、郑明哲译，中国社会科学出版社2001年版，第3页。

权力即力量,是一种让他者服膺、服从的力量。权力是社会政治生活中普遍存在的社会现象,一般是指政治上的强制力、影响力,或岗位职责范围内的支配力量和行为能力,广义上泛指人与人(组织)之间的一种直接或间接特殊影响力、控制力。权力研究存在于社会学、政治学、心理学等多个领域,在社会中有社会权力、在政治上有政治权力。但无论从什么视角来定义权力,其中都会包含资源、优势、影响、支配、力量等核心要素。当代社会思想家、《第三次浪潮》作者阿尔文·托夫勒认为,权力是一种有目的地支配他人的力量,暴力、财富和知识构成权力的三种表现形式,是权力的基本源泉,三者决定社会中的权力分配。暴力或强制力是最简单最直接体现权力的方式,暴力、胁迫是一种低品质的权力形式,缺乏弹性、灵活性,只能用于处罚,并且风险很大;财富则不仅可以用于胁迫和惩罚,还可用于奖赏,比暴力灵活多样,这是一种中级品质的权力;高质量的权力来自知识的运用,用最少的资源、最高的效率达成目标,既可用于奖惩、劝说甚至转化,譬如化敌为友,扩充武力和财富,也能减少达到某个目的所需的武力和财富的数量。所以,从最广泛的意义上来说,权力可以被界定为特定主体因为拥有一定的资源或者优势而能影响或支配(控制)他人的力量。[1]

权力是政治学、法学广泛使用的核心概念,"政治权力,即国家的权力"[2]。政治学、法学所探讨的权力,主要是政治与法律层面上的国家权力即政治权力,表现为以国家为后盾对公民和社会组织产生影响或支配的力量,如资源的占有或分配、法律的制定与推行等。学理上依据权力性质或国家机关职能分工,作为公共权力的政治权力通常有立法权、行政权、司法权和监察权的基本划分。权力与财产占有相随,与资源分配、财富拥有相伴;政治权力以经济权力为基础,是社会经济发展到一定历史阶段的产物;政治权力是社会最重要、最直接的权力,是以国家力量、国家资源为

---

[1] 参见〔美〕阿尔文·托夫勒:《权力的转移》,吴迎春、傅凌译,中信出版社2006年版,第9—14页。

[2] 马克思:《道德化的批评和批评化的道德》,载《马克思恩格斯全集》(第四卷),人民出版社1958年版,第330页。

基础,以国家强制力为保障,以控制、支配、指引为手段,对公民和社会组织行为产生影响的能力。政治权力以政府自身控制资源为前提,但并不以管控为最终目的。权力建立在社会关系之上,而社会关系的基础必须是具有一定行为能力和意思能力的主体,以及他们的生存和发展。由此不难发现也不难理解,权力的本质是人与人的关系,而不是人与物的关系。权由法定,权依法行,在法治国家,权力是政治合法性的体现。

政治权力具有最高强制力和普遍性。政治权力的普遍性和最高强制力,意味着对社会或个人利益影响更为彻底、全面和顽强。权力的前提是服从,强制力意味着如果对权力不服从,其后果将是被强制服从,或者要付出一定的代价。强制力的形式多种多样,既有看得见的军队、法庭、警察、监狱等国家暴力机器,也有看不见的其他方式,如被剥夺财产、某种资格或社会舆论打压等。政治权力的最高强制力是在所有权力中以最具组织性、物质力量为强大保障的国家机器所实现的权力形态,权力主体拥有最大支配和左右权力所指向对象的可能性,而权力对象遭受意志压抑和利益损失,处在最弱抵抗力的地位。具体在现实生活中,国家权力往往打着合法性旗号,以暴力任意侵害权力所指向对象的利益,而受国家权力侵害者很难寻找权利救济途径。同时,在一般的政治或社会治理中,暴力都是常见的,有时还是必须的,但在古代社会,暴力的规则性较弱,现代法治民主制度使暴力越来越规则化,即有边界、可预期,并影响到国际关系。因此,国家权力滥用造成的损害远远大于其他权力造成的损害,常见的譬如司法领域的冤假错案。

政治权力具有无限扩张性与膨胀性。早在1748年,法国启蒙思想家孟德斯鸠就深刻阐释了对权力的独特认知:"一切有权力的人都容易滥用权力,这是万古不易的一条经验。有权力的人们使用权力一直到遇有界限的地方才休止。"①博登海默也指出:"不受制约的政治权力乃是世界上最具动力的、最肆无忌惮的力量之一,而且滥用这种权力的危险也是始终存在的。""一个被授予权力的人,总是面临着滥用权力的诱惑,面临着逾

---

① 〔法〕孟德斯鸠:《论法的精神》(上册),张雁深译,商务印书馆1961年版,第154页。

越正义和道德界线的诱惑。'人们可以把它比作附在权力上的一种咒语——它是不可抵抗的'。"①前面已述,国家权力具有腐蚀性、破坏性,绝对权力使人疯狂,必然产生绝对腐败。19世纪英国著名自由主义大师阿克顿更是一针见血地指出:"权力导致腐败,绝对权力导致绝对腐败。"②(Power tends to corrupt, and absolute power corrupts absolutely)在阿克顿看来,权力,不管它是世俗的还是宗教的,不管它是君主的还是人民的,都是一种堕落的、无耻的和腐败的力量。"在所有使人类腐化堕落和道德败坏的因素中,权力是出现频率最多和最活跃的因素。"③衡量任何一个政府具备不具备合法性的唯一尺度,就是看它的权力是否受到有效的限制或制约,一个拥有绝对权力的政府是不具有合法性的。

政治权力的上述属性决定了权力必须受到制约。把权力关进制度的"笼子里",一直是人类的伟大梦想,当然,只有在法治国家才能实现。法律有效制约权力是法治国家生成的逻辑起点,是人类法治进步的飞跃。但是,法律制约权力也面临着一对难以消解的矛盾:一方面权力需要法律制约,另一方面法律源自权力。法律制约权力,意味着权力在法律之下,法律在权力之上,权力必须听从法律的安排,依据法律行使;法律源自权力,则意味着权力在法律之上,法律在权力之下,法依权出、法随权动,听从权力安排,依权制定法律,法律的实施有赖于权力作为最后的保障,这就是权力制约的悖论:以权力制约权力。"例如,与封建时代彻底决裂的《拿破仑法典》,如果没有一个强有力的行政官施加压力,是否能被制定成法律,是颇值得怀疑的。"

"我们很难否认这样一个事实,即权力意志不论在个人生活还是在社会生活中经常都是一种强大的驱动力。在个人生活中,权力欲具有多种表现形式,这取决于有关个人的特有品质;它可能着力于获得政治和社会影响,获得金钱和财富,或征服女性。在社会生活中,群体间、阶级间及国

---

① 〔美〕E. 博登海默:《法理学:法律哲学与法律方法》,邓正来译,中国政法大学出版社2004年版,第376页。
② 也译:"权力使人腐败,绝对的权力绝对使人腐败。"
③ 〔英〕阿克顿:《自由与权力》,侯健、范亚峰译,商务印书馆2001年版,第342页。

家间为权力和支配权力所进行的斗争,乃是历史舞台上许许多多具有决定性事件的根源。在我们这个时代,权力在国际关系中的作用就得到了较为充分的体现。"①很自然,法治国家离不开权力,没有权力的保障,无政府主义、民粹主义必将畅行无阻,社会治理失序,民众生活艰难,法律无法制定,更不可能严格执行,法治国家永远只能是美好的愿景。"在民主国家里,人民仿佛愿意做什么就做什么,这是真的;然而,政治自由并不是愿意做什么就做什么。在一个国家里,也就是说,在一个有法律的社会里,自由仅仅是:一个人能够做他应该做的事情,而不被强迫去做他不应该做的事情。""自由是做法律所许可的一切事情的权利;如果一个公民能够做法律所禁止的事情,他就不再有自由了,因为其他的人也同样会有这个权利。"②

"被承认有权制定法律的个人或群体为法律而制定出来的任何东西,俱系法律。"③法律(制定法)是国家权力的产物,没有了权力后盾,绝无法律产生和存在可言。法之所以为法,完全是国家权力的结果,或者说,国家权力实际上成为法律的重要因素和不可分离的组成部分,离开国家权力,就无所谓法律。④当然,神学家与自然法学家们宣称法律来自上帝或自然理性,似乎与权力毫无关系,为法律披上了一层神秘的面纱。随着人类理性的觉醒,祛魅时代已经来临,法律背后的"上帝"早已失去了存在的理据。法律背后是国家权力,权力左右了法律,这是现代社会不得不承认的客观事实。由此似乎可以推导出权力至上而不是法律至上,法律无非是权力的工具。从人类历史演进来看,法律长期受到权力的支配,被少数掌权者玩弄于股掌之间。权力没有受到法律控制构成了专制社会的制度基础,人民也就没有了自由和权利可言。当人民的权利意识觉醒之后,必然会打碎权力支配一切的枷锁,走向法律制约权力的坦途。

法律的控权性,即法律对权力的制约与控制是法律的本质要求。"在

---

① 〔美〕E. 博登海默:《法理学:法律哲学与法律方法》,邓正来译,中国政法大学出版社2004年版,第371、374、375—376页。

② 〔法〕孟德斯鸠:《论法的精神》(上册),张雁深译,商务印书馆1961年版,第154页。

③ 〔英〕边沁:《道德与立法原理导论》,时殷弘译,商务印书馆2000年版,第370页。

④ 周祖成:《论权力与法律关系的和谐》,载《江苏省社会主义学院学报》2006年第1期。

纯粹和理念形式意义上,法律就是对权力的限制,以最大限度地降低权力滥用的可能性。"①法律制约权力是法律的内在要求,因为如果法律不限制权力,法律就没有存在的必要。在法治国家,法律必须对国家乃至私人的权力进行限制。假如国家权力没有得到制约,国家的权力就可以无限扩张,直至扩张到任何私人的领域空间,最终构成国家对私人乃至整个社会任何权利的主宰,进而形成国家专制独断——这就需要公法的存在;假如私人的权力没有得到制约,私人的权力同样可以无限扩张,直至扩张到国家任何领域,最终构成私人对国家任何权利的主宰,进而形成无政府主义——这就需要私法的存在。因此,法律存在的意义就在于维护国家与私人之间的权力均衡,一方面控制国家权力以防止专制主义的出现,另一方面控制私人权力以防止无政府主义的出现。法律以多种社会力量存在为前提,而各种社会力量相互制约关系维系于法律之中,构成法律的核心内容。所以说,法律的本质就是对权力的制约。

"政府的确既受法律又受人的统治。据说,法治意味着一切政府行为必须具有法律依据,必须被法律所授权。但这岂非同义反复?未经法律授权的行为不可能是作为政府的政府行为,它们一定不具有法律效力并常常是非法的。"②法律的控权性,即法律对权力的规范规制既是法治国家的本质要求,也是法治国家的本质特征。西方政治理论长期以来的一个基本共识是:"人类的恶行把政权强加在人类的头上,所以政权通常是人们的愚昧和错误的产物。""由于继续保存和加重了财产的不平均现象,政权助长了许多有害的情欲并刺激人们巧取豪夺和尔虞我诈。政权本来是应该制止非正义的行为的,但它的效果却是把非正义的行为具体化和永久化了。"③具体逻辑是,权力是人类一种必要的恶:它是必要的,因为社会安宁与良好秩序、服务公共事务、提供公共产品等都离不开权力;它是恶的,因为权力容易异化流变造恶,如权力寻租的贪污腐败、权力滥用的任

---

① Edgar Bodenheimer, Power and Law: A Study of the Concept of Law, *Ethics*, Vol. 50 No. 2 (1940).
② 〔英〕约瑟夫·莱兹:《法治及其德性》,郑强译,载《公法》(第二卷),法律出版社2000年版,第90页。
③ 〔英〕威廉·葛德文:《政治正义论》(第一卷),何慕李译,商务印书馆1980年版,第11页。

人唯亲、权力扩张的任意作为,直至引发战争等,无不是权力所引致。今天的人们不再怀疑更不会质疑,权力产生腐败,绝对权力导致绝对腐败,已经成为人类政治法律生活中公认的一条铁律,并将继续在政治生活中被反复验证。

当然,法律控制权力也早已引发学者的质疑。约翰·奥斯丁指出:法律是主权者的命令。"然而,即使主权者可以制定约束自己的法律,制定约束自己承继者的法律,主权权力不可能受到法律限制这样一种判断,依然会是放之四海而皆准的普遍真理,依然会是绝无例外的。""所有人类政府,终究是人的政府。如果没有人去建立政府,没有人让政府拥有实际的权力,人类的法律将是乌有之物,是不值得一提的,或者是废纸一堆,是形同虚设。"①霍布斯的观点明确坚定:与国家存在不相协调的论调之一,就是认为拥有主权权力的人是受国家法律约束的。主权者是不受国家法律约束的,或不受自己制定的法律所约束。因为如果他是受国家法律约束的,他就等于是在自己约束自己。这就不是约束了,相反,这是一种自由。"国家的主权者不论是个人还是会议,都不服从国法。因为主权者既有权立法废法,所以便可以在高兴时废除妨碍自己的法律并制订新法,使自己不受那种服从关系的约束;这样说来,他原先就是不受约束的。因为愿意不受约束就可以不受约束的人便是不受约束的。"②

以上西方思想家们的睿智和深刻洞见启迪人们,通过法律控制权力尤其是控制最高权力,实属人类的难题或国家治理的重大难题。而在中国古代政治思想中早就有一个很伟大的观念——人民有权利反抗腐败的政权,也是王朝更迭、新政权取代旧政权的理论指引和合法性基础。③古今中外政治思想家们制约权力的智慧与方法层出不穷,控制权力的手段多种多样,道德、宗教等人类早期智慧也仍在产生影响。但随着人类政治文明的发展,以权力制约权力、以权利控制权力等,成为现代政治法律制

---

① 〔英〕约翰·奥斯丁:《法理学的范围》(中译本第二版),刘星译,北京大学出版社2013年版,第306、383页。
② 〔英〕霍布斯:《利维坦》,黎思复、黎廷弼译,商务印书馆2009年版,第207页。
③ 参见林毓生:《中国传统的创造性转化》,生活·读书·新知三联书店1988年版,第90页。

度中控制权力选择的主要手段，无论以什么方式规范权力、控制权力，都离不开法律的要旨。需要警惕的是，如果权力可以随心所欲地变更法律，那么法律成了权力的附庸，制约权力也就是一句空洞的口号。对此，英国宪法学者戴雪给出的解决办法是："巴力门的主权运行所至，必归宿于法律主治，而法律主治不特要求巴力门出而运用主权，而且要求巴力门的主权以法律精神而运用。"虽然用法律的精神约束最高权力，显示了对最高权力约束的软弱性，可同时应该注意到，戴雪提出了最高权力（主权）固然可以创制法律，但法律稳定性要求法律一旦被创制出来，随即把法律转授给了司法者，主权者也就不能随便对法律进行修改了。"巴力门固然是一个至尊立法者，他的意志所表示即成法律，但法律一经制定，这种意志旋即让审判员为之解释。而当解释之际，审判员的见解不但受执政者的感情所感应，而且受常法原理所转移，于是，他们对于违异常法原理的法案所下解释往往不能尽同巴力门的意旨。"①这就是，被法律所确定的其他国家权力，也就必须依法而行。

法律对无限制行使权力设置障碍，保障权力行使、规制权力滥用是法律的基本目标与使命。"法律与赤裸裸的权力所具有的那些侵略性、扩张性倾向大相径庭，因为它所寻求的乃是政治和社会领域中的妥协、和平与一致。"②法律为权力设定明确的界限和行使程序，当权力超越边界和程序，权力构成违法或滥用，也就失去了存在的合法性，自然要受到法律的惩戒。人类政治实践表明，法律之所以是最有效的控制权力的手段，是由如下两个主要因素决定的：一是任何权力的行使一般地都是以法律作为根据的，并以法律作为权力行使的范式与轨迹；二是在制约权力的规范中唯有法律具有国家强制力做保证，并具有公认公知的特点。③ 至于创制法律的最高权力，自然属于全体人民，并通过一定的民主形式让人民行使这种权力。从这里可以看出民主与法治的关联和内在运行逻辑：民主（即主

---

① 〔英〕戴雪：《英宪精义》，雷宾南译，中国法制出版社2001年版，第420页。
② 〔美〕E. 博登海默：《法理学：法律哲学与法律方法》，邓正来译，中国政法大学出版社2004年版，第373页。
③ 参见卓泽渊：《法治国家论》，中国方正出版社2001年版，第63页。

权在民或曰人民当家作主)是法治的基础,法治是民主的保障。

综观西方政治法律思想史,关于权力制衡的学说,三权分立或以权力制约权力思想,在西方近代法治理论中有着重要地位。权力分立学说源于古代世界,从那里演化出了政府职能的思想,衍化出混合均衡政体的理论。① 远在古希腊就有了类似分权的讨论,柏拉图《理想国》所讲的"混合国家",之后亚里士多德在《政治学》中论以中等阶层来衡平寡头和平民势力的温和民主制,都与分权问题有关。孟德斯鸠以古代罗马以及资产阶级革命后的英格兰政制和实践经验作为法治国家样板,在继承博丹、洛克等前人国家学说和法学理论的基础上,创立了完整、系统的三权分立学说,全面论证了法治国家三权分立的政体,深刻阐释了三权分立与自由、民主和法治的关系:任何形式的权力分立思想都与专制无缘,某种形式的权力分立对一个民主制来说是必不可少的,立法权、行政权和司法权不仅必须各自独立,也应当彼此制约;否则,当三种权力或三种权力中的两种集中在同一个人或同一个机关之手时,法律便不复存在,自由也不复存在:"当立法权和行政权集中在同一个人或同一个机关之手,自由便不复存在了;因为人们将要害怕这个国王或议会制定暴虐的法律,并暴虐地执行这些法律。如果司法权同立法权合二为一,则将对公民的生命和自由施行专断的权力,因为法官就是立法者。如果司法权同行政权合而为一,法官便将握有压迫者的力量。如果一个人或是由重要人物、贵族或平民组成的同一机关行使这三种权力,即制定法律权、执行公共决议权和裁判私人犯罪或争讼权,则一切便都完了。"②

(四) 人权保障

人权是人类文明进步的成果和标志,人人充分享有人权是人类社会的伟大梦想,尊重和保障人权是现代文明的基本精神。作为人依其自然的和社会的本性所应当享有的权利,人权包括人身人格权、政治权利与自由以及经济社会文化权利等。人的地位有高低之分,但人格无贵贱之别。

---

① 〔英〕M.J.C.维尔:《宪政与分权》,苏力译,生活·读书·新知三联书店1997年版,第3页。
② 〔法〕孟德斯鸠:《论法的精神》(上册),张雁深译,商务印书馆1961年版,第156页。

人权是人的尊严和价值的集中体现,是人的需求和幸福的综合反映。否认人在社会中应当享有本属于他的权利,就是否认其做人的资格,使人不成其为人。权利保护是法治国家的精神内核与灵魂要义,也是法治国家的逻辑终点。由于形式法治国家排斥权利作为其理论基础,导致在理论上缺失逻辑终点,在实践中则失去了发展的方向指南,最终导致形式法治国家走向空洞,乃至绝境。人权是法治国家的目标,也是法治国家的本质特征。人权、民主与法治是人类政治文明的三要素,是近现代文明社会得以建构的三大支柱。人之为人便有人权诉求,而实现人权离不开民主与法治;人类之所以去人治、行法治,其目的在于近民主;人类之所以要远专制、近民主,其目的在于得人权。所以,在人权、民主与法治中,人权为灵魂,民主与法治皆为手段。人权、民主与法治共同构成现代社会制度文明的基脉。①

"在所有政体之中,民主政治是最自然,与个人自由最相合的政体。在民主政治之中,没人把他的天赋之权绝对地转付于人,以致对于事务他再不能表示意见。他只是把天赋之权交付给一个社会的大多数。他是那个社会的一分子。这样,所有的人仍然是平等的,与他们在自然状态之中无异。"②人权既是政治概念,也是法律概念;不仅是法律概念,也是文化概念。人权内涵丰富而全面,人权是法治的基础,宪法以尊重和保障人权为其基本原则,法治必须使一切法律合乎尊重基本人权的政治理想。近代以来的人权发展历史表明,人权始终与法治国家相伴随,并构成法治国家的基本要素。在早期形式意义上的法治国家那里,法律仅被看作是一种工具和手段,国家依法而治。尽管形式意义上的"法治国"不过是"行政法治"和实质意义上的"立法者统治",但也不可否认其中仍然包含人权保障的因素。人权和人民主权思想是卢梭法治理论的核心:人人生而自由,天赋人权,国家主权不仅出于人民,而且不可分割。

康德被认为是形式主义法治国家观的系统阐述者,他从其理性人权观出发来具体阐明法治国家构建过程。在康德看来,既然人权是源于普

---

① 参见齐延平:《人权与法治》,山东人民出版社2003年版,第13—14页。
② 〔荷兰〕斯宾诺莎:《神学政治论》,温锡增译,商务印书馆1963年版,第221页。

遍理性的道德权利,国家的作用即是通过法律的普遍形式保障每个主体自主行动,从而国家也就是通过法律联系起来的共同体。由于形式法治国对人权阐述的隐晦,他便进一步提出了实质意义上的法治国的诉求,把人权作为法治国家的价值直接作为其判断的基准。德国学者萧勒教授指出,与使法治国蜕变为"合法性的空壳"的形式意义法治国相比,新的法治国概念则有特定的、实质的基本价值与基本要素。这种基本价值有二:一乃保障个人的自由;二乃将国家权力用法来规定之,以对抗恣意滥权与不法。① 1959年,在印度新德里召开的国际法学家大会通过的《德里宣言》确认的法治原则第1条就规定:根据法治精神,立法机关的职能在于创造和维持使个人尊严得到尊重和维护的各种条件。为此,不但要承认公民的民事权利和政治权利,还必须尽力使普遍的人权宣言中宣布的原则付诸实施;不得以任何理由干预和限制任何人的平等权、宗教自由及政治权利和自由;一个公民的合法权利因国家机关的不法行为而受到损害,应该得到及时、充分的救济。

权利是法治永恒的主题,人权是指人之作为人享有或应该享有的权利。人为了作为人而存在,所不可缺失的权利正是基本人权。呵护人的生命、价值和尊严,实现人人享有人权,是全人类的基本价值和共同追求。人具有自然属性和社会属性两大不可或缺的方面。自然属性保证了人的身体、生命的存在;社会属性则保证了人的思想、价值的存在。为保证人之作为人,就需对这两大方面进行基本的保护,由此引申出了生命权、人格尊严、财产权等基本人权。只有权利得到法律确认,并得到国家制度化的有效保障,才能真正为权利主体所享有。由上推理可知,人权本源不是法律权利,人权在国家法律产生之前就依其自然属性和社会属性而存在了。一方面,理论上人权高于法律②,这也为法律正当性提供了价值评判标准:凡是违反人权、侵犯人权的法律都不具有正当性。另一方面,人权需要国家法律的确认,更离不开法律的保护,只有建立健全人权法律体

---

① 参见陈新民:《德国公法学基础理论》(上册),山东人民出版社2001年版,第93页。
② 我国《宪法》第二章是公民的基本权利和义务,第三章是国家机构,将个人基本权利置于国家机关职权之前,以保障个人基本权利作为国家机关职权的确立和执行的底线。

系,才能有效推进人权的实现。同时,人权是发展的概念,哪些权利应当被认为是个人的基本权利,随着时代的发展而变化,权利与义务实际上也是一个人权问题,法律权利是人权的法律化,人权只有通过法律的确认,才能实现从应然向法定权利的转化,进而成为公民能够真正享受到的实有权利。人权保障没有最好,只有更好,充分保障人权,国家必须不断完善人权保障的法律制度。马克思主义是关于无产阶级和人类解放的学说,批判吸收康德、黑格尔、费尔巴哈等人的哲学思想,圣西门、傅立叶、欧文等人的空想社会主义思想,亚当·斯密、大卫·李嘉图等人的古典政治经济学思想,以前所未有的革命性推动人自由而全面的发展和全人类解放为己任。马克思主义所指引的人类解放和进步事业,就是要把人类从其漫长的充满压迫、剥削和暴力的历史中彻底解放出来,从而实现真正的"自由、平等和博爱",人人得享人权。实现人的自由而全面的发展是马克思主义的历史使命。

人权先于国家实证法而存在,为人权引向道德权利、自然权利开辟了道路。[①] 美国《独立宣言》宣示:"我们认为下面这些真理是不言而喻的:人人生而平等,造物者赋予他们若干不可剥夺的权利,其中包括生命权、自由权和追求幸福的权利。"第一个关于人权问题的国际文件《世界人权宣言》明确指出:"人人生而自由,在尊严上和权利上一律平等。他们富有理性和良心,并且应以兄弟关系的精神相对待。"综观当代人权立法,几乎所有人权保障条约或条款,都不约而同地把人权纳入到"不可言说"的自然权利之中,这样也就为人权披上了一层神秘的面纱,也成为引发国际人权争议甚至人类战争的根本原因。但无论如何,由于侵害人权的惨痛历史体验,人们自然产生了要用法律权利来保障这种个体的正当要求的认知。从这个意义上说,人权构成了法律建制的前提,同时也是法治国家的根本目标。马克思曾精辟指出:"法典就是人民自由的圣经。"[②]国家是人类为

---

① 人权作为道德权利、自然权利是西方人权理论、人权学说的主流思想,但仍然有学者主张人权就是一种法律权利,如哈贝马斯主张人权是法律权利,而根本否认人权是道德权利的说法。他认为,人权就其结构而言,属于一种实证的和强制的法律秩序,它使可诉讼的主观权利的需求得到论证。

② 马克思:《第六届莱茵省议会的辩论》(第一篇论文),载《马克思恩格斯全集》(第一卷),人民出版社1995年版,第176页。

了限制在自然状态下每一个社会成员滥用自由,以及保护每一个人免受他人侵害而成立的。"人民和各民族,由于他们彼此间的相互影响,需要有一个法律的社会组织,把他们联合起来服从一个意志,他们可以分享什么是权利。就一个民族中每个人的彼此关系而言,在这个社会状态中构成公民的联合体,就此联合体的组织成员作为一个整体而言,便组成一个国家。"①

法治国家的以上四个基本特征,彼此关联、相互支撑、统一于法治国家整体。法律至上是法治国家的形式特征,是法治国家生成的前提条件;法律正义是法治国家的实质特征,是法治国家正当性的重要基础;法律对权力的规制或权力制约是法治国家的技术特征,是法治国家的有效保障和根本途径;人权保障是法治国家的目标特征,是法治国家的基本目标和努力方向。正如 20 世纪上半叶德国政治、法律哲学家弗朗茨·诺伊曼(Franz Neumann)指出:"人权以及国家的一切干预行为必须以普遍规范为依据就构成了所谓'法治'(rule of law)或者用德语来说的'法治国'(rechtsstaatscharakter)。"②人权是当代人类最基本的文明底线,植根于各种不同文明之中,全面、充分地实现和保障人权是法治的根本目的,是法治国家的应有之义。"一个主权政治政府的真正目的或目标,或者,这样一种政府为之存在的目的或目标,在于最大限度地促进人类幸福。"③联合国人权理事会第四十八届会议,2021 年 9 月 13 日至 10 月 8 日议程项目三,即是促进和保护所有人权——公民权利,政治权利,经济、社会及文化权利,包括发展权。

人权是人类的共同追求,也是一定社会历史的产物。人权是争议性的敏感话题,也是世界性实践难题。恩格斯在《反杜林论》中深刻揭露了资产阶级人权、资本主义美国人权的虚伪性:"这种人权的特殊资产阶级性质的典型表现是美国宪法,它最先承认了人权,同时确认了存在于美国的有色人种奴隶制:阶级特权不受法律保护,种族特权被神圣化。"④在实

---

① 〔德〕康德:《法的形而上学原理——权利的科学》,沈叔平译,商务印书馆 2009 年版,第 142 页。
② 转引自沈宗灵:《现代西方法理学》,北京大学出版社 1992 年版,第 413 页。
③ 〔英〕约翰·奥斯丁:《法理学的范围》(中译本第二版),刘星译,北京大学出版社 2013 年版,第 239 页。
④ 恩格斯:《反杜林论》,载《马克思恩格斯选集》(第三卷),人民出版社 2012 年版,第 483 页。

际的国际关系环境中,人权问题已被高度政治化,美国等西方国家在人权议题上,经常性违反国际公平正义,实行双重标准。特别是美国为了维护自身的政治利益和全球霸权地位,在国际人权领域大搞人权政治化,采取选择性、双重标准、单方面强制等手段,长期利用人权问题对外进行干涉,以所谓人权自由为核心的价值观外交、偏执的意识形态,习惯于将一些不合自己理念的领导人标签为"独裁者"或妖魔化,以所谓民主、自由、人权等名义包装其殖民掠夺和颠覆屠杀等行径。二战后的美国历届政府都有利用人权问题对外干涉的实践案例,广大发展中国家尤其是国内存在民族问题的国家,是美国干涉的重点目标,严重侵蚀了全球人权治理赖以支撑和运行的重要基础,对全球人权事业发展构成重大威胁,产生了极其恶劣的破坏性后果,其根深蒂固的霸权逻辑以及所秉持的双重标准清晰地暴露在世人面前。① 时至今日,美国仍然打着"制裁""地缘政治利益""基于规则的秩序"等旗号,干着"殖民掠夺"的老本行,无视平民性命,践踏他国人权。事实表明,霸权之下无人权,美式人权霸权主义在国际人权事务中将人权政治化工具化,严重破坏国际人权的法治基石,制造一系列系统性人道灾难。美国坚称自己拥有"最高的人权标准"和"最佳的人权实践",对其他国家的人权状况说三道四、指手画脚,但近年来大规模枪击事件频发,连最基本的人民生命权都保护不了,这样的民主价值何在?而美国竟然还不断指责其他国家漠视人权!

当代中国从本国国情和人民要求出发推动人权事业发展,以构建人类命运共同体理念推进人权的全球治理,坚定不移走中国特色人权发展道路,为国际人权事业发展作出了重要贡献。习近平强调指出:"人权是历史的、具体的、现实的,不能脱离不同国家的社会政治条件和历史文化传统空谈人权。评价一个国家是否有人权,不能以别的国家标准来衡量,更不能搞双重标准,甚至把人权当作干涉别国内政的政治工具。"② 一国人

---

① 参见中国人权研究会:《美国人权政治化行径毁损人权善治根基》,载《人民日报》2021年12月28日。

② 习近平:《坚持中国人权发展道路,促进人权事业全面发展》(2022年2月25日),载《习近平谈治国理政》(第四卷),外文出版社2022年版,第272页。

权好坏、人权状况,人民的感受最直接、最真实,民众自己最有发言权,若没有生命、安全的基本保障,一切人权都无从谈起。保障人的生命、价值和尊严,实现人人享有人权,是中国共产党人的不懈追求,以人民为中心是中国人权事业的鲜明特征。中国共产党和中国政府始终致力于全方位维护和保障人权,坚持以人民为中心的人权理念,坚定不移走中国特色社会主义法治道路,毫不动摇积极探索适合本国国情的人权发展模式;坚持人民幸福生活是最大的人权,着力解决发展不平衡不充分问题,大力发展经济推动社会进步,守牢民生底线、强化基本保障,促进全面发展、增进百姓福祉,聚焦特定群体、惠及全体人民,在发展中保障和改善民生,保护和促进人权;坚持人权普遍性同本国实际相结合,尊重人民主体地位、坚持人权人民性的根本要求,把生存权和发展权作为首要基本人权,制定并实施国家人权行动计划,促进全体人民共同富裕,系统推进全体人民的经济、政治、社会、文化、环境权利;保障少数民族发展权,促进各民族共同繁荣发展;在全面推进依法治国进程中加强人权事业制度保障,持续发展全过程人民民主,维护社会公平正义,促进人的全面发展,加强人权司法保障,中国的人权保障广泛而充分。2004年,"国家尊重和保障人权"明确载入宪法,开辟了中国人权保障的新阶段;2021年,中国全面建成小康社会,夯实了人权基础,拓展了人权内涵,人权事业取得历史性成就,创造了人类尊重和保障人权的奇迹,成功走出了一条顺应时代潮流、适合本国国情的人权发展道路,丰富发展了人权文明多样性。与此同时,中国力所能及地帮助世界各国特别是广大发展中国家提高生存权、发展权、健康权等基本人权保障水平,以实际行动为世界人权事业进步贡献力量。中国人权发展成就世所共见、国人盛赞,为世界人权事业发展作出了中国贡献、提供了中国方案。

三、法治国家生成的历史逻辑

"一个美国人,受过民主原则的教育,对于承认人类自由、平等、博爱这种伟大概念的尊严和崇高是有深切感受的,他可以自由地发表意见,表明自己喜爱自治和自由制度。同时,我们也必须承认其他任何人也有同等的自由,他们可以接受和赞成他们所喜爱的任何形式的政府。"①法理作为一种法律意识(理论、学说、理念和观点等),是法律精神(法意)的道理展现、学理解释和哲理阐发,是一定法律制度形态的理论基础和思想底蕴,在表层结构上表现为法的理论、原理、学说,在深层结构中则承载着法律正当性的价值追问和法律规范的义理阐发,内含良法的基本理念,内置善治的创新机制。法理为法治实践提供思想指引和行动规范,法理的变迁与经济社会关系发展相一致,同时与政治法律制度相互制约。纵观人类法治发展史,每个国家的法律制度都是依照一定的法理为设计蓝图而构造。因此,只有把握其法理,才能透彻地领悟理解不同时代、具体国家法律制度的要义,确保法治国家的建立、法治社会的实现。

(一)法治是人类的永恒追求

人类的法律发展史表明:与人类直接相伴的法律,不论它是民间习惯法还是官方制定法,都是人类实践经验的产物。② 但经验并不排斥理性和逻辑。人是高级的动物,与自然界其他动物的区别,就在于人有理性,能理性思考自身所面临的各种问题,并做出合乎理性和逻辑的选择。没有理性和逻辑,人的经验毫无意义,犹如"雁过无痕"。美国联邦宪法重要创建者汉密尔顿在《联邦党人文集》的开篇曾提出:"人类社会是否真正能够通过深思熟虑和自由选择来建立一个良好的政府,还是他们永远注定要靠机遇和强力来决定他们的政治组织。"③这是一个人类法治的共同命题,人类法治进步不能依靠没有理性和逻辑的运气与暴力,必须立足既有法治经验与能力基础,选择最适合自己的法治国家发展道路。

人类的一切制度生成于历史之中,唯有进入历史的深处,我们才能找到这些制度的"合法"根据。回眸人类法治文明的演进,法治国家的生成

---

① 〔美〕路易斯·亨利·摩尔根:《古代社会》(新译本·下册),杨东莼、马雍、马巨译,商务印书馆1977年版,第339页。
② 参见谢晖:《判例法与经验主义哲学》,载《中国法学》2000年第3期。
③ 〔美〕汉密尔顿、杰伊、麦迪逊:《联邦党人文集》,程逢如等译,商务印书馆2009年版,第3页。

既有偶然性,也有必然性;既有自生自发天然而成的因素,也离不开人的控制人为而成的因素。无论哪种情形,其中都不可避免地暗含着某种逻辑。如果引用黑格尔所言"存在即合理",那么把"合理"换成"逻辑",这句话自然就成为"存在即合逻辑"。不合逻辑的存在是很难理解的,因为逻辑本身就是对存在的说明。存在就有存在的逻辑,不存在也有不存在的逻辑。因此,对于法治国家而言,它既然存在,就必须有存在的必然逻辑。世界各国都或多或少存在法治发展的历史实践经验——或成功或失败,只要还能循法治国家轨迹发展,就意味着存在必然的生成与发展逻辑。

  法治是美好的,但是法治国家的诞生与成长并非一帆风顺,而是一场惊心动魄的冒险旅程,其中不乏挫败乃至血腥场面。从法治国家生成的历史经验来看,虽然每个国家所走过的道路并不相同,但是其曲折、斗争则是相同的,英国如此,美国、德国、法国也是如此。可以说,法治国家生成的历史就是一部斗争史、牺牲史、血泪史。法治国家的建设发端于制约权力,终结于人权保障。权力滥用一直是法治国家的最大威胁,只要权力还没有得到合理有效的制约,法治国家就任重道远,而一旦国家权力纳入到法律制约的轨道,也就意味着国家迈向了法治的进程。在权力没有得到有效制约的国家,人民即无权利与自由可言,因为此时人民所享有的权利与自由无非是统治者的一种施舍,当统治者不乐意提供这种权利与自由时,他可以随时加以撤回。而要制约羁傲不逊的权力,在任何时代都要付出代价。

  法治国家生成的历史逻辑与法治理论的实践演进高度契合。首先,理论指导实践,法治理论作为批判的武器,有效推进了资产阶级所领导发动的为推翻封建专制统治而进行的社会革命,具体如1566年的尼德兰革命、1640年的英国革命、1775年的美国独立战争、1789年的法国大革命等。在所有这些重大历史事件中,启蒙思想家们的思想就是战斗的旗帜,极大激发了广大人民群众改造社会的高度热情和无穷力量,在反对贵族特权和君主权力中,法治理论的革命性潜能得以充分发挥。其次,革命成功后法律制度的系统构建即现代法治国家的逐步建立,依据近代以来的西方法治发展,主要模式有君主立宪制、民主共和制,前者以英国、德国

（第一次世界大战前的德意志帝国）为代表，后者以法国、美国为典型。以下重点介绍英国法治的诞生和历史演进。

（二）英国法治发展的历史启示

英国被认为是世界上法治发生最早、制度最为成熟的国家，成为许多后发国家所模仿的典范。当前，世界各法治国家都或多或少受到英国及其原殖民地美国法治思想和制度直接或间接的影响。"现今世界上，有近三分之一的人生活在其法律制度不同程度受到过普通法影响的地区。英国曾是世界上最大的殖民宗主国，上述结果则正是这一事实的遗传。"[①]当然，历史上，英国曾经是罗马的不列颠行省，罗马人把它划分为若干司法行政区实行巡回审判，后来的普通法就是通过这样的途径形成的，很难说这不是罗马人留下的遗产。尽管不少英国法学者讳言这一点，而强调普通法的原创性，对于他们，除了说爱国主义情绪压倒了对真理的热爱，还能说什么呢？[②] 19世纪英国著名法律史学家梅因对此也曾痛切地抗议："许多英国著名的和有信誉的著者，由于对罗马法的无知（这是英国人不得不立即承认，但有时不以为耻，反以自夸的），对罗马帝国时期内人类智力状态提出了最不足取的奇论。"[③]

英美法系即普通法系源于英国法。英国法虽然在盎格鲁-撒克逊时代的习惯法有其源流，但主要诞生于诺曼征服之后。[④] 英国法治最初发展，是从控制王权（国家最高权力）开始的。英国法治源于古代日耳曼人的原始习俗，诞生于建国之时。大约在25万年前，不列颠岛上就有人类居住。但直到罗马人入侵时，他们还未走出史前时代，没有建立国家，也没有什么法律制度，更谈不上法治。公元43年，罗马人入侵不列颠后，依据罗马法和当地的土著习惯实施统治长达400年，罗马法一度对不列颠产生直接影响。但当时的不列颠只是罗马帝国的一个边远行省，且罗马

---

① 〔德〕K. 茨威格特、H. 克茨：《比较法总论》，潘汉典等译，法律出版社2003年版，第325页。
② 参见徐国栋：《罗马公法要论》，北京大学出版社2014年版，第158页。
③ 〔英〕梅因：《古代法》，沈景一译，商务印书馆2009年版，第230页。
④ 参见高鸿钧等主编：《英美法原论》（上），北京大学出版社2013年版，第1页。

人的统治集中在少数几个大城市及其近郊地区，广大的农村地区继续保持着原来的生活方式和社会习惯。因此，罗马法的影响极其微弱，随着最后一批罗马人的撤离，本来就极为有限的罗马法对不列颠的影响荡然无存。

罗马人撤离后，盎格鲁-撒克逊人接踵而至。在原本处于原始社会氏族公社的盎格鲁-撒克逊人征服不列颠的过程中，产生了以私有制和地缘关系为基础的国家——盎格鲁-撒克逊诸王国。与此同时，调整社会生活的规则也突破了家族范围的限制，开始发生质的变化。为了维护王国内的社会秩序，入侵者依据自己的传统做法，以民众集会的方式进行社会管理，调解处理居民间的纠纷。在此管理方式下，每个自由居民都有权利和义务出席集会，并依本地区的传统习俗做出决议或判决。由于当时文化还不发达，作为判决依据的规则只能依靠人们的记忆以不成文的方式口耳相传，而非表现为成文的规则，其内容必然是经验主义的约定俗成，而非某个人意志的产物或专业人士讨论的结果。社会管理的自治主义方式和管理规则的经验主义相结合，使日耳曼民族传统习俗在英格兰私有制和阶级产生后被保留下来，并融入国家生活中。在血缘关系被打破的基础上，当不断重复的习惯做法被人们确定下来成为调整社会生活的公认规则时，盎格鲁-撒克逊习惯法产生了。①

从 7 世纪开始，随着国家的发展，英国法开始了成文化的尝试。经过长期反复的兼并组合，到 7 世纪初，英格兰出现了 7 个规模较大并相对稳定的王国。在此后二百多年中，7 个王国互争雄长，战争不断，肯特、诺森伯利亚、麦西亚、威塞克斯等王国先后称霸英格兰。争霸战争在客观上加强了各地区间的联系，促进了各地习惯法的融合与发展，也促成了国王和贤人会议等全国性机构的出现。于是，国王在贤人会议的协助下，对各地的习惯法加以整理，并汇编成了一系列成文法典。但是，由于当时的英国缺乏国王立法的观念，各盎格鲁-撒克逊国王也没有把制定新的法律作为一种加强王权、管理社会的手段，因此所谓成文法典只不过是对既存的盎

---

① 参见程汉大主编：《英国法制史》，齐鲁书社 2001 年版，第 4 页。

格鲁-撒克逊习惯法的记录与汇编。由于缺乏成熟的立法技术,那时的成文法典大多内容杂乱无章,且局限于刑罚方面,并未包括通行的习惯法的全部内容,更未涵盖社会生活的各个方面。所以,成文法典的出现也未能撼动习惯法的根本地位。"简而言之,在所有地区,都是由习惯法最终决定了前一时代法律遗产的命运。习惯法已经变成了法律唯一的有活力的源泉,甚至诸侯们在其立法中,也不过是要求对它加以解释而已。"①

总之,从 7 世纪到诺曼征服的数百年中,英格兰曾有自己的法律惯例,其中某些惯例已采取成文的形式,当时的英格兰,在盎格鲁-撒克逊诸王的统治下尤其在阿尔弗烈德大帝统治时期是一个组织松散的国家。威廉一世在 1006 年并没有立即废除这些传统的法律,也没有在英国法中实现任何突变,但后来者,诺曼诸王及其官吏对司法影响极大,从而我们可以大胆地对早期法律的任何影响不予考虑。②

1066 年,威廉一世率军入侵英格兰,经过激烈的战斗,击败以哈罗德为首的反抗自己的英吉利贵族势力,登上英国王位。这一事件在英国史上被称为诺曼征服。征服之初,威廉一世接收了英格兰王室的大片土地,没收了反对自己的英吉利人的土地。除自己保留最肥沃的一部分外,他把其余的土地按诺曼底封土制原则分封给约 1400 名直属封臣。后者将所得土地的一部分留作自营地,把其余部分再封给次级封臣,如此层层封受,直至最基层的骑士。这样,通过军事征服登上英国王位的威廉一世,凭借征服者的生杀予夺大权,不仅继承了原盎格鲁-撒克逊王室的全部领地,而且没收了大量英吉利贵族的土地。国王在经济上便处于绝对优势地位,任何贵族都无力与国王分庭抗礼。为防止大贵族割据一方,形成地域性的独立王国,威廉一世有意识地将贵族的领地分封在全国各地,不让其连成一片。许多贵族的领地分散在数郡或十几个郡内,有的贵族领地甚至分散在 20 个郡内。威廉一世还要求全国大大小小的封建贵族都必须效忠国王,履行提供骑士的军事义务。

---

① 〔法〕马克·布洛赫:《封建社会》(上卷),张绪山译,商务印书馆 2009 年版,第 198 页。
② 〔德〕K. 茨威格特、H. 克茨:《比较法总论》,潘汉典等译,法律出版社 2003 年版,第 273—274 页。

在政治上，威廉一世为加强王权，取消了过去遗留下来的享有广泛政治权力的贤人会议，代之以御前会议。通过御前会议，一方面保证自己最高领主权的实现，维系正常的封建秩序，另一方面对全国实施政治统治，履行一国之君的政治职能。在每次御前会议上，威廉一世都遵照加冕仪式的样子头戴王冠，以强化王权的合法性和神圣性。与此同时，威廉一世还加强了对教会的控制，即位后立即任命了大批诺曼人为高级教士，从英吉利人手中接管了教会。在他统治英国的 21 年内，一直牢牢地控制着高级教职的任命权，要求新任主教必须像世俗领主一样效忠国王，从而把教会置于从属于王权的地位。此外，威廉一世还把教会法庭同世俗法庭分开，严格限制教会法庭的司法权限：未经国王批准，教士大会制定的任何法律均告无效；教会法庭不得审判王室官员，不得将他们开除教籍。

威廉一世的后继人威廉二世和亨利一世，通过严厉打击贵族和教会分裂势力，进一步加强了中央王权。哪里有压迫，哪里就有反抗，对于国王的集权，英国的贵族及教会早已很难忍受。1087 年威廉一世去世后，贵族集团立即以拥戴威廉长子罗伯特继位为名，于 1088 年发动叛乱，反对新王威廉二世，结果失败。1095 年，贵族集团第二次叛乱，仍以失败告终。亨利一世即位后，贵族集团于 1102 年再一次发动叛乱，但又一次失败。经过这几次重大斗争，贵族分裂势力被严重削弱。亨利二世为加强集权，于 1164 年颁布了《克拉伦敦宪章》(Constitution of Clarendon)，规定教士的刑事犯罪应首先向国王法庭投诉，并由此法庭决定是否应该由教会法庭审理。这个法令明确了国王在宗教领域内的司法终审权。1166 年，亨利二世又颁布《克拉伦敦法令》(The Assize of Clarendon)，将杀人和盗窃等刑事犯罪的审理权授予巡回法庭。在 1176 年的《北安普敦法令》(The Assize of Northampton) 中，亨利二世把伪证罪和纵火罪也列入必须由国王法庭审理的范围，郡和百户区法庭只保留对轻微的刑事案件的司法权。这样，国王法庭对各类严重刑事犯罪拥有唯一的和最终的司法权。

1199 年，约翰国王即位后，肆意践踏法律，力图建立更为集权的个人专制统治。他对内征收高额盾牌钱，没收大臣土地，对外向罗马教皇臣服，并每年向罗马教廷纳贡，加上在与法国战争中失败，使得国内矛盾层层深化。在司法上,约翰国王把大量诉讼收揽到自己手中。特别是 1204 年丢失诺曼底后,他成为不出国门的"居家国王",可随时召开小会议,受理案件,致使普通诉讼法庭迅速走向衰落。1209 年,约翰国王下令,任何诉讼都不得在普通诉讼法庭审理,而应提交国王操纵的小会议审理。① 约翰国王专制集权到了极点,激发了人民尤其是贵族们的强烈反抗。

贵族们"发现约翰王反复无常、专横跋扈、不值得信任,绝对不能指望他遵循任何固定的先例,或用任何共识来约束自己;他是一个说谎大师,对任何人的权利都不会尊重,只是顾及自己的意愿;贵族们来和约翰王进行一场最终的清算"②。贵族和教会联合社会其他阶层,于 1215 年掀起了一场反抗王权的运动,约翰国王在面临武装反叛的压力下别无选择,亲手签署《大宪章》,第 1 条开宗明义昭告:教会、大贵族和自由民的自由和权利不受侵犯;第 12 条规定:国王不可擅自征税;第 38、39 条规定:任何人未经其同等地位的人以及国家法律的裁判,皆不得被剥夺生命、自由或财产;第 61 条规定:由大贵族组成的 25 人委员会有监督国王和反抗政府暴政的权力。"王在法下",国王权力受限之处,也就是人民自由和权利所到之地,《大宪章》使国王权力受到宪法法律制约,标志着英国乃至世界法治国家建立的开端,即宪制政府的开端。正如丘吉尔所指出:"有人说亨利二世时期是英国法治的开端,其实不然,《大宪章》才是国王受法律约束的开始,这是前所未有的。"③

《大宪章》是一个界定君主与臣民在自由、收益、纳贡、婚姻、债务、土地、继承、交通、犯罪、诉讼等方面权利与义务的基本文件,其"目的主要在于捍卫贵族的自由,但是,不了解贵族而只惧怕国王的后代人却把它看成是对人民自由的保障"④。《大宪章》的签署并不表示臣民的权利与自由就得到了保障。事实上,《大宪章》颁布之后,限制王权的斗争从未间断,《大宪章》也不断反复修改与变更,包括《权利法案》等一系列法律文件出台,

---

① 参见程汉大主编:《英国法制史》,齐鲁书社 2001 年版,第 48—60 页。
② 〔美〕伍德罗·威尔逊:《美国宪制政府》,宦盛奎译,北京大学出版社 2016 年版,第 3 页。
③ 〔英〕温斯顿·丘吉尔:《英语国家史略》(上册),薛力敏、林林译,新华出版社 1983 年版,第 234 页。
④ 〔英〕W. Ivor. 詹宁斯:《法与宪法》,龚祥瑞、侯健译,三联书店 1997 年版,第 33 页。

逐渐形成了近代英国代议制议会制度、权力分立制度、判例制度、司法独立制度等多种具有现代法治意义的制度。此后,在法官、律师以及法学家们的努力下,英国法治思想与理论得到极大提升,以科克、霍布斯、黑尔、哈林顿、洛克、戴雪等为代表,对英国自由法治做出巨大贡献,将中世纪的法律至上、正当程序和在法院、议会的自由辩论观念等整合为较为系统的法治学说。

《大宪章》是英国宪制之母,而英国宪制乃世界宪制之母。"《大宪章》的不朽贡献,在于将个人自由规定在根据法律对它们进行的调整之中。《大宪章》的签订之日,并非人们提及政治自由之日,并非人们遵照既定政治改革计划而行之日;然而,现代世界中宪制政府的历史,即政治自由的历史,即人们争取政府改革的所有历史,而且,关于自由是什么,人们有权期望从中得出一个至少是可行的概念。"①虽然最终没能完全付诸实施,但《大宪章》所开创的思路与经验却被英国大贵族集团继承下来。为保证国王能够遵守,1244年,大贵族提出了一份文件,其内容为:由全国公意选出4名"自由维护者",组成一个特别委员会,政府的任何决策都必须征得他们同意;未经全国公意许可,国王不得罢免他们;国王的重要大臣如大法官、掌玺大臣等,应由全体大贵族推举产生。很明显,该委员会的任务是防止和杜绝国王的不法行为再度发生。1258年通过的《牛津条例》又规定:建立一个由大贵族占主导地位的15人委员会,参与国家政府管理;国王应该根据该委员会的建议统治国家;国家高级大臣和地方官员任期为1年,届满时要向15人委员会述职;议会应定期召开,每年3次;议会有权决定所有国家重大事宜。

15世纪以后,随着都铎王朝、斯图亚特王朝的相继建立,国王权力有了新的扩张,在专制王权的重压下,《大宪章》似乎已被英国人所遗忘。在斯图亚特王朝时代,统治者极力宣扬"君权神授",强调王权来自上帝,议会权力来自国王,极力抛开议会牵制,压制议会在国家决策中的作用,试图将王权推向极端,建立真正的君主专制制度。17世纪中叶,斯图亚特

---

① 〔美〕伍德罗·威尔逊:《美国宪制政府》,宦盛奎译,北京大学出版社2016年版,第4—5页。

王朝统治陷入深深的危机。1637年苏格兰爆发起义,1640年11月3日,查理一世为筹集军费被迫重开议会,却触发了议会派对查理一世的攻击,成为英国资产阶级革命的开始,也是世界近代历史的开端。起初,查理一世试图通过议会解决他与英格兰和苏格兰臣民之间的问题,但其与议会的反复博弈没有成功,矛盾无法调和。1642年年中,议会与查理一世之间的战争爆发,并以议会胜利而告终。1646年年末,查理一世战败沦为阶下囚。随后,双方一系列的谈判都没有产生稳定的政治安排,残缺议会组建高等法院、成立特别法庭以叛国罪判处查理一世死刑,并于1649年1月将其处决,废除君主制,宣布英国成立共和国。从此,一院制的议会控制了国家最高权力,与之制衡的权力机关不复存在,此时的英国走向了另一个集权独裁统治的时代。暴风骤雨式的革命使人们很快意识到,没有制约的权力是没有出路的,无论是没有君主的绝对议会统治还是没有议会的君主专制统治,都不会建立起法治国家。1660年,查理二世复辟,君主制、两院制、枢密院等政权组织得以恢复。复辟后的查理二世还恢复了旧的选举和旧的选区制度,保证大土地所有者在议会中的统治地位,这就形成了大土地主和工业资产阶级的利益对立。有现代西方政治学之父称誉的托马斯·霍布斯(Thomas Hobbes)曾亲身经历了1637年至1660年这段惊心动魄的战乱,并以此为背景在《贝希摩斯》中系统描述了英国内战时期以及国王查理一世被处死之后的政权过渡期所发生的重大事件。[1]

查理二世的复辟,标志着自1640年以来英国政治动荡的结束,但议会与国王之间的斗争持续不断,"法律对一切公民一律平等的要求,成了议会反对国王的目标的主要武器。当时的英国人比今天更好地懂得,控制生产总是意味着取得一种特权:给予一个人许可做某种不允许他人做的事"[2]。日益加深的奴役和迫害激起劳苦大众的反抗浪潮,新的革命力量正在凝聚。面对新的革命形势,1688年,英国资产阶级和新贵族发动

---

[1] 参见〔英〕托马斯·霍布斯:《贝希摩斯:英国内战缘由史》,李石译,北京大学出版社2019年版。

[2] 〔英〕弗里德里希·奥古斯特·哈耶克:《自由宪章》,杨玉生等译,中国社会科学出版社2012年版,第249页。

的推翻詹姆士二世统治、防止天主教复辟的"光荣革命"爆发①。1689年开始,英国议会通过了限制王权的《权利法案》等一系列改革法案,明确将议会权力置于君权之上,否定了君主的绝对权力,奠定了国王"统而不治"的宪制基础,国家权力由君主逐渐转移到议会,国王的权力得到全方位制约,成为象征性地位的"虚君",议会决定一切。1701年颁布的《王位继承法》进一步加强了对君主权力的限制,同时也巩固了议会的主权地位,立宪君主制政体或"英国的议会民主"全面确立,英国革命以阶级妥协告终。英国革命从1640年开始的几十年间,理论战线上的争辩复杂且激烈。自由主义思想家洛克一生亲历革命全过程,并积极参与其中,为资产阶级鼓与呼。1689年、1690年,洛克的《政府论》(上、下篇)相继写成和出版,为刚刚结束的"光荣革命"进行辩护和理论总结:上篇着力驳斥批判了保皇派菲尔麦鼓吹的君权神授和王位世袭论调;下篇全面阐述了洛克本人关于议会制度的政治法律理论,即论证资产阶级议会制。②

英国的君主制度可以追溯到公元10世纪,君主立宪制的存续,集中彰显了英国人对历史的赓续和对传统的礼敬,君主立宪制确立至今,英国国王"宪制监护者"角色成型,国王与议会、内阁之间已形成稳定的权力模式。从国家层面来看,国王是英国国家元首,也是国家统一的象征。君主立宪制下的英王被剥夺实质意义上的立法权、行政权和司法权,却并非可有可无。国王始终是英国宪制的重要组成部分,拥有诸多弹性尺度较大的柔性权利,如咨询权、褒奖权、警告权等。英王虽只保留一定的柔性权利,仍可对现实政治产生影响。英王全民性的角色和地位,尤其在政治危机中发挥着重要作用。在多数情况下,英王行使宪制赋予对内阁、议会等形式上的批准权,使英国宪制实现完整、有效运转。在此期间,英王统而不治,不涉足具体实质政治议程,因此超越党派、全民国王的形象,有助于在政治危机中发挥弥合剂作用。如英国女王伊丽莎白二世1952年继承

---

① 1688年,代表资产阶级和新贵族的辉格党与代表大地主利益、主张君主专制政体的托利党携手发动政变,把詹姆士二世的女婿威廉从荷兰迎来继承王位,詹姆士二世逃往法国。这次政变由于没有发生流血,因此资产阶级历史学家称之为"光荣革命"。

② 参见〔英〕洛克:《政府论》(上篇),瞿菊农、叶启芳译,商务印书馆1982年版;〔英〕洛克:《政府论》(下篇),叶启芳、瞿菊农译,商务印书馆1964年版。

王位,是英国历史上在位时间最长的君主,深受英国民众爱戴,2022年9月8日其溘然长逝,举世震动,备极哀荣。伊丽莎白二世女王在很大程度上诠释和塑造了现代君主立宪典范,在驾崩前两天还接见、委任了英国新任女首相,可谓鞠躬尽瘁。

学术思想界一般认为,17世纪的英国革命与后来的法国大革命相比,英国资产阶级革命尽管不彻底①,但却是一次具有世界历史意义的资产阶级反对封建制度的革命,开辟了人类社会的新时代。在保留君主的前提下,英国人通过立宪方式实现了现代政治转型,经历内战、共和、护国制和复辟的起伏过程,见证了英国法治创建、法治国家的发展演进,从一个侧面反映了人类政治文明、法治文明的艰辛曲折历程。事实上,"虽然有信仰基督教的国王和皇帝们的种种改革和创新,十二世纪以前西方流行的法律依然是血亲复仇法,决斗法,水、火裁判法以及宣誓断讼法。无论王室还是教会,都没有专业法官、职业律师和法律书籍。习惯统治一切:部族习惯、地方习惯和封建习惯"。到1765年,自然法、神法、万民法、英国普通法、地方习惯法、罗马法(教授于牛津大学和剑桥大学)、教会法、商事法、制定法和衡平法等,通行于英格兰。英国革命确立了议会对国王的至上地位,也促成了英国法律制度根本而持久的转变。此后,法官们不再听命于君主的意志,而获得独立和终身制,奠定现代法治的制度基础,英国由此率先走上现代法治国家之路。但随着资本主义的充分发展,思想家们已深邃洞见,"在最近两百年里,西方的法律正不断丧失其神圣性,日益变成为纯功利的东西"。②

"国家的形成完全是为了获得安全,特别是为了防止别人的掠夺。"

---

① 正如埃德蒙·伯克所言:"从宪制的视角而言,我们所做的事实上不是发动革命,而是阻止革命。……我们没有损害君主制。人们或许可以看到,君主制大大强化了。国家保持着同样的等级、同样的秩序、同样的特权、同样的特许权、同样的财产法则、同样的服从关系,以及同样的法律、税收和地方行政规则;还有同样的上议院、同样的下议院、同样的法人和同样的选民。"Edmund Burke, Speech on the Army Estimates, in Edmund Burke, *Pre-Revolutionary Writings*, edited by Lan Harris, Cambridge: Cambridge University Press, 1993, pp. 318.

② 参见〔美〕伯尔曼:《法律与宗教》,梁治平译,商务印书馆2012年版,第14、46、141、150—153页。恩格斯在《反杜林论》中也曾论及英国习惯法:"按照英国的普通法,即从远古以来至少是从14世纪以来就通行的不成文的习惯法。"

"法律和政府的存在是为了共同的安全,它们之所以有效,完全是因为法律的惩罚使得非正义的行为无利可图。"①政治是关于众人如何公共生活、共同治理的艺术,权力配置和监督制约是其永恒的核心命题,贯穿人类政治实践、法治探索始终。从英国法治的诞生和历史演进不难发现,国家权力尤其是国王权力受到监督制约,并不是一朝一夕之功,是经过漫长的残酷斗争甚至流血,以付出沉重代价为基础。只有国家权力得到有效监督制约之时,法治国才能真正独立存在,并最终持续成长。事实上,除英国之外,世界上其他国家的法治进步,如美国、德国、法国等,无不以监督制约国家权力作为建立法治国家的起点。可以说,没有国家权力的有效监督制约,就没有法治国家可言,这是法治国家历史发展的基本经验总结。"因而,称摩擦最少的政府——在政府权力与公民权利之间有着最少的摩擦——为自由的政府并非是在牵强附会。世世代代的调整或有变化,但这一原则永不能变。宪制政府,作为维护个人自由的工具,是一种维持正确调整方式的手段,必须具备不断调适的机械设备。"②

人类法治文明发展路径多元多样,不同国家由于历史传统和现实国情等存在差异,形成了不同的法治发展模式。从已经实现现代化国家的发展历程看,英国、美国、法国等西方国家,呈现出来的主要是自下而上的社会演进模式,即适应市场经济和现代化发展需要,经过一二百年乃至二三百年内生演化,逐步实现法治化,政府对法治的推动作用相对较小。新加坡、韩国、日本等国家,呈现出来的主要是政府自上而下,在几十年时间快速推动法治化,政府对法治的推动作用很大。就中国而言,我们要在短短几十年时间内在14亿多人口的大国实现社会主义现代化,就必须自上而下、自下而上双向互动地推进法治化。正如习近平指出:"坚持从我国实际出发,不等于关起门来搞法治。法治是人类文明的重要成果之一,法治的精髓和要旨对于各国国家治理和社会治理具有普遍意义,我们要学习借鉴世界上优秀的法治文明成果。但是,学习借鉴不等于是简单的拿

---

① 〔美〕乔治·霍兰·萨拜因:《政治学说史》(上册),盛葵阳、崔妙因译,商务印书馆1986年版,第170、171页。

② 〔美〕伍德罗·威尔逊:《美国宪制政府》,宦盛奎译,北京大学出版社2016年版,第8页。

来主义,必须坚持以我为主、为我所用,认真鉴别、合理吸收,不能搞'全盘西化',不能搞'全面移植',不能照搬照抄。"①

四、法治国家生成的理论逻辑

法律、法治、法治国家是法理的核心范畴,法治国家是法的规定性与哲理性逻辑的展现和学理阐发。学界普遍认为,西方近代法治理论的发展完备,演进脉络大致有两条主线:一是由格老秀斯、伏尔泰到卢梭、康德的人权和人民主权(或曰主权在民)思想;二是由博丹、洛克到孟德斯鸠、杰斐逊等前后为之努力的三权分立思想。但学术史上,"在与人类社会有关的问题中,没有几个像'什么是法律'这个问题一样,如此反反复复地被提出来并且由严肃的思想家们用形形色色的、奇特的甚至反论的方式予以回答。即使略去古代和中世纪关于法律'本性'的思索,而仅仅注意近150年的法律理论,我们在任何其他作为独立学科而被系统研究的课题中也看不到这种情况"②。与法律的概念讨论相随相伴,关于"法治国家"的探索和思考从未止息。

(一)早期的理论形态

"我们看见天生爱好自由和统治他人的人类生活在国家之中,使自己受到束缚,他们的终极动机、目的或企图是预想要通过这样的方式保全自己并因此而得到更为满意的生活。"③法治国家不仅是人类历史发展、政治实践的产物,具有历史逻辑性,同时也是人类思想发展、理性论证的产物,具有理论逻辑。现代西方思想家大多数把法治国家作为理想的政治和社会目标,认为法治理论与西方自由主义政治和法律思想一脉相承。他们从法治之外寻求法治国的理论基础,不仅承认依法而治的重要性,更强调

---

① 习近平:《加快建设社会主义法治国家》(2014年10月23日),载《习近平谈治国理政》(第二卷),外文出版社2017年版,第118页。
② 〔英〕哈特:《法律的概念》,中国大百科全书出版社1996年版,第1页。
③ 〔英〕霍布斯:《利维坦》,黎思复、黎廷弼译,商务印书馆2009年版,第128页。

法律的内容和法律制度本身要受到更高级法律（如自然法）或法律的道德性制约。当然，在法治国理论逻辑论证上，由于偏重点不同，在历史上也曾形成自由法治国、形式法治国、实质法治国等法治国思想流派及其论证的理论逻辑。

自由法治国家是法治国最早出现的理论形态，思想家们从先验的自然法或自然权利出发，提出了自由是法治国的基础，只有在个人自由受到侵害的时候，国家才能进行干预。如果我们进入法治国思想发端的追问，那么无疑德国法治国思想具有典型性和代表性。德国法治国家思想先于德国法治国的实践而问世，较早对法治国理论进行全面逻辑证成的最杰出的思想家，当属德国哲学家康德①。罗马法和法国启蒙思想家特别是卢梭和孟德斯鸠的学说是康德法学思想的主要渊源。西方的法学，自柏拉图起到康德乃至今天，若用粗线条来描述其主流的话，可以说就是从人出发，从人性出发，探讨公民的自由和权利，从而论述法律的实质、作用以及其他属性。康德也是沿着这根轴线来展开他的法学思想的，其法学理论概括起来就是尊重人，因为只有人才有自由意志，才有与生俱来的天赋权利：自由。②

康德将人的自由、平等和独立置于其法治国思想的中心，第一次对法治国的核心内容——法律与国家的关系作出经典表述："国家，从它是由所有生活在一个法律联合体中的具有公共利益的人们所组成的，并从它的形式来看，叫做共同体或称之为共和国（指这个词的广义的含义而言）。"所以，国家的基础，就是法律。"国家是许多人依据法律组织起来的联合体。"③很明显，这是直接针对福利国家学说将国家看作是为了福利目的，人们依据最高权力组成的一个联合体而来的。在康德看来，国家的任

---

① "德国的作者们通常在阐述那导向'法治国家'（Rechtsstaat）的运动如何肇始时，把康德理论作为其启端。尽管这种说法也许对康德法律哲学的独创性有所夸大，但是，这些无疑是因为康德赋与了这些思想以一种形式，使这些思想在德国产生了最大的影响。"参见〔英〕弗里德里希·奥古斯特·哈耶克：《自由宪章》，杨玉生等译，中国社会科学出版社2012年版，第306页。

② 参见〔德〕康德：《法的形而上学原理——权利的科学》，沈叔平译，商务印书馆2009年版，序"译者的话"第1页。

③ 同上书，第142、145页。

务是通过法律给予公民一个自由的空间并对此加以协商与保障,这是公民个人所不能的。至于公民个人所能做的,即追求幸福与福利,则不必由国家去包办,而应放手让他们自己去自由地寻找。假如国家像父亲关照子女那样去对待臣民,亲躬他们的福利,那这是最大的专制。

康德将法分成自然的法和实证的法两大部分。自然的法以先验的纯粹理性的原则为根据,实证的法则由立法者的意识规定。所谓先验的纯粹理性的原则,在政治法律领域就是指自由的普遍法则。所以,康德给法（指自然法）下了这样一个定义:法是依照自由的普遍法制,个人的自愿行为在现实中与他人的自愿行为相协调的全部条件的综合。在这里,康德无非是要强调法所应遵循的自由原则和法具有的协调人们自由的功能,听起来不过是对孟德斯鸠、卢梭主张的重申,但在当时政治专制、思想禁锢的德国,意义非同一般,故黑格尔将康德的这一自由法律论誉为"一个伟大的开端"。同样基于这种先验理性,康德对公民的法律地位作出了一个自由的界定:"纯从法律上看,公民的地位是先验地建立在以下三个原则之上:(1)作为人,社会的每个成员是自由的;(2)作为臣民,每个成员是平等的;(3)作为公民,共同体的每个成员是独立的。"尽管康德笔下的平等只限于臣民之间,不包括君主,所谓独立也只是指拥有财产的市民阶级的独立,但却赋予了人一种全新形象:他们不再是一群绝对俯首听命于君主的奴仆,而是自立于社会的主人。[①]

康德指出:"这些法律必须要被看成是先验的必然,也就是,它们一般地来自外在权利的概念,并不单纯地由法令建立的。"他特别强调实证法来源于自然法、自然法高于实证法这一核心主张。也正是基于"先验的必然",康德赋予公民自由、平等、独立不可分离的法律的属性。"文明社会的成员,如果为了制定法律的目的而联合起来,并且因此构成一个国家,就称为这个国家的公民。根据权利,公民有三种不可分离的法律的属性,它们是:(1)宪法规定的自由,这是指每一个公民,除了必须服从他表示同意或认可的法律外,不服从任何其他法律;(2)公民的平等,这是指一

[①] 参见郑永流:《德国"法治国"思想和制度的起源与变迁》,载《公法》（第二卷）,法律出版社2000年版,第44页。

个公民有权不承认在人民当中还有在他之上的人,除非是这样一个人,出于服从他自己的道德权力所加于他的义务,好像别人有权力把义务加于他;(3)政治上的独立(自主),这个权利使一个公民生活在社会中并继续生活下去,并不是由于别人的专横意志,而是由于他本人的权利以及作为这个共同体成员的权利。因此,一个公民的人格的所有权,除他自己而外,别人是不能代表的。"

虽然康德在理论上承认自然法的最高性,赞成实证法来源于自然法的主张,而面对现实他也认为,"在任何情况下,人民如果抗拒国家最高立法权力,都是不合法的。因为唯有服从普遍的立法意志,才能有一个法律的和有秩序的状态"。因此,"人民有义务去忍受最高权力的任意滥用,即使觉得这种滥用是不能忍受的"。① 这也反映了康德法治国思想的软弱、保守和妥协,具有革命与妥协的双重性,且有时前后矛盾。但康德对法治国第一次在理论上进行的论证,由于其在哲学上的巨大影响,对后世思想家的影响巨大而深远。如在德国19世纪法治国观念的萌芽及兴起中,法学家们的著述明显受到康德的影响,每个人在著作中几乎都会援引康德的理性主义及自然法观念,作为法律规范个人自由及国家权力之界限必要性的理论基础。②

魏克尔第一个完整地使用法治国概念,在他看来,法治国是国家发展的最高层次。在这样的国家里,民众与国家之间存在着一种法律关系,这种法律关系始于实证的法律,即在他的笔下的客观理性法中滋生出来的。该实证法具有不同于道德律法的三种形式要素:第一,它对所有的公民共同适用,有普遍的效力,并且有外在的可识别性;第二,制定实证法的权力与道德律法没有渊源关系,所以它是公民外在的自由行为准则;第三,实证法具有实在的强制力。魏克尔将法律与道德进行分离,但是并不表示他不关心法律的内在价值,而是将法律看成是界定国家与公民关系的手段,认为法律是一个水坝,既可用来限制个人自由的泛滥,同时又制约国

---

① 参见〔德〕康德:《法的形而上学原理——权利的科学》,沈叔平译,商务印书馆2009年版,第145、146—147、155页。
② 参见陈新民:《德国公法学基础理论》(上册),山东人民出版社2001年版,第29页。

家权力的运用。他认为,限制国家权力是法治国家存在的基础。国家权力非但不是无限的、绝对的,而且还要获得民众的同意,倘若国家完全剥夺了人民的自由,它便失去了存在的基础。这种国家便不再是法治国,其法律变成了强制、压迫人民的工具。

从德国先贤们的法治国思想理论中,我们不难看出,法治国家首先是针对一个相对于绝对君主专制、福利国家而设计出来的新型自由国家。这个国家应是最大限度地给予公民自由的活动空间,哪怕是为了他们的幸福,也不能去干预公民个人的私生活,只有当公民的自由受到威胁与侵害时,才出面通过法律予以纠正与保护,法律也只是在这里施展手脚。而要保证国家不干预公民个人的私生活,就必须以限制国家权力为基础。这样,他们就完成了自由法治国也即实质法治国的早期理论论证,为现代法治国家的诞生奠定了理论基础。当然,也有学者认为,原初的法治国概念是一致的,并无实质和形式之分。[①]

(二)多样的思想表达

理论随实践发展,学术同时代进步。法学史上,不同国家的不同历史时期,思想家们在不同社会发展阶段提出了关于法治、法治国家的睿智思想和独到见解。德国是近代法治国或法治思想与制度的重要发源地,在其法治发展的进程中,法学家们作出了卓越贡献。郑永流教授、陈新民教授对西方两大法律文化进行过系统整理和比较研究[②],他们在德国生活、教学研究多年,中西学术交流、文字翻译没有语言和思维的障碍,资料较为全面,翻译准确精到。郑永流先生将德国"法治国"思想和制度渊源划分为如下六个阶段:自由法治国(18世纪末至19世纪30年代);形式法治国(19世纪30年代至20世纪初);混合法治国(1919年至1933年,魏玛时期);"实质法治国"(1933年至1945年,第三帝国时期);公正法治国

[①] 参见郑永流:《法治四章——英德渊源、国际标准和中国问题》,中国政法大学出版社2002年版,第95—96页。

[②] 参见陈新民:《德国公法学基础理论》,山东人民出版社2001年版;郑永流:《法治四章——英德渊源、国际标准和中国问题》,中国政法大学出版社2002年版。

(1949年至1990年,波恩时代);德国统一后的法治国(1990年之后)。以下择要选取部分代表性人物的理论观点、学术表达、实践贡献扼要介绍。

在法治国家思想史上,19世纪30年代至20世纪初叶,形式法治国家主张曾经风靡一时,其以实证主义为理论工具,认为法律无非是政府进行统治以实现政府目标的工具,主张法律就是法律,而不应包含道德价值等其他含义。法律应与政治进行分离,法律是带有极强技术性的政府统治之术,强调法律的程序性、清晰性、普遍性、规范性以及可预测性,在制度设计和安排上远离具有强烈政治色彩、价值意义的道德和权利基础。法律与民主、权利无关,即使在一个非民主的国家和社会,其对权利也表示出强烈的排斥,但是只要这个国家的法律具有公开性、稳定性、普遍性,能平等地、无溯及既往地适用于所有人,那么这个国家就是法治国家。

法学家施达尔(Friedrich Julius Stahl)是具体主张法治国家形式意义的代表、形式法治国理论最重要的阐述者之一,他从法哲学及宗教法的角度讨论研究国家的目的,代表作是《法律哲学》。宪法是现代国家立国、治理的基础,法律是秩序的保障。施达尔认为,国家必须是一个法治国,这是现代潮流的解决良方,也是真理。国家应以法的方式具体规定公民的自由并对之加以严格保护,去确定自己作用的方式与界限,国家不应再坚持什么道德国家论,国家只是一个法律围栏,一个最低的法律围栏。法治国的概念不是指国家只依据法律秩序行事而不考虑行政目的,或仅仅只保护个人的权利,也完全不再意味只是实践国家的目标和内容,而仅是达成此目标和内容的形式与方式。也就是,国家存在的目的不在于保障个人,而是保障整个国家共同客观存在的基础。由此,法治国的意义已被施达尔完全改写,自由的内容让位于外在的、与价值无涉的形式,国家与法律只不过是一个纯粹的社会技术或社会工具,这也成为近代法律工具论之源。

法学家兼法官格耐斯特(Rudolf von Gneist)继承了施达尔形式法治国的概念,同时对法治国的认识不在于概念的理论分析,更重在实践层面,强调社会的制度性建构,即强调社会的国家秩序,提出了法治国就是"法律的统治"或"依据法律统治"。国家对人民有法律任务,国家为了完成此任务,亟需能够将社会置于法律和法控制之下,以及习惯于接受法律及法控制的组织。但格耐斯特不把这些法律当作行政活动的基础,而认为这些法律构成了行政活动的框架与界限,建构起行政的组织骨架,作为司法程序规定控制行政活动,他认同法治国的原则是权力分立制度。

祁克(Ott von Gierke)同样强调针对行政的司法保护,在《德意志团体法论》对国家和团体的理论史进行研究中,依据其所创立的所谓合伙国家理论对此作了一番别样的解释:国家在类型上显得与其他国内人的团体相似,也是一个合伙,是人的最高合伙,而不是统治者侵犯臣民的机关。据此,行政法是规范的最高表现形式,与其他团体规范并无实质区别。作为法治国,国家应像其他团体一样,也位于本团体规范即法律之中,而不是法律之上。法治国意味着国家与法律的统一,在这种意义上,国家组织的创立与它们的相互关系本身就是法律;国家一切的职权存在的基础是法律并根据法律行使;只有公法才被承认为真正的法律。对行政的司法控制因之显得是对合伙的国家结构的完善,并保证在国家中实行法律的统治。

终身从事法律实务的贝尔(Ott Bähr)法官对法治国家概念作出重要贡献,其《法治国家——一个构想的发表》是德国首次单纯以法治国为书名的著作。贝尔赞同施达尔的见解,认为法治国家诚然设法将其生存发展完全地置于法规的统治之下,并且国家的目的也不只局限于实践法的目的而已。他特别强调国家依据法律及法的统治,崇尚法的重要性,由此逐步建构了法治国家的基本概念,基本要义包括:法律优位原则,法是规范国家生活的主要依据;分权原则,法治国建立在行政权与司法权分立之上;公法定位,公法之目的乃在于规范国家统治者与被统治者关系,公法应该比私法有更明确的成文规范;合法诉讼制度的建立,基于行政权必须服膺司法权之优位,以及行政权(政府权)必须依法律及法而行使,所以司法判决可以拘束行政权。贝尔指出,法治国家的法由法律及判决所组成,为了使法治国变成现实,仅仅将公共权力通过法律规定下来还不够,人们要通过司法在具体的案件中确认权利,为遭受侵害的权利的恢复建立一个不可动摇的基础;将行政置于法的监督之下,是法治国的核心条件;行政的司法保护在逻辑上需要赋予法官以独立地位。

由于形式法治国论者过分注重法治国的形式与程序,强调法律的工具性价值,远离法律的自由价值,缺乏对如何限制立法者的立法权限以保证不制定不公正法律的思考,有人甚至笃信国家不可能为不公正之事,自然招致人们对其主张的潜在危险表示担忧,并对他们的学说提出了批评。具体来说,这种危险首先是容易(当然不是必然)使法律沦为统治者推行个人意志、实行专制统治的工具,与福利国和警察国中君主直接运用行政权力来干预民众生活相比,只不过多了一层法律的外衣;其次表现在由于形式法治国仍然是一种市民法治国,即它要保护的仍然是市民阶级的利益,而很少考虑到工人、农民、士兵及其他下层人的利益,这将会使法治国因社会的不公平而毁掉。思想家们对形式法治国在理论上的忧虑,在经历了两次世界大战之后,终于意识到这种思想所包含的危险具有现实性,从而开始了向实质法治国的理论探索。

施米特(Carl Schmitt)已经步入实质法治国概念的殿堂,他承继传统法治国概念、重视实证法,同时创新发展、实现超越,反对任何有法律规范的国家皆可称为法治国,而是提出了其特殊的概念。在《宪法学说》中,施米特将法治观与宪法合而为一加以讨论,指出现在的法治国家宪法有两个重大原则:分配原则、组织原则,前者实现人民权利的保障,将个别的人民权利予以界定并分配其范畴,以防止国家权力的侵犯;后者基于权力分立理论,对国家公权力结构与权限进行界分,并相互监督与制约。分配原则产生基本人权体制,组织原则奠定权力分立体制。这样,法治国的概念就以保障人权与权力分立为基础,自然已经包含有所谓的价值观意义。所以,法治国不能只强调国家有客观的法律秩序以及人民法律上的权利保护为满足;法治国之所以有别于强权国家及警察国家,根本在于人民利益、公共安全与安宁的保障。

在《宪法学说》的第十三章"法治国的法律概念",施米特专门讨论了法治国理想中的法律概念,并将之与"政治的法律概念"进行了比较。[①] 法

---

① 参见陈伟:《施米特与宪法的新概念》,载李强主编:《宪政与秩序》,北京大学出版社2011年版,第90—91页。

治国的理想,顾名思义,试图确立"法律的统治"。然而,如何理解其中"法律"的含义呢?施米特认为,法治国理想中的"法律"既区别于命令,也区别于立法机关所通过的"法",它有着"特定的品质",这些品质如"正当、理性、公正等等"。法治国中的"法"本应具有高级法的意涵,它源于西方理性主义的自然法传统,认为法律不是一个人或许多人的意志,而是理性。施米特指出,尽管在现代社会中自然法已丧失了自明性,然而仍有一个品质不能舍弃,否则法治国便无从说起,这个品质就是"法规范的普遍性",即法必须以人的自由、平等为前提,普遍运用于每一个公民。"法律面前人人平等是法治国的法律概念的内在属性。"①施米特批评了将一切按立法程序形成的东西皆称为法的形式主义法律概念:按照那种法律概念,所谓"法律的统治"便成了立法机关的统治。他强调指出,"法律的统治"首先意味着立法者本人必须受到法律的约束,只有在法律是具有特殊品质的一般性规范时,"立法者受到法律约束"才具有实质意义。

第二次世界大战结束后,纳粹政权崩溃,西德重新建立宪政体制,引发学界对法治国概念的新讨论。1949年《德意志联邦共和国基本法》是具有浓厚法律技术性质的宪法,大量法学者参与了制定,和以往德国其他宪法不同的是,法治国的用语和概念已完全地引入其中,即在宪法条文中出现,如第28条第1款规定:各邦的宪法秩序必须符合联邦基本法所规定之共和、民主及社会法治国原则。② 其时讨论基本法法治国概念最透彻的当属著名的公法权威肖勒(U. Scheuer)教授,他在《德国法治国的新发展》中指出,德国追求与实施一百余年的形式意义法治国,只使法治国剩下一个"合法性的空壳",因此新的法治国概念必须有特定的、实质的基本价值及基本要素。这种基本价值一是个人自由的保障;二是国家权力法定,以对抗恣意滥权与不法。肖勒特别强调法律实证主义的不足,因此正义与平等的精神必须符合民主的立法程序,才能足以称为法治国家的法律。他同时认为,法治国必须承认欧洲某些传统文化的价值,如人性尊

---

① 〔德〕卡尔·施米特:《宪法学说》,刘锋译,上海人民出版社2005年版,第152页。
② 1990年10月,统一后的德国在整体上继承了西德的法律制度,《德意志联邦共和国基本法》所确立的民主、社会法治国原则也继续被作为根本立国方略,法治国内容也无实质改变。

严、法律保留、权力分立、独立审判等。很明显,肖勒已将形式意义法治国的理念融入实质意义法治国之中。这表明,实质意义法治国容纳而不排斥形式意义法治国,更有助于实质意义法治国理念的实现。肖勒不仅强调法治国的精神内涵,还致力于推动法治国的实践,认为要建立实质意义的法治国,必须加强具体制度的建构。

总之,"共和国属于人民大众所有。不是以任意的方式而聚集形成的人的集合均是人民共同体(Po Po to),人民共同体是一个不仅居于共同的利益需要,而且首先居于共同的法律认识(Co Scienzaiuridica)而联合形成的人的共同体"①。法治国家是国家建设的系统工程,既是重大理论课题,更是复杂治道活动。理论是行动的先导,没有科学的法治理论引领,就不可能有正确的法治实践。现代法治的精髓,在于立良法、谋善治。在人类法治文明的演进脉动中,世界各国法学家们都努力解答法的一般性问题,试图在不同经济、社会、文化和历史背景中发现法学的一般原理。"优良的立法家和真实的政治家不应一心想望绝对至善的政体,他还需注意到本邦现实条件而寻求同它相适应的最良好政体。"②我们考察法治国家及其生成的历史逻辑、实践逻辑和理论逻辑,对人类优秀法治文明成果积极吸收借鉴,有选择地吸收和转化,结合中国具体实际加以本土化改造,就是要以中国为背景、以法治实践为立足点,总结法治中国建设的经验与成就,思考具体法律问题折射出的普遍性规律,形成一整套表达中国法治实践的概念、范畴,深入阐释中国特色社会主义法治体系背后的法理。

"法与时转则治,治与世宜则有功。"③法治作为具体的社会治理活动,不可能脱离相应的社会基础、社会条件,需要"因俗而治"、因时而变、因地制宜,需要建立在社会成员普遍自律的基础上,需要社会大众自觉依照法律规则实行自我管理、自我约束、自我治理,没有社会成员高度的自治意识,没有强烈的自律精神和法律敬畏,法治就难以落地。最为典型的是,2020年新冠肺炎疫情大流行以来,人们愈发能够体会到人与人之间的生

---

① 〔古罗马〕西塞罗:《论共和国 论法律》,王焕生译,中国政法大学出版社1997年版,第5页。
② 〔古希腊〕亚里士多德:《政治学》,吴寿彭译,商务印书馆1965年版,第176页。
③ 《韩非子·心度》。

命关联,生命不是个别的、孤立的自然现象,而是有其共性的、彼此相连的社会特征,天降巨大疫灾,全体成员只有团结一致、同舟共济、相互提携,才能安全度过危机。但面对"二战以来最大的全球性危机",世界上公认的全球最发达地区的表现却不尽如人意。这表明,民主制度、法治国家建设必须根植于本国土壤,即必须立足具体国情、植根本国文化,也就是具体国家法的历史、文化传统和现实国情。"没有信仰的法律将退化成为僵死的法条;这确是美国和西方世界许多地方今天正在发生的事情"[①],而没有法律的信仰将蜕变成为狂信。这是当代美国最具世界影响力法学家哈罗德·J.伯尔曼的深远洞见。

---

① 〔美〕伯尔曼:《法律与宗教》,梁治平译,商务印书馆 2012 年版,第 39 页。

• 因地制宜 •

底线思维与应急处置①

——郑州特大暴雨关键时刻无市领导坐镇指挥

2021年7月17日至23日,河南省遭遇历史罕见特大暴雨,发生严重洪涝灾害,特别是7月20日,郑州市遭受重大人员伤亡和财产损失。灾害共造成河南省150个县(市、区)1478.6万人受灾,因灾死亡失踪398人,其中郑州市380人,占全省95.5%;直接经济损失1200.6亿元,其中郑州市409亿元,占全省34.1%。郑州"7·20"特大暴雨灾害总体是"天灾",具体有"人祸",而事发后的迟报瞒报,公然瞒报灾情和弄虚作假,更令人发指,严重危害政府公信力,中央纪委、河南省纪检监察机关按照干部管理权限,依规依纪依法对灾害中涉嫌违纪违法的89名公职人员,包括郑州市党政"一把手"在内,进行了严肃问责。

经国务院调查组调查认定,河南郑州"7·20"特大暴雨灾害是一场因极端暴雨导致严重城市内涝、河流洪水、山洪滑坡等多灾并发,造成重大人员伤亡和财产损失的特别重大自然灾害;郑州市委、市政府及有关区县(市)、部门和单位风险意识不强,对这场特大灾害认识准备不足、防范组织不力、应急处置不当,存在失职渎职行为,特别是发生了地铁、隧道等本不应该发生的伤亡事件。郑州市及有关区县(市)党委、政府主要负责人对此负有领导责任,其他有关负责人和相关部门、单位有关负责人负有领导责任或直接责任。

国务院调查组查明,郑州市委、市政府贯彻落实党中央、国务院关于防汛救灾决策部署和河南省委、省政府部署要求不力,没有履行好党委政

---

① 资料来源:《河南郑州"7·20"特大暴雨灾害调查报告公布》《国务院调查组相关负责人就河南郑州"7·20"特大暴雨灾害调查工作答记者问》,载《人民日报》2022年1月22日。

府防汛救灾主体责任,对极端气象灾害风险认识严重不足,没有压紧压实各级领导干部责任,灾难面前没有充分发挥统一领导作用,存在形式主义、官僚主义问题;党政主要负责人见事迟、行动慢,未有效组织开展灾前综合研判和社会动员,关键时刻统一指挥缺失,失去有力、有序、有效应对灾害的主动权;灾情信息报送存在迟报瞒报问题,对下级党委政府和有关部门迟报瞒报问题失察失责。

调查组指出,在此次灾害应对处置过程中,集中暴露出当地在防灾减灾救灾等应急管理体系方面的诸多问题短板,教训十分深刻。这些问题短板,在全国很多地方也不同程度存在,需要引起高度重视、切实加以改进。

一是,一些领导干部特别是主要负责人缺乏风险意识和底线思维。这次灾害来临前,郑州市委市政府负责人特别是主要负责人主观上认为北方的雨不会太大,对郑州遭遇特大暴雨造成严重内涝和山洪"没想到"。这种麻痹思想和经验主义在北方城市不少领导干部身上也同样存在,一些领导干部对极端气象灾害认识不足,严重缺乏风险意识和底线思维,应急准备严重不足。这些问题,说到底还是学习贯彻习近平总书记关于防范风险挑战重要论述没有入脑入心,对人民生命、政治责任缺乏敬畏。这是各地各级领导干部首先要汲取的深刻教训。

二是,市委市政府及有关区县(市)党委政府未能有效发挥统一领导作用。在这场灾害应对过程中,郑州市委市政府统一领导和指挥不力,责任没有真正上肩,没有统筹安排指挥部坐镇指挥和现场指挥力量,一些领导干部领导能力不足、全局意识不强,不知道关键时刻自己的职责是什么、岗位在哪里、如何发挥领导作用,导致抓了点丢掉面。以这场灾害为警示,就要着力解决一些领导干部在灾害面前不会为、不善为的问题,真正把党的集中统一领导贯穿灾害防范应对各方面全过程,使党的领导更加坚强有力。

三是,贯彻中央关于应急管理体制改革部署不坚决不到位。郑州市设置了防汛抗旱指挥部、城市防汛指挥部、气象灾害防御指挥部、突发地质灾害应急指挥部4个指挥机构,防汛抗旱指挥部下又设了防办、河湖水利防办、城防办、黄河防办4个办公室,机构重叠、职能重复、工作重合,大家都管都没有管到位,不符合"一类事项原则上由一个部门统筹,一件事情原则上由一个部门负责"的机构改革要求。各地要从中深刻汲取教训,坚决贯彻中央深化应急管理体制改革的决策部署,加快形成统筹协调、统分结合的"全灾种、大应急"工作格局。

四是,发展理念存在偏差,城市建设"重面子、轻里子"。郑州作为新兴特大城市,近年来发展速度很快,但城市规划建设落实防灾减灾要求不到位,城市排涝基础设施建设严重滞后于城市发展。雨水管道与建成区面积相当的城市相比相差超过一半;已投资的海绵城市建设项目资金,实际相关的仅占32%,用于景观、绿化等占近56%;排水明沟等设施"十三五"期间改造达标率仅20%。这也是不少地方长期存在的共性问题,反映了一些领导干部政绩观有偏差,在完整准确全面贯彻新发展理念、统筹发展和安全上存在很大差距。

五是,应急管理体系和能力薄弱,预警与响应联动机制不健全等问题突出。这次暴雨灾害集中暴露出郑州市预警发布能力、应急指挥能力、抢险救援能力、社会动员能力、科技支撑能力不足等诸多短板。特别是灾害性天气预报与灾害预警混淆,预警发布部门分割,防灾避灾措施针对性、有效性、强制性不足,缺乏统一权威高效的预警发布机制;预警与响应联动机制不健全,应急预案实用性不强。这些问题一定程度上反映了我国应急管理工作系统治理不强,尚未建立起一整套系统化的制度和能力体系,基层基础尤为薄弱。

六是,干部群众应急能力和防灾避险自救知识严重不足。这次灾害也反映一些新上任的干部对防灾减灾救灾和应急管理情况不熟悉,未经历过洪涝、地震等大灾考验,实战经验严重不足。此外,在这次灾害应对过程中,媒体的宣传警示作用发挥不到位,灾害预警信息传播不及时不充分,社会公众安全意识和防灾避灾能力不强。加强各级领导干部防灾减灾救灾、应急管理能力培训和群众科普教育十分必要和迫切。

第四章

国家结构形式与区域治理*

　　大国之所以成为大国,是因为它确立了大国建构之道。疆域是国家存在的基础,疆域由政区组成,政区支撑着疆域,国家结构形式是国家整体与其部分间、中央政权与地方政权间相互关系的政治法律制度,既是立宪者在立宪之时对政治现实所作的宪法判断,本质上也是不同社会发展阶段国家权力纵向配置"度"的平衡的政治设计,涉及央地关系、疆域管控、行政区划、边疆治理、民族构成等。复合单一制是中国特色的国家结构形式,它以普通模式、民族模式、特区模式的实践形式,成功解决人口民族众多、国土幅员辽阔大国的国家整合和国家建设问题,维护多民族国家的统一和稳定,为大国国家结构形式提供了独特范例。其中,民族区域自治是中国国家结构形式中的重要组成部分,集中体现了坚持各民族一律平等,铸牢中华民族共同体意识,实现共同团结奋斗、共同繁荣发展的显著优势。

　　维护民族团结和国家统一是中华民族的最高利益。习近平指出:"我们坚持准确把握我国统一的多民族国家的基本国情,把维护国家统一和民族团结作为各民族最高利益;坚持马克思主义民族理论中国化,坚定走中国特色解决民族问题的正确道路;坚持和完善民族区域自治制度,做到统一和自治相结合、民族因素和区域因素相结合;坚持促进各民族交往交流交融,不断铸牢中华民族共同体意识;坚持加快少数民族和民族地区发展,不断满足各族群众对美好生活的向往;坚持文化认同是最深层的认同,构筑中华民族共有精神家园;坚持各民族在法律面前一律平等,用法律保障民族团结;坚持在继承中发展、在发展中创新,使党的民族政策既一脉相承又与时俱进;坚持加强党对民族工作的领导,不断健全推动民族团结进步事业发展的体制机制。"①这"九个坚持"是新时代坚持和完善民族区域自治制度的根本遵循。

---

　　* 魏红英、冉艳辉博士参与部分初稿写作。
　　① 习近平:《在全国民族团结进步表彰大会上的讲话》(2019年9月27日),载《人民日报》2019年9月28日。

一个健全有力的体制乃是人们所必须追求的第一件事；我们应该更加重视一个良好的政府所产生的活力，而不只是看到一个广阔的领土上所提供的富源。①

——〔法〕卢梭

一、国家结构形式理论

国家治理是复杂的系统工程，国家或中央政府不可能也不应该包揽一切，为了实现有效治理，尊重历史传统，适应时代发展，依据一定的标准将国土划分为若干层次和不同范围的区域，设置地方政府，实行中央与地方分权治理，是中外国家治理的通行法则。"每一有机体（因此，亦包括国家）之自为自得，均有赖于其整体与部分间的均衡之维持，——有赖于每一部分之各有其分，各尽其责。""设若每一阶级、每一城镇，不，每一村庄，都能创生一种特定的集体精神，则此特性鲜明而又多元纷呈的个体性，必将增益公共福利。"②因此，无论采取何种形式，只要不是很小的城邦，历史上任何国家都必定存在某种形式的纵向分权，也就是在不同层级的政府之间配置不同的管治权力，协调整体与部分之间的关系。在传统社会里，由于交通讯息的限制，仅仅是有关治理之信息传递就非常耗费时间、人力和物力，如果民族众多、区域环境不同，各地所面临的治理问题以及解决问题的方式也应当不同，解决具体政治问题不仅需要一般的、抽象的知识和原则，而且需要大量的具体的判断和地方性的知识。在这样的条件下，如果管治都由中央政府统起来，治理不仅不可能有效，甚至完全不可能。而从历史上看，任何国家的政治治理都不可能由单一层面的政府来完成，

---

① 〔法〕卢梭：《社会契约论》，何兆武译，商务印书馆 2009 年版，第 61—62 页。
② 〔德〕弗里德里希·卡尔·冯萨维尼：《论立法与法学的当代使命》，许章润译，中国法制出版社 2001 年版，第 32 页。

即使是最独裁的政府也无法做到一切公共决策都由中央做出。①

恩格斯指出:"国家是社会在一定发展阶段上的产物;国家是承认:这个社会陷入了不可解决的自我矛盾,分裂为不可调和的对立面而又无力摆脱这些对立面。而为了使这些对立面,这些经济利益互相冲突的阶级,不致在无谓的斗争中把自己和社会消灭,就需要有一种表面上凌驾于社会之上的力量,这种力量应当缓和冲突,把冲突保持在'秩序'的范围以内;这种从社会中产生但又自居于社会之上并且日益同社会相异化的力量,就是国家。国家和旧的氏族组织不同的地方,第一点就是它按地区来划分它的国民。""第二个不同点,是公共权力的设立,这种公共权力已经不再直接就是自己组织为武装力量的居民了。这个特殊的公共权力之所以需要,是因为自从社会分裂为阶级以后,居民的自动的武装组织已经成为不可能了。"②当然,一切制度所要处理的问题在不同国家及其不同发展阶段必定会以不同形式表现出来,解决的办法也可能不同,解决的形式、路径也不同。

(一)国家结构、国家形式与国家结构形式

疆域是国家存在的基础,疆域由政区组成,政区支撑着疆域。国家结构是随着国家的产生和发展而形成、变化的,包括国家内部疆域划分及其整体与组成部分之间关系的确定。在民族众多、各地区发展不平衡的大国,往往会采取更大程度的中央和地方的分权,常常表现为联邦制。因为在大国,由于空间的延伸,中央和地方分权的问题不是一个要不要的问题,而只是一个如何分的问题。因此,国家诞生,为了实现有效治理,必须建立国家机构、进行区域划分、合理配置权力等,即国家形式的建构。国家形式、国家结构形式是政治学、宪法学的重要内容,是既相互联系又内涵各异的概念。国家形式包括国家政权组织形式和国家结构形式,是

---

① 参见苏力:《当代中国的中央与地方分权——重读毛泽东〈论十大关系〉第五节》,载《中国社会科学》2004年第2期。

② 恩格斯:《家庭、私有制和国家的起源》,载《马克思恩格斯选集》(第四卷),人民出版社2012年版,第186—187页。

国家权力横向结构与纵向结构的具体表现,国家结构形式是国家形式的组成部分,是国家形式之一,但不是国家形式的全部。"国家形式是由三个主要因素结合而成,这就是:(国家的)政体形式,(国家的)结构形式,(国家的,政治的)制度形式。"①

国家形式与国家性质相对应,是国家政权组织形式和国家结构形式的总称。国家政权组织形式就是政体,是指统治阶级采取何种原则和方式来组织自己的政权机关、实现自己的统治。《宪法》规定:"中华人民共和国的一切权力属于人民。人民行使国家权力的机关是全国人民代表大会和地方各级人民代表大会。人民依照法律规定,通过各种途径和形式,管理国家事务,管理经济和文化事业,管理社会事务。"我国的政权组织形式是人民代表大会制度。国家形式反映国家阶级本质,如果说政体解决的是国家权力的横向配置,那么国家结构形式解决的就是国家权力的纵向配置问题。

国家性质即国体,通常指社会各阶级在国家中所处的地位。具体来说,是指在一个国家中,哪个阶级或哪些阶级处于统治地位、掌握国家权力,哪些阶级是统治阶级的同盟者,哪些阶级处于被统治和被压迫的地位,统治阶级的性质决定着国家的性质。《宪法》总纲第1条明确规定:"中华人民共和国是工人阶级领导的、以工农联盟为基础的人民民主专政的社会主义国家。"这就是我国的国体。国体具有相对稳定性,国家形式则会随着历史条件、文化传统、民族特点、国内阶级力量的对比和国际环境等因素的变化而变化。同一类型的国体,也可以采取不同的政体或国家结构形式。

国家结构形式是国家结构的具体表现形态,是指国家整体与其组成部分之间、中央政府与地方政府之间相互关系的政治法律制度。国家各部分领土政治权力之间的关系,主要包括中央与地方政府的权力关系。现代国家结构形式主要包括单一制和联邦制两种类型,由各国的历史传统、民族状况以及政治、经济、文化等发展情况决定,两种国家结构形式各

---

① 〔俄〕B.B.拉扎列夫主编:《法与国家的一般理论》,王哲等译,法律出版社1999年版,第282页。

具特色。纵观世界各国的政治实践,资本主义国家和社会主义国家中都有采用单一制和联邦制的,国家结构形式与国家性质并没有必然的联系。①

国家结构形式是行政区域划分与国家权力配置的结合,不同于国家结构,如果仅有区域的划分,只是地理意义上的国家结构,即国家的领土结构;如果仅有国家权力的划分,只是国家权力结构。二者都是国家结构的内容,只有二者的结合,不仅与公共政权密切相关,而且还同国家的根本特征之一——领土相联系,才构成国家结构形式。因此,俄罗斯学者认为:"国家结构形式应理解为国家政权的行政领土制度,国家与其组成部分之间,国家的个别部分之间,中央和地方机关之间相互关系的特点。"②那么,国家结构形式与国家结构到底是什么关系?乍看起来是形式与内容的关系,其实不然。国家结构不仅包括领土结构、权力结构,还包括其他内容,其中权力结构又有纵向和横向之分。而国家结构形式除了国家结构中有关领土划分和国家权力纵向配置外,还包含着将二者结合起来的原则,所以它们是相互依存关系。

现代意义的国家结构形式是随着宪法的产生而产生的,并不以一个国家的建立为起点。国家结构则是伴随地域性的国家代替血缘性的氏族组织而产生的。有国家就有国家结构,但并不一定有现代意义的国家结构形式。国家整体与部分的划分从纯粹意义上看是一种配置权力的技术性手段,但它却是近代民主制度的产物,体现民主与法治对国家权力的要求即防止个人专制和权力滥用、保障个体和地方的自由权。前资本主义国家不存在现代意义的国家结构形式,因为当时国家整体与组成部分不可能有明确的权力或利益区分。"朕即国家",君主治国不可能以民众的幸福为出发点,而是以维护其王朝利益为核心。国家主权的私人属性并不因为城邦制、联盟制、帝国制、等级分封制中地域范围的划分而改变。只有在资本主义产生后,有了一定的民主事实,通过宪法确立了人民主权

---

① 参见周叶中主编:《宪法》,高等教育出版社、北京大学出版社2000年版,第228页。
② 〔俄〕B.B.拉扎列夫主编:《法与国家的一般理论》,王哲等译,法律出版社1999年版,第287页。

原则,才有了真正意义上的整体与部分国家权力的区分,即使这种区分是模糊的。

国家结构制度则表示上述相互关系存在及运行的各类准则或规范,它是关系存在及关系互动的各种规范的总和,是国家结构形式的法律化、规范化。国家结构制度与中央和地方关系既有联系,又有区别。国家结构制度中整体与部分的关系,实质上就是中央与地方最高层级之间的权力关系,它包括各自的法律地位、权限划分的原则内容及权力运作特征。一般意义上,它不包括中央与地方非最高层级的关系。但地方非最高层级与中央的关系有时也会影响国家结构制度:它制约着社会资源配置,进而影响社会利益关系;它深刻地影响着多民族国家中的民族关系;它直接或间接地影响着社会政治发展的走向。

(二)单一制与联邦制:国家结构形式基本类型

基于不同的地理环境、历史文化和政治传统,国家的整体与部分的关系各不相同,可以划分为不同的类型。目前,学术界对国家结构形式的分类标准并不统一,代表性的大致有如下观点。

国内早期(20世纪上半叶)的宪法学者认为,二者的区分标准在于中央和地方事权的划分方式。"联邦制与单一制根本差别之所在,我们以为应全在国家事权划分的手续。凡属联邦国家,其中央政府与各邦政府的事权,全由宪法划定,所以各邦政府的事权,有宪法为保障;其在单一国家,无论分权至如何程度,其地方团体的事权,总系经由中央政府以普通的法律或命令规定,所以地方团体的事权,初无宪法保障。许多学者对于联邦制与单一制的讨论,往往因忽视或误解这个异点而发生重大错误。"① 实际上,当今无论是联邦制还是单一制国家,中央政府与地方团体的分权都在宪法中有所体现,因此这种区别标准已不能反映当今政治现实。"将政府主要权力在各州中进行分配,这是让宪法协议地方化和特殊化;而这种让宪法程序有弹性地适用于新的区域、广大地区各式各样又不断变化

---

① 王世杰、钱端升:《比较宪法》,中国政法大学出版社1997年版,第316—317页。

着的情况,这是我们的政治得以成功的真正原因所在。"①

也有观点认为,判断的标准是国家的区域单位是否可以脱离中央而独立。区域性单位可脱离中央而独立的属于联邦制国家,反之则属单一制国家,它反映了苏联联邦制的特例。② 譬如,美国是典型的联邦制国家,各州权力很大,拥有自己的法律、税收、警察、教育、选举制度等,联邦政府最初的权力大致包括各州之间的外交、国防、造币、移民、入籍以及贸易等。但随着时间的推移,联邦政府在教育、社会福利、住房补贴、国土安全、交通等国家公共事务方面的权力日益广泛,作为区域性单位的各州政府不可能脱离联邦政府而独立③。

还有观点认为,判断的标准是主权权力是由全国性政府独占还是其与区域性政府分享。由全国性政府独占主权权力的是单一制,由全国性政府同区域性政府分享主权权力的是联邦制。④ 对于这一观点,学者的认同度较高。但是,随着世界政治实践的发展,单一制国家中央政府向地方政府分配权力的现象也越来越普遍,由全国性政府"独占"权力的情形已不能解释所有单一制国家的具体实践。例如,我国国家结构形式有着基于传统主义的单一制内核,但由于内部民族与文化的多样性、地区发展的不平衡性、改革开放与祖国统一的特殊历史需求以及国家结构思想上现代主权原则与传统帝国原则并用的特殊构成,导致单一制具有丰富的制度弹性,有些制度直接体现了某种联邦制原则(如民族区域自治、特别行政区自治以及基于分税制的财政联邦制)。

所以,判断的标准应该是国家权力的纵向存在形态:国家权力集中于中央、处于完整形态,地方只有间接的国家权力的国家为单一制国家;国家权力处于纵向分离形态,中央与地方分享国家权力的国家为联邦制国

---

① 〔美〕伍德罗·威尔逊:《美国宪制政府》,宦盛奎译,北京大学出版社2016年版,第262页。
② 参见何华辉:《比较宪法学》,武汉大学出版社1988年版,第148页。
③ 美国历史上的南北战争其实就是宪法危机。当时南部几个州主张独立,时任总统詹姆斯·布坎南(James Buchanan)认为,这些州是不对的,不过他同时认为,根据宪法联邦政府没有权力发动战争,强制这些州留下。但布坎南的继任者亚伯拉罕·林肯(Abraham Lincoln)不是他那样狭隘地理解宪法,而是坚决反对国家分裂,维护国家统一,把内战作为拯救联邦、恢复国家统一的最高奋斗目标,并废除叛乱各州的奴隶制,成功击败了南方分离势力。
④ 参见童之伟:《国家结构形式论》,武汉大学出版社1997年版,第146页。

家。这里涉及两个概念,即国家主权和国家权力。国家权力是可分的,而国家主权不可分。国家主权作为独立国家自主地处理对内对外事务的最高权力,是完整的、不可分割的。不论是早期的资产阶级思想家,还是现代学者,大多持此观点。① 英国哲学家霍布斯将国家主权看作是国家的灵魂,认为其性质是"不可转让和不可分割的",权分则国分,国分则不国。法国18世纪启蒙思想家卢梭认为主权在民:"主权既然不外是公意的运用,所以就永远不能转让。""由于主权是不可转让的,同理,主权也是不可分割的。因为意志要么是公意,要么不是;它要么是人民共同体的意志,要么就只是一部分人的。在前一种情形下,这种意志一经宣示就成为一种主权行为,并且构成法律。在第二种情形下,它便只是一种个别意志或者是一种行政行为,至多也不过是一道命令而已。"② 美国汉密尔顿则更直接,认为"主权内的主权"是一种"政治上的怪物"。③

美国是第一个现代的联邦国家,从理论到实践有一个长期的探索过程,具体实践表明,主权可以分割,而且在美国确已分割。在联邦政府体制下,不得授予各州以"全部独立主权"。也就是说,各州可能没有充分的主权,但是它们至少有一种剩余的主权。不过,真正的主权并不属于州政府或联邦政府,而是属于"人民"。《联邦党人文集》说:"最终的权力无论从何而来,只属于人民。"在宪法刚制定的时候,流行的见解是主权是以某种方式在各州和合众国之间进行分割的,或认为各州放弃了全部主权,或认为各州一点主权都没有放弃,而这些看法都是错误的。④ 可见,国家主权是国家的本质内容,是国家区别于其他社会团体的特殊属性,是抽象的、完整的、不可分割的。但国家权力不等同于国家主权,正如童之伟教

---

① 也有学者提出,根据欧洲一体化的经验,无论是联邦制还是单一制,主权都已不是一个不可让渡、不可分割、不可进化的单一概念,而是个可以转让、可以变更、可以融合的复合概念。笔者认为,其所指的"主权"实质上就是"主权行使权",与下文童之伟先生的观点相似,故在此不再赘述。参见张千帆:《国家主权与地方自治——中央与地方关系的法治化》,中国民主法制出版社2012年版,第31页。
② 〔法〕卢梭:《社会契约论》,何兆武译,商务印书馆2009年版,第31、33页。
③ 〔美〕汉密尔顿、杰伊、麦迪逊:《联邦党人文集》,程逢如等译,商务印书馆2009年版,第85页。
④ 参见〔美〕梅里亚姆:《美国政治学说史》,朱曾汶译,商务印书馆1988年版,第132—135页。

授认为,国家权力所有权就是主权所有权,国家权力行使权就是主权行使权,在代议民主制下,主权的所有者与行使者通常是分开的。主权虽然统一不可分,但是主权权力即最高国家权力行使权却可以而且应该分开。①国家权力是主权的行使,与主权的所有不同,它是具体的、可操作的,它必须依附一定的机构和人员,通过一定的具体形式而体现,而具体的机构和人员是可分的。所以,没有国家主权的中央与地方区分之意,只有国家权力的整体与部分分离之说。总之,不管分类标准如何,单一制和联邦制的类型是公认的,二者的区别体现在国家权力(国家主权的行使权)的存在状态、中央与地方权力划分和运作方式、权限争议的解决办法等方面。由于国家结构形式的前提是主权国家的存在,因此学术界的主流观点认为,邦联制不是国家结构形式的类型。

(三) 单一制(Unitary System)

单一制是由若干行政区域单位或自治单位组成的单一主权国家,权力和权威合法地集中于中央的国家结构形式,中央政府代表了国家的所有主权,其特点主要体现在宪法体系、政权机构、外交主权、国家安全等方面:第一,宪法体系方面。国家只有一部宪法,法律由统一的中央立法机关据宪法制定。第二,政权机构方面。国家只有一个最高立法机关、一个中央政府、一套完整的司法系统;地方接受中央的统一领导,地方政府的权力由中央政府授予,地方行政区与单位和自治单位没有脱离中央而独立的权力;中央对地方的立法、行政、司法实施监督和控制。第三,外交主权方面。国家整体是代表国家进行国际交往的唯一主体。第四,国家安全方面。国家安全是绝对的中央事权,地方维护国家安全是法定职责、宪制责任。

实践中,由于各国的历史发展、社会状况和文化传统的差异,单一制国家也存在多种形式。例如,有学者将单一制国家分为中央集权型和地方分权型。在中央集权型关系之下,中央政府将部分权力交给地方政府

---

① 童之伟:《国家结构形式论》,武汉大学出版社1997年版,第132—134页。

行使,而中央政府仍有最终的决定权,法国是这种类型的典型国家;在地方分权型关系之下,权力的分配是一种确定性转移,以立法的形式将权力赋予地方政府,实行地方自治,并规定中央政府不得随意干涉地方权力范围内的事务,英国是这种类型的典型国家。① 还有学者将单一制国家分为三种类型:(1)地方自治制型(非中央集权型)。在地方分权型单一制国家,地方居民依法自主组织地方公共机关,并在中央监督下依法自主处理本地区事务,中央不得干涉地方具体事务,代表国家有英国、意大利。(2)中央集权制型。法国是典型的中央集权型单一制国家,地方政府在中央政府的严格控制下行使职权,由中央委派官员或由地方选出的官员代表中央管理地方行政事务,地方居民没有自治权或地方虽设有自治机关,但自治机关受中央政府的严格控制。(3)民主集中制型。以社会主义国家为主,如苏联体制的主要特征是存在着一种更为严格的等级制度,通过正式组织即执政党共产党的控制,以民主集中制及单一候选人选举制度来实现。②

目前,世界近 200 个国家和地区大多采用单一制国家结构形式。主要原因在于:第一,有利于中央集权。单一制政府是中央集权制政府,在立法上,由国家统一制定宪法和法律,行政上实行统一领导和管理,对外关系上则是国际法主体,能统一制定对外政策,对武装力量实施统一的领导和指挥,同时在国家结构形式上比较单一,便于处理中央和地方的关系。第二,国家组织比较简单,与联邦制相比,没有联邦与成员国之间机构和事务上的重复。同时,由于地方政府受中央政府的统一领导,地方政府的机构设置和人员配置相对来说要少一些。第三,有利于提高政府工作效率。单一制政府由中央实行统一领导,没有联邦制国家各州的各自为政,从解决全国性事务的角度看,更有利于提高政府工作效率。

从民族状况、经济发展、地理环境、历史因素等方面看:第一,单一民族国家不存在复杂的民族关系问题,则通常实行单一制;第二,一个国家不同区域之间经济发展水平比较均衡,不存在区域间的较大差异,则通常

---

① 参见张千帆主编:《宪法学》,法律出版社 2004 年版,第 426—427 页。
② 参见任进:《中外地方政府体制比较》,国家行政学院出版社 2009 年版,第 6 页。

实行单一制;第三,一个国家不同地区的地理条件之间不存在较大的差异,不同地区之间形成比较紧密的联系,则通常实行单一制;第四,历史因素包括一个国家建立之后中央与地方分权模式的存续时间、特定历史事件对中央与地方关系的影响以及一些历史遗留问题的解决等方面,一个国家通常会因为单一制的历史因素而实行单一制。

单一制国家的特点是全面的政治统一及其不可分割性,地方政府只是中央政府的分支,有义务服从中央命令,且不具备宪法保障的自治权力,优点在于它很简单,且掌握一切最高权力,可以更好地抵抗分离倾向。① 当然,单一制的国家结构形式也存在弊端,如地方的自治权较小、中央权力比较集中、政策缺乏灵活性、不利于调动地方政府的积极性等。不过,从理论上说,在单一制体制下地方政府的权力来自上级政府的"授权";或者说,从法理看,地方政府只是中央政府的派出机构,而非独立于中央的机构。但在权力操作层面,无论是中央还是地方,都很难根据理论和法律规定来行动,因为如果完全根据理论和法律来行动,就会出现很多问题,导致治理危机。

中央与地方关系是国家结构形式的基本问题。中央和地方的关系理论上表现为委托者和代理者的关系,但两者的关系并非简单的授权关系,因为代理者(地方政府)对事物有自己的考量,其行为会出现和中央(委托者)不一致的情况。因此,中央政府要设计一些制度规则,使得两者保持一致。这样做有其积极的一面,也有其消极的一面。积极之处在于保持了法律和政策的一致性,消极之处就是忽视了地方差异,使得法律和政策难以落实下去。单一制国家假定地方政府只是执行者,而不是决策者。事实上,地方政府也是一级政府,并非仅仅是中央的代理,有很多方面需要地方官员的直接决策,而非简单地等待和听从中央的决策。如果太过于集权,中央政府就会面临信息收集、信息传送的时间、中央官员对信息的判断等问题。更重要的是,即使中央政府获得完整的地方信息,决策时也要考虑到全社会的利益。这里涉及局部和整体的关系:一条信息在中

---

① 参见〔俄〕B.B.拉扎列夫主编:《法与国家的一般理论》,王哲等译,法律出版社1999年版,第288—289页。

央层面的公布会不会造成全社会的惊恐？要不要将此信息发布为一个全国性的"新闻"，抑或是控制在局部地区发布？这些都是必须考虑的。这种多因素的考虑和决策需要时间，所以在实际层面往往拖延了信息的发布和传播。①

（四）联邦制（Federal System）

联邦制在人类政治制度文明的演进中有着久远的历史。如古希腊雅典，在其从氏族社会向政治社会的演进中，乡区是新组织单元，"地区组织体系的第二层由十个乡区组成，这十个乡区联在一起，形成一个更大的地区。这个更大的地区叫做乡部"，"地区组织体系的第三层，也就是最高一层，即雅典联邦，或称之为雅典国家，它由十个乡部组成"。② 公元前265年，罗马征服了除波河流域的意大利领土，成为意大利的主人。次年即公元前264年，爆发了第一次布匿战争（公元前264年—公元前241年），通过这次战争，罗马战胜迦太基，取得了地中海的控制权，夺取了地中海第一大岛西西里，把自己的领土扩张到了天然边界以外，由此产生了对这一海外领地的治理模式选择问题。罗马人面临两个选择：一是曾适用于意大利被征服领土的同盟制；二是迦太基人和叙拉古人留下的模式。同盟制的历史可追溯到公元前366年，罗马开始征服意大利，与征服地区订立同盟条约，把它们变成自己的保护国；同盟国彼此之间不得订立联盟条约，不得互战，在发生纠纷时由罗马仲裁，在其他方面各同盟国保留自己的自治，由此逐渐形成了罗马与诸同盟国构成的联邦。③

纵观西方历史的演进，由于封建割据，西方社会长期存在的问题是王权衰弱、中央权威不立、国家四分五裂。所以，英美国家的历史是中央向地方求取权力的历史。美国基本上是在1787年制宪时，经过激烈的辩论和斗争，强有力的联邦政府模式才胜过了各州高度自治的邦联模式，联邦

---

① 参见郑永年：《新冠肺炎疫情与中国治理制度》，载《联合早报》2020年2月18日。
② 参见〔美〕路易斯·亨利·摩尔根：《古代社会》（新译本·上册），杨东莼、马雍、马巨译，商务印书馆1977年版，第269—270页。
③ 参见徐国栋：《罗马公法要论》，北京大学出版社2014年版，第137—139页。

制从政治理念走向政治实践。① 德国当代著名政治学家和法学家施米特认为,联邦"是以自由协定为基础的永久联合体,它以各成员邦的政治自保为共同目标,并且从这一目标出发改变了各成员邦之间的总体政治状态"②。政治实践表明,联邦制是两个或多个分享权力的政府对同一地理区域及其人口行使权力的体制,由在法律上相对独立的单位(如联盟共和国、自治共和国、州)组成统一国家。在联邦制国家,国家权力至少在两级政府中进行分配,并受宪法保障,虽然其成员拥有有限的准国家权力,但联邦拥有最高和最终的国家权力。

联邦制被认为是在极端的中央集权和松散的邦联之间的一种折中形式,优点是它允许联邦成员自治,因地制宜制定适合当地情况的法律;缺点是治理成本高,如在法律上不是很"经济",对国家的法律资源要求比较高,且多套法律同时并行,还有可能产生大量的法律冲突问题。总体而言,联邦制具有以下几个共同特点:第一,国家有两套法律体系,除有联邦的宪法、法律外,各成员单位还有各自的宪法和法律,但联邦法律高于各成员的法律;第二,国家机构的组成复杂,除设有联邦立法机关、政府和司法系统外,各成员还设有各自的立法机关、政府和司法系统;第三,从解决权限争议的角度看,联邦制国家均设有仲裁机关(最高法院或宪法法院),对中央和地方各自的宪法权利所发生的争议作出裁决。

联邦制国家在处理联邦与联邦成员之间的关系上也有许多共同的原则:第一,联邦成员自治原则,联邦制区别于集权制的关键之处在于地方自治,联邦与各联邦成员之间在法律意义上互不从属,各联邦成员地位平等;第二,法律保障原则,宪法保障联邦与联邦成员实行分权,权力采取列举方式,联邦和各州不能任意单方面修改宪法,联邦和州之间的权力划分争议通过司法途径解决;第三,联邦和睦原则,联邦制所保障的政治多元化和地方自治不应对整个联邦的稳定与和平产生不利影响,如美国《联邦宪法》第一章第八节特别授权国会调节"州际贸易",以防止各州的地方保

---

① 参见齐延平:《自由大宪章研究》,中国政法大学出版社 2007 年版,第 7 页。
② 〔德〕卡尔·施米特:《宪法学说》,刘锋译,上海人民出版社 2005 年版,第 385 页。

护主义措施导致相互报复,从而破坏整个美洲大陆的共同市场。虽然人类历史上存在过不同联邦或国家联盟的事实,但美国是第一个现代宪制意义上的联邦制国家。所以,英国历史学家阿克顿认为:"美国的失败必将导致联邦制的失败,因为美国是实行联邦制而不是实行已经失败了的单一制的国家,因此,美国的成败是判断联邦制成败的标准。"①

"美国有两个互相结合而且可以说是互相嵌入对方的不同社会。美国有两个截然分开和几乎各自独立的政府;一个是一般的普通政府,负责处理社会的日常需要;另一个是特殊的专门政府,只管辖全国性的一些重大问题。简而言之,美国内部还有二十四个小主权国,由它们构成联邦的大整体。"②以宪制而论,美国宪法既体现了州权与联邦权力的平衡思维和制度理念,同时也展现出美国人的政治特点,其中最为突出的就是宏大创制的偏好和保守主义精神内核。美国宪法的一个显明特征是通过联邦制的科学安排(甚至不仅是科学,而是智慧),成功地将具有"原始而平等的主权"的各州整合成为一个统一的现代国家,解决了大国民主的难题,因而是人类政治科学的伟大成就,其后为世界各联邦国家所借鉴与效仿。联邦制在欧洲(如德国、瑞士等)以及欧美影响下的整个世界范围内获得了广泛的接受、实践、反思与修正,甚至刺激着基于传统主义的单一制国家也通过法律方式实行某种接近联邦制的局部安排。③ 根据伯尔曼的系统描述,美国既有州法又有联邦法,民众可以不用这种而用另一种法律来保护自己;既有一般制定法又有宪法,并且可以援用"正当程序"和"同等保护"的条款去抵制立法者的意志;既有严格法又有衡平法,既适用严格规则,又可以在特殊情况下偏离规则而作自由裁量。④

目前,全球有 20 多个国家实行联邦制,如美国、俄罗斯、德国、印度、巴西、墨西哥等,人口总数在 20 亿以上,占世界大约二分之一的土地。其

---

① 〔英〕阿克顿:《自由与权力》,侯健、范亚峰译,商务印书馆 2001 年版,第 380 页。
② 〔法〕托克维尔:《论美国的民主》(上卷),董果良译,商务印书馆 2009 年版,第 72 页。
③ 参见〔加拿大〕乔治·安德森:《联邦制导论》,田飞龙译,中国法制出版社 2009 年版,第 143 页。
④ 参见〔美〕伯尔曼:《法律与宗教》,梁治平译,商务印书馆 2012 年版,第 53 页。

中，领土最小的是位于东加勒比海背风群岛北部的岛国——圣基茨和尼维斯联邦，只有267平方公里，最大的是俄罗斯，达1700多万平方公里，国土面积超过200多万平方公里的国家大多数是联邦制国家。从民族状况、经济因素、地理环境、历史传统等方面来看，选择联邦制的国家，第一，通常是多民族国家，或各民族聚居的地域范围差距不大，或没有形成一个起主导作用的民族，如美国是一个移民国家，各民族之间缺少共同的历史文化纽带；第二，国内区域间经济发展水平存在较大差异，不同区域间在经济上无法建立起密不可分的联系；第三，不同地区地理条件存在较大差异，地区间联系比较松散；第四，有的地区之间还存在较大矛盾，没有中央集权历史，长期缺乏中央权威。

在人类政治文明的演进中，政治思想家们为大国实行联邦制进行了接续的理论探索和论证。18世纪法国启蒙思想家孟德斯鸠特别推崇联邦制："一个共和国，如果小的话，则亡于外力；如果大的话，则亡于内部的邪恶"；"联邦共和国既由小共和国组成，在国内它便享有每个共和国良好政治的幸福；而在对外关系上，由于联合的力量，它具有大君主国所有的优点"，并且能防止大国分裂、分散的弊害。① 19世纪法国政治思想家托克维尔通过对美国政治制度的实地考察，也高度赞赏联邦制："在美利坚合众国，也像在一个单一制国家一样，工作和思想均属自由，没有任何东西抑制进取精神。它的政府尊重天才和知识。在整个联邦内，就像在由同一个帝国统治的国家内部一样，到处是一片升平气象。""联邦既像一个小国那样自由和幸福，又像一个大国那样光荣和强大。"② 马克思、恩格斯主张单一制，同时非常关注联邦制："在德国，中央集权制和联邦制的斗争就是近代文明和封建主义的斗争。""联邦就是自由者和平等者的联合。因此，德国应当成为联邦国家。难道德国人联合为一个统一的大国就会

---

① 参见〔法〕孟德斯鸠：《论法的精神》（上册），张雁深译，商务印书馆1961年版，第130、131页。
② 〔法〕托克维尔：《论美国的民主》（上卷），董果良译，商务印书馆2009年版，第202页。

违背自由者和平等者的联合这个概念吗?"①当然,将联邦制理念成功变为现实的是美国联邦党人,他们在政治法律史上对联邦制形成和发展作出了直接理论贡献,为美国成为世界超级强国奠定了坚实的制度根基。

(五) 单一制与联邦制的区别与融合趋势

单一制与联邦制的区别主要是国家权力的纵向存在形态不同,即国家权力在中央与地方之间的状态和运作机制不同。前者处于完整形态,地方政府层级管理的隶属性色彩浓;后者处于分离形态,地方政府与中央政府共享国家权力。单一制和联邦制都是解决国家纵向权力关系的政治法律制度,归纳起来,它们的主要区别在于:

第一,国家权力配置,即国家权力的存在形态是分离还是完整。单一制国家权力比较完整地集中于中央政府,而联邦制国家权力由联邦和联邦成员国共同享有。尽管地方自治型单一制国家的地方政府享有部分国家权力,但其权力来源于中央政府,所享有的各种自治权取决于中央政府的授予。

第二,政府设置和法律体系,即政府和法律体系是单一还是双重。联邦制模式由双重政府体系构成,中央政府和各成员政府均有相互独立的立法、司法和行政,而单一制将所有的主权集中到中央政府。在联邦制下,公民必须服从两套法律,而在单一制模式下,只有一套法律体系通行全国。

第三,政府法律地位,即中央政府与地方政府的地位是平等还是从属。单一制实行中央控制,地方和省级政府在法律上只是中央的分支机构,从属于中央政府。而在联邦制国家,联邦中央与各联邦成员之间在法律意义上互不从属,各联邦成员地位平等,在规定范围内是相互平等的联盟关系,联邦政府行使国家主权,是对外交往的主体。

---

① 马克思、恩格斯:《法兰克福激进民主党和法兰克福左派的纲领》,载《马克思恩格斯全集》(第五卷),人民出版社1958年版,第48页。

第四,争议解决机制,即中央与联邦各成员政府之间关系的协调机制是有还是无。联邦制国家需要有特殊的协调机制用于协调联邦政府与各成员政府以及各成员政府之间的关系;单一制模式则无须这种特殊的协调机制。

世界各国国家结构形式的发展已表现出不断融合的趋势,即吸纳其中有益因素。也就是说,随着全球化、信息化的增强,国家结构形式两种类型的融合趋势已是事实。

一方面,联邦制国家借鉴单一制的特点,如在行政方面保留联邦的性质,在立法方面加强中央集权制,以此保持联邦国家的稳定。与此同时,伴随经济一体化、政治集权化发展,许多联邦制国家还在不断限制和缩小成员单位政府权力,加强和扩充联邦权力,以强化联邦政府权威。联邦制越来越多地采用具有统属性的方式重构国家权力,联邦政府与地方政府关系的集权化程度加深。以美国为例,"联邦政府自创建以来,其权力就得到增长,甚至是大大增加;并且,在多数情况下,这种权力的增长并不需要对宪法进行修订。但几乎在任何情况下都应当将这种联邦政府权力增长的进程视为完全正常与合法的。不能将宪法仅仅视为一份法律文件,像遗嘱或契约那样理解。宪法在必要的情形之下必须是生命的载体。随着民族生活的改变,这个蕴含改变的文件的解释必须依据适宜的调整而决定,所依据的不是这一文件制定者的原初意图,而是迫切的需要与生活的新局面本身"[①]。

另一方面,单一制国家也在学习联邦主义的因素。中央政府通过地方分权,或采用地方自治,让渡部分国家权力,甚至国家对外交往的国家权力。如依照我国宪法规定[②],香港、澳门实行资本主义制度和资本主义生活方式,即"一国两制",享有特殊法律地位、高度自治,除了有权依照基

---

① 〔美〕伍德罗·威尔逊:《美国宪制政府》,宦盛奎译,北京大学出版社 2016 年版,第 275 页。
② 《宪法》第 31 条规定:"国家在必要时得设立特别行政区。在特别行政区内实行的制度按照具体情况由全国人民代表大会以法律规定。"

本法的规定自行处理特别行政区行政事务、行使立法权之外，还有独立的司法权和终审权，在对外交往方面，特别行政区政府有参加外交谈判、国际会议和国际组织的权力，可以签订国际协议，有权与外国互设官方、半官方机构，有权签发特区护照和旅行签证。单一制国家吸收联邦主义的因素让渡部分国家权力，一般是为了实现特定的国家治理目标。

现代国家建设的政治实践表明，联邦制与单一制已不再是传统政治理论所论证的截然对立的两极，可以成为你中有我、我中有你的结果形态，单一制与联邦制之间的差别只是权力在中央与地方配置程度的不同，不是二元对立的。如美国宪法具有单一制和联邦制宪法的混合特征，一个全国性的政府和联邦组成单位的各邦政府同时并存；立法部门都由两院组成，呈混合性的特征，一院代表各成员体，一院直接代表人民。在《宪法第十七条修正案》通过之前，联邦参议员是由州议会加以选举的，更体现了这一全国性立法机构的混合性特征——原来邦联制议会与单一制全国性议会的混合。① 对此，托克维尔也表达了清晰的观点："既然已经宣布联邦是享有宪法规定的那部分主权的单一制统一国家，所以根据这部宪法建立和办事的政府就享有全国政府拥有的一切权利，而向公民直接发号施令的权利，则为其中最主要的权利。"②因此，"及时准确地解决国家结构问题，在很大程度上保障了国家的稳定，使它更有成效地发挥职能，否则，不符合国家性质和任务的不适宜的国家结构形式，能够成为它瓦解的原因之一"③。当然，联邦制是否必然向单一制过渡，这是与国家结构形式分类相关的一个重要问题。

在中国政治学、宪法学界有一种说法，认为联邦制必然向单一制过渡，依据源于马克思、恩格斯、列宁的有关论述。上文已述，马克思、恩格斯赞成单一制，不主张联邦制，如1891年6月恩格斯在论述德国国家制

---

① 参见刘海波：《政体初论》，北京大学出版社2005年版，第181、235—236页。
② 〔法〕托克维尔：《论美国的民主》（上卷），董果良译，商务印书馆2009年版，第183页。
③ 〔俄〕B.B.拉扎列夫主编：《法与国家的一般理论》，王哲等译，法律出版社1999年版，第288页。

度的改造时明确指出:"应当用什么东西来代替现在的德国呢?在我看来,无产阶级只能采取单一而不可分的共和国的形式。""我们的'联邦制国家'已经是向单一制国家的过渡。"①列宁准确地总结了马克思、恩格斯的观点:"联邦权根本是荒谬的,因为联邦制是双边协定。马克思主义者决不能在自己的纲领内拥护任何联邦制,这是用不着说明的。"②"恩格斯同马克思一样,从无产阶级和无产阶级革命的观点出发坚持民主集中制,坚持单一不可分的共和国。他认为联邦制共和国或者是一种例外,是发展的障碍,或者是由君主国向集中制共和国的过渡,是在一定的特殊条件下的'一个进步'。而在这些特殊条件中,民族问题占有突出的地位。"③"马克思在原则上虽然是反对联邦制的,但他这次却容许联邦制。"④

　　该如何看待这个问题?从现实上说,学术界讨论的这种观点是不成立的,否则根本无法有力解释美国联邦制存在的现实。二战以来,美国联邦制的集权现象,只能说明随着时代的发展在从分权向集权转化,而不能说明联邦制向单一制的转化。从理论上说,"过渡说"是对马克思主义创始人著作的教条理解和国家结构形式的误解。国家统一、主权安全,这是国家的核心利益,无论是单一制国家还是联邦制国家,这都是必须坚守的底线,联邦制只不过是在复杂因素和历史条件下实现国家建设的一种精妙的制度设计和安排。应该说,单一制与联邦制不存在优劣之分,关键看是否与本国经济发展水平、历史文化传统、政治制度等相适应。正如列宁所指出:"不是实行各个民族工人组织的联邦制,而是实行各民族的团结,建立用当地无产阶级的各种语言来进行工作的统一组织。"⑤

　　郑永年先生教授以2020年新冠肺炎疫情引发的席卷全球规模空前

---

① 恩格斯:《1891年社会民主党纲领草案批判》,载《马克思恩格斯全集》(第二十二卷),人民出版社1965年版,第275页。
② 列宁:《论民族自决权》,载《列宁全集》(第二十五卷),人民出版社2017年版,第274页"注"。
③ 列宁:《国家与革命》,载《列宁全集》(第三十一卷),人民出版社2017年版,第68—69页。
④ 列宁:《论民族自决权》,载《列宁全集》(第二十五卷),人民出版社2017年版,第274页。
⑤ 列宁:《"八月联盟"的空架子被戳穿了》,载《列宁全集》(第二十五卷),人民出版社2017年版,第33页。

的公共卫生危机开展的讨论，也为我们拓展了思考的路径。单一制体制下存在的问题，可以借用一些联邦体制的方法。实际上，中国在很长时间里曾经实施"行为联邦"的方法。"行为联邦"不是西方那种宪制或法理上的联邦，而是具体操作或政策设计和执行行为上的联邦，它满足了单一制体制集权但在很多方面又必须分权的需要。在行为联邦体制下，一些领域由中央政府统筹，中央权力"一竿子插到底"，深入各个地方，便于中央政府直接收集和处理信息，并在此基础上作出科学决策。在另外一些领域，中央完全授权地方，让地方政府来决策和执行。尽管"行为联邦"这种非制度化的特征，给单一制体制下的中央地方关系带来弹性，但也阻碍了中央地方关系的制度化发展。

从国际层面看，二战以来，从前非常分权的联邦体制呈现出越来越集权的现象，表明中央（联邦）政府在当代社会所承担的功能和责任越来越多。中央政府的权力不仅仅限制在传统的外交和军事领域，也几乎涉及政治经济社会的各个重要方面，包括财政、金融、社会保障、公共卫生等。不管怎么说，治理疫情期间的社会是一个综合的制度和政策工程。对现代复杂社会的治理不能简单用集权或分权来概括，人们必须寻求一种可以结合集权和分权的体制，既需要高度的中央集权，因为疫情涉及整个社会，又需要高度的地方自治，因为治理的对象是具体的地方社会。互联网和社交媒体的广泛使用、人口的大规模流动，加上大城市化等因素，更是在呼吁兼具集权与分权的复合型治理体制的出现。在这个体制内，人人都是利益相关者，人人都有一份责任来维护好的公共品（public goods），而避免坏的公共品（public bads）。①

（六）邦联制（Confederalism）不是国家结构形式范畴

邦联制是指由两个或两个以上保留了独立主权的国家，为实现军事、政治、经济利益等特定目的而组成的一种松散的国家联合体。邦联制比

---

① 参见郑永年：《新冠肺炎疫情与中国治理制度》，载《联合早报》2020年2月18日。

联邦制松散,是主权国家的联盟,通常根据条约组建。历史上曾出现过的邦联有:1780—1787年的美国邦联(不久以后依据宪法组成了联邦制国家——美利坚合众国),1815—1848年的瑞士同盟,1820—1866年的德意志同盟,英国及其前殖民地组成的"大英联邦"(British Commonwealth),独立国家联合体,欧盟(欧洲经济、政治共同体),等等。

邦联制之所以不属于国家结构形式的范畴,具体原因有以下几点:第一,一般而言,邦联没有主权国家的某些权力,它根据各成员国所缔结的条约而组成,成员国除了根据条约明确表示让予或委托邦联机构的权力外,各自仍保留对内、对外的主权,保留本国政府机关的一切职能;第二,邦联不是国家主体,它没有统一的宪法,没有凌驾于各成员国之上的中央政府,没有统一的军队、税制、预算等;第三,邦联对成员国没有强制力,各成员国既可将让予邦联的权力收回,也可以自由退出邦联,如英国"脱欧"(退出欧洲经济、政治共同体);第四,邦联不是一个主权国家,邦联的事务由邦联成员国"首脑会议"或邦联会议按条约的规定共同决定,它的决定只有在经过成员国政府的认可后才具有法律效力。因此,邦联仅是一种国家联盟的形式,不是国家实体,不属于国家范畴,邦联制也不是严格意义上的国家结构形式范畴。

以美国为例,其在18世纪独立建国时建立起的一整套基于分权制衡的民主制度,构成美国宪制基础,主要形式包括联邦结构、三权分立以及民主选举。这一制度设计继承古希腊政治文化中城邦制古典民主思想,是对早期欧洲封建专制在制度实践层面的反思,同时美国独立是13个殖民地共同努力的结果,所以在后来的宪制秩序与国家制度建构中,必须向现实妥协,宪法多次修正,但始终没有撼动联邦制的根基。独立战争(1775—1783年)开启了美国独立建国之路,1776年7月,大陆会议通过由托马斯·杰斐逊执笔起草的《独立宣言》,宣告了美国的诞生。但是,在国家结构形式上,建国者们却颇费周折,由邦联到联邦制,经历了10年的艰辛探索、艰苦斗争。独立战争期间,大陆会议于1777年11月通过《邦联条例》,并于1778年经各州批准后生效,依据条例解散了大陆会议,建立邦联政府。该邦联政府实际上是一个松散的州联合体,不设总统,邦联议会(中央政府)权力很小,没有主权国家应有的宣战、媾和、签约、发行货币、借债、征兵和征税等权力,而州的权力却很大,拥有主权国家所享有的一切权力。也就是说,美国建国之时实行的是高度地方自治的邦联制,用通俗的语言表达就是货真价实的"乌合之众"。

《邦联条例》实施10年,美国一盘散沙,矛盾冲突加剧甚至动乱频起,许多新问题无解,如财政、经济和军事等,国家运行在既定的邦联制度轨道上,呈现出令人极度忧虑的低效率、高离心力,国家治理危机已经无法依赖邦联制度,国家面临发展的重大考验。政治法律精英们深刻意识到"必须要建立一个强有力的中央政府",开始探寻解决之道,各州派出代表开会商议对策,这就是历史上被称为"制宪会议"的1787年费城会议。对于邦联制的短板和弊端,独立战争军事统帅华盛顿有着痛彻的感悟。通览《华盛顿选集》可见,华盛顿是共和主义者,反对君主政体,在战争推进和主持制宪会议期间,他强烈主张并积极推动建立一个强有力的共和制的中央政府。华盛顿认为,邦联政府缺乏效率,各州的权力过大,彼此之间矛盾很多,经常发生严重争吵,因而主张对邦联制进行彻底改革,不赞成修修补补,坚决拥护新宪法。① 作为美利坚合众国首任总统,华盛顿为现行联邦体系的建立作出了巨大贡献,并且坚决拒绝连任第三届总统,开创和平转移权力的范例,受到后人的广泛称道。

与此同时,主张维持小规模共同体直接民主的反联邦党人,也就是州权主义者,却坚决拒斥将美国引上联邦制度的轨道。双方对美国应当建成一个什么样的国家,都有自圆其说的理由:联邦党人当然认定,唯有建构强有力的中央政权的联邦制,美国才有望解决已经暴露无遗的治国弊端,而这些弊端恰恰就是邦联制度造成的:邦联是一个松散联盟,没有统一而强大的中央政府机构;邦联大会没有独立的行政和司法机关,因此在

---

① 重点参见〔美〕乔治·华盛顿:《华盛顿选集》,聂崇信等译,商务印书馆2012年版,第197—201、220—228页。

政治、经济、外交、军事上都显得软弱无能,没有中央征税机制、没有统一武装力量、没有专门执行机构、无权调节贸易争端,邦联与各州的权力有效性都得不到保证。但邦联是美国独立后确立起来的制度体制,不仅人们习以为常,而且还有像反联邦党人那样的社会人士对之进行政治理论上的系统论证。这种论证,不仅基于小规模共同体最有利于维持民主政体,而且已深深扎根在美国人不信任国家权力的政治心理沃土之中。联邦主义者(联邦党人)和州权主义者的全方位博弈和激烈较量[①],在1787年费城制宪会议上达到高潮,最终《美利坚合众国宪法》颁布,建立了总统制、联邦制、代议共和制相结合的国家制度,确立了主权在民、三权分立等原则,联邦政府正式成立,美国联邦制得以完全确立,为美国迅速崛起成为世界第一强国提供了根本制度保证。从此,美国踏上大国强盛之路,特别是经由1898年美西战争的验证,崛起为名副其实的世界强国。到今天为止,美国的世界超级大国之路已经走了一百多年。

二、中国特色国家结构形式

中国共产党自诞生之日起,就开始了"建立一个什么样的新中国,怎么样建立这个新中国"的探索,从"真正民主共和国"性质的"中华联邦共和国"到"工农苏维埃共和国"和"苏维埃人民共和国",再到"民主共和国"

[①] 汉密尔顿、杰伊、麦迪逊所著《联邦党人文集》集中反映了当时美国政治精英们的思考:如何把四分五裂的邦联合众为一,如何巩固这个政治共同体——"这个问题本身就能说明它的重要性,因为它的后果涉及联邦的生存、联邦各组成部分的安全与福利,以及一个在许多方面可以说是世界上最引人注意的帝国的命运"。纵观全书,前三十余篇阐明将邦联整合为一个强有力的联邦的重要性,而后半部分是对政治共同体内部权力配置的具体分析——如果没有一个统一的政治共同体,所谓分权就等同于"皮之不存,毛将焉附"。因此,作者著述意图明确:阐释美国的政体选择,何以落在共和国上;针对反联邦党人强烈主张的直接民主理念,有破有立地申述共和建国的宪法精神;切中治国的基本方略,对国家结构、权力体系、行政方式和预期效果,进行简明扼要解答。这样,以自己对美国宪法的晓畅解释,让美国社会尤其是美国精英阶层,理解宪法精神,辨析建国难题,形成宪法共识,认同联邦理念,从而有力地捍卫美国建国必须确立的联邦制度,避免美国革命后建立的邦联制度让国家陷入分崩离析境地的危险。参见任剑涛:《〈联邦党人文集〉讲了些什么》,载《光明日报》2015年10月20日。

和"新民主主义共和国",最后定格为"中华人民共和国"。新中国是工人阶级领导的、以工农联盟为基础的人民民主专政的国家,这就是新中国的国体;民主集中制的人民代表大会制度,这就是新中国的政体;统一的多民族国家和在单一制国家中的民族区域自治制度,这就是新中国的国家结构形式;中国共产党领导的多党合作和政治协商制度,这就是新中国的政党制度。其中的国体,具有最根本的意义和决定性的作用。①

单一制是中国国家结构形式的主体,复合单一制(或带有复合因素的单一制)是中国特色国家结构形式,它以中央与普通地方关系模式、中央与民族区域自治地方关系模式、中央与特别行政区关系模式(以下简称普通模式、民族模式、特区模式)三种实践模式,构成宏观和谐的基础,蕴涵着发展的适应性、内容的兼容性、功能的多样性特征,有效化解了在人口众多、民族多元、国土辽阔、历史问题遗存的大国中国家整合、国家建设难题。中国的制度创造独具特色,为大国国家结构形式提供了中国智慧、中国方案。

(一)复合单一制国家结构形式

国土面积超五百万平方公里的大国中只有中国没有采用联邦制国家结构形式,而采取单一制国家结构形式。中国是历史上单一制存续时间最长久、最稳定的国家,为什么会成为大国国家结构形式的例外?为何单一制能完成联邦制的使命,维护国家的统一和稳定?这就是单一制下的多样化地方政府模式的魅力所在,具体包括普通集权模式、民族自治模式、特区复合模式乃至将来的台湾模式。这不由让人联想到英国哲学家罗素对中国问题的高见:"中国的人口占到全世界的四分之一,所发生的问题即使对中国以外的任何人没有影响,本身也具有深远的重要性……因此,对中国问题应该有明智的了解。"②

国内早期对中国国家结构形式的研究,基本上与中国宪制的起始同

---

① 参见中共中央党史研究室:《中国共产党的九十年》(新民主主义革命时期),中共党史出版社、党建读物出版社2016年版,第352—353页。
② 〔英〕罗素:《中国问题》,秦悦译,学林出版社1996年版,第1页。

步。据考察,"在我国历史上,政治活动家和学者着眼于实现民主宪政而提出国家结构形式问题始于19世纪末"[1]。新中国成立后,相关研究成果分别散见于宪法学教科书及政治学综合性教材中,没有明确的地方政府模式的区分。改革开放以来,学者们开始从不同的视角开展研究。当然,在不同时段也不断有对域外国家央地关系的研究,如杨山鸽著《后福利国家背景下的中央与地方关系——英、法、日三国比较研究》(中共党史出版社2014年版),张庆著《墨西哥中央—地方权力关系研究:发展路径与动因机制》(时事出版社2017年版)。

纵观中国历史,中央与地方关系(即央地关系)始终是关乎国家统一、社会稳定、经济发展、区域活力的重大命题。随着香港、澳门回归祖国,特别行政区基本法的实施日益受到学界关注;与此同时,区域经济的快速发展、西部大开发战略的实施,以及中央区域政策的持续推进,区域发展与合作深化,地方政府之间竞争与合作所产生的问题日趋普遍,也引发人们对央地关系的重新审视。如中央与特别地方关系研究(特别是央地关系法治化研究,曾一度成为学术热点)[2]、经济合作区地方政府关系研究[3]、

---

[1] 童之伟:《国家结构形式论》,武汉大学出版社1997年版,第8页。

[2] 王振民:《中央与特别行政区关系:一种法制结构的解析》,清华大学出版社2002年版;宋小庄:《论"一国两制"下中央和香港特区的关系》,中国人民大学出版社2003年版;高韫芳《当代中国中央与民族自治地方政府关系研究》,人民出版社2009年版;封丽霞:《中央与地方立法关系法治化研究》,北京大学出版社2008年版;〔美〕斯通等:《中央与地方关系的法治化》,译林出版社2009年版;郭殊:《中央与地方关系的司法调控研究》,北京师范大学出版社2010年版;张千帆:《权利平等与地方差异——中央与地方关系法治化的另一种视角》,中国民主法制出版社2011年版;《国家主权与地方自治——中央与地方关系的法治化》,中国民主法制出版社2012年版;苏力:《大国宪制——历史中国的制度构成》,北京大学出版社2018年版;熊文钊主编:《大国地方:中央与地方关系法治化研究》,中国政法大学出版社2012年版;孙波:《中央与地方关系法治化研究》,山东人民出版社2013年版;胡鞍钢等:《中国国家治理现代化》,中国人民大学出版社2014年版;魏建国:《中央与地方关系法治化研究——财政维度》,北京大学出版社2015年版;郑毅:《建国以来中央与地方关系在宪法文本中的演变》,载《中国行政管理》2015年第4期;徐阳光:《政府间财政关系法治化研究》,法律出版社2016年版;张述村:《依法规范中央与地方关系 推动地方政府治理现代化》,载《中国行政管理》2016年第5期;梁罡:《国家治理现代化视域下中央与民族自治地方关系研究》,新华出版社2020年版;胡健:《地区平等问题研究:中央与地方关系的视角》,法律出版社2020年版;封丽霞:《国家治理转型的纵向维度——基于史地关系改革的法治化视角》,载《东方法学》2020年第2期。

[3] 陈瑞莲:《区域公共管理理论与实践研究》,中国社会科学出版社2008年版;汪伟全:《区域经济圈内地方利益的冲突与协调——以长三角地区为例》,上海人民出版社2011年版。

区域法治研究(包括区域间政府合作模式研究)[①]、新时代央地关系如何解决治理权与统辖权之间的自洽问题研究[②]等,对国家结构形式理论回应和解释中国新阶段的政治和法治实践问题提出了新的要求和期待。目前,国外对中国国家结构形式和地方政府模式的研究比较少见,散见于中国政治体制、中国治理以及中国政策制定中。[③]

对国家结构形式的深入研究,许多建立在中央与地方政府关系模式(简称地方模式)研究基础上。地方政府模式是指依据国家权力的纵向划分方式,所形成的地方政府地位、组织结构、职权划分及其运行的类型或形态,是国家结构形式的外在表现形式,其内容包括地方政府与中央政府之间、地方政府与地方政府之间、地方政府与民众之间的关系,其中占主导地位的角色是中央与地方的关系。尽管早在20世纪60年代,西方学者在各国地方政府研究的基础上开始更深入的国际视野的比较研究,并且提出了一些认同程度较高的模式理论,如美国学者奥德福提出的英国型、法国型、苏联型和传统型地方政府模式;也有学者提出联邦分权型、单一分权型、拿破仑行政长官型、共产党国家型、后殖民主义型的地方政府模式[④],以及代理模式、合作模式、权力依赖模式[⑤]。塞缪尔·休姆斯则认为,地方政府根据其是否具有代议性,可分为非代议的地方政府、半代议

[①] 刘隆亨主编:《中国区域开发的法制理论与实践》,北京大学出版社2006年版;叶必丰:《行政协议:区域政府间合作机制研究》,法律出版社2010年版;《区域经济一体化的法律治理》,载《中国社会科学》2012年第8期;周佑勇主编:《区域政府间合作的法治原理与机制》,法律出版社2016年版;公丕祥主编:《区域治理与法治发展研究》,法律出版社2017年版;骆天纬:《区域法治发展的理论逻辑——以地方政府竞争为中心的分析》,法律出版社2017年版;冉艳辉、郑洲蓉:《中国区域合作中地方利益协调机制研究——兼析武陵山片区龙凤经济示范区的利益协调》,中国社会科学出版社2017年版。

[②] 何艳玲、肖芸:《问责总领:模糊性任务的完成与央地关系新内涵》,载《政治学研究》2021年第3期。

[③] 参见〔美〕詹姆斯·R·汤森、布兰特利·沃马克:《中国政治》,顾速、董ей译,人民出版社2003年版;〔美〕李侃如:《治理中国:从革命到改革》,胡国成、赵梅译,中国社会科学出版社2014年版;Kenneth Lieberthal and Michel Oksenberg, *Policy Making in China: Leaders, Structures, and Processes*, Princeton University Press, 1988.

[④] 参见任进:《地方政府典型模式比较研究》,载《比较法研究》1996年第3期。

[⑤] 参见〔英〕伊夫·梅尼、文森特·赖特主编:《西欧国家中央与地方的关系》,朱建军等译,春秋出版社1989年版,第43—44页。

的地方政府和代议性的地方政府。在非代议地方政府中,没有一个代议性的机构;半代议地方政府也有一个代议性的机构,但其主要人员是官员或任命的指定人员,或者代议机构没有实际政治权力,仅起咨询或协商作用;代议性地方政府不仅存在一个代议性机构,而且这一机构几乎全部由选举的成员组成,拥有实际政治权力。① 在其时的国外学者眼中,中国地方政府是作为国别整体与其他国家相区别,要么归于共产党国家型,要么归于苏联地方政府型。

这些模式理论或分析框架具有一定的学术价值,对于人们认识不同地方政府的特点很有帮助。只是许多研究会切割中国地方政府特有的整体特征或风格,而且容易造成对地方政府生存环境和背景的认识错觉。还有的研究惯于以成文法为依据,没有着力关注中国社会变迁与转型期生动的政治实践与成文法之间的巨大差距。因此,有必要从宪制和国家整合的视角,运用系统的结构分析方法,从区域政治发展的非均衡性出发,超越纯粹政治制度层面的研究,对介于中央和民众之间的地方政府模式作深入解读,探讨和激发多样性地方政府模式发展的共同理念。

在既有的研究中,关于中国国家结构形式,理论界有多种阐释,如"有中国特色的民主集中单一制""带有联邦制特点的单一制""具有复合制某些特征的单一制""复合式单一制"等②,为后学从不同视角深入研究提供了认识问题的方法。但他们只是孤立地注意到部分地方制度或特别行政区制度对国家结构形式的影响,忽视了其他地方制度的客观存在,没有或很少从整体上研究和全面反映中国国家结构形式的特色。我们认为,"带有复合因素的单一制"是中国国家结构形式的独特创造,目前有普通模

---

① Samual Humes, *Local Governance and National Power: A Worldwide Comparison of Tradition and Change in Local Government*, London: Harvester Wheatsheaf, 1991, p. 203.

② 参见童之伟:《国家结构形式论》,武汉大学出版社 1997 年版,第 367 页;浦兴祖主编:《中华人民共和国政治制度》,上海人民出版社 1999 年版,第 596、598 页;王远美:《"一国两制"对我国国家结构形式的影响》,载《北京教育学院学报》1997 年第 1 期;谢邦宇:《港澳回归与"一国两法"》,载《徐州师范大学学报(哲社版)》1997 年第 2 期;林伯海:《联邦制、邦联制抑或"一国两制"——关于中国统一模式的政治学思考》,载《理论与改革》2001 年第 5 期;艾晓金:《中央与地方关系的再思考——从国家权力看我国国家结构形式》,载《浙江社会科学》2001 年第 1 期。

式、民族模式、特区模式三种实践模式，正是这样的制度创造使中国成为大国国家结构形式的特殊范例。所以说，复合单一制（或带有复合因素的单一制）是中国特色国家结构形式。

（二）单一制为主体的地方政府模式

具有复合因素的单一制仍然是一种单一制，现行的普通模式、民族模式、特区模式三种实践模式都具有单一制国家结构形式的基本特征。其中，普通模式是中国国家结构形式的主体；民族模式是民族因素在国家结构形式的体现；"一国两制"的科学构想首先运用于解决香港问题，开辟了以和平方式实现祖国统一的崭新道路，同时构建了新型中央与地方关系模式。

1. 普通模式：典型单一制的实践形式

中国各省与中央之间的关系，是典型单一制国家的中央与地方关系，其制度框架、功能结构及运作规则与典型单一制国家法国大体相似。中央对地方享有决定权，决定地方的存在及活动范围。地方政权赖以生存的物质实体——地域、机关和职能都由中央机关划分、设置、授权，它们不是地方与中央之间协商的结果，而是中央单方面意志的决定。中央在双方关系中起主导作用，地方政权机关不过是中央政权机关的"代理机构""下属机构"或"组成部分"。所有按行政区划设置的普通行政区域均服从中央的统一领导，接受中央监督。中央集中了所有的权力和权威，掌握全权并维护国家的统一。

在中国，从权力机关的关系看，最高权力机关与地方权力机关之间存在着法律监督、业务指导的关系。全国人大有权修改宪法，监督宪法的实施，制定和修改刑事、民事、国家机构的和其他的基本法律；地方各级人大在本行政区域内，保证宪法、法律、行政法规的遵守和执行。中央和地方人大常委会有权撤销本级人民政府的决定和命令以及下一级国家权力机关制定的不适当决定。从行政机关的关系看，地方人民政府具有双重从属地位，从属于同级立法机关和上级业务主管部门。地方各级人民政府对本级人民代表大会负责并报告工作,对上一级国家行政机关负责并报告工作。全国各级地方人民政府都是国务院统一领导下的国家行政机关,都服从国务院。从审判机关的关系看,最高人民法院监督地方各级人民法院和专门人民法院的审判工作,他们之间构成监督关系。从法律监督机关的关系看,最高人民检察院领导地方各级人民检察院和专门人民检察院的工作。"中央机关也许会把某些职能和权力分配给下级,但保留了收回这些权力或干预其贯彻执行的权威;权力分散并不保证下级有权永久或自主地行使自己的权力。"①

民族模式是单一制中央与地方关系在民族自治地方的独特表现(详见本章第三部分的论述)。

2. 特区模式:单一制央地关系的特殊形态

"一国两制"是中国特色社会主义的伟大创举,开创了国家治理的新模式,为人类政治文明演进提供了宝贵经验。1990年4月4日,七届全国人大三次会议根据宪法规定,审议通过《中华人民共和国香港特别行政区基本法》(以下简称《香港特别行政区基本法》),这是一部前无古人的宪制性法律,是世界法制史上的伟大创举,实现了"一国两制"方针的具体化、法律化、制度化。中国是单一制国家,为和平解决祖国统一问题而创设的"一国两制",是单一制国家内部的两种制度,中央与特别行政区关系是中央与地方关系的特殊形态。中央政府对特别行政区拥有全面管治权,这是特别行政区高度自治权的源头,同时中央充分尊重和坚定维护特别行政区依法享有的高度自治权。香港、澳门的主权和全面管治权都在中央,其高度自治权由中央依法授予,不是也不可能是"井水不犯河水"。《香港特别行政区基本法》《中华人民共和国澳门特别行政区基本法》(以下简称《澳门特别行政区基本法》)是"一国两制"方针的法律化、制度化,与宪法一道共同构成香港、澳门特别行政区的宪制基础,是维护国家主权、安全

---

① 〔美〕詹姆斯·R. 汤森、布兰特利·沃马克:《中国政治》,顾速、董方译,江苏人民出版社1994年版,第302页。

和发展利益,保持香港、澳门特别行政区繁荣稳定的法律保障。中央对香港、澳门的全面管治权,是中央依照宪法和基本法对香港、澳门两个特别行政区享有的宪制权力,对香港、澳门恢复行使主权,就是恢复行使对香港、澳门的全面管治权。

全面管治权是授权特别行政区高度自治的前提和基础,高度自治权是中央行使全面管治权的体现,全面管治权与高度自治权本质上内在统一。中央全面管治权是特别行政区高度自治权的源头,这是国家主权原理;落实中央全面管治权和保障特别行政区高度自治权有机结合,这是宪制秩序的一体两面。尊重和维护"一国"是实行"两制"的前提,"一国"不可挑战,"两制"必须在"一国"之内运行。党的十九届四中全会通过的《中共中央关于坚持和完善中国特色社会主义制度 推进国家治理体系和治理能力现代化若干重大问题的决定》明确指出:"坚持'一国'是实行'两制'的前提和基础,'两制'从属和派生于'一国'并统一于'一国'之内。"① "一国两制"方针是一个完整的制度体系,维护国家主权、安全、发展利益是"一国两制"方针的最高原则。在这个前提下,香港、澳门保持原有的资本主义制度长期不变,享有高度自治权。社会主义制度是中华人民共和国的根本制度,中国共产党领导是中国特色社会主义最本质的特征,特别行政区所有居民应该自觉尊重和维护国家的根本制度。全面准确贯彻"一国两制"方针,为香港、澳门特别行政区繁荣发展创造无限广阔空间。

从特区产生过程来看,特别行政区根据中国宪法的规定而设置,是中国不可分离的一个地方行政区域,而不是一个独立的政治实体。在解决香港、澳门问题时,不是中国中央政府与这两个地区进行讨价还价的谈判,而是中国中央政府与英、葡两国政府就香港、澳门主权归属及归属的程序进行谈判。也就是说,无论从历史上或者是回归进程中,香港、澳门两地就只是中国中央政府下属的一个区域,并不是与中央政府平起平坐

---

① 《中国共产党第十九届中央委员会第四次全体会议文件汇编》,人民出版社2019年版,第58页。

的政治实体单位。现代法治都是宪制法治,香港、澳门从回归的那一刻起,其所有法律制度的效力均来源于中国宪法和特别行政区基本法,凡与中国宪法和特别行政区基本法有抵触的不予保留。

从特区享有的权力来源来看,特别行政区是中国为了解决主权问题而特别设置的地方行政区域。特别行政区享有的高度自治权,来源于中央政府,不是其固有的。基本法多次出现的"授权""授予"概念,表明特别行政区的权力的从属地位。正是这样的权力构成形态而非权力享有的差异,成为单一制与联邦制的基本区别。香港、澳门特别行政区的高度自治权,是相对的而不是绝对的。"一国两制"的法理基础是宪法和特别行政区基本法,这些都是由全国人民代表大会制定的。基本法明确规定,全国人民代表大会常务委员会决定宣布战争状态或因特别行政区内发生特别行政区政府不能控制的危及国家统一或安全的动乱而决定特别行政区进入紧急状态,中央人民政府可发布命令将有关全国性法律在特别行政区实施。这些规定,都体现了"一国"的原则性、根本性和"两制"的从属性、派生性。

从中央对特区监督来看,如果说仅有授权仍然不足以体现特区的从属地位的话,那么对未授予权力的保留以及对已授予权力的监督,则可以比较全面地反映中央与地方之间的非平等关系。基本法规定,中央享有对特区权力运作的监督和控制权,具体表现为:中央通过对特区行政长官的任免和对特区财政预决算案的备案,实施对行政管理权的监督;中央通过提案权、备案、立法否决权实施对特区立法权的监督;在司法方面,特区法院对国防、外交等国家行为无管辖权,如审理案件中遇到涉及国防、外交等国家行为的事实问题,须取得中央人民政府的证明书;特区终审法院法官和法院首席法官的任免,须报全国人大常委会备案;某些案件的审理应由特区终审法院提请全国人大常委会作出解释,如全国人大常委会作出解释,特区法院在引用该条款时,应以此解释为准。

从特区享有的权力来看,在对外关系上,特区享有的权力不具有独立性,不具有最高性,即使是司法终审权的运用,也只能在基本法规定的范围内，而基本法的解释权属于全国人大常委会。《香港特别行政区基本法》《澳门特别行政区基本法》第12条规定：特别行政区是中华人民共和国一个享有高度自治权的地方行政区域，直辖于中央人民政府。这是宪法规定的具体化。可见，特别行政区是中华人民共和国的一部分，是地方一级行政区域，中央人民政府与特别行政区的关系是在单一制国家结构形式内中央与地方之间的关系，特别行政区享有高度自治权，但不享有国家主权，没有外交和国防方面的权力，更不是一个独立的政治实体。[①] 所以说，特别行政区本质上是中央人民政府直辖的一个地方行政区域，而不是联邦制下的成员国，特区享有的高度自治权与联邦制成员国享有的权力是两个完全不同性质的权力。

"一国两制"作为一项前无古人的制度创新和开创性事业，必然具有长期性、复杂性、艰巨性，需要在港澳实践探索中不断经受检验并完善自我。"我们要全面准确贯彻'一国两制'、'港人治港'、'澳人治澳'、高度自治的方针，落实中央对香港、澳门特别行政区全面管治权，落实特别行政区维护国家安全的法律制度和执行机制，维护国家主权、安全、发展利益，维护特别行政区社会大局稳定，保持香港、澳门长期繁荣稳定。"[②]党的十九届四中全会作出了很多有现实针对性的具体部署，比如"把坚持'一国'原则和尊重'两制'差异、维护中央对特别行政区全面管治权和保障特别行政区高度自治权、发挥祖国内地坚强后盾作用和提高特别行政区自身竞争力结合起来"；比如"完善中央对特别行政区行政长官和主要官员的任免制度和机制、全国人大常委会对基本法的解释制度，依法行使宪法和基本法赋予中央的各项权力"；比如"建立健全特别行政区维护国家安全

[①] 政权必须掌握在爱国者手中，这是世界通行的政治法则。维护国家安全、统一是一个主权国家生存与发展的基础和前提，是一个主权国家的根本利益和核心利益。《香港特别行政区基本法》和《澳门特别行政区基本法》第23条明确规定：特别行政区应自行立法禁止任何叛国、分裂国家、煽动叛乱、颠覆中央人民政府及窃取国家机密的行为，禁止外国的政治性组织或团体在香港、澳门特别行政区进行政治活动，禁止香港、澳门特别行政区的政治性组织或团体与外国的政治性组织或团体建立联系。特别行政区自行立法保护国家安全，首先是义务设定，同时也是职权授予。

[②] 习近平：《在庆祝中国共产党成立100周年大会上的讲话》（2021年7月1日），载《习近平谈治国理政》（第四卷），外文出版社2022年版，第14页。

的法律制度和执行机制,支持特别行政区强化执法力量"。总之,只有在实践中不断完善治港治澳法律制度体系,才能更好坚持和完善"一国两制"制度体系,推动"一国两制"的实践行稳致远,维护国家主权与安全,保障香港、澳门长期繁荣稳定。

"一国两制"是理论与实践、战略与政策、法律与文化等不同面向的多维呈现。近年来,中央政府对"一国两制"的制度安全保障责任,已经非常明确地体现在对"一国两制"法理体系与制度体系的清晰理论建构和制度建设上。2020年6月30日,十三届全国人大常委会第二十次会议全票通过《中华人民共和国香港特别行政区维护国家安全法》,香港特首随即签署相关文件,香港国安法刊宪生效。针对香港特别行政区选举制度机制存在的漏洞和缺陷,全国人大及其常委会加强和创新宪法实施,积极落实中央对香港特别行政区全面管治权,根据宪法和香港基本法以"决定+修法"的形式,就完善香港特别行政区有关选举制度作出新的宪制性制度安排:2021年3月11日,十三届全国人大四次会议通过关于完善香港特别行政区选举制度的决定,并授权全国人大常委会根据决定修改香港基本法附件一香港特别行政区行政长官的产生办法、附件二香港特别行政区立法会的产生办法和表决程序;2021年3月30日,十三届全国人大常委会第二十七次会议全票表决通过修订后的香港基本法附件一和附件二,香港特别行政区随即进行本地立法。完善后的香港新选举制度,全面准确贯彻了"一国两制"方针和基本法,符合香港实际,既坚持"一国"原则,又尊重"两制"差异;既充分体现"爱国者治港"原则要求,修补了选举制度存在的漏洞和缺陷,又做到了包容开放;既保证广泛参与,又体现均衡参与;既发展选举民主,又加强协商民主;既有利于促进良政善治,提高治理效能,又有利于维护和实现香港广大居民的民主权利。在新选举制度下,2021年9月和12月,香港特别行政区先后成功举行选举委员会选举、第七届立法会选举,充分展现了香港特别行政区民主实践的新气象;2022年5月8日,香港特别行政区第六任行政长官选举顺利举行,选举合法高效有序,政务司原司长李家超高票当选行政长官人选,这是完善香港特别行政区选举制度后首次举行的行政长官选举,是落实依法治港、完善香港治理结构重大工程的标志性成就,是全面贯彻落实"爱国者治港"原则新的生动实践、香港新选举制度的又一次成功写照。

香港特别行政区民主的优化提升和与时俱进,为香港实现长治久安和长远发展提供了有力制度支撑。从选举委员会选举到立法会选举再到行政长官选举相继成功举行,香港走出了一条更加宽广的民主道路,标志着香港新选制全面落地生根;新选制的"变"与不变,维护以宪法和基本法为基础的特别行政区宪制秩序,充分彰显了新时代香港民主的广泛代表性、政治包容性、均衡参与性、公平竞争性等显著优势和特色,确保选举反映民愿、集中民智、为民谋福,实现了过程民主和成果民主、程序民主和实质民主、直接民主和间接民主的统一,是广泛、真实、管用的民主。实践已经证明,香港选举制度的结构性改革,重构以选委会为中心的选举制度,为落实"爱国者治港"原则和中央对香港行使全面管治权奠定了牢固根基;随着香港国安法的全面深入实施、新选制的稳步推进、"爱国者治港"原则的有效落实[①],香港居民依法享有的行使当家作主等各项权利和自由得到更充分的保障,香港的国际金融、贸易、航运中心地位将更加稳固,法治和营商环境将更加优良,行政立法关系将更加顺畅,社会氛围将更加和谐,长期困扰香港的各类深层次矛盾和问题将更有条件得到有效解决;贯彻中央意图,服务港人需求,推动香港深度融入国家发展大局,更好发挥自身独特优势,"一国两制"也必将取得新的更大胜利,开启香港良政善治新格局、由治及兴新篇章。"'一国两制'是经过实践反复检验了的,符合国家、民族根本利益,符合香港、澳门根本利益,得到14亿多祖国人民鼎力支持,得到香港、澳门居民一致拥护,也得到国际社会普遍赞同。这样的好制度,没有任何理由改变,必须长期坚持!"[②]

---

① 爱国者治港是"一国两制"的制度灵魂。爱国者的标准是客观、清晰的,就是要真心维护国家主权、安全、发展利益,尊重和维护国家的根本制度和特别行政区的宪制秩序,全力维护香港的繁荣稳定。爱国者就是能够真心维护国家主权,尊重国家根本制度及香港特别行政区宪制秩序,全力维护香港繁荣稳定的人;就是有报国情怀和奉献精神,精诚团结、勇于突破,主动将国家和市民委托的责任担上肩,切实为香港市民谋福祉的人。

② 《庆祝香港回归祖国25周年大会暨香港特别行政区第六届政府就职典礼隆重举行》,载《人民日报》2022年7月2日。

（三）中国国家结构形式的鲜明特色

中国双重性地位的普通地方、分权性的民族自治地方、复合性的特别行政区是中国地方政治制度的创新，是对人类政治制度和政治文明的重大贡献。当然，自治不是自决，自治更不是独立，民族自治地方、香港和澳门特别行政区与独立政治实体有着本质的区别。

1. 普通模式是传承与借鉴的融通创新

依据法律的规定，中国地方政府既是同级国家权力机关的执行机关，又是地方国家行政机关。作为同级权力机关的执行机关，地方政府由地方人民代表大会产生，权力由它派生，向它负责并报告工作；作为地方国家行政机关，又必须接受国务院和上一级国家行政机关的统一领导，向它负责并报告工作。因此，地方行政机关具有双重性地位，它将国家代表的身份与地方代表的身份结合为一体，将政治的民主性及行政管理的隶属性巧妙地结合。作为同级国家权力机关的执行机关，地方政府突出了政治上的民主性；作为地方国家行政机关，突出了行政上的隶属性。从实践看，这一体制特色鲜明，并为社会主义国家所普遍采用，其本质是由民主集中制原则和议行合一原则所决定的，与西方国家地方政府体制有很大的不同。西方国家有的地方行政机关不由议会选举产生，有的虽由议会选举产生，但一旦选出，不对议会负责，地方政府只具有中央"代言人"身份，权力高于议会，如法国1982年前的省长；有的地方行政机关由中央在地方设置，但与地方权力机关分属二套机构，如瑞典；有的国家地方行政机关与权力机关是一体化的，但不是以行政权为主，而是以立法权为主，如英国——地方议会是英国地方的立法机关和决策机关，地方议会选举产生的主席兼任该区的行政首脑。在实际的政治生活中，中国地方政府的双重地位，有利于克服三权分立造成的相互掣制，提高行政效率，但同时容易形成中央高度集权，影响地方主动性积极性的发挥。

民族区域自治是地方自治和民族自治的有机结合（具体见本章第三部分内容）。

2. 特区模式是人类政治制度的重大创造

"一国两制"是中国国家结构形式史无前例的创新,不仅为中国国家结构形式增色添彩,而且在世界国家结构形式史上写下了浓墨重彩的一笔,特别行政区制度的实行,不论是过程还是形式,都是对传统单一制的突破和发展,是对人类制度文明的贡献。习近平指出:"'一国两制'是中国的一个伟大创举,是中国为国际社会解决类似问题提供的一个新思路新方案,是中华民族为世界和平与发展作出的新贡献,凝结了海纳百川、有容乃大的中国智慧。坚持'一国两制'方针,深入推进'一国两制'实践,符合香港居民利益,符合香港繁荣稳定实际需要,符合国家根本利益,符合全国人民共同意愿。"[①]香港、澳门自回归祖国之日起,就重新纳入国家治理体系,成为直辖于中央的享有高度自治权的地方行政区域,走上了与祖国内地优势互补、共同发展的宽广道路。

(1) 特殊化的制度设置。在改革开放的历史条件和时代背景下,为了解决港澳台历史遗留问题,邓小平提出"一国两制"伟大构想,并适时作出宪制安排。1982年《宪法》第31条规定:"国家在必要时得设立特别行政区。在特别行政区内实行的制度按照具体情况由全国人民代表大会以法律规定。"1990年、1993年,香港、澳门特别行政区的宪制性文件——《香港特别行政区基本法》《澳门特别行政区基本法》通过,"一国两制"设想以宪法和法律的形式确立,为香港、澳门特别行政区的设立奠定了坚实法律基础。设立特别行政区有利于国家统一和领土完整,有利于所设区域的繁荣发展。将国家统一和地方繁荣二者同时都作为设置地方区域制度的目标,改变了过去绝大多数国家将地方作为国家管理的手段和工具的单向思维,创造性地把手段和目的进行了很好的融合统一,使国家结构形式目标功能具有复合性。

(2) 复合性的区域地位。特别行政区的地位特殊,具体表现为:一方面,它具备地方区域的特点,香港、澳门都是中华人民共和国不可分离的部分,是中国享有高度自治权的地方行政区域;另一方面,它具有联邦成

[①] 习近平:《"一国两制"是保持香港长期繁荣稳定的最佳制度》(2017年7月1日),载《习近平谈治国理政》(第二卷),外文出版社2017年版,第434页。

员的特点，特区享有范围更广、程度更深的自治权，有些权力甚至高于联邦制国家的成员邦。这种寓政治、经济、法律等自治权于一体的地方自治，在世界上也罕见。特区与中央在许多事务上，不是中央与一般地方关系中简单的服从和领导关系，在涉及特区的一些行政和立法问题上，中央须与特区协商、征询特区政府意见。如立法否决权，征询特区基本法委员会；对基本法附件三的法律增减，须征询特区基本法委员会和特区政府；中央各部委、各省（自治区、直辖市）如需在特区设立机构，须征得特区政府同意；人大常委会对基本法的解释，由特区终审法院提请，并且在解释前征询特区基本法委员会；在司法领域，特区实行独立的司法权和终审权；等等。这些在很大程度上体现了联邦制的特征，而且中央与特区的关系划分方式类似于联邦制。但特区权力由中央授予，不是自身固有。的确，中央与特别行政区关系在一定程度上已突破传统意义上的单一制框架，具有某些联邦制特征。尽管如此，我们也不能将整个国家的结构制度界定为联邦制。根据政治多数决定原则，特区的数量对整个国家而言，不足以引起质的变化，但其影响是巨大的，这也就是为什么称我国为"中国特色的单一制国家"或带有复合因素的单一制国家。

（3）**差异性的制度并存**。"保持香港、澳门资本主义制度和生活方式长期不变"，也就是特别行政区实行不同于宪法规定的国家主体部分的"社会主义制度和政策"，而"保持原有的资本主义制度和生活方式"，实行不同于主体区域的资本主义社会制度。在资本主义与社会主义意识形态领域斗争仍未消失的当今时代，特别行政区是社会主义中国"资本主义的自留地"或"政治特区"，在一国之下，自主探索多样性的区域治理模式。特别行政区民主制度在性质、渊源、背景、基础及运作规则与内地主体的民主制度都不一样：首先，表现形式不同。特别行政区实行行政主导制，行政、立法、司法机关依照基本法和相关法律履行职责，行政机关和立法机关既互相制衡又互相配合，司法机关依法独立行使审判权。其次，产生背景不同。在设计香港特别行政区政治体制时，基本法起草委员会遵循了以下三原则：一是按照"一国两制"方针和《中英联合声明》中关于香港特别行政区政治体制的规定，从香港实际出发，既有利于维护国家主权、统一和领土完整,又保证特别行政区高度自治;二是有利于香港的经济繁荣和社会稳定,兼顾社会各阶层利益;三是既保持香港原有政治的优点,又要逐步发展适合于香港情况的民主参与。① 最后,具体运作规则不同。行政长官在特别行政区的政治体制中以及特别行政区与中央的关系中扮演着关键角色,特别行政区行政长官代表特别行政区与中央或者外国交往,地位非同一般,社会高度关注。《香港特别行政区基本法》第45条规定,行政长官在当地通过选举或协商产生,由中央人民政府任命;行政长官的产生办法根据香港特别行政区的实际情况和循序渐进的原则而规定,最终达至由一个有广泛代表性的提名委员会按民主程序提名后普选产生的目标,原则性与灵活性相统一。立法会的产生则没有硬性规定,《香港特别行政区基本法》第68条明确,立法会的产生办法根据香港特别行政区的实际情况和循序渐进的原则而规定。

(4) **高度自治的权力享有**。特区既超越单一制国家地方自治权,也超越联邦制国家成员享有的权力。与民族区域自治地方相比,自治权力的范围更广,自治程度更高,除国防、外交和国家安全等其他国家性事务外,在立法、行政、司法和一些对外事务上享有很高的自治权。在立法方面,特区可以根据基本法规定并依照法定程序制定、修改和废除法律;民族自治地方必须维护国家法制统一,适用全国性法律,在此前提下根据法律授权和本地具体情况可以制定法律变通和补充规定,制定自治条例、单行条例和地方性法规。在行政方面,特区在保护私有财产权基础上,实行独立的财政制度,独立的税收制度和货币金融制度,有地方的、非人民币的法定货币,发行权属于特区。这些权力本是国家整合所不可缺少的,不仅民族地方不曾享有,就是世界上其他国家的自治地方也不曾享有。在司法方面,特区享有独立的司法权和终审权,法院只服从特区的法律,不受内地法院的审查监督和业务指导。特区设立终审法院,行使对案件的终审权,无须由内地对案件做出最终处理;特区司法系统与国家司法系统

---

① 参见肖蔚云主编:《一国两制与香港基本法律制度》,北京大学出版社1990年版,第188—189页;王叔文主编:《香港特别行政区基本法导论》(修订本),中共中央党校出版社1997年版,第206—207页。

没有领导与被领导、监督与被监督的关系，拥有自己的终审法院；民族自治地方的人民法院和人民检察院不属于地方自治机关，仍属于全国法院和法律监督系统的组成部分，接受上级的领导和监督，法院也无终审权。在对外事务方面，特区在中央授权下可以自行处理有关对外事务，享有某些独立的外事权，包括签订和履行协议、参与某些与特区有关的外交谈判、参加国际会议、享有有关会议的发言权，有以"中国香港（澳门）"的名义单独同各国或地区及有关国际组织签订国际协议的权力。此外，特区享有特别管制权和某些只有国家才有的权力，譬如可以两种文字作为正式语言、可实行出入境管制、可在外国设立官方或半官方的经济和贸易机构、可与各国或各地区缔结互免签订协议、可实行原在香港实行的民用航空管理制度等。

（5）多样性制度功能。香港、澳门的司法体系、治理模式，以及多元社会和国际化特质的社会面貌，都与内地有明显差异，有着内地城市不可能模仿、复制的独有特性、显著优势。特别行政区制度就其自身价值而言，保持和促进了特区繁荣发展和稳定，维护了国家主权和领土完整，实现了地方制度政治统治和公共治理的双重职能；与此同时，它还实现了自身价值的溢出功能。实践价值具体表现为：就国内来说，对台湾最终回归祖国产生示范效应，这也是在港澳设立特别行政区制度的目的之一；对世界其他国家或国际政治而言，提供了解决因历史、种族等问题而产生的冲突和争端的崭新思路，贡献中国智慧、中国方案，即以制度创新有力兼容差异、有效化解矛盾冲突，实现融合协同发展，当然这种溢出功能还有待于时间去验证。特别行政区的理论意义在于，它打破了传统政治学和宪法学意义上国家结构形式中单一制和联邦制的思维定式，在新的政治理念上创新理论。

普通地方行政区与中央的关系由高度集权制向集权制、由行政性分权到经济性分权的发展历程，昭示了国家与社会、政治与经济关系发展的方向和趋势；民族区域自治制度提供的解决多民族国家复杂民族问题的方式和途径，与已经分离或处于动乱的其他国家解决民族问题的制度相比，已充分显示出巨大的制度优势；特别行政区制度将两种不同社会制度寓于一国的伟大创举,在经济全球化、政治多极化和文化多元化的新时代新世界,为解决各国或地区因利益、民族、社会制度差异所引发的矛盾冲突开拓了崭新的视野,提供了不一样的中国智慧、中国方案。还要特别指出的是,解决台湾问题、实现祖国完全统一,是全体中华儿女的共同愿望,是实现中华民族伟大复兴的必然要求;实现两岸和平统一,必须面对大陆和台湾社会制度与意识形态不同这一基本问题。"和平统一、一国两制"是我们解决台湾问题的基本方针,也是实现国家统一的最佳方式,体现了海纳百川、有容乃大的中华智慧,既充分考虑台湾现实情况,又有利于统一后台湾的长治久安。两岸统一后,台湾可以实行不同于祖国大陆的社会制度。①

(四) 中国国家结构形式的产生与发展

当代中国的国家结构形式是历史传承的产物,是中国共产党将马克思主义国家理论与中国具体国情(地理环境、历史传统、民族因素和经济发展等)相结合的创造,其发展路径影响并将长期决定中国国家结构形式的未来走向。探寻大国治理逻辑,汲取历史和思想智慧,从政治制度史的演进视角,中国之所以成为一个多民族统一国家,除了经济、文化方面的原因,法政制度构造方面的"大一统"设计、思想源流方面"天下"观与"华夷之辨"之间的张力也是重要原因。在古典中国政治哲学的"天下体系"构想中,中原王朝与边疆政权,均为天下体系的有机组成部分,而华夷之辨实际上具有相对性。天下体系中对统治者唯一性的强调、对"中"意识的强调,使得无论是汉族还是少数民族出身的政治精英,都以统一天下为己任,视割据为乱象、视统一为正统,并采取了一系列具体的政治举措来巩固这个统一的多民族国家。②

1. 中国古代集权单一制国家结构形式的演进和发展

"中国在人类发展史上曾经长期处于领先地位,自古以来逐步形成了

---

① 参见中华人民共和国国务院台湾事务办公室、国务院新闻办公室:《台湾问题与新时代中国统一事业》(2022年8月),载《人民日报》2022年8月11日。
② 参见常安:《多民族统一国家的法政思想源流》,载《石河子大学学报(哲学社会科学版)》2014年第2期。

一整套包括朝廷制度、郡县制度、土地制度、税赋制度、科举制度、监察制度、军事制度等各方面制度在内的国家制度和国家治理体系,为周边国家和民族所学习和模仿。"① 中国古代早期国家结构形式的演进和发展经历了奴隶社会的联邦制和分权单一制、封建社会集权单一制两个重要阶段。中国奴隶社会国家结构形式的具体形式,比较有代表性的看法有以下四种:等级制、藩国联盟和封国采邑制、原始联盟制、分封制。我们主张分为两个阶段:夏朝藩国联盟阶段和商周等级分封阶段。它们分别对应于现代意义上的地方自治联邦制和地方自治单一制。等级分封制与藩国联盟制的一个显著差别在于:藩国的权力是"自然生成"的,夏王得到的只是藩国出让的共主的名义以及贡赋;而分封的诸侯国的权力来自周王的授予。古代早期国家结构形式的上述特征表明,长期盛行的关于中国自古以来是高度集权的单一制的说法是站不住脚的。如果将藩国、诸侯国看作地方的话,那么中国古代地方自治的特征更为突出。

在中华法律制度文明定型的重要历史阶段,秦汉时代建立了典型的集权体制。中国封建社会国家结构形式始于秦统一中国后的郡县制,从国家治理的视角,郡县制的创立及其普遍化具有划时代意义,它是中国地方自治制向中央集权制转化的重大转折点。郡县制与分封制的区别在于:(1)郡县是比较完善的一级地方国家机构,而不像分封诸侯那样具有中央派出机关的性质。(2)郡县制的郡守和县令,由君主任命,对君主负责,随时可免职,不像封国的职位可以世袭,而这有利于扩大中央的权势。(3)郡县的管理权直接来源于君主的授予,它与君主之间存在上下级的指挥与服从关系,直接接受朝廷的命令和监督,因此,郡县制的推行有利于建立中央高度集权的单一制国家结构。

在封建时代,单一制中也产生了复合性的因素——羁縻府州。羁縻府州是中央王朝处理与少数民族关系而设置的自治性地方机构,开始于西汉时期,盛行于唐宋两代,并于元明清发展为土司制度。羁縻府州的设置,打破了单一制国家结构形式的常规,使之带有复合制的特征。羁縻府

---

① 习近平:《坚持和完善中国特色社会主义制度、推进国家治理体系和治理能力现代化》(2019年10月31日),载《习近平谈治国理政》(第三卷),外文出版社 2020 年版,第 120 页。

州是我们认识中国国家结构形式时不可忽略的内容,一方面,羁縻府州的少数民族大多臣服或归附于中央王朝,他们接受王朝的授权和赐印,与中央之间形成名义上的上下级的统治关系。另一方面,中央对羁縻府州实行特殊的管理制度,如唐代对其不征税赋,地方治理"全其部落,顺其土俗",行政长官由少数民族的首领担任,并可以世袭其职。也就是说,中央得到的只是名义上的归附,羁縻府州实行完全的地方自治,自治权不亚于联邦制国家州的权力。

中国古代尽管存在奴隶社会的方国联盟、封建社会早期松散的郡县制和羁縻府州等地方自治形式,但是历经历史的变迁和王朝变换的改造却未发展为联邦制,而是演变成集权单一制。集权的路径包括有意识地改造秦汉时期集军事、文化、经济和司法于一身的可以自行辟除属吏的地方机构,具体操作是:(1)将地方政事与军事、政务机构与军事机构分离,分离后的军事权直属中央和皇帝;(2)将地方官员的管理权与任命权分离,废除了地方辟除属吏的权利,改由中央统一任命,集中全国的人事权;(3)将司法权从地方事权中分离,削弱地方事权;(4)加强对地方官员的监管。同时,将特别地方改造为普通的地方机关,如羁縻府州作为特殊的地方机关,唐朝时中央对其不征收赋税,仅要求其定期或不定期交纳以土特产为主的贡品,并一般返之以超值的赏赐,其与中央关系一般由唐朝国力的盛衰所决定,并不像普通府州那样具有行政强制性;元朝时中央加强了对少数民族土司的控制,要求土司承担规定的贡赋和征发;明朝对土司实施制度化管理,改变土司制度的随意性,使中央的控制更为便利,既曾在今天的贵州地区实行改土归流政策,废土司,设置正式行政区,也曾趁镇压土司叛乱之机,废止部分土司;清朝雍正时期推广改土归流政策,更是缩小了特别地方区域的范围和数量。随着历史的演进,在封建社会郡县制及官僚制的基础上,中国国家结构形式中的集权特征大为增强,而地方自治的成分逐渐减弱,并形成一种历史的惯性。当然,其间也经历过反复。

为什么中国的地方自治制没有像西方国家地方自治那样保存下来呢?这应该与中国古代的亚细亚生产方式、宗法制度有很大关系。其中,封建制本身的缺陷不能不说是其消亡的根本原因。封建制下天子或中央直接统治对象是诸侯，而不是诸侯的臣民。诸侯割断了天子与百姓的天然联系，并以它的领地和居民作为筹码对抗中央或天子，这必然导致中央与地方诸侯的"拉锯战"，因而成为受到封杀的理由。相反，古代西方国家的臣民属于中央，也属于地方，个人的自由和权力由国家的法律决定，地方机关对所辖区民众的控制并非完全、彻底，中央在地方有施展其统治权的空间，中央对地方的自治能够容忍并承认，从而使地方自治得以延续。在历史演进中，中国国家结构形式中的集权特征大为增强，而地方自治的成分逐渐减弱，并且发展成为一种历史的惯性。

《左传》有云："国于天地，有与立焉。"[①]中国古称华夏，是有着数千年文明传统的泱泱大国，中华文明在地理上的蔓延扩大，在历史上的绵延不息，铸就了中国作为一个统一的多民族国家铁的史实，特别是国家得以政治稳定、经济繁荣的制度所具有的特质，这是西方很多学者百思不得其解却又不得不承认的历史事实。中国古代集权单一制为世界政治制度的多样化增添了色彩，在历史上具有重要的价值和意义。它克服了地域辽阔和管理松散可能带来的国家分裂危机，促进了不同地区和民族的统一，推动了各地区、各民族之间交往交流交融，有利于生产力的发展和经济的繁荣。当然，中国古代国家结构形式与历史上任何其他政治制度一样，有其相应缺陷与固有流弊，从而引发了清末民初对其的否定和怀疑。

2. 清末民初联邦制的尝试

中国集权单一制国家结构形式，历经两千年的历史发展，到19世纪末，遭遇内外双重挑战：国内资产阶级知识分子的正面批判及国外欧美联邦制度东进的侧面冲击。在应对挑战中，清末无奈地进行了变法维新。从戊戌变法开始，当近代思想家们考虑从政治变革入手来复兴中国社会时，他们审视已陷于全面危机的中央集权的国家结构形式，开始联邦制的探索。其时的中国单一制国家结构形式具有稳定性和持续性的积极特征，但同时具有包容性不足和适应性不强的消极成分，它对外界反应的缓

---

① 《左传·昭公元年》。

慢和滞后,导致政治制度的僵化,从而积累了许多自身无法解决的矛盾,其中中央与地方的矛盾尤为突出。清末各种矛盾激化,义和团运动、资产阶级维新运动兴起,外国入侵,清王朝摇摇欲坠。思想家们在思考民族危机日益加深原因时,将视野投向国家政治制度的重要方面——国家结构形式,从而引发了联邦制的讨论和关注。

政治思想家对联邦制的探索,一是受到欧美政治制度的冲击。由于清廷的腐朽,国家羸弱,有志之士纷纷将目光投向世界,寻求列强的政治经验。在辛亥革命前夕,无论是立宪派还是革命派,对联邦制都有着浓厚的兴趣。例如,其时立宪党的骨干成员欧榘甲曾言:"既就现今中国本部总督所辖之地,而分立为国土"或者"因河流江流海流,分为南北中三大部分","然后公议建立中国全部总政府于各省政府之上。如日耳曼联邦、合众国联邦之例,即谓全中国自立可也"。当时的革命派也主张:"共和政治也,联邦政体也,非吾党日以为建设新中国无上之宗旨乎!然吾党之目的而达,则中国之政体将变为法国之共和、美国之联邦。"[①]二是基于中国当时的社会现实。辛亥革命后,各省相继独立,如何在各省独立的基础上建立一个统一的中央政府被提上议事日程,联邦制再次受到人们的青睐,并引发了更大范围的争鸣。赞成派和反对派因为问题的现实感和紧迫性而激烈争论,焦点是中国要不要以及能不能实行联邦制。赞成派从揭示中国集权制弊端开始,介绍欧美联邦制的优点,列举了许多理由,反对派则针锋相对。争论的理由今天看来几乎与英国政治学家蒲莱士关于联邦制的观点如出一辙,只不过根据中国国情作了比较充分的论证和注脚。当时各省也有不同程度的实践,如山东独立时,省咨议局向清廷所提八条,其中就有"宪法须注明中国为联邦政体""咨议局章程即为本省宪法"[②]。自1920年开始至1926年落幕的"湖南自治运动",更是当时国人"联邦制"理想的一次短暂实验。

从当时的历史大环境上看,国人对联邦制探索的失败,可以从以下几

[①] 转引自张木丹、王忍之:《辛亥革命前十年间时论选集》(第一卷·上册),生活·读书·新知三联书店1960年版,第270—310,82—83页。

[②] 李剑农:《最近三十年中国政治史》,上海太平洋书店1935年版,第463页。

个方面分析:第一,中国传统的大一统思想根深蒂固。当时的国民对联邦主义有着太多的误解,人们总是把联邦与分裂、单一与统一联系起来,认为联邦就是分裂,单一就是统一、就是爱国,一个省制定宪法的行为就是分裂国家,这也最终导致《湖南省宪法》被废止。第二,民众民主政治意识的缺乏。其时的国民缺乏对法治的信仰,军人也视宪法和法律如敝屣。《湖南省宪法》可谓成也军人、败也军人,当军人需要它为利益争取合法性时,就将它捧为圣经,当不需要它时,它就变成了"伪宪"和"废纸"。在民主政治不成熟的大背景下,湖南省宪根本没有存在的政治文化基础。第三,中国的积贫积弱、长期战乱、列强对中国内政的干预等,无一不影响着民主政治在中国的发展。① 因此,将联邦制等同于地方分权,将单一制等同于中央集权,没有认识到当时统治阶级的统治本质,没有认识到资产阶级民主政治的经济社会基础脆弱,因而也不可能实现消除军阀割据、实行国家统一的目标,更不可能给人民带来自由和民主。解决中国问题的重任历史地落在了中国共产党人身上。

3. 复合单一制国家结构形式:中国共产党的探索实践

中国特色国家结构形式的创立是中国共产党人政治自觉的产物。"民族建设是国家建设成功的关键,直达国家的核心内涵。"②对于任何一个多民族国家来讲,民族问题历来是一个国家治理的难题,而今天,中国民族区域自治制度一定程度上已经解决这一难题。回眸历史演进和新中国国家制度的创建,民族区域自治制度的建立和发展,是中国共产党领导的治国理政行动,中国共产党在理论与实践上发挥着主导性作用,党的领导是贯穿其中的主线。

从中国共产党的政治文件中可见,最早涉及国家结构形式的是1922年7月的《中国共产党第二次全国代表大会宣言》:"中国人民应当反对割据式的联省自治和大一统的武力统一,首先推翻一切军阀,由人民统一中国本部,建立一个真正民主共和国;同时依经济不同的原则,一方面免除

---

① 参见陈建平:《湖南省宪研究》,法律出版社2009年版,"摘要部分"。
② 〔美〕弗朗西斯·福山:《政治秩序与政治衰败:从工业革命到民主全球化》,毛俊杰译,广西师范大学出版社2015年版,第168页。

军阀势力的膨胀，一方面又因尊重边疆人民的自主，促成蒙古、西藏、回疆三自治邦，再联合成为中华联邦共和国，才是真正民主主义的统一。"①中国共产党将中国本部与边疆少数民族区分开来，并提出将二者统一的方法——建立联邦共和国。早期中国共产党主张联邦制而非单一制，重要原因当然是列宁有关思想和国际共产主义运动的影响，同时还有中国当时联省自治运动的影响。中国共产党早期的部分领导人赞成并积极参与了这一运动。毛泽东在20世纪20年代也持赞同的意见，并参加了湖南自治共和国运动，认为"湖南自治是现在唯一重大的事，是关系湖南人死生荣辱的事"；"各省自决自治，为改建真中国唯一的法子，好多人业已明白了"。② 随着联省自治军阀割据本质的暴露，联省自治遭到了共产党人的坚决唾弃。

20世纪30年代中后期，国内政治形势发生了很大变化，其基本特点就是日本帝国主义要变中国为它的殖民地，而联邦制的主张不利于国家的完整，易被帝国主义利用，因而也是"不成熟"的、为时尚早的思想。1935年前后，中国共产党的主张开始发生变化，1939年毛泽东著作《中国革命和中国共产党》）和中国共产党的政治读物中开始明确使用"中华民族"概念："中国是一个多民族的国家，中华民族代表中国境内各民族之总称。"③"中华民族"整体概念的认识和理论提升，构成了中国各民族建立现代统一国家的逻辑前提，它所体现的是中国各民族休戚与共的命运共同体，为中国共产党的单一制国家结构形式主张提供了重要的理论基础。20世纪30年代中期到40年代初，中国共产党在陕甘宁边区的回族、蒙古

---

① 中共中央统战部编：《民族问题文献汇编》，中共中央党校出版社1991年版，第17页。
② 参见《毛泽东早期文稿》，湖南出版社1990年版，第528、531页。
③ 中共中央统战部编：《民族问题文献汇编》，中共中央党校出版社1991年版，第808页。在重塑"中国""中华""中国人"等古老概念与摄取"外来的现代'民族'概念"的基础上，清代梁启超、杨度等人在20世纪初形成了"中国各民族一体融合的'大民族'现代观念"，且在这一意义上率先使用了"中华民族"一词；中华民国的成立为"中华民族"概念的明确提出和全民认同创造了条件，融合五族、推动民族平等融合成为民初各派政治势力的共识，民国初年现代中华民族观念已经基本形成，到五四运动之后特别是20世纪20年代后中华民族整体观念得以确立，"中华民族"一词写进了国共两党的政纲且"已开始在中国被愈来愈多地加以使用了"。参见黄兴涛：《重塑中华：近代中国"中华民族"观念研究》，北京师范大学出版社2017年版。

族聚居的地区进行民族区域自治制度的尝试。解放战争时期,中国共产党发展了抗日战争时期就已形成的民族区域自治政策。与此同时,各个时期区域性的政权组织体制、中国共产党的组织制度也为单一制国家结构形式的确立进行了实践探索和体制准备。

1946年1月,在重庆召开的政治协商会议上,中国共产党代表团提交的《和平建国纲领草案》鲜明提出:"收复区的各级地方政府,应与当地各抗日党派及无党派民主人士协商,先成立临时的、民主联合的省、市、县政府,再筹备经过自由普选产生正式的省、市、县政府,在少数民族区域,应承认各民族的平等地位及其自治权。"1946年4月23日,陕甘宁边区第三届参议会第一次会议通过的《陕甘宁边区宪法原则》规定:"边区各少数民族,在居住集中地区,得划成民族区,组织民族自治政权,在不与省宪抵触原则下,得订立自治法规。"①这些主张随后成功落实到内蒙古自治政府的建构过程中,1947年4月23日,内蒙古人民代表会议召开,内蒙古自治政府成立。内蒙古自治政府的建立,标志着民族区域自治政策从边区少数民族地域落实到省一级自治区域,为中国共产党最终把民族区域自治政策上升到国家制度的高度奠定了有效的实践基础。

从宪制意义上说,当代中国国家结构形式确立于1954年,其后不断探索前行。1954年一届全国人大一次会议通过的《宪法》规定:"中华人民共和国是统一的多民族国家。""各民族一律平等。""各少数民族聚居的地方实行区域自治。各民族自治地方都是中华人民共和国不可分离的部分。"这是关于新中国的国家结构形式以及解决民族问题的基本制度、基本政策的更加明确、具体的规定,并长期得到了坚持和贯彻执行。20世纪90年代前,中国一直在探寻中央与地方关系比较合理的稳定模式,1994年全国推行分税制改革就是一种全新的探索,中央财权上收、事权下放,以规范的财政体制建立起中央和省级政府之间的事权与财权分配方式,财税实力显著增长。分税制体现着国家结构形式的意义,"财者,为国之命而万事之本。国之所以存亡,事之所以成败,常必由之"②。

---

① 中共中央统战部编:《民族问题文献汇编》,中共中央党校出版社1991年版,第991、1047页。
② (北宋)苏辙:《栾城集·上皇帝书》。

（1）以财政关系而不是行政关系为规范二者关系的基础，校正了国家整体与部分之间关系的焦点，标志着中国中央与地方关系核心内容——利益关系的凸现。

（2）承认并确定了地方政府的地位和角色，回归并充实了国家结构形式的民主内涵。现代意义的国家结构形式的产生是近代民主制度的产物，体现着民主和法治对国家权力滥用与专制的制约。中央利益和地方利益的存在是国家结构形式存在的前提，也是它的构成要素，从这个意义上讲，分税制为地方政府的存在和发展提供了法制和物质上的保障，有利于民主政治制度尤其是国家结构形式的完善。

（3）分税制的推行，使中央与地方关系可能走出传统中央对地方强制的关系和地方对中央讨价还价的模式，从某种意义上说，它预示着中央与地方关系的制度化规范化走向。分税制改革确定了一种以规则为基础的税收分成方法——中央税归中央政府、地方税归地方政府，共享税则按规定的比例进行分配，中国的分税制因此而被称为"联邦财政制"。

（4）从长远来看，有利于重建国家—社会—公民之间的新型关系。中央与地方税的划分及其征管，中央可以通过自己的机构在地方直接面对社会收税，改变了过去通过地方政府代理、不与社会发生直接联系的做法，中央政府与地方政府一样可以直面社会中的个人，因而就信息流的畅通而言，更有利于下情上达，避免少数精英主政，有利于建立新型的国家—社会—个人的关系。

中央与地方关系内含于国家结构形式之中，从来就是国家治理的基本议题、国家治理现代化的题中之义，也是区域法治的应有考量。党的十八届三中全会明确提出，要深化财税体制改革，建立现代财政制度。近年来，加强财税体制改革顶层设计，中央与地方财政事权和支出责任划分改革向纵深推进，中央与地方收入划分进一步理顺，财政转移支付制度改革持续深化，权责清晰、财力协调、区域均衡的中央与地方财政关系逐步形成，现代财政制度框架基本确立。同时也要看到，作为政府间财政关系重要组成部分的省以下财政体制改革却显滞后，现行财政体制对于省以下各级政府之间的关系涉及较少，省级政府与地市级政府、地市级政府与县区级政府之间财权和事权责任划分不够清晰,城市之间和县区之间权责分配不合理、不清晰、不规范的问题突出存在;地市级政府、县区级政府缺少财政自主权,因而主动性较为缺乏,财政收入主要依靠上级政府拨付,自主财政收入能力较弱,相对应的财权管理也不够规范,支出责任更加模糊,等等。因此,要切实从推进国家治理现代化全局的高度充分认识省以下政府间财政关系改革的重要性和紧迫性,全面建立权责清晰、财力协调、运行顺畅、区域均衡、充满活力的中央与地方财政关系。

财政是国家治理的基础和重要支柱,财政体制主要内容包括财政事权和支出责任划分、收入划分、转移支付制度等,也就是明确各级政府间"事"由谁干、"钱"由谁出、收入如何分配等一系列基本制度问题,省以下财政体制是政府间财政关系制度的组成部分,是中央与地方财政关系的延伸。习近平强调:"要理顺省以下政府间财政关系,使权责配置更为合理,收入划分更加规范,财力分布相对均衡,基层保障更加有力,促进加快建设全国统一大市场、推进基本公共服务均等化、推动高质量发展。"① 2022年4月,中央全面深化改革委员会第二十五次会议审议通过《关于进一步推进省以下财政体制改革工作的指导意见》,明确了改革"路线图",提出要进一步坚持中央集中统一领导,在中央和地方分税制的原则框架内,遵循健全政府间财政关系的基本原则,具体路径包括:优化权责配置,清晰界定财政事权和支出责任,合理配置权责,强化省级责任,更好发挥省级在全域统筹、跨区协调、综合调控、统一管理等方面的作用;理顺收入关系,理顺省以下政府间收入关系,促进区域均衡,完善区域支持政策,确保各级政府能够获得稳定的收入,加强收入管理和促进区域收入均衡;规范转移支付,完善转移支付制度,推动精准保障,建立健全省以下转移支付体系,加大对革命老区、民族地区、边疆地区、欠发达地区等财力薄弱地区的支持力度,健全转移支付定期评估机制;同时,规范省以下财政管理,做实县级"三保",建立县级财力长效保障机制,坚持县级为主、市级帮扶、省级兜底、中央激励,全面落实基层"三保"责任。

---

① 《加强数字政府建设 推进省以下财政体制改革》,载《人民日报》2022年4月20日。

总之,中国特色国家结构形式的形成是历史发展与中国共产党政治理性、政治智慧的结晶,源于中国古代国家治理传统,得益于中国革命的艰辛探索,构建于新中国初期的奠基。正如马克思指出:"人们自己创造自己的历史,但是他们并不是随心所欲地创造,并不是在他们自己选定的条件下创造,而是在直接碰到的、既定的、从过去承继下来的条件下创造。"①所以,中国国家结构形式既是对历史的继承,又是对历史的反思,长期稳定的单一制为特色的形成提供了历史根基,而特别地方制度为特色的形成提供素材。此外,中国国家结构形式的确立还有如下因素的综合考量。

　　(1) 理论渊源。 中国以马列主义国家学说为指导,并且在实践中发展马克思主义,没有选择联邦制。马克思、恩格斯一直主张无产阶级夺取政权后采取单一制国家结构形式。他们认为,统一的不可分割的单一制共和国,有利于无产阶级革命运动的联合和团结,而且对于无产阶级夺取政权后的经济和文化的发展非常有利。对于联邦制,他们则持否定态度,只是将它作为一种例外、一种过渡形式。只有在特殊情况下,联邦制才能实现,一种情况是解决民族问题时可以利用,如英国两个岛上居住着四个民族;另一种情况是像美国这样的大国,而且各个地方有同样的政治结构。需要指出的是,由于马克思、恩格斯的有关思想缺乏社会主义实践的基础,他们面临的紧迫任务并不是设计国家结构形式问题,而是探索无产阶级革命手段、途径、方法和建立什么样的政权问题,因此他们的设想很大程度依赖于当时德国的历史背景,不能形成完整和比较成熟的理论。我们不能拘泥于他们的个别结论和具体行动纲领,而应该在实践中坚持和发展具有与时俱进理论品质的马克思主义。

　　列宁是国际共产主义运动中将国家结构形式思想付诸实践的开拓者,在思想发展的脉络和具体主张上,有其鲜明特点,思想主张前后有过变化,从主张单一制、反对联邦制,到十月革命后赞成联邦制、实践联邦制。十月革命前,列宁曾主张民主集中的单一制,他从否定党的联邦制开

---

① 马克思:《路易·波拿巴的雾月十八日》,载《马克思恩格斯选集》(第一卷),人民出版社 2012 年版,第 669 页。

始,进而反对国家联邦制,认为联邦制"把独特性和隔阂合法化,使之提高为原则,提高为法律",不利于无产阶级的革命斗争;联邦制"削弱经济联系,它对于一个国家来说是一种不合适的型式",不利于国家经济的发展;更重要的是,马克思、恩格斯主张单一制、反对联邦制。当然,列宁并不是绝对地反对联邦制,这是列宁实事求是的一个范例,他赞同马克思、恩格斯的主张,"与其存在民族不平等,不如建立联邦制"。特别是十月革命后,面对国内国际复杂的局势,为了防止各民族分崩离析,列宁及时调整了党的战略,宣布建立以"自由民族的自由联盟"为基础的俄罗斯苏维埃社会主义联邦共和国。这样,列宁从起初反对到可以允许、从直接主张到大力宣传,完成了整个思想的转变。列宁实践的联邦制在后来的发展中经过党的民主集中制领导体制的运行走向了事实上的高度集权单一制,最后导致了苏联的解体。但这并不是联邦制的过错,是多重因素的必然,否则便无法解释美国联邦制两百多年光彩依旧的现实。

列宁的思想和实践对中国共产党早期的主张影响很大,当时苏联共产党在政策和人员上直接指导中国共产党,并且这种影响直到20世纪30年代中后期由于苏联无暇顾及才渐渐放松,这也是为什么中共二大至六大期间党的文件有联邦制主张而后期很少见的一个原因。但是,中国没有拘泥于马列的设想,而是理论上自觉探索。在长期的革命斗争中,毛泽东吸收马克思、恩格斯的地方自治单一制和列宁的民族自治联邦制的优点,结合中国中央集权的政治传统和民族特点进行思考。早期"湖南共和国"的联邦制主张,没有超出资产阶级共和国的范畴,毛泽东认为它是地方自治的一种具体形式,即省自治,并完全从中跳出,放弃过去曾经设想的联邦制建国方案和民族自决的口号,在中国共产党六届六中全会扩大会上阐述了在单一制国家内建立民族自治地方的思想。1939年年底,毛泽东提出的"中华民族"这个代表中国境内各民族的新概念,为中国共产党单一制国家结构形成主张奠定了重要的理论基础,极大地推动了中国共产党的民族工作。1949年,新中国建构起单一制国家形式,实行民族区域自治,在马列主义设想的单一制中,增加了民族平等、民族团结和民族繁荣的新内容,地方自治与民族区域自治相结合、政治因素与经济因素相统一，丰富和发展了马列主义国家理论。

"一国两制"构想是邓小平对马列主义国家结构形式理论的重大贡献。第一，丰富了马列主义国家结构形式的思想内容，突破了"一国一制"国家结构形式的传统理论，社会主义国家结构形式容量扩充，社会制度的"混合型"特征展现。第二，丰富了马列主义国家结构形式的功能思想，国家结构形式的某些资本主义成分可以为社会主义服务，允许特定区域实行资本主义，有利于社会主义社会生产力的发展，当然利用资本主义因素为社会主义国家结构形式服务，必须有非同一般的政治胆识和勇气，它来自对中国特色社会主义制度、中国共产党领导的坚定自信。第三，构想的理论贡献不仅在于"一国两制"所包含的国家结构形式内容，还在于构想的提出过程所体现的对国家结构形式创新的方法论和政治理念。国家结构形式并非一成不变，它作为国家的一项重要制度，既可随历史发展保持相对稳定，又可随环境变化作相应变革，但改革的基本前提是要有正确的方法，即坚持马克思主义活的灵魂——具体问题具体分析，从实际出发，实事求是。单一制和联邦制既是制度，同时也是理念或原则，相互之间可以借鉴、融合、利用，单一制国家可以利用联邦制的有益元素。

（2）**地理因素**。世界上国土面积辽阔的国家目前多采用联邦制国家结构形式。人类思想史的演进中，政治理论家们为大国实行联邦制进行了理论上的广泛论证。法国思想家孟德斯鸠、托克维尔、美国联邦党人认为联邦制能防止大国被分裂、分散的弊害，能够将大国强盛与小国自由的长处结合起来。国家地理环境和区位格局的确是国民无力改变并对社会发展产生重要影响的因素。在中国的历史发展中，地理环境、地域范围、区域格局同样对国家结构形式产生重要影响。

中国疆域辽阔、背山面海，鸦片战争前，除了北方游牧民族并非强大的威胁外，并不存在外部的压力，因而容易产生分裂割据倾向。如此的地理因素是联邦制产生的绝好条件，然而在中国却为单一制形成奠定了基础。正是意识到并且每经历一段时间后真实地感受到辽阔地域的松散性以及内部分离的可能性，中国历代统治者都特别重视以人为方式去改变和克服自然状况可能造成的弊端，其中行政区划管理就是一例。据有关研究表明,唐宋之前,中央大都依山川地形的自然界限或历史因素来确定地方行政区划,但这样的制度安排容易被地方当作据险割据的条件,所以自元代始,行省区域主要以军事控制为目的,打破了自然地理界限和地区间的经济联系,形成犬牙交错和以北制南的格局,历史格局形成后一直沿袭,并为新中国所承袭。除行政区划之外,另一个重要的手段是建立专制的高度集权的政治制度,孟德斯鸠在分析"亚洲的奴役"的自然原因时曾指出:"在亚洲,人们时常看到一些大帝国;这种帝国在欧洲是绝对不能存在的。这是因为我们所知道的亚洲有较大的平原;海洋所划分出来的区域广阔得多",因而"权力就不能不老是专制的了。因为如果奴役的统治不是极端严酷的话,便要迅速形成一种割据的局面,这和地理的性质是不相容"。① 尽管专制不等同于单一制,但它所显示的集权特征与单一制有某些相似之处,中国为克服辽阔地域可能产生的地方割据,采取了中央集权单一制。

(3) **民族因素**。同样是疆域辽阔、民族众多,同样是少数民族在边疆地区,同样实行社会主义,为什么中国共产党选择了单一制国家结构形式,实行民族区域自治,而苏联选择的是联邦共和国来解决民族问题呢? 民族因素的影响存不存在? 回答是肯定的。民族因素对国家结构形式的影响是通过民族构成、地域分布、民族关系特点以及民族历史传统而产生的。

首先,民族分布状况。中国各民族在历史发展中形成了以汉族为主的各民族大杂居、小聚居的交错分布形态,各民族地区分布、区划界限并不十分明显,不像苏联各少数民族呈块状分布,形成了明确的民族聚居区。中国各少数民族集中地分布在中西部及边境地区,经济发展水平和文化程度与内地汉族存在很大差异,落后很多。同时,由于汉民族高度发达的经济和文化持续不断地向边疆地区辐射与扩散,因此中国各民族的同质性因素日益发展。这正好与当时的俄罗斯相反,其时俄罗斯"异族"边疆地区的资本主义发展程度和文化水平,往往高于国家的中部

---

① 参见〔法〕孟德斯鸠:《论法的精神》(上册),张雁深译,商务印书馆1961年版,第278页。

地区。

其次，民族关系特点。中国各民族通过政治、经济、文化交流，形成了"中华民族多元一体"格局。历史上虽然也存在过对少数民族的压迫和民族歧视，但并不是汉族一个大民族始终处于统治地位，压迫少数民族，有的少数民族如蒙古族、满族也曾统治过中国，华北和西北更是长期由各少数民族交替统治，不像俄罗斯民族那样，一直是一个绝对的、唯一的始终占统治地位的民族，因此主体民族与少数民族的矛盾没有苏联建立前那样尖锐。

再次，民族数量构成。中国55个少数民族，直到今天其全国人口占比也不到10%，且各民族呈现大分散、小聚居的状态，汉族在人口数量上占绝对优势。中国有一个主体民族和一种起主导作用的语言，少数民族人口比重少，但分布面积广；而苏联少数民族人口约占全国人口的47%，与主体俄罗斯相差不远。

最后，民族历史传统。中华民族在历史上多次的民族迁徙、屯田、移民以及近代反对帝国主义、封建主义、殖民主义的斗争中加深了团结和友谊，形成了各民族相互交错的大杂居、小聚居的局面，形成了汉族离不开少数民族、少数民族离不开汉族以及少数民族之间也相互离不开的"三个离不开"命运与共血肉关系，这样的历史联系、民族传统，"就不可能设想采取如同苏联那样的民族共和国办法"，不适宜"一族一国"的传统模式。

最为重要的是，五千年历史文化的长期陶冶，中华民族具有反对祖国分裂、追求国家统一的强烈情怀，新中国成立前中国各民族总体上没有经历民族分离，羁縻府州制度等政治实践、治理经验为民族区域自治提供了历史智慧。苏联成立前，各民族已经分离，经过二月革命和十月革命，许多民族实际上已经是独立国家，因此不得不采用联邦制这一"过渡形式"。对此，新中国主要缔造者之一的周恩来，于1957年8月4日，在全国人民代表大会民族委员会召开的民族工作座谈会上的讲话中有过清晰的表述："历史的发展使我们的民族大家庭需要采取与苏联不同的另一种形式。每个国家都有它自己的历史发展情况，不能照抄别人的。采取民族区域自治的办法对于我们是完全适宜的。""在中国适宜于实行民族区域自治,而不宜于建立也无法建立民族共和国。"①1987年10月13日,邓小平在会见匈牙利社会主义工人党总书记卡达尔时进一步强调:"解决民族问题,中国采取的不是民族共和国联邦的制度,而是民族区域自治的制度。我们认为这个制度比较好,适合中国的情况。"②

(4) 经济因素。马克思曾指出,应该尽可能地从经济方面"为任何当时的独特的国家形式,发现最隐蔽的秘密,发现隐藏着的基础"③。那么,影响中国单一制建立的隐蔽基础是什么呢?我们认为,中国中原地区自秦汉以来长期采取的农业经济、地主租佃制是中国采取中央集权制的根本原因。一方面,地主经济或封建经济中自给自足的农业生产对集权产生依赖,这已为多数人所认同。马克思也认为,小农经济的封闭性和分散性为中央集权提供了广泛的社会基础。"小块土地所有制按其本性来说是无数全能的官僚立足的基础。""它也就引起这一国家权力的全面的直接的干涉和它的直属机关的全面介入。"④另一方面,租佃制经济形态,地主对土地及佃农的占有的不稳定性,以及从土地所有权中游离出来的行政权、军事权、司法权并不由地主所亲自掌握,容易促成后三种权力在官府专管的基础上逐级上收,形成中央集权之势,并得以长期维持。此外,地理环境差异造成的经济发展水平的不平衡,以及边疆少数民族地区明显落后于中原地区的情势,增强了中心地带核心凝聚力,成为单一制发展的政治优势。

一个超大规模国家的地域差异、民族差异和文化差异形成的多元性,对国家结构形式的影响是客观存在的。2014年9月28日,习近平在中央民族工作会议上指出:"多民族是我国的一大特色,也是我国发展的一大有利因素。在我国5000多年文明发展史上,曾经有许多民族登上过历史舞台。这些民族经过诞育、分化、交融,最终形成了今天的56个民族。各

---

① 周恩来:《关于我国民族政策的几个问题》(一九五七年八月四日),载《周恩来选集》(下卷),人民出版社1984年版,第256—257页。
② 邓小平:《我们干的事业是全新的事业》(一九八七年十月十三日),载《邓小平文选》(第三卷),人民出版社1993年版,第257页。
③ 马克思:《资本论》(第三卷),人民出版社2018年版,第894页。
④ 马克思:《路易·波拿巴的雾月十八日》,载《马克思恩格斯选集》(第一卷),人民出版社2012年版,第766—767页。

民族共同开发了祖国的锦绣河山、广袤疆域,共同创造了悠久的中国历史、灿烂的中华文化。秦汉雄风、盛唐气象、康乾盛世,是各民族共同铸就的辉煌。可以说,多民族的大一统,各民族多元一体,是老祖宗留给我们的一笔重要财富,也是我们国家的一个重要优势。"①

国家属性决定政治形式,经济形式是政治形式的基础,政治形式的本质取决于国家类型,民族特性影响政治形式。任何政治形式形成后在规约政治统治的同时,也将全面规约社会生活和社会发展。这就意味着,在政治形式形成、巩固和发展的过程中,除了统治阶级意志起作用外,基于一定社会、历史和文化基础上的社会环境因素,也将起很大的影响作用。社会环境因素将具体影响一定政治形式在一定社会中的存在方式、社会价值和实际的政治功能。② 理论是行动的先导,错误的理念必然导致错误的政策。对于国家治理而言,因没有自主性观念和自主性理论而犯下颠覆性战略性错误的国家,在历史上并不鲜见。中国共产党在革命与建设的不同阶段,基于对历史和现实的充分把握,形成了其民族建设、国家治理战略,其中,马克思主义基本原理与中国实际相结合创建的民族区域自治制度,成为国家基本制度的重要组成部分,巩固和发展了中华民族共同体。

中国是统一的多民族国家,各民族在分布上交错杂居、文化上兼收并蓄、经济上相互依存、情感上相互亲近,形成你中有我、我中有你,谁也离不开谁的多元一体格局。从一定意义上说,一部中国史就是各民族交融汇聚成多元一体中华民族的历史,就是各民族共同缔造、发展、巩固统一的伟大祖国的历史。如近年来在考古工作中,考古工作者延续两汉西域都护府和唐安西大都护府治所的探索工作,以及宋元明清时期军政建置体系研究,大量实物的新发现印证了中央政权一直以来对新疆地区的有效管辖。③ 我国辽阔的疆域是各民族共同开拓的,悠久的历史是各民族共

---

① 习近平:《全面贯彻党的民族政策和宗教政策》(2014年9月28日、2016年4月22日),载《习近平谈治国理政》(第二卷),外文出版社2017年版,第299页。
② 王沪宁主编:《政治的逻辑——马克思主义政治学原理》,上海人民出版社1994年版,第274页。
③ 参见尚杰、索琼:《新疆考古有了新突破》,载《光明日报》2022年3月23日。

同书写的,灿烂的文化是各民族共同创造的,伟大的精神是各民族共同培育的。实现中华民族伟大复兴的中国梦,就是要以铸牢中华民族共同体意识为主线,把民族团结进步作为基础性事业抓紧抓好,坚持党对民族工作的全面领导,坚定不移走中国特色解决民族问题的正确道路,坚持和完善民族区域自治制度,在坚持党的领导中增进政治认同,在弘扬爱国主义精神中增进国家认同,在建设共有精神家园中增进文化认同,在交往交流交融中增进情感认同。

建立单一制的国家结构形式,在统一的多民族国家中实行民族区域自治,是社会主义国家制度的独特创造,意义极其深远。首先,为国家治理在地方的创造性实践提供了制度依据和指引,开辟了地方多样性治理的广阔空间;其次,有利于保障国家的统一和国内各民族的团结,巩固人民民主政权,保障国家建设具有和平、安定的政治和社会环境,遏制和粉碎各种敌对势力分裂、分化中国的图谋,维护中国领土主权的完整,促进整个中国的发展,铸牢中华民族共同体意识;再次,有利于广泛而充分地调动各族人民建设祖国、保卫祖国的积极性,并按照全国一盘棋的要求,配置人力、物力等方面的资源,保证整个中国的繁荣和各民族的共同发展;最后,有利于保障各民族的平等地位,便于各少数民族从本民族、本地区的实际出发,更好地管理本民族的事务,行使当家作主的权利,这是加强人民民主政治建设的基本路径之一。① 新中国成立以来,56个民族手足相亲、守望相助,推动少数民族的面貌、民族地区的面貌、民族关系的面貌、中华民族的面貌都发生历史性巨变。

三、民族区域自治:独特的制度创造

党的二十大报告强调指出,要"以铸牢中华民族共同体意识为主线,坚定不移走中国特色解决民族问题的正确道路,坚持和完善民族区域自

---

① 参见沙健孙:《新中国单一制国家结构形式的确定及其重大意义》,载《红旗文稿》2019年第18期。

治制度,加强和改进党的民族工作,全面推进民族团结进步事业"①。古今中外,正确处理民族关系、解决国内民族问题是多民族国家治国理政的重大课题,必须立足国情进行科学合理的制度设计。中国是统一的多民族国家,铸牢中华民族共同体意识,始终保持国家完整统一,实现各民族共同团结奋斗、共同繁荣发展,是中国共产党民族政策的方针宗旨和宪法基本精神。

中华民族共同体意识是国家统一之基、民族团结之本、精神力量之魂。作为一种价值引导和文化信仰,中华民族共同体意识反映了中华民族共同的道德准则、精神面貌和理想追求。2014年5月,在第二次中央新疆工作座谈会上,习近平鲜明提出"牢固树立中华民族共同体意识"重大论断;2015年8月,在中央第六次西藏工作座谈会上,习近平明确提出"大力培育中华民族共同体意识";2017年10月,党的十九大报告强调"铸牢中华民族共同体意识",并将其写入《中国共产党章程》②;2018年3月,十三届全国人大一次会议通过《宪法修正案》,"中华民族"一词首次写入国家的根本法。2019年9月,在全国民族团结进步表彰大会上,习近平开创性提出"四个共同"的中华民族历史观:我们辽阔的疆域是各民族共同开拓的,我们悠久的历史是各民族共同书写的,我们灿烂的文化是各民族共同创造的,我们伟大的精神是各民族共同培育的;强调铸牢中华民族共同体意识,吸取"多元一体"的民族史观,凝聚起各族儿女对中华文化的强烈认同,深化了马克思主义民族理论。从多元走向一体、从尊重差异性到增进共同性,56个民族在多元中铸就整体、在整体中百花齐放,共同凝聚在中华民族旗帜下,推动中华民族走向包容性更强、凝聚力更大的命运共同体。

---

① 习近平:《高举中国特色社会主义伟大旗帜 为全面建设社会主义现代化国家而团结奋斗——在中国共产党第二十次全国代表大会上的报告》(2022年10月16日),载《人民日报》2022年10月26日。
② 《中国共产党章程》总纲:"中国共产党维护和发展平等团结互助和谐的社会主义民族关系,积极培养、选拔少数民族干部,帮助少数民族和民族地区发展经济、文化和社会事业,铸牢中华民族共同体意识,实现各民族共同团结奋斗、共同繁荣发展。全面贯彻党的宗教工作基本方针,团结信教群众为经济社会发展作贡献。"

中华民族共同体意识的形成与巩固既是自然凝聚过程,也是政治形塑过程。自成一体的地理空间、"大一统"的政治文化传统、相互依赖的经济生活、互相吸纳的人口联系、各民族文化的互鉴融通,是把各民族凝聚于统一的中华民族大家庭,使之交融汇聚成中华民族共同体并不断发展的主要纽带。从自成一体的地理空间观察,各少数民族自古以来就注重开辟区域间的交通路线,形成了支脉丰富、内联外通、绵延千年的交通网络;进入新时代,随着全国一盘棋的国土主体功能区规划、生态环境保护战略的加速实施以及现代化立体交通体系的日益完善,民族地区与中东部地区之间、民族地区之间的联系和一体发展更加紧密。从"大一统"的政治文化传统观察,以儒家"大一统"核心政治理念为统领,从东汉至清代,虽然经历统一与分裂交替,但统一始终是主流,每一次的分裂都孕育了更大范围、更深程度的统一,无论是以汉族还是少数民族为主体建立的政权,都始终认同中华一体和追求中华"大一统"。从相互依赖的经济生活观察,各民族在不同区域创造的农耕、游牧、渔猎等经济类型之间有着天然的互补性,自古以来就自发地形成了互通有无、相互依存的经济生活关系,无论是在国家统一时期,还是在国家分裂时期,这种关系从未中断。从互相吸纳的人口联系观察,少数民族与汉族之间的相互融合贯穿于秦汉以来中国历史全过程,以流迁"胡地"的汉族人口主动或被动融入当地民族为主要内容;少数民族之间相互融合也非常普遍,青藏高原、云贵高原、新疆天山南北以及"藏彝走廊""西北走廊""南岭走廊"等民族走廊地带,均是历史上少数民族之间相互融合持续发生的区域。[①]

中华民族共同体是中国历史发展的产物。"中华民族作为一个自觉的民族实体,是近百年来中国和西方列强对抗中出现的,但作为一个自在的民族实体则是几千年的历史过程所形成的。"[②]在近现代救亡图存的共同斗争中,中国各民族产生了同属中华民族的强烈认同感。1840年鸦片战争后,面对亡国灭种的空前危机,各族儿女团结抗争、共赴国难,休戚相关的共同体特征更加凸显,中华民族意识应运而生。中华民国"五族共

---

① 参见杨须爱:《中华民族共同体意识的形成与铸牢》,载《人民论坛》2022年第10期。
② 费孝通:《中华民族的多元一体格局》,载《北京大学学报》(哲学社会科学版)1989年第4期。

和"的建国主张,促进了中华民族意识的发展。"九一八"事变后,"中华民族到了最危险的时候",各民族共同团结抗日。经过抗日战争的洗礼,"中华民族"成为全国各族人民普遍认同的共同称谓。1939年冬季,毛泽东在编写《中国革命和中国共产党》的课本中,第一章"中国社会开篇"第一节即以"中华民族"为题,坚持马克思主义民族平等观点,深刻阐明中国是一个多民族的国家,中华民族由中国各民族组成。"中华民族的各族人民都反对外来民族的压迫,都要用反抗的手段解除这种压迫。他们赞成平等的联合,而不赞成互相压迫。在中华民族的几千年的历史中,产生了很多的民族英雄和革命领袖。所以,中华民族又是一个有光荣的革命传统和优秀的历史遗产的民族。"① 从自在、自觉到自强的民族觉醒中,休戚与共、荣辱与共、生死与共、命运与共的中华民族共同体理念得以确立,并且在其后现代国家建设中不断巩固和加强。

1949年新中国成立,标志着中国从一个传统国家迈入了现代国家,赋予中华民族全新的意义。在新国家政权建设中,坚持各民族一律平等,维护民族团结,创立民族区域自治制度,共同纲领、宪法、民族区域自治法开创性奠基起夯实铸牢中华民族共同体意识的法制基础。"我们是根据中国民族历史的发展、经济的发展和革命的发展,采取了最适当的民族区域自治政策,而不采取民族共和国的制度。中华人民共和国是单一体的多民族的国家,而不是联邦国家,也无法采取联邦制度。"② 民族区域自治,是中国国家结构形式的独特创造和制度创新。坚持民族因素和区域因素相结合,"坚持和完善民族区域自治制度,做到统一和自治相结合、民族因素和区域因素相结合"③,形成了坚持各民族一律平等,铸牢中华民族共同体意识,实现共同团结奋斗、共同繁荣发展的显著优势。

---

① 毛泽东:《中国革命和中国共产党》(一九三九年十二月),载《毛泽东选集》(第二卷),人民出版社1991年版,第623页。
② 周恩来:《关于我国民族政策的几个问题》(一九五七年八月四日),载《周恩来选集》(下卷),人民出版社1984年版,第260页。
③ 习近平:《在全国民族团结进步大会上的讲话》(2019年9月27日),载《人民日报》2019年9月28日。

（一）地方自治的讨论

中国是否存在地方自治，长期以来学术界有不同的认识、不同的观点，也是我们的研究不可回避的问题。论证、回答这一争议的难题，就必须深入分析地方自治的概念、内涵，以及中国地方自治的历史、客观存在及其基本特征。

1. 地方自治的基本内涵

地方自治是一个有多种定义的复杂术语，学者们站在各自不同的角度对它进行过许多阐释。日本学界一般是从团体自治和居民自治两个角度进行解释，如日本颇具权威性的语言工具书《广辞苑》解释道："地方团体作为独立的团体，自己负责并且依靠自己的机关来处理属于自己的事务，按照本地居民的意愿制定和实施政策"[①]；《剑桥百科全书》则是从内部自治的角度进行界定，认为它是"将原来由上一级权力机构实施的某些立法权力和行政职能下放给划定界限的地区内选出的机构。内部自治通常是为替代分裂而提出的一种做法"[②]；美国学者则注重它的法定性，认为"地方自治是通过州向地方政府发布特许状，允许地方政府在执行自己活动中拥有处理权和灵活性的一种法律安排"[③]；《苏联百科词典》对地方自治的解释是："宪法给予国家某一地区独立行使国家政权或实施管理的权利"[④]；《中国大百科全书（政治卷）》将地方自治定义为"在一定的领土单位之内，全体居民组成法人团体（地方自治团体），在宪法和法律规定的范围内，并在国家监督之下，按照自己的意志组织地方自治机关，利用本地区的财力，处理本区域内公共事务的一种地方政治制度"[⑤]。

目前，在俄罗斯联邦有两种自治，即民族自治和地方自治，两者之间存在重大区别：(1) 民族自治以民族或民族集团的聚居地为基础，地方自治则以居民居住的一定行政区域单位为基础；(2) 民族自治的组织形式

[①] 韩铁英：《团体自治的虚像与实像》，载《日本学刊》1997年第4期。
[②] 〔英〕大卫·克里斯特尔主编：《剑桥百科全书》，中国友谊出版公司1996年版，第565页。
[③] 郑贤君：《地方自治学说评析》，载《首都师范大学学报（社会科学版）》2001年第2期。
[④] 《苏联百科词典》，大百科全书出版社1986年版。
[⑤] 《中国大百科全书（政治卷）》，中国大百科全书出版社1992年版，第56页。

是作为俄罗斯联邦主体的共和国、自治州和自治专区,地方自治的组织形式则是作为俄罗斯联邦主体内行政区域单位的区或市(镇、村)的自治;(3)民族或民族集团通过共和国、自治州、自治专区的国家权力机关自主地行使国家权力,居民主要通过区或市(镇、村)的地方自治机关,自主地解决地方事务;(4)民族自治是民族国家组织或者是类国家组织的一种形式,地方自治是居民自治的一种形式。所以,俄罗斯联邦的地方自治,是指在俄罗斯联邦各联邦主体的一定行政区域单位的(区、市、市辖区、镇、村居民点)内居住的居民,直接地或通过其选举产生的地方自治结果,自主地解决地方性事务,并受到国家司法保护的居民自治形式。①

尽管国度不同,学者的视角不同、看法不同,阐释地方自治的观点有异,但是有的要素是公认的:近现代意义的地方自治是资本主义商品经济和民主政治发展的产物,以国家与社会分离、公共事务与私人事务分离为前提;自治的核心内容是一定领土单位的法定自治权。这就回答了谁自治以及如何自治的关键问题:自治主体必须是由居民选举产生的、代表居民意志的代议机关,自治机关的存在是地方自治的一个必要前提,只有自治机关真正由居民产生,对居民负责,取代由国家任命、指派的官僚,自治才同"他治""官治"相区别;自治事务具有地方性,国情不同,自治事务在不同的国家有不同的内容,但一般而言,国防、外交事务、国家安全除外;自治权由国家宪法和法律规定,即自治权法定。这是现代法治下民主制度组成部分的地方自治的基本要义。

以上述标准衡量,中国地方自治是政治实践的一种客观存在,即无论从法理上,还是从具体政治实践,抑或是未来国家与社会发展趋势中,都不能否认地方自治制度在中国存在的事实。如晚清启蒙思想家严复在其变法主张的具体建议中,就包括实行地方自治:"地方自治之制,乃刻不容缓者矣。窃计中国即今变法,虽不必遂开议院,然一乡一邑之间,设为乡局,使及格之民,推举代表,以与国之守宰相助为理",形成"地方自治之基础",就可以使人人懂得"尊主隆民"的义务,自愿"加赋保邦"。他强调:

---

① 参见刘向文:《俄国政府与政治》,五南图书出版股份有限公司 2002 年版,第 427—428 页。

"设地方自治之规,使与中央政府所命之官和同为治,于以合亿兆之私以为公,安朝廷而奠磐石,则固不容一日缓者也。失今不图,行且无及!"①1946年1月16日,在重庆召开的政治协商会议上,中国共产党代表团提交的《和平建国纲领草案》第(五)部分内容就是地方自治:"(甲)积极推行地方自治,废除现行保甲制度,实行由下而上的普选,成立自省以下各级地方民选政府。(乙)中央与地方之权限,采取均权主义,省得自订省宪,各地得采取因地制宜的措施。"②

2. 中国地方自治的特征分析

中国地方自治是在后发型国家的民主政治制度的基础上产生并发展的,其与封建社会末期清末民初的地方自治、西方发达资本主义国家的地方自治具有根本的不同,基本特征主要表现为区域分布非完全性、自治动力的非内生性、行政性与自治性结合的双重属性。

第一,当代中国地方自治制度存在于民族自治地方和特别行政区,具有区域分布的不完全性和非普遍性,一般地方并不具有自治性质,即使是经济特区,有的只是经济政策方面的"特权",不是完全意义上的地方自治。经济特区与其他普通行政区一样,只是中国中央政府机关的下属机构、代理机构或组成部分,都服从中央统一领导,接受中央政府监督,地方权力全部来自中央的授予,地方政府程度不同地从属于中央政府,普通地方与中央之间是典型的上下级隶属关系,不具有地方自治的特点。

第二,中国地方自治制度的产生具有非内生性,是国家为了解决特殊的具体历史问题和现实问题而采取的特殊法律制度,国家政权授予,具有很强的国家整合功能。而清末民初及西方发达国家的地方自治,是随着资本主义的成长而自然演进的,现代西方地方自治是随着资产阶级经济实力的强大、由地方共同体内部自发产生,并经过长期斗争由国家法律确定、认可,因而西方地方自治具有自治动力的内生性特征。

第三,当代中国地方自治制度具有行政性和自治性的双重属性。一般而言,地方政府要么是行政性的,要么是自治性的,行政性地方政府与

---

① 〔法〕孟德斯鸠:《孟德斯鸠法意》(上册),严复译,商务印书馆1981年版,第361、374页。
② 中共中央统战部编:《民族问题文献汇编》,中共中央党校出版社1991年版,第991页。

自治性地方政府的区别在于：行政性地方政府从属于中央政府，其机关设置、人员身份、职能范围、财政能力等都取决于中央政府决定，职权由中央授予，财政由中央拨款；自治性地方政府与中央的关系相对分离，地方自治政府并不隶属或不完全隶属于上级政府，也不具有国家代表的身份，它是地方的行政机关，不是国家的地方行政机关，地方政府的机构设置和人员编制一般自行确定，无须经过中央讨论，地方政府的事务大多由法律明确划分，有专属自己的事务范围，地方政府有相对独立的财政管理权和人事管理权。实践表明，中国的地方自治对于解决中国区域社会发展的非均衡性、推进国家整合和国家建设发挥了积极的重要作用，为社会主义民主政治的完善和发展进行了有益尝试。

3. 民族区域自治：内涵地方自治因素的制度创新

民族区域自治，是指在国家统一领导下，各少数民族依照《宪法》《民族区域自治法》规定，在其聚居的区域建立民族自治地方，以实行自治的民族成员为主设立自治机关，并按照民主集中制原则由自治机关行使自治权，自主管理本民族内部事务和地方事务的政治法律制度，其基本要义包括：领土完整、国家统一是前提；一定的聚居区域是基础；自治机关行使自主权是核心；培养使用少数民族干部是关键；保障少数民族当家作主是实质。民族区域自治体现了统一与自治的结合、民族因素与区域因素的结合、政治因素与经济因素的结合，完全符合中国国情和实际，是一种特殊的地方自治类型。《宪法》第 4 条规定："中华人民共和国各民族一律平等。国家保障各少数民族的合法的权利和利益，维护和发展各民族的平等团结互助和谐关系。禁止对任何民族的歧视和压迫，禁止破坏民族团结和制造民族分裂的行为。国家根据各少数民族的特点和需要，帮助各少数民族地区加速经济和文化的发展。各少数民族聚居的地方实行区域自治，设立自治机关，行使自治权。各民族自治地方都是中华人民共和国不可分离的部分。各民族都有使用和发展自己的语言文字的自由，都有保持或者改革自己的风俗习惯的自由。"1984 年，《民族区域自治法》颁布实施，为民族区域自治制度的坚持和发展提供了基本的法律保障。民族区域自治制度是中国的一项基本政治制度。

马克思、恩格斯指出:"共产党人同其他无产阶级政党不同的地方只是:一方面,在无产者不同的民族的斗争中,共产党人强调和坚持整个无产阶级共同的不分民族的利益;另一方面,在无产阶级和资产阶级的斗争所经历的各个发展阶段上,共产党人始终代表整个运动的利益。""人对人的剥削一消灭,民族对民族的剥削就会随之消灭。民族内部的阶级对立一消失,民族之间的敌对关系就会随之消失。"①因此,共产党人在民族问题上坚持不分民族利益,而是为了一切民族的利益。唯有如此,才能实现真正意义上的民族平等和团结,才能真正实现民族的整体利益。中国共产党在探索设计国家结构制度时,坚持以马克思主义民族理论、国家学说为指导,参考马克思、恩格斯关于地方自治单一制的论述和列宁关于民族自治联邦制的实践,结合中国政治传统和民族特点,最后选择民族区域自治,立足在单一制框架内解决国内民族问题,坚持民族平等,体现民族团结,促进民族发展,维护国家统一,是独特的制度创造,具有鲜明中国特色。

民族自治地方的行政性和自治性双重属性体现为:自治机关与上级机关存在着上下级的指导、领导或行政隶属关系,自治机关是国家的一级地方政权机关;自治机关成员由选举产生,但在进入选举程序前都要接受上级机关的指导、监督;自治机关成员一经当选,属于国家公务员序列,而不仅仅是地方的民意代表;国务院批准自治区的区域划分,批准自治州、自治县的建置和区域划分,审定行政机构编制;民族自治地方有管理地方财政的自治权,但民族地区经济发展水平普遍落后,财政能力弱、自给率低,必须依靠国家的财政援助。与此同时,自治机关的自治权由宪法和民族区域自治法等法律规定,享有宪法法律规定的广泛自治权,包括立法自治权、经济自治权、财政自治权、人事自治权、文化教育自治权、使用民族语言文字的自治权等。民族自治地方自治机关具有双重身份,既是民族自治地方选出的民意机关,又是国家地方政权机关,是国家在地方的代表,既要对本地区居民负责,也要对中央负责,接受中央政府和上级政府

---

① 马克思、恩格斯:《共产党宣言》,载《马克思恩格斯选集》(第一卷),人民出版社 2012 年版,第 413、419 页。

的领导,是自治机关与地方国家政权机关的结合体。

(二) 单一制国家特点的民族模式

中央与民族自治地方关系实践模式(简称"民族模式")是单一制中央与地方关系在民族自治地方的创新实践,民族自治地方与中央关系仍然是单一制国家中央与地方关系范畴,体现单一制国家的基本特点。

民族自治地方的建立、区域界限的划分、名称的组成等方面的规定具有单一制国家的特点。根据《民族区域自治法》第14条的规定,民族自治地方的建立、区域界线的划分、名称的组成,由上级国家机关会同有关地方的国家机关,和有关民族的代表充分协商拟定,按照法律规定的程序报请批准。民族自治地方一经建立,未经法定程序,不得撤销或者合并;民族自治地方的区域界线一经确定,未经法定程序,不得变动;确实需要撤销、合并或者变动的,由上级国家机关的有关部门和民族自治地方的自治机关充分协商拟定,按照法定程序报请批准。

民族自治地方是中华人民共和国不可分割的组成部分,对国家统一负有宪制义务。《宪法》序言强调,中华人民共和国是全国各族人民共同缔造的统一的多民族国家;平等团结互助和谐的社会主义民族关系已经确立,并将继续加强;在维护民族团结的斗争中,要反对大民族主义,主要是大汉族主义,也要反对地方民族主义。《宪法》第4条规定,各民族自治地方都是中华人民共和国不可分离的部分。《民族区域自治法》第5条规定,民族自治地方的自治机关必须维护国家的统一,保证宪法和法律在本地方的遵守和执行。

国家对民族自治地方自治权行使进行监督。例如,关于立法自治权的监督,《民族区域自治法》第19条规定,民族自治地方的人民代表大会有权依照当地民族的政治、经济和文化的特点,制定自治条例和单行条例;自治区的自治条例和单行条例,报全国人民代表大会常务委员会批准后生效;自治州、自治县的自治条例和单行条例报省、自治区、直辖市的人民代表大会常务委员会批准后生效,并报全国人民代表大会常务委员会和国务院备案。关于变通自治权的监督,《民族区域自治法》第20条规定,上级国家机关的决议、决定、命令和指示,如有不适合民族自治地方实际情况的,自治机关可以报经该上级国家机关批准,变通执行或者停止执行。关于财政自治权的监督,《民族区域自治法》第 33 条规定,民族自治地方的自治机关对本地方的各项开支标准、定员、定额,根据国家规定的原则,结合本地方的实际情况,可以制定补充规定和具体办法;自治区制定的补充规定和具体办法,报国务院备案;自治州、自治县制定的补充规定和具体办法,须报省、自治区、直辖市人民政府批准。

(三) 民族区域自治是民族和区域因素的结合

当今世界,纯粹的单一民族国家基本是不存在的,自然民族关系的处理也就成为国家治理的共同难题。历史发展不同、文化传统不同、政治理念不同,各国自然有处理民族关系的不同方式和政治法律制度。如作为单一制的常态是建立普通地方政府;作为单一制的特殊是建立民族地方政府,包括民族语言和文化自治地方、民族区域自治地方;联邦制是民族共和国成为联邦成员单位。

中国实行的民族模式,基础是"少数民族聚居的地方",必须具备民族和地方的基本要素。"我们根据我国的实际情况,实事求是地实行民族区域自治,这种民族区域自治,是民族自治与区域自治的正确结合,是经济因素与政治因素的正确结合,不仅使聚居的民族能够享受到自治权利,而且使杂居的民族也能够享受到自治权利。从人口多的民族到人口少的民族,从大聚居到小聚居的民族,几乎都成立了相当的自治单位,充分享受了民族自治权利。这样的制度是史无前例的创举。"[①]它既立足于少数民族权益的保护,又着眼于少数民族地区的发展;既给予少数民族语言文字的自治权,又赋予它们政治经济自治权。通过建立民族自治地方、自治机关民族化,国家权力机关有少数民族、民族地区人大代表的固定名额等方式,真正保障少数民族在国家政权中的地位和作用。民族区域自治制度集中体现了"坚持各民族一律平等,铸牢中华民族共同体意识,实

---

① 周恩来:《关于我国民族政策的几个问题》(一九五七年八月四日),载《周恩来选集》(下卷),人民出版社 1984 年版,第 258 页。

现共同团结奋斗、共同繁荣发展的显著优势"。

同样是疆域辽阔、民族众多,同样是少数民族分布边疆地区,同样实行社会主义,同样是以马克思列宁主义为指导,苏联和中国却选择了不同的模式。当时苏联采取的民族共和国联邦制,是"一族一国"的典型模式。中国的民族区域自治是在国家统一领导下的自治,各民族自治地方都是中国不可分离的一部分,民族自治地方的自治机关都是中央政府领导下的一级地方政权,都必须服从中央统一领导。民族区域自治制度吸收了联邦制的优点和积极因素,民族自治地方享有广泛而全面的自治权,内容包括立法、行政、财政、经济、语言文字等。民族自治地方的自治机关具有一般地方机关和民族自治机关双重属性,是单一制下的地方自治模式,是单一制下有效解决民族问题的制度创造。

(四)地方政府模式的共同特点

一般而言,国家政权确立之初,就是国家结构形式定型之时。但新中国国家结构形式的确立和发展过程并不与政权确立完全同步,不是一次性完成。地方政权的建立有早于全国性政权确立的,如内蒙古民族自治区地方政权;有同步确立的,如普通行政区和绝大多数自治区;还有的在主体政权确立之后,由体制外进入的,如一国两制的港澳特区和将来的台湾特区。我国地方政府模式总体上有以下特点:

第一,发展的适应性。 新中国国家结构形式确立和发展是一个不断丰富的过程。它不是一次性完成,而是随着时间的推移、形势的发展不断增添新的内容,体现了原则性与灵活性的结合,是承继和超越的过程。它的内容呈伞状向外扩展,而不是线状发展或者窄幅震荡。过程大体可以分为三个阶段:第一阶段,是随着统一的中央政权的建立,承继历史,选择了单一制国家结构形式,赋予国家结构形式民主含义,使地方政府具有双重地位,同时超越单纯的集权单一制,建立民族自治地方,为集权单一制增添了新的内容——民族区域自治制度;第二阶段,是设立特别行政区,特区高度自治,实行"一国两制",超越一国一制的传统模式,国家结构形式创新发展,单一制有了复合的因素。随着台湾问题解决、祖国实现完全统一,必将超越现有的模式,进一步创新人类国家结构形式。当然,这种模式的具体样貌会怎样,有待时间说明。①

第二,内容的兼容性。国家结构形式的一般分类有单一制与联邦制、集权制与分权制、社会主义与资本主义的区分。任何国家结构形式都可以归于其中的某一类。中国从总体上说,属于社会主义的单一制,但是仔细分析,它不是传统意义上纯粹的集权制和纯粹的单一制,而是在历时状态中不断演变并将继续演变的复合式国家结构形式,是集权与分权、单一与联邦、传统与现代等多因素的综合体,具有多样性和兼容性的特征。中国代表国家整体的中央具有唯一性,中央政府是国家权力的唯一代表,国家只有一个最高权力机构——中央政府,它是统一国家的象征,其他政权机关都是中央统一领导下的地方政府,中央与地方之间不是平等关系。在这点上,现代意义的单一制国家概莫能外,即使是联邦制国家也是一样。中国存在着不同功能、不同地位、不同机构和不同地方制度的地方政权机关。它们的与众不同之处在于多样性和差异性程度更深,如有作为中央代理机构的集权的普通地方机关,有享有地方特定范围自治权的民族自治地方自治机关,以及享有高度自治权的特别行政区机关。它们共同构成中国国家政权组织结构的特殊形态——"一托三"。三种地方制度显示出在中央与地方之间权力存在和运行的不同特点,使中国的单一制蕴含复合色彩。

第三,功能的多样性。中国存在着不同的地方政权机关,它们是国家出于不同的策略目标而设置的。基于中国超大型国家的稳定和发展,基于社会主义的政治意识形态,中国在处理中央与地方关系上坚持国家利益至上、中央权利优先。地方的特殊,是为了加强全国统一所必要的特殊。中国国家结构形式的发展一开始就与社会主义政治制度的孕育和成

---

① "探索'两制'台湾方案,丰富和平统一实践。'和平统一、一国两制'是实现国家统一的最佳方式,体现了海纳百川、有容乃大的中华智慧,既充分考虑台湾现实情况,又有利于统一后台湾长治久安。""'一国两制'在台湾的具体实现形式会充分考虑台湾现实情况,会充分吸收两岸各界意见和建议,会充分照顾到台湾同胞利益和感情。""两岸同胞是一家人,两岸的事是两岸同胞的家里事,当然也应该由家里人商量着办。和平统一,是平等协商、共议统一。"习近平:《为实现民族伟大复兴、推进祖国和平统一而共同奋斗》(2019年1月2日),载《习近平谈治国理政》(第三卷),外文出版社2020年版,第406页。

长交织,且始终服务于社会主义的国家治理目标。作为一种管理方式,它同政治制度和国家性质并不是直接合一,而是借助于社会环境的变化,通过适时调整来强化其服务职能,如民族区域自治制度、特别行政区制度的创立和发展。

2018年3月,中共中央印发的《深化党和国家机构改革方案》明确提出:深化地方机构改革,"地方机构改革要全面贯彻落实党中央关于深化党和国家机构改革的决策部署,坚持加强党的全面领导,坚持省市县统筹、党政群统筹,根据各层级党委和政府的主要职责,合理调整和设置机构,理顺权责关系,改革方案按程序报批后组织实施。深化地方机构改革,要着力完善维护党中央权威和集中统一领导的体制机制,省市县各级涉及党中央集中统一领导和国家法制统一、政令统一、市场统一的机构职能要基本对应。赋予省级及以下机构更多自主权,突出不同层级职责特点,允许地方根据本地区经济社会发展实际,在规定限额内因地制宜设置机构和配置职能。统筹设置党政群机构,在省市县对职能相近的党政机关探索合并设立或合署办公,市县要加大党政机关合并设立或合署办公力度。借鉴经济发达镇行政管理体制改革试点经验,适应街道、乡镇工作特点和便民服务需要,构建简约高效的基层管理体制"。这是新时代推进国家治理体系和治理能力现代化的重大创新举措,必将对地方政府模式、地方政府治理产生重大影响。

总之,中国国家结构形式具有"一"与"多"的结合、集权与自治的共存、稳定与动态的统一等基本特征。中国特色国家结构制度蕴涵现代国家建设的多重价值,多样性的中央与地方关系模式有利于国家统一与社会和谐,但挑战国家的整合能力,要保持和保护多样性,探索不同模式共存共荣的多元和谐发展途径,克服多样性模式差异性过大带来的潜在的国家整合建设危机。地方政府已经成为中国现代经济和政治系统中主要的行动者,它的组织机构和规范其行为的制度网络在当代社会中占据着支配者的角色。就经济而言,随着区域经济的发展,不同地方政府模式的差异会不断显现,对地方经济的发展必然会产生重大影响;就民主法治来说,人民当家作主的实质要求人民有权制约最高权力,以防止国家权力对人民权利的侵犯，要求人民有参与政治、管理国家和地方事务的能力，二者缺一不可，地方政府模式作为宪制的基本内容，是实现上述两个目的的重要保障。地方政府模式反映政治资源在中央与地方之间配置的原则、机制、途径、方式和内容，直接决定公民权利和自由的范围与特点，其通过宪制纵向分权，为公民参与地方事务管理提供机会和场所，进而为公民最终更好地管理国家和社会事务提供经验。

四、自治权及其理论基础

主权意识是人类法律思想的重要内容，国家统一是主权不可分割、不可放弃原则的体现。国家结构形式理论讨论在国家机构体系内纵向配置和运用国家权力的问题，实质是讨论一国主权在不同层次政府间的分配方式问题。随着现代主权理论的发展，主权与分权并行不悖，这一点在各国的宪制实践中也能体现出来。自治权问题是我们讨论民族区域自治制度的基础，本节将在主权理论下阐释自治权的相关原理。

（一）自治权与主权、自决权

主权一般是指一个国家对内对外所享有的最高权力，目前学界普遍认为其主要包含两方面含义：一是指一个民族国家相对于其他民族国家的地位，表明每个国家在其自身的地理范围内都拥有自主的管辖权，不受其他国家的干涉和限制；二是指在一国之内存在着构成最高政治和法律权威的实体，主权构成国家权力存在和行使的正当性基础。[1]

自治是相对于他治的概念。纵观目前系统研究自治权的文献资料，具有代表性的观点为："它是指一种在社会团体内，经过团体多数人认可或者默示地、合法地、独立自主行使具有约束力和支配力的一种权力。自治权是通过'章程'规定而行使的。简言之，是一种体现在社会团体内的具有约束力和支配力的，自主合法的行为，是一种权力的体现，它的本质

---

[1] 参见王广辉：《比较宪法学》，北京大学出版社2007年版，第84页。

属性是团体内的合法自主的权力。"①

自决权或民族自决权发源于近代西欧资产阶级革命时期。17世纪,荷兰著名法学家雨果·格老秀斯(Hugo Grotius)在其著作《战争与和平》中首倡民族平等的主权学说。英国思想家约翰·洛克高举自由平等旗帜,认为人人都是平等和独立的,因此任何人不得侵害他人的生命、健康、自由或财产;他以自然权利即天赋人权为指引,论证了只有人民的同意才是政府建立的基础,如果是征服者强加于被征服者的政府,那么被征服者的后裔有权摆脱这个政府。从此,自决权问题逐渐为思想家们所重视,并与世界各国的民族运动联系在一起,自决权也发展成为国际人权法上的一项权利。第一次世界大战之前,民族自决原则就被用来解决欧洲尤其是东欧的民族问题,列宁领导的俄国社会民主工党把民族自决权写在党纲上。1952年联合国大会通过的《关于人民和民族自决权的决议》指出,人民与民族应先享有自决权,然后才能保证充分享有一切基本人权。在该决议中,"人民(peoples)自决权"和"民族(nation)自决权"的概念被并用。1960年的《给予殖民地国家和人民独立宣言》使用了"人民自决权"(Right of Peoples to Self-determination),《国际人权公约》中也使用的是"人民自决权"。因此,有学者认为,使用"人民自决权"比"民族自决权"更为贴切。②

一般认为,民族自决权的内容包括两方面:第一,民族自决权就是摆脱殖民统治,建立或恢复独立的主权国家的权利。这是对于受殖民统治或外国军事侵略和占领下的民族而言的,对于已经建立独立国家的民族整体来说,作为其组成部分的少数民族不存在这种意义上的民族自决权。因此,承认民族自决权与尊重国家的主权是一致的。第二,民族自决权指各民族国家有权不受外来干涉地决定其政治地位,自由选择适合其自身发展的社会、政治和法律制度,自由追求经济、社会及文化的发展,自由处置其自然财富和资源的权利,等等。

---

① 张文山等:《自治权理论与自治条例研究》,法律出版社2005年版,第4页。
② 同上书,第25—26页。

在讨论主权国家内的少数民族地位问题之前,主权、自治权、自决权概念的内涵和外延要清晰界定。由于主权是一国对内对外的最高权力,民族自决权也包含"外部自决"和"内部自决"两方面,因此在行使"外部自决"权的时候,必须尊重一国主权的独立和领土的完整。从行使自决权的主体上看,一方面,处于殖民统治之下、正在争取民族解放和国家独立的民族才享有民族自决权,作为主权国家组成部分的少数民族享有的是民族自治权。例如,1960年的《给予殖民地国家和人民独立宣言》规定"所有的人民都有自决权",同时又规定"任何旨在部分地或全面地分裂一个国家的团结和破坏其领土完整的企图都是与联合国宪章的目的和原则相违背的"。另一方面,对于单一民族国家来说,民族自决权的主体是指单一民族构成的全体人民;对于多民族国家来说,民族自决权的主体是指国家领土范围内多民族构成的全体人民。

(二)自治权与主权:主权之下的自治

自治是伴随着人类共同体特别是社会联合体的产生而产生的政治社会现象,我们在这里所要讨论的民族区域自治,是在主权国家之内的自治,因此,厘清自治权与主权之间的关系至关重要。

1. 主权概念的起源与发展

主权理论从国家最高权力的观念演变而来。西方政治思想史的共识是,法国人波丹(Jean Bodin,也译作博丹或布丹)在其1576年出版的《国家论六卷》中首创主权概念、创立主权学说:"他从神权论抛在神学废物堆中捡来了最高权力这一思想。这样,这本书就对主权进行了分析,并把它纳入宪制论的范畴。"关于主权原则的阐述是波丹政治哲学的最重要组成部分,"他认为最高权力的出现是把国家同包括家庭在内的其他一切群体区别开来的标志",主权是国家特有的权力,是划分国家和其他社会团体的标准;国家只是在公民服从一个共同主权者的统治的情况下才存在,主权是"不受法律约束的、对公民和臣民进行统治的最高权力"。[①] 对于主权

---

① 参见〔美〕乔治·霍兰·萨拜因:《政治学说史》(下册),刘山等译,商务印书馆1986年版,第456、462页。

的归属,波丹认为应当是君主,君主在行使权力时,只向上帝负责并受制于自然法则。主权是绝对的、不可分割的和永恒的。波丹的主权理论很大程度上是对当时法国社会的实际所作出的反应;当时法国因分裂主义而导致频繁的内战和内乱。波丹强化君主的权威,是为了恢复和巩固国家的统一和秩序。在波丹之前,法学家限于自然法,因而不能超越基督教的单一共同体观念;政治学家则限于实际政治生活,而不考虑政治权力的法律依据。[1] 波丹的主权理论在当时具有重要的国内法意义,即对内的统治权。此后的很长时间里,国内法意义上的主权理论发展了起来,国与国之间的主权理论却迟迟没有建立。

英国政治学家霍布斯修正了波丹的主权理论。霍布斯的主权理论建立在古老的契约构想之上,主权的归属从君主转向了政府,"由于人们的不合群倾向,期待他们自发地尊重彼此的权利是毫无希望的,而除非所有的人都做到相互尊重,要任何一个人放弃自助就不合情理了。只有在存在一个会惩罚不履行契约的政府的情况下,才可以指望契约的履行"[2]。但是,根据霍布斯的主权理论,个人并不是完全屈从于主权的,臣民服从的目的是需要主权的保护,如果主权偏离了这个基本目的的行使,臣民就有权不服从。这一点使得霍布斯的主权理论与臣民的权利之间存在着一定的张力。

法国启蒙思想家卢梭认为,人生来是自由的、平等的:"在自然秩序中,所有的人都是平等的,他们共同的天职,是取得人品;不管是谁,只要在这方面受了很好的教育,就不至于欠缺同他相称的品格。"[3]卢梭从他的自然哲学观点出发,提出了人民主权论即主权在民,进一步完善了主权理论。卢梭指出社会契约构成了主权者,"立法权力是属于人民的,而且只能是属于人民的。""因为主权者的一切行为都只能是法律。"因此,合法性的源泉在一般的人民手中,而不是在君主或贵族阶层或任何其他团体手

---

[1] 参见张千帆:《国家主权与地方自治——中央与地方关系的法治化》,中国民主法制出版社2012年版,第5页。

[2] 〔美〕乔治·霍兰·萨拜因:《政治学说史》(下册),刘山等译,商务印书馆1986年版,第527页。

[3] 〔法〕卢梭:《爱弥儿》(上卷),李平沤译,商务印书馆2009年版,第15页。

中。每个公民都发现自己处于和国家的双重关系中:在享有主权的范围内,他是立法者,但作为必须服从法律的个人他又是法律的臣民。卢梭全面论述了主权的基本属性和主权建立的基础——公意(人民的意志或主权的意志),"公意永远是公正的,而且永远以公共利益为依归";主权的要素不是权力,而是代表公共利益的普遍意志,"公意只着眼于公共的利益";主权是不可让与的,因为"主权者既然只不过是一个集体的生命,所以就只能由他自己来代表自己;权力可以转让,但是意志却不可以转移"①。

综上所述,在人类思想史上比较有影响力的主权理论几乎都是绝对主义的主权理论,即主权是单一的、至高无上的、不可转让、不可分割的权力。"明显而直接地违反着国家的本质,那便是主权可以分割的说法。分割国家权利就是使国家解体,因为被分割的主权会相互推毁。"②然而,事实上,随着人类宪制民主政治实践的发展,绝对主权理论也逐渐陷入了解释的困境。法国历史学家托克维尔曾对联邦制进行系统研究:"在各种联邦制的固有缺陷中,最突出的是其所采用的手段的复杂性。这种制度必须允许两种主权并存。""一切联邦制国家所依据的原则,是把主权分为两部分。""联邦主权是人工创造的;各州主权是天然存在的,它像家庭的父权一样,不必费力就能建立起来。"③因此,要与时俱进、科学对待人类思想史的理论成果。

首先,绝对主权理论很难解释现代宪制秩序中的有限权力。现代宪制理念已经无法容下一个至高无上的不受约束的权力,即便如卡尔·施密特所描述的那样,在某些时刻国家需要一个政治"决断者"④,我们也很难想象,哪一个具体的机构或者人能够承担此种"重任"。因此,有学者主张,根据现代宪法学的主流理论,制宪权已成为国民主权的最重要内涵,也是主权理念的具体化。也就是说,在一般情况下,公民不能直接行使主

---

① 参见〔法〕卢梭:《社会契约论》,何兆武译,商务印书馆 2009 年版,第 71—72、31 页。
② 〔英〕霍布斯:《利维坦》,黎思复、黎廷弼译,商务印书馆 2009 年版,第 254 页。
③ 〔法〕托克维尔:《论美国的民主》(上卷),董果良译,商务印书馆 2009 年版,第 202、205、207 页。
④ 参见〔德〕卡尔·施密特:《宪法学说》,刘锋译,上海人民出版社 2005 年版。

权,只有在制宪这种特定时刻出来发挥作用。

其次,绝对主权理论必然导致中央集权,无法解释世界各国权力分立的政治实践。汉密尔顿认为,尽管政府的全部权力是在人民的代表手中,但"如果人民代表背叛他们的选民,那么除了行使原有的自卫权以外,别无他法可循";"可以毫不夸张地说,人民完全是自己命运的主人。权力几乎总是互相敌对的,全国政府随时准备阻止州政府的篡夺,州政府对全国政府也有同样的布置"。[1] 因此,美国联邦宪法对权力分立的设计从根本上突破了传统的主权理论。

最后,绝对主权理论在现实中缺乏可操作性。绝对主权理论不仅无法解释美国等联邦制国家的分权现象,甚至是在单一制国家的政治实践中也缺乏可操作性。以深受卢梭影响的法国为例,1958 年制定的《法兰西第五共和国宪法》确立了人民主权原则,但是在具体行使主权的问题上,对卢梭的绝对主权理论作出了根本性的调整。该宪法第 3 条规定:"人民通过其代表和复决方式来行使这一主权,人民中的任何部分或个人都不得自行篡夺其主权之行使。"可见,在制定法律过程中,人民的主权还是由其代表来行使,法律要成为人民"公意"的表达,在现实中只能通过议会来完成。此外,根据《法兰西第五共和国宪法》,法国还设立有宪法委员会来监督议会的立法——卢梭所想象的至高无上的、不可转让的权力也未能在法国实现。

中国现行《宪法》中虽然没有明确规定国家结构形式是单一制,但是正如本章前三节所述,中国实质上是复合单一制国家。从主权的归属上看,根据《宪法》第 2 条、第 3 条的规定,中华人民共和国一切权力属于人民,人民行使国家权力的机关是全国人民代表大会和地方各级人民代表大会。国家行政机关、审判机关、检察机关、监察机关都由人民代表大会产生,对它负责,受它监督。可以看出,我国宪法清晰确立了主权在民的原则。有学者认为,如果宪法规定的人大选举机制运行良好,那么中国就

---

[1] 参见〔美〕汉密尔顿、杰伊、麦迪逊:《联邦党人文集》,程逢如等译,商务印书馆 2009 年版,第 158、159 页。

形成了相当标准的人民主权政府,而且这个权力体系将是自下而上的:选民直接选举县级以下各级人大,这些人大进而产生各级地方政府;县级以上人大由下级人大逐级产生,进而产生各级政府,直至全国人大和中央政府的所有其他部门。尽管是在上述单一制的宪法框架下,宪法还是为分权留下了充分的空间。例如,"一国两制"制度授予特别行政区高度的自治权,享有独立的行政管理权、立法权、独立的司法权和终审权。除了特别行政区制度和民族区域自治制度之外,《宪法》第 3 条规定的"中央和地方的国家机构职权的划分,遵循在中央的统一领导下,充分发挥地方的主动性、积极性的原则",也为其他普通地区的地方自治留下了充分的空间。

2. 自治权概念的起源与发展

从词源上看,据学者考证,汉语"自治"一词出自《三国志·魏志·毛玠传》:毛司职"人事权",专挑清廉者荐举,从而改变了官场上的奢华之风,对此,太祖十分满意,叹曰:"用人如此,使天下人自治,吾复何为哉!"不过,这里的"自治"是"自律"之意。现代法治意义上的"自治"是从西方引进的一个词汇。西方的"自治"源于希腊文,后由英文在世界传播,在英文中,"自治"由 autonomy、self-governance、self-rule、self-administration 等词汇来表达。"自治、自主(autonomy)的字面意思是指自我统治;在通用的政治语言中,亦指实行自我管理的国家,或国家内部享有很大程度的独立和主动性的机构;自我治理(self-governance)是指'某个人或集团管理其自身事务,并且单独对其行为和命运负责的一种状态'。"[①]所以,在这些概念中,都既包括私人或私人自愿组成团体(如社团、公司、互助组织等)的自主和自我治理,也包括大大小小的政治共同体的自我治理。自治是指在一定的社会团体中,不是"由外人制定团体的章程,而是团体的成员按其本质制定章程(而不管它是如何进行的)"[②]。从这个意义上说,随着人类社会的产生,"自治"就产生了。随着现代宪制民主的不断发展,"自治"成为现代民主政治的重要词汇,在不同的语境下有着丰富的内涵,但不论是

[①] 邓正来主编:《布莱克维尔政治学百科全书》,中国政法大学出版社 1992 年版,第 48、693 页。
[②] 〔德〕马克斯·韦伯:《经济与社会》(上卷),林荣远译,商务印书馆 1997 年版,第 79 页。

自治,还是自主、自我治理、自我管理,其基本要义都是自治与法律的结合。法律是自治的依据和保障,任何自治的形式、内容、权限以及自治的程度等都离不开宪法和法律的设定。

自治权作为政治概念,与产生于任何人类社会的联合体之中的"自治"不同,它产生于人类早期的政治共同体中,这类共同体基于成员的授权,在一定程度上享有对内对外的统治权,即主权。例如,在古希腊的雅典城邦,为了实行地方自治,全体雅典人被划分为大约一百个市区,或者也可称之为选区或教区或镇区。这些市区是地方自治的行政单位。各市区大致按其大小比例选举数目不等的候选人,然后从选举出的候选人名单中用抽签的办法确定实际上由哪些人来担任公职。根据希腊人的理解,这是一种极富自治特色的地方治理形式。① 依据摩尔根的考察,每一个市区都以界碑划定范围,各市区的居民都是一个有组织的政治团体,享有地方自治权,有如现代美国的市镇,这些地方自治权是民主制度的根本。② 再如,早在罗马帝国时期,欧洲就有大量自治城市,到公元 2 世纪中叶,罗马人建立了一个横跨欧、亚、非三大洲的帝国,但罗马人也是让城市实行不同程度的自治。"每一个城市都有它自己的地方自治,都有它本地的'政治'生活,都有它自己所要解决的社会经济问题。在所有城市之上,有一个强有力的中央政府,它执掌国家大事——外交、军事、国家财政。"③ 换句话说,在古希腊的雅典城邦、罗马帝国的自治城市这类政治共同体中,人们的"自治"才称得上是行使"自治权"。

自治权作为一个法律概念,根据学者的研究,最早出现在中世纪欧洲的城市宪章和特许状里。④ "城市宪章是一种具有宪法性质的法律文献,它是由国王、封建领主或大主教颁发的,用以确认自己所属区域内某一城

---

① 〔美〕乔治·霍兰·萨拜因:《政治学说史》(上册),刘山等译,商务印书馆 1986 年版,第 26—27 页。
② 参见〔美〕路易斯·亨利·摩尔根:《古代社会》(新译本·上册),杨东莼、马雍、马巨译,商务印书馆 1977 年版,第 269 页。
③ 〔美〕M. 罗斯托夫采夫:《罗马帝国社会经济史》(上册),马雍、厉以宁译,商务印书馆 2009 年版,第 198 页。
④ 参见张文山等:《自治权理论与自治条例研究》,法律出版社 2005 年版,第 37 页。

市的自治特权或独立地位或经商授权,有时称为特许状。城市宪章或特许状是自治城市的根本法和主要渊源,是城市法的法律基础。它以法律形式对一种既成事实予以认可,规定该城市的自治权和市民所享有的权利和义务。"①当然,到了专制王权时代,随着国家权力的日益强大,城市自治也就逐渐衰微。中世纪的这种城市自治权意识上接古代的城邦主义,下启近代的地方自治权观念,是西方政治思想史上一个必不可少的中间环节。自治权发展到今天,已经广泛存在于世界各国,只是各国授予自治主体自治权的程度不同。以下以英、美等国的地方自治为例,对自治权在不同国家的表现形式略加阐释。

英国是分权制国家,地方自治有着悠久的传统。英国的地方政府大致分为三级:第一级是地区级的权力下放政府,如苏格兰地方当局、威尔士地方当局和北爱尔兰地方当局;第二级是郡、市议事会;第三级是郡自治镇、市自治镇及教区的议事会。它高度的地方自治主要体现为:第一,建立在议会基础之上的法制统一。中央政府在行政方面没有直接对地方政府发号施令的权力,只能通过统一的司法体制以及司法审查等监督机制,中央主导立法,中央的控制主要是法律的控制。第二,借助司法体系建立的法律关系。中央政府、地方政府都是法律上独立的人格者,存在的纠纷可以借助与普通法人相同的司法途径予以解决。第三,中央政府通过倡议议会立法来决定对地方的授权或权力的收回。第四,通过财政转移支付影响地方。第五,中央派驻地方的代表机构建立与地方的沟通,但由于中央与地方的事权关系划分十分明确,几乎没有交叉和重叠现象,基本不存在中央驻地方机构监督地方的问题。②

法国实行中央集权,但也发展出了比较成熟的地方分权和公务分权体制。法国的地方自治团体具有双重身份,既是地方的自治单位又是国家的行政区域。以大区的自治权为例,法国原来最大的地方行政单位是省,1955年开始建立计划行动区,1972年颁布法律正式改名为大区,承认大区的法律人格,取得自治权力,有自己专有的职权、机构和收入。随着

---

① 林榕年主编:《外国法制史》,中国人民大学出版社2003年版,第137页。
② 参见张越编著:《英国行政法》,中国政法大学出版社2004年版,第385、397—398页。

1982年法律的修改,大区的自治权进一步扩大。现在,法国的大区、省以及市政一样,同时是国家的行政区域和地方自治团体,国家对地方团体执行国家公务行为的监督是层级监督,除此之外对地方团体的监督则是自治监督,国家这一监督权只能在法律规定的情况下和范围内行使。①

美国建国后从邦联制到联邦制,并成为世界联邦制国家的典型,联邦各州与联邦政府都享有国家的一部分主权。因此,有学者认为,州"不能算地方政府。地方政府是指州以下的县和市。州对于所辖的县市,也同法国一样实行中央集权"②。在现有宪制体制下,州所辖的县市也具有双重属性,一是以地方政府的资格,执行自治职能;二是州的代理人,执行政府职能。

日本的地方自治被认为有居民自治和团体自治两种类型。居民自治是指地域的居民根据自己的意思以自己的责任来满足地域性行政需要;团体自治是指设立独立于国家的地域团体,该团体通过自己的机关以该团体的责任来处理自己的事务。地方公共团体既包括市町村、都道府县等普通地方公共团体,也包括基于公共事务的需要而设立的各种特别地方公共团体。③

3. 自治权与主权的关系

传统的主权理论发展到现代逐渐衰落,随着主权国家的地方自治、民族自治等政治实践的发展,自治权的问题却越来越受到关注。自治权和主权关系密切,一方面,人类社会的自治活动随着主权理论的发展而受到限制。依据波丹的主权理论,国家只有在公民服从一个共同主权者的情况下才存在。但是,在国家产生之前,已经存在着基于共同语言、宗教、习俗、规则的各类群体,这类群体可能被称为"城市""民族"或其他的社会联合体,由于它们的存在不是基于一种正式的政治约定,从而区别于"国家"这种正式的政治共同体。④一旦在这种社会联合体之上成立国家,"自治"就服从于主权。另一方面,自治权的行使要以不损害和削弱一国的主权

---

① 参见王名扬:《法国行政法》,中国政法大学出版社1988年版,第110页、121页。
② 张文山等:《自治权理论与自治条例研究》,法律出版社2005年版,第42页。
③ 参见[日]盐野宏:《行政法》,杨建顺译,法律出版社1999年版,第609—619页。
④ 参见[美]乔治·霍兰·萨拜因:《政治学说史》(下册),刘山等译,商务印书馆1986年版,第462页。

为前提。一旦自治权的行使危及主权的独立或领土的完整,自治权就可能遭到主权的"否决",要么受到限制,要么被取消。

(三) 自治权属性:权利与权力的统一

自治权究竟是一种权力还是权利?学界对这个问题长期以来存在争议。自治权的属性直接决定了自治权的内容以及相关保障制度,是讨论地方自治权和民族自治权、民族区域自治权的基础性问题。国外学者对自治权的属性也存在争议。以日本为例,关于地方团体自治,就存在"固有权说"和"传来说"的争议。固有权说认为,地方公共团体的自治权是其固有的,不是从国家传来的,是先于国家的权力;传来说则认为自治权来自于国家。① 以下将从民族区域自治制度的视角即民族区域自治权的属性,就国内学术界对自治权属性的讨论作简要评述。

有观点认为,自治权是国家权力的一部分,由国家授予并由宪法和法律予以确认。民族区域自治权"是国家赋予的,是国家完整权力系统中的一个环节,一个组成部分",是"自治机关管理本民族自治地方内部事务的权力"。② 民族区域自治权"是宪法赋予的地方性权力,是国家权力系统的组成部分,受国家的统一领导和监督"③。"自治权作为一种权力,应从权力的属性去认识它",民族区域自治权是"民族自治地方的自治机关,在国家宪法和民族区域自治法及其他法律授予和规定的权限内,结合当地民族政治、经济和文化的特点,自主地行使管理本地方、本民族内部事务的一种特定的民族权力和国家权力"④。

另有观点认为,自治权是自治主体的一种权利。民族自治权"是国家根据统一和自治原则赋予民族自治地方的权利,也是自治民族根据平等自治原则享有的权利"⑤。"自治权,即民族自治地方自治机关的自主权,

---

① 参见〔日〕盐野宏:《行政法》,杨建顺译,法律出版社1999年版,第602页。
② 参见王天玺:《民族法概论》,云南人民出版社1988年版,第234页。
③ 王允武主编:《中国自治制度研究》,四川人民出版社2006年版,第129页。
④ 张文山等:《自治权理论与自治条例研究》,法律出版社2005年版,第3—4页。
⑤ 金炳镐:《自治机关建设与自治权行使》,载王铁志、沙伯力主编:《国际视野中的民族区域自治》,民族出版社2002年版,第79页。

是指民族自治地方的人民代表大会和人民政府依照宪法、民族区域自治法和其他法律规定的权限,根据本地方实际情况贯彻执行国家的法规、政策,自主管理本地方各民族内部事务和地方性事务的民主权利。"①从上述观点可以看出,若将自治权作为一种权利,那它究竟是国家赋予的还是自治主体固有并依法行使的,学者们见解不一。

还有观点认为,自治权是权利与权力的结合体。"民族自治地方的自治机关的自治权是指法律法规明确规定的,由自治机关根据法律法规规定的原则,结合当地民族政治、经济和文化的特点,自主地行使管理本地方、本民族内部事务的一种特定的民族权利与国家权力。"②将民族自治权理解为权利或公权力都有道理,只是从国家机关的角度称为公权力更合适。

从自治权的起源上看,人类的自治行为出现在主权国家产生之前,如果将自治权完全视为国家权力的一部分,就无法解释自治权所包含的自然属性或道德属性;如果将自治权完全视为自治主体的权利,就无法解释其公共性和对于主权的服从性。权利权力双重属性说可以解决上述困境。但是,认为权利权力双重属性的学者又必须解决的问题是:权力和权利这看似性质截然不同的概念,如何能够统一到"自治权"之中?

借助利益法学派观点和法权中心主义思想,可为上述问题提供解决思路。③ 首先,权力权利统一于一个概念之中,必须追寻二者共同的更深层次的本质,即利益。将法律的本质归结为利益,具有代表性的是19世纪德国法学家耶林,他认为就法律而言,即使它的旗帜上带着必然性,但是最终还是要诉诸利益。④ 一旦社会利益得到法律的确认,就以法定权力或者权利的形式表现出来,简称"法权"。⑤ 而宪法和法律,就是按照一定

---

① 陈云生:《民族区域自治法——原理与精释》,中国法制出版社2006年版,第229页。
② 吴宗金:《民族法制的理论与实践》,中国法制出版社1997年版,第151页。
③ 法权中心主义理论的具体内容参见童之伟:《再论法理学的更新》,载《法学研究》1999年第2期。我们曾经对其具体化论证教育领域的权力、权利关系问题,此处借鉴该论证思路解释自治权的权利权力双重属性。相关论述参见冉艳辉:《我国公民受教育权的平等保护——以法权中心主义为进路》,中国政法大学出版社2013年版。
④ See Rudolf Von Ihering, *Law as a Means to an End*, trans. Isaac Husik, New York: Macmillan, 1913, p.33.
⑤ 参见童之伟:《再论法理学的更新》,载《法学研究》1999年第2期。

的正义观确认法权归属、解决法权冲突的规范体系。从这个意义上说,权力和权利都是利益的表现形式,具体到自治权的双重属性,一方面,权力具有公共属性,代表的是公共利益或国家利益,在这个层面上,自治权是国家权力的一部分,来自国家的授予,自治群体在宪法和法律规定的权限范围内行使自治权;另一方面,权利具有私的属性,代表的是自治群体本身的利益,在这个层面上,自治权是自治群体所固有的,国家只是依据宪法和法律不予干预或提供保障而已。在上述关于自治权属性的讨论中,虽然秉持权力说的学者普遍将自治权视为国家权力的授予,但还是有些学者意识到自治权主体地位的双重性——同时作为地方国家机关与自治机关,但是由于没有进一步对这两种主体身份所代表的利益属性(国家利益与自治主体利益)加以区分,因此没有充分认识到民族区域自治权的权利属性。

"我国是统一的多民族国家,中华民族多元一体是我国的一个显著特征。我们创造性地把马克思主义民族理论同中国民族问题具体实际相结合,确立了以民族平等、民族团结、民族区域自治、各民族共同繁荣发展为主要内容的民族理论和民族政策,各民族在社会主义制度下实现了真正意义上的平等团结进步。"① 对自治权属性的认识直接决定对其"权"的内容的理解,由于自治权具有权利和权力双重属性,宪法和法律对于自治权的规定也应当从权利和权力这两个方面去解读。以民族区域自治权为例,一方面,自治机关依照宪法和法律的规定行使权力,民族自治地方的自治机关有权行使地方国家机关的职权,同时依照宪法、民族区域自治法和其他法律规定的权限行使自治权,根据本地方实际情况贯彻执行国家的法律、政策,具体包括:制定自治条例和单行条例,管理地方财政,发展教育、科学、文化、卫生、体育事业,保护和整理民族的文化遗产,发展和繁荣民族文化,等等。另一方面,自治机关享有宪法和法律保障的权利,具体包括:民族平等,接受国家从财政、物资、技术等方面的帮助,使用和发展民族语言文字,决定保持或者改革民族风俗习惯,等等。

---

① 《完整准确贯彻新时代党的治疆方略 建设团结和谐繁荣富裕文明进步安居乐业生态良好的美好新疆》,载《人民日报》2022年7月16日。

• 立法创新 •

协同立法:法治中国建设的重大举措[①]

2022年3月11日,十三届全国人大五次会议审议通过《全国人民代表大会关于修改〈中华人民共和国地方各级人民代表大会和地方各级人民政府组织法〉的决定》(以下简称《决定》),贯彻国家区域协调发展战略、总结地方实践经验和做法,明确区域协同立法、区域发展合作机制在国家法治体系中的地位。修改后的《中华人民共和国地方各级人民代表大会和地方各级人民政府组织法》第10条第3款规定:"省、自治区、直辖市以及设区的市、自治州的人民代表大会根据区域协调发展的需要,可以开展协同立法。"第49条第3款规定:"省、自治区、直辖市以及设区的市、自治州的人民代表大会常务委员会根据区域协调发展的需要,可以开展协同立法。"第80条规定:"县级以上的地方各级人民政府根据国家区域发展战略,结合地方实际需要,可以共同建立跨行政区划的区域协同发展工作机制,加强区域合作。上级人民政府应当对下级人民政府的区域合作工作进行指导、协调和监督。"《决定》贯彻宪法和立法法的原则、精神,适应法治实践新形势新发展,肯认区域法治的尝试、探索,创新立法形式,即把某些地方经过实践证明是积极有效的创新政策和经验做法进一步上升为顶层设计,将地方成功经验上升为国家法律,协同立法由部分地方的区域创造,成为具有普遍推广意义和价值的法治实践,区域法治实践中由地方和区域探索的联合立法、合作立法、协作立法等,统一正名为协同立法,从此,省域、市域之间和省域、市域内都可以"名正言顺"地开展跨行政区域的协同立法,这是立法领域的重大创新,是深化依法治国实践、推进法治中国建设的重大举措,进一步丰富完善了我国立法体制。

[①] 原载《学习时报》2022年5月11日。

贯彻习近平法治思想。人民代表大会制度是我国根本政治制度，地方组织法是关于地方人大、地方政府的组织和工作制度的基本法律，是宪法关于地方政权建设规定的立法实施，是地方各级国家权力机关、行政机关行使职权、履行职责的重要制度保障。党的十八大以来，以习近平同志为核心的党中央高度重视地方人大工作、法律实施和政权建设。2019年7月，习近平对地方人大及其常委会工作作出指示时指出："新形势新任务对人大工作提出新的更高要求。地方人大及其常委会要按照党中央关于人大工作的要求，围绕地方党委贯彻落实党中央大政方针的决策部署，结合地方实际，创造性地做好立法、监督等工作，更好助力经济社会发展和改革攻坚任务。"[1]《决定》深入贯彻习近平法治思想，落实党中央全面依法治国战略部署，全面实施法治中国建设规划和法治政府建设实施纲要，坚持以人民为中心，坚持人民主体地位，着力推进国家治理体系和治理能力现代化，明确地方人大、地方政府相关责任，明确法治政府的原则要求，尊重地方的首创精神，充分考虑地方人大和地方政府贴近基层、贴近群众的特点，充分反映地方政权机关工作、建设和基层治理新成果新经验，总结地方实践中的好做法，更好发挥地方人大和地方政府在推进国家治理体系和治理能力现代化中的重要作用，在全面建设社会主义现代化国家新征程上，推动法治中国建设迈出新步伐、创造新成就。

全面深化依法治国实践。"为国也，观俗立法则治，察国事本则宜。不观时俗，不察国本，则其法立而民乱，事剧而功寡。""法不察民情而立之，则不威。"[2]我国是统一的多民族国家，是发展中大国，有广袤的领土领海，还是人口大国，历史悠久，地区差异巨大，不同地方、不同区域、不同民族的人们有不同的生活方式和风俗习惯，同时东西南北中区域经济社会发展水平也存在较大差距。俗语说："百里不同风，十里不同俗。"全面推进依法治国，总目标是建设中国特色社会主义法治体系、建设社会主义法治国家，这是基于对法治国家建设基本规律、中国国情科学认知的基本判

---

[1] 习近平：《结合地方实际创造性做好立法监督等工作》（2019年7月），载《习近平谈治国理政》（第三卷），外文出版社2020年版，第290页。

[2]《商君书·算地》《商君书·壹言》。

断与科学决策。"法治体系"是相互衔接、多层次、立体化的法治谱系,表明全面推进依法治国、建设法治中国是一个长期的、动态的系统工程,由若干子体系构成有机整体,并能够进行更加细化的目标和任务分解,促成具有可操作性的具体法治。坚持一致性和多样性统一,科学把握差异性,注重地域特色,提供多元的有效规范供给,建立高效的法治体系,是深化依法治国实践的时代要求、必然选择。在坚持法制统一、法治中国建设一体推进的基础上,辩证认识疆域辽阔、地域差别、民族多元、文化多样的实际国情,遵循系统观念的内在规律与实践要求,贯彻新发展理念,因地制宜、大胆创新创造,突破传统行政区划边界既有思维,兼顾地方与区域、局部与全局,重视地方、区域协同共进,大力开展区域协同立法,激发具体法治的创新活力,推动区域法治发展,持续拓展国家法治多样性新形态,探索法治可能新境界,展现国家法治生机与魅力。《决定》的通过、实施,拓展了区域法治发展的广阔空间和舞台,为区域法治有序发展提供了基本遵循。

推进国家区域发展战略。我国地域广袤辽阔,资源禀赋区域差异多样,地区发展基础差距明显,区域发展不平衡一直是经济社会的显著特点,区域发展不平衡不充分的问题还将长期存在,加强地方合作、区域协同,推进区域协调发展是宪法序言中贯彻新发展理念的重要组成内容。进入新时代以来,国家区域协调发展战略深入实施,以京津冀协同发展、长江经济带发展、粤港澳大湾区建设、长三角一体化发展、黄河流域生态保护和高质量发展五大重大国家战略为引领,连南接北,承东启西,以东部、中部、西部和东北四大区域板块为支撑,优势互补,交错互融,构建起高质量发展的区域协调发展新格局,打造引领高质量发展的重要动力源,探索协同推进生态优先和绿色发展的新路径;四大区域板块强化举措推进西部大开发形成新格局,深化改革加快东北等老工业基地振兴,发挥优势推动中部地区崛起,创新引领率先实现东部地区优化发展。商品和要素自由流动,各类市场主体充满活力,是市场经济高效运行、市场价值充分释放、现代化经济体系健康发展的内在要求。法治是区域协调发展的基础保障,区域协同发展合作机制需要法律确认,区域营商环境优化依靠法治支撑,区域投资指引细化、"红绿灯"信号设置离不开规则的清晰明示;推进法治政府建设,构建稳定、透明、可预期的市场规则体系,打造市场化法治化国际化一流营商环境,实施更宽领域、更深层次对外开放,积极服务和融入新发展格局,以区域一体化助力全国统一大市场建设,必须着力规则对接,加强制度创新,以区域法治引领和保障区域更高质量一体发展。所以,推动新时代区域协调、高质量发展,法治不应缺位,也不会缺席、更不能缺失。

习近平指出:"实施区域协调发展战略","建立更加有效的区域协调发展新机制"。[①] 2018年11月,《中共中央 国务院关于建立更加有效的区域协调发展新机制的意见》强调:"实施区域协调发展战略是新时代国家重大战略之一,是贯彻新发展理念、建设现代化经济体系的重要组成部分",要建立区域战略统筹机制、健全市场一体化发展机制、深化区域合作机制、优化区域互助机制、健全区域利益补偿机制、完善基本公共服务均等化机制、创新区域政策调控机制、健全区域发展保障机制,"建立健全区域协调发展法律法规体系","到本世纪中叶,建立与全面建成社会主义现代化强国相适应的区域协调发展新机制,区域协调发展新机制在完善区域治理体系、提升区域治理能力、实现全体人民共同富裕等方面更加有效,为把我国建成社会主义现代化强国提供有力保障"。2022年4月,《中共中央 国务院关于加快建设全国统一大市场的意见》明确提出,加快建立全国统一的市场制度规则,打破地方保护和市场分割,打通制约经济循环的关键堵点,促进商品要素资源在更大范围内畅通流动,加快建设高效规范、公平竞争、充分开放的全国统一大市场,全面推动我国市场由大到强转变,为建设高标准市场体系、构建高水平社会主义市场经济体制提供坚强支撑;"充分发挥法治的引领、规范、保障作用"。协同立法着力破解画地为牢、分江(河)而治、地方保护等治理难题,强化区域合作、流域共治、一体化发展;区域法治聚焦结合地方区域特色,积聚地方优势资源和要素,形成区域性创新合力,推动实现区域信息共通、资源共享、生态共

---

① 参见习近平:《决胜全面建成小康社会,夺取新时代中国特色社会主义伟大胜利》(2017年10月18日),载《习近平谈治国理政》(第三卷),外文出版社2020年版,第26页。

治、法治共建、发展共赢。因此,完善区域治理体系,提升区域治理能力,是国家治理体系和治理能力现代化的重要组成部分,通过区域协同立法,为区域治理和区域协调发展提供法律指引和保障,引领区域协调发展,是法治中国建设的题中之义。同时,推动区域协调发展,建设全国统一大市场,加强大江大河流域等生态环境保护和系统治理,理应不止商品和要素的自由流动开放,更要突出区域制度创新、制度开放、地方协同和法治引领,破除地方保护和区域壁垒[①],从而为区域协调发展、区域合作治理提供充足的法律资源和有效法治保障,这也是《决定》的深刻意涵、价值取向、行动逻辑和明确指引。

---

① 2022年4月,经国务院批复同意,国家发展改革委印发《支持宁夏建设黄河流域生态保护和高质量发展先行区实施方案》。实施方案指出,支持宁夏建设先行区,有利于通过政策先行先试为黄河流域其他地区积累可复制经验,以点带面助推黄河流域生态保护和高质量发展,有利于通过制度创新增强黄河流域生态绿色发展活力,书写绿水青山转化为金山银山的"黄河答卷"。实施方案要求,要坚持"改革创新、服务全域""以水而定、量水而行""生态优先、保护为主""绿色发展、低碳引领"的基本原则,并从大力推动水资源节约集约利用、加快构建抵御自然灾害防线、构建黄河上游重要生态安全屏障、大力推动节能减污降碳协同增效、加快产业转型升级、建立健全跨区域合作机制、深化重点领域改革等方面作出了具体部署。

第五章

时空逻辑的法理和法治[*]

　　文明即禁忌,法是人类文明成果,是时空逻辑的产物,肇始于人类对自然的敬畏、对生命的尊重、对自然法则的遵循,在阵痛、蜕变和新生中,展现了人类面对自然、面对自身,从身不由己到自觉自主掌握命运的不平凡历程。人天然地是一种时空性的存在,活在时间的维度中和一定的空间里,家庭承载人类生命孕育实践,蕴涵人类法起源的基因密码;家庭是法生长的第一现场,社区是法扩展的第一空间,国家是法效力空间的最大边界;家庭是国家的缩影,家族是家庭的扩大,家族血缘关系是乡村最基础的社会关系;法不仅出自国家,而且出自社会。地理空间关系是法、法律变迁至关重要的自然因素和社会条件,这是大历史的逻辑,一切法都服务、适应一定时空。

　　法生长于特定时空,是人类智慧的理性选择,是由自然法、民间法、国家法构成的有机系统,自然法是国家法的基本遵循,民间法是国家法的生活滋养,国家法贯通自然法、民间法;国家法、民间法、自然法互为依存,共同构筑人类和谐、社会和睦,护佑人类生活之美、对美好生活的期许。法治是美好生活方式,对国家治理而言,法治兴邦定国,为国家长治久安稳固基石;对政府治理而言,法治制约权力,设定权力边界,建构职责明确、依法行政的政府治理体系;对社会治理而言,法治建构秩序,为全面形成社会秩序奠定规则基础;对公民个人而言,法治尊重人权,是人民利益的根本保障,倡导理性、规则、包容、平衡、诚信,反对非理性、盲目、狂热、短视、蛮横;国家失去法治,社会没有法治,人民什么都不拥有。

　　大道蕴于历史,智慧源于实践,人类法治展现了原始法治(民间法治)——贵族法治——民主法治的演进逻辑。时代在变,法的形式在变,法的真谛永远不变。诚信是民主法治的基石,制度信任是国家治理的"硬通货",人民幸福是最高的法律,立良法、谋善治是现代法治的精髓。超越规范文本局限,认识法、法律,聚焦法治,体悟法意;从生命体验切入,从朴素生活中采撷法治智慧,在时空转换逻辑中,着力以开放的思维和宏阔视野,探寻、思考人类法的起源与历史演进,深刻提示人类法治文明的深层逻辑,深刻领悟法的真意与核心要义,深刻感知法于生命质量、高品质生活的特殊意义;把握有形之法,参悟无形之法,体悟生活之法,释法理、思良法、促善治,感受法治温馨与美好,前瞻法治多样性生动性广阔未来。

---

* 参见戴小明:《论时空逻辑的法概念》,载《中共中央党校(国家行政学院)学报》2022年第6期。

欲生于无度,邪生于无禁。①

按照自然生活是最高的善,亦即过适度的、符合德性要求的生活,或者说遵循自然,如同按照自然的法律生活,亦即尽其可能,完成自然要求的一切……;自然要求我们如同遵循法律般地遵循德性的要求生活。②

——〔古罗马〕西塞罗

一、法是时空逻辑的产物

(一)文明即禁忌:初民社会的原始法

德国哲学大师黑格尔曾以生活的语言、朴素的逻辑揭示了法的演进与人类文明进步样态:"太阳和行星也都有它们的规律,但是它们不知道这些规律。野蛮人受冲动、风俗、感情等的支配,但是他们没有意识到这一点。由于法被制定为法律而被知道了,于是感觉和私见等一切偶然物,以及复仇、同情自私等形式都消失了。法就这样地初次达到了它的真实规定性,并获得了它的尊严。"③法从何来?这是法理学的核心主题,也是人类思想史古老而常新的话题。古今中外思想家们在特定时空下的睿智思考,为后来探索者提供了独特智慧、开启了多样路径,但"如果我们能通过任何方法,断定法律概念的早期形式,这将对我们有无限的价值。这些基本观念对于法学家,真像原始地壳对于地质学家一样的可贵。这些观念中,可能含有法律在后来表现其自己的一切形式"④。文明即禁忌,上古

---

① 《尉缭子·治本》。
② 〔古罗马〕西塞罗:《论共和国 论法律》,王焕生译,中国政法大学出版社1997年版,第208页。
③ 〔德〕黑格尔:《法哲学原理》,范扬、张企泰译,商务印书馆1961年版,第250—251页。
④ 〔英〕梅因:《古代法》,沈景一译,商务印书馆2009年版,第2页。

时代原始部落神话传说,或者说人类初民社会的禁忌、原始信仰,是跨越时空的精神图腾。法作为人类文明成果,肇始于人类对自然的敬畏、对生命的尊重、对自然法则的遵循,是人类为了创造美好生活、实现人与自然和谐共生,认识自然、顺应自然、保护自然的产物,包括古代先民的生命禁忌、生产禁忌、生活禁忌和自然禁忌等,如"天道"的神秘性、不可知性和令人敬畏的威慑力量,内容丰富、形式多样。所以,任何古代法系的产生,莫不起源于神权观念,此因古代民智尚未完全开启的当然结果。① 理论并未穷尽,思考不能停步,探索仍在继续,当启蒙时代的理性主义仍然宣扬法律秩序是由国家立法者基于理性而有意识地规划和设置的时候,德国法学家萨维尼(Friedrich Carl V. Savigny)及其历史法学派就将法律视作一个历史上形成的文化现象,它萌生于特定民族的灵魂深处并在那里经过长期的历史进程而孕育成熟。②

"一个特定社会从其初生时代和在其原始状态就已经采用的一些惯例,一般是一些在大体上最能适合于促进其物质和道德福利的惯例;如果它们能保持其完整性,以至新的社会需要培养出新的惯行,则这个社会几乎可以肯定是向上发展的。但不幸的是,发展的规律始终威胁着要影响这些不成文的惯例。习惯是为群众所遵守的,但他们当然未必能理解它们所以存在的真正原因,因此,也就不可避免地要创造出迷信的理由以说明它们的永恒存在。"③古人的自然崇拜,就是对大自然保有敬畏之心。人类生存于特定的时代以及自然环境,远古时认识有限,科技很不发达,人类顺应自然繁衍生息,无论是依山傍水,还是逐水而居、游牧为生,都必须趋利避害,防台风防水患,防林火防地震。早期人类与自然的相处之道,都是先民日常生活经验的智慧结晶。中国地域广阔,生态环境大美如画,自然山川壮丽奇特,不同区域、不同流域、不同地理环境,生物多样、地质多样、景观多样,孕育繁衍了中华民族。回溯中华历史,无论是采集狩猎、

---

① 参见陈顾远:《中国固有法系之简要造像》,载范忠信等编校:《中国文化与中国法系——陈顾远法律史论集》,中国政法大学出版社 2006 年版,第 39 页。
② 〔德〕K. 茨威格特、H. 克茨:《比较法总论》,潘汉典等译,法律出版社 2003 年版,第 212 页。
③ 〔英〕梅因:《古代法》,沈景一译,商务印书馆 2009 年版,第 12—13 页。

畜牧、农耕民族,还是刀耕火种、山地猎耕、山地牧耕或丘陵稻作型民族,在长期的生产劳作中都与大自然和谐相处、和谐共生,形成了传统而多姿多彩的生存生活方式,创造了丰富的民族文化,包括各具区域特点和民族特色的维护生态系统平衡、保护生物多样性的传统信仰习俗和行为准则,也就是传统生态习惯法。笔者生于农村、长于山区,根据自身的生命体验和长期的实地观察,南方山区村落、少数民族村寨禁止砍伐古树(具体包括古树、乘凉树,保护人居环境的风景林,保护耕地水源、防沙、防洪等具有生产安全功能的树林、高海拔生态脆弱地带保护生态安全的树林),并有效纳入不同时代的乡规民约、家谱(族籍)管理,即源自先民对树木重要性的朴素认知,人类祖先以果为食、以树筑屋、以木取火①,对树木的特殊情感、对自然的恐惧和神秘,滋生原始禁忌——山神崇拜、古树崇拜。特别是古树,历经风吹雨打、时间洗礼,仍然生生不息、万古长青,挡风防水、庇护村寨、护佑村民。村民确信古树有灵性、神圣、神秘,集体供奉,逢年过节等重要时间节点,还要对某些代表性古树进行隆重祭拜。

呼应时代之所需,反映民众之所呼,一切法都服务、适应一定时空。"法律是被设定的东西,源出于人类。"②世事洞明皆学问,大道蕴于历史,智慧源于实践,人类法治展现了"原始法治(民间法治)——贵族法治——民主法治"的演进逻辑。"在空间远离的不同地区,在时空遥隔的不同年代,这种心灵活动的结果把人类共同的经验联成了一条在逻辑上前后相连的链索。在这种人类经验的伟大汇合中,仍然可以辨认出少许原始的思想根芽,那些根芽根据人类原始的需要而发展,经历自然发展的过程以后,终于产生了如此丰硕的成果。"③如前述,长期以来,乡村民间对古树以及自然界诸多事物的禁忌,成为对动植物进行保护的传统信仰和行为准则,悄无声息地保护着环境,符合自然规律,美化乡村人居环境,铭记在民众心灵中,融进民众血液里,代代永续传承,也为现代国家法褒扬、吸收,

---

① 参见恩格斯:《家庭、私有制和国家的起源》,载《马克思恩格斯选集》(第四卷),人民出版社2012年版,第30页。
② 〔德〕黑格尔:《法哲学原理》,范扬、张企泰译,商务印书馆1961年版,第17页。
③ 〔美〕路易斯·亨利·摩尔根:《古代社会》(新译本·上册),杨东莼、马雍、马巨译,商务印书馆1977年版,第254页。

成为全民共识和行为自觉，融入民众日常生活。《中华人民共和国森林法》（以下简称《森林法》）第 8 条规定："国务院和省、自治区、直辖市人民政府可以依照国家对民族自治地方自治权的规定，对民族自治地方的森林保护和林业发展实行更加优惠的政策。"第 31 条第 1—2 款规定："国家在不同自然地带的典型森林生态地区、珍贵动物和植物生长繁殖的林区、天然热带雨林区和具有特殊保护价值的其他天然林区，建立以国家公园为主体的自然保护地体系，加强保护管理。国家支持生态脆弱地区森林资源的保护修复。"第 40 条规定："国家保护古树名木和珍贵树木。禁止破坏古树名木和珍贵树木及其生存的自然环境。"

法是特定时空的产物。从形式上而言，人类法治演进是法治活动在时间上持续性和空间上广延性的交替交融。"人类处处、永远面对着社会冲突，为此，他需要法律制度，否则，社会将解体，将分崩离析。"①法与人类公共生活、公共活动、公共事务相生相随，是人类在共同生活、族群繁衍过程中，诞生出爱心、正义、担当、义务等宝贵品质的具化，是照亮人类生生不息、走向繁荣稳定和文明进步提升之路的明灯，公共生活成就集体智慧，创造美好生活，在阵痛、蜕变和新生中，展现了人类面对自然、面对自身，从身不由己到自觉自主掌握命运的不平凡历程。"人类的一切主要制度都是从早期所具有的少数思想胚胎进化而来的。这些制度在蒙昧阶段开始生长，经过野蛮阶段的发酵，进入文明阶段以后又继续向前发展。"②法在生活里，法在文化中，家庭是法生长的第一现场，社区是法扩展的第一空间，国家是法空间效力的最大边界；每一个人来到人间，在不同时空都有自己生存活动的区域：家庭、社区、国家……养成理性惯习，遵守公共规则，在一定的秩序内享受高品质美好生活。

德国法学家萨维尼认为，法律是特定地域人群的生存智慧与生活方式的规则形式，是民族生活的自然言说，其本质乃为人类生活本身，而人类生活首先而且总是表现为特定的民族的生活。正是民族的历史所凝

---

① 〔美〕伯尔曼：《法律与宗教》，梁治平译，商务印书馆 2012 年版，第 39 页。
② 〔美〕路易斯·亨利·摩尔根：《古代社会》（新译本·上册），杨东莼、马雍、马巨译，商务印书馆 1977 年版，第 59 页。

聚、沉积的这个民族的全体居民的内在信念与外在行为方式,才决定了其法律规则的真正意义和形式,也就是,"法律首先产生于习俗和人民的信仰(popular faith)",其次"完全是由沉潜于内、默无言声而孜孜矻矻的伟力,而非法律制定者(a law-giver)的专断意志所孕就的"。因此,法律精神,一如民族的性格和情感,存在于历史之中,其必经由历史才能发现,也只有经由历史才能保存。"历史,即便是一个民族的幼年,都永远是一位值得敬重的导师。"①从法文化层面而论,古老的禁忌催生了今天的道德和法律,其中蕴含的道德精神和自然法则万古不易,具有普适性和永续性。具体如,民俗信仰反映的是一种精神自由和人格尊严,应该受到尊重,不得肆意侵辱,并体现在《民法典》第990条的立法意蕴中:人格权是民事主体享有的生命权、身体权、健康权、姓名权、名称权、肖像权、名誉权、荣誉权、隐私权等权利;除前款规定的人格权外,自然人享有基于人身自由、人格尊严产生的其他人格权益。

  人天然地是一种时空性的存在,活在时间的维度中和一定的空间里。在远古时代,原始禁忌是一种最早、最特殊的规范形式,它扮演着法律的角色,事实上发挥着法律的作用,是阶级社会法律的萌芽,习俗、禁忌、道德和法律无意识地混合在一起并规范人类传统的政治共同体,为其提供秩序和社会基本结构。正如德国著名哲学家冯特(Wundt)所说:禁忌"是人类最古老的无形法律。它的存在通常被认为远比神的观念和任何宗教信仰的产生还要早"②。法国学者倍松的表达则更加直白:"说得好听一些,图腾主义便是原始人民的宪法。"③也就是说,人类早期的法律出自习惯、禁忌和惯例,它是从一个个先例中逐渐积累起来的经验的产物。人类社会生活和政治生活由家庭、村落、国家的区域空间产生与发展演进而来,地理空间关系是法、法律变迁至关重要的自然因素和社会条件,这是大历史的逻辑。国家是历史的产物,法的存在早于国家。在国家起源的

---

  ① 参见〔德〕弗里德里希·卡尔·冯·萨维尼:《论立法与法学的当代使命》,许章润译,中国法制出版社2001年版,"中译本序言"第6—7页,第11、24、86—87页。

  ② 转引自〔奥地利〕佛洛伊德:《图腾与禁忌》,杨庸一译,中国民间文艺出版社1986年版,第32页。

  ③ 〔法〕倍松:《图腾主义》,胡愈之译,开明书店1932年版,第2页。

意义上，群体如何生存的问题构成思想家亚里士多德的思维方式，其通过对古希腊城邦国家的系统考察，认为村落是人类建立城邦国家的历史前提，而村落的基础是家庭；人类首先建立家庭，然后发展到村落社会，最终在村落的基础上建立城邦；国家是由家庭到村落、由村落到国家这个"历史的"过程发展的结果，家庭是"人类满足日常生活需要而建立的社会的基本形式"；"为了适应更广大的生活需要而由若干家庭联合组成的初级形式——便是'村坊'。村坊最自然的形式是由一个家庭繁殖而衍生的聚落"；"等到由若干村坊组合而为'城市（城邦）'，社会就进化到高级而完备的境界"。一个人若能离开国家而生存，他如果不是一个野兽，便是一个神，或以更通俗的表达就是，离群索居者，不是野兽便是神灵。① 这是人类历史发展的基本规律和国家起源的客观史实。

自然状态先于政治社会而出现。恩格斯指出："国家是文明社会的概括，它在一切典型的时期毫无例外地都是统治阶级的国家，并且在一切场合在本质上都是镇压被压迫被剥削阶级的机器。"②国家既是阶级统治的工具，同时也是人类社会的一种高级治理方式。国家是人类发展史上的一个分水岭，国家诞生前的数百万年，人类社会完全依靠血缘关系存在和运行；国家诞生后的5000多年来，人类社会主要依赖国家政治治理而存在和运行，政治性是文明的核心要素。2002年春开始的"中华文明探源工程"的最重大成果，就是以考古资料实证了"中华文明诞生五千多年"这一历史性结论。当然，中华文明的一些重要因素早在一万多年前已经出现，到5500年前左右，已经在物质文明、政治文明、精神文明、社会文明各要素及人地关系方面发展到较高水平，农业和手工业发展，财富积累，社会分工日渐复杂，人口数量与聚落不断增加；城市数量日渐增多并出现区域中心城市，都、邑、聚的城乡聚落分层结构形成；少数人占有大量财富并形成权势阶层；包括礼制在内的精神文化不断丰富，出现跨族群跨文化的社会流动；在5000多年前，终于突破百万年原始血缘社会的惯性和制约，

---

① 参见〔古希腊〕亚里士多德：《政治学》，吴寿彭译，商务印书馆1965年版，第6—8页。
② 恩格斯：《家庭、私有制和国家的起源》，载《马克思恩格斯选集》（第四卷），人民出版社2012年版，第193页。

在长江中下游、黄河中下游等不同区域建立了最初的地域性初期国家文明,如良渚文明、石家河文明、大汶口文明、陶寺文明、石峁文明等地域性文明。①

俄罗斯与乌克兰军事冲突爆发后,世界各国态度不一、舆论喧嚣。2022年2月22日,联合国安理会就乌克兰局势召开紧急会议,肯尼亚驻联合国大使马丁·基马尼就肯尼亚和非洲各国的历史发言时指出:肯尼亚和几乎所有的非洲国家一样,是在一个帝国的末期诞生的,我们的边界不是我们自己划分的,而是在遥远的殖民大都市,在伦敦、巴黎和里斯本被划出来,这些国界的划分丝毫不考虑非洲古老的民族就这样被分离开了;今天,我们的同胞生活在每一个非洲国家的边界两侧,因深厚的历史、文化和语言等纽带而团结起来。的确,在现代民族国家成长的历史上,军事压力几乎是不可或缺的催化剂,近代特别是二战结束以来,殖民地人民觉醒,反殖民呼声在世界各地响起,亚非拉一个个殖民地宣告独立,如1957年加纳成为第一个独立的英属非洲殖民地、马来西亚也脱离英殖民枷锁,世界殖民体系瓦解,一大批新兴国家走上独立自主探索本国政治发展道路,但仍然内含于国家形成或建构的大历史逻辑中。1960年12月14日,联合国大会通过第1514号决议《关于准许殖民地国家及民族独立之宣言》(Declaration on the Granting of Independence to Colonial Countries and Peoples),赋予殖民地国家和人民"自决权",使其可以自由决定其前途,自由决定其政治地位。在殖民地解放运动或后来的地缘政治打压、国际霸权干预、民族分离主义兴风作浪中,有的国家解体或再被肢解,具体的典型有南斯拉夫的形成以及后来的"一分为七":南斯拉夫瓦解分裂为斯洛文尼亚、克罗地亚、波黑、塞尔维亚、黑山、科索沃、马其顿七个小国。新的国家诞生、民族历史重新改写,这些新国家轨迹只是大历史逻辑的少数特例。

寻真以求善,观澜而溯源。在人类历史长河中,"在所有社会,即便是在原始的社会,也会有实现社会秩序的结构与程序,有分配权利和义务的

---

① 参见贺云翱:《国家的出现是人类文明的核心内涵》,载《光明日报》2022年9月18日。

既定方式和关于正义的共同观念"①。可以肯定的是，人类早期原始或初民社会，原始部落集体没有任何事物是(也不可能)用明文规定的，一切事情只能依照习惯在社群的合作中顺利进行。遵循19世纪美国著名人类学家摩尔根(Lewis Henry Morgan)的系统考察可以发现，人类一切政治形态都可归纳为两种基本方式，存在的基础有根本的区别。

第一种也是最古老的，其基础是以人身、纯人身关系为纽带的氏族、胞族和部落，建立氏族社会，可称之为社会组织。如美洲土著的政治方式，一开始是氏族，到末了是部落联盟：氏族是具有共同氏族名称的血亲团体；胞族是有亲属关系的几个氏族为了某些共同目的而结合的一种更高一级的集团；部落是若干氏族结成的集团；部落联盟是政府制度所达到的最高水平，但与政治社会或国家有根本区别。凡在氏族制度流行而政治社会尚未建立的地方，一切民族均处在氏族社会中，国家是不存在的，他们的政府基本上是民主的，因为氏族、胞族和部落都是按民主原则组织起来的。"氏族制度，就其影响而言，就其成就而言，就其历史而言，在人类进程图表上所占的地位实不亚于其他任何制度。"②

第二种是晚近的，以地域和财产为基础，地域关系代替血缘关系，组成政治社会即国家，这种组织的基础或基本单位是用界碑划定范围的乡或区及其所辖的财产，政治社会即由此而产生。"从此，乡区(或相当于乡区的市区)及其固定的财产以及它所拥有的、组成政治团体的居民，成为一种截然不同的新政法制度的基本单位和基础。"氏族、胞族和部落逐渐趋于消失，地域制代替氏族制。政治社会是按地域组织起来的，"其顺序相承的阶段如下：首先是乡区或市区，这是政治社会的基本单位；其次是县或省，这是乡区或市区的集合体；最后是全国领土，这是县或省的集合体"。在这一过程中，村落渐为邦国，社会成员已经完全在地域范围内联合成为政治团体，乡区、乡部和国家从此成为一切政治权力的根源。"氏族的消亡与有组织的乡区的兴起，大体上可以作为野蛮世界与文明世界

---

① 〔美〕伯尔曼：《法律与宗教》，梁治平译，商务印书馆2012年版，第40页。
② 〔美〕路易斯·亨利·摩尔根：《古代社会》(新译本·上册)，杨东莼、马雍、马巨译，商务印书馆1977年版，第6、61、65—66页；同时参见下册第338页。

的分界线,也就是作为古代社会与近代社会的分界线。"①也就是,国家的基层单位已经不是血族团体,而是地区团体了。②黑格尔更是形象地指出:"一条江河尚且可以把全境划成许多区域","国家不过是河川流注的区域。"③但国家超越血缘,超越一般性区域,是人类最高级的社会组织、最高级的政治形式、最高级的政治形态。当然,人类法起源、国家建构在不同民族的历史演进中具有多样性。法国著名公法学家莫里斯·奥里乌(Maurice Hauriou)在《法源》中记述了中部欧洲一些地区"建国"的情形:"正是这种正义观念,即所谓'革命思想',被法兰西第一共和国和第一帝国的军队带到了中部欧洲,所到之处,无不动摇了封建贵族的社会秩序。结果,由于神圣同盟联合反法并获胜,这才结束了那一波革命;接着,在1830年以后、1848年以后、1860年以后以及1918年大战之后,一些地区相继变成了国家。"④

恩格斯在1884年撰写《家庭、私有制和国家的起源——就路易斯·亨利·摩尔根的研究成果而作》前,为了在德国社会党内传播关于德国土地所有制的历史和发展的一些基本知识,在1882年9月中旬到12月上半月,曾写作《马尔克》一文作为德文版《社会主义从空想到科学的发展》的附录⑤,这也为人们深化法与国家起源认识提供了独特视角。在恩格斯的文本叙述中,马尔克是德意志民族以地域为基础自发生成,构成中世纪社会制度和公共生活根基的土地制度与社会组织;从法律属性而言,马尔克是一种习惯法而不是国家法,是中世纪德意志民族特有的习惯法,即德意志民族独特的历史、性格等因素造就的习惯法。通过对中世纪德意志民族(包括后来的德意志、法兰克、盎格鲁-撒克逊、斯堪的纳维亚、勃艮第、西哥特、东哥特和伦巴德等欧洲民族)马尔克公社制度的系统研究,恩

---

① 〔美〕路易斯·亨利·摩尔根:《古代社会》(新译本·上册),杨东莼、马雍、马巨译,商务印书馆1977年版,第61、64、145、267、270—271页;同时参见下册第322、374页。
② 参见恩格斯:《家庭、私有制和国家的起源》,载《马克思恩格斯选集》(第四卷),人民出版社2012年版,第13页。
③ 参见〔德〕黑格尔:《历史哲学》,王造时译,商务印书馆1963年版,第134页。
④ 〔法〕莫里斯·奥里乌:《法源》,鲁仁译,商务印书馆2022年版,第39—40页。
⑤ 恩格斯:《社会主义从空想到科学的发展》,载《马克思恩格斯选集》(第三卷),人民出版社2012年版,第752页。

格斯明确指出:"有两个自发产生的事实,支配着一切或者说几乎一切民族的原始历史:民族按亲属关系的划分和土地公有制。德意志人的情况也是如此。他们从亚洲带来了这种按部落、亲族和氏族的划分",各个部落定居下来,但这不是任意的或偶然的,而是以部落成员的亲属关系为依据的,"亲属关系较近的较大集团,分配到一定的地区,在这个地区里面,各个包括若干家庭的血族,又按村的形式定居下来",几个有亲属关系的村,构成一个百户,几个百户构成一个区,区的总和便是民族自身了。其中,有或多或少的村联合成一个马尔克公社,最后,为了管理由民族直接占有的土地和监督在它领土以内的下级马尔克,整个民族在最初阶段构成一个单一的大马尔克公社。因此,"在13世纪和14世纪的《帝国法》里还规定,一个马尔克通常包括6个到12个村"。[1]

国家构建是复杂的历史过程,人类技术进步、生产力发展、地方自治创新、区域共治创造,推动国家成长。最古老的德意志土地制度,在整个中世纪里,它"是一切社会制度的基础和典范,浸透了全部的公共生活"。中世纪,德意志(尤其是南德)由于政治上的四分五裂,皇室和封建权威在地方相对较弱,城市和农村的马尔克公社组织得到了充分发展,在地方甚至区域层面的政治生活中发挥了显著作用,并尝试自下而上来构建近代国家。马尔克制度在公共生活极不相同的各个领域中,面对各种各样的要求发挥出了近乎神奇的适应能力。马尔克公社实行自治管理,成员拥有平等的土地份额和平等的使用权,同等参与马尔克的内部事务,如制定法律、推举公职人员、检查公职人员执行职务情形和裁判,但主要还是宣判,主席只能提出问题,判决由到会的全体社员决定;定期地或如有必要经常地举行露天集会——古老的德意志人的民众大会,商定马尔克的事务,审判马尔克中的不法行为和纷争。中世纪德意志的城市和农村马尔克公社具有类似的结构、功能和理念,城市马尔克自11世纪就逐步发展起来,市民通过协商、购买或武力从领主那里获得了自由;农村马尔克则在13世纪中叶以后,随着庄园制和农奴制的瓦解而出现。尽管城乡公社

---

[1] 参见恩格斯:《马尔克》,载《马克思恩格斯全集》(第二十五卷),人民出版社2001年版,第567—569页。

在起源上并不同步,但是在制度上呈现了平行的发展脉络。"村制度无非是一个独立的村马尔克的马尔克制度;村一旦变作城市,也就是说,只要它用壕沟和围墙防御起来,村制度也就变成了城市制度。后来的一切城市制度,都是从这种最初的城市马尔克制度中发展起来的。最后,中世纪无数并不以共同的地产为基础的自由公社的规章,尤其是自由行会的规章,都是模仿马尔克制度的。"①

毋庸置疑,人类历史上的国家建构不可能是一条单线演进的道路。在政治学的主流解释中,战争与资本是现代国家产生的两种主要动力,用通俗的语言讲,现代国家是"打出来的",应该也只是对特定时空现象的解释。战争影响国家构建或"战争制造国家"理论,最著名的莫过于当代美国政治学家查尔斯·蒂利(Charles Tilly)在其主编的《西欧民族国家的形成》提出的论断——战争形塑国家,国家制造战争(War made the state, and the state made war)。② 当然,除战争之外,还有其他机制或路径,如家族联姻之上的王朝联合(dynastic unions),两个或两个以上的独立政治实体,因同一统治者通过合法继承的方式而实现联合。在欧洲历史上,通过王朝联合实现国家整合的案例不胜枚举。布列塔尼公国与法国合并成为法国的一部分,就源于王室联姻。15世纪之前,布列塔尼一直是完全独立的公国,处于法国和英国两个大国的影响下。1499年,布列塔尼安娜女公爵嫁给法国国王路易十二世,从此以后布列塔尼失去自治权;1532年,布列塔尼公国正式成为法国的一部分。在这方面,最典型的案例还是作为欧洲大国的西班牙。在谈到国家建构问题时,有学者注意到西班牙的独特之处,其国家的形成更多是依靠统治者的联姻,而非领土争夺引发的政府战争。一位西班牙评论家在1597年写道:"所有其他的帝国都兴起于暴力和武装力量,只有西班牙帝国是通过继承走向统一的。"阿拉贡和卡斯蒂利亚王室通过费迪南德和伊莎贝拉两人的结合,开始创造西班

---

① 恩格斯:《马尔克》,载《马克思恩格斯全集》(第二十五卷),人民出版社2001年版,第575—576页。

② See Charles Tilly, *The Formation of National States in Western Europe*, Princeton: Princeton University Press, 1975.

牙帝国的世袭家族。①

(二)法治成长:人类进步的鲜明标识

生命孵化生命是人类的自然法则,人类是生命个体的集合、共体,人类发展繁荣是生命个体的集体旅行,家奠基人类每一个生命孕育、塑造。"参天之木,必有其根;怀山之水,必有其源。人之有祖,亦犹是焉。"②家庭承载人类生命孕育实践,是人类精神生活滋养的第一场域,蕴涵人类法起源的基因密码。"原始时代的社会并不像现在所设想的,是一个个人的集合,在事实上,并且根据组成它的人们的看法,它是一个许多家族的集合体。"③家庭是人类起源的第一边界空间,是人类社会永恒的组织细胞。"一切社会之中最古老的而又唯一自然的社会,就是家庭。"④当然,家庭的形式随生产的发展而改变,每一个原始家庭,至迟经过几代,是一定会分裂的。家庭是一个能动的要素,它从来不是静止不动的,而是随着社会从低级阶段向高级阶段的发展,本身也从低级形态向高级形态进展,最后脱离一种形态而进入另一种较高的形态。同样,政治的、宗教的、法律的、哲学的体系,一般都是如此。⑤ 家庭是国家的缩影,家族是家庭的扩大,中国古代社会结构是一种家族本位的社会政治结构,家庭、家族是国家赖以存在的基础,由家而国、家国同构,家是国的基础,国是家的扩大,家族血缘关系是传统乡村社会最基本和最基础的社会关系。

国是千万家,有国才有家;千家万户都好,国家才能好。以法的生长空间而论,远古时代家庭的区域空间、内部结构、成员规模、生活方式更接近传统意义的家族或宗族,有以血缘为纽带的亲属关系、有权威的家长或族长、有清晰的内部治理架构、有相对固定的居住地域。也就是,宗族生

---

① 参见张建伟:《古老王室如何应对国家全新挑战?》,载《联合早报》2022年10月25日。
② (清)张澍:《姓氏寻源·序》。
③ 〔英〕梅因:《古代法》,沈景一译,商务印书馆2009年版,第83页。
④ 〔法〕卢梭:《社会契约论》,何兆武译,商务印书馆2009年版,第5页。
⑤ 参见恩格斯:《家庭、私有制和国家的起源》,载《马克思恩格斯选集》(第四卷),人民出版社2012年版,第37—38、46页;〔美〕路易斯·亨利·摩尔根:《古代社会》(新译本·下册),杨东莼、马雍、马巨译,商务印书馆1977年版,第433页。

成于传统农耕文化,是整合乡村社会的基层组织,以血缘的亲疏关系为纽带,以地缘与血缘为基本特征,构成乡村社会结构的重要基础。今日三口之家、公寓之家的现代小微家庭,是不可能与之同日而语的,四世同堂、五世同堂聚居的大家庭,在中国大地已不复存在,只能从古建筑的沉淀遗存中领悟。① 子女结婚即成家,独立开始家庭生活,不再与父母共同居住、生活,三代同堂共居也不多见,只有在中西部农村地区的自然村庄、少数民族村寨,才能找到类似传统家族的存在,以同一姓氏或同一民族家庭为主体聚居同一村落,依山建寨或傍水筑村,村落成员共同敬天、祭祖、上香和扫墓。中国近古以来的乡村地名,"姓氏+家+通名"式所占比例较大,如王家村、张家寨、肖家岭等。② 中国传统村落具有很强的连续性传承性,是中国历史上最持久、最稳定的社会单元与聚落单元,也是中华五千年文明绵延不绝的重要基点和基本构成。

"人类并非仅仅生成于直接的现在。我们生活在一条思想的河流当中,我们在不断地记忆着过去,同时又怀着希望或恐惧的心情展望着未来。"③传统是"活着的过去",中国传统村落有着鲜明的共同体特征,公共活动与公共事务丰富,既有祭祖、祭神、祈雨等祭祀活动,又有修路、架桥、护林等公共事务,还有春节、上元、清明、端午、中秋等多种多样的节庆娱乐,由此造就了乡村文化的合作意识与集体精神。当然,今天传统村落的内部治理已发生根本质变,"人类最初是分散在完全孤立的集团中的,这种集团由于对父辈的服从而结合在一起。法律是父辈的语言"④。长幼尊卑为一家之本,这也是中国古代系统而完备的家族宗法制度的核心,但随着现代国家建设的大力推进、家庭结构的现代性蜕变,在当代中国家庭生

---

① 例如,坐落于山西省晋中市灵石县静升镇的王家大院,有"中国最大私人豪宅"之称,由静升村王氏家族28代族人经明清两朝历300余年举全族之力修建而成,置房屋8000多间,是由五巷六堡一条街组成的庞大建筑群,建筑总面积25万平方米,足足比故宫还要大10万平方米,大院格局充分体现了官宦门第的威严和宗法礼制的规整,让人不禁感叹:"王是一个姓,姓是半个国;家是一个院,院是半座城。"

② 参见蓝勇:《中国近古以来的乡村地名》,载《中国社会科学》2021年第10期。

③ 〔英〕阿诺德·汤因比:《历史研究》(修订插图本),刘北成、郭小凌译,上海人民出版社2000版,第1页。

④ 〔英〕梅因:《古代法》,沈景一译,商务印书馆2009年版,第83页。

活实际中这样的场景基本消失,家训家规等"族规家法"作为"家文化"谱系的构成而传承,其法的功能、合理成分吸收融入乡规民约,寓于家风家教、乡村治理中,"家长"更多是家、家族精神的象征,国家法作为国家建设的工具,已日益深入基层社会包括偏远地区乡村,理论上成为乡村秩序、基层治理的主导。

家庭、亲情、孝道,是中华文明之所以数千年长盛不衰的基因密码。"天下之本在国,国之本在家,家之本在身。"①家、家族是人类最基本的社会组织,国家是家与国的结合,但家的历史比国家更久远、更普遍。家国情怀、家国同构、家国一体是中华优秀传统文化的精神内核,既是中华文明薪火相传的深层逻辑,也是中华民族发展进步的内在支撑;注重家庭、家教、家风,家族传承、家风家教是中华民族重要的历史文化,"族规家法"维系乡土社会秩序、守护农耕文明。"一家仁,一国兴仁;一家让,一国兴让;一人贪戾,一国作乱:其机如此。"家是国的基础,国是家的延伸,中国家喻户晓的"修身、齐家、治国、平天下",就是《大学》之道在民间、学校教育的代代传承:

> 大学之道,在明明德,在亲民,在止于至善。知止而后有定,定而后能静,静而后能安,安而后能虑,虑而后能得。物有本末,事有终始,知所先后,则近道矣。
>
> 古之欲明明德于天下者,先治其国;欲治其国者,先齐其家;欲齐其家者,先修其身;欲修其身者,先正其心;欲正其心者,先诚其意;欲诚其意者,先致其知;致知在格物。
>
> 物格而后知至,知至而后意诚,意诚而后心正,心正而后身修,身修而后家齐,家齐而后国治,国治而后天下平。
>
> 自天子以至于庶人,壹是皆以修身为本。其本乱,而末治者否矣。其所厚者薄,而其所薄者厚,未之有也。此谓知本,此谓知之至也。②

---

① 《孟子·离娄上》。
② 《礼记·大学》。

其中,齐家即治家,原意也就是指传统大家庭、家族的经营和治理,是国家、社会治理的基点和基础。中国古代传统帝国体系在"集家成国"的逻辑下,国家实际上形成了三层治理结构:首先是族治,即以家族为单位形成的治理;其次是乡治,即在村落的空间中,通过村落自身的力量与治理体系形成的治理;最后是官治,即基于官府权力和官僚队伍所形成的治理,其边界在郡县一级。三层治理虽然相互衔接、相互渗透,但各自相对独立运行,在各尽其职中支撑起庞大的帝国社会。三个层面治理体系的内在精神是相同的,因而只有"家齐"了,才能"治国,平天下"。延伸到郡县一级的"官治",以"乡治"为基础达成,一旦"乡治"紊乱,官治也必然陷入危机。"官治"对"乡治"的依赖及其内在精神的一致性,使得传统的"官治"重视"乡治"所创造的自然秩序,保护"乡治"的治理能力。① 因此,古人言,郡县治,天下安;郡县是国之根基,县治乃国之命脉。

"人类是从发展阶梯的底层开始迈步,通过经验知识的缓慢积累,才从蒙昧社会上升到文明社会的。""我们从最初以性为基础、随之以血缘为基础、而最后以地域为基础的社会组织中,可以看到家族制度的发展过程;从顺序相承的婚姻形态、家族形态和由此而产生的亲属制度中,从居住方式和建筑中,以及从有关财产所有权和继承权的习惯的进步过程中,也可以看到这种发展过程。"人类进步的一切大的时代,跟生活来源扩充的各时代多少是直接相符合的。人类一切部落,在野蛮社会以前都曾有过蒙昧社会,人类历史的起源相同,经验相同,进步相同。人类童年——低级蒙昧社会,人类生活在他们原始的有限环境内;中级蒙昧社会,人类从他们的原始环境向外扩散,遍及于地球上大部分地区;高级蒙昧社会,弓箭等生产工具发明、生产力进步,生活条件明显改善,生存空间显著拓展,生活物资开始增多,有了定居而成村落的雏形,财产观念生发萌芽,维护内部关系的规则规矩应需生成,成为不成文的婚姻禁规、惯例习俗,处理外部环境空间关系的各类禁忌要求,成为家族所有成员的行为准则,维系、保障家庭与家族的稳定发展和持续繁荣,这就是人类社会最早的法,

---

① 参见林尚立:《国家的责任:现代化过程中的乡村建设》,载《中共浙江省委党校学报》2009年第6期。

或曰法的原始形态,历经漫长的历史演进,伴随人类从蒙昧时代经过野蛮时代到文明时代的发展过程。① 自然禁忌是法起源的文化密码,人类群体生活或公共生活是法产生的社会条件,私有制是法扩张的经济根源,国家出现是法专业化发展的政治基础。但需要明确的是,根据马克思、恩格斯的历史考察和系统研究,"所有制的最初形式,无论是在古典古代世界或中世纪,都是部落所有制,这种所有制在罗马人那里主要是由战争决定的,而在日耳曼人那里则是由畜牧业决定的。在古典古代民族中,一个城市里聚居着几个部落,因此部落所有制就具有国家所有制的形式,而个人的权利则局限于简单的占有,但是这种占有也和一般部落所有制一样,仅仅涉及地产。无论在古代或现代民族中,真正的私有制只是随着动产的出现才开始的"②。

(三) 关怀自然:法治文明新境界

人与自然的关系是相伴人类始终的永恒主题,关爱生命、呵护自然、师法自然是人类灵魂的升华。人生天地间,如花草树木一般,离不开大自然的滋养。康德说:美是道德的象征,对自然的美抱有直接兴趣,永远是心地善良的标志,自然之美可以涵养善的灵魂。③ 历史和实践充分证明,人与天地自然万物是共存关系,相即相容、相互依存、和谐共生,自然是生命之母,人与自然是生命共同体,人类对大自然的伤害最终会伤及人类自身,这是无法抗拒的规律。人是宇宙的一分子,只有"顺",才能"合",只有"合",才能吉祥如意;"天人合一"让中国人学会随缘,顺其自然。"万物并育而不相害,道并行而不相悖。"④行有法度,为有规则;人不负青山,青山定不负人;人因自然而生,人与自然共生共存。新时代中国,天人合一观

---

① 参见〔美〕路易斯·亨利·摩尔根:《古代社会》(新译本·上册),杨东莼、马雍、马巨译,商务印书馆1977年版,第3、7、9页;恩格斯:《家庭、私有制和国家的起源》,载《马克思恩格斯选集》(第四卷),人民出版社2012年版,第35页。
② 马克思、恩格斯:《德意志意识形态》,载《马克思恩格斯选集》(第一卷),人民出版社2012年版,第211页。
③ 参见〔德〕康德:《判断力批判》(上卷),宗白华译,商务印书馆1963年版,第144、202页。
④ 《礼记·中庸》。

念、人与自然生命共同体理念正在深入人心,坚持人与自然和谐共生,努力建设人与自然和谐共生的现代化,显著增强了全面小康社会的"绿色底色"和"质量成色",制度建设不断健全。2021年9月,中共中央办公厅、国务院办公厅印发的《关于深化生态保护补偿制度改革的意见》明确提出:生态环境是关系党的使命宗旨的重大政治问题,也是关系民生的重大社会问题;要健全生态保护考评体系,加强考评结果运用,严格生态环境损害责任追究;加强自然资源资产离任审计,对不顾生态环境盲目决策、造成严重后果的,依规依纪依法严肃问责、终身追责。上述意见的精神体现了中央对保护生态环境的高度重视,特别是关于落实主体责任、强化监督问责、终身追责的规定,对各级决策者必将发挥威慑警示与政绩导向作用,也对广大领导干部树牢生态保护责任意识、扎实推进生态文明各项制度建设,切实将制度优势转化为治理效能提出了更高要求。2022年1月,最高人民法院公布施行《关于审理生态环境侵权纠纷案件适用惩罚性赔偿的解释》,对造成生态环境损害的责任者严格实行赔偿制度,加大对严重违法行为处罚力度,对恶意侵权者实行惩罚性赔偿制度。新时代10年,中国从环境立法、执法、司法、守法等法治各个环节建立起生态文明制度的"四梁八柱",为实现人与自然和谐共生的中国式现代化提供了坚实法治保障。

生态文明建设和生态环境保护事关中华民族永续发展。2021年4月30日,习近平在主持中央政治局就新形势下加强我国生态文明建设进行集体学习时强调:"要完整、准确、全面贯彻新发展理念,保持战略定力,站在人与自然和谐共生的高度来谋划经济社会发展,坚持节约资源和保护环境的基本国策,坚持节约优先、保护优先、自然恢复为主的方针,形成节约资源和保护环境的空间格局、产业结构、生产方式、生活方式,统筹污染治理、生态保护、应对气候变化,促进生态环境持续改善,努力建设人与自然和谐共生的现代化。"[①]这彰显了坚定不移走生态优先、绿色低碳的高质量发展道路的历史担当。自然法则启示我们,人类必须携手尊重自然,顺应自然,呵护自然,尊重规律,遵道而行,循道而为:"雨生百谷,谷养百

---

① 习近平:《努力建设人与自然和谐共生的现代化》,载《习近平谈治国理政》(第四卷),外文出版社2022年版,第362—363页。

姓";顺风顺水,依山傍水;生灵万物,因水而存;聚落文明,因水而兴;人类只有与水毗邻而居,生活于江河湖海之滨,方可大化流行,生生不息;人往高处走,水往低处流①……敬畏天地,敬畏自然,敬畏生命,日落而息,日出而作,命好不如习惯好,规律生活,涵养心性,这也是提升生命质量的法则。2021年6月,国家发展和改革委员会下发通知,严格限制高层建筑,不得新建500米以上超高层建筑,即体现了对大自然的敬畏、对人居环境的保护。②天地有正气,人间有正道;天道有常,天道者,自然规律;地道不欺,地道者,生活环境;人道不爽,人道者,人心向背;违天道欺地道骗人者,必为天地人所不容,必将受到惩罚。"按照自然生活是最高的善,亦即过适度的、符合德性要求的生活,或者说遵循自然,如同按照自然的法律生活,亦即尽其可能,完成自然要求的一切……;自然要求我们如同遵循法律般地遵循德性的要求生活。"③人与天地万物同源同根,人能感悟天道,做到自强不息,也能如大地般容纳万物,厚德载物。天人相通、民本为上、以仁为本位的天道观念,是中华文化生生不息的源头。

  人类社会的一切发展均奠基于自然,良好生态环境是人和社会持续发展的根本基础。马克思主义认为,人是大自然的一部分,人类依靠自然界生存,自然不仅给人类提供了生活资料来源,如肥沃的土地、渔产丰富的江河湖海等,而且给人类提供了生产资料来源;人类在同自然的互动中生产、生活、发展,人类善待自然,自然也会馈赠人类,否则人类必将遭受

---

  ① 这一谚语除字面表意外,更有深刻的文化内涵:如水的美德(汇成溪流、融入大海、滋润大地、滋养万物、永远谦卑),不断修正自我德行,永葆水一般的善性。"上善若水。水善利万物而不争,处众人之所恶,故几于道。居善地,心善渊,与善仁,言善信,政善治,事善能,动善时。夫唯不争,故无尤。"《道德经·第八章》)。

  ② 2021年6月19日,国家发展和改革委员会印发《关于加强基础设施建设项目管理 确保工程安全质量的通知》(发改投规〔2021〕910号),要求严把超高层建筑审查关,严格执行《住房和城乡建设部、国家发展改革委关于进一步加强城市与建筑风貌管理的通知》,把超大体量公众建筑、超高层建筑和重点地段建筑作为城市重大建筑项目进行管理。其中,对100米以上建筑应严格执行超限高层建筑工程抗震设防审批制度,与城市规模、空间尺度相适宜,与消防救援能力相匹配;严格限制新建250米以上建筑,确需建设的,要结合消防等专题论证进行建筑方案审查,并报住房城乡建设部备案;不得新建500米以上超高层建筑。资料来源:https://www.ndrc.gov.cn/xxgk/zcfb/ghxwj/202107/t20210706_1285472.html,2021年7月10日访问。

  ③ 〔古罗马〕西塞罗:《论共和国 论法律》,王焕生译,中国政法大学出版社1997年版,第208页。

大自然的报复。马克思指出："自然界,就它自身不是人的身体而言,是人的无机的身体。人靠自然界生活。这就是说,自然界是人为了不致死亡而必须与之处于持续不断的交互作用过程的、人的身体。"①恩格斯强调:随着生产力的发展和科学技术的进步,人类实现了对自然界的支配和统治,"但是我们不要过分陶醉于我们人类对自然界的胜利。对于每一次这样的胜利,自然界都对我们进行报复。每一次胜利,起初确实取得了我们预期的结果,但是往后和再往后却发生完全不同的、出乎预料的影响,常常把最初的结果又消除了"。比如阿尔卑斯山的意大利人,当他们在山南坡把那些在北山坡得到精心保护的枞树林砍光用尽时,不仅毁掉了高山畜牧业的根基,还使山泉枯竭、洪水泛滥。针对当时因自然资源的掠夺性开采在欧洲、美洲许多地方出现的水土流失等生态破坏现象,恩格斯更是提出严肃警告:"因此我们每走一步都要记住:我们决不像征服者统治异族人那样支配自然界,决不像站在自然界之外的人似的去支配自然界——相反,我们连同我们的肉、血和头脑都是属于自然界和存在于自然界之中的;我们对自然界的整个支配作用,就在于我们比其他一切生物强,能够认识和正确运用自然规律。"②

"生态是统一的自然系统,是相互依存、紧密联系的有机链条。人的命脉在田,田的命脉在水,水的命脉在山,山的命脉在土,土的命脉在林和草,这个生命共同体是人类生存发展的物质基础。"③大自然是人类赖以生存发展的基本条件,生态兴则文明兴,生态衰则文明衰;保护生态环境就是保护生产力,改善生态环境就是发展生产力。人类对自然界的支配和统治必须建立在正确地认识和运用自然规律的基础之上,否则,就会出现人与自然的矛盾、冲突,招致自然界的报复。而要解决人与自然的矛盾、协调人与自然的关系,人类首先必须学会正确认识自然规律,更正确地理解自然规律,克服那种对于自己支配和统治自然的行为后果的短视,尤其

---

① 马克思:《1844年经济学哲学手稿》(节选),载《马克思恩格斯选集》(第一卷),人民出版社2012年版,第55—56页。
② 恩格斯:《自然辩证法》(节选),载《马克思恩格斯选集》(第三卷),人民出版社2012年版,第998页。
③ 习近平:《推动我国生态文明建设迈上新台阶》,载《求是》2019年第3期。

要克服那种"自古典古代衰落以后出现在欧洲并在基督教中得到最高度的发展",把"那种关于精神和物质、人类和自然、灵魂和肉体之间的对立的荒谬的、反自然的观点"。① 自觉预见和控制人类活动及其后果,将生态化原则贯穿于建构人与自然关系全过程,推动人与自然的和谐关系真正从价值理想走向实际选择。现今地球上2/3的海洋和3/4的陆地已遭到人为破坏,到2050年,大约100万个物种可能灭绝,全球物种灭绝的速度可能比过去1000万年还要快百倍,世界上1/5的国家可能由于野生动物及其栖息地遭破坏而面临生态系统崩溃。生态屡现危机,必将影响人类生存。环境就是民生,青山就是美丽,蓝天也是幸福。建设美丽家园是人类的共同梦想,环境问题事关人类永续发展,面对日趋严重的环境破坏、能源短缺和气候变化等全球性严重挑战,马克思、恩格斯关于人与自然关系的规范性分析,在今天仍具有重要的时代价值。

人类来自天地之间,本就具有自然性,人与自然和谐共生,"天地与我并生,而万物与我为一"②。中华民族崇尚自然,绵延5000多年的中华文明孕育了丰厚的生态文化,积淀了丰富的生态智慧,具体如"天人合一、万物一体"的自然观、"取之有度、用之有节"的发展观、"顺天应时、建章立制"的制度观等,为中华民族永续发展提供了坚实的文化支撑和理论滋养。良好的生态环境是最公平的公共产品,是最普惠的民生福祉。中国坚定不移走生态优先、绿色发展之路,生产发展、生活富裕、生态良好,正迈入生态文明新时代。坚持人与自然和谐共生,保护生态环境、推动绿色可持续性发展,已经成为中国全社会共识,环境就是民生,青山就是美丽,蓝天也是幸福,建设美丽中国成为全民行动,确立碳达峰碳中和重大战略③,加快发展方式绿色转型,坚持不懈推动绿色低碳发展,建立碳排

---

① 参见恩格斯:《自然辩证法》(节选),载《马克思恩格斯选集》(第三卷),人民出版社2012年版,第999页。
② 《庄子·齐物论》。
③ 力争2030年前实现碳达峰、2060年前实现碳中和,是中国政府为应对全球气候变化向国际社会作出的庄严承诺,也是推动高质量发展的内在要求,充分彰显了中国积极应对气候变化、走绿色低碳发展道路的坚定决心。2020年9月22日,国家主席习近平在第七十五届联大会议上发表讲话时,郑重宣布"30—60"双碳目标:二氧化碳排放力争于2030年前达到峰值,努力争取2060年前实现碳中和。

放权交易法律规范,绿色低碳政策和市场体系不断完善;深入推进能源革命,加强煤炭清洁高效利用,减少高碳化石燃料和高碳电力消费,可再生能源大力发展,能源绿色转型稳步推进;构建推动"双碳"市场化机制,完善碳排放统计核算制度,健全碳排放权市场交易制度;以绿色金融助力碳中和,引导生产者和消费者行为改变;"双碳"目标政策工具密集落地稳步实施,全社会协同发力,营造绿色低碳生活,倒逼全民生产生活绿色转型升级,践行绿色低碳生活方式,推进生态优先、绿色发展的脚步坚定不移;严肃惩治生态功能区违法建设、矿产资源区非法开采,严厉查处甘肃祁连山系列环境污染案、陕西破坏秦岭北麓生态环境资源案、青海木里矿区非法开采煤炭资源案、吉林长白山违建高尔夫球场和别墅等重大案件,用最严密法治保护区域性生态环境,生态保护修复工作取得历史性成就。习近平不仅对陕西秦岭北麓违建别墅事件、千岛湖饮水保护区违规填湖事件、青海木里煤田超采破坏植被事件、新疆卡拉麦里保护区缩水给煤矿让路事件、内蒙古阿拉善盟腾格里工业园区的环境污染事件、湖南洞庭湖私人围堰事件等严重破坏生态环境典型案例作出重要批示,还在中央全面依法治国委员会第一次会议上对祁连山生态环境破坏案进行了重点剖析:《甘肃祁连山国家级自然保护区管理条例》历经 3 次修正,部分规定始终同《中华人民共和国自然保护区条例》不一致,立法上"放水",执法上"放弃",才导致了祁连山生态系统遭到严重破坏的结果,这样的教训必须深刻汲取。[1]

中国式现代化是人与自然和谐共生的现代化,尊重自然、善待自然、顺应自然、保护自然,是全面建设社会主义现代化国家的内在要求。习近平强调指出:"只有实行最严格的制度、最严密的法治,才能为生态文明建设提供可靠保障。"[2]党的十八大以来,全国人大及其常委会通过宪法修正案,将生态文明写入宪法,制定长江保护法、黄河保护法、湿地保护法、噪声污染防治法等 8 部法律,修改环境保护法、大气污染防治法、水污染防

---

[1] 参见习近平:《加强党对全面依法治国的领导》,载《求是》2019 年第 4 期。
[2] 习近平:《努力走向社会主义生态文明新时代》(2013 年 5 月 24 日),载《习近平谈治国理政》,外文出版社 2014 年版,第 210 页。

治法等 17 部法律；黑土地保护法草案正在审议，还将制定青藏高原生态保护法、修改海洋环境保护法，不断推进生态环境领域立法的体系化、系统化，创新流域、区域生态环境立法，生态环境法律体系得到重构，生态环境制度体系得到重塑，生态保护补偿加速推进，跨流域的横向生态补偿正在织密织牢，纵向的重点领域生态保护补偿机制也在细化实化。从建立中央生态环境保护督察制度，到监测监察执法"垂改"；从明确领导干部生态环境损害责任追究办法，到开展自然资源离任审计；从构建绿色技术创新体系，到推行绿色生活创建……遵循生态系统的整体性、系统性及其内在逻辑，统筹山水林田湖草沙一体化保护和系统治理，全方位、全地域、全过程加强生态环境保护，不断夯实绿水青山的制度根基，用最严格的制度、最严密的法治保护生态环境。生态文明入宪为创造美好生活提供了宪法保障，美丽中国成为建设社会主义现代化国家的重要目标，生态环境保护、生态文明建设，从认识到实践发生历史性、转折性、全局性变化，生态环境法治取得全方位开创性历史性成就。如今的中国大地，天更蓝、水更清、山更绿，生态环境质量持续改善、蓝天白云和水清岸绿日日增多、农村和城市天朗气清成为常态；"绿水青山就是金山银山"的新发展理念深入人心，绿色成为高质量发展的鲜明底色，绿色低碳生活正日渐成为社会新风尚，一幅山清水秀、天蓝地绿的美丽中国新画卷正在生动铺展，民众不断收获着人与自然和谐共生的幸福，人与自然和谐共生的美丽中国正从蓝图变为现实，中华民族永续发展的生态根基更加稳固。

二、法是人类理性的选择

（一）没有理性，既不可能有法则，也不可能有服从

"在法中人必然会碰到他的理性，所以他也必然要考察法的合理性。"① 什么是法？通俗地讲，法是人们生产生活的规则、规范、规矩。近代

---

① 〔德〕黑格尔：《法哲学原理》，范扬、张企泰译，商务印书馆 1961 年版，第 17 页。

启蒙思想家严复曾以文化比较的视角评述:"盖在中文,物有是非谓之理,国有禁令谓之法,而西文则通谓之法,故人意遂若理法同物,而人事本无所谓是非,专以法之所许所禁为是非者,此理想之累于文字者也。"①若从现代学术的视野观察,法是由法规则、法原则、法精神构成的系统整体。学界关于法概念、法内涵的讨论,不仅是法学理论的基本范畴、核心主题,中外政治思想史、法律思想史等学科的学术研究也高论频现、异见迭出,思想观点精彩纷呈,为我们提供了极具价值的法的知识、洞见以及思考问题的视角。可见,法律到底是什么,的确是"恼人不休的问题",在法学发展过程中被不断反复讨论。根据英国著名法哲学家、牛津大学法理学教授哈特(H. L. A. Hart)所进行的学术史梳理:"在与人类社会有关的问题中,没有几个像'什么是法律'这个问题一样,如此反反复复地被提出来并且由严肃的思想家们用形形色色的、奇特的甚至反论的方式予以回答。即使略去古代和中世纪关于法律'本性'的思索,而仅仅注意近150年的法律理论,我们在任何其他作为独立学科而被系统研究的课题中也看不到这种情况。"②

西班牙神学家苏亚雷斯(Suarez)在《论法律》一书中指出:"确切地说,缺少理性的事物,既不可能有法则,也不可能有服从。"③法是人类理性的产物,理性涵养人类德性、滋养人性良善;德性的力量在于节制与适度,公正与道义提升人的精神,规则和法治遏制邪恶泛滥;正是由于理性,使人类异乎于兽类,人类共处在德性生活下兴旺、昌盛,这是人类生存的真理。很难想象,人类若失去理性,永远生活在弱肉强食的丛林法则之中,世界将会怎样。广而言之,法是生命体的规则,是群体的规矩,包括生命规范和社会规范,具体有如下三个层面的要义:法是宇宙万物生生不息的法则;法是社会生活有序运行的规范;法是国家实现有效治理的工具。"法度者,正之至也。而以法度治者,不可乱也;而生法度者,不可乱也。精公

---

① 〔法〕孟德斯鸠:《孟德斯鸠法意》,严复译,商务印书馆1981年版,第2—3页。
② 〔英〕哈特:《法律的概念》,张文显等译,中国大百科全书出版社1996年版,第1页。
③ 转引自〔英〕李约瑟:《中国科学技术史》(第二卷),何兆武等译,科学出版社、上海古籍出版社1990年版,第576页。

无私而赏罚信,所以治也。"①这里的法度包括天道法度(自然法)和民间法度双重意蕴。也就是说,法度是政治的最高要求,法律制度是最为公正的衡量是非曲直的度量与标准;自然法是至公至正的存在,民间法令制度是顺道而治、执掌权柄的精妙所在;以法度治理国家,不肆意妄为,天下就不会大乱;创立制度、颁布法律,同样不能随意制定;秉公办事,公正无私,赏罚必行,就能取信于民,这就是善治天下之大道。"如果人们果真能运用其自认为具有的理性的话,那么他们的国家便至少也可以免于因内发疾病而死亡。因为国家根据其建立的性质说来,原来是打算与人类、自然法或使自然法具有生命力的正义之道共久长的。"②

法律不只是法律人的法律,而是全社会的法律,法与公民个人的生活息息相关,法治是民众的共愿。以历史思维,在历史的长河中,法是文明的积淀,首先是一种地方性知识;以实践逻辑,法治是立足于地方的治理,是地方性经验的积累。法在民间、在田野里,在民众的生活中。从法的多维层面观察,法具有调整对象的特定性、适用区域的确定性、实施方式的多样性。法不只是刻板的条文,不能只停留在纸面上,更需要内化为民众的普遍敬畏与信仰。法源自生活、服务生活,法只有内涵生活的气息,才能有活力、有力量、有朝气。中国自古非常重视疫毒的防范,千百年来的抗疫实践,古人积累了预防与治疗瘟疫疾病的很多方法和丰富经验,包括消毒、隔离、养正、中医药医治等。《睡虎地秦墓竹简·法律答问》已有记载,秦国有将麻风病人迁移到"疠所"集中居住的规定。汉代也以隔离预防疫毒的人与人传播,《汉书·平帝纪第十二》记载:"民疾疫者,舍空邸第,为置医药。"到晋代,对传染性疾病的隔离要求更加严厉,只要有病人接触者,均需采取隔离措施。《晋书·王彪之传》亦记载:"永和末,多疾疫。旧制,朝臣家有时疾,染易三人以上者,身虽无病,百日不得入宫。"南北朝时期,"隔离防疫"已经成为一种制度,萧齐时,太子长懋等人曾设立了专门的病人隔离机构"六疾馆",以隔离收治患疫之人。隔朝与萧齐类

---

① 《黄帝四经·经法·君正第三》。
② 〔英〕霍布斯:《利维坦》,黎思复、黎廷弼译,商务印书馆 2009 年版,第 249 页。

似,如专门为麻风病人设立"疠人坊"。因此,当代人在疫情防控中所采取的戴口罩、隔离等措施,既是对历史智慧的继承,也是对自然法则、科学的尊重。

法即法度,是社会治理最重要的规则,是"禁止恶"的社会治理手段,是公平正义的符号。古代中国,"法"字是繁体字"灋"。依据《说文解字》的释义:"灋,刑也,平之如水,从水;廌,所以触不直者去之,从廌。意思是说,"灋"字左偏旁从水,意为公平,右偏旁从廌去,表示正直。早在春秋战国时期,先人们就以睿智思辨为后人提供了清晰解答:"法者,天下之程式也,万事之仪表也。""法者,所以兴功惧暴也;律者,所以定分止争也;令者,所以令人知事也。法律政令者,吏民规矩绳墨也。夫矩不正,不可以求方;绳不信,不可以求直。"可见,"法"是辨别是非曲直、衡量功过赏罚的手段,"法"的作用在于"兴功惧暴""定分止争""令人知事",也就是君臣百姓都应遵循的行事准则规矩,"动无非法",严格遵守法律,有法可依,有序可循。"凡将举事,令必先出。曰事将为,其赏罚之数,必先明之。立事者,谨守令以行赏罚,计事致令,复赏罚之所加。有不合于令之所谓者,虽有功利,则谓之专制,罪死不赦。首事既布,然后可以举事。"特别是《管子·任法》,更是专题探讨依法治国:"任法"就是一切依靠法治,依法治国有依据,民众在生产生活中,行止坐卧均有规绳;国家在治民施政时,进退取舍皆具章法。秦汉时期,律是最基本的法律形式,令与律并行。《贞观政要》直言:"法,国之权衡也,时之准绳也。权衡所以定轻重,准绳所以正曲直。"这些经典论断表明,中国古代先哲很早就提出了"法"的理念,强调依照法律治理国家的必要性和重要性。

乡村是人类永远的家园,家庭、社区蕴含着法的基因和社会治理的终极密码,社会治理的密码闪耀在家庭演进的历史长河里。笔者出生在湖南西南部山区,有幸与湖湘文化的杰出代表曾国藩、魏源祖居地山相连、水相依、文同脉、习同俗、礼相通,又在位于曾是国家集中连片特贫地区——武陵山片区腹地的湖北民族学院(2018年更名为湖北民族大学)任职任教近10年,时常走进农家,遍访当地山水,"零距离"观察所在地域基层社会治理样态,体悟"山高皇帝远"的真实意表;入乡随俗,尊重首创;

尊重传统,德法共治;因地制宜,休生养民;官员自律,身正示范。战国经典《尹文子》认为,法有四呈:"一曰不变之法,君臣上下是也;二曰齐俗之法,能鄙同异是也;三曰治众之法,庆赏刑罚是也;四曰平准之法,律度权量是也。"深刻领悟人类文明发展史先哲们的思想智慧,结合自身长期在基层社会(乡村地区)的工作生活体验①,依据法的生成逻辑,笔者认为,法有狭义和广义之分,狭义上的法仅指国家法,广义或泛义上的法则包括如下三重意蕴,即可从三个层面进行划分和阐释:自然法,民间法,国家法;自然法是国家法的基本遵循,民间法是国家法的生活滋养,国家法贯通自然法、民间法;国家法、民间法与自然法互为依存、互为补充,共同构筑人类和谐、社会和睦,引领百姓美好生活。家庭是社会的细胞,社会是国家的基础;国家不可能替代社会,国家法不可能消灭民间法或民间社会规范;国家法发展不仅不能替代民间法,还必须充分重视民间法的作用;国家法降低民间法实施成本,民间法有助于降低国家法执行成本;一个缺乏有效民间社会规范治理的国家,不可能是一个真正的法治国家。

法不仅出自国家,而且出自社会。"在西方法律传统中,尤其在其较早阶段,法律不仅而且主要不是来自国家的立法权,而主要出自许多个人和群体在其日常的相互交往中创造的关系。人民、社会而不是国家、政府权威一直被认为是法律的主要渊源。组成各种联合的人们、建立相应的权利和责任的雇主和雇员、彼此间订立协议的商人们、把孩子们抚养成人的父母们——他们建立了各种民间(unofficial)法律关系,创造了可以被恰当地称作习惯法的制度。以往,人们一直认为,习惯法、民间法是国家法、官方法的主要渊源;国家法的主要功能之一,便是执行出自习惯法的权利和责任。"②以存续于世界各地的祭祀演进为例,祭祀活动源于古代先民天地和谐共生的信仰理念,意为敬神、求神和祭拜祖先,民族不同、地域差异,构成各具风格的祭祀文化、严格的祭祀礼仪。具体如中华民族始祖轩

---

① 湖北民族大学位于曾是国家集中连片特贫地区——武陵山片区腹地、鄂渝湘黔四省市交界的恩施土家族苗族自治州恩施市,恩施州当地人俗称"湖北的青藏高原"。该地区远离中心城市,既没有高速,也不联铁路,沪蓉高速(宜昌—重庆段)2009年才建成通车,宜万铁路(宜昌—万州段)2011年才建成通车,遇大雨、大雾天气,飞机不能起飞落地,山高路险,交通不便,信息相对闭塞。

② 〔美〕伯尔曼:《法律与宗教》,梁治平译,商务印书馆2012年版,第167页。

辕黄帝,开历史之先河、创中华之文化,拜祭黄帝首先是从当地民间开始的即民祭,而黄帝陵公祭(官祭)则是经过长期的发展演变,也就是官方汲取民间民俗文化,总结、提炼、集成,上升为国家盛典国家祭祀大典,并且在社会变迁的不同时段,民祭、公祭都有既定的规模格式、祀典礼仪,程序规范非常明确。可见,无论是民间祭祀活动还是国家祭祀大典,都有庄重仪式和清晰严格的规程,相互作用、融合共进。"故圣人之为国也,观俗立法则治,察国事本则宜。不观时俗,不察国本,则其法立而民乱,事剧而功寡。"[1]中国古代以"长幼尊卑"为核心的宗族家法、民间礼法是国家法与民间法有机融通的典范。

回眸人类婚姻史,禁止近亲婚姻是人类敬畏生命、尊重自然法则的集体智慧,并为现代科技不断验证。"由于氏族内部禁止互婚,其成员才得免于血亲通婚的弊害,从而促进种族活力的增长。氏族的出现基于三个主要的概念,即:亲属的团结;完全以女性为本位的世系;以及氏族内部之禁止通婚。""氏族既以团结亲属为其原则,所以它对于每一个成员所尽的保护之责,是现有的任何其他力量都办不到的。"[2]"中国人的夫与妻也总是属于不同的家族,即不同姓。习惯和法律都禁止同姓通婚。子女属于父亲的家族,即承袭父亲的姓氏。"[3]近亲婚姻不仅是人类文明时代的民间禁忌,在笔者生活、访问的广大农村地区包括偏远山区,五服之内不通婚是村民的基本常识[4],更为国家婚姻法普遍明文禁令。《民法典》(第五编婚姻家庭)第 1045 条规定:"亲属包括配偶、血亲和姻亲。配偶、父母、子女、兄弟姐妹、祖父母、外祖父母、孙子女、外孙子女为近亲属。配偶、父母、子女和其他共同生活的近亲属为家庭成员。"第 1048 条规定:"直系血

---

[1] 《商君书·算地》。
[2] 〔美〕路易斯·亨利·摩尔根:《古代社会》(新译本·上册),杨东莼、马雍、马巨译,商务印书馆 1977 年版,第 67—68 页;同时参见下册第 424 页。
[3] 同上书,第 362 页。
[4] 五服是指以自己为起点的上下四代:高祖、曾祖、祖父、父亲、本人、儿子、孙子、重孙、玄孙,民间俗称祖宗八代或九族关系,凡血缘关系五服之内的都是亲戚,也就是同一个高祖的人,五服以外本家族的人"出五服"关系较远。由于古代婚姻实行一夫一妻制后有的有妾室,因此同父又同母是一服,即"同胞""一奶同胞",同父不同母是二服。现代一夫一妻制,除非父亲离婚、丧偶后再婚再生育,一二服之间的区别通常也就消失了,五服单向实际上是四代。

亲或者三代以内的旁系血亲禁止结婚。"综观人类法理论的发展,自然法思想本身具有跨越历史和时代的普遍主义意义,在不同的文化轨迹中都能找到超越实在法的、建立在理性原则之上的自然法来作为实证法的尺度——体现正义的规范。① 我国台湾地区著名学者林毓生在考证西方人权学说时指出,中国古代儒家"'仁'的哲学与自然法学说或契约论,无论就基本内容或历史发展来说,均有很大的不同。但自然法学说与契约论所支持的天赋人权说,这一点却同样地可由'仁'的观念来支持"②。

(二)广义之法与狭义之法:法的三维表达

"法一般说来是实定的,(一)因为它必须采取在某个国家有效的形式;这种法律权威,也就是实定法知识即实定法学的指导原理。(二)从内容上说,这种法由于下列三端而取得了实定要素:(1)一国人民的特殊民族性,它的历史发展阶段,亦即属于自然必然性的一切情况的联系;(2)一个法律体系在适用上的必然性,即它必然要把普遍概念适用于各种对象和事件的特殊的、外部所给予的性状,——这种适用已不再是思辨的思维和概念的发展,而是理智的包摄;(3)实际裁判所需要的各种最后规定。"③

1. 自然法,包括自然法则、法的原则、法的精神等,可以称之为"形而上之法"。"自然法就是人类的法律",西方自然法学说认为,自然法"是中世纪的思想家基于人类是一个讲道德的物种这一情况而创立的","自然法的概念第一次出现在被罗马征服前夕的希腊哲学中。直至2世纪末叶,自然法概念都在罗马法律原则中居于支配地位"。④ 自然法是普遍的客观存在,不受时空、地域限制,不以人的主观意志为转移,人人不可悖逆。自然法伴随人的生命始终,最直接、最根本的是与人的生命质量和生

---

① 参见李道刚:《儒家天道观与德国自然法》,载米健主编:《中德法学学术论文集》(第一辑),法律出版社2003年版,第18页。
② 林毓生:《中国传统的创造性转化》,生活·读书·新知三联书店1988年版,第320页。
③ 〔德〕黑格尔:《法哲学原理》,范扬、张企泰译,商务印书馆1961年版,第4—5页;同时参见本书第248—251页。
④ 参见〔法〕莫里斯·奥里乌:《法源》,鲁仁译,商务印书馆2022年版,第13、16—17、64页。

活品质息息相关。在人的生命历程中,从孕育、降生来到世间,每一个生命个体的育化成长都遵循着生命进化的自然法则,十月怀胎的呵护,母乳喂养的必然,父母陪伴的必须,成长环境的要求,以及在父母或长辈循循善诱的开释教导下,饮食有节起居有常,效法天地阴阳变化,四季作息顺时而变,等等。人类繁衍从随意随性到婚姻禁忌,再到理性节制、优生优育的演进,展现了人类对自然法则认识的不断升华,对自身个体生命奥秘认知的持续深化,是尊重生命、敬畏自然的生动呈现;①根深叶茂、厚德载物更是中国古代先贤对生命质量和德性生活或曰高品质生活的精辟指引。自然法蕴涵宇宙自然奥秘、揭示宇宙自然真相,是"法上之法""法律的法律"。

法学思想史上,学界基本已有共识,中国没有如西方的自然法系统学说、法学流派②。依笔者拙见,中国的确没有形成自主的自然法知识体系,但自然法传统是客观存在的,自古就有自然法的理念和思想,如天、道、理所蕴含的自然法理念,在《黄帝四经》《道德经》(《老子》)、《管子》等中华优秀文化经典中有着深邃的呈现。"道生法。法者,引得失以绳,而明曲直者殹。故执道者,生法而弗敢犯殹。法立而弗敢废〔也〕。〔故〕能自引以绳,然后见知天下,而不惑矣。"③《管子》综罗百家,道通礼法,以仁义道德为内涵,以礼法为形式,礼治和法治有机结合,深刻揭示宇宙奥秘,更被喻为中国法哲学的开山之作。天道循环,大自然客观存在的运行法则不以人的意志为转移,世间万物都在自然的法则之内运行,即便大道亦是如

---

① 以胎教为证,胎教在中国源远流长,自古备受重视,并系统总结以经书传承:"人受五常之理,生而有性习也,感善则善,感恶则恶,虽在胎养,岂无教乎? 古者妇人妊子也,寝不侧,坐不边,立不跛;不食邪味,不履左道,割不正不食,席不正不坐,目不视恶色,耳不听靡声〔靡之乐,淫乐也〕,口不出傲言,手不执邪器;夜则诵经书,朝则讲礼乐。其生子也,形容端正,才德过人,其胎教如此。"参见(唐)郑氏:《女孝经·胎教章第十六》。

② 法律文化论的开创者梁治平在 20 世纪 80 年代就明确表达了自己的观点:中国古代不仅没有西方那种有着神圣渊源的"自然法"观念,而且根本缺乏产生这种观念的超验思维背景;"自然法"的观念在西方文化史上具有重要意义,而对中国古代法以至古代文化产生深刻影响的则是"法自然","法自然"观念是一种独特的宇宙观和秩序观,它是经验的而非超验的,是自然的而非理性的;不了解"法自然"这一观念及其本质,就不能真正把握中国古代法的性格。参见梁治平:《"法自然"与"自然法"》,载《中国社会科学》1989 年第 2 期。

③ 《黄帝四经·经法·道法第一》。

此——道法自然:"人法地,地法天,天法道,道法自然。"①《易经》内敛乾坤,参悟天地,阐述天地万物、宇宙万象变化,蕴涵着朴素深刻的自然法思想。大道无形,法在道中;师法自然,运行万物。宇宙本身就是一个系统,有自己的程序和运行秩序,生生不息,井然有序;天道运行、人与自然和谐共生法则,高深而宏大只能意会,具体而意深不可言传②。英国科学家李约瑟长期致力于中国古代科学史、哲学思想的研究,在撰写鸿篇巨著《中国科学技术史》时,形成了对"道"的独特领悟,认为西方人翻译"道"这类中国所特有的术语用音译是很有道理的,可以避免将完全是西方的概念放入中国文化中。③

中国古人讲:"法者,法天地之位,象四时之行,以治天下。"④"天之道,不争而善胜,不言而善应,不召而自来,繟然而善谋。天网恢恢,疏而不失。"⑤西方哲人则讲"宇宙精神""自然命令""永恒真理"等。"锻炼得过度或过少都损害体力。同样,饮食过多过少也会损害健康,适量的饮食才造成、增进和保持健康。"⑥这是古希腊哲学家亚里士多德表达的生命健康最朴素的自然法则。"有两样东西,我们愈经常愈持久地加以思索,它们就愈使心灵充满日新又新、有加无已的景仰和敬畏:在我之上的星空和居我心中的道德法则。"⑦浩瀚灿烂的星空象征着绵延不绝的自然规律,而人们

---

① 《道德经·第二十五章》。
② 《管子·心术上》:"道也者,动不见其形,施不见其德,万物皆以得,然莫知其极。故曰:'可以安而不可说'也。"《关尹子·宇篇》:"非有道不可言,不可言即道;非有道不可思,不可思即道。"所以,笔者未能思考出更精准的词汇概括,以"自然法"代之。"近现代西方学者在研究法秩序时,往往将其置于宇宙的背景之下予以观照,中国古代学者亦然。"参见李道刚:《儒家天道观与德国自然法》,载米健主编:《中德法学学术论文集》(第一辑),法律出版社2003年版,第13页。荷兰法学家、古典自然法哲学创始人格老秀斯认为,自然法的主要原则有:不欲求属于他人的东西;归还属于他人的东西并用我们自己的财物使他人的财产恢复原状;遵守合约并践履诺言;赔偿因自己的过错而给他人造成的任何损失;给应受惩罚的人以惩罚。许多比较详细具体的法律规则,只是人们从这些一般性规则中派生出来的规则。参见〔美〕E.博登海默:《法理学:法律哲学与法律方法》,邓正来译,中国政法大学出版社2004年版,第46页。
③ 参见〔英〕李约瑟:《中国科学技术史》(第一卷总论·第一分册),科学出版社1975年版,第12—13页。
④ 《管子·版法解》。
⑤ 《道德经·第七十三章》。
⑥ 〔古希腊〕亚里士多德:《尼各马可伦理学》,廖申白译注,商务印书馆2003年版,第40页。
⑦ 〔德〕康德:《实践理性批判》,韩水法译,商务印书馆1999年版,第177页。

心中的道德准则则是人类区别于其他生物的根本底线所在。中国古代哲学经典、西周文献《周易》有言:"地势坤,君子以厚德载物。"①在中国文化语境里,德的最高境界是指一个人的认知及言行,具有遵循天道运行法则的内在智慧,富于成就之态与发展生机。落实于实际生活和生命体验中,中国现存成书最早的医学典籍《黄帝内经》,以天人相应的观念和阴阳五行的理论为基础,总结了上古时代先人的经验与智慧,为后人提炼了科学生活方式的具体样态和实践路径:"上古之人,其知道者,法于阴阳,和于术数,饮食有节,起居有常,不妄作劳,故能形与神俱,而尽终其天年,度百岁乃去。""道者,圣人行之,愚者背之。从阴阳则生,逆之则死,从之则治,逆之则乱。"②李约瑟在《中国和西方的人间法律和自然法则》中指出:"中国肯定有一种自然法,即圣王和百姓所一贯接受的那套习俗,也就是儒家所说的'礼'。""因为'礼'的规定,就保证(至少在理论上)应该尽可能地努力防止对无辜的人定罪。""礼的易适应性多少世纪以来仍然保持了那么多它那原来的社会威望,而且还远较法的刚硬性更合乎中国哲学的一般趋势;以致于甚而在官僚主义体制已经长期确立之后,礼也仍然凌驾于法之上。""在中国历史的大部分时代,礼远比法重要得多。"③

"千举万变,其道一也。"④"万物得其本者生,百事得其道者成;道之所在,天下归之;德之所在,天下贵之;仁之所在,天下爱之;义之所在,天下畏之。"⑤"我认为,中国人已经用自己的历史证明了,他们在较早时期至少是和希腊人一样善于推测大自然的法则的";古代中国人"非常强调自然界的统一性以及个人与自然的合一"。⑥天道、地道、人道既是一个不断创生的系统,也是一个各类物种和谐共生的生命共同体,人与自然、人与人、人与社会之间是共生共存的关系。"道法自然、天人合一"蕴含着中华文

---

① 《周易·坤卦第二》。
② 《黄帝内经·上古天真论篇第一》《黄帝内经·四气调神大论篇第二》。
③ 〔英〕李约瑟:《中国科学技术史》(第二卷),何兆武等译,科学出版社、上海古籍出版社1990年版,第554、558、564、566页。
④ 《荀子·儒效》。
⑤ (汉)刘向:《说苑·谈丛》。
⑥ 〔英〕李约瑟:《中国科学技术史》(第一卷总论·第一分册),科学出版社1975年版,第40页;〔英〕李约瑟:《中国科学技术史》(第一卷总论·第二分册),科学出版社1975年版,第327页。

明内在的生存理念,人们"与天地合其德,与日月合其明,与四时合其序"。① 如每逢春节,贴春联、门神祈福,燃爆竹驱赶"年兽",习俗的核心即是"天人合一"理念的具化,敬畏自然,与天地万物交流,与自然和谐共生。我国台湾地区学者陈顾远教授指出,中国古代法的"容貌"具有"自然法像之意念""仁道恕道之光芒",这是"天理国法人情"相统一的价值追求。② 人文是天文的投影,按照天文去生活,就会趋吉避凶,吉祥如意。得道多助,仁者无敌,"道"内涵中国人的公平正义观,《孟子》有言:"得道者多助,失道者寡助。寡助之至,亲戚畔之;多助之至,天下顺之。"③天有道,人有德,人类生活有不可违背的规律及常识;道是准则,德是修养,万物由道而生,却要由德滋养;"天道无亲,常与善人"④;循道制规,崇德尚义,善治之要。"天行有常,不为尧存,不为桀亡。应之以治则吉,应之以乱则凶。强本而节用,则天不能贫;养备而动时,则天不能病;修道而不贰,则天不能祸。"⑤

"道"存在于自然之中,又无形于自然之外。在中国传统哲学思想学理中,"道"是对宇宙万物形而上的抽象思考和精炼提炼,高深难以言传,凡所言传的"道",即失去了"道"的本真。"天地有大美而不言,四时有明法而不议,万物有成理而不说。圣人者,原天地之美而达万物之理,是故至人无为,大圣不作,观于天地之谓也。"⑥天地万物"不言、不议、也不说",却"大美、明法和成理",人类能否沐浴其中,全系于人的内心。"德"是"道"在现实生活当中的具体落实,也就是"道"在人生层面的具体运用,道为德之体,德为道之用。子曰:"君子有三畏:畏天命,畏大人,畏圣人之言。小人不知天命而不畏也,狎大人,侮圣人之言。"⑦纵观中国文化传统、思想流派的一切知识,都在"道"中检验其存在的合法性。而在学术史上,

---

① 《周易·乾卦第一》。
② 参见陈顾远:《中国固有法系之简要造像》,载范忠信等编校:《中国文化与中国法系:陈顾远法律史论集》,中国政法大学出版社2006年版,第39—40、42页。
③ 《孟子·公孙丑下》。
④ 《道德经·第七十九章》。
⑤ 《荀子·天论》。
⑥ 《庄子·知北游》。
⑦ 《论语·季氏》。

思想界也对"道"留下了若干意义的多样性解读和阐释,如通览《道德经》,以自然法思维,老子本意的"道"或"常道"的以下内涵是确定的:宇宙和万物的最普遍法则;普遍的准绳和真理;最高的美德("玄德")和价值。以儒释道之核心要义比较,儒家之道,即人之道,以仁为逻辑原点,多偏重于人事;佛家之道,以人为中心,道不远人,行正即是道;道家之道,则更多地体现为天地自然之道,道是宇宙的本原和普遍规律。天道有自身的规矩,人类通过观察、学习、参悟,进而化为社会成员内在的德行、日常生活的准则。"天之道,利而不害;圣人之道,为而不争。"[①]天道是全然利益,而不侵害宇宙万物,圣人之道是遵循自然法则,帮助世人而毫不争夺。因此,做人循天道,做事合法则,就可以利而不害,为而不争。

> 春雨惊春清谷天,夏满芒夏暑相连。
> 秋处露秋寒霜降,冬雪雪冬小大寒。
> 每月两节不变更,最多相差一两天。
> 上半年来六廿一,下半年是八廿三。

耕读教育深深植根于中华民族的文化基因,朗朗上口的《二十四节气歌》至今仍在民间广泛流传,其中蕴藏的中国智慧也在潜移默化地滋润着一代代中国人,天行有常,地养有宜,万物各有其性。从历史上看,二十四节气经历了漫长的发展完善过程,中华文明的早期,生产能力增长和人口繁衍,促进了天文气象、农业科技的进步,先民们努力探索周围天气和环境变化的原因,用朴素的自然观解释世界,在观察天象、探知节气、形成谚语、识别自然等方面都有初步的发展。从夏周朝逐渐建立起的二十四节气概念,在秦汉时期走入百姓日常,两千多年来一直被广泛应用。二十四节气成为中国人的常识,也是世界汉字文化圈中的背景知识。"人在事上练,刀在石上磨",近年来,中小学恢复加强了劳动教育,包括农耕劳动、日常劳动等,让学生认识农耕、热爱劳动,学生亲近自然、尊重自然,赓续文明。作为农耕文明的结晶,二十四节气是"天文"和"地文"牵手形成的"人文",是古代先民敬畏认识自然、自然法则的总结升华,科学揭示了天文气

---

① 《道德经·第八十一章》。

象变化的规律,将天文、农事、物候和民俗巧妙结合,是祖先的生命科学和生活智慧,是中华传统文化的重要组成部分,至今仍影响着民间社会生产与生活,清明更是成为国家法定节日;每一旋转周期,始于立春,终于大寒,每个节气日都有其独特自然和文化内涵,都是一堂生动的自然、自然法则课。① 春夏秋冬,天地有节,风雅中华,生生不息。春天,万物复苏,生机盎然;春天,耕耘播种,孕育希望;春天,草长莺飞,鸟语花香;春天,是生命的开始,一年之计始于春。耕读传家,田野育人,自然变化给予每个节气相应的物候,千百年来,时令更替也影响和塑造着中国人的饮食起居和生活习惯,形成了特有的节气习俗文化。

"羊有跪乳之恩,鸦有反哺之义",尊老扶弱是文明社会的标尺。孝是中华文化之源,是人与生俱来的天性,是天经地义做人的本分;孝道是中华文化的根本,是赓续中华文化绵延不断的密码。"夫孝,德之本也,教之所由生也。"②中华孝道的人伦情怀顺应天道自然,上"老"下"子"象形结构的"孝"字形意内涵,形象诠释了家庭家族上下两代或长幼关系,"孩子"肩负着赡养"老子"的责任,代表的是父辈与子辈的接续,由此薪火相传、生生不息。儒家思想"坚守一套古代的风俗、习惯和礼仪,其中包括无数世代的中国人本能地觉得是正当的那一切办法,例如孝道——这就是'礼',我们可以把它等同于自然法"③。《民法典》第五编"婚姻家庭"第三章"家庭关系",尊重传统、传承孝文化基因,对赡老扶幼都作出了明确规定,如第1067条规定:"父母不履行抚养义务的,未成年子女或者不能独立生活的成年子女,有要求父母给付抚养费的权利。成年子女不履行赡养义务的,缺乏劳动能力或者生活困难的父母,有要求成年子女给付赡养费的权利。"第1074条规定:"有负担能力的祖父母、外祖父母,对于父母已经死亡或者父母无力抚养的未成年孙子女、外孙子女,有抚养的义务。有负担能力的孙子女、外孙子女,对于子女已经死亡或者子女无力赡养的祖父

---

① 参见陈正洪:《二十四节气中的科技与文化遗产》,载《光明日报》2022年3月31日;郭文斌:《二十四节气的现代意义》,载《光明日报》2022年6月3日。
② 《孝经·开宗明义章第一》。
③ 〔英〕李约瑟:《中国科学技术史》(第二卷),何兆武等译,科学出版社、上海古籍出版社1990年版,第579页。

母、外祖父母,有赡养的义务。"第 1075 条规定:"有负担能力的兄、姐,对于父母已经死亡或者父母无力抚养的未成年弟、妹,有扶养的义务。由兄、姐扶养长大的有负担能力的弟、妹,对于缺乏劳动能力又缺乏生活来源的兄、姐,有扶养的义务。"

　　古希腊思想家帕那提乌斯(Panaetius)认为,凡人均有天赋的理性,这是人的自然法则;古罗马哲学家西塞罗(Cicero)指出,人的理性是永恒不变的法则。法国启蒙思想家孟德斯鸠反对宗教,反对神人同形论,反对灵魂不灭说,反对迷信,他批判了宗教神学的世界观,将宗教之法、道德之法拨正为自然之法,系统阐述了人与自然关系:"从最广泛的意义来说,法是由事物的性质产生出来的必然关系。在这个意义上,一切存在物都有它们的法。上帝有他的法;物质世界有它的法;高于人类的'智灵们'有他们的法;兽类有它们的法;人类有他们的法。""上帝是宇宙的创造者和保养者;这便是上帝和宇宙的关系。上帝创造宇宙时所依据的规律,就是他保养时所依据的规律。他依照这些规律行动,因为他了解这些规律。他了解这些规律,因为他曾制定了这些规律。他曾制定这些规律,因为这些规律和他的智慧与权力之间存在着关系。"[1]需要指出的是,不同的学者对自然法的内容看法各异,因而在自然法理论框架的学术归类上有神意的自然法、自然的自然法和理性的自然法,这里所讨论的当然不是指神意的自然法。

　　2. 民间法,包括地域习惯法、行业习惯法、少数民族习惯法等,可以称之为"形而下之法"。民间法是人们在居住地域由社会习俗和日常生产生活习惯长期演变而来、代代相传的生存规则,即社会自生演化的法或法律,形象地说也就是"生活实际中的法",地方习惯、行业惯例、生产生活禁忌等民间社会规范或公共生活规范都是民间法的范畴,如火把节、泼水节、赶秋节等地域性民间及少数民族的传统节日禁忌。在西方法理论中,一般称之为习惯法或不成文法,具体指自古以来某些或行或禁的日常事例,经由若干世代、人们自发仿效流传而成习俗,便是习惯法,即在一定地

---

[1] 〔法〕孟德斯鸠:《论法的精神》(上册),张雁深译,商务印书馆1961年版,第1页。

域内自发生成、民众普遍自觉信奉及遵循,未经立法程序而已通行于世间的规则和法律。如古代先民祭神的某些仪式有时传布为社会共同遵循的礼节;各族先贤因大众的常情而为之节度,礼仪也成为古代的生活规范。所以,在中国经典时代用"礼法"概括法律、制度、礼仪和习惯。① 如以礼尚往来、婚丧嫁娶、饮食男女、衣食住行等礼仪和习俗为表现形式的礼俗传统,既是基层民众自在自发的日常生活中所遵循的行为规范,也为人与人之间的互动及情感满足提供了基本准则,在乡村民间,更是乡土社会秩序正常维系的纽带。因此,在中国广大农村地区,民间法不仅维系着乡土社会秩序,还充满着浓厚的乡邻之情,浸润着村落日常中的邻里守望,为人们提供心灵滋养与精神力量。所以,黑格尔认为,想要进行立法,不宜只看到一个环节,即把某物表达为对一切人有效的行为规则,而要看到比这更重要的、内在而本质的环节,也就是认识它的被规定了的普遍性中的内容,习惯法亦包含这一环节。"一个民族的现行法律,不因为它是成文的并经汇编就终止其为习惯";"国家直接存在于风俗习惯中,而间接存在于单个人的自我意识和他的知识和活动中"。

  文化是国家存在和发展的重要基础,"国家是伦理理念的现实"。② 民间法包括人们自觉遵守、服从或者据此行事的现实规则、行为方式、风俗习俗、自发约定乃至各种各样的准规则,以及社会经济活动中的商业性文件、交易习惯等,因循日久、潜移默化、浸以成俗,共同对人们行为和社会关系产生形塑、影响,对生产生活行为产生实际影响。笔者生活实践和调研所见,在中西部农村地区,乡镇小城的周末集市、赶圩、夜市是当地居民祖祖辈辈生产生活资料交易交换的主阵地,充满"农耕农趣农味",充盈乡土生活气息。尤其是大地回春,农忙时节,赶集在春天,烟火满人间,田间地头,乡镇市集,各类独具地方地域特色的集市热闹起来,买卖种苗,买卖农具,买卖鸡鸭,四面八方的人们前来赶集,带来满满的人间烟火气,村集市、街道集、乡镇集市、农贸市场等传统和现代集市热闹非凡。集市地点、开市时间、交易规则、质量保证,生活在区域内的民众口口相传、代代

---

  ① 参见〔古希腊〕亚里士多德:《政治学》,吴寿彭译,商务印书馆1965年版,第170页注释。
  ② 参见〔德〕黑格尔:《法哲学原理》,范扬、张企泰译,商务印书馆1961年版,第249、288页。

传承,赶圩、集市,成为乡土文化的有机构成,乡村生活的独特景观、乡愁记忆,也是法的多样性、丰富性的鲜活呈现,有农村成长经历的人都有感受。因此,有学者指出,苏力《法治及其本土资源》中的"本土资源"其实指的就是传统习俗。

民间法融入日常生产生活、滋养心灵,汲取民族民间生活规则"陈规旧习"的合理养分,引导民众革除弊俗,去除不适应时代要求的陈规陋习,建构国家法与民间法良性互动、协同共治的社会治理和基层治理创新逻辑,实现国家法与民间法的有机结合,推动国家法在基层民间的落地落实,提高人民生活品质,是新时代地方法治、区域法治发展的基础性议题。"公正的政治法令不过是从道德规范中精选出来的一部分。"①现代社会通过特定的权威机构来制定和表达法律的方式在法律史上只是一个很短暂的阶段,在此之前,绝大多数法律体系的基本要素是习俗、惯例、禁忌。"事实上,在西方法律传统中,尤其在其较早阶段,法律不仅而且主要不是来自国家的立法权,而主要出自许多个人和群体在其日常的相互交往中创造的关系。人民、社会而不是国家、政府权威一直被认为是法律的主要渊源。"②民间法大多从自然法萌生,也可以归于自然法——朴素自然法,是基层特别是乡村民众社会生活的原生法,也有学者将其归类于精神资源的乡村文化。例如,种瓜得瓜,种豆得豆,子女的未来就是你的模样;平生不做亏心事,夜半敲门不吃惊;君子爱财,取之有道,视之有度,用之有节;患生于多欲,祸生于多贪;"己所不欲,勿施于人"③;天网恢恢,疏而不漏;以及自先秦开始在民间口口相传的"欲生于无度,邪生于无禁"④"畏则不敢肆而德以成,无畏则从其所欲而及于祸"⑤"家俭则兴,人勤则健;能勤能俭,永不贫贱""奢靡之始,危亡之渐也"⑥等谚语、警句,教育、启迪人们:心有所畏,方能言有所戒、行有所止;只有心中有戒,才能行之有界;因此

---

① 〔英〕葛德文:《政治正义论》(第一卷),何慕李译,商务印书馆1980年版,第82页。
② 〔美〕伯尔曼:《法律与宗教》,梁治平译,商务印书馆2012年版,第167页。
③ 《论语·颜渊》。
④ 《尉缭子·治本》。中国传统文化儒释道都视"欲"为火坑,崇尚正心寡欲、修心养性。
⑤ (明)吕坤:《呻吟语》。
⑥ 《新唐书·列传第三十·褚遂良》。

要常存敬畏、修德正行、去恶扬善,让戒尺与敬畏根植于心。

"万物有所生,而独知守其根;百事有所出,而独知守其门。"①"根"的意识在中国传统文化中占有极其重要的位置。以清明节祭扫为例,清明节是中国最传统的重大春祭节日,祭祀的各种仪节安排、程序设计严格庄重,百善孝为先,清明祭祖拜宗、缅怀先烈,是民风,是乡俗,是文化,更是孝心、道义和责任。"万物本乎天,人本乎祖"②,敬天法祖,报本反始,"慎终追远,民德归厚矣"③。中国人选择在春回大地、万物吐新、处处春和景明的最美好季节举行祭祖活动,并在漫长的历史长河中演变成清明节的主题,体现的正是炎黄子孙敬重祖宗先民、铭记历史、致敬英雄、赓续民族精神的文化自觉与自信,并为国家法肯认、承继,清明节既是传统节日,也是法定节假日。2018年4月27日,十三届全国人大常委会第二次会议通过的《英雄烈士保护法》第1条规定:"为了加强对英雄烈士的保护,维护社会公共利益,传承和弘扬英雄烈士精神、爱国主义精神,培育和践行社会主义核心价值观,激发实现中华民族伟大复兴中国梦的强大精神力量,根据宪法,制定本法。"第5条第1款规定:"每年9月30日为烈士纪念日,国家在首都北京天安门广场人民英雄纪念碑前举行纪念仪式,缅怀英雄烈士。"树高千尺,其根必深;江河万里,其源必长。祭祀催生礼制,中国人清明祭祖,彰显的是一种血脉的传承和责任,清明节是慎终追远最集中的日子,认知了清明,就懂得了人生。几千年来,传统节日相关的各项活动、风俗和仪式,已深深地内化为中国人的道德意识和行为习惯,在今天仍然具有重要的社会意义和时代价值。

3. 国家法或制定法④是国家通过一定的立法程序制定,以国家强制力保障实施,规范人的行为、调整社会关系、维护社会秩序和国家安全的行为规范。"制定法是国家最高权力对于法规则的表达"⑤,可以称之为"形而中之法"。国家法与国家相随、与政治权力结构密切相关,是国家立

---

① (汉)刘安:《淮南子·原道训第三》。
② 《礼仪·郊特》。
③ 《论语·学而》。
④ 广义国家法包括党内法规,即党规国法。
⑤ 〔德〕萨维尼:《当代罗马法体系Ⅰ》,朱虎译,中国法制出版社2010年版,第12页。

法机关通过法定程序创制的法律规范,所以也称政治法。据史料考证,在中国,目前已经发现十余批秦汉简牍,睡虎地、郝家坪、龙岗、王家台、里耶、岳麓、兔子山、张家山、胡家草场等半数以上存有法律文献,其中睡虎地秦简《为吏之道》保留的两条魏律,是中国迄今所见最早的成文法律。① 英国政治哲学思想家葛德文认为:"法律只是同行使政治暴力联系在一起;如果真理的影响还不足以提前把法律从人类的实践中消灭掉,等到政治暴力没有必要的时候,法律也一定会随之而消亡。"② 若以历史维度而论,法律以及语言,存在于民族意识之中,而且法律与民族的存在和性格的有机联系,亦同样展现于时代的进步中,民族的当下生活,不过是民族历史的进行时态呈现。简言之,"法律随着民族的成长而成长,随着民族的壮大而壮大,最后,随着民族对于其民族性(nationality)的丧失而消亡"③。恩格斯明确指出,在罗马帝国时期,"至少对自由民来说产生了私人的平等,在这种平等的基础上罗马法发展起来了,它是我们所知道的以私有制为基础的法的最完备形式"④。

国家是人类社会在一定发展阶段上的产物,国家并不是从来就有,也不会永远存在;国家随着阶级的产生而产生,随着阶级的消灭,国家也不可避免地要消亡。"曾经有过不需要国家,而且根本不知国家和国家权力为何物的社会。在经济发展到一定阶段而必然使社会分裂为阶级时,国家就由于这种分裂而成为必要了。"⑤ "代替那存在着阶级和阶级对立的资产阶级旧社会的,将是这样一个联合体,在那里,每个人的自由发展是一切人的自由发展的条件。"⑥ "政治上的民主、社会中的博爱、权利的平等和

---

① 参见杨博:《秦汉简牍律令与法家经典文本的编定》,载《光明日报》2022年3月19日。
② 〔英〕威廉·葛德文:《政治正义论》(第二、三卷),何慕李译,商务印书馆1980年版,第583页。
③ 〔德〕弗里德里希·卡尔·冯·萨维尼:《论立法与法学的当代使命》,许章润译,中国法制出版社2001年版,第7—9页。
④ 恩格斯:《反杜林论》,载《马克思恩格斯选集》(第三卷),人民出版社2012年版,第481页。
⑤ 恩格斯:《家庭、私有制和国家的起源》,载《马克思恩格斯选集》(第四卷),人民出版社2012年版,第190页。
⑥ 马克思、恩格斯:《共产党宣言》,载《马克思恩格斯选集》(第一卷),人民出版社2012年版,第422页。

普及的教育,将揭开社会的下一个更高的阶段,经验、理智和知识正在不断向这个阶段努力。这将是古代氏族的自由、平等和博爱的复活,但却是在更高级形式上的复活。"①因此,国家法不是法的全部,只是法的组成部分之一,随国家产生而出现,也必将随国家消亡而不复存在。依据思想家们对人类法治文明发展演进的科学考察,可以确证"国家产生也是法产生的一种方式,甚至是法产生的最高阶段"②。

关于国家法的概念、基本内涵、学理体系,法学界已经有了深入的系统研究、充分的思想共识,在此不作赘述。

(三)播散法治种子,夯实法治根基

子曰:"君子博学于文,约之以礼,亦可以弗畔矣夫。"③这是中国文化的实践智慧,中国古代礼法一体,道德完善、品行高尚的人,不仅学识渊博,还知礼法守规矩,懂礼节守法度,如此才是有教养,真正成为合格国民,就不会离经叛道。"法律必须被信仰,否则它将形同虚设。"④人类法治文明演进的历史脉动表明,自然法、民间法生长于基层,传承文化基因,为国家法发展提供滋养,为国家法实施奠基培土,为法治社会、法治国家建设夯基垒台;国家法吸收自然法、民间法养分,为自然法和民间法发展指引方向。当然也要看到,在今天这个分工明确的现代社会,大学的学科建制及专业设置日益精密,人文精神似乎变成了一个越来越尴尬的存在,现有的法学教育越来越突出专业细分,专业性、技术性凸显,以文史哲为基础的综合素质不足,学生不能将法律知识有效内化为法律意识、涵养成法治精神,精于技、乐于术,而贫于道,专业知识"强"而综合能力弱,道之不存,术便无根,高分低能,很容易受到诱惑的侵蚀,人生刚起步就摔倒。所以说,法学或法治教育不只是法律知识的传授,更是法治思维和法律精神的培养。近年来每年的专业就业率排行榜上,法学连续占据了多年的就

---

① 〔美〕路易斯·亨利·摩尔根:《古代社会》(新译本·下册),杨东莼、马雍、马巨译,商务印书馆 1977 年版,第 556 页。
② 〔德〕萨维尼:《当代罗马法体系Ⅰ》,朱虎译,中国法制出版社 2010 年版,第 23 页。
③ 《论语·雍也》。
④ 〔美〕伯尔曼:《法律与宗教》,梁治平译,商务印书馆 2012 年版,第 7 页。

业榜尾①,知识结构和社会认知严重失衡,不少学生离开校门进入社会,往往缺乏社会常识、不懂生活常理,对公序良俗、道德伦理缺少应有认知,没有社会道义,丧失社会责任,甚至挑战社会底线、违法失德,如酒驾、重婚、赌博等。笔者对某中央部委调查核实,2021年,因酒驾、醉驾受到公安司法机关处罚,而被开除公职的80后党员干部和公职人员就有5人。资料显示,党的十九大以来纪检监察机关给予党纪政务处分人员中,1980年及以后出生的党员干部呈现逐年增长趋势,有的虽然级别不高,但被查处时都担任相关职务、掌握相应权力,铸大错往往缘自失小节,腐化堕落也多始于作风出问题。所以,希望自己有能力学习高尚[高贵]与公正即学习政治学的人,必须有一个良好的道德品性。因为一个人对一件事情的性质的感觉本身就是一个始点。如果它对于一个人是足够明白的,他就不需再问为什么。而受过良好道德教育的人就已经具有或是很容易获得这些始点。至于那些既不具有也没有能力获得这些始点的人,他们应当听一听赫西阿德的诗句:

> 自己有头脑最好,
> 肯听别人的劝告也不错,
> 那些既无头脑又不肯听从的人
> 是最低等的人。②

"知者不惑,仁者不忧,勇者不惧。"③智慧之人不会对世间事物感到迷惑,有仁爱善心的人不会忧愁和担心,而具有勇气勇敢的人没有什么可以恐惧。"知、仁、勇三者,天下之达德也";"好学近乎知,力行近乎仁,知耻近乎勇。知斯三者,则知所以修身;知所以修身,则知所以治人;知所以治人,则知所以治天下国家矣"。大道至简,百行德为首,万事法为先;人无德不立,业无德不兴;德成智出,业广惟勤;小胜靠力,中胜于智,大胜唯

---

① 《2020年中国法科毕业生就业状况调查报告》显示,2020年全国法科毕业生就业困难的局面仍未改善,西南政法大学、吉林大学法学院就业率均低于全校平均水平,武汉大学法学院就业率则更为惨淡,以63.87%的就业率全校垫底。
② 〔古希腊〕亚里士多德:《尼各马可伦理学》,廖申白译注,商务印书馆2003年版,第9页。
③ 《论语·子罕》。

德,全胜凭道。"故大德必得其位,必得其禄,必得其名,必得其寿。"①"顺德者昌,逆德者亡。"②人生的成功离不开聪明才智,但最重要最根本的是品德,凡成就大事者,必定涵养高尚道德情操,人的一生要获得大的成功,最终依靠大德承载;急功近利、投机取巧者,短时间内可能实现利益最大化,但很难长久;智德兼修,人生方能行稳致远,德行天下,生命才能厚德载物。成为人生赢家或成功,不是行走世间的语言,更不是社会通行规则,成功并非是人生的全部,唯有品质与道德,让生命具有价值和意义;心中无缺乃富,被人需要即贵,每一个人都是独特的个体,人的高贵、人生的精彩不是与他人比拼,而是与自己成长的过去比较;人生成功的意义不是财富的多少、职位的高低,高光人生或人生的最高境界不是权威显赫,而是灵魂的丰盈,即拥有一颗高贵纯洁的灵魂,德高望重、受人尊重,有尊严、自由而优雅地生活。

古语云:"德薄而位尊,知小而谋大,力小而任重,鲜不及矣!"③在某一段时间里,纪检监察机关通报的此类严重违纪违法典型案件很多,根据中央纪监委披露,生于1979年2月的张标,研究生毕业于清华大学法学院,在其作为中央国家机关(住房和城乡建设部)"援青"干部任职青海省德令哈市期间,毫不掩饰对金钱的渴望,不拒美色的诱惑,12万的名表看不上,化名重婚大操大办,在四年半时间里疯狂敛财四千余万元,为购买豪宅名车、取悦特定关系人、保障两个家庭,在违纪违法的路上狂奔,最终走向不归路。④ 当然,这也可能是应试教育、功利教育的共性。如2021年7月云南省纪监委通报的女县长庞新秀,出生于1978年2月,"六毒俱全",违反政治纪律、组织纪律、廉洁纪律、群众纪律、工作纪律、生活纪律,用脱贫项目工程款"买"政绩,构成严重职务违法并涉嫌受贿犯罪,且在党的十八大后不收敛不收手,更插手超3亿元脱贫项目,性质严重,影响恶劣。

---

① 《礼记·中庸》。
② 《汉书·高帝纪上》。
③ 《周易·系辞下传》。
④ 参见方弈霏、刘兰兰:《胆大妄为 在违纪违法路上狂奔——青海省柴达木循环经济试验区德令哈工业园党委原副书记、管委会原常务副主任张标严重违纪违法案剖析》,https://www.ccdi.gov.cn/yaowen/202109/t20210901_249262.html,2021年9月10日访问。

庞新秀2017年担任丽江市华坪县县长时还不到40岁,而她早在当技术员时就已经开始敛财。宁蒗县人民检察院起诉指控,被告人庞新秀在担任原丽江县城市公用事业管理局技术员,古城区束河办事处副主任,古城区交通局总支书记、副局长,古城区金安镇党委副书记、镇长、镇党委书记,丽江市交通局副局长、华丽高速公路建设指挥部副指挥长,丽江市政府副秘书长、华坪县委副书记、县长期间,利用职务上的便利,为他人谋取利益,非法收受他人财物,数额特别巨大,依法应当以受贿罪追究其刑事责任。

最为典型的应该是于志刚案。1973年5月出生的于志刚,在中国人民大学法学院本硕博连读,经过10年完整系统的专业学习和学术训练,先后获得法学学士学位、法学硕士学位、法学博士学位,刑法学专业毕业,英国牛津大学访问学者,入选教育部"新世纪优秀人才支持计划",荣获"北京市五四青年奖章",中国政法大学教授、博士研究生导师,主要研究领域为刑法学、网络法学,曾任第十三届全国人民代表大会代表,全国人大常委会委员、全国人大宪法和法律委员会委员、中国政法大学副校长、北京市顺义区人民检察院副检察长。于志刚高考入学名校,学成为学为官,32岁破格晋升教授,少年得志,荣誉等身,著述丰硕,法学明星,官场新星,仕途顺畅,前途大好。但他缺失做人的基本品德,丢失为师的行为准则,丧失为官的廉洁底线,背弃初心使命,践踏党纪国法,违背师德师风;公权私用,权钱交易,任教务处处长后开始受贿,顶风违反中央八项规定精神;没有敬畏,知法违法,为官谋私,且违纪违法行为均发生在党的十八大后。"德不配位,必有灾殃",2021年1月22日,中央纪委国家监委网站发布消息:于志刚涉嫌严重违纪违法,接受纪律审查和监察调查,并于6月28日被"双开"(开除党籍、公职)。11月25日,沈阳市中级人民法院一审公开开庭审理了于志刚受贿一案,沈阳市人民检察院起诉指控,2013年至2017年,于志刚利用担任中国政法大学教务处处长、副校长等职务上的便利,为他人牟取利益,非法收受财物共计折合人民币691万余元,于志刚当庭表示认罪悔罪。这些年虽然被查的法官、检察官、律师等不少,但听到中国政法大学副校长被查的消息,还是令学界有点意外和遗憾,这也引发了社会高度关注,民众广泛热议。作为曾经的一名知名法学家、资深刑法学教授,于志刚最终堕落成可耻的贪污受贿腐败分子,成为"知法犯法"的典型,令人痛恨的同时,也令人感到惋惜。

张恩亮腐败案在年轻干部中也同样具有典型性。据媒体披露,1970年出生的张恩亮,30岁就成为副厅级干部,出任黑龙江省黑河市市长时仅41岁,是全国最年轻的地级市市长,2021年5月,知天命之年,他在鹤岗市委书记任上黯然落马。张恩亮出身干部家庭,其家族成员在当地颇具影响力,从副科到正厅,他只用了11年;被调查前,他最亮眼的标签是"全国首个70后地级市市长""全国最年轻地级市市长"等,俨然一颗耀眼的政治新星。2000年,张恩亮由共青团大兴安岭地委副书记调任共青团黑龙江省委副书记,从副处直接升任副厅(2002年5—12月,曾挂职最高人民检察院职务犯罪预防厅副厅长),其间多次越级提拔;8年后,再进一步,升任共青团黑龙江省委书记,38岁成为正厅级干部;3年后,调任黑河市市长。当地干部中有人评价,"张恩亮工作几十年最大的业绩,就是让自己从一个中专生变成法学博士"。还有与其有过工作交集的人更以段子总结:当了5年粮食局团委副书记,其中3年在读在职大专,拿到了大专文凭;在副处岗位上待了4年,其中3年在读在职本科,又拿到本科文凭;团省委副书记干了8年,花了3年时间读在职研究生;当黑河市市长5年,花了5年时间读在职博士。

"只有培养了对法的理解之后,法才有能力获得普遍性。"①中国近代以来高等教育法学专业教学中,国家法的系统性教学不断完善,课程设置日益精细,已经获得足够重视。改革开放特别是近年以来,关注民间法的学者越来越多,日益引发学界重视,如谢晖教授长期致力民间法资源的挖掘、整理和研究,搭建交流平台,创建学术期刊——《民间法》,从不定期到定期集刊,至2021年已经出版第25卷,并入选中国社会科学引文索引(CSSCI)来源期刊。民间法知识体系目前虽然还无法进入教学课程,但学术年会每年定期举办。法学界创造努力证成,人类自进入文明时代以来

---

① 〔德〕黑格尔:《法哲学原理》,范扬、张企泰译,商务印书馆1961年版,第251页。

的发展史,公共生活、社会秩序,既因国家正式法而成,亦藉民间非正式法而就,正在成为法理共识,法律学术所关注也由国家正式法走向多元,这是中国法学学术的进步,更是现代化中华法治文明新形态的生动具体展现。自然法只是个别学者的兴趣,而20世纪60年代以来一些西方马克思主义学者从自然法的角度解读马克思的法律观,提出了马克思主义的自然法理论①。党的二十大报告强调,坚持全面依法治国,推进法治中国建设;加快建设法治社会,推进多层次多领域依法治理,提升社会治理法治化水平。因此,要在推动中华古代法文化创造性转化、创新性发展中激活民间法治资源生命力,在区域法治尤其在基层社会治理、法治教育中,适应新形势,创造新经验,政府民间协同,理论实践互进,精英与草根对接,现代与传统融通,激发民间智慧,大力推动推广自然法、民间法与国家法的深度融合,助力国家法在基层特别是乡村地区的落地落实。党的十八大以来,党内法规、社会规范纳入法治的基本规范体系,规范多元的法治协同成为国家治理的重要命题,由此涉及的两个主要问题是:法律以外的规范之于法治的意义,以及法治对这些规范的协同。现有的研究由于规范与社会"两分架构"而引发诸多分歧,难以作出有效回应。从构成性角度来看,规范来源于社会,各种规范在内容、认知、动员等层面的互动则推动着社会组成部分及整体的形成与变迁。基于这样的构成关系,各种规范的独特价值应得以尊重,法治亦可在法律与其他规范的互动中实现"依法而治"的扩展,通过共识凝聚、结构锚定、协调试错、类型化处理等机制形成以法律为基础并统摄其他规范的"规则之治",既确保其价值导向和社会秩序,又不损及其他规范的意义和社会活力。②

"家庭是塑造一个人的品格的第一所而且也是最重要的一所学校。正是在家庭中,每一个人受到他最好的或者是最坏的道德熏陶,因为正是在家庭中他接受了贯穿其一生、直到生命结束才会放弃的行为准则。"③家

---

① 邱昭继:《马克思主义的自然法理论及其当代价值》,载《学习与探索》2018年第7期。
② 参见彭小龙:《规范多元的法治协同:基于构成性视角的观察》,载《中国法学》2021年第5期。
③ 〔英〕塞缪尔·斯迈尔斯:《品格的力量》,宋景堂等译,北京图书馆出版社1999年版,第32页。

庭于生命的意义一直受到古今中外思想家们的高度关注。家庭是社会的基本细胞,家庭幸福和谐是社会稳定的基石;注重家庭、注重家教、注重家风是社会和谐的重要基点。古训讲:"德泽源流远,家风世泽长。"好家风是社会成员生活路上的精神支柱,是行走世间的前进动力,顺遂时不忘形,逆境时不怯懦,慎终如始坚守底线。"古之人将教天下,必定其家,必正其身;将正其身,必治其心;将治其心,必固其道。"①家是最小国,国是最大家,家庭是人类社会生活的伦理之源;社会是家庭的延伸,家庭是基层社会治理的基础,承载着社会规范、道德教育、文化传承、情感慰藉等基本功能;家庭教育对个体成员的健康成长有着直接、持久、潜移默化的影响,家庭和睦则社会安定,家庭幸福则社会祥和,家庭文明则社会文明;模仿是小孩与生俱来的天性,道德惯习必须在好的环境中发育、生长,人的惯习和思维自小由父母言传身教、家庭环境熏陶,以及社区、学校(古代私塾、学堂、学园和书院)习得养成,没有规矩的家庭,比贫穷更可怕;作为人,最可怕的不是物质的贫困,而是精神的干涸,没有底线最终将输掉一切。父母格局蕴藏孩子的未来,"每个人都在追求财富的时候,其中天性最有秩序最为节俭的人大都成了最大的富翁"②。家庭教育永远是人生最好的教育,重视家庭教育是中国古往今来的优良传统。大量鲜活的事实表明,如果做一个人的基本教育没有根基,当然不可能成为一个好公民或忠心为民众服务的公仆。③

"万物莫不有规矩"④,世间万事万物都有其准则法度,没有规矩不成方圆,能克己方能成己,人生只有坚持原则、守礼崇德,才能坚守底线、成就精彩,为所欲为、任意妄为,只会毁掉一切。"同是人,类不齐;流俗众,仁者希。"⑤习惯成就命运,自律的程度决定人生的高度。一个有良好道德惯习的人,往往对社会规范重要性的理解相对深刻,同时自身也有着高度

---

① (北宋)赵湘:《本文》。
② 〔古希腊〕柏拉图:《理想国》,郭斌和、张竹明译,商务印书馆1986年版,第343页。
③ 参见南怀瑾:《南怀瑾选集》(第十卷·原本大学微言),复旦大学出版社2008年版,第25页。
④ 《韩非子·解老》。
⑤ 《弟子规》。

的法治自觉。"理可顿悟,事须渐修,应次第尽。"①"习性"决定行为方式,改变人生的,不只是大道理,还有小习惯。"不积跬步,无以至千里;不积小流,无以成江海。"②由于人的行为总是一再重复,因此追求卓越不是一时的简单举动,而是习惯。习近平强调指出:"全民守法是法治社会的基础工程。普法工作要紧跟时代,在针对性和实效性上下功夫,落实'谁执法谁普法'普法责任制,特别是要加强青少年法治教育,不断提升全体公民法治意识和法治素养,使法治成为社会共识和基本准则。"③"人之初,性本善。性相近,习相远。苟不教,性乃迁。教之道,贵以专。昔孟母,择邻处。"④人的自我探索与成长不可能一蹴而就,父精母血,基因遗传,言传身教,环境熏陶,生命个体的孕育、成长,家庭是人生的第一所学校,父母是孩子的第一任老师、孩子人生的第一责任人,孩童时烙刻的规矩、规则记忆,来自父母、长者、家庭成员日常生活的重复演示,以及在家庭、公共生活中的提醒提示,如生活习性、礼仪规矩等,都将催生规矩观念、敬畏意识的养成。在规则、规矩教育中,在孩子世界观、人生观、价值观形成的关键时期,家长身体力行,以日常生活为课堂,潜移默化引导孩子明辨是非善恶,就如在孩子心中种下法治的种子。譬如,"一个从少年时代开始就习惯于服从这个社会的法律的人,永远不会想去违犯这些法律"⑤。而那些不幸在强暴、放荡、虚伪和非正义之中长大的人,从幼年时起就熟悉这些行为,习惯已使他们对这些行为习以为常,"并且非常容易把它看成是所谓世之常情的东西,即某些可能并且必然被我们实行,从而妨碍自己成为正直的人的东西"⑥。习惯改变命运,过去的习惯决定了今天的自己,今天的好习惯成就人生大未来。

"少成若天性,习惯如自然。"⑦儿时养成的习惯,如同人的秉性自然牢

---

① 《楞严经》。
② 《荀子·劝学》。
③ 习近平:《以科学理论为指导,为全面建设社会主义现代化国家提供有力法治保障》(2020年11月16日),载《习近平谈治国理政》(第四卷),外文出版社2022年版,第294页。
④ 《三字经》。
⑤ 〔法〕摩莱里:《自然法典》,黄建华、姜亚洲译,商务印书馆2009年版,第23页。
⑥ 〔英〕亚当·斯密:《道德情操论》,蒋自强等译,商务印书馆1997年版,第254页。
⑦ 《孔子家语·七十二弟子解》。

固,会深深地印刻在骨子里,不易改变。古希腊教育家柏拉图曾以其哲学睿智明确指出青少年养成守法习性的重要性和基本途径:"孩子必须参加符合法律精神的正当游戏。因为如果游戏是不符合法律的游戏,孩子们也会成为违反法律的孩子,他们就不可能成为品行端正的守法公民了。""因此,如果孩子们从一开始做游戏起就能借助于音乐养成遵守法律的精神,而这种守法精神又反过来反对不法的娱乐,那么这种守法精神就会处处支配着孩子们的行为,使他们健康成长。一旦国家发生什么变革,他们就会起而恢复固有的秩序。"但孩子"不从小就在一个好的环境里游戏、学习,受到好的教养,是不能成长为一个善人的"①。例如,当下在我们的生活周围,青少年沉迷网络赌博、网络游戏、网络打赏等所引发的"涉网"违法犯罪,即与他们在网络环境下形成的网络不良嗜好密切相关。而在美国,枪械泛滥、枪手横行、严重枪杀事件层出不穷,已经成为其社会的"不治之症"。近年来大规模枪击暴力事件频发②,家庭枪击暴力、街头枪击暴力等"日常枪击暴力"几乎每天都在发生,一个又一个枪手闯入校园随机杀人,或在社区、超市、医院、地铁站、宗教场所等公共区域肆无忌惮地开枪,枪击暴力问题积重难返,枪击案发动者的年龄越来越小,枪击暴力"病因"何在?这是枪械不断泛滥失控(美国民用枪械持有量居世界第一位)、种族仇恨日益严重的社会环境,以及根深蒂固的枪支文化决定的。在美国,拥有枪支是公民神圣不可动摇的权利,枪支也是大人小孩的玩物,《宪法第二修正案》赋予美国人合法拥有枪支和用枪自卫的权利,美国最高法院也曾多次裁定持枪为"天赋人权"。200多年来形成的全球独有的枪支文化,严格控管枪支的法案长期无法达成,地方(州)控管枪支立法违宪,枪支泛滥成灾、利益集团作祟和政治无为失能,是枪击暴力在美国不断上演的祸根。③

---

① 〔古希腊〕柏拉图:《理想国》,郭斌和、张竹明译,商务印书馆1986年版,第140页、第333页。
② 美国非营利组织"枪支暴力档案"将造成4人或4人以上伤亡的枪击案定义为大规模枪击事件。
③ 2022年6月23日,美国联邦最高法院宣布,其9名大法官以6:3的表决结果裁定,纽约州一项有100多年历史的法律——限制民众在公共场所携带枪支——违反美国宪法,人民拥有在公共场所携带手枪的基本权利。此项被称为美国最高法院10多年来对枪支问题的重大裁决,也再次引爆美国社会有关枪支管控的争议,美国总统拜登随即表示,对最高法院的这一裁决"深感失望","裁决既违背常识,也违背宪法,将困扰我们所有人。"

柏拉图的学生哲学家亚里士多德继承并进一步发展了其导师的观点：德性通过教导、习惯养成，都不是与生俱来；动以健体，静以养心，德性既不出于自然，也不反乎自然；德性只生成于德性的活动，做不公正的事如果成为习惯便毁灭公正的德性。"德性在我们身上的养成既不是出于自然，也不是反乎于自然的。首先，自然赋予我们接受德性的能力，而这种能力通过习惯而完善。""通过做公正的事成为公正的人，通过节制成为节制的人，通过做事勇敢成为勇敢的人。这一点也为城邦的经验所见证。立法者通过塑造公民的习惯而使他们变好。这是所有立法者心中的目标。如果一个立法者做不到这一点，他也就实现不了他的目标。"一切德性通过习惯而生成，通过习惯而毁灭，因此"从小养成这样的习惯还是那样的习惯绝不是小事。正相反，它非常重要，或宁可说，它最重要"①。高度重视家庭教育是中国的文化传统，孝悌忠信，注重孝道（孝养、孝亲、孝老、孝敬），曾子曰："慎终追远，民德归厚矣。"②父母的启蒙是最好的教育，如幼年时父母在故事中对生活规矩、礼义廉耻的朴素表达，对好人的推崇、对英雄的景仰、对天道的敬畏都铭记于心；举头三尺有神明③，人在做，天在看，好人有好报！这是基层民众人文信仰赓续始终的最质朴呈现。"天命之谓性，率性之谓道，修道之谓教。道也者，不可须臾离也；可离，非道也。是故君子戒慎乎其所不睹，恐惧乎其所不闻。莫见乎隐，莫显乎微。故君子慎其独也。"④有了童蒙养正的培根，从小受到良好家教，接受做人的规矩与文化陶冶，知敬畏、存戒惧、守底线，就为学校教育固本铸魂夯实了文化根基；有了规则的启蒙、自然法则理念，就为法治意识和法治思维厚植了培育土壤；孝悌忠信礼义廉耻等传统道德认识的基本理念，为

---

① 〔古希腊〕亚里士多德：《尼各马可伦理学》，廖申白译注，商务印书馆2003年版，第37、38页。
② 《论语·学而》。
③ "观天之神道，而四时不忒。"（《周易·观卦第二十》）在中国文化语境里，"神"本质上是阴阳变化，不测之谓神，和西方宗教里的神不可混同。具体述之，中国人文信仰中的神有三类：所有的自然现象，如天坛、地坛、日坛、月坛，天地日月星辰都要敬仰；关于生活世界的神，与我们的日常生活密切相关、不能分开，如门神、灶神；由人变成的神，就是人实现了自我超越，如关羽、岳飞、孙思邈等历史人物。参见楼宇烈：《中国的人文信仰》，中国大百科全书出版社2021年版，第47—54页。
④ 《礼记·中庸》。

规则意识的养成奠定坚实的道德基础。心灵的最高境界是敬畏之心,如同信仰和宗教,那份虔诚任凭风浪摧移不可动摇。如果每一个人对规则、条律、伦理拥有本能的敬畏,在商言商、在职言公、在群言理、在情言忠,世界将会无比美好。

爱是教育的灵魂和终极依归,没有了爱就没有了真正的教育。家庭是爱的原点,也是生发扩展爱的港湾;家庭教育的最大特点和根本是"养""教"结合,父母的爱和成长陪伴不可替代,和非亲非故的友爱相比,父母与子女的爱具有更多的快乐,因为父母与子女的生活有更多的共同点。① 2022年6月,高考成绩公布后,江苏省宿迁市沭阳县如东中学的刘振傲同学被清华大学录取,而曾在同一所中学就读,刘同学的大姐2013年考入南京信息工程大学,二姐2014年考入清华大学,一个农村家庭的3个孩子全部考上大学,姐弟3人2人上985、1人上211,随即成为社会新闻,母亲的育儿教育引发网友广泛热议。为供养孩子读书,父亲常年在南方打工,母亲则28年来一直在家陪伴3个孩子成长。母亲接受媒体采访时坦言,自己只有小学文化,只能教孩子做人诚实守信,学习都靠孩子自己努力。这是家庭教育、环境教育、吃苦教育的成功范例,母亲朴实无华的言语道出了中国万千成功父母养儿育女的真谛。实事求是而言,在基层特别是农村,普通家庭父母读书不多,也不可能给孩子创造太多的物质财富,但"刀在石上磨,人在苦中练",村寨邻里互帮互助的纯朴民风、家族代代赓续的优良家风传承,以及父母敬老孝亲、勤奋劳作和乐观豁达的人生态度,为孩子道德养成、礼仪规则意识、造就坚韧执着的性格提供了生发沃土和鲜活示范。因此,钱少不可怕、贫穷不可怕,可怕的是没有教养、没有规矩、没有骨气、没有坚持、没有希望,自暴自弃;父母格局决定孩子的价值观,有温暖和原则的家庭,才能养育出有敬畏之心的孩子。进入新时代,家庭教育促进法明确了家庭教育的责任、国家支持家庭教育的责任和家庭学校社会协同育人的责任,家庭教育从"家事"上升到"国事",家庭教

---

① 参见〔古希腊〕亚里士多德:《尼各马可伦理学》,廖申白译注,商务印书馆2003年版,第275页。

育的重要价值及原则等得以用法律的形式加以确认。①

心有敬畏,行有所止。古人云:"凡善怕者,必身有所正,言有所规,行有所止,偶有逾矩,亦不出大格。"②一个人心存敬畏,必言谨身正,坚守底线,遵循自然规律和道德准则行事,福德自来;心无戒律,没有敬畏,就会肆无忌惮、为所欲为,心术不正、随欲妄为,后患无穷。现实世界没有绝对的自由,自由往往伴随着责任与约束,人人遵规守法才能守护法治、共享美好生活,有规则约束的自由,才能经得起检验。法治社会,规则意识、法律素养是公民的基本素质。习近平强调:"法律要发挥作用,首先全社会要信仰法律;道德要得到遵守,必须提高全体人民道德素质。要加强法治宣传教育,引导全社会树立法治意识,使人们发自内心信仰和崇敬宪法法律。"③自然法、民间法滋养百姓心灵,沁润民众生活,是法治国家、法治政府、法治社会一体建设的基础工程。自然法、民间法播种千家万户,"从娃娃抓起",潜移默化,润物无声,规则意识融入血液、沁入骨髓,法治成为种子根植于孩子成长的内心,融入生命的信仰里,遵规守纪成为自觉、成为习惯、成为自然,在基层生根,纯化社区风气,这就是民间智慧,这就是人民力量。

习近平指出:"不论时代发生多大变化,不论生活格局发生多大变化,我们都要重视家庭建设,注重家庭、注重家教、注重家风。"④法治社会是构筑法治国家的基础,法治社会建设是实现国家治理体系和治理能力现代化的重要组成部分。《法治社会建设实施纲要(2020—2025年)》明确要求,推动全社会增强法治观念,"树立宪法法律至上、法律面前人人平等的

---

① 家庭教育法把家庭教育界定为"父母或者其他监护人为促进未成年人全面健康成长,对其实施的道德品质、身体素质、生活技能、文化修养、行为习惯等方面的培育、引导和影响",并且明确了家庭教育的五项基本要求,即尊重未成年人身心发展规律和个体差异;尊重未成年人人格尊严,保护未成年人隐私权和个人信息,保障未成年人合法权益;遵循家庭教育特点,贯彻科学的家庭教育理念和方法;家庭教育、学校教育、社会教育紧密结合、协调一致;结合实际情况采取灵活多样的措施等。
② (明)方孝孺:《逊志斋集》。
③ 习近平:《坚持依法治国和以德治国相结合》(2016年12月9日),载《习近平谈治国理政》(第二卷),外文出版社2017年版,第135页。
④ 习近平:《在2015年春节团拜会上的讲话》(2015年2月17日),载《人民日报》2015年2月18日。

法治理念,培育全社会法治信仰,增强法治宣传教育针对性和实效性,引导全体人民做社会主义法治的忠实崇尚者、自觉遵守者、坚定捍卫者,使法治成为社会共识和基本原则"。党的十八届四中全会提出,要把法治教育纳入国民教育体系,从青少年抓起。这是法治国家建设的战略性基础工程,需要家庭、社会共同参与,在青少年心中播撒法治的种子,为法治中国大厦培根固本。言传不如身教,父母的亲力亲为就是最好的教育,广大家长身体力行,以家庭教育为基础、日常生活为课堂,在生活中自觉守法、遇事找法、积极普法,在社区生活中依托社会自治培育公序良俗,在传统节日中传承文化、礼仪规矩①,与学校法治教育课堂有机协同,以法律知识、生动案例滋养法治精神,从身边点滴感受法治的力量,让法治种子在孩子心中生根发芽、茁壮成长。从青少年开始,从每个家庭开始,拓展至学校、社区、城市,让法治精神在民间大力弘扬,让法治的种子在基层扎根生发,广植深掘、盘根错节,才可树冠满盈、遮天蔽日,为法治中国建设行稳致远奠定坚实社会根基。

马克思清晰指出:"法律是肯定的、明确的、普遍的规范。"②法律在现象上是一种规范或行为准则,即中国古代思想家所讲的规矩、衡石、纯墨等,因而它也就具有普遍性(或一般性)的特征。也就是说,它是适用于一般的人或事而不是适用于个别的人或事,是反复适用而不是仅适用一次。在中外法律思想史中,这是思想家们的基本共识。③ 德国法学家萨维尼认为:"法律是一种准则,这种准则确定了每个人安全和自由在其中生存和活动的不可分割的边界线。"④法治作为当代社会普遍接受的基本信念之一,经历了数百年历史风雨的淘洗,古今中外,政治家、思想家、法学家以

---

① 以春节、元宵节、清明节、端午节等为代表的传统节日,承载着中华民族一脉相承的思想观念、人文精神、道德规范,承载着敬畏自然、家国情怀、感恩重孝和文化认同的核心价值。

② 马克思:《第六届莱茵省议会的辩论》(第一篇论文),载《马克思恩格斯全集》(第一卷),人民出版社1995年版,第176页。

③ 参见沈宗灵:《现代西方法理学》,北京大学出版社1992年版,第424页。

④ 转引自〔英〕弗里德里希·奥古斯特·哈耶克:《自由宪章》,杨玉生等译,中国社会科学出版社2012年版,第210页。

及各法学流派对法和法治的定义已不知其数,因论者思想语言、思维表达、生活场景、政治环境、时空变换等条件的差异,表述各不相同。那么,法、法律或法治到底是什么?对这一表面上看起来不是问题的问题,其实根本不可能有人能给出一个人人可以接受的明晰答案。"许多年以来,英语世界中的法律哲学基本上是被奥斯丁、格雷、霍姆斯和凯尔森的传统主宰着。他们的总体法律观所占据的核心地位并不意味着这种观点被人们完全满意地接受了:即使是它的支持者们也时常显示出对它的某些含意感到不自在。"①只有在一个特定的语境或者场域中,人们才可能据其指引去接近它。在西方思想史上,有过多次关于"法治"的争论,每次争论都使法治有了一些新的含义,比较突出的有三次:首先是柏拉图"哲学王的统治"即人治和亚里士多德"法治优于一人之治"即法治的争论;其次是洛克等人为代表的自然法学所描述的法治理想,即与专制相对的法治;最后是现代法学家对于传统法治理论的抨击和捍卫。②

早在一百多年前,晚清门户开放,随着"西学东渐"特别是"西法东渐",中国启蒙思想先驱、法学家们在中西文化的比较中,敏锐地意识到了中西方语言中"法"概念上存在的重大差异、中外文化对法的不同理解和基本内涵。沈家本认为:"西文'法'字,于中文有'理''礼''法''制'之异译,不专指刑法一端。"③严复在译介西方法学文献时,也明确指出:"西文'法'字,于中文有理、礼、法、制四者之异译,学者审之。"④中华法系的一个重要特征就是礼法合治,"礼"是中国古代的普适性规范,礼义之邦,礼治天下。近现代著名哲学家金岳霖先生认为:"儒教之陶冶我中国者,数千年矣。其能致人心于不敝,弭恶行于无形者,非神道也,礼而已矣。""夫礼之为物,小而身心,大而国家,广而人群,无可或越其范围者也。"⑤礼、义、

---

① 〔美〕富勒:《法律的道德性》,郑戈译,商务印书馆2009年版,第1页。
② 参见徐爱国:《为法治而斗争——批苏力的〈法治及其本土资源〉》,载北京大学法学院编:《价值共识与法律合意》,法律出版社2002年版。
③ 沈家本:《寄簃文存·新译法规大全序》,商务印书馆2017年版,第212页。
④ 〔法〕孟德斯鸠:《孟德斯鸠法意》,严复译,商务印书馆1981年版,第3页。
⑤ 《赠言·说礼》。

廉、耻,国之四维,四维不张,国乃灭亡。① 重"礼",是中国古代传统法治的基本精神,"礼"的原型来自充满宗教色彩的原始习俗,"礼"本质上是民间法与国家法的有机结合,"'礼'所概括起来的风俗、习惯和礼仪,并不单纯是我们经验中所发现为中国人感受到的与'普天之下'对正义的本能感觉相一致的那些东西;它们还被认为是与上天的'意志'相一致、而且确实还是与宇宙的结构相一致的东西;如果认识不到这一点,人们就无法体会'礼'字的全部力量。因此,犯罪或者甚至于争执,都在中国人心中引起重大的不安,因为他们觉得这就扰乱了自然界的秩序"②。

人们常说,中国自古是礼仪之邦,"周虽旧邦,其命维新"③,中国是文明绵延悠久的礼义之邦,规矩就是"礼"通俗外化的表现,包含的是"推己及人"的智慧和"正己化人"的人文关怀,推恩至远,以亲疏等级秩序为基础实现泛爱与博爱,礼仪天下。礼仪之光照亮中国礼制文明,奠定中国传统法文化根基,中华文明早期礼制的出现,对商周的德治思想及后来儒家的敬天法祖、仁礼并举、忠孝节义等思想产生了极为深远的影响,并不断融合发展形成仁义、礼制、法令和刑罚并用的治国之道:"仁义礼制者,治之本也;法令刑罚者,治之末也;无本者不立,无末者不成。"④所以,如果对中华传统法文化有基本认知,也就不难理解为什么孔子被西方看作立法先贤(law-giver)。据美国最高法院官方网站介绍,法院大楼东侧的尖顶和廊柱雕像群,主雕像是伟大的立法先贤摩西、孔子和梭伦。雕像群由赫蒙·麦克尼尔(Hermon Atkins MacNeil)雕刻,其设计理念体现了孔子对美国开国元勋的巨大影响:"法律是文明的一个要素,美国的法律自然地继承或派生于以前的文明之中。因此,最高法院大楼的东侧门楣雕像群寓意对源自东方的基本法律和戒律的借鉴。摩西、孔子和梭伦被选为代

---

① 参见《管子·牧民》。
② 〔英〕李约瑟:《中国科学技术史》(第二卷),何兆武等译,科学出版社、上海古籍出版社1990年版,第559—560页。
③ 《诗经·大雅·文王》。
④ 《群书治要·袁子正书》。

表三个伟大的文明,形成了这个三角的中心雕像群。"①

我们今天的语境以及所处时代,已经完全不同于古人,而法、法律词汇早已有之,因而今天其所表达或指代的意义当然已与古代大不相同。②"法律在未定义的情况下,是个抽象的集合名词,若有所含义,只能是指一项一项法律聚集起来的总和";"首先,拿范围来说,就有关法律所表达的,可以是涉及某个或某些特定国家的法律,或者是涉及一切国家的法律"。③同时,语言只是(重要的)媒介,不同语言及语言习惯、思维习性,对信息汲取、思维方式、事物理解、印象形成和价值判断都会产生影响,而且不同国家学者的研究往往也会有同时代各自国家制度和文化的烙印。例如,黑格尔的法概念,不仅包括看得见的抽象法(形式法),还包括看不见的道德和伦理,其《法哲学原理》主要由三部分构成:抽象法、道德和伦理。所以,在黑格尔的法哲学体系中,道德也是法的一种,一种具有特殊规定的内心的法,亦即"主观意志的法"。"法的概念就其生成来说是属于法学范围之外的,它的演绎在这里被预先假定着,而且它应该作为已知的东西而予以接受";"道德、伦理、国家利益等每个都是独特的法,因为这些形态中的每一个都是自由的规定和定在";"主观意志的法在于,凡是意志应该认为有效的东西,在它看来都是善的;又一种行为,作为出现于外在客观性中的目的,按照主观意志是否知道其行为在这种客观性中所具有的价值,分别作为合法或不合法,善或恶,合乎法律或不合乎法律,而归责于主观意志"。④ 而在西方法治发展史上,古代的宪法以小国寡民的城邦制为基础,以阶级宪法为特征,现代宪法以民族—领土国家为基础,以全民性为特征,两者虽然不同,但不能否认后者来自前者,两者的连续性是明显的。⑤ 若以与法治密切相关的人权概念为例,人人得享人权是全人类的共同理想,也是

---

① 陈孟统:《华春莹提到的美国最高法院门楣,为何刻有孔子像?》,https://www.chinanews.com.cn/gn/2022/10-11/9870617.shtml,2022年10月11日访问。

② 参见齐延平:《自由大宪章研究》,中国政法大学出版社2007年版,第2—3页。

③ 参见[英]边沁:《道德与立法原理导论》,时殷弘译,商务印书馆2000年版,第362页。

④ 参见[德]黑格尔:《法哲学原理》,范扬、张企泰译,商务印书馆1961年版,第2、43、46—47、128、152—153页。

⑤ 徐国栋:《罗马公法要论》,北京大学出版社2014年版,第27页。

中国人民的不懈追求,但西方企图始终垄断民主人权定义,强迫他国接受其民主人权标准,强调人权是以"自由"为主体的政治权利。中国则鲜明提出:让全体人民共享发展成果,人民幸福生活是最大的人权;在具体的现实生活中,一个国家的人权状况如何,根本不应该由某种原理、概念判定,而完全应该由这个国家民众自身的体验和感受加以判定。

二〇〇〇年春天,我第一次来到中国,先到北京,后到上海。我应邀在一些大学里谈了自己的写作。你们的国家——中国,我在童年时就多少次梦想过的地方,我在想象中在那里漫步,在一些把脚紧裹在小鞋里的女人、背上拖着一条大辫子的男人当中。晚上,我常常以为看到了被夕阳映红的云彩里的长城。后来,与六十年代的少数法国人一起,我以一种抽象的、没有画面的方式,经常把它"想成"一种统率着十亿不加区分的人的政治制度。当然,在最近十年里,一些影片、纪录片、书籍,改变了我简单化的观点,但只有在这个五月的早晨到达北京的时候,这种由意识形态的偏见和杜撰、虚构的描述所构成的模糊一团才烟消云散。①

以上抄录的是 2022 年诺贝尔文学奖获得者、法国作家安妮·埃尔诺 2009 年 7 月在其代表作《悠悠岁月》中为中国读者撰写的序言——"致中国读者"的感怀:她说,2000 年春天第一次到中国,先到北京,后到上海。但在来中国之前,她对中国的想象曾经是小脚的女人和长辫子的男人,之后又和 20 世纪 60 年代的少数法国人一起,以一种抽象的方式把中国想象成这样一个地方——有着一种"统率着十亿不加区分的人的政治制度"。只有在她真正踏上中国的土地,在街道和建筑工地的喧闹中、在偏僻的胡同和公园的宁静中漫步时,看着那些街道、建筑工地、胡同、公园、高楼和各式各样的人们,她才感受到"我们在同一个世界上",她看到的一切,和她当时正在写的,如今我们看到的《悠悠岁月》产生了共鸣,"在中法两国人民的特性、历史等一切差别之外,我似乎发觉了某种共同的东西",也为我们跨越时空的理论思考提供了深刻启示。

---

① 〔法〕安妮·埃尔诺:《悠悠岁月》,吴岳添译,人民文学出版社 2010 年版,第 1 页。

三、人民幸福是最高法律

（一）法治：文化共识之上的规则之治

当代美国著名法理学家、哈佛大学法理学教授富勒在论述"法律的一般性"时指出："一套使人类行为服从于规则之治的系统所必须具备的首要素质是显而易见的：必须有规则存在。我们可以将此表述为一般性要求。"① 法律是公共意志的表现，国家法律是随着国家的产生而产生的，具有鲜明的阶级性。马克思主义经典《共产党宣言》包含着对历史唯物主义法学原理的精辟论述，马克思、恩格斯在其中深刻揭露了资产阶级法的本质："你们的观念本身是资产阶级的生产关系和所有制关系的产物，正像你们的法不过是被奉为法律的你们这个阶级的意志一样，而这种意志的内容是由你们这个阶级的物质生活条件来决定的。"② 而在人民当家作主的社会主义社会，当阶级矛盾已经不再是社会主要矛盾，法的阶级性本质往往集中表现为法的政治性和人民性。政党和政治法律制度是人为的产物，不是生命体，所以必须依靠人的力量才能推陈出新。简言之，法治，就是以法律为准绳衡量、规范、引导社会生活。法的本义是规则；法治要义是限制公权、保障人权、防范公共权力变质变异、危害社会和人民；法治真谛是立良法、谋善治、促发展。

"故《明法》曰：'以法治国，则举错而已。'"③ 以法治国是何意？就是明确"以法治国"的原则，一切都按法运作。"'法治'字面上意指法律的统治。采其广义，意味着人们应该服从法律并被法律所统治。但是，在政治和法律理论当中，它已被狭义地解读，即政府应当被法律所统治并从属于法律。这一意义上的法治观念经常以这样的词语来表达：'法治而非人治'。一旦人们使用这些公式，它们的模糊性即变得明显。政府的确既受

---

① 〔美〕富勒：《法律的道德性》，郑戈译，商务印书馆2009年版，第55页。
② 马克思、恩格斯：《共产党宣言》，载《马克思恩格斯选集》（第一卷），人民出版社2012年版，第417页。
③ 《管子·明法解》。

法律又受人的统治。"法律是公意的行为,法治的字面意义包括两个方面:"(1)人们应当被法律统治并服从法律,以及(2)法律让人们能够受其指导。"① 在现代治理中,法治是调节国家、社会、市场、个人关系的一种规范性力量。"是故形而上者谓之道,形而下者谓之器,化而裁之谓之变,推而行之谓之通,举而错之天下之民谓之事业。"②"[刚柔交错],天文也。文明以止,人文也。观乎天文,以察时变。观乎人文,以化成天下。"③

"法治应当优于一人之治"④,古希腊哲学家亚里士多德为人类提供了"法治"理念的思想源头。时代在变,法的形式在变,但历史的变局不论如何深刻演进,法的真谛永远不变:法存于自然,法因国而兴,法为民而贵。"法生于义,义生于众适,众适合于人心,此治之要也";"法者,非天堕,非地生,发于人间,而反以自正"。⑤ 法产生于公共道义、公众利益,这道义来自于百姓公共生活的需要,并符合最广大人民群众的意愿,人类法律的制定要尊重自然,随顺自然,合乎人心,这就是法治要义、社会善治的关键所在。在此,古代中外思想家的认知惊人相似:"皇祖有训,民可近,不可下,民惟邦本,本固邦宁。"⑥"要知道,我们需要解释法的本质问题,而这需要到人的本性中去寻找。"⑦"盖君子之为政,立善法于天下,则天下治;立善法于一国,则一国治。"⑧"人性的首要法则,是要维护自身的生存,人性的首要关怀,是对于其自身所应有的关怀。"⑨《管子》曰:"不法法则事毋常,法不法则令不行。"法学家、近代中国具体法治的践行者沈家本先生认为:此言国家不可无法,有法而不善,与无法等。⑩ 这些是中外政治法律思想

---

① 〔英〕约瑟夫·莱兹:《法治及其德性》,郑强译,载《公法》(第二卷),法律出版社2000年版,第90、91页。
② 《周易·系辞上》。
③ 《周易·贲卦第二十二》。
④ 〔古希腊〕亚里士多德:《政治学》,吴寿彭译,商务印书馆1965年版,第167—168页。
⑤ 参见(汉)刘安:《淮南子·主术训》。另参见《慎子·逸文》:"法非从天下,非从地出,发于人间,合乎人心而已。"《群书治要·文子》:"法非从天下,非从地出,发于人间,反己自正也。"
⑥ 《尚书·夏书·五子之歌》。
⑦ 〔古罗马〕西塞罗:《论共和国 论法律》,王焕生译,中国政法大学出版社1997年版,第189页。
⑧ (北宋)王安石:《周公论》。
⑨ 〔法〕卢梭:《社会契约论》,何兆武译,商务印书馆2009年版,第5页。
⑩ 参见沈家本:《寄簃文存·法学名著序》,商务印书馆2017年版,第208页。

史上"民惟邦本""善法而治"的理论智慧。因此,法治(rule of law)原意是指根据法律治理国家,现在人们普遍解读为依法而治或依据法律的治理。循此逻辑,进一步从文化的层面深刻认知和表达,笔者认为,法治是文化共识、价值认同(社会共识)之上的规则之治、秩序之治、宪制之治、互信共治、良法善治、理性之治。简言之,是基于"道"的"无为"的治理,立良法、谋善治、促发展,是现代法治的精髓要义。世事变幻,治国有道。"为政之道,以顺民心为本,以厚民生为本,以安而不扰为本。"①这是中国传统民本思想的精辟阐发,彰显了重民爱民保民的为政情怀,清晰阐明了良法善治的基本原则或要旨,深刻揭示了人类法治文明的深层逻辑:审时度势,以顺应民心为根本,以改善民生为根本,以安民而不扰民为根本,以富民而不掠民为根本。也就是,良法深深植根于人民之中,一切善治举措都要顺应民心,不能违背民意,更不能横征暴敛,扰民伤民;只有尊重人性、符合人类共同价值,才有生命力,才可持续;无视民众疾苦的法律,不可能得到人民的衷心拥护和支持。

国家是人民的契约,信任是法治的基石。"夫信者,人君之大宝也。国保于民,民保于信;非信无以使民,非民无以守国。"②信任是公共治理的基础,诚信夯实民主法治根基,沟通是民主法治的桥梁,法治是民主政治的保障,制度信任是国家治理的"硬通货",没有人民的信任,政治体系就会失去根基,政府、社会必然产生信任危机。"政治制度是从城邦公民的习惯里产生出来的;习惯的倾向决定其他一切的方向。"③信任是社会成员的粘合剂,是社会维持团结合作的整合基础,人民彼此信任,民主法治良性互动、循环共进,好公民奠基好民主,好民主产生好政府、好法律,好政府产生好政策、形成有效治理,就能战胜一切危难,无坚不可摧、无往而不胜,这是良法善治的基本逻辑。没有信任就无法沟通,没有沟通就无法协商,缺失协商就无法共识,不存共识就无法共治,也不可能凝聚智慧、达成良策、实现善治,中外历史上这样的治理镜鉴很多。春秋战国时代,是中

---

① (北宋)程颐:《伊川文集·代吕晦叔应诏疏》。
② (北宋)司马光:《资治通鉴·第二卷》。
③ 〔古希腊〕柏拉图:《理想国》,郭斌和、张竹明译,商务印书馆1986年版,第314页。

国古代历史上一个重大的社会转型时期,社会礼崩乐坏,国家信任危机,周朝分封的各诸侯国你争我夺,天下大乱,诸侯国连年征战,社会动荡不安,至战国时期,秦国、楚国、齐国、燕国、赵国、魏国、韩国七雄争霸,商鞅"徙木立信"、变法革新,重建社会信任,偏远小国秦奠基强盛之路、顺势崛起,成就不朽伟业,耗时10年兼并六国、完成统一伟业,废除分封制,全面在地方实行郡县制,加强中央集权统治,建立统一封建王朝,彻底结束春秋以来诸侯长期割据的混战局面。秦统一,实现了"周秦变革"下由贵族封建制向官僚郡县制的历史变迁,商鞅变法,普遍推行县制,奠定今日中国版图的基本格局,中国发展从此走向大一统的崭新时代。

"实际上确是这样,品行或道德是民主政府的必要的源泉。这条规则的确或多或少地对各种自由政府起支配作用";"珍惜政府的信用是力量和安全的十分重要的源泉,维护的方法之一是尽可能爱惜地使用"。① 所以说,法治兴则民族兴,法治强则国家强。人民群众是历史的创造者,是历史发展的根本动力,是社会变革的决定力量。人民意志凝聚而成的人心向背决定着社会发展的基本走向。现实的人及其活动构成历史发展的动力,也就是"他们的活动和他们的物质生活条件,包括他们已有的和由他们自己的活动创造出来的物质生活条件"②。人作为自然界的生物,首先当然是自然人,但更是群居动物,是社会人、政治人,人的社会属性决定了人生活、生存于社会之中,不可能独立存在,经历了全球新冠肺炎疫情大流行,普通民众对此的认知更加深刻。从法哲学思辨,不论是把人定位为天生的政治动物,还是定位为天生的社会动物,但其现实存在一定是在四种力量规范下形成:一是自然,二是组织,三是制度,四是价值或文化。现实中的人,正是这四大规范力量共同作用的产物,同时也是创造这些规范的力量。人类社会发展以追求人的自由与解放和人的全面发展为核心取向,人类历史从古代迈入现代的根本标志就是:人从一种被决定的力量逐渐解放为一种决定性的力量。于是,人成为现代社会与现代国家的逻

---

① 参见〔美〕乔治·华盛顿:《华盛顿选集》,聂崇信等译,商务印书馆2012年版,第305页。
② 马克思、恩格斯:《德意志意识形态》,载《马克思恩格斯选集》(第一卷),第146页。

辑起点。① 坚持人民至上,旨在增进人民福祉、实现全体人民共同富裕、促进人的全面发展。从法的价值追求而言,人的发展是中国式现代化的原则高度和内在支撑,以鲜明的人民性推动人的全面发展,不断把科学社会主义的价值目标变为现实。现代化的本质是人的现代化,实现人的自由全面发展,包括每一个人的道德、人性与平等都得到最大限度的发挥与维护,是法治的根本目的。"代替那存在着阶级和阶级对立的资产阶级旧社会的,将是这样一个联合体,在那里,每个人的自由发展是一切人的自由发展的条件。"②法与人、人类社会生活相生相伴,法治维护公平正义的理想社会,促进、保障人的自由而全面发展,必须始终秉持人的主体性地位,尊重并满足人性发展的客观要求,关爱关怀具体的个体生命,实行人性化的服务,并将社会发展的一切成果惠及每一位社会成员,让人人保有对理想社会未来图景的希望。但同时要警惕极端个人主义、自由主义泛滥,只讲个人权利,忽视或不讲对群体的相应义务和责任。"我们可以推断,假如人民的私利和国家的公益恰好是相互一致的时候,这个国家便是组织得法,内部健全;因为在这个时候人民的私利和国家的公益能够互相找到满足和实现。"③

以世界法治典范、民主灯塔自诩的美国为例,面对 2019 年突如其来、肆虐全球的世纪新冠肺炎疫情大流行,很多美国民众都把自由看得无比重要,曾使得整个国家的疫情防控陷入极度糟糕的境地,两百多年来所奉行的极端个人主义撞上了南墙,一个高度崇尚个人自由的社会,遇上了无孔不入和杀伤力极强的病毒,几乎是束手无策,一时之间兵败如山倒。即便如此,社会整体在疫情防控议题上还是长时间无法达致共识,随着疫情持续、病毒不断变异,该不该打疫苗、该不该戴口罩、该不该封城和保持社交距离等,所有议题都政治化;联邦制的松散国家权力结构,以及执政与在野的共和、民主两党控制的各州坚守以党派划线不动摇,把政党利益置

---

① 参见林尚立:《现代国家认同建构的政治逻辑》,载《中国社会科学》2013 年第 8 期。
② 马克思、恩格斯:《共产党宣言》,载《马克思恩格斯选集》(第一卷),人民出版社 2012 年版,第 422 页。
③ 〔德〕黑格尔:《历史哲学》,王造时译,商务印书馆 1963 年版,第 65 页。

于国家之上;只问立场、不问公正,只为政党、不为人民,民主共和两党将三权分立变成三权对立,加剧社会撕裂。人民不信任政府,尽管染病率和死亡率全球第一,许多民众仍然把个人自由看得比什么都重要,坚持认为个人自由、人权高于一切,没有对生命的基本敬畏,拒不听从科学家建议、劝告,拒绝接种疫苗、拒绝戴口罩,反抗旨在保护他们生命安全的政府所有防疫措施,甚至最高法院9名大法官也无法达成一致,如尼尔·戈萨奇就坚决反对戴口罩。因新冠死亡人数超过100万,美国一度成为世界上抗疫最糟糕的国家。政治精英不负责任、推波助澜,联邦政府不作为,无视国民生命,不顾善政道义,着力"甩锅丢责",惯用以自身优势力量施压和威胁、行使霸凌,干扰国际合作,部门间掣肘扯皮、政府作用缺失,国家治理失效,政党极化、党争不止、政治分裂,各种社会矛盾累积激化,政客对普通民众生命安全和身体健康冷漠,民众对政府的信任度持续下降,法律逐步丧失凝聚社会共识和推进国家善治的理性功能,民主严重异化,背离美利坚合众国的立国精神,美国民主制度设计的诸多内在先天缺陷充分暴露,也给世界安全稳定带来严重隐患。正如柏拉图所言:"不顾一切过分追求自由的结果,破坏了民主社会的基础,导致了极权政治的需要。"因此,"无论在个人方面还是在国家方面,极端的自由其结果不可能变为别的什么,只能变成极端的奴役"①,法律制定必须符合社会基本正义和效率要求。

(二) 法为民贵:良法善治

人的尊严是植根于内心的高贵,维护人的尊严是善治的最高境界,法治国家的终极价值就在于,满足和保障每一位公民拥有自由而尊严的生活。"法令者,民之命也,为治之本也。"②法治不仅是规则之治,而且必须是良法之治,良法善治是法治的本质内涵。在今湖南省龙山县出土的里耶秦简中,洞庭郡守礼在给属县下达的公文中说:农忙时,尽量不要征发百姓,官吏征发百姓"可省少弗省少而多兴者",则举报至县廷,县廷据相

---

① 〔古希腊〕柏拉图:《理想国》,郭斌和、张竹明译,商务印书馆1986年版,第340、342页。
② 《商君书·修权》。

应的律令论处;岳麓秦简《徭律》规定:农忙季节征发徭役,优先征发富有贤人,农闲时期则优先贫者。① 这展现了中国古代基层治理良法善治的实践智慧:无为而治——遵循规律,不妄作为,不做违背自然的行为。"安国之法,若饥而食,寒而衣,不令而自然也。"②良法尊重自然理性、尊重人性特点、尊重文化传统、尊重法治规律,顺应民心民意,保护人民对美好生活的向往,确保发展成果更多更公平惠及全体人民,保障民众高品质生活。用精辟、通俗的文字表述,"良法就是为人民的利益所需而又清晰明确的法律。法律,作为得到批准的法规,其用处不在于约束人民不做任何自愿行为,而只是指导和维护他们,使之在这种行为中不要由于自己的鲁莽愿望、草率从事或行为不慎而伤害了自己。正如同栽篱笆不是为了阻挡行人,而只是为了使他们往路上走一样。没有必要的法律由于不包含法律的真正目的,所以便不是良法"③。

民之所欲,法之所系。良法反映人民意志和利益,反映公平、正义等人类共同价值追求,符合社会发展规律,体现国情、社情、民情,具备科学、合理的规范体系。坚持以人民为中心是坚定不移走中国式法治现代化道路的根本立场,如以民法总则为引领的民法典,坚持以人为本理念并充满人性关怀,还有刑法的惩恶扬善、反垄断法的市场公平原则等,也都充分体现了对人性的尊重和约束,是良法的核心要素。良法融入社会道德精髓,体现惩恶扬善精神,良法是善治的前提,善治是良法的实现目标,良法奠基善治、支撑共治。④ 而具体到民众日常生活中,对绝大多数人而言,保障秩序和稳定,就是政府最大的善。习近平在中央全面依法治国工作会

---

① 参见齐继伟:《由出土秦律令重审"以法为教"》,载《光明日报》2022年3月19日。
② 《韩非子·安危》。
③ 〔英〕霍布斯:《利维坦》,黎思复、黎廷弼译,商务印书馆2009年版,第271页。
④ 哲学大师黑格尔曾专门探讨相互作用、相互关系的思维模式,并指出要达到对真理的认识,必须通过概念(抽象的普遍性的观念)的思维才能实现。"例如,认斯巴达民族的风俗为斯巴达制度的结果,或者反过来,认斯巴达的制度为他们的风俗的结果,这种看法当然是不错的。不过这种看法不能予人以最后的满足,因为事实上,这种看法对于斯巴达民族的风俗和制度并没有概念式的理解。而这样的理解只在于指出这两个方面以及一切其他足以表现斯巴达民族的生活和历史的特殊方面,都是以斯巴达民族的概念为基础。"在黑格尔看来,斯巴达民族的风俗与制度之间存在相互关系,但二者本身却受制于一个更高的东西,即斯巴达民族的概念,也就是斯巴达民族的精神和文化。参见〔德〕黑格尔:《小逻辑》,贺麟译,商务印书馆2009年版,第321—323页。

议上明确指出:"全面依法治国最广泛、最深厚的基础是人民,必须坚持为了人民、依靠人民,要把体现人民利益、反映人民愿望、维护人民权益、增进人民福祉落实到全面依法治国各领域全过程";推进全面依法治国,根本目的是依法保障人民权益。要积极回应人民群众新要求新期待,系统研究谋划和解决法治领域人民群众反映强烈的突出问题,不断增强人民群众获得感、幸福感、安全感,用法治保障人民安居乐业。①

"有两种腐化,一种是由于人民不遵守法律,另一种是人民被法律腐化了。被法律腐化是一种无可救药的弊端,因为这个弊端就存在于矫正方法本身中。"②欧美国家近年来的右翼民粹主义浪潮或"西方之乱",也再一次警示资本主义法治痼疾、制度危机。"真正的法律使所有公民毫无差别地一致遵守着种类相似的许多条例;这正是法律的最为一般人所深切感觉到的特征,使'法律'这个名词只能适用于一致、连续和类似。"③正如古希腊著名政治思想家亚里士多德提出的经典法治公式:"法治应包含两重意义:已成立的法律获得普遍的服从,而大家所服从的法律又应该本身是制订得良好的法律。"④良法善治是人类法治文明的高级型态,是新时代中国特色社会主义法治追求的新境界。法治的基本内核是宪法法律至上,逻辑前提是良法之治,外在形式是法律面前人人平等,内在价值是控制公权、保障人权。因此,法治建设的核心是坚持法律至上,维护宪法权威;前提是科学立法,提高立法质量;关键是依法行政,严格规范公正文明执法;保障是公正司法,提高司法公信力;手段是加强科技应用,提升执法效能;基础是全民守法,建设法治社会。法律是实现国家意志的工具,"法律的首要和主要的目的是公共幸福的安排"⑤。

人类历史是人性展现的历史。"一般地说,法律,在它支配着地球上

---

① 参见习近平:《以科学理论为指导,为全面建设社会主义现代化国家提供有力法治保障》(2020年11月16日),载《习近平谈治国理政》(第四卷),外文出版社2022年版,第288—289页。
② 〔法〕孟德斯鸠:《论法的精神》(上册),张雁深译,商务印书馆1961年版,第86页。
③ 〔英〕梅因:《古代法》,沈景一译,商务印书馆2009年版,第6页。
④ 〔古希腊〕亚里士多德:《政治学》,吴寿彭译,商务印书馆1965年版,第199页。
⑤ 〔意大利〕托马斯·阿奎那:《阿奎那政治著作选》,马清槐译,商务印书馆1963年版,第108页。

所有人的场合,就是人类的理性;每个国家的政治法规和民事法规应该只是把这种人类理性适用于个别的情况。为某一国人民而制定的法律,应该是非常适合于该国人民的;所以如果一个国家的法律竟能适合于另外一个国家的话,那只是非常凑巧的事。"①文化自信是一个国家、一个民族发展中更基本、更深沉、更持久的力量。民主与法制是人类几千年文明积淀的精华,是优秀的政治文化遗产;法治是人类社会进入现代文明的重要标志,是实现国家治理体系和治理能力现代化的必然要求和根本路径,具有鲜明的文化属性和政治属性;法治既是国家治理体系和治理能力现代化的基本构成,也是区域经济社会发展的软实力和核心竞争力。市场是资源配置最有效率的形式,竞争是市场经济的灵魂,没有竞争,市场将失去活力;契约精神是市场经济的基石,法治是保障,社会主义市场经济本质上是法治经济,也是信用经济,没有法治与信用,市场将无序无效;市场经济的有序运行必须以良法善治为基础、在法治范围内活动、由法治规则来守护。因此,良好的营商环境,是激发市场主体活力、增强发展动能的前提。只有善于运用法治思维和法治方式,打造以法治为基础的现代市场经济体系,强化公平竞争审查制度的刚性约束,及时清理废除妨碍统一市场与公平竞争的各种规定和做法,形成和优化统一开放、竞争有序、制度完备、治理完善的高标准市场体系,以法治之力保障社会主义市场经济健康发展,才能推进经济高质量发展。

"法者,国家所以布大信于天下。"②人无信不立,业无信不兴,国无信不强。实践表明,只要以法治完善制度、强化监管,就能构建起统一开放、竞争有序的市场体系,打造出公平公正的竞争环境,确保营商环境具有制度稳定性和可预见性,从根本上激活市场内生活力,促进各要素资源的可自由流动。好的营商环境如阳光、水和空气,对市场主体而言,不可或缺。习近平鲜明指出:"法治是最好的营商环境。要把平等保护贯彻到立法、执法、司法、守法等各个环节,依法平等保护各类市场主体产权和合法权益。要用法治来规范政府和市场的边界,尊重市场经济规律,通过市场化

---

① 〔法〕孟德斯鸠:《论法的精神》(上册),张雁深译,商务印书馆1961年版,第6页。
② (唐)吴兢:《贞观政要·公平第十六》。

手段,在法治框架内调整各类市场主体的利益关系。要把工作重点放在完善制度环境上,健全法规制度、标准体系,加强社会信用体系建设,加强普法工作。"①这一重要论断,深刻阐明了法治和营商环境的关系,一方面,指明营商环境需要完善的法律制度和有效的法律实施,以实现营商环境的法治化;另一方面,要求法律制度能够确认和保障市场在资源配置中决定性作用的有效发挥,以确保营商环境的市场化,顺"市"而为,培育竞争新优势。同时,坚持包容审慎监管,对新的市场主体、新经济业态留足发展空间,着力加强区域信用体系建设,以政务诚信推动商务诚信、社会诚信和司法公信。恪守契约精神,以市场化、法治化、国际化一流营商环境,呵护市场主体,安商惠企、稳企利商,既是高质量法治的引擎,更是一个地方宜居宜业、百姓安居乐业的基础保障,用法治力量激发市场活力,让市场主体切实感受到服务保障的力度和温度。

良好的法治环境有利于权力的规范运行,促进企业的公平竞争、规则的公开透明以及市场的有序发展。但对此的认知、认识,在不同区域间、不同层级的地方政府中还存在较大差距②。时至今日,有的地方法治生态仍无根本改善。典型案例譬如,2021年12月17日,国办督查室发布《关于河北省霸州市出现大面积大规模乱收费乱罚款乱摊派问题的督查情况通报》,根据群众在国务院"互联网+督查"平台反映的问题线索,国办督查室派员明察暗访督察发现,霸州市严重违反党中央、国务院决策部署和政策要求,违规制定实施非税收入考核办法,向全市15个乡镇(街道、开发区)分解下达3.04亿元的非税收入任务,各乡镇(街道、开发区)以及村

---

① 《完善法治建设规划提高立法工作质量效率 为推进改革发展稳定工作营造良好法治环境》,载《人民日报》2019年2月26日。

② 惠企政策迟迟不兑现,业主多次反映小区违建无果,对待群众诉求还有推诿扯皮现象……2022年7月2日,安徽省召开16个省辖市季度工作评议会,省委书记郑栅洁针对上述问题点名批评,并用"虚、躲、冷、粗、假"概括干部作风中的顽瘴痼疾:"虚"就是出工不出力,坐诊不号脉,嘴里说着"市场化",骨子里还是"官本位";"躲",就是能推就推、能拖就拖,新官不理旧账,习惯击鼓传花;"冷",就是得了冷漠症,不能将心比心,不会换位思考;"粗",就是决策缺乏论证,政策朝令夕改,损害政府形象;"假",就是统计加估计,玩数字游戏,搞弄虚作假。资料来源:《虚、躲、冷、粗、假:安徽省委书记批评作风问题》,https://m.gmw.cn/toutiao/2022-07/03/content_1303025359.htm,2022年7月3日访问。

街组织开展运动式执法,大规模大面积乱收费、乱罚款、乱摊派;2021年9月,市政府办公室印发《霸州市非税收入征管工作考核奖惩办法》后,一个只有65万人口的县级市,在短短60多天时间里,向企业开出高达6718.37万元的罚单,有令不行,有禁不止,与民争利,扰民渔利,引起企业和群众强烈不满。① 在深化依法治国实践、全面推进依法治国、建设法治中国的大背景下,河北基层政府竟以"涸泽而渔"的野蛮方式向企业掠夺财富,如此吃相难看、践踏民意,实在令人不可思议,霸州这个普通的华北县级市也一时成为互联网舆论中心。

"诚信者,天下之结也。"②政府决策的有效、弹性与社会民众的韧性,建立在政府与民众的信任之上,决策公开透明,公共政策稳定,凝聚法治共识,深化社会互信,推动有为政府与有效市场有机耦合;若政府政策朝令夕改,行政决定出尔反尔,必将对政府形象和公信力造成严重损害,政府信誉丧失。营商环境是一个地方政治生态、经济生态、社会生态的综合反映,是地方软实力的重要体现;一流的营商环境,不仅是生产力,也是核心竞争力。营商环境是企业生存发展的土壤,良好的营商环境是支撑高质量发展的沃土,市场经济的竞争,本质上是营商环境的竞争;营商环境没有最好、只有更好,市场主体活力是经济高质量发展的韧性,优化营商环境关键在法治,维护市场公平竞争,反对垄断和不正当竞争,大力保护知识产权,稳定、透明、公开和可持续的法治化营商环境,以法治的稳定性消除市场主体对未来的不确定性疑虑,既是地方、区域高质量发展的重要生产力,更是不可或缺的文化软实力和市场竞争力。2021年11月,国务院印发《关于开展营商环境创新试点工作的意见》,选择有条件的北京、上海、重庆、杭州、广州、深圳6个城市,开展营商环境创新试点工作,进一步瞄准最高标准、最高水平开展先行先试,加快构建与国际通行规则相衔接的营商环境制度体系,持续优化市场化法治化国际化营商环境。重点任务包括进一步破除区域分割和地方保护等不合理限制;健全更加开放透

---

① 资料来源:《关于河北省霸州市出现大面积大规模乱收费乱罚款乱摊派问题的督查情况通报》,http://www.gov.cn/hudong/ducha/2021-12/17/content_5661671.htm,2021年12月20日访问。
② 《管子·枢言》。

明、规范高效的市场主体准入和退出机制;持续提升投资和建设便利度;支持市场主体创新发展;持续提升跨境贸易便利化水平;优化外商投资和国际人才服务管理;维护公平竞争秩序;强化法治保障,明确《首批营商环境创新试点改革事项清单》《国务院决定在营商环境创新试点城市暂时调整适用有关行政法规规定目录》。该意见的中心思想和具体措施十分清晰明确,所有制度安排都是要持续优化营商环境,强化惠企举措,推进简政放权,培植企业生存发展沃土,释放市场主体发展活力。

法是一般性(普遍性)与特殊性(地方性、区域性、民族性、历史性等)、阶级性(人民性)与社会性、规范性(引导性)与强制性特征的辩证统一。经济基础决定上层建筑,法由经济基础决定,这是马克思主义关于法律与经济关系的基本观点。马克思在《〈政治经济学批判〉序言》中指出:"我的研究得出这样一个结果:法的关系正像国家的形式一样,既不能从它们本身来理解,也不能从所谓人类精神的一般发展来理解,相反,它们根源于物质的生活关系。"[1]马克思的这个发现在法学史上具有划时代意义。以往的法学理论认为国家与法决定经济,而马克思在这里把两者关系从根本上颠倒过来了,动摇了黑格尔法哲学体系的根基,是法学史上伟大的变革,将法学从唯心主义哲学体系中挣脱出来,开创了以唯物史观为理论基础的历史唯物主义法学。在《哲学的贫困》中,马克思更加鲜明地指出:"无论是政治的立法或市民的立法,都只是表明和记载经济关系的要求而已。"[2]同时,在马克思主义辩证唯物主义看来,经济关系决定法,但法对经济基础也有反作用。区域法治的目标之一,就是要致力于建构一套有利于区域经济健康发展的规则体系,营造公开透明的法治环境,把平等保护贯彻到立法、执法、司法、守法等各个环节,依法平等保护所有市场主体产权和合法权益。

"法律以其稳定性制约着未来。"[3]一个地区的发展"短期靠项目、中期

---

[1] 马克思:《〈政治经济学批判〉序言》,载《马克思恩格斯选集》(第二卷),人民出版社2012年版,第2页。

[2] 马克思:《哲学的贫困》,载《马克思恩格斯全集》(第四卷),人民出版社1958年版,第121—122页。

[3] 〔美〕伯尔曼:《法律与宗教》,梁治平译,商务印书馆2012年版,第16页。

靠政策、长期靠环境"。在中国新一轮改革开放中,地方政府纷纷提出优化营商环境,以更优营商环境护航高质量发展,其核心应该是尊重市场经济规律,通过区域法治建设,打造高水平开放平台,厘清、规范政府和市场的边界,完善市场化、法治化、国际化、便利化营商环境,以法治思维和法治方式打破行政壁垒、提高政策协同,打通梗阻、畅通循环,让生产要素在更大范围顺畅流动,即主动对接新的经济社会秩序,营造良好的法治环境,激发市场活力,从而走出优化营商环境就是主要运用各种优惠政策吸引经济主体的陷阱,这是"让利"日渐式微、法治发展的必然选择。具体举措包括:健全法律制度、放宽市场准入、推进公平监管、提升政务服务,持续扩大开放,不断消除市场准入的隐形障碍。基本工作路径是:优化区域立法发展环境、区域行政法治环境、区域司法环境、区域法治文化环境等;大力深化"放管服"改革,"放"要放得开,力促项目依法承诺直接落地,"管"要管得住,管出公平、管出质量,特别是对新兴产业创新包容审慎监管、促进发展,"服"要服务好,服务出便利、服务出实惠,如办税、金融等环节优化。如此,方能从过去凭借减税让利,或通过拼资源、变政策换来外商投资的青睐,走向完善服务、建构信用、加强法治的转变,实现优化市场环境、破除区域壁垒、防止市场垄断目标,确立市场主体对政府的信心和对市场的信任,进一步增强区域投资的吸引力、感召力。①

党的二十大强调:"高质量发展是全面建设社会主义现代化国家的首要任务。发展是党执政兴国的第一要务。没有坚实的物质技术基础,就不可能全面建成社会主义现代化强国。"②法律划底线、立规矩、筑保障,法治引领高水平开放、护航高质量发展、助力高效能治理、内涵高品质生活。对国家治理而言,法治兴邦定国,法治是良政善治的必然产物,是治国理政的基本方式,为国家长治久安稳固基石。对政府治理而言,法治制约权

---

① 2019年10月,国务院公布《优化营商环境条例》,重点针对营商环境的突出短板和市场主体反映强烈的痛点难点堵点问题,对标接轨国际先进水平,从完善体制机制的层面作出相应规定,自2020年1月1日起施行。

② 习近平:《高举中国特色社会主义伟大旗帜 为全面建设社会主义现代化国家而团结奋斗——在中国共产党第二十次全国代表大会上的报告》(2022年10月16日),载《人民日报》2022年10月26日。

力,法治建构职责明确、依法行政的政府治理体系,为政府治理提供法律依据、划定权力边界,规范权力有效行使,厉行法治、巩固法治,让权力始终为人民谋幸福。对社会治理而言,法治建构秩序,法治为全面形成社会秩序奠定规则基础,促进经济高质量发展,加快社会治理现代化,确保社会和谐稳定。对公民个人而言,法治尊重人权,法治是人民利益的根本保障,是一种美好生活的方式,提倡理性、规则、包容、平衡、诚信,重视平等对话,维护公共利益;反对非理性、盲目、狂热、短视、蛮横,禁止恃强凌弱,鄙视自私自利。国家失去法治,社会没有法治,人民什么都不拥有。"政治法使人类获得自由;民法使人类获得财产。""在民法的慈母般的眼里,每一个个人就是整个的国家。"[1]全民具有规则意识、法治观念,遵守诚信原则,恪守契约精神;公职人员具有法治思维,依法行政、厉行法治;社会各阶层、团体和个人就有了长期稳定的预期,即使可能面对不确定性的存在,也能对未来生活充满期待,可以长远规划,形成互惠、互利、互信的互动交往、交流和交融,并促进社会进步、国家发展。

具体而言,法治的基本要义可以从如下维度进一步细化:(1)法治尊重个体意志,保障公民自由。法律是自由的起点,为保障人的自由而存在,是自由的界限,确定自由的范围,如宪法对公民自由的保护。(2)法治保护公民权益,协调利益关系。法律是协商平衡的艺术,是利益关系的调节器,是市场交易的准则,是政府行为的尺度,是维护公民权益的利器,如民商法对公民聪明才智以及财产权的保护等等。(3)法治稳定社会秩序,保障公民人身财产安全。法治通过建构良好的社会秩序,实现公民对安全的期待。(4)法治彰显平等理念,捍卫公民人格尊严,提升国民幸福指数。(5)法治维护社会公平,实现社会正义。公平正义是法治的灵魂,是法治的生命线。坚持以人民为中心,让人民群众在每一项法律制度、每一个执法决定、每一宗司法案件中都感受到公平正义,是法治中国的价值彰显和执着追求。公平正义要以公众看得见、可预期、可信赖的方式实现,是擦亮法治为民底色的必然选择,也是实现全面依法治国、建设法治

---

[1] 〔法〕孟德斯鸠:《论法的精神》(下册),张雁深译,商务印书馆1963年版,第189、190页。

中国的必由之路。沈家本对法律于百姓生活的意义曾经有过鞭辟入里的阐释:"律者,民命之所系也,其用甚重而其义至精也。根极于天理民彝,称量于人情世故,非穷理无以察情伪之端,非清心无以祛意见之妄。设使手操三尺,不知深切究明,而但取办于临时之检按,一案之误,动累数人,一例之差,贻害数世,岂不大可惧哉。"①

(三)法在社会中,法在生活里

法治既讲公正,更要公道,对法律公正的纠正是公道。"公道的性质就是这样,它是对法律由于其一般性而带来的缺陷的纠正。实际上,法律之所以没有对所有的事情都做出规定,就是因为有些事情不可能由法律来规定,还要靠判决来决定。"②法的权利主张不仅体现在成文的法条中,更要实现法意、法的权利保护目的。依法治国的核心问题是法治,而法治意味着法的理念与现实的辩证统一,但法学理论或曰法治理想与法治实践、法律实务可能永远存在差距。特别是在具体的司法实践中,如在评判一个案件的事实认定是否符合客观实际时,是用"客观真相"还是用"法律真实"来表述,对此颇有争议,学术界、实务界专家学者的说法不一。现在我们已经越来越能看出坚持客观真相说的正确性,司法人员认定的案件事实只有与客观发生的事实相符合,司法公正才能立得住。因为公正往往藏在事实真相之中或者长在事实真相之上。如果只满足于证据证明的所谓法律真实,而对案件发生的客观真相不予深究,就可能导致司法认定的事实与客观发生的事实相背离,那些因误解受骗、证据灭失或举证不能的当事人就可能得不到公正。判断法律真实主要靠证据,而追寻客观真相还需要靠良知。因此,域外有些国家的宪法或诉讼法明确规定,法官要根据良知进行裁判。我国诉讼法规定司法人员办案"以事实为根据、以法律为准绳",没有明确良知处于什么位置,但这并不意味着办案除了事实和法律之外不再需要良知等"主观法律"。可以把"以法律为准绳"的法律理解为"双重法律",即作为文字法条的"客观法律"和作为内心良知的主

---

① 沈家本:《寄簃文存·重刻唐律疏议序》,商务印书馆 2017 年版,第 177 页。
② 〔古希腊〕亚里士多德:《尼各马可伦理学》,廖申白译注,商务印书馆 2003 年版,第 176 页。

观法律,二者都是公正裁判的准绳。实践中一些司法人员和律师办案常常引发公众对于人性、良知的质疑或拷问,虚假诉讼案件一度十分猖獗,这与有的法律人有意无意地把良知或真相抛在一边大有关系。①

"批判的武器当然不能代替武器的批判","理论只要说服人[ad hominem],就能掌握群众;而理论只要彻底,就能说服人[ad hominem]。所谓彻底,就是抓住事物的根本。而人的根本就是人本身"。②笔者非常认同最高人民法院原专委胡云腾先生的上述真知灼见。"成为一个良好的法官或良好的法律解释者的条件第一要对于自然法中主要的一条——公平要有正确的理解。这一点不在于读别人的书籍,而在于自己善良的天赋理性,和深思熟虑。""其次,要有藐视身外赘物——利禄的精神。第三,在审判中,要能超脱一切爱、恶、惧、怒、同情等感情。第四和最后一点,听审要有耐心,听审时要集中注意力,并且要具有记忆力记住、消化并运用自己所听到的一切。"③近年来涉黑恶势力人员组织串访维权、著名企业家猥亵幼女无罪辩护④、律师大肆行贿海南省高院副院长、农民工180万工伤赔偿律师巨额收费……引发舆论高度关注的这一系列典型案件,已经不是一般的法律问题:在新时代中国特色社会主义的中国,这些司法人员、法律工作者在金钱的诱惑或资本的裹挟下,连做人的起码良知都荡然无存,更不可能追求事实真相。因此,广大法学、法律工作者要不断提高政治站位,善于从一般法律关系中发现问题,从错综复杂利益关系中把握政治逻辑。例如,一桩普通离婚案件的审理曾在网络上产生广泛讨论:一对90后夫妻提出离婚诉讼,双方明确都不要女儿,法院判决不许离!据了解,夫妻在2016年登记结婚,因生活琐事吵闹分居,后来双方同意离婚,但都不愿意抚养女儿,法官认真负责,曾组织多次调解没有成功,一审

---

① 参见胡云腾:《大师风范 法治情怀——恭贺陈光中先生九十华诞》,载《法制日报》2020年7月1日。
② 参见马克思:《〈黑格尔法哲学批判〉导言》,载《马克思恩格斯选集》(第一卷),人民出版社2012年版,第9—10页。
③ 〔英〕霍布斯:《利维坦》,黎思复、黎廷弼译,商务印书馆2009年版,第220页。
④ 为进一步规范量刑和量刑建议工作,落实宽严相济刑事政策和认罪认罚从宽制度,增强量刑公开性,实现量刑公正,最高人民法院、最高人民检察院研究制定了《关于常见犯罪的量刑指导意见(试行)》,自2021年7月1日起在全国法院、检察院全面实施。

判决不准予离婚。法官表示,双方实际抚养条件基本相当,如强行判决,对孩子伤害很大,这样的判决既坚守了良知,也彰显了公正,网友纷纷点赞。法官为了实现某种裁决结果而不按法律文本司法,虽然一直存有争议,但在中外司法实践中却是正常的客观存在。司法审判不是简单的"依法而判",而是综合性的法律实践,从法律事实审查到法律证据认定,从抽象法律原则遵循到具体法律条文适用,是全过程全方位审查、考量的法律推理活动。法律最大程度上体现社会正义,个案的审判首先要最大限度追求法律正义,贯彻法治原则,坚持严格司法、依法裁判,同时还要兼顾社会普遍正义。

"有心为善,虽善不赏;无心为恶,虽恶不罚。"[①]国家法为人而立,法律上的价值权衡从来不应该违背常识和情理,国家法律中不乏"温度条款",《中华人民共和国行政处罚法》第32条规定:"当事人有下列情形之一,应当从轻或者减轻行政处罚:(一)主动消除或者减轻违法行为危害后果的;(二)受他人胁迫或者诱骗实施违法行为的;(三)主动供述行政机关尚未掌握的违法行为的;(四)配合行政机关查处违法行为有立功表现的;(五)法律、法规、规章规定其他应当从轻或者减轻行政处罚的。"第33条第2款规定:"当事人有证据足以证明没有主观过错的,不予行政处罚。法律、行政法规另有规定的,从其规定。"面对疑难案件,法律的适用特别是价值判断要考虑一定阶段的社会共识,而不能机械、片面理解适用法律。中国数千年文化传统,天理、国法、人情是深深扎根于百姓心中的正义观念,天理反映的是社会普遍正义,其实质是民心;人情就是要尊重民众的朴素情感和基本道德诉求,司法审判不能违背人之常情,当代社会的主流公正观,正是在法治前提下追求法理情兼容。因此,在具体司法过程中,如果不注重天理、法理、情理的结合,法律效果必然大打折扣。2021年1月,最高人民法院印发《关于深入推进社会主义核心价值观融入裁判文书释法说理的指导意见》,明确要求人民法院裁判案件综合考量法、理、情等因素,裁判文书释法说理要准确阐明事理,详细释明法理,积极讲明

---

① 张友鹤辑校:《聊斋志异》(卷一·考城隍),上海古籍出版社1978年版,第1页。

情理，实现法律评价与道德评价有机结合、法理情融会贯通，加强社会主义核心价值观的导向作用，增强司法裁判的公信力和权威性，不断提升当事人及人民群众对司法裁判的法律认同、社会认同和情理认同；将法治精神融入社会生活，充分发挥司法裁判在国家治理、社会治理中的规范、评价、教育、引领等功能，为人民群众在实施见义勇为、正当防卫以及维护公共利益和公共秩序时，在遇到"扶不扶""劝不劝""管不管"等法律和道德难题时，亮明立场，辨明方向。

"只有培养了对法的理解之后，法才有能力获得普遍性。在适用法律时会发生冲突，而这里法官的理智有它的地位，这一点是完全必然的，否则执行法律就会完全成为机械式的。如果人们要想把许多东西听由法官随意决定，借以消灭冲突，那将是一种比较起来坏得多的办法，因为冲突也是思想、能思考的意识和它的辩证法所固有的，而单由法官来裁决，就难免恣意专横之弊。"[①]天理、国法和人情不是也不应是对立关系，天理即道、天道，合乎自然的道理，一种自然权利、自然秩序，或曰自然法，是任何人都应当遵守的基本规则，是存在于每个人心中不言自明的公理，也就是公平、正义；天理根源于中国农耕传统，贯穿于社会生活的方方面面，人情则是传统社会所遵循的基本原则。天理、国法、人情或百姓天地良心的朴素表达，贯穿于中国古今司法实践，成为中国法律区别于西方法律的根本特征。司法不能只守住形式"不违法"的底线，必须将天理、国法、人情融为一体，循天理、遵国法、顺人情。循天理，始终保持正义的信念，维护社会公平正义；遵国法，严格依法裁判，维护法律尊严；顺人情，深察民情民意，在司法裁判中体现民意、民风、民俗，直面人性、仁慈悲悯、关爱弱者，在"法顺人情"中体现人文关怀。司法不能背离人之常情、世之常理，而应将法律的专业判断与民众的朴素认知平衡融合，以严谨法理体现司法理性，以公认情理展示司法良知，兼顾天理、国法与人情，有助于公道裁判。"法合理与情，倘能三字兼收，庶无冤狱；清须勤且慎，莫谓一钱不要，便是好官。"这幅至今传颂的古代衙署楹联，道尽了兼顾天理、国法、人情的作

[①] 〔德〕黑格尔：《法哲学原理》，范扬、张企泰译，商务印书馆1961年版，第251页。

用与功效,古今同理。生活是法律之源,法律是一种不断完善的实践,法律的生命在于经验。任何一项法律制度都包含着法的精神、法的原则、法的技术,法的精神是法律制度的灵魂,决定法的价值取向和法的基本原则,如果只死抠法条,而不深刻领会和把握法的原则、法的宗旨,就会偏离立法精神,机械执法、呆板执法、简单执法、片面执法,只有科学把握法的精神、法的原则,准确适用法律规范,才能真正展现法的人性之美和理性之光,建构有伦理、有感情、有温度的法治社会。

"法律不只是一套规则,它是人们进行立法、裁判、执法和谈判的活动。它是分配权利与义务、并据以解决纷争、创造合作关系的活生生的程序。"[1]法既是规则、技术、程序,更是价值理念、历史文化、精神信仰,法治是人类创新性的治道活动,持续彰显人类治理智慧,今天的法治实践是历史的延续,也是未来进步的新起点。从某种意义上可以说,一切科学都是历史的科学,一切法学都是历史法学。以时空逻辑思考法与法治,以系统思维领悟法内涵的核心要义,以开放视野体悟法治文明样态及其运演趋势,赓续中华文脉,汲取历史养分,激活民间资源,是法理发展的基本进路,是学者学术的时代使命。人类今天的生活是历史的延续,更是明天的历史,生活永远是最好的老师,法律只有植根生活,才能服务生活,从头到尾都带着烟火的气息。理解法的精髓,感受法的温馨,必须热爱生活、深入生活,具有丰富的生活积淀。一方水土滋养一方人文,一方人文养育一方生活、造就一方社会。家规国法,地域不同、文化差异、历史发展,法的具体内容在不同时空会有多样的呈现,所以人们常说入乡随俗、因地制宜、随俗而治,不同国度在社会制度、价值主张和治理模式上更是有本质的区别。

人类社会多元多样,现实生活丰富多彩,法在生命里,法在生活中。"社会不是以法律为基础的。那是法学家们的幻想。相反地,法律应该以社会为基础。法律应该是社会共同的、由一定物质生产方式所产生的利

---

[1] 〔美〕伯尔曼:《法律与宗教》,梁治平译,商务印书馆2012年版,第14—15页。

益和需要的表现。"①法律是国家性的、书面的,民众在日常生活中往往感觉不到法律对自己的意义,也主要不依赖法律生活。对普通个人而言,只要自己不做犯法的事,就无须直接与法律打交道,虽然法律在日常生活中无处不在,如开车、行走、借贷、婚丧嫁娶等。法律越是在生活之中,似乎让人觉得离它越远,特别是中国社会,自古以来就是一个注重人际关系的社会,个体的身边生活依靠的是亲人、朋友、邻里、师生、同学、同乡等情感、人情及关系,普通人的生活依赖的是传统与经验,而不是书面的法律。鲜活的现实生活比书面的法律更加丰富多彩,这需要深入到日常生活中,发现行动的逻辑,而不仅仅是书面的规则。② 中国作为超大型的后发国家,底层民众生活规则具有区域性、多样性,地方差异巨大,地方治理面临着与国家治理不尽相同的环境、问题、压力和挑战,单纯以制度路径解读,不可能全面理解中国社会现实、普通民众生活,尤其是基层生活、社会运转的底层逻辑,如农村山寨、城镇街区、北方牧区、南方林区、偏远山区、民族地区等。不同区域的民间生活,传统习惯习俗都如影随形、力量巨大,也往往更有效率,更合乎人情。人们在社会生活中离不开尊重、关爱,以及基于正常伦理的情义往来,人情和伦理从来不是法治的障碍,关键是如何理解和把握人情、伦理。基层百姓不一定知晓国家法律条文,但都懂得没有规矩不成方圆的常理,日常生活有其自身经验和生存法则。国家法全面落地基层,成为广大农村地区乡村秩序的主导,基层治理水平有力提升,并非一朝一夕就能解决,乡村振兴之路任重道远。

"全部社会生活在本质上是实践的","哲学家们只是用不同的方式解释世界,问题在于改变世界"。③ 无缘大慈,同体大悲。思想史上,人类一切理论、学说都是关乎生活的学问,只有那些聚焦民众对美好生活向往,传承文化根脉,关怀人的尊严、人的发展、人的现实状态,关照人类进步,

---

① 马克思:《对民主主义者莱茵区城委员会的审判》,载《马克思恩格斯全集》(第六卷),人民出版社1961年版,第291—292页。

② 参见王人博:《发现行动的逻辑,不仅是书面的规则》,载《新京报》2022年1月21日。

③ 参见马克思:《关于费尔巴哈的提纲》,载《马克思恩格斯选集》(第一卷),人民出版社2012年版,第135—136页。

弘扬全人类共同价值，凝聚力量、传递希望，引领时代前行，才具有实践意义、终极价值。打破传统范式，以法理思维，法超越规范文本局限，人民幸福就是最高的法律。认识法、法律，思考法治，必须眼光向上，具有大局意识、宏阔视野，上连"天线"，重视国家层面的顶层设计和制度建设。但不能脱离现实世界，更要眼睛向下，走出书斋，下接"地气"，走进民间、贴近民众、融入生活，沐浴人间烟火气，体验市井生活情，带着感情满怀热情，从民众朴素生活中感知民间法治样态，在烟火缭绕、香气氤氲里感知生活美好，即全身心融入民间生活的法治现场，深入基层社会生活的实体性内容之中，真正读懂生活、读懂基层、读懂乡土，深刻领悟乡村文化的真谛和启示，"在行动中研究法律"，而不是先入为主的价值预设。进一步言之，在社会发展的矛盾运动中，在社会各阶层人的活动中，深刻领悟法治、解释法治，实现理想法律与现实法律的无缝对接，才能更好连接国家与社会，助力形而上的理论研究、法律制度和具体规则认知的完美结合，观察发现民间与基层利益在博弈中形成的各种问题、纠纷解决机制与举措，进而通过广泛凝聚智识，将制度优势转化为地方或区域治理体系和治理能力现代化的强大动能，将统揽全局的顶层设计落实为全国一盘棋的改革行动。法律制度与社会现实之间存在巨大张力，因为地方性因素的客观存在，具体实践中，法律规范、规则在文本和适用时几乎永远存在偏差，只有贴近现实生活，尊重社会创造的法理，即只有带着泥土芳香和人间烟火气息的法律法规与法理，才能走进民众、激发活力、振奋精神。

　　民间现场、现实生活不是一个既成事物的结合体，而是跟随社会不断生成变化、丰富多彩的能动实践。社会是最好的课堂，生活实践是最好的现场，基层百姓是最好的老师。理论上，公共法律服务是全面依法治国的基础性、服务性和保障性工作，但在广大农村特别是中西部一些欠发达地区，公共法律服务供给体制机制不健全、资源配置不均衡，公共法律服务人员严重不足，法律服务资源短缺，基层公共法律服务建设任务艰巨，乡村秩序维持、基层社会治理，依靠的依然也只能是传统资源，如地域民间习惯、传统道德规范、乡民情感信任，基础是乡民自律、传统共治。据2022年年初司法部对全国开展的调查统计，西藏、青海、甘肃、四川、黑龙江、山西 6 省(区)仍然还有"无律师县"46 个,地处民族区域、边疆地区、高寒山区,由于区位偏远、环境恶劣、条件艰苦、地广人稀,这些县只有律师志愿者,而没有本地律师。《法治社会建设实施纲要(2020—2025 年)》《关于加快推进公共法律服务体系建设的意见》明确要求,建立健全法律服务资源依法跨区域流动的制度和机制,鼓励律师事务所等法律服务机构到欠发达地区设立分支机构,推动实现律师法律服务在县域层面的全覆盖,如注重培养本地律师、民族地区"双语"法律工作者等法律服务人才队伍,着力解决欠发达地区法律服务人才不足、与当地实际情况结合不够等问题,"加快整合律师、公证、调解、仲裁、法律援助、司法鉴定等公共法律服务资源","基本形成覆盖城乡、便捷高效、均等普惠的现代公共法律服务体系",将公共法律服务的触角延伸到每一个边远乡村,让公共法律服务更多更公平地惠及基层民众。

多元规范既是国家治理的难题,也是国家治理的资源。"人民的创造性实践是理论创新的不竭源泉。一切脱离人民的理论都是苍白无力的,一切不为人民造福的理论都是没有生命力的。我们要站稳人民立场、把握人民愿望、尊重人民创造、集中人民智慧,形成为人民所喜爱、所认同、所拥有的理论,使之成为指导人民认识世界和改造世界的强大思想武器。"[①]社会生活纷繁复杂,变化无穷,国家治理系统复杂,社会治理多层多样。法是国家的,也是生活的;法是具象的,也是理念的;法是书面的,也是实践的。全面把握有形之法,参悟无形之法,体悟生活之法,才能深刻领悟法的真意与核心要义。地方、基层民间的法规与制度是整个社会依法办事、依法治理的前提,国家法律只有通过公民个体维护自身合法权利的具体行为以及多样性规则和制度在基层和地方的落实才能够实现,包括磋商、妥协进而采取有效策略,若脱离了生活体验、经验常识,必然会掉进由抽象概念构筑的逻辑陷阱,以抽象的理论范式框定具体现实。因此,法律不能脱离社会现实生活,特别是不能脱离不同时空的生活世界;不能

---

① 习近平:《高举中国特色社会主义伟大旗帜 为全面建设社会主义现代化国家而团结奋斗——在中国共产党第二十次全国代表大会上的报告》(2022 年 10 月 16 日),载《人民日报》2022 年 10 月 26 日。

只满足于法律条文的制定和执行,忽视民间社会规范的重要性。对此,研习法律和以律师服务起步的民族学、人类学家摩尔根,为我们树立了可望可及的实践范例、学术路径。为了促进美国白人对印第安人的感情,并协助印第安人解决自身发展问题,摩尔根深入印第安人居留地,一生大部分时间在易洛魁人中度过,长时间观察他们的生活方式,探询他们的风俗习惯,研究他们的组织机构,与印第安人建立了深厚的友谊,历时40年最终写出不朽巨著——《古代社会》。马克思、恩格斯给予高度评价,恩格斯明确指出:在论述社会的原始状态方面,这本划时代的著作,"对于原始历史所具有的意义,正如达尔文的进化理论对于生物学和马克思的剩余价值理论对于政治经济学的意义一样"①。经过历史的洗礼,近年来出土文献研究方兴未艾,其价值更加凸显。而莫里斯·奥里乌的深思熟虑,更是为我们指明了法、法律和法学的价值指引:

> 作为社会秩序和正义的创造者,法乃是一门艺术,既是促进善行与平等的艺术,也是追求深化稳定与安全的艺术。任何法律理论都是一项艺术成就,而大体上根据法律理论设计的法律制度都是很庄重、很严密的。
>
> 要是把法律说成是一种技术,那就是肆意贬低。技术(technique)一词应该是专门用于若干手艺方法的。而法学家绝不是雕塑家或建筑师,不应与实践家混为一谈;法律也不是一种纯粹的实践。
>
> 作为艺术,法律和法学都是社会真相的揭示者以及社会秩序和正义的创造者。②

---

① 恩格斯:《家庭、私有制和国家的起源》,载《马克思恩格斯选集》(第四卷),人民出版社2012年版,第25页。
② 〔法〕莫里斯·奥里乌:《法源》,鲁仁译,商务印书馆2022年版,第66—67页。

·法治民意·

新时代法治发展与民众期待①

民之所盼,政之所向。2022年3月1日,由人民网主持开展的大型网络年度调查——第21次全国两会调查结果出炉。调查统计数据显示,在调查设置的17个候选热词中,自2022年1月30日至2月底,依法治国、从严治党、社会保障、社会治理、国家安全、科技创新、教育改革、乡村振兴、健康中国、全过程人民民主等热点问题排名网友关注前列,其中选择"依法治国"一词的网友人数占比64.8%,依法治国仍是广大网友关注的重点,连续两年排名榜首。

现代化国家必然是法治国家。中央全面依法治国委员会明确,2021年是全面依法治国工作"落实年",学习宣传习近平法治思想取得新成效,法治国家、法治政府、法治社会一体建设迈上新台阶,全面推进科学立法、严格执法、公正司法、全民守法做出新成绩,法治服务和保障高质量发展推出新举措,忠诚干净担当的法治工作队伍呈现新风貌……点滴务实举措获得网友认可,汇聚成法治中国建设的"成绩单",中国特色社会主义法律体系"参天大树"更加枝繁叶茂,民众充分肯定,并提出新期待。

法治的进步,映照进生活中。网友普遍认为,诉讼服务更便捷、执法人员工作更规范、审批服务更便民,58.1%的网友认为"诉讼服务更便捷,打官司不再'千里迢迢''风餐露宿'";54.6%的网友提到,现在行政执法全过程记录,执法人员工作更规范了;50.5%的网友感受到"审批服务更加便民利民,'奇葩证明'、办事'踢皮球'"问题有所减少。

---

① 参见薄晨棣、郝萍等:《两会调查:"依法治国"最受关注 网友期待公共法律服务体系更完善》,http://lianghui.people.com.cn/2022npc/n1/2022/0301/c441810-32362211.html,2022年3月1日访问;《牢记"国之大者" 共谱奋进新篇:一图看懂人民网全国两会调查》,载《人民日报》2022年2月28日。

良法是善治的前提。2021年,多部法律相继出台、施行,让人民群众获得感成色更足。《民法典》正式实施,民事主体的权利保护在新的起点上得到强化,55.2%的网友认为,民法典对其"婚姻家庭"产生的影响最大,40.2%的网友关注民法典对"合同纠纷"的相关规定。《中华人民共和国个人信息保护法》颁布实施带来的变化让网民印象深刻,64.9%的网友赞同"'大数据杀熟'问题有所改善,消费价格更透明",这也获得最高投票率;61.7%的网友关注"一批涉嫌超范围采集个人隐私信息的移动应用下架"。

全国政法队伍教育整顿于2021年全面铺开。调查中,72.5%的网友认为"有案不立、压案不查、有罪不究"是教育整顿最需解决的痛点;66.2%的网友关注"违规办关系案、人情案、金钱案"问题;另有65.7%的网友表示"'运动式''一刀切'执法"问题应重点解决。

法治兴则国兴,法治强则国强。"十四五"时期,网友表示最期待"加强对司法活动监督、促进司法公正""完善公共法律服务体系、法律援助和国家司法救助制度"。针对如何加强全国政法队伍教育整顿,"有案不立、压案不查、有罪不究"、违规办"人情案""关系案""金钱案"备受关注。其中,网友对"加强对司法活动监督,促进司法公正"最为期待,占比达62.7%;50.5%的网友关注"完善公共法律服务体系、法律援助和国家司法救助制度"。有网友留言反馈:"我是一名正在学习法律的学生,看到国家法律的日趋完善和进步,我们为之骄傲。但在一些领域,仍存在有待改进的情况。改变它们,这是国家需要做的,也是我们法学生需要为之努力的。"

国泰民安是人民群众最基本、最普遍的愿望。网友十分关心国家安全教育,有63.9%的网友建议加强国家安全法、反间谍法、国家情报法等普法宣传,58.5%的网友希望"将国家安全相关知识纳入通识教育",另有46.6%的网友选择"增强保密培训、提升保密意识"。同时,在维护和塑造国家安全的重要举措中,75.1%的网友对"国家在防范化解重大风险的能力"最为关注。

第六章

区域法治的法理展开

法治乃国家善治之基,是国家治理的基本方式,是国家良政善治的基本保障。法治与国家治理体系内在统一、外在耦合,国家治理现代化在本体和路径上就是国家治理法治化,内涵良法的基本价值,内置善治的创新机制。地方是区域的基础,区域是地方的延伸,国家是多样性区域的聚合,国家治理是地方性知识、经验的积累。区域法治是国家法治的区域表达,是国家法治的逻辑展开与落地落实,是国家法治在一定区域的创造性落实,是国家法治的有机组成部分,已经成为学界和社会高度关注的跨学科新兴研究领域,成为新时代中国社会科学的知识生长热点,深刻揭示了法治作为规则治理体系的分层实践与空间关系的理论逻辑。现代区域法治适应地缘性的经济社会发展规律,持续拓展国家法治多样性新形态,是法治中国历史逻辑、理论逻辑和实践逻辑的必然,是观察国家法治发展的新理念、新维度、新视阈。

区域是法治的地理基础,区域法治是法治的空间生成;区域法治源自法的地方性,法的地方性源自文化的地方性。一方水土养育一方人文,滋养区域公共生活品质。立足地方,着眼区域,科学把握差异性,注重地域特色,坚持一致性与多样性统一、政治性与学理性统一、理论性与实践性统一,加强区域法治研究,从深层次上认识区域法治概念的沿革、内涵和意义,从区域法治的历史脉动和比较视野中,总结区域法治的理论机理和实践探索,理解和考察新时代区域法治的经验、问题与挑战,依照学术规律展现法学的实践品格,有效推动区域法治的知识创新,回答区域法治研究中的新挑战新问题,更大程度上凝聚区域法治概念和理念的共识,彰显自身理论特色,形成新的学术创见,有助于全面建构中国特色社会主义法治概念和法治话语,提炼"中国之治"的经验与逻辑,回应、阐释和引领当代中国区域法治实践。

> 法律应该和国家的自然状态有关系;和寒、热、温的气候有关系;和土地的质量、形势与面积有关系;和农、猎、牧各种人民的生活方式有关系。法律应该和政制所能容忍的自由程度有关系;和居民的宗教、性癖、财富、人口、贸易、风俗、习惯相适应。最后,法律和法律之间也有关系,法律和它们的渊源,和立法者的目的,以及和作为法律建立的基础的事物的秩序也有关系。
>
> ……这些关系综合起来就构成所谓"法的精神"。①
>
> ——〔法〕孟德斯鸠

党的十八届四中全会通过的《中共中央关于全面推进依法治国若干重大问题的决定》指出:"全面推进依法治国,总目标是建设中国特色社会主义法治体系,建设社会主义法治国家。这就是,在中国共产党领导下,坚持中国特色社会主义制度,贯彻中国特色社会主义法治理论,形成完备的法律规范体系、高效的法治实施体系、严密的法治监督体系、有力的法治保障体系,形成完善的党内法规体系,坚持依法治国、依法执政、依法行政共同推进,坚持法治国家、法治政府、法治社会一体建设,实现科学立法、严格执法、公正司法、全民守法,促进国家治理体系和治理能力现代化。"因此,要牢固树立全国一盘棋思想,立足地方谋发展,放眼区域谋全局,构建新发展格局,自觉融入国家发展大局,既谋一域发展,又为全局添彩,坚持一致性和多样性统一,科学把握差异性,注重地域特色,提供多元的有效规范供给,建立高效的法治体系。多元的规范供给主要包括以宪法为核心的国家法律体系、以党章为根本的党内法规制度体系、体现共建共治共享理念的社会规范体系、体现社会主义核心价值观的道德规范体系。法治体系包括法治运行维度、法治社会维度和法治区域维度,法治运

---

① 〔法〕孟德斯鸠:《论法的精神》(上册),张雁深译,商务印书馆1961年版,第7页。

行维度重视法治运行过程的各个环节,法治社会维度侧重关注法治在具体社会行业和领域的状况,法治区域维度聚焦行政和地理区域范围内的法治状态,不同维度的法治体系服务于统一治理目标,大区域、小区域、"微区域"交错互动,法治中国活力四射,实现全方位、多领域、无盲区的法治,集聚区域要素资源,汇聚区域特色优势,推动区域高质量发展。

"法律是具有地域性和时代性的。正是这种观念在历史长河中生存了下来,并广为传播。"[①]人类生存于一定地域即地理空间中,人类一切法治活动都是具体区域生活、区域秩序的多样性展现,或是区域法治的探索实践,或是区域法治的创造升华;区域治理与国家治理,区域法治与国家法治,相互依存、相融共进,离开了地方、区域,国家法治难以落地,国家治理也将失去根基。新时代中国区域法治的创新探索,是习近平法治思想在区域法治实践样本的鲜活呈现。区域法治持续拓展国家法治多样性新形态,探索法治可能新境界,开创法治发展新空间、新未来,是法治中国历史逻辑、理论逻辑和实践逻辑的必然,是观察国家法治发展的新理念、新维度、新视阈。近年来,地方、区域法治实践中的成功探索,有力推动了协同立法进入"法治中国"建设规划。2021年1月,中共中央印发《法治中国建设规划(2020—2025年)》,明确提出要加强京津冀协同发展、长江经济带发展、粤港澳大湾区建设、长三角一体化发展、黄河流域生态保护和高质量发展、推进海南全面深化改革开放等国家重大发展战略的法治保障;建立健全区域协同立法工作机制,加强全国人大常委会对跨区域地方立法的统一指导。特别是2022年3月11日,十三届全国人大五次会议审议通过《全国人民代表大会关于修改〈中华人民共和国地方各级人民代表大会和地方各级人民政府组织法〉的决定》,明确区域协同立法、区域发展合作机制在国家法治体系中的地位,是对习近平法治思想最好的践行,是法治中国建设的重大战略举措,必将推动国家法治在地方和区域的高质量发展,在区域法治发展上具有重要里程碑意义。

---

① 〔英〕阿克顿:《自由与权力》,侯健、范亚峰译,商务印书馆2001年版,第336页。

一、区域法治的渊源

(一)区域法治的理论渊源

在中国早期蒙学教育格局中,文化基础的学习,已经包括时空即时间和空间知识的内容。《汉书·食货志上》说到了传统农耕社会的生产、生活秩序,也涉及文化教育。班固写道:"八岁入小学,学六甲五方书计之事,始知室家长幼之节。十五入大学,学先圣礼乐,而知朝廷君臣之礼。"司马迁在《史记·货殖列传》中进行了区域文化的分析。关于齐地都会临菑,有"其中居五民"的说法。所谓"五民",有人解释为"士农商工贾",有人解释为"五方之民"。司马迁根据"中国人民所喜好,谣俗被服饮食奉生送死之具"以及"天下物所鲜所多,人民谣俗"等物质文化与精神文化的差别,将全国划分为"山西""山东""江南""龙门、碣石北"四个基本经济区。在司马迁生活的时代,这种划分方式是大体符合当时的历史实际的。班固在《汉书》中创建《地理志》,作了详尽的区域经济与区域文化的记述。①

区域法治源自法的地方性,法的地方性源自文化的地方性。"天地有大美而不言,四时有明法而不议,万物有成理而不说。"②四季更替,东西差异,南北不同,春种夏长,秋收冬藏,这是自然法则、生命常理、生活常识,是中国人观察大自然变化的古老智慧,宇宙万物必须遵行、不可悖行,地方治理、国家治理必须遵循。中国幅员辽阔、民族多元,东西南北不同的地理、气候、历史等因素滋养出各个地域不同的风土人情,区域民族民间文化和乡土风情存在明显差异,丰富多彩的多样性民族民间文化,包括自然环境、风俗礼仪、日常习惯等,地域特色鲜明,是地方治理、区域法治的文化资源。南方的雨,北方的风;南方年夜饭,北方吃饺子,湘菜、粤菜、川菜……地方有方言,地域有文化,国家法定普通话之外,还有许多区域性交流语言或地方话,湖南话、广东话、闽南语、上海话……"十里不同风,百

---

① 参见王子今:《历史理解的空间基点》,载《读书》2022年第4期。
② 《庄子·知北游》。

里不同俗",正是对区域文化多样性的形象描述。一方水土养育一方人文,滋养区域公共生活品质;从知识获取的进路,人的智识首先来自地方性知识,即生活成长地的地域环境;从公共生活的进路,人的规则意识首先同样来自地方性知识,如社区、学校的公共生活。"履不必同,期于适足;治不必同,期于利民。"① 这是近代中国"睁眼看世界"的第一批知识分子代表、清代思想家魏源的洞见,为我们总结新时代区域法治的理论机理和实践经验、探寻区域法治的理论渊源,提供了思想智慧和历史启示。

以域外的视角,回望人类法治文明的发展演进,区域法治的理论渊源可以从18世纪法国启蒙思想家、古典自然法学的主要代表孟德斯鸠的政治法律代表作《论法的精神》的精辟论述,以及启蒙思想家、哲学家卢梭的《社会契约论》中得到启迪。孟德斯鸠生活在法国17世纪末和18世纪前半期,他出身于贵族世家,年轻时专攻法律,当过律师,在波尔多议会工作了7年,并担任议长3年,政治经验丰富;卖掉继承的议长职务后,他到各国旅行考察,吸收经验和知识,专事政治、法律问题研究,《论法的精神》就是他一生辛勤研究的最后成果,该书内容系统、体系完整严密。在书中,孟德斯鸠"企图以丰富的历史事实为根据,建立起国家与法的一般性的规律与原则,寻找出历史演进的规律"②。法是一定社会关系的产物,法的内容和作用都取决于它所调整的社会关系。"从最广泛的意义上来说,法是由事物的性质产生出来的必然关系。在这个意义上,一切存在物都有它们的法。""法就是这个根本理性和各种存在物之间的关系,同时也是存在物彼此之间的关系。"

孟德斯鸠以前的资产阶级思想家对社会的观念是纯粹形而上学的、不变的,但孟德斯鸠是以历史事实和世界古今各国的政治社会制度为依据,并由此得出结论,认为人类社会不是静止不变的,而是在演进的。社会、历史领域的真正科学理论是由19世纪的无产阶级理论家完成的,但在"前科学"时期,孟德斯鸠曾作出巨大贡献,特别是在研究方法上为法律科学发展作出了开创性贡献。"孟德斯鸠以前的法律学者主要满足于法

---

① (清)魏源:《古微堂内集·治篇》。
② 〔法〕孟德斯鸠:《论法的精神》(上册),张雁深译,商务印书馆1961年版,第13—18页。

律条文的解释。孟德斯鸠则在法律之外,从历史、生活、风俗习惯种种方面去研究法律的'精神',从社会的演进去探求这种力量在政制、法律方面所起的作用和一般的规律;这是一个伟大的尝试;它在社会理论的'前科学'时期,使法学向科学前进了一大步。"①《论法的精神》是法学史上第一部运用完整的法学比较方法进行法学研究的巨著,它的每一章都把世界上各主要国家的法从历史、现实层面进行反复交错比较,开创了法学研究的新领域。譬如,在书中详细讨论中国法的章节主要有:第七章政体原则与节俭法律、奢侈以及妇女身份的关系中,第六节中国的奢侈,第七节中国因奢侈而必然产生的后果;第八章三种政体原则的腐化中,第二十一节中华帝国;第十四章法律和气候的性质的关系中,第八节中国的良好风俗;第十九章法律和构成一个民族的一般精神、风俗与习惯的那些原则的关系中,第十节西班牙人和中国人的性格,第十三节中国人的礼仪,第十七节中国政体的特质,第十九节中国人如何实现宗教、法律、风俗、礼仪的这种结合,第二十节为中国人的一种矛盾现象进一解。当然,在其他章节也有涉及中国问题的论述,如孟德斯鸠在第十一章(规定政治自由的法律和政制的关系)第五节(各种国家的目的)中指出:"太平是中国法律的目的",并在注文里引申强调,"这是一个没有外来敌人或自信边界已阻住了敌人的国家自然地具有的目的。"②

从思想渊源而言,孟德斯鸠的政治思想、法律理论是历史传统的继承。"他的想法本身可能最初源于亚里士多德,尤其是源于《政治学》一书各卷,其中分析了城邦的民主政治与寡头政治的无数细微差别。关于法律必须适应各种不同情况,包括自然条件和体制条件,关于好的政体必须在这一相对意义上表现优越,凡此种种亚里士多德均已表述,他还就民族性同气候的关系作出推论。"③孟德斯鸠认为,一般的法律是人类的理性,各国的法律是人类理性在特定场合的适用,因此,法律和地理、地质、气

---

① 〔法〕孟德斯鸠:《论法的精神》(上册),张雁深译,商务印书馆1961年版,第1、18页。
② 同上书,第155页。
③ 〔美〕乔治·霍兰·萨拜因:《政治学说史》(下册),刘山等译,商务印书馆1986年版,第621—622页。

候、人种、风俗、习惯、宗教信仰、人口、商业等都有关系;地理环境尤其是气候、土壤等,和人民的性格、感情有关系,由于自然地理环境不同,导致民族精神的差异,也对法律有着举足轻重的影响;只有适合民族精神的法律,才是好的法律。"法律应该和国家的自然状态有关系;和寒、热、温的气候有关系;和土地的质量、形势与面积有关系;和农、猎、牧各种人民的生活方式有关系。法律应该和政制所能容忍的自由程度有关系;和居民的宗教、性癖、财富、人口、贸易、风俗、习惯相适应。最后,法律和法律之间也有关系,法律和它们的渊源,和立法者的目的,以及和作为法律建立的基础的事物的秩序也有关系。应该从所有这些观点去考察法律。""这些关系综合起来就构成所谓'法的精神'。"这鲜明表达了孟德斯鸠的观点:法的存在与发展有其自身的脉动规律,它会受到社会形态、地理环境、生活方式、民族性格、气候条件等因素的影响。

卢梭的《社会契约论》第一卷开宗明义:"我要探讨在社会秩序之中,从人类的实际情况与法律的可能情况着眼,能不能有某种合法的而又确切的政权规则。"同时,在第二卷中以生活的事例和通俗的语言论证了国家治理与法律制度、国土疆域与行政区划、立法原则与文化传统等关系,指出立法要深思熟虑,治理要因地制宜:"正如建筑家在建立一座大厦之前,先要检查和勘测土壤,看它是否能担负建筑物的重量一样;明智的创制者也并不从制订良好的法律本身着手,而是事先要考察一下,他要为之而立法的那些人民是否适宜于接受那些法律。""正如大自然对于一个发育良好的人的身躯给定了一个限度,过了这个限度就只能造成巨人或者侏儒那样;同样地,一个体制最良好的国家所能具有的幅员也有一个界限,为的是使它既不太大以致不能很好地加以治理,也不太小以致不能维持自己。"所以,要尊重民族的历史,全面掌握人口状况(如数量多少、性别结构、文化程度等),以及基本国情,并且明确提出法律实施不能"一刀切",要充分考虑地区差异和特殊性:"同一个法律并不能适用于那么多不同的地区,因为它们各有不同的风尚,生活在迥然相反的气候之下,并且也不可能接受同样的政府形式。""使一个国家的体制真正得以巩固而持久的,就在于人们能够这样地因事制宜,以至于自然关系与法律在每一点上总是协调一致,并且可以这样说,法律只不过是在保障着、伴随着和矫正着自然关系而已。"①

区域法治是一种历史存在,在中外法学史上,法学家们在以习惯法为视角的观察、思考中,表现了对区域法治的高度关注和清晰表达。如十九世纪英国著名法律史学家梅因,通过对十八世纪法国法律制度进化的考察,在《古代法》第四章"自然法的现代史"中,以自然法为主线讨论了当时法国的区域法治状况及其演进:"一次巨大的分裂终于在这个国家发生,把它分为成文法区域(Pays du Droit Écrit)和习惯法区域(Pays du Droit Coutumier),前者承认成文的罗马法为其法律学的基础,后者只在它能提供一般表现形式或是它能提供同当地惯例相一致的法律推理方法时,才加以采用。这样划分的区域,又被划分为不同的小区域。在习惯法区域中,就其习惯的性质来说、省与省之间不同,县与县之间、市与市之间又有不同。"②

根据美国著名人类学家摩尔根的系统考察和科学发现,人类一切政治形态都可归纳为两种基本方式,存在的基础有根本的区别。第一种也是最古老的,其基础是以人身、纯人身关系为纽带的氏族、胞族和部落,建立氏族社会,可称之为社会组织。凡在氏族制度流行而政治社会尚未建立的地方,一切民族均处在氏族社会中,国家是不存在的,他们的政府基本上是民主的,因为氏族、胞族和部落都是按民主原则组织起来的。"氏族制度,就其影响而言,就其成就而言,就其历史而言,在人类进程图表上所占的地位实不亚于其他任何制度。"第二种是晚近的,以地域和财产为基础,地域关系代替血缘关系,组成政治社会即国家,这种组织的基础或基本单位是用界碑划定范围的乡或区及其所辖的财产,政治社会即由此而产生。"从此,乡区(或相当于乡区的市区)及其固定的财产以及它所拥有的、组成政治团体的居民,成为一种截然不同的新政法制度的基本单位和基础。"氏族、胞族和部落逐渐趋于消失,地域制代替氏族制。政治社会是按地域组织起来的,"其顺序相承的阶段如下:首先是乡区或市区,这是

---

① 〔法〕卢梭:《社会契约论》,何兆武译,商务印书馆2009年版,第3、55、59、60、68页。
② 〔英〕梅因:《古代法》,沈景一译,商务印书馆2009年版,第56页。

政治社会的基本单位;然后是县或省,这是乡区或市区的集合体;最后是全国领土,这是县或省的集合体。"人民已经完全在地域范围内联合成为政治团体,乡区、乡部和国家从此成为一切政治权力的根源。"氏族的消亡与有组织的乡区的兴起,大体上可以作为野蛮世界与文明世界的分界线,也就是作为古代社会与近代社会的分界线"。①

马克思主义经典作家们更是为我们创新思考提供了全新的理论智慧。马克思、恩格斯对摩尔根人类社会早期发展阶段历史研究的科学成就给予了高度评价。马克思在研读《古代社会》后打算用唯物史观来阐述摩尔根的研究成果,但这一心愿没有实现就逝世了。恩格斯继承了马克思遗志,根据马克思的《摩尔根〈古代社会〉一书摘要》,写出了伟大的经典著作《家庭、私有制和国家的起源》,使摩尔根的研究成果得到了马克思主义的科学阐释。恩格斯指出:"国家是直接地和主要地从氏族社会本身内部发展起来的阶级对立中产生的。""国家是社会在一定发展阶段上的产物;国家是承认:这个社会陷入了不可解决的自我矛盾,分裂为不可调和的对立面而又无力摆脱这些对立面。而为了使这些对立面,这些经济利益互相冲突的阶级,不致在无谓的斗争中把自己和社会消灭,就需要有一种表面上凌驾于社会之上的力量,这种力量应当缓和冲突,把冲突保持在'秩序'的范围以内;这种从社会中产生但又自居于社会之上并且日益同社会相异化的力量,就是国家。"

"国家和旧的氏族组织不同的地方,第一点就是它按地区来划分它的国民。正如我们所看到的,由血缘关系形成和联结起来的旧的氏族公社已经很不够了,这多半是因为它们是以氏族成员被束缚在一定地区为前提的,而这种束缚早已不复存在。地区依然,但人们已经是流动的了。因此,按地区来划分就被作为出发点,并允许公民在他们居住的地方实现他们的公共权利和义务,不管他们属于哪一氏族或哪一部落。这种按照居住地组织国民的办法是一切国家共同的。""第二个不同点,是公共权力的设立,这种公共权力已经不再直接就是自己组织为武装力量的居民了。"

---

① 参见〔美〕路易斯·亨利·摩尔根:《古代社会》(新译本·上册),杨东莼、马雍、马巨译,商务印书馆1977年版,第6、61、64、66、145、267、270—271页;同时参见下册第322、338、374页。

"所以,国家并不是从来就有的。曾经有过不需要国家,而且根本不知国家和国家权力为何物的社会。在经济发展到一定阶段而必然使社会分裂为阶级时,国家就由于这种分裂而成为必要了。"[1]

"不谋万世者,不足谋一时;不谋全局者,不足谋一域。"[2]毛泽东同志既是伟大的理论家,也是实践者,在领导中国革命、建设的不同历史时期,其讲话、著述不仅经常使用"区域"一词,更是从理论与实践的结合,对地方、区域治理和区域法治进行深入思考、创造性探索。早在土地革命战争时期,1928年10月5日,毛泽东在为中共湘赣边界第二次代表大会所撰写的决议中强调指出:"一国之内,在四围白色政权的包围中,有一小块或若干小块红色政权的区域长期地存在,这是世界各国从来没有的事。"[3]1934年1月21日至2月1日,中华苏维埃第二次全国代表大会在江西瑞金召开,毛泽东高度评价川陕苏区革命根据地的地位,指出川陕苏区是中华苏维埃共和国的第二个大区域,是扬子江南北两岸和中国南北两部间苏维埃革命发展的桥梁,在争取苏维埃新中国的伟大战斗中具有非常巨大的作用和意义。抗日战争胜利前夕,毛泽东对东北战局、东北区域的未来发展特别关注,他以非凡的战略眼光深刻指出:"东北是一个极其重要的区域,将来有可能在我们的领导下。如果东北能在我们领导之下,那对中国革命有什么意义呢?我看可以这样说,我们的胜利就有了基础,也就是说确定了我们的胜利。"[4]

新中国成立后,中共中央、毛泽东同志根据国际国内和西藏形势,高瞻远瞩,充分考虑国家利益特别是西藏人民利益,作出和平解放西藏的重大决策,于1951年5月23日,在北京签订《中央人民政府和西藏地方政府关于和平解放西藏办法的协议》。在尊重西藏历史、尊重西藏实际、尊

---

[1] 恩格斯:《家庭、私有制和国家的起源》,载《马克思恩格斯选集》(第四卷),人民出版社2012年版,第186—187、190页。
[2] (清)陈澹然:《寤言卷二·迁都建藩议》。
[3] 毛泽东:《中国的红色政权为什么能够存在?》(一九二八年十月五日),载《毛泽东选集》(第一卷),人民出版社1991年版,第48页。
[4] 毛泽东:《在中国共产党第七次全国代表大会上的结论》(一九四五年五月三十一日),载《毛泽东文集》(第三卷),人民出版社1996年版,第410—411页。

重藏区群众民族感情和宗教传统的基础上，协议明确规定：根据《共同纲领》的民族政策，在中央人民政府统一领导之下，西藏人民有实行民族区域自治的权利。对于西藏的现行政治制度，中央不予变更；达赖喇嘛的固有地位及职权，中央亦不予变更；各级官员照常供职。实行《共同纲领》规定的宗教信仰自由的政策，尊重西藏人民的宗教信仰和风俗习惯，保护喇嘛寺庙；寺庙的收入，中央不予变更。有关西藏的各项改革事宜，中央不加强迫；西藏地方政府应自动进行改革，人民提出改革要求时，得采取与西藏领导人员协商的方法解决之。① 1956年2月12日，在同藏族人士的谈话中，毛泽东同志指出：＂对西藏地区的土地改革要采用不同的办法，要采用云南的办法。云南有土司，他们也是贵族，那里是通过和平协商的办法进行土地改革的，人民满意，土司也满意。总之，贵族的生活不变，照老样子，可能还有些提高。宗教信仰也全照老样子，以前信什么，照样信什么。＂②

笔者认为，毛泽东同志关于和平解放西藏的英明决策和治藏方略，也是邓小平同志20世纪80年代初提出＂一国两制＂（即一个国家，两种制度）伟大构想的直接思想和实践智慧来源。为妥善解决台湾问题，恢复对香港、澳门行使主权，实现祖国和平统一，＂一国两制＂的构想＂主要是在我们党的十一届三中全会以后形成的。这个构想是从中国解决台湾问题和香港问题出发的。十亿人口大陆的社会主义制度是不会改变的，永远不会改变。但是，根据香港和台湾的历史和实际情况，不保证香港和台湾继续实行资本主义制度，就不能保持它们的繁荣和稳定，也不能和平解决祖国统一问题。因此，我们在香港问题上，首先提出要保证其现行的资本主义制度和生活方式，在一九九七年后五十年不变＂③。在中英开始谈判香港前途的时候，邓小平同志还以生动形象的话语——＂马照跑、舞照跳＂，来形容回归后实行＂一国两制＂的香港维持资本主义制度不变，保持原有

---

① 参见《中央人民政府和西藏地方政府关于和平解放西藏办法的协议》，载《人民日报》1951年5月28日。
② 毛泽东：《同藏族人士的谈话》（一九五六年二月十二日），载《毛泽东文集》（第七卷），人民出版社1999年版，第4页。
③ 邓小平：《我们非常关注香港的过渡时期》（一九八四年七月三十一日），载《邓小平文选》（第三卷），人民出版社1993年版，第67页。

社会生活方式不变,表达中央政府的承诺,并明确指出:"港人治港有个界线和标准,就是必须由以爱国者为主体的港人来治理香港。"①1990年4月4日,七届全国人大三次会议通过的《香港特别行政区基本法》第一章总则第5条规定:"香港特别行政区不实行社会主义制度和政策,保持原有的资本主义制度和生活方式,五十年不变。"

打开中国地图,从黑龙江省黑河到云南省腾冲直线,就是著名经济地理学家胡焕庸先生1935年提出的中国人口地理分界线——"胡焕庸线",线之东南,43%的国土,供养着全国94%左右的人口;线之西北,57%的国土,居住着全国6%的人口。怎样治理好中国这样具有超长时间历史纵深、超大幅员国土空间、超大数量人口规模的大国,一直是国家治理的重大难题。1956年4月25日,毛泽东同志在中共中央政治局扩大会议上发表《论十大关系》的讲话,以苏联的经验为鉴戒,全面系统总结新中国建设经验,提出了调动一切积极因素为社会主义事业服务的基本方针,对适合中国情况的社会主义建设道路进行了初步探索。在讲话第五节中央和地方的关系中,毛泽东明确指出:"我们的宪法规定,立法权集中在中央。但是在不违背中央方针的条件下,按照情况和工作需要,地方可以搞章程、条例、办法,宪法并没有约束。我们要统一,也要特殊。为了建设一个强大的社会主义国家,必须有中央的强有力的统一领导,必须有全国的统一计划和统一纪律,破坏这种必要的统一,是不允许的。同时,又必须充分发挥地方的积极性,各地都要有适合当地情况的特殊。"②该讲话清晰指明了在确保中央统一领导、国家法制统一的前提下,地方因地制宜开展创造性治理对国家建设、国家治理的重要意义,蕴含着国家法治与地方法治和区域法治相互依存、相互促进的辩证统一,是毛泽东思想活的灵魂——实事求是在国家建设、国家治理的具体运用。③

习近平法治思想是马克思主义法治理论中国化的最新成果,是新时

---

① 邓小平:《一个国家,两种制度》(一九八四年六月二十二日、二十三日),载《邓小平文选》(第三卷),人民出版社1993年版,第61页。

② 毛泽东:《论十大关系》(一九五六年四月二十五日),载《毛泽东文集》(第七卷),人民出版社1999年版,第32页。

③ 毛泽东思想活的灵魂是贯穿其中的立场、观点、方法,它们有三个基本方面,这就是实事求是、群众路线、独立自主。

代区域法治的根本遵循,法治中国建设的要旨全面体现于习近平法治思想之中,指引新时代区域法治创新发展、高水平推进。习近平指出:"要根据不同地区、不同民族实际,以公平公正为原则,突出区域化和精准性,更多针对特定地区、特殊问题、特别事项制定实施差别化区域支持政策。"①同时,从方法论意义上,特别强调了地方改革、区域性局部探索于改革全局的理论和实践价值。"改革开放是前无古人的崭新事业,必须坚持正确的方法论,在不断实践探索中推进。摸着石头过河,是富有中国特色、符合中国国情的改革方法。摸着石头过河就是摸规律,从实践中获得真知。摸着石头过河和加强顶层设计是辩证统一的,推进局部的阶段性改革开放要在加强顶层设计的前提下进行,加强顶层设计要在推进局部的阶段性改革开放的基础上来谋划。"②这一重要论述为区域法治发展提供了科学的方法论指导。改革的核心是创新突破,要求"破"和"变",法治的核心是规则秩序,要求"立"和"定";改革以"破"和"变"谋求创新发展,法治以"立"和"定"确保规则秩序。法治引领改革、推动改革、维护改革,改革的深化离不开法治的有力保障。自古以来改革都被称为变法,也就是通过变革法律制度来实现改革目标,新时代改革开放实质上是改革与法治的协同共进。"'改革与法治如鸟之两翼、车之两轮',要坚持在法治下推进改革,在改革中完善法治。"③"要尊重群众首创精神,把加强顶层设计和坚持问计于民统一起来,从生动鲜活的基层实践中汲取智慧。要注重增强系统性、整体性、协同性,使各项改革举措相互配合、相互促进、相得益彰。"④

"我国幅员辽阔、人口众多,各地区自然资源禀赋差别之大在世界上是少有的,统筹区域发展从来都是一个重大问题。"必须适应新形势,谋划

---

① 习近平:《以铸牢中华民族共同体意识为主线,推动新时代党的民族工作高质量发展》(2021年8月27日),载《习近平谈治国理政》(第四卷),外文出版社2022年版,第247页。
② 习近平:《改革开放只有进行时没有完成时》(2012年12月31日),载《习近平谈治国理政》,外文出版社2014年版,第67—68页。
③ 习近平:《坚持以全面依法治国新理念新思想新战略为指导,坚定不移走中国特色社会主义法治道路》(2018年8月24日),载《习近平谈治国理政》(第三卷),外文出版社2020年版,第286页。
④ 《年轻干部要提高解决实际问题能力 想干事能干事干成事》,载《人民日报》2020年10月11日。

区域协调发展新思路,"总的思路是:按照客观经济规律调整完善区域政策体系,发挥各地区比较优势,促进各类要素合理流动和高效聚集,增强创新发展动力,加快构建高质量发展的动力系统,增强中心城市和城市群等经济发展优势区域的经济和人口承载能力,增强其他地区在保障粮食安全、生态安全、边疆安全等方面的功能,形成优势互补、高质量发展的区域经济格局"①。《中共中央关于坚持和完善中国特色社会主义制度 推进国家治理体系和治理能力现代化若干重大问题的决定》明确要求:"健全充分发挥中央和地方两个积极性体制机制。理顺中央和地方权责关系,加强中央宏观事务管理,维护国家法制统一、政令统一、市场统一。适当加强中央在知识产权保护、养老保险、跨区域生态环境保护等方面事权,减少并规范中央和地方共同事权。赋予地方更多自主权,支持地方创造性开展工作。按照权责一致原则,规范垂直管理体制和地方分级管理体制。优化政府间事权和财权划分,建立权责清晰、财力协调、区域均衡的中央和地方财政关系,形成稳定的各级政府事权、支出责任和财力相适应的制度。构建从中央到地方权责清晰、运行顺畅、充满活力的工作体系。"2021年7月9日,中央全面深化改革委员会第二十次会议指出,要坚持全国一盘棋,更好发挥中央、地方和各方面积极性,推动部门高效联动、区域协同发展;要加强统筹指导,督促地方和部门找准服务和融入新发展格局的切入点,更好服务和融入全国新发展格局,绝不能脱离实际硬干,更不能为了出政绩不顾条件什么都想干;要强化底线思维,有效防范应对重点领域潜在风险,守住新发展格局的安全底线。②

党的十八大以来,习近平统揽全局,把握国内外大势,不断丰富完善区域协调发展的新理念新思想新战略,亲自谋划、亲自部署、亲自推动了京津冀协同发展、长江经济带发展、粤港澳大湾区建设、长三角一体化发展、黄河流域生态保护和高质量发展等一系列具有全局性意义的区域重

---

① 习近平:《推动形成优势互补高质量发展的区域经济布局》(2019年8月26日),载《习近平谈治国理政》(第三卷),外文出版社2020年版,第269、270—271页。
② 参见《习近平主持召开中央全面深化改革委员会第二十次会议》,载《人民日报》2021年7月10日。

大战略,进一步完善支持西部大开发、东北振兴、中部崛起、东部率先发展的政策体系,建立健全区域协调发展体制机制,推动形成优势互补高质量发展的区域经济布局,引领我国区域发展取得历史性成就、发生历史性变革。其中,"一个国家、两种制度、三个关税区、三种货币"之下的粤港澳大湾区建设,开世界未有之先例,是新时代推动形成全面开放新格局的新举措,也是推动"一国两制"事业发展的新实践。习近平强调:"积极作为深入推进粤港澳大湾区建设。要抓住粤港澳大湾区建设重大历史机遇,推动三地经济运行的规则衔接、机制对接,提升市场一体化水平。要继续鼓励引导港澳台同胞和海外侨胞充分发挥投资兴业、双向开放的重要作用,在经济特区发展中作出新贡献。"①

2019年2月,《粤港澳大湾区发展规划纲要》正式公布;2021年3月,"十四五"规划和2035年远景目标纲要提出"高质量建设粤港澳大湾区","加强内地与港澳各领域交流合作,完善便利港澳居民在内地发展和生活居住的政策措施";2021年9月,《横琴粤澳深度合作区建设总体方案》《全面深化前海深港现代服务业合作区改革开放方案》相继公布②,顶层设计密集推出,支持香港、澳门更好融入国家发展大局。随着粤港澳深度合作稳健起步,资源要素突破城市边界,在地理空间邻近的数个城市间集聚扩散、优化配置,推动城市之间互联互通,基础设施硬联通,规则机制软联通,三地民众心相通,粤港澳大湾区正在崛起成为国际一流湾区和世界级城市群。大湾区建设实施以来取得了明显成效,"1+N"规划政策体系逐步构建,横琴、前海和南沙、河套等重大合作平台深入推进,国际科技创新中心建设稳步推进,现代产业体系加快构建,基础设施互联互通提速提质,规则衔接机制对接不断加强,宜居宜业优质生活圈逐步构建,港澳居民在内地生活发展更加便利。

从区域法治的法律渊源而言,我国《宪法》要求维护社会主义法律、制

---

① 转引自王晔、鞠鹏:《深圳经济特区建立40周年庆祝大会隆重举行》,载《人民日报》2020年10月15日。

② 前海是"特区中的特区",开发建设前海深港现代服务业合作区,打造粤港澳大湾区全面深化改革创新试验平台,建设高水平对外开放门户枢纽,是支持香港经济社会发展、提升粤港澳合作水平、构建对外开放新格局的重要举措。

度的统一和尊严,"一切法律、行政法规和地方性法规都不得同宪法相抵触"(第5条),同时强调,"充分发挥地方的主动性、积极性"(第3条),最大限度包容和鼓励区域法治探索,为区域法治、省域治理开辟了广阔空间。《中共中央关于深化党和国家机构改革的决定》指出:"统筹优化地方机构设置和职能配置,构建从中央到地方运行顺畅、充满活力、令行禁止的工作体系。科学设置中央和地方事权,理顺中央和地方职责关系,更好发挥中央和地方两个积极性,中央加强宏观事务管理,地方在保证党中央令行禁止前提下管理好本地区事务,合理设置和配置各层级机构及其职能。""赋予省级及以下机构更多自主权。增强地方治理能力,把直接面向基层、量大面广、由地方实施更为便捷有效的经济社会管理事项下放给地方。除中央有明确规定外,允许地方因地制宜设置机构和配置职能,允许把因地制宜设置的机构并入同上级机关对口的机构,在规定限额内确定机构数量、名称、排序等。"2018年3月,中共中央印发《深化党和国家机构改革方案》进一步明确,要深化地方机构改革,赋予省级及以下机构更多自主权,突出不同层级职责特点,允许地方根据本地区经济社会发展实际,在规定限额内因地制宜设置机构和配置职能。"深化地方机构改革,要着力完善维护党中央权威和集中统一领导的体制机制,省市县各级涉及党中央集中统一领导和国家法制统一、政令统一、市场统一的机构职能要基本对应。赋予省级及以下机构更多自主权,突出不同层级职责特点,允许地方根据本地区经济社会发展实际,在规定限额内因地制宜设置机构和配置职能。统筹设置党政群机构,在省市县对职能相近的党政机关探索合并设立或合署办公,市县要加大党政机关合并设立或合署办公力度。借鉴经济发达镇行政管理体制改革试点经验,适应街道、乡镇工作特点和便民服务需要,构建简约高效的基层管理体制。"这是新时代国家治理体系现代化的重大创新举措,为区域法治、地方治理提供了方向指引和行动指南。

(二)区域法治的法律资源

区域法治是深化依法治国实践和建构国际法治秩序的崭新法治形

态,推进区域法治实践,加强区域法治理论研究,既是新时代哲学社会科学交叉融合、创新发展的必然产物,又是深入实施国家区域发展战略以及加强国际交流合作的必然要求,既有域外的经验和教训可资借鉴,又有区域法治研究的起步和雏形作为前引,同时还有其深厚的宪制基础和丰富的法律资源,即区域法治既有宪法指导思想的根本依据,也有法律规范的具体规定。宪法法律、行政法规以及党内法规和政策规定,为区域法治提供了明确法律指引和制度保障。概要列举如下:《宪法》,《中华人民共和国立法法》(以下简称《立法法》),《民族区域自治法》,《香港特别行政区基本法》,《澳门特别行政区基本法》,《长江保护法》,《中共中央关于全面推进依法治国若干重大问题的决定》,中共中央办公厅、国务院办公厅印发的《党政主要负责人履行推进法治建设第一责任人职责规定》《法治政府建设与责任落实督察工作规定》《关于加快推进公共法律服务体系建设的意见》,中央全面依法治国委员会印发的《关于加强法治乡村建设的意见》,《全国人民代表大会常务委员会关于授权最高人民法院在部分地区开展民事诉讼程序繁简分流改革试点工作的决定》,《中共中央 国务院关于建立更加有效的区域协调发展新机制的意见》,《中共中央 国务院关于新时代推进西部大开发形成新格局的指导意见》,《海南自由贸易港建设总体方案》,以及中共中央印发的《法治社会建设实施纲要(2020—2025年)》《法治中国建设规划(2020—2025年)》。

《宪法》第 3 条第 4 款规定:"中央和地方的国家机构职权的划分,遵循在中央的统一领导下,充分发挥地方的主动性、积极性的原则。"第 4 条第 3 款规定:"各少数民族聚居的地方实行区域自治,设立自治机关,行使自治权。各民族自治地方都是中华人民共和国不可分离的部分。"第 5 条第 1—3 款规定:"中华人民共和国实行依法治国,建设社会主义法治国家。国家维护社会主义法制的统一和尊严。一切法律、行政法规和地方性法规都不得同宪法相抵触。"第 100 条规定:"省、直辖市的人民代表大会和它们的常务委员会,在不同宪法、法律、行政法规相抵触的前提下,可以制定地方性法规,报全国人民代表大会常务委员会备案。设区的市的人民代表大会和它们的常务委员会,在不同宪法、法律、行政法规和本省、自治区的地方性法规相抵触的前提下，可以依照法律规定制定地方性法规，报本省、自治区人民代表大会常务委员会批准后施行。"第 115 条规定："自治区、自治州、自治县的自治机关行使宪法第三章第五节规定的地方国家机关的职权，同时依照宪法、民族区域自治法和其他法律规定的权限行使自治权，根据本地方实际情况贯彻执行国家的法律、政策。"

《立法法》第 72 条规定："省、自治区、直辖市的人民代表大会及其常务委员会根据本行政区域的具体情况和实际需要，在不同宪法、法律、行政法规相抵触的前提下，可以制定地方性法规。设区的市的人民代表大会及其常务委员会根据本市的具体情况和实际需要，在不同宪法、法律、行政法规和本省、自治区的地方性法规相抵触的前提下，可以对城乡建设与管理、环境保护、历史文化保护等方面的事项制定地方性法规，法律对设区的市制定地方性法规的事项另有规定的，从其规定。设区的市的地方性法规须报省、自治区的人民代表大会常务委员会批准后施行。省、自治区的人民代表大会常务委员会对报请批准的地方性法规，应当对其合法性进行审查，同宪法、法律、行政法规和本省、自治区的地方性法规不抵触的，应当在四个月内予以批准。省、自治区的人民代表大会常务委员会在对报请批准的设区的市的地方性法规进行审查时，发现其同本省、自治区的人民政府的规章相抵触的，应当作出处理决定。"

《民族区域自治法》第 19 条规定："民族自治地方的人民代表大会有权依照当地民族的政治、经济和文化的特点，制定自治条例和单行条例。自治区的自治条例和单行条例，报全国人民代表大会常务委员会批准后生效。自治州、自治县的自治条例和单行条例报省、自治区、直辖市的人民代表大会常务委员会批准后生效，并报全国人民代表大会常务委员会和国务院备案。"第 20 条规定："上级国家机关的决议、决定、命令和指示，如有不适合民族自治地方实际情况的，自治机关可以报经该上级国家机关批准，变通执行或者停止执行；该上级国家机关应当在收到报告之日起六十日内给予答复。"

《中共中央关于全面推进依法治国若干重大问题的决定》要求："明确立法权力边界，从体制机制和工作程序上有效防止部门利益和地方保护主义法律化。对部门间争议较大的重要立法事项,由决策机关引入第三方评估,充分听取各方意见,协调决定,不能久拖不决。加强法律解释工作,及时明确法律规定含义和适用法律依据。明确地方立法权限和范围,依法赋予设区的市地方立法权。""最高人民法院设立巡回法庭,审理跨行政区域重大行政和民商事案件。探索设立跨行政区划的人民法院和人民检察院,办理跨地区案件。完善行政诉讼体制机制,合理调整行政诉讼案件管辖制度,切实解决行政诉讼立案难、审理难、执行难等突出问题。""推进多层次多领域依法治理。坚持系统治理、依法治理、综合治理、源头治理,提高社会治理法治化水平。深入开展多层次多形式法治创建活动,深化基层组织和部门、行业依法治理,支持各类社会主体自我约束、自我管理。发挥市民公约、乡规民约、行业规章、团体章程等社会规范在社会治理中的积极作用。"

2016年12月,中共中央办公厅、国务院办公厅印发《党政主要负责人履行推进法治建设第一责任人职责规定》,第2条开宗明义:"本规定适用于县级以上地方党委和政府主要负责人。"第4条明确规定:"党政主要负责人作为推进法治建设第一责任人,应当切实履行依法治国重要组织者、推动者和实践者的职责,贯彻落实党中央关于法治建设的重大决策部署,统筹推进科学立法、严格执法、公正司法、全民守法,自觉运用法治思维和法治方式深化改革、推动发展、化解矛盾、维护稳定,对法治建设重要工作亲自部署、重大问题亲自过问、重点环节亲自协调、重要任务亲自督办,把本地区各项工作纳入法治化轨道。"

2019年7月,中共中央办公厅、国务院办公厅印发《关于加快推进公共法律服务体系建设的意见》明确要求:"加强欠发达地区公共法律服务建设。统筹利用中央财政转移支付资金等资金渠道,加强公共法律服务经费保障,并对欠发达地区特别是革命老区、民族地区、边疆地区、贫困地区予以倾斜。以公共法律服务平台建设、法律服务人才培养和村(居)法律顾问建设等为重点,集中实施一批法律服务扶贫项目,将其中属于政府职责范围且适宜通过市场化方式提供的服务事项纳入政府购买服务范围,引导社会力量参与提供。建立健全法律服务资源依法跨区域流动制度机制,支持欠发达地区律师事务所建设,鼓励律师事务所等法律服务机构到欠发达地区设立分支机构。鼓励发达地区法律服务机构通过对口援建、挂职锻炼、交流培训等形式支持欠发达地区法律服务机构发展。加强对欠发达地区引进法律服务专业人才和志愿者的政策扶持,持续推进'1+1'法律服务志愿者活动,支持利用互联网等方式开展远程法律服务。"

为进一步优化司法资源配置,推进案件繁简分流、轻重分离、快慢分道,深化民事诉讼制度改革,提升司法效能,促进司法公正,2019年12月28日,十三届全国人大常委会第十五次会议通过《全国人民代表大会常务委员会关于授权最高人民法院在部分地区开展民事诉讼程序繁简分流改革试点工作的决定》:授权最高人民法院在北京、上海市辖区内中级人民法院、基层人民法院,南京、苏州、杭州、宁波、合肥、福州、厦门、济南、郑州、洛阳、武汉、广州、深圳、成都、贵阳、昆明、西安、银川市中级人民法院及其辖区内基层人民法院,北京、上海、广州知识产权法院,上海金融法院,北京、杭州、广州互联网法院,就优化司法确认程序、完善小额诉讼程序、完善简易程序规则、扩大独任制适用范围、健全电子诉讼规则等,开展民事诉讼程序繁简分流改革试点工作……试点期限为二年,自试点办法印发之日起算。

2020年6月1日,中共中央、国务院印发《海南自由贸易港建设总体方案》,在第二部分制度设计中明确指出:"以贸易投资自由化便利化为重点,以各类生产要素跨境自由有序安全便捷流动和现代产业体系为支撑,以特殊的税收制度安排、高效的社会治理体系和完备的法治体系为保障,在明确分工和机制措施、守住不发生系统性风险底线的前提下,构建海南自由贸易港政策制度体系。"其中,法治制度的任务是,建立以海南自由贸易港法为基础,以地方性法规和商事纠纷解决机制为重要组成的自由贸易港法治体系,营造国际一流的自由贸易港法治环境。主要内容涵盖三大方面:制定实施海南自由贸易港法,以法律形式明确自由贸易港各项制度安排,为自由贸易港建设提供原则性、基础性的法治保障;制定经济特区法规,在遵循宪法规定和法律、行政法规基本原则前提下,支持海南充分行使经济特区立法权,立足自由贸易港建设实际,制定经济特区法规;建立多元化商事纠纷解决机制,完善国际商事纠纷案件集中审判机制,提供国际商事仲裁、国际商事调解等多种非诉讼纠纷解决方式。①

2020年12月26日,十三届全国人大常委会第二十四次会议通过《长江保护法》,自2021年3月1日起施行。第1条明确规定:"为了加强长江流域生态环境保护和修复,促进资源合理高效利用,保障生态安全,实现人与自然和谐共生、中华民族永续发展,制定本法。"第2条清晰规定:"在长江流域开展生态环境保护和修复以及长江流域各类生产生活、开发建设活动,应当遵守本法。本法所称长江流域,是指由长江干流、支流和湖泊形成的集水区域所涉及的青海省、四川省、西藏自治区、云南省、重庆市、湖北省、湖南省、江西省、安徽省、江苏省、上海市,以及甘肃省、陕西省、河南省、贵州省、广西壮族自治区、广东省、浙江省、福建省的相关县级行政区域。"第3条规定:"长江流域经济社会发展,应当坚持生态优先、绿色发展,共抓大保护,不搞大开发;长江保护应当坚持统筹协调、科学规划、创新驱动、系统治理。"

顺应新时代新要求,为推动中部地区高质量发展,《中共中央 国务院关于新时代推动中部地区高质量发展的意见》明确要求:"推动省际协作和交界地区协同发展。围绕对话交流、重大事项协商、规划衔接,建立健全中部地区省际合作机制。加快落实支持赣南等原中央苏区、大别山等革命老区振兴发展的政策措施。推动中部六省省际交界地区以及与东部、西部其他省份交界地区合作,务实推进晋陕豫黄河金三角区域合作,深化大别山、武陵山等区域旅游与经济协作。加强流域上下游产业园区合作共建,充分发挥长江流域园区合作联盟作用,建立淮河、汉江流域园区合作联盟,促进产业协同创新、有序转移、优化升级。加快重要流域上下游、左右岸地区融合发展,推动长株潭跨湘江、南昌跨赣江、太原跨汾河、荆州和芜湖等跨长江发展。""持续优化市场化法治化国际化营商环境。深化简政放权、放管结合、优化服务改革,全面推行政务服务'一网通办',推进'一次办好'改革,做到企业开办全程网上办理。推进与企业发

---

① 2021年6月10日,《中华人民共和国海南自由贸易港法》已由十三届全国人大常委会第二十九次会议表决通过,即日起公布施行。

展、群众生活密切相关的高频事项'跨省通办',实现更多事项异地办理。对标国际一流水平,建设与国际通行规则接轨的市场体系,促进国际国内要素有序自由流动、资源高效配置。加强事前事中事后全链条监管,加大反垄断和反不正当竞争执法司法力度,为各类所有制企业发展创造公平竞争环境。改善中小微企业发展生态,放宽小微企业、个体工商户登记经营场所限制,便利各类创业者注册经营、及时享受扶持政策,支持大中小企业融通发展。"

2021年6月10日,十三届全国人大常委会第二十九次会议表决通过《关于授权上海市人民代表大会及其常务委员会制定浦东新区法规的决定》,授权上海市人民代表大会及其常务委员会根据浦东改革创新实践需要,遵循宪法规定以及法律和行政基本规则,制定浦东新区法规,在浦东新区实施。① 此次立法授权"比照经济特区法规",也就是给上海地方立法赋能扩权,在浦东新区行使相当于经济特区的立法权,而经济特区立法权最大的特点就是可以"变通"即立法变通权。全国人大常委会首次授权非经济特区的上海变通适用国家法律、行政法规,这是新时代我国立法制度的又一次重大变革创新,进一步拓展了"重大改革于法有据"的法治路径,体现了"特事特办"的改革创新精神。从此,上海拥有了两类不同性质的立法:依职权的省级人大立法,适用于全上海;特区立法,根据全国人大常委会授权,行使制定浦东新区法规。因此,浦东新区不止要素开放,更突出强调制度创新、制度开放、法治引领。

二、区域法治研究缘起

(一)区域探索与学术观察

从法治实践的视角,区域法治是一项古老而常新的政治法律活动,是

---

① 浦东新区不是经济特区,但自1990年开发开放以来,承担了多个国家战略,包括全国首个综合配套改革试点、全国首个自贸试验区,扮演着先行先试的角色,同时也是上海"五大中心"建设的核心承载区。目前,浦东新区已占上海市1/5的面积、1/4的人口,贡献了1/3的GDP。随着改革进入深水区,浦东新区呼唤更大的改革赋权。

国家治理在行政和地域空间上的落地落实、具体化。从法治理论的视角，目前，中国的区域法治研究滞后于区域法治实践。如早在20世纪60年代从太行山腰修建的引漳入林工程"人工天河"红旗渠，修建初期的1962年8月15日，河南省林县和山西省平顺县就签订了《林县、平顺两县双方商讨确定红旗渠工程使用权的协议书》，明确修渠"占用平顺县人民群众的土地、山坡、房屋、树木等一切财产"给予全部作价364,567元补偿；对渠道占用平顺县境内的土地，"确保河南省林县人民群众永远使用的权利"。在这一跨（省、县）区域的重大项目建设中，时任两县主政官员的高瞻远瞩和难得的产权意识、法治思维直到今天尚没有受到学界的关注和重视。[①]

以笔者学术观察，依据国内法学学术发展的历史进程，区域法治研究作为一种自觉的学术现象，起始于改革开放以后的20世纪80年代，标志性事件是1984年，史筠教授在北京大学法律系招收了第一个民族法的研究生，研究方向是从法学的视角探讨中国民族区域自治制度，同时，经济特区法治研究也被提上日程；扩展于21世纪初叶，如民族区域法治研究在民族高校、民族地区高校兴起，香港特别行政区法治研究在北京大学、中国人民大学等高校受到重视，国家区域发展战略"西部大开发的法治保障问题"被西南政法大学等高校学者关注[②]；风起于中国特色社会主义法治新时代。区域法治研究经历了从非自觉到自觉的学术发展过程，具体表现包括：从学者个体兴趣到学科自觉意识；从特定类型的区域法治研究到话语体系建构；从零星分散研究到团队集体攻关，如研究平台纷纷建立、研究队伍不断扩大、学术交流日益活跃、话语体系和学术体系正在形成等。

例如，2015年3月18日，中国社会科学院法学研究所与四川省依法

[①] 资料来源：2019年10月，笔者随中共中央党校（国家行政学院）厅局级干部进修班（第74期）在河南省林州市"红旗渠纪念馆"开展体验式教学时所得，协议书原件保存于林州市档案局（档案资料编号443-1）。

[②] 如由广东省法学会行政法研究会、湖北省法学会行政法研究会主办，中山大学行政法研究所、广东外语外贸大学区域一体化法治研究中心承办的"湖广两省行政法学研究会2011年年会"于2011年8月19—21日在广东韶关召开，主题就是"区域经济一体化与行政法治"。

治省领导小组办公室联合推出的我国首部区域法治蓝皮书——《四川法治蓝皮书·四川依法治省年度报告(2015)》在北京发布①;2015年3月,江苏省委办公厅、省政府办公厅印发《法治江苏建设指标体系(试行)》出台,这是全国首个省级区域法治建设指标体系,由7大类、29项单项考核指标和1项综合评判指标共30项指标构成。② 中国法治论坛(2019)以"学习贯彻习近平总书记全面依法治国新理念新思想新战略"为主题,更加凸显了中国法治论坛的宗旨,高度契合全面推进依法治国、建设社会主义现代化法治强国、大力实施创新驱动发展战略的重要时代背景,聚焦区域法治前沿问题。"深圳建设中国特色社会主义先行示范区(法治城市示范)的战略构想",围绕中共中央、国务院出台关于支持深圳建设中国特色社会主义先行示范区的意见中"法治城市示范"的战略定位和发展任务,提出了明确的法治建设思路:第一,在强化法治驱动上做示范,推动率先建设体现高质量发展要求的现代化经济体系;第二,在强化法治规范上做示范,推动率先营造彰显公平正义的民主法治环境;第三,在强化法治涵养上做示范,推动率先塑造展现社会主义文化繁荣兴盛的现代城市文明;第四,在强化法治引领上做示范,推动率先形成共建共治共享共同富裕的民生发展格局;第五,在强化法治保障上做示范,推动率先打造人与自然和谐共生的美丽中国典范。"深圳前海中国特色社会主义法治建设示范区的重大实践与前沿问题"明确提出,努力构建中国特色社会主义法治建设示范区制度体系,为中国特色社会主义法治建设提供可复制、可推广经验做法:一是探索前海特色的法定机构区域治理模式;二是提供前海土地管理模式;三是提供我国监察体制改革前海样本;四是形成一批在全国推广的司法改革经验。"海南自由贸易港法治建设的重大实践和前沿问题"重点阐述了海南自由贸易港建设的立法模式和基本定位等构想,提出了海南自由贸易港立法的政府管理机制创新意见,建议深化"放管服"改革

---

① 参见庞莹:《我国首部区域法治蓝皮书——四川法治蓝皮书在北京发布》,载《四川日报》2015年3月19日。
② 参见丁国锋、马超:《全国首个省级区域〈法治建设指标体系〉出台》,载《法制日报》2015年3月31日。

破除体制机制弊端、制度创新以营商环境为主要抓手、通过主体待遇制度完善社会主义市场经济体制、全面采用负面清单管理制度、人才发展制度创新等五个方面实现政府管理机制创新。①

立足区域区位、禀赋、特色等比较优势,有学者归纳了当代区域法治实践样态的五种类型:(1)国家改革试点形成的区域法治。这是国家为进行某个领域的法治建设,先在国内某些地方确立若干试点单位,并授予试点单位以"特权",试点单位在经过若干制度探索后,可能形成一种创新性的区域法治模式。(2)自主协定形成的区域法治。这是主权国家之间的区域法治的主要类型,已在中国—东盟自由贸易区、欧洲经济区和北美自由贸易区中得到集中体现。(3)民族区域自治形成的区域法治,如自治区、自治州、自治县的民族区域法治。(4)经济特区形成的区域法治。经济特区是中国自20世纪70年代末、80年代初实行对外开放政策以来,为发展对外贸易,开展对外经济合作和技术交流,吸引外资、引进技术,在某些地区所划出的实行特殊政策的一定区域。(5)国家实施区域发展战略而形成的区域法治。这在西部大开发战略中得以集中体现。② 笔者认为,上述概括不尽全面,还有遗漏。区域协同立法,已经成为新时代中国法治的靓丽特色,内容丰富,相关区域地方人大打破"一亩三分地"传统思维,携手推进区域协同立法,保障区域高质量一体发展。"决策协同、文本协调",协同立法由松散日益走向紧密,由相互征求意见、在法规中设条款或专章明确协同事项,逐步发展到协同起草、同步审议、同时实施相同文本的地方性法规,在破解市场制度规则不统一、要素资源流动不畅通等问题上大胆改革,推动形成统一开放、竞争有序的市场体系;在跨区域流域山川河流等协同治理上创新探索,推动形成环境保护制度合力;在基本公共服务跨区域便利共享上推陈出新,推动交通出行、文化旅游资源共享等方面互联互通,让老百姓切实感受到便利、获得实惠。③

---

① 参见徐峰:《解读中国法治论坛(2019)为前沿区域法治建设建言献策》,载《人民法治》2019年第20期。

② 参见姜涛:《区域法治:一个初步的理论探讨》,载公丕祥主编:《变革时代的区域法治发展》,法律出版社2014年版,第171—172页。

③ 参见王比学:《地方立法质量和效率不断提高》,载《人民日报》2022年12月17日。

主权国家内部地方政府之间合作形成的区域法治就是独特类型,并且形态多样,具体譬如都市圈、省际边界经济合作区,以及开展生态环境保护特别是重点生态功能区保护、江河流域治理形成的区域法治形态等。① 以都市圈而言,"人便其行、物畅其流",分工协作、功能互补,都市圈首先是一个空间概念,一般是指由轨道交通连接起来的、满足1小时通勤的经济社会功能新区,其从大城市、中心城市演变而来,同时将大城市或中心城市与周边城市和乡村融合在一起,形成一个多中心圈层结构的经济社会功能区域。目标在于提升中心城市的发展能级、综合竞争力和增强辐射带动能力,推动城市由外延扩张向内涵提升转变,以点带面、圈层联动,与周边市县同城化一体均衡发展。也就是,贯彻新发展理念,深刻把握产业升级、人口流动和空间演进趋势,顺应资源要素自由流动和高效配置的要求,尊重发展规律,推进都市圈高质量发展。在中国都市经济圈、生活圈形成和规划的过程中,大体可以归类出三种基本类型:省级行政区内的都市圈,如福州、成都和重庆都市圈,不同类型的都市圈具有不同的特征,将通过不同的路径,对优化空间结构产生积极作用;跨省级行政区划的都市圈,如南京都市圈,其发展规划的编制和实施,由江苏省和安徽省政府共同推进;跨境的都市圈,如深港都市圈、珠澳都市圈。圈内主要城市间地域紧邻,经济社会联系紧密,天然就是一个都市圈,不同的是两地两种制度(法律、关税等)、两种货币,经济社会全面一体化难度较大。城镇化是现代化的必由之路,2019年我国正式提出培育发展现代化都市圈,2021年国家发展和改革委员会先后批复南京、福州和成都三大都市圈发展规划,都市圈正在成为中国经济发展的助推器。党的二十大报告强调,推进以人为核心的新型城镇化,加快农业转移人口市民化;以

---

① 参见徐隽、倪弋、金歆:《共同守护母亲河碧水长流》,载《人民日报》2020年12月10日。例如,1922年11月签署的《科罗拉多河协定》是美国水法之基石,科罗拉多河是美国西南部的大动脉,其流域的水权分配是比较典型的区域水权分配事例,为科罗拉多河流域水资源的开发管理奠定了初步法律框架和争端解决基础;后随着时代的发展、大型水利工程的建设、科罗拉多河委员会的成立、州际水权争端的处理,围绕科罗拉多河逐步形成了一整套完善的法律机制。详情参见 http://waterplan.state.wy.us/BAG/green/briefbook/lor/lor-3.html。资料来源:《科罗拉多河协定》,姚远译,载公丕祥主编:《区域法治发展研究》(第1卷),法律出版社2016年版,第386—391页。

城市群、都市圈为依托构建大中小城市协调发展格局,推进以县城为重要载体的城镇化建设;坚持人民城市人民建、人民城市为人民,提高城市规划、建设、治理水平,加快转变超大特大城市发展方式,实施城市更新行动,加强城市基础设施建设,打造宜居、韧性、智慧城市。

2022年9月28日,中国首个跨省域管辖法院——成渝金融法院,在重庆、成都同时揭牌,标志着川渝司法改革协同步入新阶段,司法服务保障成渝地区双城经济圈建设跨入新征程,充分发挥成渝金融法院专门职能作用,推动共建金融法治协同中心,打造服务西部金融中心司法供给高地,努力营造一流金融法治环境,助力成渝地区双城经济圈高质量发展。成渝金融法院设在重庆市,按照直辖市中级人民法院设置,分别在重庆市、四川省成都市设立办公区,负责管辖重庆市以及四川省属于成渝地区双城经济圈内的应由中级人民法院管辖的有关金融民商事案件和涉金融行政案件,具体管辖范围以最高人民法院相关司法解释为准,第一审判决、裁定的上诉案件,由重庆市高级人民法院审理。成渝金融法院对重庆市人大常委会负责并报告工作,审判工作受最高人民法院和重庆市高级人民法院监督,依法接受重庆市人民检察院第五分院法律监督。

由于传统区界思维,区域生态环境保护的整体性、关联性、公共性与行政区划的分割性、政府利益的内在性矛盾客观存在,大江大湖生态治理往往上下游地区不同行、左右岸区不同步,流域治理成为世界性难题。随着人类文明进步,对生态环境的认识日益深刻,生态环境没有替代品,用之不觉,失之难存,在促进经济社会发展的同时,要把人类行为限制在自然资源和生态环境能够承受的限度内。生态系统内各生态环境要素是相互关联的有机整体,从根本上解决区域性生态环境问题,必须坚持系统观念、整体思维,立足地方、着眼区域、放眼全局,从系统工程和全局角度创新治理路径。具体从江湖生态治理而言,例如,在我国水污染防治起步之地,京冀协同治理生态环境,建设国家湿地公园。1954年建成的官厅水库,面积163平方公里,是新中国成立后修建的第一座大型水库,是北京市重要的地表水源地和京津冀地区的生态涵养区,水库设计总库容为41.6亿立方米,入库水系包括洋河、桑干河和妫水河,流域面积4.34万平方公里,涉及内蒙古、山西、河北、北京四省区市。作为北京的饮用水水源地,水库海拔479米高程以下管辖权归属北京市,但74%的面积在河北省怀来县,只有26%在北京市延庆区。1997年,官厅水库因为污染严重,退出北京饮用水水源地之列;后经治理,水质改善,2007年恢复北京备用饮用水水源地功能,协同治理、全域共治,官厅水库生态环境明显改善。2018年3月,北京市、河北省人民政府共同划定官厅水库水源保护区,以进一步加强官厅水库水源保护,保障饮用水安全。①

从大江大河到乡村小溪,再到湖泊水库,装扮大美中国,惠泽岸边百姓。坚定不移推进人与自然和谐共生的美丽中国建设,以生态环境高水平保护推动高质量发展、创造高品质生活,是中国式现代化新道路的鲜明底色。习近平指出:"保护生态环境,不仅要有立竿见影的措施,更要有可持续的制度安排。只有实行最严格的制度、最严明的法治,才能为生态文明建设提供可靠保障。要采取超常举措,坚持源头严防、过程严管、后果严惩,治标治本多管齐下,全方位、全地域、全过程开展生态环境保护。"②为了让母亲河碧水长流,长江流域各地司法机关依法打击破坏生态环境各类违法犯罪,用最严密法治保护区域性生态环境,同时不断创新司法理念,以司法之力护航长江流域生态环境保护和高质量发展。2020年9月下旬,重庆市、四川省、贵州省、云南省高级人民法院相关负责人签署环境资源审判协作框架协议,共同建立长江上游跨区域环境资源审判协作机制,沿江法院围绕上中下游不同特点分别签订司法协作协议,长江全流域以及重点区域的司法协作模式初步形成。这些都是坚持系统观念、区域思维、法治协同,突破传统行政区划空间局限,破解跨区划的生态治理难题,推动江河、湖泊、流域治理的区域法治创新举措。严肃查处生态功能区违法建设、矿产资源区非法开采,完善跨区域生态环境公益诉讼制度和司法保护协作机制,2022年9月22日,最高人民检察院发布第四十一批指导性案例(万峰湖专案)——最高检督促整治万峰湖流域生态环境受损

---

① 参见贺勇:《京冀联合划定官厅水库水源保护区》,载《人民日报》2018年3月21日;刘毅等:《官厅水库水更清了》,载《人民日报》2020年6月19日。
② 《习近平同志〈论坚持人与自然和谐共生〉主要篇目介绍》,载《人民日报》2022年1月29日。

公益诉讼案(检例第 166 号),是通过公益诉讼检察成功治理大江大湖的典型案例,示范了以最低司法成本、最短时间解决跨行政区划流域治理难题的最佳方案,具有区域法治的标杆性意义,也是检察机关以法治思维和法治方式推进国家治理体系和治理能力现代化的生动实践。①

宪法以及环境保护法体系为区域性生态环境保护奠定了立法基础。环境保护法通过规定跨行政区域联合防治协调机制,为区域性生态环境保护搭设了整体框架;草原法、森林法、野生动物保护法、水土保持法等法律对区域内单个生态环境要素保护提供了规范依据;一些地方性法规,如长江、黄河流域的省级水源涵养保护条例以及水污染防治条例等,对本地区的生态环境保护工作进行了规制。新时代 10 年,中国全面开启人与自然和谐共生的现代化新征程,生态环境法治取得显著成效,生态环境法律体系得到重构,生态环境制度体系得到重塑,生态环境立法实现了从量到质的根本提升。(1)不断完善生态环境"基本法"和单项法。环境污染和生态破坏责任被纳入 2021 年 1 月 1 日起实施的《民法典》,生态环境损害赔偿责任制度正式确立,固体废物污染环境防治法、土壤污染防治法等法律规定了生态环境损害赔偿内容,福建、四川等省域在地方条例中明确规定生态环境损害赔偿制度,落实环境有价、损害担责,打破损害赔偿"无法可依"局面,同时推动环境公益诉讼,依法追究生态环境损害赔偿责任,严惩破坏生态环境犯罪。(2)发挥立法对区域性生态环境保护的规范引领作用。创新流域、区域生态环境立法,制定长江保护法、黑土地保护法,推动黄河保护法和青藏高原生态保护立法,全面提升绿水青山的"生态颜值";地方先行先试,京津冀、长三角、白洋淀流域协同立法,通过"小快灵"立法解决跨区域生态环境问题,形成了一批体现地方特点、符合地方规律的地方立法成果,如《白洋淀生态环境治理和保护条例》《浙江省生态环境保护条例》等,助力区域高质量发展。(3)健全跨区域生态环境保护联合防治和协同保护机制。保障区域协同,推动系统治理,环境司法融入京津

---

① 资料来源:《第四十一批指导性案例(万峰湖专案)》,https://www.spp.gov.cn/spp/jczdal/202209/t20220922_578616.shtml,2022 年 9 月 22 日访问。

冀、长三角一体化,粤港澳大湾区建设、长江经济带发展等国家区域协同发展战略,最高人民法院发布服务保障长江、黄河流域生态文明建设与绿色发展意见,长江流域11+1省市、黄河流域9省区高院分别签署环资审判协作协议,京津冀、长三角、大运河、南水北调沿线等法院共建多层次司法协作机制,服务流域区域系统化保护和一体化发展。

从环境立法、执法、司法多维度,系统构筑最严格制度、最严密法治,全面夯实生态文明建设的法治基石。与此同时,建立健全生态保护补偿制度体系,加大生态保护补偿力度,推动实现从"划江而治"向"全域共治""生态之治"的转变。落实《关于健全生态保护补偿机制的意见》要求,重点领域生态保护补偿机制细化实化,区域间生态保护补偿的合作网络织密织牢。国务院有关部门切实加大对区域间补偿机制建设的指导和支持,出台建立长江、黄河全流域横向补偿机制的实施方案,制定洞庭湖、鄱阳湖、太湖流域生态保护补偿的指导意见,推动区域间生态保护合作扎实推进;构建和完善区域内地方政府生态环境保护的联合防治协调机制,各地方积极探索建立流域横向生态补偿机制,浙江和安徽率先建立跨省流域横向补偿机制,广东分别和广西、福建、江西在九洲江流域、汀江—韩江流域、东江流域开展多层次跨省沟通协作,北京、天津分别与河北加快建立潮白河、引滦入津上下游流域生态补偿机制。长江保护法提出构建流域生态保护补偿机制,有效协调地方与地方、上中下游之间及其内部的利益,这是先富起来的中下游地区对上游后富地区的生态回馈帮扶,展现共同富裕的价值理念,体现社会主义制度无可比拟的优越性。

党的十八大以来,中央政府陆续印发了《长江经济带发展规划纲要》《黄河流域生态保护和高质量发展规划纲要》等重要文件。党的二十大报告明确指出:"我们要推进美丽中国建设,坚持山水林田湖草沙一体化保护和系统治理,统筹产业结构调整、污染治理、生态保护、应对气候变化,协同推进降碳、减污、扩绿、增长,推进生态优先、节约集约、绿色低碳发展。"[①]以法

---

① 习近平:《高举中国特色社会主义伟大旗帜 为全面建设社会主义现代化国家而团结奋斗——在中国共产党第二十次全国代表大会上的报告》(2022年10月16日),载《人民日报》2022年10月26日。

治方式推动区域性生态环境保护和可持续发展,需要认真总结区域生态治理实践中行之有效的政策和制度,以实现区域生态环境保护和可持续发展为目标指引,立足区域生态系统整体保护而非单个生态环境要素保护进行法治布局,协调地方政府间的利益需求,从而形成区域性生态环境保护联动共治格局。中国地域广袤、国土疆域辽阔、地理类型多样,资源禀赋区域差异明显,地区发展基础差距显著,区域发展不平衡不充分的矛盾和问题将长期存在,加强地方合作、区域协同,推进区域协调发展是宪法序言中贯彻新发展理念的重要组成内容,是全面建设社会主义现代化国家的应有之义。习近平明确要求:"实施区域协调发展战略","建立更加有效的区域协调发展新机制"。[1]《中共中央 国务院关于建立更加有效的区域协调发展新机制的意见》指出:"实施区域协调发展战略是新时代国家重大战略之一,是贯彻新发展理念、建设现代化经济体系的重要组成部分。""建立健全区域政策与其他宏观调控政策联动机制。""健全区域发展保障机制。""建立健全区域协调发展法律法规体系。"因此,以不同的分析研究维度,区域法治可以进行多种形式的分类划分。

1. 从行政区划的视角,可以分为单一型区域法治和混合型区域法治。前者指单一行政区划内的地方法治,后者指跨行政区划的一体化、合作型区域法治。

2. 从法治功能视角,可以分为综合型区域法治和目标型区域法治。以行政区划为基础的地方法治都属于综合型,而目标型区域法治有特定的功能目标,包括江河流域治理、国家公园体制建设、巡回法庭等[2]。《长江保护法》第1条明确规定:"为了加强长江流域生态环境保护和修复,促进资源合理高效利用,保障生态安全,实现人与自然和谐共生、中华民族

---

[1] 参见习近平:《决胜全面建成小康社会,夺取新时代中国特色社会主义伟大胜利》(2017年10月18日),载《习近平谈治国理政》(第三卷),外文出版社2020年版,第26页。

[2] 国家文化公园是国家推进实施的重大文化工程,2019年12月,中共中央办公厅、国务院办公厅印发《长城、大运河、长征国家文化公园建设方案》;2022年1月,长江国家文化公园建设部署启动,建设范围包括长江干流区域和长江经济带区域,涉及上海、江苏、浙江、安徽、江西、湖北、湖南、重庆、四川、贵州、云南、西藏、青海13个省区市。

永续发展,制定本法。"

国家公园是全球自然保护地的重要类型,不仅是维护国家自然生态系统平衡和生物多样性的自然保护地,也是为国民提供生态游憩、科普启智和科学研究的公共区域,更是彰显一个国家和地区文明形象乃至国家精神的重要窗口。国家公园作为保护区的一种类型,是国际社会普遍认同的自然生态保护模式,国家公园是自然生态系统最重要、自然景观最独特、自然遗产最精华、生物多样性最富集的地方,要保护的是全国最精华、最珍贵、最核心的自然生态资源,建立国家公园体制,健全"国家主导、共同参与"的共建共治共享体系,多方协同、区域共治,建设生态保护、绿色发展、民生改善相统一的中国特色国家公园,确保国家公园成为守护"美丽中国"最珍贵家底的核心区域,是党中央站在实现中华民族永续发展的战略高度作出的重大决策,是生态文明和美丽中国建设具有全局性统领性和标志性的重大制度创新。

2015年,中国启动开展东北虎豹、祁连山、大熊猫、三江源、海南热带雨林、武夷山、神农架、普达措、钱江源、南山等10处国家公园体制试点,区域涉及12个省份,总面积超过22万平方公里,约占陆域国土面积的2.3%。2021年10月,中国第一批国家公园正式向我们走来,三江源、大熊猫、东北虎豹、海南热带雨林、武夷山……国家公园里,有峻岭巍峨、江河浩渺、万物灵动,尽显锦绣中国的华美与多姿;有"明月出天山,苍茫云海间"的壮美,也有"溪边奇茗冠天下,武夷仙人从古栽"的毓秀,还留存着西域牧人对神山圣湖的敬畏与守护、川陕耕夫对自然智慧的探索与应用、东部文士对茶墨雅趣的孕育与传承,如此等等,国家公园是最美的国土。根据国家林草局提供的信息,在整改和优化第一批体制试点区的基础上,未来将进一步健全国家公园管理体制机制,确定国家公园空间布局,推进国家公园法规建设,实施国家公园建设重大工程,陆续设立新的国家公园,2022年在青藏高原、黄河流域、长江流域等生态区位重要和生态功能良好的区域实施。

巡回法庭是司法改革的"试验田",以制度创新根治司法地方化、行政化难症,实现跨区域重大行政和民商事案件就地审理,方便当事人开展诉讼活动,保护当事人合法权益,维护司法公正。2014年10月23日,党的十八届四中全会通过的《中共中央关于全面推进依法治国若干重大问题的决定》要求:"最高人民法院设立巡回法庭,审理跨行政区域重大行政和民商事案件。探索设立跨行政区划的人民法院和人民检察院,办理跨地区案件。"2014年12月2日,中央全面深化改革领导小组第七次会议审议通过《最高人民法院设立巡回法庭试点方案》和《设立跨行政区划人民法院、人民检察院试点方案》。

3. 从区域治理视角,可以分为普通型区域法治和特别类型区域法治。① 特别是近年来伴随区域法治研究的活跃,还有学者提出了"特定区域"法治先行,认为随着改革开放的不断深入,我国出现了一些较为发达的"特定区域",如沿海经济特区;或需要政策支持的"特定区域",如省域副中心城市,根据国家发展和改革委员会等部门印发的相关文件,徐州、洛阳、襄阳、赣州、延安、遵义、长治,在国家层面获得"省域副中心城市"的超高定位。② 这些特定区域对法治建设有更高的需求,却遇到了诸多法律上的瓶颈,也由此影响了这些特定区域经济发展和法治建设。经济与法治之间的密切关系,决定了特定区域经济的超前发展需要法治的先行作为支撑;同时,只有法治的先行才能促进特定区域经济的快速和高质量发展。要通过国家权力机关对特定区域所在地的省、市权力机关直接的精准立法授权方式,允许其在一定范围内可以突破或变通上位法,制定适合特定区域发展需要的地方立法。为实现特定区域的法治先行,必须对国家法治统一的含义作出新解释新解读,法治统一并非机械地要求地方立法与上位法的完全一致,必须对地方间的法治公平进行重新认识,法治公平并不是法治建设的平均主义。③

区域法治为区域合作治理、区域发展提供充分的法律资源和有效法治保障。譬如,长江流域生态环境保护事关国家经济社会发展的全局。

---

① 参见本章第四部分"区域法治与省域治理"。
② 参见《"十四五"支持老工业城市和资源型城市产业转型升级示范区高质量发展实施方案》《"十四五"支持革命老区巩固拓展脱贫攻坚成果衔接推进乡村振兴实施方案》。
③ 参见王春业:《论我国"特定区域"法治先行》,载《中国法学》2020年第3期。

长江全长6300多公里,为世界第三大河流,全流域涉及19个省份,流域面积180万平方公里,横跨东、中、西部,是我国重要的战略水源地、生态宝库和黄金水道,万古奔腾的长江,承载着从巴山蜀水到江南水乡的千年文脉,孕育着中华民族的灿烂文明。然而,一段时期以来,长江流域一些地方,人与自然争水,生态流量难以保障,出现了河湖生态系统萎缩、生态环境退化等问题。2016年1月5日,习近平在重庆召开的推动长江经济带发展座谈会上明确指出:"当前和今后相当长一个时期,要把修复长江生态环境摆在压倒性位置,共抓大保护,不搞大开发。"同年9月,中央印发《长江经济带发展规划纲要》,明确提出制定长江保护法。2020年12月26日,历经三次审议,十三届全国人大常委会第二十四次会议表决通过《长江保护法》,"共抓大保护、不搞大开发"写入法律。自2021年3月1日起施行的《长江保护法》,是中国首部全国性流域立法,切实以法治力量保护好长江母亲河,开创了全国性流域立法的先河。特别是立法设计中,针对长江保护中所面临的部门分割、地区分割、法律分割等体制和机制问题,《长江保护法》坚持系统观念、整体思维、统分结合,加强规划、政策和重大事项的统筹协调,在法律层面有效推进长江上中下游、江河湖库、左右岸、干支流协同治理;对环境法、行政法、经济法等多个领域的相关法律条文进行整合,综合运用多种法律机制,确保长江大保护目标统一、任务衔接、一体推进,开辟了在法治轨道上推进流域治理体系和治理能力现代化的新局面,为推动长江经济带高质量发展提供强有力的制度保障和法律依据。[1] 长江保护法的立法理念、制度设计和立法工作经验也为其他流域立法包括黄河保护立法提供了有益借鉴和参考。[2]

《长江保护法》是我国第一部流域性生态环境保护法律,其实施以来,国务院及其相关部门、长江流域所在各地方政府,坚持系统治理理念,打破行政区划界限,稳步推进流域协同立法,落实流域治理协调机制,完善

---

[1] 参见张天培:《用法治力量守护长江》,载《人民日报》2021年3月25日;推动长江经济带发展领导小组办公室:《坚持以习近平新时代中国特色社会主义思想为指引 奋力谱写依法治江护江兴江新篇章》,载《人民日报》2022年3月31日。
[2] 参见《栗战书主持召开黄河保护立法座谈会》,载《人民日报》2021年4月15日。

长江流域环境司法机制,长江保护治理、长江流域绿色高质量发展取得显著成效。当然,《长江保护法》作为第一部流域性立法,制度建设尚处于探索之中,在实施过程中也出现了一些新的问题,如执法、司法实务部门普遍反映,立法不够明确带来实施困难、司法资源未有效整合影响实施力度、配套制度未及时跟进影响实施效能、支持与支撑不足掣肘制度落实等。这些困难和问题,既有立法不足造成的实施困惑,也有相应配套立法滞后带来的实施困难,还有相关改革与支持不到位形成的实施困境,应予以高度重视。要坚持问题导向,紧密结合长江流域区域实际、地域特点,充分听取基层一线执法人员意见,适时启动具体制度评估,不断总结提炼实践经验、创新举措,着力做好如下方面工作:以立法解释进一步明确界定类似"支流"等法律概念,加快制定入河排污口整治等技术标准;有效整合长江流域司法资源,构建起全流域、一体化司法保护机制;推进长江流域综合管理配套制度建立,完善综合执法体系;建立长江生态保护和绿色发展投融资渠道,吸纳公益基金等市场化、社会化资金投入机制,探索生态产品的价值转化与价值实现形式。全面提升长江保护法实施效果,不仅为黄河保护法提供有益借鉴,同时还可以为完善生态环境立法乃至中国特色社会主义法律体系贡献智慧。

黄河宁,民生稳,天下平。黄河流域是中华文明的重要发源地,具有独特的自然资源禀赋,关系到西北、华北地区生态屏障的稳固、黄河流域的可持续发展以及区域经济的均衡协调发展,黄河是中华民族的母亲河,保护黄河是事关中华民族伟大复兴的千秋大计。《中华人民共和国黄河保护法》(以下简称《黄河保护法》)已由十三届全国人大常委会第三十七次会议于 2022 年 10 月 30 日通过,自 2023 年 4 月 1 日起施行,以法之名护佑母亲河安澜,为推动黄河流域生态保护和高质量发展提供了坚实的法治保障。《黄河保护法》具有鲜明的区域性等特色:(1) 调整内容的综合性,包含生态保护、污染防治、水资源利用、防洪、减灾以及文化传承等多方面的内容。《黄河保护法》第 1 条立法宗旨清晰明确:"为了加强黄河流域生态环境保护,保障黄河安澜,推进水资源节约集约利用,推动高质量发展,保护传承弘扬黄河文化,实现人与自然和谐共生、中华民族永续发展,制定本法。"(2)调整范围的区域性,即"黄河流域",包括黄河干流、支流和湖泊的积水区域,具体涉及青海省、四川省、甘肃省、宁夏回族自治区等9省区的439个相关市县行政区。(3)调整问题的复杂性和需求的差异性,黄河生态本底差,水少沙多、水沙关系不协调,黄河流域水资源严重短缺、水沙不平衡、生态环境脆弱是普遍共性,最大的矛盾是水资源短缺,沿黄9省区、上下游城市取用水资源矛盾突出。为统筹黄河水利用及相关水资源保护和环境保护等问题,《黄河保护法》首次从法律层面明确国家在黄河流域实行水资源刚性约束制度,坚持全流域一盘棋,系统谋划上下游、干支流、左右岸,以水为核心、河为纽带、流域为基础,协同推进山水林田湖草沙综合治理、系统治理、源头治理,共同抓好大保护,协同推进大治理,取用水精打细算,成为鲜明导向。《黄河保护法》第49条规定:"黄河流域县级以上地方人民政府应当根据本行政区域取用水总量控制指标,统筹考虑经济社会发展用水需求、节水标准和产业政策,制定本行政区域农业、工业、生活及河道外生态等用水量控制指标。"第51条规定:"国家在黄河流域实行水资源差别化管理。"第55条规定:"禁止取用深层地下水用于农业灌溉。"

区域法治是国家治理体系的有机组成部分,是国家法治在一定区域的具体展现、延伸、落实,是国家法治在区域的创新实践,区域法治和高标准区域治理代表着国家治理能力与水平。全球化和地区化并行发展、全球主义和区域主义共同崛起是20世纪后期以来世界格局的重要现象,全球化、地方化同时并行是当今时代的显著特点。区域法治展现国家法治生机与魅力,区域法治也是观测国家法治状况的重要维度和解释依据,更是推动国家法治转型和法治发展、实现国家治理体系和治理能力现代化的有效路径。以我国香港特别行政区为例,香港特区有世界最自由经济体、全球最大的离岸人民币业务中心、位处于世界四大湾区中发展最快的粤港澳大湾区等响亮名片;同时,拥有在"一国两制"下的区域法治金字招牌,法治是香港特区繁荣发展的根本,也是"一国两制"赖以成功的基石,香港特区发挥独特优势,包括善用普通法的传统和经验①,有利于助力建设法治中国;中国兼备世界上两大主流法系,香港特区作为国家唯一的普通法地区,积极展现香港法治制度及专业多元的法律服务品质,稳固作为亚太区国际法律及争议解决服务中心地位,配合成文法体系,有助于国家在参与国际法治中提供更完整参考,为国家参与全球治理、订立国际规则作出独到贡献。党的二十大报告强调:"支持香港、澳门发展经济、改善民生、破解经济社会发展中的深层次矛盾和问题。发挥香港、澳门优势和特点,巩固提升香港、澳门在国际金融、贸易、航运航空、创新科技、文化旅游等领域的地位,深化香港、澳门同各国各地区更加开放、更加密切的交往合作。推进粤港澳大湾区建设,支持香港、澳门更好融入国家发展大局,为实现中华民族伟大复兴更好发挥作用。"②国家法治与区域法治互为依存、相互促进、共同发展,国家法治发展指引区域法治创新、保障区域法治实践;区域法治创新助力国家法治试验,倒逼、催生国家法治变革,推进国家法治发展。也就是,经由区域法治迈向法治国家、法治政府、法治社会一体建设,可以更好推进法治中国建设,实现国家治理体系和治理能力现代化。推动区域法治创新,助推法治中国建设,已经成为新时代中国特色社会主义法治建设的亮丽风景,并日益为中国法律、法学界所广泛关注,成为学术界和社会高度关注的跨学科新兴研究领域,成为新时代中国社会科学的知识生长热点。

(二)区域法治研究机构

随着区域法治研究的兴起,区域法治研究机构不断建立,具体类型包

---

① 普通法是个多样性概念,Peter Wesley-Smith 教授认为,普通法有四个层面的含义:(1)作为区别于"地方法"的统一法,如英格兰普通法发展的早期,这里的"普通"就是指共通的、通行的;(2)作为判例法,以区别于制定法;(3)作为一种以特定方式运作的判例法,区别于另一种判例法——衡平法;(4)作为对一种特定风格之法系的称呼,区别于"罗马法系""民法法系""大陆法系"。在香港基本法的语境下,普通法主要在第二、四层面上使用;第四层面常常是指香港的普通法区别于内地的法律制度或社会主义法律制度。See Peter Wesley-Smith, An Introduction to the Hong Kong Legal System, third editon, Oxford University Press, 1998, at 37.

② 习近平:《高举中国特色社会主义伟大旗帜 为全面建设社会主义现代化国家而团结奋斗——在中国共产党第二十次全国代表大会上的报告》(2022年10月16日),载《人民日报》2022年10月26日。

括：（1）民族区域法治研究，主要设立在民族高校、民族地区高校和社会科学院，如中南民族大学民族法制研究中心、云南大学西南边疆少数民族研究中心等。（2）港澳台法治研究，主要设立在985高校，广东、福建沿海高校，以及地方社会科学院等，如武汉大学两岸及港澳法制研究中心、中国人民大学台湾法律问题研究所、深圳大学港澳基本法研究中心等。（3）普通区域法治研究，高校、地方社会科学院等多有设立，如南京师范大学江苏高校区域法治发展协同创新中心、华南理工大学广东地方法制研究中心、广东外语外贸大学区域一体化法治研究中心等。（4）经济特区及自贸区法治研究，所在区域的高校、社会科学院多有设立，如海南师范大学海南经济特区法治战略研究基地、上海财经大学自贸区法治研究中心等。

（三）区域法治论坛组织

创立区域法治论坛是中国法学会适应法治中国建设新形势、新任务、新要求，围绕国家区域发展战略，拓展法学研究领域，充分发挥职能作用，助力新时代中国法治理论创新发展的开创性工作。区域法治论坛依托各省区市法学会，立足地方、研究地域、服务区域，建立区域法学会合作机制、推进区域法治建设，区域法治研究取得一系列优秀成果，积累了宝贵的经验。早在2008年7月16日至17日，"区域法治论坛工作座谈会"于浙江杭州召开，中国法学会指出：加快区域协调发展离不开法治的支撑，必须依靠法治的健全和完善，实施区域发展战略是一项宏大的系统工程，其中法治的作用不可替代；区域法治论坛的创办适应了国家实施区域协调发展战略的需要，是法学会组织推动广大法学、法律工作者服务区域协调发展战略的具体体现，是深化和拓展法学研究领域、繁荣法学研究的有益尝试，是聚合区域法学资源、推动合作研究的重要举措。会议审议通过了中国法学会《关于进一步办好区域法治论坛的意见》，明确要求要将区域法治论坛办成繁荣和发展马克思主义法学理论的重要阵地，长期坚持下去，不断提高论坛质量，办出特色，办成"品牌"。① 目前，我国有由中国

---

① 参见呼满红：《把区域法治论坛办成"品牌"》，载《民主与法制》2008年第16期。

法学会指导、省(区、市)和副省级城市法学会主导的七大区域法治论坛,以及内蒙古、西藏、宁夏、新疆、广西5个自治区法学会共同主办的中国民族区域法治论坛。"7＋1"区域法治论坛已经成为中国法学会和地方法学会引领、组织、推动法学研究,服务国家经济发展,推进法治中国建设的重要阵地和学术交流平台,承载着推动法学理论创新、法治实践创新、法律制度创新、法律文化创新的重大责任和使命。其中,泛珠三角合作与发展法治论坛区域规模最大,由江西、福建、湖南、广东、广西、海南、重庆、四川、贵州、云南10个省级法学会共同主办,如2022年举办的第十七届论坛由海南省法学会承办,主题为"习近平法治思想与地方法治实践创新"。

梳理2018年、2019年"7＋1"区域法治论坛的主题设置,可以观测区域法治发展、区域法治研究近年来的概貌。2018年各大论坛主题和承办单位为:(1)第十三届东北法治论坛,承办单位为辽宁省法学会,主题为"优化营商法治环境,助力东北振兴发展";(2)第十三届环渤海区域法治论坛,承办单位为山西省法学会,主题为"建立开放型经济新格局的法治保障";(3)第十五届长三角法治论坛,承办单位为安徽省法学会,主题为"城乡融合发展的法治保障";(4)第十一届中部崛起法治论坛,承办单位为江西省法学会,主题为"乡村振兴战略与法治服务保障";(5)第十三届泛珠三角合作与发展法治论坛,承办单位为广西壮族自治区法学会,主题为"新时代区域法治合作机制创新与发展";(6)第十三届西部法治论坛,承办单位为云南省法学会,主题为"西部生态文明建设的法治保障";(7)第三十届全国副省级城市法治论坛,承办单位为大连市法学会,主题为"新时代城市社会治理的理论与实践";(8)第五届中国民族区域法治论坛,承办单位广西壮族自治区法学会,主题为"新时代宪法实施与民族区域法治建设"。2019年各大论坛主题为:(1)第十四届东北法治论坛,新时代东北全面振兴、全方位振兴中法治的规范与保障作用;(2)第十四届环渤海区域法治论坛,环渤海区域高质量协同发展的法治保障;(3)第十六届长三角法治论坛,长三角一体化发展法治保障;(4)第十二届中部崛起法治论坛,民营经济高质量发展法治保障;(5)第十四届泛珠三角合作与发展法治论坛,优化营商环境的法治保障;(6)第十四届西部法治论坛,防范化解重大风险法律问题研究;(7)第三十一届全国副省级城市法治论坛,市域社会治理现代化的理论与实践。

2021年,第七届中国民族区域法治论坛的主题是"学习贯彻习近平法治思想,铸牢中华民族共同体意识的法治基础"。新时代区域法治的创新探索,推动区域法治理论研究深入深化,催生了多层级区域法治交流平台的大量涌现,主办承办主体多元,主体鲜明突出,影响力广泛多样。近年来,随着地方法治的创新推动、区域法治的蓬勃发展,其他有影响的区域法治论坛也不断出现,如粤港澳大湾区(深圳)法治建设论坛、中国特色自由贸易港建设法治论坛、苏区法制研究论坛等,粤港澳大湾区(深圳)法治建设论坛2022年的主题是"粤港澳法律服务合作的新思路、新场域与新发展",围绕粤港澳法律服务合作高质量发展、港澳律师大湾区内地执业影响与展望、前海深港国际法务区建设、大湾区争议解决机制中的协同合作以及如何有效应对中国企业走出去的法律风险等议题进行深度交流。

(四)区域法治著作举要

1. 区域法治基础研究。如刘隆亨主编:《中国区域开发的法制理论与实践》,北京大学出版社2006年版;文正邦、付子堂主编:《区域法治建构论——西部开发法治研究》,法律出版社2006年版;姜彦君等:《历史性突破:浙江法治建设的价值探索》,浙江大学出版社2008年版;龚廷泰:《法治文化建设与区域法治》,法律出版社2011年版;刘莘主编:《区域法治化评价体系与标准研究》,中国政法大学出版社2013年版;公丕祥主编:《变革时代的区域法治发展》,法律出版社2014年版;夏锦文:《区域法治发展的文化机理》,法律出版社2015年版;石佑启、朱最新主编:《区域法治与地方立法研究》,广东教育出版社2015年版;公丕祥主编:《区域法治发展研究》(第1卷),法律出版社2016年版;骆天纬:《区域法治发展的理论逻辑——以地方政府竞争为中心的分析》,法律出版社2017年版;公丕祥、龚廷泰:《区域法治发展基础理论研究》,法律出版社2019年版;公丕祥:《区域法治发展的理论分析》,法律出版社2020年版。

2. 特别类型的区域法治研究——民族区域法治研究、特别行政区法治研究、经济特区法治研究、自由贸易区(自贸区)法治研究。如戴小明:《中央与地方关系——民族自治地方财政自治研究》,中国民主法制出版社1999年版;陈弘毅:《香港特别行政区的法治轨迹》,中国民主法制出版社2010年版;林建伟、李双其等:《台湾地区法治进程的个案考察:以"扁家弊案"的世纪审判为视角》,法律出版社2012年版;戴小明、潘弘祥等:《统一·自治·发展——单一制国家结构与民族区域自治研究》,中国社会科学出版社2014年版;陈立斌主编:《自由贸易区司法评论》(第一辑),法律出版社2014年版;郑少华主编:《自由贸易法治评论》(第一辑),法律出版社2014年版;徐静琳、程伟荣主编:《宪法与港澳特别行政区有关法律制度研究》,上海社会科学院出版社2016年版;蒋朝阳:《澳门基本法与澳门特别行政区法治研究》,社会科学文献出版社2016年版。

3. 普通区域法治研究——区域立法合作、区域政府合作、区域联合执法、区域司法合作(包括设立跨行政划的人民法院、人民检察院的司法权配置)以及区域环境治理、区域流域治理研究等。如叶必丰等:《行政协议:区域政府间合作机制研究》,法律出版社2010年版;陈光:《区域立法协调机制的理论建构》,人民出版社2014年版;吕志奎:《区域治理中政府间协作的法律制度:美国州际协议研究》,中国社会科学出版社2015年版;石佑启等:《区域经济一体化中府际合作的法律问题研究》,经济科学出版社2018年版;陶品竹:《京津冀协同发展与区域法治建设研究》,中国政法大学出版社2018年版;深圳市律师协会编:《粤港澳大湾区的法律体系构建》,法律出版社2019年版;孟庆瑜等:《京津冀区域生态环境协同治理政策法律问题研究》,人民出版社2019年版;冯玉军主编:《京津冀协同发展立法研究》,法律出版社2019年版;滕宏庆等:《粤港澳大湾区的法治环境研究》,华南理工大学出版社2019年版;杜承铭主编:《粤港澳大湾区法律论坛》,中国政法大学出版社2020年版;吕忠梅等:《长江流域立法研究》,法律出版社2021年版;张立哲:《成渝地区双城经济圈建设的法治保障研究》,西南财经大学出版社2021年版;贺海仁主编:《横琴粤澳深度合作法治问题研究》,社会科学文献出版社2022年版;夏锦文主编:《区域立法发展的江苏样本》,法律出版社 2022 年版。

三、区域法治概念辨析

"法的思想并不就是每个人从第一手方面所取得而具有的,相反地,正确的思维是对事物的知识和认识,所以我们的认识应该是科学的。"①概念是对事实或理论的概括,是反映事物本质属性的思维形式。人类在认识事物的过程中,把所感觉到的事物的共同特点提炼出来加以概括就成为概念。因此,概念是运用专业学科知识持续不断地进行学术研究的产物,是构建话语体系和知识体系的重要基础,是进行科学研究的基本范畴。概念反映客观事物的本质特征,学术研究离不开概念表达,没有概念对事物的抽象,就无法确立起理论分析的基本框架。区域是法治的地理基础,人类一切活动都与地理相关,区域法治是法治的空间生成。区域、法治、区域法治,是开展区域法治研究必须涉及的最基本概念。人类一切治道都是基于一定地域边界而存在,家庭、部族、社区、乡镇……区域法治也就成为自然,区域法治既是历史存在,也是现实存在。但在学理上,区域法治为学界关注、重视,作为独特的学术现象、独立的学术领域,法学界进行自主、系统性研究,成为学术创见、理论创新的新高地,时间还非常短暂。区域法治是一个跨学科的法学崭新概念,它既体现了 1978 年党的十一届三中全会决定实行改革开放、告别"以阶级斗争为纲"的政策思维,是 40 多年来地方、区域"摸着石头过河"进行法治探索实践的经验总结,也是新时代中国法学创新发展的具体成果。

(一) 区域与国家

亚里士多德说,一个人若能离开国家而生存,他不是个野兽,便是一个神。② 区域是人生存、活动的地理空间,是人类赖以生存的基础条件、空间环境。国家是区域的聚合,学理上,国家是历史概念、文化概念或民族

---

① 〔德〕黑格尔:《法哲学原理》,范扬、张企泰译,商务印书馆 1961 年版,第 18 页。
② 参见〔古希腊〕亚里士多德:《政治学》,吴寿彭译,商务印书馆 1965 年版,第 7 页。

（血缘）概念，但其首先是一个地理或地域概念，即有明确的国土疆域和清晰的边界划分，同时以宪法法律加以确认、宣示，因而国家也是法定概念，土地和主权乃国之根基。土地是国家存续的基础，文化是一个国家、一个民族的灵魂，人类一切文明、每一种文化都发展于一定的区域空间，在现代民族国家体系中，土地神圣不可侵犯。例如，"中国"的本义是疆土中国，现代意义上的"中国"一词涵义相对简单，一般不作他用，主要是指"国家"，专指中国之全部领土，具有地域、文化、政治、民族上的多重特定涵义。《反分裂国家法》第2条第1款明确规定："世界上只有一个中国，大陆和台湾同属一个中国，中国的主权和领土完整不容分割。维护国家主权和领土完整是包括台湾同胞在内的全中国人民的共同义务。"此"中国"即是指疆土中国。中国具有悠久历史，自战国以来，"九州"即成为古代中国的代称，这是早期先民的一种基于地理认知基础上的政治理想。"中国"一词的出现虽可溯及久远，但作为国家名在国际交往中使用是从清朝开始，其后的中华民国、中华人民共和国都是用"中国"作为简称，文脉相传的血脉渊源是中华民族不可阻遏的生命基因。

地方意识是人之本能，国家意识是合格公民的基本素养，世界各国宪法都规定了公民维护国家统一、安全和利益的基本义务。我国《宪法》第52条规定："中华人民共和国公民有维护国家统一和全国各民族团结的义务。"第54条规定："中华人民共和国公民有维护祖国的安全、荣誉和利益的义务，不得有危害祖国的安全、荣誉和利益的行为。"以台湾问题为例，台湾自古属于中国，是中国领土不可分割的一部分，台湾问题完全是中国的内政。1943年，中英美三国首脑发表《开罗宣言》，明确规定日本将所窃取的中国领土包括台湾、澎湖列岛归还中国；1945年，旨在结束二战的《波茨坦公告》重申，《开罗宣言》的条款必将实施。作为确定二战后国际秩序的这两份重要国际法文件，都已明白无误地表明，国际社会对中国拥有台湾等地区的领土主权不存在任何争议。1972年2月，中美两国发表的《联合公报》明确指出："中华人民共和国政府是中国的唯一合法政府；台湾是中国的一个省，早已归还祖国，解放台湾是中国内政，别国无权干涉，全部美国武装力量和军事设施必须从台湾撤走。中国政府坚决反对任何旨在制造'一中一台'、'一个中国、两个政府'、'两个中国'、'台湾独立'和鼓吹'台湾地位未定'的活动。"

和平年代,社会稳定,岁月静好,对于绝大多数普通民众来说,真正实实在在的是生活,民众在日常生活中对所处区域状况可能更有感知,国家只是模糊概念,对国家并无特别感知。只有在关键时刻,例如突发地方或区域性重大事件,地方政府无力及时处置或区域间政府不能协同解决,国家力量彰显,国家概念变得清晰可感。2022年2月,俄罗斯乌克兰战争爆发后,中国政府从乌克兰撤侨包含台湾同胞,一位来自台湾小伙在网络发布视频直呼:"祖国太伟大了。"这是国民发自肺腑的呼喊,民众对国家真真切切的感知:"只有国家好,地方才能好,生活才会更好。"这也是国家终极价值——国强民富、国富民安——在国民日常生活中的具体展现;同时也表明,经济运行的韧性、资源统筹配置以及抗御重大风险挑战能力等,某一地方或区域与国家不可同日而语。当下,世界并不太平,局部冲突不断,看看乌克兰、中东,多少血雨腥风,尤其是近两年,全球秩序已经大乱。唯一的庆幸是,我们虽不能生活在一个和平的世界,但有幸生活在一个和平的国家,这是每一个中国人的荣光,也是每一个中国人的幸福!

今天,信息科技正在对社会空间进行全面改造,互联网打破了传统空间的限制,让世界变得更加美好,人工智能让人们的生活更加便捷。但是,无论科技进步到什么样的发展阶段,人类社会都要依靠一定的区域生存,依靠一定的区域而聚居。区域研究是近代学术范畴的内容,在古代也可以找到某些有益的参考,如在一些学者看来,中国历史上也曾有类似于区域研究的传统,2000多年前司马迁对匈奴的记载和描述,或许算是开创了某种"范式"。《史记·匈奴列传》所建构的阐述方式,成为之后其他古代历史著作记载北方民族乃至亚洲内陆古代诸国的范例。按照一些美国学者的观点,这个"范式"至少有两个层次:一是在民族志历史的意义上搞清楚北方游牧民族的实际情况;二是以理性化的方式将北方游牧民族纳入中国历史的范畴,从而使其被置于一个能够被理解和控制的知识谱系之下。[①] 而在《世

---

① 参见昝涛:《区域国别研究:学科建设如何走出新路》,载《光明日报》2022年1月15日。

说新语》中,更是明确使用了"区域"一词,"此数书所指之楚,虽称名无异,而区域不同"。按地理区域划分居民是国家的固有特征,恩格斯指出:"国家和旧的氏族组织不同的地方,第一点就是它按地区来划分它的国民。正如我们所看到的,由血缘关系形成和联结起来的旧的氏族公社已经很不够了,这多半是因为它们是以氏族成员被束缚在一定地区为前提的,而这种束缚早已不复存在。地区依然,但人们已经是流动的了。因此,按地区来划分就被作为出发点,并允许公民在他们居住的地方实现他们的公共权利和义务,不管他们属于哪一氏族或哪一部落。这种按照居住地组织国民的办法是一切国家共同的。"①

所以,一般而言,区域是一个地理和空间概念,边界既明确也模糊,包括自然、人文、经济区域等;有多样性的表达,包括区块、省域、城市和城乡等不同地理空间,譬如大区域、小区域,学术意义区域、法定意义区域,泛内涵区域、特定内涵区域,狭义的区域、广义的区域……以及应急状态情势下紧急隔离的乡、村、社区、小区乃至一栋楼宇等各类大大小小区域。狭义的区域即指地方,是为了实现既定治理目标按照一定的指标和方法划分出来的,如省、市、县、乡等,治理边界清晰;广义的区域是指两个及两个以上的地方联合体,也叫地区,如民族地区。地方是区域的基础,区域是地方的延伸,是民族国家构成的地理空间,国家是不同区域的聚合。在中文语境中,"国"的初文是"或",也是"域"的本字,即邦国、区域,古文字的演化进程从一个方面反映了先人对地方、区域与国家关系的认知。② 今天,地方、地区、地域、区域,人们常常以同义交叉混合使用。但在具体场域,从不同的视角,人们对区域也有不同的理解、解读,如大家常说的小区、社区、生活区域、办公区域,可以是随意的、边界模糊的,但省域、市域、县域则都是具体明确而又不同的区域。很自然,大到国家与国家的国际区域或国家的某一地区,小到山区村寨、居民社区,以至写字楼的办公区、国际航班的座次区,等等,人们都习惯地称之为区域,包括各种不同类型

---

① 恩格斯:《家庭、私有制和国家的起源》,载《马克思恩格斯选集》(第四卷),人民出版社 2012 年版,第 187 页。

② 参见(汉)许慎:《说文解字》,(清)段玉裁注,上海古籍出版社 1981 年版,第 631 页。

的大区域、小区域和"微区域"。特别是在 2020 年新冠肺炎疫情暴发后，疫情防控风险等级最初由一个省市区县或者是市区内的一个片区、乡镇，即使最小划定范围也是某一个街道，到精准识别、精准防控、分类指导时，划分封控区、管控区、防范区，并动态调整"三区"设置，尽量减少疫情对生产生活的影响。以城市街道社区、居民住宅小区和农村居民村组为基础，封控区实行"区域封闭、足不出户、服务上门"，人员外不进、里不出、内不动，不断提升分区分级差异化精准防控水平，快速有效处置局部地区聚集性疫情。以中高风险区域动态调整来控制疫情发展，进一步把中高风险区域范围缩小，一方面说明对于新冠疫情防控的能力更强，对于新冠病毒流行病学调查追溯更精准，另一方面有利于复产、复工、复学，避免影响其他人的正常工作生活和社会运行。常态化防控后，进一步提高科学精准防控能力，政策举措不断优化，从省域、市域、县域，到小区、社区、街道，再具体落实到单元和楼栋，把疫情范围压到最小，影响降至最低。

在学理上，区域原本是地理学中的概念，对区域概念作出科学、权威定义的，当然是地理学领域。以政治学和法学的学术话语，国内法视域意义上的区域，是指法定的行政区划或跨行政区划的特定疆域，即以行政区划为基础的行政区域和跨行政区域；国际法视域意义上的区域，即国别区域，是指特定国家或区域。区域具有整体性、差异性、开放性的特征，区域内部地理、经济、人文要素等相互作用和相互影响，构成一个统一的整体；任何一个区域内部都有着相对的一致性，而各个区域之间则普遍存在着差异性；区域并不是孤立存在的，而是与其他区域有着各种各样的联系。所以，改革开放总设计师邓小平在谈及中国经济特区创立时曾指出："那一年确定四个经济特区，主要是从地理条件考虑的。深圳毗邻香港，珠海靠近澳门，汕头是因为东南亚国家潮州人多，厦门是因为闽南人在外国经商的很多。"[①]

观察后不难发现，能够构成某一共同区域，一般有其自然环境和历史文化上的基本特征：山水相依、地域相邻；历史相似、格局一致；人缘相亲、

---

① 邓小平：《视察上海时的谈话》（一九九一年一月二十八日—二月十八日），载《邓小平文选》（第三卷），人民出版社 1993 年版，第 366 页。

民俗相近;道路相连、信息互通;彼此依存、优势互补;等等。例如,京津冀,"北京、天津、河北人口加起来有1亿多,土地面积有21.6万平方公里,京津冀地缘相接、人缘相亲、地域一体、文化一脉,历史渊源深厚、交往半径相宜,完全能够相互融合、协同发展"①。再如,近年来中国城镇化取得举世瞩目的成就,城镇化进程的一个重要空间特征是都市圈化,人口集聚,大城市跨行政区发展,跨城通勤人口大量涌现,特别是北京、广州、上海、深圳等特大城市都市圈,有些城市甚至出现百万级人口跨城通勤,城镇体系逐渐成型,都市圈通过空间通过通勤体系形成了一个整体的网络。

区域既是学理概念,也是制定法概念,在近年的法律法规中经常可见。例如,为贯彻落实《司法部关于印发〈关于优化公证服务更好利企便民的意见〉的通知》(司发〔2021〕2号)和《司法部关于印发〈关于深化公证体制机制改革 促进公证事业健康发展的意见〉的通知》(司发〔2021〕3号)精神,促进公证资源均衡配置,方便群众选择优质服务,就近办理公证事项,根据《公证机构执业管理办法》的有关规定,2021年7月,司法部办公厅下发《关于调整公证机构执业区域的通知》(司办通〔2021〕69号),决定进一步调整公证机构执业区域:对于法律关系相对简单的一般证明性公证事项,公证机构的执业区域放开至本省、自治区、直辖市行政区域,一般证明性公证事项的范围由省、自治区、直辖市司法行政机关结合实际确定;对于继承等民生类公证服务事项、提存类公证服务事项,以及重大财产处分等涉及群众切身利益、审查核实告知公证程序要求高的公证事项,结合本地区实际情况,按照分类推进、分步实施、有序调整的原则扩大执业区域;涉及不动产的公证执业区域仍按《中华人民共和国公证法》第25条第2款的规定执行。行政区域建制,目前中国实行的是省(区、市)、市(州、盟)、县(市、区、旗)、乡(镇)四级行政区划体制。《宪法》第30条明确规定:"中华人民共和国的行政区域划分如下:(一)全国分为省、自治区、直辖市;(二)省、自治区分为自治州、县、自治县、市;(三)县、自治县分为乡、民族乡、镇。直辖市和较大的市分为区、县。自治州分为县、自治县、

---

① 《优势互补互利共赢扎实推进努力实现京津冀一体化发展》,载《人民日报》2014年2月28日。

市。自治区、自治州、自治县都是民族自治地方。"第 31 条规定:"国家在必要时得设立特别行政区。在特别行政区内实行的制度按照具体情况由全国人民代表大会以法律规定。"

近年来,特色小镇建设已经成为县域推动文旅融合发展的重要载体、平台和路径。那么,什么是特色小镇?2016 年 10 月发布的《国家发展改革委关于加快美丽特色小(城)镇建设的指导意见》(发改规划[2016]2125号)指出,特色小(城)镇包括特色小镇、小城镇两种形态。特色小镇主要指聚焦特色产业和新兴产业,集聚发展要素,不同于行政建制镇和产业园区的创新创业平台。特色小城镇是指以传统行政区划为单元,特色产业鲜明、具有一定人口和经济规模的建制镇。可见,特色小镇不是行政区划单元上的一个镇,也不是产业园区的一个区,而是按照创新、协调、绿色、开放、共享的发展理念,聚焦新兴产业,形成"产、城、人、文"四位一体的重要功能平台,是文化和旅游的场域交汇、城市与乡村的文明互动、现代与传统的生活交融。特色小镇建设有利于缓解大中城市环境承载能力超负荷的问题,把人口和产业从城市向乡村疏导,推进乡村振兴。

跨行政区划的特定疆域,如粤港澳大湾区、西部大开发的西部地区、京津冀协同发展战略的京津冀三省市、中部崛起战略的中部地区、东北振兴战略的东北三省等,大江大河流域的黄河流域、长江流域、长三角地区、珠三角地区等,以及《中国农村扶贫开发纲要(2011—2020 年)》确定的六盘山区、秦巴山区、武陵山区、乌蒙山区、滇桂黔石漠化区、滇西边境山区、大兴安岭南麓山区、燕山—太行山区、吕梁山区、大别山区、罗霄山区等集中连片特困地区。2015 年 5 月 5 日,中央全面深化改革领导小组第十二次会议审议通过《关于在部分区域系统推进全面创新改革试验的总体方案》;9 月 7 日,该方案正式公布,京津冀、上海、广东、安徽、四川、武汉、西安、沈阳等 8 个区域被确定为全面创新改革试验区。

区域因其历史文化、资源禀赋或环境区位等的独特性而存在,从同类区域的比较优势而言,以粤港澳大湾区为例,其特点首先是规模大,面积和人口分别是东京湾区的 4 倍和 2 倍:粤港澳大湾区总面积为 56453 平方公里,东京湾区是 13566 平方公里;粤港澳总人口有 7276 万人,东京湾区有 3678 万人。但粤港澳大湾区的最大特点是区内有两种不同的政治和经济制度、三种货币、三个独立的关税区,这是世界上另外三个湾区(即纽约湾区、旧金山湾区、东京湾区)所不具备的。粤港澳大湾区的 11 个城市有着很好的劳动分工:香港是国际金融中心,深圳是科技创新中心,广州是全球商贸中心,东莞等地是制造业中心。这种明确的劳动分工,对于经济发展非常有利。所以,粤港澳大湾区的特点不仅是规模大,而且还在于其内部丰富的多样性以及明确的劳动分工。①

从回归祖国的那一刻起,香港、澳门重新纳入国家治理体系,香港、澳门的命运更加紧密地同祖国的命运联结在一起,走上了同祖国内地优势互补、共同发展的宽广道路。香港、澳门融入国家发展大局,是"一国两制"的基本要义,是改革开放的时代要求,也是香港、澳门探索发展新路向、开拓发展新空间、增添发展新动力的客观要求。特别行政区背靠祖国、联通世界,机遇无限。② 如香港、澳门与珠三角九市文化同源、人缘相亲、民俗相近、优势互补,而香港作为中国唯一实行普通法的司法管辖区,可以在粤港澳大湾区建设中发挥"一国、两制、三法域"的独特优势。为促进粤港澳大湾区建设,发挥香港法律执业者和澳门执业律师的专业作用,2020 年 8 月 11 日,十三届全国人大常委会第二十一次会议决定:授权国务院在广东省广州市、深圳市、珠海市、佛山市、惠州市、东莞市、中山市、江门市、肇庆市开展试点工作,符合条件的香港法律执业者和澳门执业律师通过粤港澳大湾区律师执业考试,取得内地执业资质的,可以从事一定范围内的内地法律事务。具体试点办法由国务院制定,报全国人大常委会备案。试点期限为三年,从试点办法印发之日起计算。试点期间,国务院要依法加强对试点工作的组织指导和监督检查,就试点情况向全国人

---

① 参见严圣禾、郑永年等:《粤港澳大湾区:打造世界级经济平台》,载《光明日报》2021 年 5 月 28 日。
② 2022 年 6 月 23 日,最高人民法院发布《人民法院服务和保障粤港澳大湾区建设情况报告(2019—2022)》,从五个方面全面总结人民法院发挥司法职能服务和保障粤港澳大湾区建设情况:健全制度完善机制,贯彻落实粤港澳大湾区国家战略;深化司法交流合作,打造新时代"一国两制"实践新示范;畅通司法法律规则衔接,将制度之异转化为制度之利;充分发挥司法职能,优化大湾区法治化营商环境;完善跨域司法服务,满足"港澳所需""湾区所向"。资料来源:《人民法院服务和保障粤港澳大湾区建设情况报告(2019—2022)》,载《人民法院报》2022 年 6 月 23 日。

大常委会作出报告。试点期满后,对实践证明可行的,修改完善有关法律。

(二)区域法治的内涵

区域法治是地缘性或地缘意义上的法学新概念。作为一个跨学科的崭新概念,区域法治已经成为法治国家建设领域的全新论题,加强区域法治的学术研究,厘清区域法治的科学内涵,全面准确阐释区域法治的基本要义,对于推进新时代法学理论创新、助力法治中国建设具有重要意义。目前,中国学界对"区域法治"的使用并没有形成统一的共识,有的称"区域法治",有的称"区域法治发展",有的称"地方法治",有的称"地方法制"或"地方法制建设",等等。还有的仅是从字面上狭义理解:"区域法治是指地理位置毗邻、文化传统接近的两个以上的行政区域,在国家法治的基本框架内,为了治理区域合作中产生的公共事务和解决某些共性问题所作出的制度安排以及达到的有序状态。区域法治在主体、内容、机制等方面不同于地方法治。实行区域法治,符合我国宪法精神。加强区域立法、执法、司法、法律服务领域的协作与合作,能够为区域发展营造良好的法治环境。"①

若排除有关特别类型区域法治的研究,如民族区域法治研究、特别行政区法治研究,区域法治研究肇始于中央西部大开发战略的提出,具体有两大标志性事件值得学术史重视:一是2000年7月,国家哲学社会科学基金在法学学科一般项目中立项设立了"西部可持续发展战略的法治保障研究"课题(00BFX003、文正邦主持);二是2005年7月,由北京大学税法研究中心、国务院西部开发办人才与法规司等单位联合举办的"中国首届区域经济开发法律问题高层论坛"在北京召开,"区域立法的定位、性质和构成"是论坛的4个主要议题之一,《光明日报》(2005年8月2日)以"区域发展需要法律支持"为题对会议进行了报道,会议成果收录在北京大学法学院教授刘隆亨主编的《中国区域开发的法制理论与实践》(北京

---

① 张胜全:《我国区域法治的宪制基础与实践探索》,载《唯实》2012年第4期。

大学出版社 2006 年版)中。

当然,通过文献检索发现,国内法学界较早关注区域法治、进行自主理论研究并明确使用"区域法治"概念的学者,应该是西南政法大学的文正邦教授、河北大学法律系的孟庆瑜教授。① 公丕祥教授是当下中国区域法治研究领域的重要推动者和学术召集人,在区域法治发展理论研究方面著作颇丰,据笔者对其学术思想的观察和学术著作研读,"区域法治""区域法治发展"基本上是等同意义上使用的。② 系统梳理近年来法学界的学术讨论与交流,代表性观点主要有如下四种:

武汉大学法学院周叶中教授认为,区域法治发展的概念忽略了法治与主权的关系,在逻辑上不能自洽,区域的范围也难以准确划定,而且概念内涵也无法与地方法治进行有效区分。目前,区域法治的研究带有强烈的问题导向,但无论是发展意义上的区域法治,还是协调意义上的区域法治,抑或是地方法治意义上的区域法治,都没有能够在法学视角下把握区域问题的本质。区域问题集中在区域合作、区域竞争和跨域公共事务治理三个领域,它表明以地方政府为主体的区域关系事实上已经处于紊乱状态。因此,需要从中央立法、地方联合立法、区域行政和区域纠纷解决四个方面加快区域法制建设。③

南京师范大学法学院公丕祥教授认为,"区域"概念由来已久,这是一个内涵丰富、外延广泛、涉及诸多学科的多层面综合性概念。法学视野中

---

① 参见孟庆瑜、赵玮玮:《论西部开发中的区域法治建设》,载《甘肃政法学院学报》2001 年第 1 期。文正邦:《论西部可持续开发战略的法治保障》,载《现代法学》2000 年第 4 期;《应开展区域法治研究——以西部开发法治研究为视角》,载《法学》2005 年第 12 期;《区域法治——深化依法治国方略中崭新的法治形态》,载《甘肃社会科学》2008 年第 6 期。葛洪义:《法治国家与地方法制》,载《法学》2009 年第 12 期。张清、梁鸿飞:《社会管理模式创新的法理逻辑——以"区域法治"作为概念分析工具》,载《法制现代化研究》2013 年第 1 期。周尚君:《国家建设视角下的地方法治试验》,载《法商研究》2013 年第 1 期。夏锦文:《区域法治发展的法理学思考——一个初步的研究构架》,载《南京师大学报(社会科学版)》2014 年第 1 期。周叶中、刘诗琪:《地方制度视域下区域协调发展法制框架研究》,载《法学评论》2019 年第 1 期。

② 参见公丕祥:《勿忘区域法治研究》,载《人民日报》2016 年 6 月 6 日;《以区域法治发展推动当代中国法治改革》,载《新华日报》2018 年 10 月 30 日。

③ 参见张彪、周叶中:《区域法治还是区域法制?——兼与公丕祥教授讨论》,载《南京师大学报(社会科学版)》2015 年第 4 期。

的"区域"概念,就主权国家范围内的区域现象而言,蕴含着两个层面的含义,意即一定行政区划中的地域空间单元和跨行政区划的地域空间单元的有机集合体。由此,"区域法治"不仅指主权国家范围内基于特定行政辖区的依法治理活动,而且指基于跨行政辖区的协同治理活动,因而内在地包含着"区域法制"的概念要素。在当代中国,区域法治是与国家法治相对而言的,是国家法治发展的有机组成部分,体现了国家主权统一性的核心要义,构成了单一制国家结构体制条件下的区域社会治理权力或治权的实践载体,根本不存在"以国家主权二元论为基础"的区域法治发展。因此,"区域"与"法治"在逻辑、历史与现实意义上是完全能够自洽的。此外,区域法治与地方法治这两个概念虽然具有相通的意蕴,但是"区域法治"概念致力于引入空间变量因素,展示区域法治发展进程中的丰富多样的空间结构关系,借以揭示区域法治发展现象的内在逻辑与运行机理。所以,我们有足够的理由去发展"区域法治"概念,丰富中国法治话语体系,以期回应变革时代的法治中国进程的理论呼唤。[①]

浙江大学光华法学院葛洪义教授认为,地方法制在概念上不同于法治或者地方法治,它指的是在法治统一原则下,地方根据本地实际情况和治理的需要,在应对宪法法律实施所产生的各种问题的过程中,形成的规则与制度的总和。当前,我国地方国家机关在整个权力体制下拥有完整的独立权力,地方在实践中衍生出的各种次级规则和制度因此也对整个国家的法治发展有着重要意义,合理把握次级规则与制度和国家法律的关系正是理解地方法制的关键。地方法制并不是一个与法治相割裂的本体概念,它提供了一种独特的方法论视角,将地方作为分析单元,观察地方在法治建设中的特殊地位和作用,确信地方能够为中国的法治发展贡献积极力量。[②]

南京师范大学法学院倪斐博士认为,"法治江苏""法治浙江""法治广东"等地方法治实践的兴起,引发了学者们对地方法治概念的理论争议。

---

① 参见公丕祥:《还是区域法治概念好些——也与张彪博士、周叶中教授讨论》,载《南京师大学报(社会科学版)》2016年第1期。

② 参见葛洪义:《"地方法制"的概念及其方法论意义》,载《法学评论》2018年第3期。

质疑者认为,主权是现代法治概念的基础,地方不是独立的法治单元体,故而地方法治概念不能成立。肯定者从地方法治发展的主客观动力因素出发,分别提出先行法治论、地域文化论、地方竞争论和国家试错论四种代表性学说,但均未阐明受质疑的地方法治的权力基础,故而难以有效证成地方法治概念。主权与治权相分离是地方法治概念的法理基础,宪法、法律中有关地方治权形态与治权事项的规定是地方法治概念的制度依据,中央主导下的地方治权自主是地方法治概念的社会实效性根据。治权自主理论的提出,有助于明确地方法治概念的主体层级、评判地方法治实践以及合理界定地方法治与国家法治的关系。①

笔者赞同使用"区域法治"的称谓,其内涵丰富,涉及区域立法、执法、司法、守法等法治建设的诸多环节、各个方面。区域法治重视地方法治协同,立足地方但不限于或局限于行政辖区范围,着眼于全域性、一体化,如"跨省通办""就地即办",即突破了传统属地管辖传统、地域管制思维;地方法治注重地域管辖、行政区域划边界。"区域法治"包含"区域法治发展""地方法治""地方法制"。从词义内涵和学者研究的话语体系观察,"区域法治"关注历史演进、现有状况、未来发展,通过历史逻辑的揭示探寻法治发展的规律;"区域法治发展"则更侧重关注当下现实问题与发展前景的前瞻;"地方法治"一般指法律意义上的法定行政区域的法治建设,如法治北京、法治湖南,不涉及跨行政区域。② 因此,区域法治的基本涵义,是指在一定区域(某行政区域或跨行政区域,法定区域或自然区域,如省、市、县、乡,江河流域、自然保护区等)内,为满足地方和区域社会治理需求,依照宪法原则和精神,根据自然环境、经济基础、文化特点、历史传统、民族习惯等因素,因地制宜创制法律规则,有效实施区域法律治理或

---

① 参见倪斐:《地方法治概念证成——基于治权自主的法理阐释》,载《法学家》2017年第4期。
② 参见公丕祥:《法治中国进程中的区域法治发展》,载《法学》2015年第1期。需要强调的是,国内大部分学者将"区域法治"和"地方法治"是等同使用的。如中国政法大学法治政府研究院在《法治政府蓝皮书:中国法治政府评估报告 2017》中指出,近五年来,地方政府法治建设水平不断提升,但是区域法治发展不平衡的状况需要引起高度关注;自 2014 年至今的评估中,排名始终在后二十名的城市有 6 个,在全国法治政府建设不断进步的大背景下,部分地区法治政府建设相对落后的状况要高度重视,避免法治示范地区和落后地区之间的差距不断加大;落后地区应当积极转变发展理念,寻找加快法治发展的突破口,通过法治环境的提升进一步优化经济社会发展环境,实现"弯道超车"。

跨区域公共事务治理,开展法治探索,形成具有区域特色的法治运行模式的统称。① 区域法治是国家法治的区域表达,区域法治承上启下,立足地方、区域深化国家法治实践,坚持法制统一推进国家法治发展,区域法治作为国家法治的有机组成部分,是国家法治创新发展的源头活水、活力源泉。

一般来说,区域包括全球意义上的区域和国家层面的区域,前者是指国际区域;后者是指主权国家范围内以特定的行政管辖层级为基础的地区单元,或者是以一定地缘关系为纽带而形成的若干行政管辖层级的地区单元的集合体,即地方性的区域,因而构成了我们讨论关注的重点范围。若从法治中国视阈下审视区域法治研究,区域法治在内涵上包括国际性区域法治、大中华范围内的区域法治、中国大陆地区的区域法治。其中,中国大陆地区的区域法治又可以划分为准区域法治、关联性区域法治和综合性区域法治,或可归类为特别类型的区域法治、普通型区域法治。笔者认为,虽然在当下的国际事务中区域一词已被广泛使用,是新时代国际关系的高频词汇,但国际法意义上的区域或区域合作、国际性区域法治是国际法研究的范畴,不是我们重点讨论研究的对象。② 坚持一致性与多样性统一、政治性与学理性统一、理论性与实践性统一,加强区域法治研究,从深层次上把握区域法治概念的沿革、内涵和意义,从区域法治的历史视野和比较视野中,总结区域法治理论机理和实践探索,理解和考察新时代区域法治的经验、问题与挑战,依照学术规律展现法学的实践品格,有效推动区域法治的知识创新,回答区域法治研究中的新挑战新问题,更大程度上凝聚区域法治概念和理念的共识,彰显自身理论特色,形成新的学术创见,有助于全面建构中国特色社会主义法治概念和法治话语,提炼"中国之治"的经验与逻辑,回应、阐释和引领当代中国区域法治实践。

---

① 特别需要指出的是,县域法治是中国国家法治的基础,关于县域法治研究,请参见欧阳曙:《安县:法治的异化——县域法治的个案研究》,载《社会科学论坛》2016 年第 1 期;金韬:《社会治理中的区域法治——以"余庆经验"为例》,载《宁夏社会科学》2016 年第 4 期;杨玉圣:《法治、自治、礼治与善治——立足于县域法治与县域善治的讨论》,载《政法论丛》2017 年第 4 期;公丕祥:《新时代的中国县域法治发展》,载《求是学刊》2019 年第 1 期;黄鹏航:《关于县域法治与县域治理研究的检讨——对既有学术研究文献之梳理与分析》,载《政法论丛》2019 年第 1 期。

② 参见文正邦:《法治中国视阈下的区域法治研究论要》,载《东方法学》2014 年第 5 期;王鹏越等:《"一带一路"法治保障和法律服务问题研究》,载《法治日报》2018 年 9 月 12 日。

区域具有大致相同的自然—生态条件、历史发展的共同基础、相通的地方语言等,作为地方重要发展战略或国家战略,既出于现实需要,也具有深厚的历史文化依据和基础。区域经济优势互补、路网互联互通、产业分工合作、历史文化交融、法治协同互进,如都市圈(城市群)、城镇带、经济合作区的形成与发展,离不开法治的保障和引领,并助力区域法治的孕育生长,推动区域经济社会一体化全方位深度融合发展。历史和地理是恒定的,历史不能割裂,地理不可能更改,对区域发展而言,"伙伴可以选,邻居不由选"。定位区域格局,融入区域一体化发展,依据自身基础条件、资源禀赋找准差异化错位发展路径,是立足新发展阶段、完整准确全面贯彻新发展理念、服务和融入新发展格局、推动高质量发展的具体要求,也是区域法治应用的基本认知。在全球化、信息化、市场化的时代条件下,区域法治推进区域治理体系和治理能力现代化,创新基层治理,保障区域治理,激发社会活力,促进资源配置,跨区域联动应急,快速应对突发事件新挑战①,为区域一体化和高质量发展提供制度保障和路径支撑;区域法治助力区域合作协同,区域地方相互影响,区域带动地方高质量发展,以区域协同共进共赢。核心要义包括:区域法治是国家法治的有机组成部分;区域法治是区域发展的重要推动力量;区域法治是建构区域社会秩序的创造性活动;区域法治是推进突发事件"依法防控、依法治理"的基础保障。国家法治为区域法治确立原则、目标和方向,区域法治为国家法治进行具体贯彻和落实;国家法治对区域法治进行规范和引导,区域法治为国家法治进行试点和探索;国家法治对区域法治进行培育和扶植,区域法治为国家法治进行积累和量变。区域法治与国家法治价值相通、目标一致、互为依存、相融共进、共存共赢。区域法治已经成为新时代推动国家法治发展的新路径、新引擎,并为国家所高度重视。区域协同立法是推进区域法治的重要维度,2022年3月11日,十三届全国人大五次会议审议通过

---

① 如依照《国家突发公共卫生事件应急预案》,根据突发公共卫生事件性质、危害程度、涉及范围,突发公共卫生事件划分为特别重大(Ⅰ级)、重大(Ⅱ级)、较大(Ⅲ级)和一般(Ⅳ级)四级,因区位特点、人口流动性等因素的区域性差异,由各地根据自身情况按照分级响应的原则,及时作出、调整相应级别应急反应,确保迅速、有效控制突发公共卫生事件,维护社会稳定。

《全国人民代表大会关于修改〈中华人民共和国地方各级人民代表大会和地方各级人民政府组织法〉的决定》,明确了区域协同立法在国家法治体系中的法律地位,在区域法治发展上具有重要里程碑意义。

2019年8月,《中共中央 国务院关于支持深圳建设中国特色社会主义先行示范区的意见》发布,从"特区"到"示范区",深圳迎来改革新起点、发展新机遇、法治新高地。新的发展目标是:到2025年,建成现代化国际化创新型城市;到2035年,成为国家建设社会主义现代化强国的城市范例;到21世纪中叶,成为竞争力、创新力、影响力卓著的全球标杆城市。与此相对应,确保在更高起点、更高层次、更高目标上推进改革开放,法治城市示范的战略定位清晰:"全面提升法治建设水平,用法治规范政府和市场边界,营造稳定公平透明、可预期的国际一流法治化营商环境。"具体目标和路径是:率先营造彰显公平正义的民主法治环境,"全面提升民主法治建设水平。在党的领导下扩大人民有序政治参与,坚持和完善人民代表大会制度,加强社会主义协商民主制度建设。用足用好经济特区立法权,在遵循宪法和法律、行政法规基本原则前提下,允许深圳立足改革创新实践需要,根据授权对法律、行政法规、地方性法规作变通规定。加强法治政府建设,完善重大行政决策程序制度,提升政府依法行政能力。加大全面普法力度,营造尊法学法守法用法的社会风尚";优化政府管理和服务;促进社会治理现代化。法治支撑措施有:强化法治政策保障,"意见提出的各项改革政策措施,凡涉及调整现行法律的,由有关方面按法定程序向全国人大及其常委会提出相关议案,经授权或者决定后实施;涉及调整现行行政法规的,由有关方面按法定程序经国务院授权或者决定后实施。在中央改革顶层设计和战略部署下,支持深圳实施综合授权改革试点,以清单式批量申请授权方式,在要素市场化配置、营商环境优化、城市空间统筹利用等重点领域深化改革、先行先试"。

四、区域法治与省域治理

十三届全国人大四次会议表决通过的《中华人民共和国国民经济和

社会发展第十四个五年规划和2035年远景目标纲要》提出,"十四五"时期经济社会发展主要目标是:经济发展取得新成效;改革开放迈出新步伐;社会文明程度得到新提高;生态文明建设实现新进步;民生福祉达到新水平;国家治理效能得到新提升。同时明确了"十四五"时期"社会主义民主法治更加健全"和到2035年"基本建成法治国家、法治政府、法治社会"的目标任务。国家是多样性区域的聚合,国家治理是地方性经验的积累,区域法治是人类一项古老而常新的政治法律活动。省级行政区域,既代表着行政管理的疆域范围,彰显着区域发展的历史文化特色,更与经济社会发展和人们生活息息相关,维系着人们的乡土认同。省域是观察中国的窗口,不了解省域,就无法真实读懂多彩的中国;省域治理是中国治理的缩影,不明白省域治理的差异性、复杂性、丰富性,就不可能深刻理解活力的中国、魅力的中国。省域治理是中国地方治理的关键,在中国政治传统和现代国家治理体系中地位特殊、作用非同一般。

(一) 省域:中国治理的基础单元

历史和实践表明,国家治理离不开科学合理的分层分级。作为一个有着广阔疆域和悠久历史的统一多民族大国,省域是中国行政区划的顶层,是国家治理在地方的基本单元。在省、市、县、乡四级法定地方政府层级中,市、县、乡镇都归属于一定的省域,市县治理和乡镇基层治理都是以省域为边界展开,是国家治理在省域的延伸,是国家治理在基层的具体展现。

国家治理是宏大的系统工程,从区域或空间层面而言,省域治理是国家治理体系的"次体系","上联天线,下接地气"。目前,我国34个省域建制的类型是:省(23个,包括台湾地区)、自治区(5个)、直辖市(4个)、特别行政区(2个)。其中,省是最基本的类型,自治区和特别行政区是特殊、特别类型,直辖市是特大城市类型。多元的省域建制,反映了中国国家治理的统一性与多样性、开放性与包容性,以及地方治理的自主性与复杂性、原则性与灵活性,体现了国家治理体系历史传承与创新发展的有机衔接,彰显了单一制下复合型国家结构形式的中国智慧、中国创造、中国特色。

国之兴衰系于制，民之安乐皆由治。省域治理是国家治理体系和治理能力在省域层面的落实和体现，是立足省域省情贯彻中国特色社会主义制度和国家治理体系、推进现代化建设的区域治理实践，涉及经济建设、政治建设、社会建设、文化建设、生态文明建设"五位一体"总体布局的治理领域，以及市、县、乡镇等多个层级、各个层面。党的十八届三中全会明确提出"推进国家治理体系和治理能力现代化"的时代命题，十九届四中全会从党和国家事业发展的全局和长远出发，专题研究坚持和完善中国特色社会主义制度、推进国家治理体系和治理能力现代化问题，并清晰擘画了国家治理现代化的总体目标、路线图和时间表。省域治理现代化是国家治理现代化的重要组成部分，完善省域治理体系，提升治理能力，推进省域治理向现代化迈进，构建城市治理共同体，提升城乡基层治理水平，持续巩固拓展脱贫攻坚成果同乡村振兴有效衔接[①]、数字治理升级与社会治理数字化转型，加强风险治理预警防控，运用制度威力应对风险挑战的冲击，实现中央地方关系治理现代化，等等，是国家治理现代化的基本要义。

譬如，2021年3月1日，以促进数字经济发展为主题的地方性法规《浙江省数字经济促进条例》正式施行，从法规角度明确浙江数字经济发展目标与路径，为企业和政府数字化转型提供了保障。《浙江省数字经济促进条例》的诸多前瞻性制度设计，搭建起数字经济发展的"四梁八柱"，为实现浙江数字经济高质量发展筑牢基石。《浙江省数字经济

---

① 归隐田园是中国人几千年来不变的梦。2020年9月，自然资源部经商住房城乡建设部、民政部、国家保密局、最高人民法院、农业农村部、国家税务总局，对"十三届全国人大三次会议第3226号建议"作出答复，就该建议中提到的"关于农村宅基地使用权登记问题"，明确答复：农民的宅基地使用权可以依法由城镇户籍的子女继承并办理不动产登记。答复指出，根据《中华人民共和国继承法》规定，被继承人的房屋作为其遗产由继承人继承，按照房地一体原则，继承人继承取得房屋所有权和宅基地使用权，农村宅基地不能被单独继承。《不动产登记操作规范(试行)》明确规定，非本农村集体经济组织成员(含城镇居民)，因继承房屋占用宅基地的，可按相关规定办理确权登记，在不动产登记簿及证书附记栏注记"该权利人为本农民集体经济组织原成员住宅的合法继承人"。(资料来源：http://gi.mnr.gov.cn/202010/t20201009_2563517.html)这一政策解读和法律解释，精准理解了法律原则和法治精神，城镇户籍子女可继承农村宅基地使用权并办理不动产登记是乡村振兴制度供给的重大突破，满足了中国文化传统"落叶归根、反哺乡里"的朴素情感。

促进条例》的颁布是浙江数字化改革在立法上的一项重要探索,也为国家出台数字经济相关法律提供了参考,许多内容在国内创下多个"第一":首次明确数字经济的法定概念①,首次对数字产业化、产业数字化、治理数字化在法规层面作出界定……在浙江,数字经济发展有了法治保驾护航。

(二) 省域治理:地方治理的关键

地方是区域的基础,区域是地方的延伸,国家是区域的聚合,地方政府是一个国家政治制度的重要组成部分,不了解前者,就不能理解后者。每一个国家只有一个中央政府,却有多个地方政府。地方政府与民众的日常生活更为息息相关,与多样性的地理和社会生态环境的联系更为密切。在中国国家治理体系中,省级政府是地方政府的最高层级,即"国家之下、地方之上",省域治理归属地方治理,却是国家治理的关键层级,或辖域面积广阔,或人口数量庞大,或资源禀赋独特,或所处区位特殊,或民族构成多元,所以,对主政官员的选拔极为慎重。2020年11月2日,中央全面深化改革委员会第十六次会议指出:"基层是改革创新的源头活水,要注重激发基层的改革创新活力,支持开展差别化创新。地方抓落实要深刻领会党中央战略意图,既找准定位,又突出特色,有条件的地区要奋力走在前列。"②

省域承上启下,省域治理是中央重大决策落地落实的"最先一公里"。 省域治理是国家治理在地方的延伸,是地方治理的最高层级,指引和统领市、县治理和乡镇基层治理方向;省域治理的治理能力、治理水平、治理样态,反映国家制度在地方的治理效能。例如,回顾2020年抗击新冠肺炎疫情的艰苦斗争,武汉和湖北是疫情防控阻击战的主战场、重中之重和决胜之地,武汉胜则湖北胜,湖北胜则全国胜。2020年3月10日,习近平在

---

① 数字经济是以数据资源为关键生产要素,以现代信息网络为主要载体,以信息通信技术融合应用、全要素数字化转型为重要推动力,促进效率提升和经济结构优化的新经济形态。

② 《全面贯彻党的十九届五中全会精神 推动改革和发展深度融合高效联动》,载《人民日报》2020年11月3日。

湖北省考察新冠肺炎疫情防控工作时明确指出:"这次新冠肺炎疫情防控,是对治理体系和治理能力的一次大考,既有经验,也有教训。""我们要放眼长远,总结经验教训,加快补齐治理体系的短板和弱项,为保障人民生命安全和身体健康筑牢制度防线。"①这既是对国家公共卫生治理体系和治理能力的总体思考,更是对湖北省域治理能力特别是应对突发重大公共卫生事件能力的基本判断和评估。突发事件具有不确定性,加强风险管理和应对,提升施策能力,精准管控风险,是防范各类"黑天鹅""灰犀牛"事件由突发向全域蔓延的有效举措。

疫情防控是治理能力的试金石,严格落实常态化防控措施犹如一面明镜,真实、直观地展现了区域、地方最本来的治理面目,如当地的制度架构、官员素质、治理效率、公平秩序、法治状态、地域文化、民众价值观和心态等。因应时势,随时调整防控举措,既保障社会民生不受太大冲击,又最大限度控制疫情扩散,是治理能力,更是治理艺术。抗疫决策是动态的,而生命救治、交通物流、物资配置必须精准保障;在思想认识上"致广大",在担当勇为上"尽精微",疫情下的防控应急方案更是对政策漏洞、流程监管、治理水平以及领导干部职业素养的全面检验,在此后的疫情反复中,对全国各省域、市域治理、基层治理水平都进行了大检视、验证。常态化疫情防控已不仅仅限于抗阻病毒,还须兼顾民众生活、平衡保持经济复苏力度等。人们看到,武汉没有先例可循,可尽管有了武汉的惨痛前车之鉴,两年后的2021—2022岁末年初新旧年之交,具有深厚文化底蕴的省城中心城市古城西安,在新一轮本土疫情面前,完全没有从武汉吸取教训、学到经验。如仓促宣布"封城"措施后,基层防疫和应急部门措手不及,各种武汉曾经发生过的乱象连续上演:市民"买菜难""吃饭难""求医难",医院拒诊、孕妇流产、病人猝死②、"一码通"崩溃……管理低效、粗暴、

---

① 习近平:《在湖北省考察新冠肺炎疫情防控工作时的讲话》(2020年3月10日),载《求是》2020年第7期。

② 孙春兰指出:"发生这样的问题十分痛心、深感愧疚,暴露出防控工作存在不严不实的问题,教训深刻。疫情防控本身是为了人民的健康、为了护佑每一个生命。医疗机构的首要职责是提供医疗服务,因此防疫期间决不能以任何借口将患者一拒了之。"《坚持人民至上、生命至上 决不能以任何借口推诿拒接收群众就医》,载《人民日报》2022年1月7日。

混乱，造成恶劣社会影响，民间怨声载道，网上骂声一片，舆论压力升级，看不到一座现代超大城市应有的精细化管理章法，凸显了区域治理水平参差不齐、各地疫情防控能力存在巨大差异。

2022年8月至12月初，西藏自治区拉萨市、新疆维吾尔自治区乌鲁木齐市和伊犁州、贵州省贵阳市以及旅游大省海南、甘肃省兰州市、河南省郑州市等陆续出现防疫乱象，当地各级政府纷纷公开致歉，承认防疫政策执行僵化刻板、工作混乱、物资短缺等，承认疫情防控准备不足、能力不足、应对不足，以及核酸检测能力不足、社区资源严重短缺、组织动员和执行不力、管控不精细，食物紧张、买菜难、买菜贵以及医院沦陷、看病难、急症不能等问题，更暴露出中西部和少数民族地区政府管理能力特别是应对重大突发公共卫生事件、应急处置能力的显著短板，行动迟缓、应变无方，宣传迂腐呆板、与民众生活脱节，防控主动性、精准性、系统性缺失，明显没有从过去两年来其他省市区疫情防控发生的类似问题中认真汲取教训。富士康郑州科技园区员工徒步"大逃疫"事件、河南省郑州市与江苏省徐州市政府的"公开撕"也警醒治理者，信息化条件下特大型生产企业密集人群区，或高密度人群社区互信、动员、疏导和紧急转移的时代课题。

省域承上启下，省域治理是多样性、创新性、探索性改革前沿阵地。通过省域的改革试点，积累改革经验，防范改革风险，降低改革成本，探索可复制可推广的治理体制机制和样本，服务国家治理。以国家监察体制改革为例，这是事关全局的重大政治体制改革，2016年11月，中共中央办公厅印发《关于在北京市、山西省、浙江省开展国家监察体制改革试点方案》，部署在三省市设立各级监察委员会，从体制机制、制度建设上先行先试、探索实践，就是为了在全国实施积累经验。此外，如"最多跑一次"改革，从浙江的探索到全国复制、推广，为政务服务中那些涉及企业、民众经常要办的事项，做到网上办、掌上办、一次办、马上办提供了示范；建立自由贸易试验区是新时代中央进一步推进改革、扩大开放的战略举措，2013年9月上海自贸区挂牌，到2019年8月经4次扩容，自贸区建设从上海试点向中西部扩展;①长三角区域(江苏省、浙江省、安徽省、上海市四省市)政务服务"一网通办"试点,到"跨省通办""跨域通办"全国联动。省域治理先行先试的多样性探索、创新性改革为国家治理积累了实践经验和制度验证。

省域承上启下,省域治理是重大突发公共事件应对处置的关键防线。再以新冠肺炎疫情前期阻击为例,面对突如其来百年一遇的严重疫情、重大突发公共卫生事件,2020年1月22日,习近平亲自指挥、统揽全局、果断决策,以非常之举应对非常之事,及时作出决定,要求立即对湖北省、武汉市人员流动和对外通道实行严格封闭的交通管控,为全国疫情防控赢得了宝贵时间。2020年9月8日,习近平在全国抗击新冠肺炎疫情表彰大会上强调指出:"武汉人民、湖北人民识大体、顾大局,不畏艰险、顽强不屈,自觉服从疫情防控大局需要,主动投身疫情防控斗争,为阻断疫情蔓延、为全国抗疫争取了战略主动,作出了巨大牺牲和重大贡献!"②在武汉"封城"、湖北实行严格全面管控的同时,各省区市根据在疫情发展的不同阶段,因时因势、制定战略策略,采取灵活、差别化的防控措施,分层次、分区域排查,精准实施防控,取得抗击新冠肺炎疫情斗争重大战略成果,并为全国实行常态化条件下的疫情防控策略、特别是打赢"外防输入、内防扩散"阻击战积累了宝贵经验,也为世界各国抗击新冠肺炎疫情提供了中国智慧、中国方案。如区域防控实践证明,根据疫情形势适时调整时间间隔,3天2检或2天1检,对辖区居民全员进行常态化核酸检测,即是非常有效之举。

---

① 建立自由贸易试验区作为国家战略,是党中央、国务院作出的重大决策,是深入贯彻党的十八大精神,在新形势下推进改革开放的重大举措,是实现更高水平对外开放的制度创新,对加快政府职能转变、积极探索管理模式创新、促进贸易和投资便利化,为全面深化改革和扩大开放探索新途径、积累新经验,具有重要意义。2013年9月,国务院批准《中国(上海)自由贸易试验区总体方案》,同时,首个自贸区上海自贸区挂牌;2015年4月,广东、天津、福建第二批自贸区获批;2017年3月,辽宁、浙江、河南、湖北、重庆、四川、陕西第三批自贸区获批;2018年9月,海南自贸区获批;2019年8月,江苏、河北、黑龙江、广西、山东、云南作为新设自贸试验区获批。至此,经过4次扩容,我国已有18个自贸试验区获批建设,形成"雁阵"。

② 习近平:《在全国抗击新冠肺炎疫情表彰大会上的讲话》(2020年9月8日),载《人民日报》2020年9月9日。

(三) 省域法治：法治中国的省域创新

区域法治包括以行政区划为基础的法律治理和跨行政区域的法律治理，省域法治是以行政区划为基础的区域法治中最基本、最稳定的类型①，是法治中国在省域的创造性实践。法治是国家治理体系和治理能力的重要依托，制度是治理的依据，治理是制度的实践过程；制度是规则体系的集成，法律是制度的最高形态。在全面依法治国背景下，在法治中国视域下，省域治理应该也必须是依法治理，从这个意义上也可以说，省域治理就是省域法治。

"立治有体，施治有序，酌而应之，临时之宜也。"②国家治理既是理论问题也是实践课题，既宏大又具体，制度规则只有无缝对接民众生活，治理效能才能充分显现。在日常治理实践中，人们常常会提出这样的疑问：同样的国度、同样的制度、同样的法律、同样的条件，不同区域为什么治理绩效有着天壤之别？究其根源是治理能力问题。当今世界正经历百年未有之大变局，新一轮科技革命和产业变革深入发展，外部环境出现更多不稳定、不确定性，国内改革发展稳定任务艰巨繁重。我国已转向高质量发展阶段，开启全面建设社会主义现代化新征程，在国内外环境发生深刻变化的大背景下，胸怀中华民族伟大复兴的战略全局，对接国家"十四五"经济社会发展宏伟蓝图，锚定2035年基本实现社会主义现代化远景目标，破除制约高质量发展、高品质生活的深层次体制机制障碍，高水平推进省域治理现代化，构建更完备、更稳定、更管用的制度体系，实现国家治理总体部署与省域治理实践创新的更好结合，必须以习近平新时代中国特色社会主义思想为指导，深入学习、深刻领会党的十九届四中、五中全会精神，找准定位、发挥优势，聚焦把制度优势、制度力量转化为治理效能和发展动能，突出省域治理关键环节和具体制度，推动治理手段、治理模式、治理理念创新，加快构建经济治理、社会治理、市域治理统筹推进和有机衔

---

① 参见戴小明：《区域法治研究：价值、历史与现实》，载《中共中央党校（国家行政学院）学报》2020年第1期，《新华文摘》2020年第11期。
② （北宋）杨时：《河南程氏粹言·论政篇》。

接的治理体系,强化治理能力保障。具体来说,就是要坚持和遵循以下基本原则:

1. **坚持党的领导**。深入贯彻新时代党的建设总要求,以高质量党建引领和推进省域治理现代化。以党的领导为根本,始终保持省域治理的正确方向,毫不动摇坚持党对一切工作的领导,坚持和完善党领导省域经济社会发展的体制机制,充分发挥党总揽全局、协调各方的领导核心作用,凝聚、调动一切积极因素;提高政治站位,增强政治能力,以党的政治建设为统领推动省域治理,把坚持和加强党的全面领导贯穿落实于省域治理全领域、全过程、各方面、各环节;全面落实支撑中国特色社会主义制度的根本制度、基本制度、重要制度,坚定制度自信,确保党中央重大决策部署在省域令行禁止、一贯到底、落地见效;以永远在路上执着和定力,全面从严治党,坚决惩治腐败,持续优化风清气正的政治生态;坚持马克思主义在意识形态领域的指导地位,坚定文化自信,致力守正创新,繁荣发展文化事业和文化产业,提高文化软实力;着力根治懒政怠政,激励广大干部大胆担当作为,支持改革、鼓励创新、宽容失败,旗帜鲜明为改革者负责、为干事者担当,努力营造干事创业的良好环境,通过省域的多样性改革探索实践,为制度完善、省域治理提供最基本、最稳定、最可靠的政治保障,为国家治理提供新的发展动能、新的制度范例,推动中国特色社会主义制度更加成熟更加定型。

2. **坚持法治引领**。以习近平法治思想为指导,坚定不移走中国特色社会主义法治道路,提高领导干部运用法治思维和法治方式深化改革、推动发展、化解矛盾、维护稳定、应对风险的能力,在法治下推进改革、在改革中完善法治,着力全面依法治国基本方略在省域的具体落地落实,为高水平推进省域治理现代化、高质量发展提供坚实法治保证。厉行法治,大力推动依法治省,高水平推进科学立法、严格执法、公正司法、全民守法,强化数字化对法治现代化的支撑,形成与数字时代相适应的现代法治体系,强化法治刚性规范和德治柔性约束,建立完善以大数据为基础的信用体系,保障社会公平正义。尊重市场规律,力行简政之道,坚持依法行政,公平公正监管,优化资源配置,转变政府职能,持续优化服务,提升治理效能,提高行政效率,弘扬和保护企业家精神,释放企业创新创造活力,维护社会主义市场经济秩序,推动有效市场、有为政府更好结合。聚力服务型政府建设,深化"放管服"改革①,进一步推进审批服务便民化,创新监管方式,放管并重、加强事前事中常态化监管和事后惩治,加大知识产权保护力度,持续优化法治化营商环境,深入实施《优化营商环境条例》,精准把握执法司法尺度和温度,提升法治核心竞争力,全力打造市场化、法治化、国际化的一流营商环境,以法治化营商环境最优省域融入全国统一大市场、畅通全国大循环②。建立健全数字经济治理体系,打通平台壁垒,禁止相互隔离,促进互联互通,保护大数据、人工智能、基因技术等新兴产业规范有序创新发展,培育多元创新主体,依法加强对平台经济常态化监管,呵护平台经济等数字经济新业态做强做优做大,推动平台经济健康成长、可持续发展。打破行业垄断和地方保护,以更大魄力在更高起点上推进改革开放,提升对外开放水平,为各类市场主体营造稳定、公平、透明、可预期的发展环境。也就是,构建更加开放、更加公平、更加便利的营商环境,激发各类市场主体创新活力和发展动力,要筑牢制度基础、拓展市场空间、培厚创新土壤,不断探索法治中国的省域实践、省域经验,走出一条具有时代特征、省域风格、地方特色的省域法治发展之路。

3. **坚持立足省情。**省域差别、省情差异、民俗不同是省域治理的现实基础,省域的独特性要求找准自身战略定位和比较优势,在国家治理一致性下,因地制宜探索建立省域治理规则和制度体系。因此,要从省域的历史传统、文化禀赋、民族民情、环境生态、所在区位(如沿海、沿边、沿江或内陆)以及经济社会基础等客观条件,尤其是区域发展不平衡、城乡情况各异的地方性特点,即从省情省域发展所处的阶段性特征出发,区别不同情况,抓住主要矛盾,明确重点任务,聚力省域发展治理、省域创新治

---

① 简政放权、放管结合、优化服务。

② 营商环境只有更好,没有最好;法治是最好的营商环境。有地方主政官员曾坦诚当地营商环境存在的突出问题,并概括了主要表现和根源:推诿扯皮突出,暴露出缺乏责任担当;办事效率低下,暴露出缺乏服务意识;黑恶势力嚣张,暴露出缺乏公平秩序;服务态度恶劣,暴露出缺乏群众立场;工作纪律涣散,暴露出缺乏规矩约束;发展意识不强,暴露出缺乏长远观念。(参见王忠林:《优化营商环境 必须刀刃向内 敢于自我革命》,载《齐鲁晚报》2018 年 6 月 21 日)这些现象的本质是有法不依、法治不彰。

理、超大城市治理、城乡融合发展治理、贫困治理与乡村振兴、基层社会治理、公共安全治理、生态环境治理、政务服务治理、载体平台治理等重点领域和关键环节,加快探索符合省域实际、系统完备、运行有效的制度体系,推进省域治理体系和治理能力现代化,奋力开创地方治理的省域样板、省域标杆,大力提升省域中心城市发展能级,有效集聚省域发展新优势,建设宜居、宜业、宜游的省域生活圈。特别要强调的是,创新是省域治理现代化的必由之路,要坚持创新在省域治理现代化中的核心地位不动摇,高扬自主创新旗帜,增加科研投入,培育创新动能,营造创新生态,激发创新活力,让创新成为核心竞争力;服务"硬科技",赋能新经济,瞄准新兴产业、未来产业方向,大力培育、打造科研创新和协同创新高地,引导创新、支持创新、服务创新、保障创新,用心开垦体制机制创新"试验田",跑出创新驱动"加速度",启动产业升级"快捷键",以制度创新促进科技创新,尤其要更加注重原始创新,努力实现前瞻性基础研究、引领性原创成果的重大突破,以更大力度更实举措建设高质量发展的省域先行示范区①,全面建设社会主义现代化国家的重要窗口、标杆城市、改革开放新示范,加快谱写中华民族伟大复兴中国梦的省域篇章。

4. **坚持资源下沉**。2021年3月7日,习近平在参加全国人大青海代表团审议时指出:"全面推进依法治国,推进国家治理体系和治理能力现代化,工作的基础在基层。要不断夯实基层基础,加强基层党的领导,引

---

① 例如,共同富裕是社会主义的本质要求,是中国式现代化的重要特征,是人民群众的共同期盼,也是人类的理想社会形态;实现共同富裕不仅是经济问题,而且是关系党的执政基础的重大政治问题,符合中国从贫穷到小康再到共同富裕的经济发展逻辑,实现共同富裕必须更加注重高质量发展,构建基于公正合理的可复制社会生产与分配体系。党的十八大以来,以习近平同志为核心的党中央团结带领全党全国各族人民,始终朝着实现共同富裕的目标不懈努力,全面建成小康社会取得伟大历史性成就,为新发展阶段推动共同富裕奠定了坚实基础;党的十九大后,扎实推动共同富裕成为十分明确的国家发展目标,也成了公共政策的核心议题。但目前我国发展不平衡不充分问题仍然突出,城乡区域发展和收入分配差距较大,各地区推动共同富裕的基础和条件不尽相同,促进全体人民共同富裕是一项长期艰巨的任务,需要选取部分条件相对具备的地区先行先试、作出示范,浙江具备开展共同富裕示范区建设的基础和优势。2021年6月10日,《中共中央 国务院关于支持浙江高质量发展建设共同富裕示范区的意见》(2021年5月20日)发布,赋予浙江省重要示范改革任务。这是具有重大战略意义的改革探索,曾经是发展效率最高地区之一的浙江,通过实践丰富共同富裕思想内涵,及时形成经验,向全社会复制推广,特别是在发展方式和分配方式上被赋予了探索新方向的重任,为其他地区的共同富裕之路找准方向、增添信心、做出示范,为全国扎实推动共同富裕积累省域经验、提供省域范例。意见紧扣推动共同富裕和促进人的全面发展等,围绕构建有利于共同富裕的体制机制和政策体系,提出6方面、20条重大举措,明确了"高质量发展高品质生活先行区、城乡区域协调发展引领区、收入分配制度改革试验区、文明和谐美丽家园展示区"的战略定位。资料来源:《人民日报》2021年6月11日。

导群众积极参与,带动群众知法、尊法、守法。"治国安邦重在基层,基础不牢地动山摇,基层强则省域强,基层稳则省域稳。基层是省域治理、社会治理的基础和支撑,是国家治理的根基和制度执行的"最后一公里"。基层社会治理状况直接涉及经济社会发展和民生福祉,事关社会稳定和国家安全,是省域治理的重大任务,必须牢固树立重基层抓基础的鲜明导向,抓基层打基础,着力城乡公共服务普惠、均衡、优质,建立常态化财政资金直达机制,下沉优质治理资源,推进重心下移、力量下沉、资源下投,为基层治理加油助力,致力长效常态结合。党的力量在于组织,组织能使力量倍增,社区连着千家万户,是党和政府联系群众、服务群众的聚集点,以及桥梁和纽带。当前,重点要加强农村社区服务体系建设,补齐乡村公共服务短板,实施乡村建设行动,扎实推进以人为核心的新型城镇化,加强基层组织和基础设施建设,夯实、巩固党的执政根基:(1)打基础,建强党组织,创新基层组织建设,完善党建统领的基层治理领导体制,筑牢基层战斗堡垒,凡有群众的地方,凡有党员的地方,就有党的组织,就有党的工作,确保基层组织全覆盖,党建工作无盲区、无死角,做实党全部工作和战斗力的基础;(2)优服务,为基层减负,探索新型城乡社区治理模式,构筑职责清晰、统分结合、简约高效、多元协同的基层治理机制,提升基层公共服务水平和品质;(3)建制度,抓制度保障,强化自治、法治、德治"三治融合"的基层治理方式,建设更具活力的基层社会治理共同体,形成以党建为统领、自治为基础、法治为保障、德治为先导的城乡基层社会治理格局,推动法治乡村建设提质增效;(4)增活力,发挥创造性,尊重基层首创精神,凝聚群众智慧,激活基层组织动员能力,激发基层活力和创造力,夯实基层治理基石,筑牢"平安中国"的社会根基。

5. **坚持精准治理**。即精细服务、精准监管,见微知著、防微杜渐,技术助力、便民惠民,接诉即办①、特事急办、急事特办、马上就办、网上通办、跨域联办;第一时间解决问题、化解矛盾、消除隐患,破除民生痛点堵点难

---

① 为了巩固深化党建引领基层治理改革,提升为民服务水平,对群众各类诉求快速响应、高效办理、及时反馈和主动治理,用法治规范和保障为民服务工作,《北京市接诉即办工作条例》已由北京市十五届人大常委会第三十三次会议于2021年9月24日通过、施行。

点,确保应急处置不过人、不过时、不过夜。"治理之道,莫要于安民;安民之道,在于察其疾苦。"①治理现代化既内涵治理制度、治理体系、治理能力的现代化,也包括治理技术、治理手段、治理理念的现代化。省域治理要深刻认识错综复杂国内外环境带来的新矛盾新挑战,适应以新通信、智能化、数字化、网络化等新一代信息技术为鲜明特征的治理现代化发展新趋势,加强数字社会、数字政府建设,强化科技支撑,加快谋划数字技术驱动社会治理创新,促进区块链、大数据、云计算、人工智能等前沿数字技术深度融合,将数字技术全链条、全周期融入社会治理、省域治理大格局。加强顶层设计与问计于民相结合,构建精细化服务感知、精准化风险识别、网格化协同行动的一体化智能化智慧治理平台,推进数字化改革迭代升级,打破数据壁垒,实现数据共享;着力推动科学决策和高效执行,以公共数据平台的大数据融通,数据和信息智能分析以及研判评价,助推社会治理精准化、公共服务高效化,有力有序化解发展不平衡不充分的矛盾问题,增强为民服务的精准性和实效性,以治理精度提升社会温度②,为建设更高水平的平安中国夯实筑牢省域基石。譬如,多年来高速公路小汽车免费通行为何诟病不断?笔者曾多次亲自驾车观察和体验人们被堵的郁闷、无奈,但近10年来,面对民意的质疑,相关部门却表现出了相当的强势,民众在人民网"领导留言板"的反映,他们视而不见,年年"节节"任其拥堵,真是不可思议,值得认真总结检讨反省。俗话说:"通则不痛,痛则

---

① (明)张居正:《答福建巡抚耿楚侗》。
② 2020年11月5日,国家组织冠脉支架集中带量采购在天津市开标,产生拟中选结果,拟中选产品10个,支架价格从均价1.3万元左右下降至700元左右,与2019年相比,相同企业的相同产品平均降价93%,国内产品平均降价92%,进口产品平均降价95%,按意向采购量计算,预计节约109亿元。国家组织高值医用耗材联合采购办公室介绍,2019年7月,国务院办公厅印发《治理高值医用耗材改革方案》,不久高值医用耗材集中带量采购先后在安徽省、江苏省破冰,联采办在启动冠脉支架集中带量采购前,充分借鉴了此前各地在高值医用耗材带量采购方面的探索经验。医药进入平价时代的医疗深水区改革,中间商赚差价的链条被精准斩断,其意义不言而喻;对患者来说,支架价格大幅降低将极大减轻患者的医药费用负担,专家预计,医保报销后个人自付的费用非常少。同时,由于我国心脏支架均价较高,很多需要使用支架的患者放弃支架,价格下降后将惠及大量用不起心脏支架的患者,确保用较少的医保资源买到性价比更优的药品,让人民群众以比较低廉的价格用上质量更高的药品,提高健康水平。参见李红梅:《心脏支架 超万元降至七百块》,载《人民日报》2020年11月12日。我们高兴地看到,2021年1月,国务院办公厅印发了《关于推动药品集中带量采购工作常态化制度化开展的意见》。

不通。"交通的底线是畅通、安全,高速的核心是快速、平安,可为什么每到黄金周"车在堵途"的大戏总在各地高速如期上演?那么,在公路交通干线不断扩充,特别是国道、省道、乡道质量全面改善的条件下,不同的省域可否尝试,探索创新实施分区分路、分类分车、分时分流的精准精细化政策措施指引,让措施贴民心、近民意、接地气,从而把好事办好,让好政策惠及百姓温暖人心,让民众假日出行更方便、舒心、踏实,更好服务、保障扩大节假日消费?尤其是特殊时间节点更应该提供温情、细致服务,而不能"一放了之"。客观地说,相关部门只要稍稍用情用心,是不难做到的。以北京市公园开放时间的延长为例,为进一步满足市民游客对高品质游览休闲空间的需求,北京市11家市属公园自2021年4月29日起延长开放时间,为省域精准治理提供了很好的启示。①

6. **坚持民生优先。**民生是人民幸福之基、社会和谐之本、治国为政之要。"凡治国之道,必先富民。民富则易治也,民贫则难治也。""政之所行,在顺民心。政之所废,在逆民心。"②民之所望就是政之所向,民生难题、民生急需往往是民生痛点,内涵民生所盼,内生发展机会。进入新发展阶段,省域治理必须忠实践行以人民为中心的发展思想,以人民利益至上,以万家疾苦为重,深刻认识我国社会主要矛盾变化带来的新特征新要求,着眼于"更好的教育、更稳定的工作、更满意的收入、更可靠的社会保障、更高水平的医疗卫生服务、更舒适的居住条件、更优美的环境、更丰富的精神文化生活",以高水平治理推进高质量发展,不断满足人民群众对美好生活的新期待。尤其在后疫情时代,民生工作要确保以人民为中心的发展思想落地生根,坚持稳中求进工作总基调,坚定不移贯彻新发展理念,把稳发展之舵,助推构建和主动融入以国内大循环为主体、国内国际双循环相互促进的新发展格局,努力成为国内大循环的重要环节、中心节

---

① 随着生活水平的日益提高,市民对市属公园的游览休闲需求进一步增加,北京市公园管理中心本着"为民惠民便民"的原则,统筹考虑公园区域位置、公园类型、功能特点、游客时空分布及游览健身需求等因素,适度延长市属公园开放时间,提前开放,延后闭园,方便市民在旺季游园游玩体验,为市民游客提供更多的"绿色福利"。参见叶晓彦:《11家市属公园延长开放时间》,载《北京日报》2021年4月26日。

② 《管子·治国》《管子·牧民》。

点和国内国际双循环的战略链接;坚持走绿色低碳发展新路,切实转变生产方式、发展方式,大力推进经济数字化转型,推动质量变革、效率变革、动力变革,实现经济结构、生产生活方式转型升级,形成绿色生产生活方式,夯实数字经济发展的社会基础;树立底线思维,有效识别短板,增强公共风险意识,统筹发展和安全,提高公共风险的监测、识别和预警能力以及应急处突能力,全面防范风险挑战,建立经济社会发展工作中长期协调机制;坚持以供给侧结构性改革为主线,坚持深化改革开放,牢牢把握扩大内需这个战略基点,保护和激发市场主体活力,确保宏观政策落地生效,提高产业链、供应链稳定性和竞争力;差异化培育、发展现代产业体系,做大做强战略性新兴产业,加快实施多业态集聚的便民生活圈建设,满足人民群众日益增长的美好生活需要,瞄准贫困群体突出问题和薄弱环节,健全防止返贫监测和帮扶长效机制,接续推进脱贫地区发展;改善人民生活品质,始终把人民安危冷暖放在心上,及时解决就业、教育、医疗、社保、住房、养老、食品安全、生态环境、社会治安等"急难愁盼"民生议题,着力让人民群众的获得感成色更足、幸福感更可持续、安全感更有保障,推动人的全面发展、全体人民共同富裕取得更为明显的实质性进展,确保发展成果更多、更好、更公平惠及全体人民。

• 案例讨论 •

技术创新与金融安全

  金融是现代经济的核心,国民经济的命脉,关系发展和安全。金融活,经济活;金融稳,经济稳。加强金融法治建设,强化金融精准精细化监管,有效防范资本无序扩张,斩断权力与资本勾连纽带,牢牢守住不发生系统性风险底线,确保金融安全稳定,是国家经济安全、政治安全的战略性基础工程。特别是在互联网时代,当突发事件涉及资本与公权力的勾结,往往会激发社会对于公平正义的强烈呼唤。习近平强调指出:"要规范和引导资本发展。要设立'红绿灯',健全资本发展的法律制度,形成框架完整、逻辑清晰、制度完备的规则体系。要以保护产权、维护契约、统一市场、平等交换、公平竞争、有效监管为导向,针对存在的突出问题,做好相关法律法规的立改废释。要严把资本市场入口关,完善市场准入制度,提升市场准入清单的科学性和精准性。要完善资本行为制度规则。要加强反垄断和反不正当竞争监管执法,依法打击滥用市场支配地位等垄断和不正当竞争行为。要培育文明健康、向上向善的诚信文化,教育引导资本主体践行社会主义核心价值观,讲信用信义、重社会责任,走人间正道"[①],坚持把发展经济的着力点放在实体经济上。

  大约是2020年下半年,在经济金融学界关于金融创新、金融治理的反思讨论中,提出了对譬如P2P问题的深刻反省。但我们要深思的是:难道仅仅是骗子胡作非为,而没有金融管理者为规避责任而相互推诿,以致最终延误了监管时机并在客观上纵容了骗子的问题?回想当时,面对P2P爆炸式增长,有多少金融重量级人物高喊监管会压抑金融创新?出事了,上万亿的损失出现后,中国的"金融圈子"里是否有过认真的检讨?

---

① 习近平:《依法规范和引导我国资本健康发展,发挥资本作为重要生产要素的积极作用》(2022年4月29日),载《习近平谈治国理政》(第四卷),外文出版社2022年版,第220页。

要么放任自流、要么一刀砍死,而每次折腾都会巨额消耗老百姓手中的那点金融资源,这不是中国金融市场上反反复复上演的剧目吗?① 那为什么"圈子"不检讨这样的问题?因此,政府有效监管既要及时精准,还要前瞻性防范,包括一段时间以来社会广泛关注的长租房、社区团购、教育培训、业主集体抱团停贷等。经验表明,对于 P2P、共享单车、长租房、社区团购、教育培训以及房地产预售楼盘按揭贷款,尤其要关注广大用户的资金安全,必须纳入严格监管。积极探索促进金融更好服务实体经济的法治化路径,将金融科技装进法治的"笼子",早识别、早预警、早发现、早处置,防止违法违规风险长期积聚。

2020 年 11 月 2 日,央行等四部门对蚂蚁集团实际控制人马云及董事长井贤栋、总裁胡晓明进行监管约谈;3 日,上海证券交易所发布暂缓蚂蚁集团在 A 股科创板上市决定,彰显了监管层维护市场公平公正的坚定决心。其实,蚂蚁金服(蚂蚁金融服务集团的简称)只不过是从阿里巴巴衍生出来的一家互联网金融公司,依托的是阿里巴巴庞大的互联网交易数据,将这些数据转化为互联网金融数据,然后将这些数据用于金融领域的信贷、保险、理财服务等,以获取巨额利润。蚂蚁金服和监管斗法多年,为了拿到牌照,马云曾不惜违背商业规则分拆支付宝,开罪股东;为了逃避金融监管,能够上市融资,持续实现快速赚取巨额财富,马云将蚂蚁金服改名为蚂蚁科技集团股份有限公司(简称蚂蚁集团),强调其科技属性。但现实中,蚂蚁集团已是中国最大的微贷平台,采用高杠杆联合放贷方式,获取金融暴利,近 98%的资金来自合作银行和发行 ABS(资产证券化产品),只有 2%的资金是从自己口袋里掏出,蚂蚁集团却收取了 30%的利息收入作为技术服务费,贷款一旦收不回来,大部分损失由银行承担。所以,逻辑非常清楚,支付宝当初诞生,目的就是担保淘宝网的交易,最后在夹缝中野蛮生长,竟成了一个集合支付、理财、信贷、征信、投资于一体的庞大金融帝国,更被形容为一股脱离央行监管的巨大资金流。

《资本论》第一卷第二十四章"所谓原始积累"第六部分"工业资本家

---

① 参见钮新文:《马云的"金融评判"值得深思》,http://www.ceweekly.cn/2020/1027/317996.shtml,2020 年 12 月 10 日访问。

的产生"明确指出:"资本来到世间,从头到脚,每个毛孔都滴着血和肮脏的东西。"同时,引用了《评论家季刊》的评论生动注释:"资本害怕没有利润或利润太少,就像自然界害怕真空一样。一旦有适当的利润,资本就胆大起来。如果有10%的利润,它就保证到处被使用;有20%的利润,它就活跃起来;有50%的利润,它就铤而走险;为了100%的利润,它就敢践踏一切人间法律;有300%的利润,它就敢犯任何罪行,甚至冒绞首的危险。"①150多年前,马克思对"资本贪婪性"的深刻揭示,仍然值得今天的人们深思。银行是客户资金安全的守护者,确保储户的存款安全责无旁贷。按照常理和中国百姓的常识,自己的钱存储在银行里应该是最安全的。但从2022年4月中旬开始,储户陆续在网上爆料,禹州新民生村镇银行、上蔡惠民村镇银行等多家河南村镇银行发生暴雷,储户取款难,储户健康码被"精准赋红",等等,备受社会关注,引发激烈质疑和汹涌舆情,引爆互联网舆论场。受到牵涉的银行客户遍布全国达数十万人,涉及金额巨大,矛盾不断激化,引爆一波又一波舆情。村镇银行是定位于服务"三农"的小型金融机构,处在金融系统末梢环节,却早已在互联网平台的加持下,从县域走向全国,最终由于长期薄弱的监管,无声无息地酿成了一场从"村镇"波及区域到全国的危机,持续发酵近3个月,直至河南省金融监管部门承诺对四家河南村镇银行客户分类分批开展先行垫付。数十万储户取款难的原因也逐渐清晰起来,暴雷事件中,处处可见河南新财富集团投资控股有限公司(简称河南新财富集团)的身影。根据中国银保监会官员和河南金融监管局的通报,河南新财富集团通过内外勾结、利用第三方平台和资金掮客等,吸收公众资金。村镇银行的线上交易系统也被河南新财富集团操控和利用。

2022年6月18日,许昌市公安局发布通告证实,2011年以来,涉事村镇银行的大股东——河南新财富集团实际控制人吕某为首的犯罪团伙,涉嫌利用村镇银行实施系列严重犯罪,警方已抓获一批嫌疑人,查封冻结一批涉案资产,涉嫌犯罪行为持续时间长、参与人员多、案情十分复

---

① 马克思:《资本论》(节选),载《马克思恩格斯选集》(第二卷),人民出版社2012年版,第297页。

杂。吕某控制的河南新财富集团和众多影子公司,渗透进了13家银行,除暴雷的四家河南村镇银行,还有洛阳银行、河北银行等地区大行。也就是说,冰冻三尺,非一日之寒,河南新财富集团涉嫌利用村镇银行大规模诈骗犯罪,事实上已持续11年之久,在此期间其控制掏空多家银行,相关的政府监管部门却从未发现,更无干预制止。更让人匪夷所思的是,金融领域反腐败强力推进多年,主要犯罪嫌疑人涉多起金融企业高管落马案,居然能在案发之后顺利出境,成功举家外逃美国。犯罪团伙为何能明目张胆地打着储蓄的旗号诈骗?当地监管部门是否负起了监管责任,有没有失职?从健康码离奇变红,到400亿存款不翼而飞,再到4家村镇银行的治理混乱,惊天大案又一次揭开金融系统长期积累的主要风险点,非法集资花样百出、屡禁不止,特别是村镇银行治理乱象的充分暴露,一些地区金融秩序混乱,区域金融潜在风险仍不容小觑。

从近年来查处的不少腐败案件来看,包括安邦保险、包商银行、"明天系""德御系"等资本集团无序扩张、大搞不正当竞争的背后,往往是官员用权力为资本大开"绿灯"。据央视反腐败专题片《永远吹冲锋号》披露,从内蒙古起家的"明天系",在十多年里极速扩张成体量庞大的"金融巨鳄",而其之所以能如此迅猛地野蛮生长,"秘诀"正是拉拢腐蚀领导干部和国家工作人员。山东省人大常委会原党组成员、副主任张新起就是其中之一,其在任潍坊市市长时把潍坊银行70%的股权转手"明天系",一次受贿4000万元。而山西省的晋中市曾经是"德御系"的大本营,实际控制人田文军早年以搞农业、粮油起家,2006年成立融资担保公司,随后又注册、收购60余家公司,鼎盛时在中外资本市场上控制着7家上市公司,旗下的少量实体产业实质上只是幌子,而真正的逐利模式是违规从金融机构套出钱来,再投入资本市场运作。多年来,"德御系"从山西省多家农信社、城商行等金融机构违规融资贷款达2000多亿元,2017年其长期违规圈钱被戳破,资金链断裂,带来地方重大金融风险积聚。造假和围猎是"德御系"获取银行贷款的两个关键,债务风险形成过程的几乎每一个环节都有腐败分子与不法商人内外勾结,多家农信社和城商行是腐败重灾区,共有20名公职人员收受财物,总额有2亿多元,其中包括多名"一把手"。山西金融腐败专案组历时15个月,从金融机构到监管部门,查处涉案公职人员违纪违法所得总金额高达 27.89 亿元,如阳泉市商业银行原党委书记、董事长李首明先后收受田文军贿赂 6000 万元,阳泉市商业银行原党委副书记、行长赵建涛非法收受贿赂 1.4 亿余元,追缴涉案财物、查封扣押冻结涉案资产共计 76.73 亿元。

经济安全是国家安全的基础,金融安全是经济安全的核心,维护金融安全事关国家经济社会发展全局。资本无国界,但商人有国家;资本没有立场,但资本所有者一定有站位。随着经济金融化、金融全球化,金融寡头们从未停歇借助国际金融资本的联合来控制世界。因此,金融工作必须突出政治性、坚持人民性,坚决惩治金融风险乱象背后的腐败,"加强和完善现代金融监管,强化金融稳定保障体系,依法将各类金融活动全部纳入监管,守住不发生系统性风险底线";"坚决查处政治问题和经济问题交织的腐败,坚决防止领导干部成为利益集团和权势团体的代言人、代理人,坚决治理政商勾连破坏政治生态和经济发展环境问题"[①];坚定走中国特色金融发展道路,防止金融发展、金融创新偏离正确轨道,确保金融的人民性,保障金融安全,更好发挥金融功能,更好服务国家战略,助推实体经济高质量发展。

---

① 习近平:《高举中国特色社会主义伟大旗帜 为全面建设社会主义现代化国家而团结奋斗——在中国共产党第二十次全国代表大会上的报告》(2022 年 10 月 16 日),载《人民日报》2022 年 10 月 26 日。

长三角区域法治创新发展[①]

2021年12月23日,沪苏浙皖三省一市司法行政部门联合召开视频会议,就长三角区域协同立法的相关事宜展开研讨,会上共同签署全国首个政府区域协同立法协议——《长三角区域协同立法合作框架协议》,明确了长三角政府协同立法的基本原则、合作重点、组织保障等事项,同时发布了长三角政府协同立法专家库。

根据《长三角区域协同立法合作框架协议》,长三角地区三省一市将加强地方立法合作,以长三角区域一体化发展国家战略实施为契机,建立完备、高效、便捷的长三角区域协同立法合作机制,开展重点区域、重点领域跨区域立法研究,推动区域协同立法,促进资源要素有序自由流动,实现更高水平协同开放,助力区域一体化高质量发展。立法协同机制坚持四项原则:一是坚持服务大局,以着眼重大战略任务,充分发挥协同立法对区域经济社会发展的引领、推动、规范、保障作用;二是坚持开放创新,以构建长效机制,促进区域协同立法、改革创新、合作共赢;三是坚持重点突破,以破解影响和制约协同发展的体制性机制性障碍,对重大改革领域的立法项目先行先试,示范引领,率先突破;四是坚持统筹推进,以加强协调,统筹推进,实现高质量、一体化发展。

《长江三角洲区域一体化发展规划纲要》和《法治政府建设实施纲要(2021—2025年)》明确提出,要推进区域协同立法,为区域一体化发展提供强有力的法治保障。目前,三省一市确定的重点合作领域主要有三个:(1)强化计划衔接、信息资源共享,聚焦长江三角洲一体化发展需求,统筹涉及区域协同发展的立法项目计划安排,对区域协调发展具有重大影响的立法项目,如科创协作、生态环保、公共服务、社会治理等领域立法项

[①] 参见余东明:《长三角区域政府立法将同频共振》,载《法治日报》2021年12月25日。

目作为协同立法的重点,不断提高立法精细化、精准化水平。(2)联合调研论证、同步制定修改,主动将区域协调发展战略落实在协同立法工作实践中,采取联合调研、联合起草、分别审议、协同推进方式,对涉及协同立法项目的难点、重点、焦点问题,进行联合攻关,在事关区域协调发展的重要条款上尽可能协调有序。(3)加强队伍建设、提升立法能力,依托三省一市四地优势人力资源,探索建立区域立法人才库、立法咨询专家库,建立高层次人才合作研究机制,推进高层次人才的共享共用,同时加强三省一市四地的立法人才跨省市学习交流、挂职锻炼,有计划组织开展专题培训,做好政府立法人才培养和储备,有效加强政府立法能力建设。

第七章

区域法治发展前瞻

区域法治作为人类古老而常新的政治法律活动，既是历史事实，也是客观存在，文化传统的区域多样性、大国疆域的区域复杂性、经济发展的区域差距性、适应变革的区域灵活性、基层治理的区域创造性、法治实践的区域分层性以及突发事件应对的区域灵敏性是区域法治的现实基础；科技改变生活、引领治理变革，数字时代，数字既是经济社会发展的引擎，更影响着政府的制度创新、治理能力，深刻改变着生产方式、生活方式和社会治理方式，以互联网技术为支撑，突破传统行政区域空间边界，互联网、数字化助力区域法治创新发展并开辟无限空间。

区域法治既要立足区域，又不能（也不能）局限于本地知识和地方事务，必须打破本土局限，具有战略思维、国家眼光和全局意识，从而更好服务和融入新发展格局，防止以邻为壑、画地为牢或为己筑坝。实践表明，立足中国国情、在国家法治引领下的区域法治，孕育着大量国家治理的中国智慧，从区域法治的生动实践、具体实效中，对这些智慧和经验进行系统化理论梳理、概括和总结，提出新的法理命题，展现法治中国的多彩图景，将有助于建构不同于西方以形式理性为核心的法治话语体系，增强中国特色社会主义法治道路自信和理论自信，与西方理论对话，讲好法治中国故事，修正西方学界、民间对中国法治建设的认知误区。

在新时代中国，区域法治是国家法治创新发展的活力之源，已经成为法治国家建设领域的全新论题，也是法治中国建设的题中应有之义，具有推进法学理论创新与助力法治实践之双重意义，并且丰富了人类法治文明的多样性，为世界发展中国家法治建设提供中国经验和精神指引，为全球治理体系变革、构建人类命运共同体提供中国智慧和中国方案，为人类法治进步提供理论指导做出中国法学的原创性贡献，也就是中国的区域法治实践创新包括概念、理论甚至规范价值等，必将对全球的知识和思想图景带来不同程度的改变。

让我们对法进行论证时从那条最高的法律开始,它适用了所有时代,产生于任何成文法之前,或者更确切地说,产生于任何国家形成之前。①

——〔古罗马〕西塞罗

一、引言:科技引领变革

科技改变生活,科技引领治理变革。当今时代,数字技术作为世界科技革命和产业变革的先导力量,日益融入经济社会发展各领域全过程,深刻改变着生产方式、生活方式和社会治理方式。人工智能正在以润物细无声的方式,赋能百业、走进千家,不断创造出新业态、新模式、新市场,有力推动各行各业数字化、智能化转型。1994年4月,在一根64K国际网线的牵引下,中国实现了与互联网的全功用毗连,正式成为全球第77个接入国际互联网的国家,真正拥有全功能互联网。时至今日,中国网民数量位居世界前列,人们的沟通方式与生活方式也紧跟互联网科技的发展,发生着潜移默化的变化,从城市到农村,从社会到个人,从线上到线下,人们的衣食住行、工作学习、医疗社保等方面已离不开信息化系统的支撑,数字经济发展速度之快、辐射范围之广、影响程度之深前所未有,平台经济、数字经济已经从概念进入百姓生活。人类社会进入万物互联时代,5G、人工智能、物联网等新技术、新业态高速发展,政府信息化已由支撑政府内部业务为主转为服务公众为主,跨部门、跨层级、跨地区的信息交换共享平台和统一公共服务平台实现了"数据多跑路,群众少跑腿"。

数字化浪潮引领数字革命,开启人类数字新时代。数字既是经济社会发展的引擎,更影响着政府的制度创新、治理能力,改变民众的生活方式。流动的数据,便捷的服务,流畅的体验,近年来,互联网、大数据、云计

---

① 〔古罗马〕西塞罗:《论共和国 论法律》,王焕生译,中国政法大学出版社1997年版,第190页。

算、人工智能、区块链、数字人等技术加速创新突破,日益融入经济社会发展各领域全过程。适应科技进步,突破传统思维,跨越地域局限,将数字技术广泛应用于政府管理服务,推动政府治理流程再造和模式优化,不断提高决策科学性和服务效率,是国家治理体系和治理能力现代化的必然要求,也必将进一步深化国家治理内涵,延伸政府治理边界。网络平台是集科技逻辑、法治逻辑和意识形态逻辑为一体的内容载体,网络空间拓展国家主权的无形疆域,是国家安全战略重要组成部分。当今人类已经进入数字时代,网络使世界变得更"小"、更"近",一网通世界,万里尚为邻。大数据使世界变得更精确,人工智能使世界变得更智慧,智慧政务、智慧交通、智慧教育、智慧医疗、智慧社区日益普及。2022年2月4日晚,在国家体育场"鸟巢"举办的北京冬奥会开幕式,更让人看到数字科技无所不在。现代技术的飞速发展,网络触角的延伸,导致人类"距离消除",地理边界模糊、空间拓展,公共治理面临新的机遇与挑战。

数字化点亮新生活,数字化撬动新经济,展现了数字创新的无穷魅力;一网通办、一网通管、一网协同,形成高效服务体系,数字技术推动社会发展、法治进步,数字治理日益紧迫,制度法规亟待进一步健全完善。新领域新赛道,目前数字经济、互联网金融、云计算、大数据、区块链等新兴科技相关法律制度还相对滞后。数字革命所带来的不仅仅是生产力的变化,更是生产生活方式的根本性调整,电子商务深度融入生产生活各领域,惠及亿万百姓生活,数字货币、数字交易平台等就在我们周围,建立在工业化基础上的制度和理论正在慢慢失效,数字治理已经超越时空的限制,譬如,数字税(数字服务税)[①]的开征、网络规制互联网平台的监管等,数字技术改变了传统的空间范畴,行政疆域边界开始模糊,处于混沌状态,为人的自由全面发展、实现高品质生活展现出广阔前景,法治建设也

---

① 也称数码税。一般认为,现行企业税的税务规则已经不适合当今全球经济的实际情况,因为现在企业无须在某个国家开设实体公司,也可以通过数据服务在该国赚取利润;现行的税务规则是在互联网诞生前的年代设计,至今为止仍没有考虑到通过网上服务并主要凭消费者数据而产生的盈利;现行的税务规则也未能识别在数据世界创造利润的新方式,特别是用户如何为科网企业创造价值。欧盟委员会(European Commission)建议解决这个问题的方法是根据数据用户所在地向企业征收数字税,即针对数据活动征税,主要从事网络业务的公司,须在包括用户数据(如放置广告)、连接用户的服务(例如网上交易市场、"分享经济"的平台)以及其他数据服务等业务利润缴税,并已启动对美国互联网科技企业开征数字税。

迎来新挑战、新机遇、新希望。特别是 2020 年以来,新冠肺炎疫情大幅限制了人们在物理世界(空间)的日常活动,进一步推高对虚拟世界的需求,Zoom 和类似的科技应用大行其道,许多演唱会、毕业典礼和发布会等都选择在网络平台中举办,线上上课、云端开会、居家办公,加速了现实社会向数码世界的迁徙,一个足不出户即可漫游天下的虚拟世界,很可能是后疫情时代的众望所归。① 数字化信息技术打破了物理上的藩篱,同时也造成多层多样的网络空间,形成群体极化以及因多元性而产生的相互无知。那么,应对技术蓬勃发展带来的法治挑战,政策和法律如何适应新技术创新发展、守护科技进步,保护个人信息安全,维护公民在网络空间的合法权益,并有效破解大数据算法可能导致"算法黑箱"或"算法独裁",前瞻性应对新兴领域规制、监管,着力制度范式创新,保障法律的公平正义特别是数字时代的数字正义?加快信息技术领域立法,强化新兴领域治理和数字治理,才能保障新技术新业态的健康发展。

互联网的魅力在于其无限想象空间、创造一切可能。数字技术既将现实社会中的生活和生活关系虚拟化,同时也将虚拟化的生产与生活关系现实化。建立覆盖全域、融入全国的公共服务平台,政务服务一网通办、城市运行一网统管,医疗费用异地直接结算、跨区域经营企业办事就地解决、户籍证明等事项居民无须来回折腾……近年来,以数字技术为基础,依托全国一体化政务服务平台,各地区、各部门加强数据共享,越来越多高频政务服务事项实现"跨省通办",异地办事"马上办、网上办、就近办、一次办"正在成为常态,以数字化、网络化、智能化为特征的现代信息技术飞速发展,给经济社会发展和人们生产生活带来深刻变革,也为持续优化政务服务带来新的机遇,不断满足人民群众对美好生活的需要。但不可回避的是,跨区域的黑客攻击、网络赌博、电信网络诈骗等成为常见。也就是,互联网在给人类带来福祉的同时,相伴引发了一系列网络空间治

---

① 数字经济是以数据资源为关键要素,以现代信息网络为主要载体,以信息通信技术融合应用、全要素数字化转型为重要推动力,促进公平与效率更加统一的新经济形态;具体通过大数据(数字化的知识与信息)的识别—选择—过滤—存储—使用,引导、实现资源的快速优化配置与再生,实现经济高质量发展;数字经济是继农业经济、工业经济之后的主要经济形态。

理问题,加之互联网的开放性、全球性、即时性等特征,也为网络空间治理法治化带来全新挑战,如何开辟网络空间治理新境界成为新的时代课题。因此,数字时代不仅给人们的生产、生活和思维方式带来重大变革,也对政府治理方式和法治建设提出了新要求。中共中央、国务院印发的《法治政府建设实施纲要(2021—2025年)》提出,"健全法治政府建设科技保障体系,全面建设数字法治政府","坚持运用互联网、大数据、人工智能等技术手段促进依法行政,着力实现政府治理信息化与法治化深度融合,优化革新政府治理流程和方式,大力提升法治政府建设数字化水平"。

没有信息化就没有现代化,人类历史上,每一次知识与科学的革命,都必然推动社会治理的变革。数字革命引发法治变革,数字法治应运而生,法治数字成为必然。根据数字化发展进程,持续完善法治体系,聚焦国家安全、科技创新等重点领域,加快数字经济、互联网金融、人工智能、大数据、云计算等领域立法步伐,努力健全国家治理急需、满足人民日益增长的美好生活需要必备的法律制度,是未来法治发展的新方向、新挑战。① 网络空间不是也不能是"法外之地",锚定数字化、网络化、智能化方向,准确把握数字化发展治理的对象,构建数字规则体系,有效保护公民隐私和信息安全,预防和惩治新型网络违法犯罪,在法治轨道上推动数字经济健康发展,推进网络空间命运共同体创建,实现网络空间、数字治理法治化,是新时代区域法治的应有之义和有机构成。2022年6月,国务院印发的《关于加强数字政府建设的指导意见》明确要求,到2025年,与政府治理能力现代化相适应的数字政府顶层设计更加完善、统筹协调机制更加健全,政府履职数字化、智能化水平显著提升,政府决策科学化、社会治理精准化、公共服务高效化取得重要进展,数字政府建设在服务党和国家重大战略、促进经济社会高质量发展、建设人民满意的服务型政府等方面发挥重要作用;到2035年,与国家治理体系和治理能力现代化相适应的数字政府体系框架更加成熟完备,整体协同、敏捷高效、智能精准、开放透明、公平普惠的数字政府基本建成,为基本实现社会主义现代化提供有

---

① 参见习近平:《全面推进中国特色社会主义法治体系建设》(2021年12月6日),载《习近平谈治国理政》(第四卷),外文出版社2022年版,第301—302页。

力支撑。

数字技术催生数字经济,全球数字经济正呈现智能化、量子化、跨界融合等新特征,数字经济引领社会全方位变革,数字技术与实体经济融合是数字社会的基本特征。数字经济的高技术特性和分享性特性,既为做大经济蛋糕提供了充沛动力,也为均衡发展提供了共享机制,有利于带动区域产业分散化、促进乡村振兴、助力建设全国统一大市场、弥补公共服务短板以及促进数字基础设施更加充分地由全民共享。当然,互联网技术的出现与普及,日益活跃、蓬勃发展的平台经济[1],从本质上来说并不负责提升社会生产力,而是通过更加便捷的信息流通提升社会生产效率,带动这个"臃肿的世界"更加高效率地运转。因此,平台经济、数字经济的"规矩"即数字法治需要新思维多维度探索,着力激发数据活力,营造良好数字生态,以数字技术创新改造重构优化传统产业,聚焦质量变革效率变革动力变革,推动在产业变革中实现高质量发展。与此同时,未来随着元宇宙的不断发展,物理现实和虚拟现实必将深度融合,线上线下的切换变得极其流畅,以至于常不为人所察觉,如何在虚拟世界保护人的尊严也将面临挑战。2017年6月1日,《中华人民共和国网络安全法》正式实施,作为我国互联网领域第一部专门法律,其申明了网络主权原则,建立了关键信息基础设施保护制度,明确了互联网信息内容管理部门、网络运营者与个人在网络安全保护领域的权利(力)与义务,进一步完善了个人信息保护规则,并为构建网络安全法律法规体系提供了基础性依据。同时,网络安全配套立法加速,如数据安全法、电子商务法等系列法律,不断推进网络空间治理法治化,以网安法为基础构建的网络安全法规体系逐渐健全,网络安全的法治防线日益巩固[2],推动数字化、数字革命与法治建设深度融合、双向赋能。

---

[1] 平台经济是依托数字技术,由数据驱动、平台支撑、网络协同的经济活动单元所构成的新经济系统,是基于数字平台的各种经济关系的总称;平台是一种虚拟或真实的交易场所,平台本身不生产产品,但可以促成双方或多方供求之间的交易,收取恰当的费用或赚取差价而获得收益,如美团、饿了么、滴滴打车等。

[2] 参见《网安法实施五周年:制度建设与实施成就》,https://m.gmw.cn/baijia/2022-05/30/35776027.html,2022年5月31日访问。

《中华人民共和国国民经济和社会发展第十四个五年规划和2035年远景目标纲要》(即"十四五"规划纲要)第五篇专门设置"加快数字化发展建设数字中国",共四章分别对"打造数字经济新优势、加快数字社会建设步伐、提高数字政府建设水平、营造良好数字生态"作出明确部署;针对不同领域、不同主题的治理对象,纲要坚持分类施策、精准施策,探索构建系统化的数字化发展治理机制,包括加强互联网平台治理、强化技术规则治理、细化网络空间内容治理、增强网络安全保障能力建设等。《中华人民共和国职业分类大典(2022年版)》在净增的158个新职业中,首次标注了97个数字职业,占职业总数的6%,反映出数字经济发展的新态势,充分展现了数字化时代下新职业的蓬勃发展和广阔前景,新版职业分类大典对新兴职业——数字职业的标注,有利于数字人才队伍建设,推动数字经济发展,加速数字技术创新。但近年来,算法滥用乱象丛生,设置诱导用户沉迷、过度消费的算法模型;利用算法屏蔽信息、过度推荐、控制热搜,影响网络舆论,干预信息呈现;将违法和不良信息关键词记入用户兴趣点,推送信息……算法推荐技术通过抓取用户日常使用的各类数据,进而分析人们的行为、习惯和喜好,并据此提供"精准"服务,其中隐藏了窥探、泄露用户个人隐私的重大风险;算法滥用不仅侵犯隐私权,还会给用户乃至整个网络生态带来一系列潜在危害,如诱导和操控舆论、进行"大数据杀熟"等。数字化时代,算法可以精准,但不能成为算计,算法必须依法。2022年3月1日,《互联网信息服务算法推荐管理规定》正式实施,这是"数字中国"与"法治中国"建设深度融合发展的重要探索,是智能社会法治秩序体系的有益补充,紧密结合中国实际,破除算法暗箱,为算法立规矩,规范算法推荐,保护个人权益,维护国家安全,确保算法应用向上向善。

网络空间、虚拟世界,不是也不能是"法外之地"。2018年9月,北京互联网法院成立,集中管辖北京市辖区内应当由基层人民法院受理的第一审特定类型互联网案件。法院按照"网上案件网上审理"的基本思路,通过全流程一体化在线服务平台,实现案件起诉、调解、立案、送达、庭审、宣判、执行、上诉等诉讼环节的在线进行,做到高效便民,提高审判质效,从而推动我国科技强国战略的实施和网络空间治理的法治化进程。与此同步,近年来,智慧法院建设深入推进,智慧法院基础迭代升级,建成"全业务网上办理、全流程依法公开、全方位智能服务"的智慧法院信息系统,全国四级法院和人民法庭一张网办公办案;全国统一的"人民法院在线服务"平台,支持从起诉立案到宣判执行全流程网上运行,有效实现司法数据电子化、诉讼活动网络化、司法裁判初步智能化,在疫情防控中智慧法院"大显身手",司法服务"触手可及";审判流程公开平台、庭审活动公开平台、裁判文书公开平台、执行信息公开平台"四大平台"建设,催生了以海量裁判文书为基础的研究及司法人工智能开发,构建起开放、动态、透明、便民的阳光司法机制;互联网法院跨越地域、突破时空,创新司法模式,技术进步变革传统诉讼方式,改进法律实践和司法过程,司法更加便捷容易,更加普惠民众;公开透明、优质高效、形式多样的在线办案和服务,持续为人民群众提供司法便利和更多实实在在的数字红利,在线诉讼、在线调解等司法活动日益方便,有力保障了审判执行不停摆、公平正义不止步。当今世界,信息化飞速发展,不进则退,慢进亦退。信息化正在深刻改变世界,谁掌握了互联网,谁就把握住了时代主动权;谁轻视互联网,谁就会被时代抛弃。公平正义不仅要实现,更要以看得见的方式实现。信息化和智慧化,为"可视化的公正"和创造更高水平数字正义,赋予了更多新动能。中国特色、世界领先的互联网司法新模式,创新司法形态,拓展司法广阔未来,为信息时代的世界法治文明贡献中国智慧,提供了"中国方案"。区域法院、专业法院、互联网法院专业服务协同共进,更好地构建起维护社会公平正义和人民群众合法权益的法治保障体系。

"图难于其易,为大于其细。天下难事必作于易,天下大事必作于细。"[①]2022年10月,国务院办公厅印发《关于扩大政务服务"跨省通办"范围进一步提升服务效能的意见》(国办发〔2022〕34号),要求坚持以人民为中心的发展思想,聚焦企业和群众反映突出的异地办事难点堵点,统一服务标准、优化服务流程、创新服务方式,充分发挥全国一体化政务服

[①] 《道德经·第六十三章》。

务平台"一网通办"枢纽作用,推动线上线下办事渠道深度融合,持续深化政务服务"跨省通办"改革,不断提升政务服务标准化、规范化、便利化水平,有效服务人口流动、生产要素自由流动和全国统一大市场建设,为推动高质量发展、创造高品质生活、推进国家治理体系和治理能力现代化提供有力支撑。法治建设必须与信息化同步,大力推进数字化信息化转型,不仅要增强数字意识、数字思维,还要强化治理、构建规范、涵养文化。数据作为新型生产要素,是数字化、网络化、智能化的基础,已快速融入生产、分配、流通、消费和社会服务管理等各个环节,深刻改变着生产方式、生活方式和社会治理方式。数据要素是数字经济深入发展的核心引擎,数据基础制度建设事关国家发展和安全大局,大力发展以数据为关键要素的数字经济,必须加快构建数据基础制度体系,健全完善数据治理规则体系。

党的二十大报告进一步强调:"促进区域协调发展。深入实施区域协调发展战略、区域重大战略、主体功能区战略、新型城镇化战略,优化重大生产力布局,构建优势互补、高质量发展的区域经济布局和国土空间体系。推动西部大开发形成新格局,推动东北全面振兴取得新突破,促进中部地区加快崛起,鼓励东部地区加快推进现代化。支持革命老区、民族地区加快发展,加强边疆地区建设,推进兴边富民、稳边固边。推进京津冀协同发展、长江经济带发展、长三角一体化发展,推动黄河流域生态保护和高质量发展。高标准、高质量建设雄安新区,推动成渝地区双城经济圈建设。健全主体功能区制度,优化国土空间发展格局。推进以人为核心的新型城镇化,加快农业转移人口市民化。以城市群、都市圈为依托构建大中小城市协调发展格局,推进以县城为重要载体的城镇化建设。"[1]中国式现代化是全体人民共同富裕的现代化,共同富裕要求社会财富分配公平、公共产品供给均衡、资源配置高效,缩小地区差距、城乡差距和收入差距,实现数亿人脱贫,全面建成小康社会,只是共同富裕的第一步。中国

---

[1] 习近平:《高举中国特色社会主义伟大旗帜 为全面建设社会主义现代化国家而团结奋斗——在中国共产党第二十次全国代表大会上的报告》(2022年10月16日),载《人民日报》2022年10月26日。

目前贫富差距、区域差距、城乡差距仍然明显存在,实施区域重大战略,推动发达地区和欠发达地区、东中西部地区和东北地区优势互补,促进区域协同高质量发展,着力维护和促进社会公平正义,坚决防止两极分化,在新征程上扎实推进共同富裕,是全面建设社会主义现代化国家的必然要求。当然,共同富裕是一个长期的历史过程,先富带动后富也是一个渐进的过程,应依法规范和示范引导,建立正向激励制度机制,营造健康和谐社会氛围,更好发挥法治对共同富裕的保障作用,"规范收入分配秩序,规范财富积累机制",加快房地产税、遗产税、赠予税、资本利得税等立法,增强均衡性和可及性,不得更不能刚性强制,以法治推进全体人民共同富裕的现代化。

区域法治是马克思主义科学方法论在法治领域的创造性应用,既是观念的变革、思维的突破,更是路径的创新。传统法学研究注重和习惯于宏大主题、宏大视野、宏大叙事,而区域法治立足地方、着眼区域,于局部处下功夫,在大格局中谋发展[①],"跳出地方看区域",贯彻新发展理念,融入新发展格局,从国家法治发展全局着眼,从区域(局部)具体法治着手,坚持系统思维与地方实际有机结合、顶层设计与基层探索有效衔接、宏观理论与微观实践高度融合,理论创新和实践探索良性互动,从实践探索到理论研究都具有方法论创新的全面意义,有助于新时代中国特色法学学科体系、学术体系、话语体系的构建,推进新时代中国特色社会主义法治理论创新发展,深化法治中国建设实践。2022年10月31日,财政部发布的《关于支持深圳探索创新财政政策体系与管理体制的实施意见》明确提出,支持深圳在全国税制改革中先行先试,探索促进公共服务优质均衡的

---

① 以立法为例,如果可以随意制定规则,那么规则本身就失去了合法性,法治也无从谈起,规范性文件备案审查制度是中国特色的宪法监督制度。中国有30多个省市区、300多个市州、近3000个县市区、3万多个乡镇,五级人大、政府以及政府各部门、公检法机构等都有制定规范性文件的权力,如此多的文件,虽然不直接设定权利义务,但是也会对老百姓的权利义务造成各种影响,备案审查工作如果不到位,发挥不了作用,宪法和法律的实施就会打折、变形、走样。而对于各地立法工作者而言,备案审查工作还存在不少瓶颈,亟待突破:层级越低的文件,需要遵守的上位法越多,不仅要符合法律,还要符合行政法规、地方性法规、上级机关的文件,审查起来难度越大,而且层级越低的文件,对老百姓的利益影响越直接,老百姓意见也越大。因此,越是到基层人大,对审查能力的要求反而应该越高,就当前而言,省级要提升、市级要探索、县级要破题。

财政政策体系,探索促进经济高质量发展的财政政策体系,加快建立与先行示范区相适应的现代财税体制,强化民生财政投入保障,推动形成共建共治共享共同富裕的民生发展格局,发挥好深圳的改革开放重要窗口和前沿阵地作用,聚焦打造制度创新高地,积极承担国家重大税收改革工作和研究课题,继续当好改革排头兵、试验田,努力为全国创造更多可复制可推广的制度经验。

二、区域法治历史与现实

"人类的一切主要制度都是从早期所具有的少数思想胚胎进化而来的。这些制度在蒙昧阶段开始生长,经过野蛮阶段的发酵,进入文明阶段以后又继续向前发展。"① 法、法律与人类公共生活、公共活动、公共事务相生相伴,是人类在共同生活、族群繁衍过程中,诞生出爱心、正义、担当、义务等宝贵品质的具化,是照亮我们走向社会稳定繁荣、文明进步提升之路的明灯。从法文化层面而论,古老的禁忌催生了今天的道德和法律,其中蕴含的道德精神和自然法则万古不易,具有普适性和永续性②。在远古时代,原始禁忌是一种最早、最特殊的规范形式,它扮演着法律的角色,事实上发挥着法律的作用,是阶级社会法律的萌芽,习俗、禁忌、道德和法律无意识地混合在一起并规范人类传统的政治共同体,为其提供秩序和社会基本结构。正如德国著名学者冯特所说:禁忌"是人类最古老的无形法律。它的存在通常被认为远比神的观念和任何宗教信仰的产生还要早"③。法国学者倍松说得更直白:"说得好听一些,图腾主义便是原始人

---

① 〔美〕路易斯·亨利·摩尔根:《古代社会》(新译本·上册),杨东莼、马雍、马巨译,商务印书馆 1977 年版,第 59 页。

② 例如,民俗信仰反映的是一种精神自由和人格尊严,应该受到尊重,不得肆意侵辱,并体现在《民法典》第 990 条的立法意蕴中:人格权是民事主体享有的生命权、身体权、健康权、姓名权、肖像权、名誉权、荣誉权、隐私权等权利。除前款规定的人格权外,自然人享有基于人身自由、人格尊严产生的其他人格权益。

③ 转引自〔奥地利〕佛洛伊德:《图腾与禁忌》,杨庸一译,中国民间文艺出版社 1986 年版,第 32 页。

民的宪法。"①

"历史从哪里开始,思想进程也应当从哪里开始,而思想进程的进一步发展不过是历史过程在抽象的、理论上前后一贯的形式上的反映;这种反映是经过修正的,然而是按照现实的历史过程本身的规律修正的,这时,每一个要素可以在它完全成熟而具有典型性的发展点上加以考察。"②马克思主义经典作家们认为,国家并不是从来就有的,也不会永远存在,随着阶级的消失,国家也不可避免地要消失。"曾经有过不需要国家,而且根本不知国家和国家权力为何物的社会。在经济发展到一定阶段而必然使社会分裂为阶级时,国家就由于这种分裂而成为必要了。"③因此,"国家产生也是法产生的一种方式,甚至是法产生的最高阶段"④。现代社会通过特定的权威机构来制定和表达法律的方式在法律史上只是一个很短暂的阶段,在此之前,绝大多数法律体系的基本要素是习俗。譬如,盎格鲁-撒克逊人的早期社会带有强烈的部族性质,一些特殊的部族按照某种区域的联合组成王国。⑤"在如今的世界,习惯法已经不再仅仅是一项引发理论兴趣的事物。非洲、亚洲以及其他地方的新兴国家都正在努力实现从部落习惯法向民族国家的制定法系统的痛苦而且通常很危险的转型。"⑥

"在空间远离的不同地区,在时空遥隔的不同年代,这种心灵活动的结果把人类共同的经验联成了一条在逻辑上前后相连的链索。在这种人类经验的伟大汇合中,仍然可以辨认出少许原始的思想根芽,那些根芽根据人类原始的需要而发展,经历自然发展的过程以后,终于产生了如此丰硕的成果。"⑦区域法治是人类历史的存在。今天的实践既是历史的延续,

---

① 〔法〕倍松:《图腾主义》,胡愈之译,开明书店1932年版,第2页。
② 恩格斯:《卡尔·马克思〈政治经济学批判·第一分册〉》,载《马克思恩格斯选集》(第二卷),人民出版社2012年版,第14页。
③ 恩格斯:《家庭、私有制和国家的起源》,载《马克思恩格斯选集》(第四卷),人民出版社2012年版,第190页。
④ 〔德〕萨维尼:《当代罗马法体系Ⅰ》,朱虎译,中国法制出版社2010年版,第23页。
⑤ 参见陈晓律:《从习俗到法治——试析英国法治传统形成的历史渊源》,载《世界历史》2005年第5期。
⑥ 〔美〕富勒:《法律的道德性》,郑戈译,商务印书馆2009年版,第270页。
⑦ 〔美〕路易斯·亨利·摩尔根:《古代社会》(新译本·上册),杨东莼、马雍、马巨译,商务印书馆1977年版,第254页。

也是未来发展的起点,从某种意义上可以说,一切科学都是历史的科学,一切法学都是历史法学。以英国普通法的发展为例,"如果我们对英国法律史的考察所获得的印象是,英格兰的普通法适用于大不列颠列岛全部,那是一种应予纠正的错觉。在大不列颠,法律的统一是根本不存在的。特别是苏格兰,其法律体系相当不同于普通法,对此,我们应当予以简单描述。包括泽西和格恩济岛在内的海峡群岛,像不列颠王国其他独立的自治领地一样,都有自己的法律制度。在诺曼人征服英格兰时,这些岛屿是诺曼底公爵领地的组成部分,这一事实使海峡群岛的居民常常戏称英格兰是他们最早的殖民地;这也可以解释这些群岛现今为什么仍适用载于《诺曼底习惯法大全》和后来汇编中的诺曼习惯法"①。

中国古代中央王朝在民族地区实行的羁縻制度、土司制度是国家法治在特定地区的成功实践,对当代区域法治仍可提供有益启迪。而在中国云南省丽江泸沽湖畔的摩梭人村寨、美国的印第安人部落、新西兰的原住民社区,至今仍然保留着其族群独特的内部管理规则。区域法治是历史的存在,人类部落时代即是区域法治的开端,部落依据各自划定的区域而治,对外部落与部落既有边界又有合作,共同保障部落安全,对内保持部落以及各自成员的治理规则,保障部落运行秩序。② 随着人类文明的演进,区域法治因应民族国家区域社会变迁,在不同的历史时期和在不同的国度经历了不同的发展型态、表现形式。互联网、数字化助力区域法治创新发展并开辟无限空间。为推动区域法治的基础研究,揭示区域法治发展的历史逻辑机理,依据中华法治文明的历史脉络,以下从宏观视野提出中国区域法治发展的历史变迁,供学界讨论。当然,学者的视角不同,区域法治发展历史阶段的划分会有差异。

---

① 〔德〕K.茨威格特、H.克茨:《比较法总论》,潘汉典等译,法律出版社2003年版,第299页。
② 今天,人类原始部落遗存已经不多,2021年2月14日,中国最后的原始部落——翁丁古寨被大火烧毁。翁丁,佤语意为"云雾缭绕的地方",位于云南省临沧市沧源佤族自治县勐角乡澜沧江畔,有着400多年的部落历史,隐秘在勐角傣族彝族拉祜族乡山谷。佤族是云南省的"直过民族",即从原始社会直接过渡到社会主义社会,1949年前,翁丁古寨处于原始社会末期,以部落为单位依山而居,过着刀耕火种、衣不蔽体、犁地靠牛、吃水靠背、点灯靠油、结绳记事的原始生活。2018年4月之前,这里的佤族群众还居住在原始的茅草屋里,是中国保存最完整的原生态民族村落。

(一)中国区域法治的历史演进

鉴古知今,学史明智。人类依区域而居,生活的规则依照区域而定;区域间文明互鉴,国家间相互学习,基层社会治理由自律、自治、共治不断升华和进化,人类法治文明史,也就是区域法治发展史。伴随法治文明的发展,人类生存区域空间(疆域)的边界从模糊到逐渐清晰由法律确认、法治保障。如果说在和平年代里,国家作为国民个人利益最外部的那道屏障,在以人们日常感觉不到的方式持续发挥着作用,那么最明显、最直接、与民众日常生活息息相关的事例,就是通过栅栏隔离以及人工智能技术普遍应用于监控保护而形成的现代居民小区及其自治,生动诠释了"我的房子,风能进,雨能进,国王不能进"的法理常识[1],这是区域法治的历史逻辑。住宅是公民最基本、最私密的地理空间和最安全的区域屏障,新中国宪法发展变迁,清晰记录了国家根本大法对公民住宅实施严格保护的历史轨迹,彰显了当代中国规范政府权力、保护公民基本权利的进步和历史性飞跃:"五四宪法"第90条规定,"中华人民共和国公民的住宅不受侵犯,通信秘密受法律的保护";"七五宪法"第28条规定,"公民的人身自由和住宅不受侵犯。任何公民,非经人民法院决定或者公安机关批准,不受逮捕";"七八宪法"第47条规定,"公民的人身自由和住宅不受侵犯";"八二宪法"第39条规定,"中华人民共和国公民的住宅不受侵犯。禁止非法搜查或者非法侵入公民的住宅"。

文化传统的区域多样性,大国疆域的区域复杂性,经济发展的区域差距性,开放程度的区域差异性,信息传递的区域迟滞性,适应变革的区域灵活性,基层治理的区域创造性,法治实践的区域分层性,以及风险防范

---

[1] 一个人的房子就是他的城堡,每个人的家都是自己最安全的庇护所。1763年3月27日,18世纪英国政治家老威廉·皮特(曾任首相)在议会(下院)发表《论英国人个人居家安全的权利》的演讲中说:"即使最穷的人,在他的小屋里也能够对抗国王的权威。屋子可能很破旧,屋顶可能摇摇欲坠;风可以吹进这所房子,雨可以淋进这所房子,但是国王不能踏进这所房子,他的千军万马也不敢跨进这间破房子的门槛。"这段脍炙人口的名言后被浓缩成"风能进,雨能进,国王不能进",精辟揭示了公权(权力)与私权(权利)的关系及其边界:权力来源于权利,而不是权力创造或批准了权利,权力为维护权利而生、服务于权利,不仅要防止对权利的侵犯,更要为权利的行使和实现创造条件;权力以权利为界限,权力必须受到权利的制约,防止权力的滥用与异化。

的区域灵敏性,等等,这是当今时代区域法治的现实基础。① 例如,香港特别行政区和内地从政治制度到治理体系和社会风貌具有巨大差异,在香港主权回归前长达150多年的历史里,香港和内地经历的是完全不同的历史命运,时间的积淀,导致香港与内地之间形成了迥异的政治制度形式、政府管治架构、法治文化环境、政治意识形态、国民教育体系、国家民族认同、社会开放格局、社会思维习惯和社群行为方式等。与此同时,现实的香港是贫富悬殊的两个世界:一个有钱人的世界和一个基层生活的世界。香港人形容,"一号香港"是金融界、地产业、商界精英;"二号香港"是向下流的中产或难以向上流的基层,仿佛是两个香港的存在。共同构筑一个相互包容、更符合公平和正义的理想社会,香港法治发展必须高度正视长期贫富不均以及因此而产生的广泛社会焦虑。区域法治保障区域经济社会发展,守护辖区居民安居乐业,在现实生活中,区域社会稳定有序、社区和谐平安,已经成为当今时代民众迁徙、移民时居住地和工作地选择的首要指标,因为若没有法治的护佑,社会将无律无常、无序失控,缺失安全的基本保障,即使您拥有无量的财富,也只不过是浮云而已。如根据笔者在美访学时的经历与观察,在美国,有物业管理的封闭式社区相对安全度高、房价高,而开放式社区的居民安全压力较大。

　　权力内涵只有通过具体的制度和政策才能体现出来,现代区域法治适应地缘性的经济社会发展规律。中国古代的地方自治和近代中国的区域社会治理,为当代中国的区域法治发展提供了丰富的历史经验,有待深入总结,加以传承与借鉴。现代区域法治是国家法治发展的有机组成部分,是国家法治发展在主权国家的特定空间范围内的展开和具体实现,坚持统一性与多样性统一,尊重区域差异、地方特点,区域法治既要立足区域,又不能(也不能)局限于本地知识和地方事务,必须打破本土局限,具

---

① 司法部《2020年国家统一法律职业资格考试公告》在报名条件"学历资格"中规定:各省、自治区、直辖市所辖自治县(旗)、各自治区所辖县(旗)、各自治州所辖县;国务院审批确定的集中连片特殊困难地区所辖县(县级市、区)和国家扶贫开发工作重点县(县级市、区,重庆市的10个重点县、区除外);新疆维吾尔自治区所辖的县级市、区(乌鲁木齐市所辖的区除外);黑龙江省大小兴安岭地区等艰苦边远地区,可以将报名学历条件放宽为高等学校本科毕业。

有战略思维、国家眼光和全局意识,从而更好服务和融入新发展格局,防止以邻为壑、画地为牢或为己筑坝。以生态环境治理为例,生态关乎政治,关系经济、民生。在漫长的中华民族发展史上,事关生态的抉择,深刻影响着文明兴衰,蕴含着治国理政的价值逻辑。正如习近平所指出:"生态的事,关键是站在什么角度看问题。""生态环境没有替代品,用之不觉,失之难存。在生态环境保护建设上,一定要树立大局观、长远观、整体观,坚持保护优先,坚持节约资源和保护环境的基本国策,像保护眼睛一样保护生态环境,像对待生命一样对待生态环境,推动形成绿色发展方式和生活方式。"①

法治是人类文明进步的重要标志,是治国理政的基本方式,是中国共产党和中国人民的不懈追求。区域法治的意义,不仅在于构建区域自身的法治秩序,还在于其先行性、实验性的作用,带动、引领相关区域法治的创新发展,推动国家法治实践。所以说,区域法治发展是人类文明演进自然生发的历史过程,是社会基层创造和国家权力推动双向互动的必然产物,既具有内在的统一性特征,又具有鲜明的多样性品格,进而呈现出多样性统一的运动样式、发展类型、演进逻辑。中国是文明古国、文化大国,拥有数千年的乡土社会和宗族血缘文化。回眸中华法治文明的演进历程,区域法治的历史发展,大体可以概要式划分为如下五个阶段:部落时代的区域法治;封建社会时期的区域法治;民国时期的区域法治;中国共产党领导的革命根据地法治探索,即中国共产党区域性政权创建时期的法治实践②;新中国区域法治。

在百年奋斗历程中,中国共产党高度重视法治建设,带领中国人民不懈探索符合中国国情和实际的法治道路。在1949年10月新中国成立前

---

① 转引自杜尚泽:《关键是站在什么角度看问题(微观察·几道生态选择题,总书记这样回答)》,载《人民日报》2021年6月5日。

② 参见侯欣一:《试论革命根据地法律制度研究》,载《法学家》2008年第3期;张希坡:《革命根据地法律文献选辑》(第一、二、三辑),中国人民大学出版社2017年、2018年版;陈始发:《革命根据地法律文献整理现状与文献特点分析》,载《中共党史研究》2018年第4期;孙光妍、隋丽丽:《道路的选择:哈尔滨解放区法治建设经验及其历史意义——以革命历史档案为中心的考察》,载《求是学刊》2019年第6期。

的新民主主义革命时期,以毛泽东同志为主要代表的中国共产党人就开始了对人民民主政权建设进行艰辛探索和实践,如在瑞金、延安革命根据地、西柏坡制定了《中华苏维埃共和国宪法大纲》《陕甘宁边区保障人权财权条例》《中国土地法大纲》等法律文件,运用法律巩固人民政权、保障人权、维护人民群众合法权益。总体而言,中国共产党领导的革命根据地法治建设,经历了土地革命时期的工农民主政权法治、抗日战争时期的统一战线政权法治和解放战争时期解放区民主政权法治三个历史阶段。[1]

井冈山革命根据地作为第一块农村革命根据地,开启了马克思主义基本原理同中国具体实际相结合的伟大进程,实现了中国革命的中心工作从城市到农村的战略转移,成为中国革命走上建立农村根据地、以农村包围城市、最后夺取全国胜利道路的光辉起点。1927年10月,毛泽东率领湘赣边界秋收起义的工农革命军,开始创建以宁冈为中心的井冈山农村革命根据地的艰苦斗争。1928年2月,中共(永)新遂(川)边陲特别区委员会和新遂边陲特别区工农兵政府在永新、遂川两县交界的井冈山地区成立,井冈山革命根据地诞生了第一个特区政府,其管辖范围包括永新、遂川两县部分地区和井冈山附近几十个自然村。随着根据地巩固,1928年5月至7月,边界各县掀起了分田高潮,1928年12月,《井冈山土地法》正式颁布施行。这部法律解决了土地没收与分配、山林分配与竹木经销、土地税的征收与使用等问题,是中国共产党制定的第一部比较成熟的土地法,进行了土地改革的第一次尝试,井冈山根据地推行的土地改革,使农民获得了梦寐以求的土地,得到了贫苦群众的拥护。

立足中国国情,中国共产党历来高度重视民族问题,在创建新中国的过程中,提出并实行民族区域自治,赢得了各族人民的衷心拥护,开启民族和谐新纪元。民族区域自治制度是中国共产党运用马克思主义的基本原理,在长期革命实践中探索出的具有中国特色、解决民族问题的根本方法和路径,已成为我国一项基本政治制度。而这一伟大制度的第一次实践,则肇始于陕甘宁革命根据地——1936年6月成立的陕甘宁省豫海县

---

[1] 参见《从革命根据地法制建设到全面依法治国》,载《法治日报》2021年6月29日。

回民自治政府,这也是中国共产党领导的工农红军所建立的第一个回民自治地方政权。美国著名记者埃德加·斯诺(Edgar Snow)在《红星照耀中国》(Red Star Over China)一书第九章第四部分"穆斯林与马克思主义者"中[①],曾详细记述这一民族自治政府的创建——"建立独立的回民政权!""建设回民自己的抗日红军!"这是他在宁夏看到的一件最重要的事情。

1936年5月18日,中国工农红军红一军团和红十五军团开始西出陕北、挺进甘宁,也正是在那个时候,毛泽东提出了在民族平等的原则下实行民族区域自治的思想。1936年6月27日,红十五军团攻克豫旺县,即如今的同心县的下马关,在那里建立了陕甘宁省豫旺县苏维埃政府。随着各乡村红色政权相继建立,选举成立豫(旺)海(原)县民族自治政府的条件基本成熟。就这样,中国共产党领导的第一个民族自治政府诞生。出身贫苦的回族农民马和福在和红军的接触中,亲眼所见红军纪律严明,对老百姓秋毫无犯,尊重他们的民族信仰,便主动接受了红军的抗日主张和民族政策,并在1936年7月加入中国共产党。在豫海县回民自治政府成立后,他带领大家选举出37名政府执行委员会委员,发表《告北圈子四周围同胞书》,号召组织回民解放会、宣传红军抗日救国主张,武装保卫自己,为民族独立和解放而奋斗,同时还讨论通过了《新土地法》《新婚姻法》《减租减息条例》等政府法规。

而解放战争时期解放区民主政权的法治建设,更是新中国创立时法治建设的直接渊源。如华北人民政府,自1948年9月至1949年10月共存续13个月,探索、积累政权建设的经验,为在全国范围内建立人民政权做准备,是中共中央交给华北人民政府的首要任务。早在1948年年初,刘少奇就在一次中共中央工委会议上提出要求:党要在华北积累"太平区

[①] 参见〔美〕埃德加·斯诺:《红星照耀中国》(即《西行漫记》),李方准、梁民译,河北人民出版社1992年版,第256—260页。1936年6月至10月,斯诺来到陕北,写了大量通讯报道,成为第一个采访红区的西方记者,1937年10月由伦敦戈兰茨公司首次出版,向世界介绍了中国共产党领导的抗日革命根据地的真实情况,一经出版便在世界范围内引起轰动,销量超过10万册,随后多次再版;1938年年初,上海租界的抗日救亡人士以"复社"名义将该书翻译成中文,因当时所处环境而改名《西行漫记》出版。

域的管理国家的经验",为在将来管理全国作好充分准备。① 在华北临时人民代表大会召开时,董必武明确指出:"华北临时人民代表大会将成为全国人民代表大会的前奏和雏形。"②华北人民政府成立后,一直为中央人民政府的成立做着全面而充分的准备,华北地区村、县、市普遍召开了人民代表会议和同级政府的选举工作,并大力加强人民民主法制的建设工作,以人民民主法制巩固、建设人民政权,维护社会秩序。

华北人民政府初创时,董必武即被推选为《华北人民政府组织大纲》审查委员会的召集人。1948年7月17日,董必武在给华北人民政府司法部长谢觉哉等的信中指出:"日前晤少奇同志,他说'乡县政权组织纲要和选举条例及危害解放区治罪条例三草案都很好。希望赶快把民刑两法草拟出来备用'。我认为他这个提议很好。望诸位同志考虑,以法学为人民服务。"③1948年10月23日,《关于统一各司法机构名称及审级的通令》发布,按照通令要求,在华北地区,从华北人民法院到各县人民法院,先后建立了约300多个司法机关。同时,在保证公安干部稳定的基础上恢复建立、健全公安基层组织,为人民政权建设积累了宝贵经验。1949年6月15日,新的政治协商会议筹备会常务委员会决定下设六个小组,董必武被推定为拟订中华人民共和国政府方案的第四小组组长;7月8日,新政协筹备会第四小组举行第二次全体会议,推定董必武等5人组成政府组织法大纲起草委员会(又称政府组织法草案起草委员会),以董必武为召集人,负责政府组织法大纲的起草;次日,政府组织法大纲起草委员会第一次全体会议推定董必武为大纲起草人;7月下旬,董必武提出了政府组织法草案的初稿,经多方征求意见并修改,最终成为提交新政协筹备会全体会议讨论的蓝本。④

1949年10月27日,中央人民政府主席毛泽东发布命令:"中央人民

---

① 参见中共中央文献研究室编:《刘少奇年谱(1898—1969)》(下卷),中央文献出版社1996年版,第134页。
② 《董必武传》撰写组:《董必武传(1886—1975)》(下),中央文献出版社2006年版,第665页。
③ 同上书,第611页。
④ 同上书,第599、646—649页。

政府业已成立,华北人民政府工作随即结束。原华北人民政府所辖五省二市改为中央人民政府直辖。中央人民政府的许多机构应以华北人民政府所属机构为基础迅速建立起来。希即令所属各单位与华北人民政府各有关机构分别接洽,办理交接手续,并于数日内将交接手续办理完为妥。"10月28日,董必武遵照中央人民政府命令,以华北人民政府名义发出通知,要求政府机构自次月1日起停止办公,将其所属部门移交政务院。① 根据当时担任北平市长兼军事管制委员会主任的聂荣臻后来回忆:"刚进城时候的政府实际上就是一九四八年在石家庄成立的华北人民政府,仍由董必武同志任主席。进北平以后,他那个机构就代管全国行政事务方面的事情了,直到一九四九年十月一日才成立了中央人民政府。中央人民政府的底子就是华北人民政府,在它那个基础上组织了各个部。"②政务院、最高人民法院、最高人民检察署以及政务院各部门领导人任命后,能够在短短的十天后开始正式办公,正是由于中央人民政府各部门组织机构的成立大都有华北人民政府各部门作基础。

(二)新中国70年区域法治发展

回溯中国共产党波澜壮阔的百年发展历程,中国共产党人追求公平正义、探索法治道路的脚步从未停止,为中国革命、建设、改革与强国奠定了坚实的法治基础:新民主主义革命时期,党领导制定了一系列法律、法令;新中国成立后,党领导人民建立起社会主义法制框架体系;进入改革开放历史新时期,党始终把法治放在党和国家工作大局中考虑、谋划和推进,从党的十一届三中全会提出"健全社会主义法制",到党的十五大确立依法治国基本方略,社会主义法治建设不断前进;党的十八大以来,法治成为党治国理政的基本方式,全面依法治国扎实推进,一系列重大举措推动社会主义法治建设发生历史性变革、取得历史性成就,党领导人民逐步走出了一条中国特色社会主义法治之路,区域法治与党的法治探索同步,异彩纷呈,成就斐然,丰富了人类法治文明的多样性,为世界法治发展贡

---

① 参见《董必武年谱》编纂组:《董必武年谱》,中央文献出版社1991年版,第349—350页。
② 《聂荣臻回忆录》(下),解放军出版社1984年版,第714页。

献中国智慧、提供中国方案。

中国特色社会主义法治道路,是在我国革命、建设、改革的历史实践中孕育形成的,是中国共产党百年探索的历史结晶。习近平指出:"新中国成立初期,我们党在废除旧法统的同时,积极运用新民主主义革命时期根据地法制建设的成功经验,抓紧建设社会主义法治,初步奠定了社会主义法治的基础。"①新中国区域法治溯源于中国共产党区域性政权创建的法治探索,如井冈山革命根据地、陕甘宁边区政府、华北人民政府等;具体成型于新中国创立初期,以行政区划为基础;创新发展于改革开放中国特色社会主义建设时期,跨行政区域的区域法治开始萌芽成长;兴盛于中国特色社会主义法治新时代,各种形态、多样性的区域法治创新活动不断涌现和蓬勃发展,有的从"区域探索"跃升为"顶层设计",有的从"区域创新"扩散为"全域改革",为新时代深化依法治国实践提供了生动范例、贡献了宝贵经验。

1949年,中华人民共和国成立,彻底推翻了帝国主义、封建主义和官僚资本主义在中国的统治,也终结了半殖民地半封建反革命反人民的法制,开启了中国社会主义法治新纪元,具有临时宪法性质的国家根本大法《共同纲领》颁布,其第17条明确规定:"废除国民党反动政府一切压迫人民的法律、法令和司法制度,制定保护人民的法律、法令,建立人民司法制度。"正式以法律的形式宣告国民党旧法统的灭亡,为新中国的民主政治和法治建设排除了障碍。1954年,一届全国人大一次会议通过的《宪法》(俗称"五四宪法"),是中国历史上第一部社会主义类型的宪法,以国家根本法的形式奠定了新中国立国、治国最根本的法律基础,也为"中国人民从此站起来了"提供了强有力的法律依据。新中国成立初期(1949—1956年间)的法律创制活动,开创性地建构了社会主义的国家制度体系,重建起新型的社会主义法律秩序。当然,新中国的法治发展道路并非一帆风顺,历经严重曲折,这是艰辛的探索,区域法治发展也同样如此。

改革开放以来,中国共产党深刻总结法治建设正反两方面的经验教

---

① 中共中央文献研究室编:《习近平关于全面依法治国论述摘编》,中央文献出版社2015年版,第8页。

训，最终走出了一条中国特色社会主义法治道路，把依法治国确定为党领导人民治理国家的基本方略，把依法执政确定为党治国理政的基本方式，推动依法治国取得重大进展。1978年，党的十一届三中全会拉开改革开放大幕，全会把加强社会主义法制确立为一项重要方针，不仅开启了改革开放和社会主义现代化建设的新时期，而且开启了对已经建立的法律制度进行完善、对尚未建立的法律制度进行补充的新阶段。比如，对社会主义的根本政治制度和基本政治制度分别作了进一步完善；对全国人大组织法进行了修订，还制定了地方各级人民代表大会和地方各级人民政府组织法等法律；中国共产党领导的多党合作和政治协商制度以及政协的性质、作用被载入宪法，政协章程也得到进一步修改完善；民族区域自治法、城市居民委员会组织法、村民委员会组织法等有关法律制度相继制定出来。改革开放、简政放权，为地方、区域法治探索创造了社会条件。1982年12月4日，现行《宪法》颁布施行，为地方、区域法治创新提供了宪法依据。《宪法》第3条规定："中央和地方的国家机构职权的划分，遵循在中央的统一领导下，充分发挥地方的主动性、积极性的原则。"同期，法学教学、法学研究和法学人才培养也迈入快速发展时期。

　　进入新时代以来，坚持和加强党的全面领导一以贯之，党的执政能力进一步提升，党的集中统一领导有力彰显；坚持依法治国与制度治党、依规治党统筹推进、一体建设，把全面依法治国放在"四个全面"战略布局中来把握、谋划、推进，党的依法执政水平不断提高；坚持和完善中国特色社会主义制度、推进国家治理体系和治理能力现代化，坚持依规治党、形成比较完善的党内法规体系，深化和拓展了中国特色社会主义法治道路。实践充分证明，改革开放为依法治国开辟了新征程，改革开放40多年特别是党的十八大以来，中国法治大胆探索、主动应变、积极求变，通过总结法治的外部经验和内在规律，守正创新，从法制到法治、从法律体系到法治体系、从有法可依到科学立法、从法律之治到良法善治、从依法治国到全面依法治国，中国特色社会主义法治始终坚持党的领导、植根中国大地、推进理论创新，在改革中不断激发活力，在开放中进一步彰显特色，走出了一条既借鉴西方又不同于西方的法治文明进步的中国之路——中国特色社会主义法治道路。与国家法治发展历史进程同步,区域法治具体阶段划分是:新中国区域法治探索;改革开放与区域法治发展;法治新时代区域法治的兴盛。

(三) 当前学术研究的重点领域

有学者认为,区域法治发展的研究历程可以分为两个阶段。在2013年以前,学者们研究区域法治主要有三条路径:一是从区域开发的视角以及民族区域自治视角论证区域法治的必要性,其论点主要围绕国家区域大开发进程中的法治问题。二是从地方法治发展的角度,所讨论的问题包括地方立法权问题、地方治理问题、地方民主试验问题等。另外,发达地区在其经济社会先发的基础上,推进地方先行法治化的可能性及价值意义被东部地区的一些学者提出并加以论证。三是从区域间政府相互合作的角度,从法律合作视角来分析政府间合作文件的法律效力,探索区域合作开展的合理形式及制度意义。[①] 党的十八大以来,我国深入实施区域协调发展战略,以五大重大国家战略为引领,连南接北,承东启西,以四大区域板块为支撑,优势互补,交错互融,构建起高质量发展的区域协调发展新格局。五大重大国家战略包括京津冀协同发展、粤港澳大湾区建设、长三角一体化发展,打造引领高质量发展的重要动力源,长江经济带发展、黄河流域生态保护和高质量发展,探索协同推进生态优先和绿色发展的新路子;四大区域板块是强化举措推进西部大开发形成新格局,深化改革加快东北等老工业基地振兴,发挥优势推动中部地区崛起,创新引领率先实现东部地区优化发展。与中国区域协调发展新格局同步,法学、法律界对区域法治发展问题的研究开始深化,区域法治发展开始成为一个独立的法律概念,学者们也开始更加重视区域法治发展的概念内涵、社会基础、路径选择和文化论上的研究。区域法治发展在此以后被认为是国家法治的有机组成部分,区域法治的意义被学者们从建设法治国家的角度加以论证,区域法治发展的理论体系被中国特色社会主义的法治话语体

---

① 参见骆天纬:《区域法治发展的理论逻辑——以地方政府竞争为中心的分析》,法律出版社2017年版,第15—16页。

系所接纳,区域法治研究协同机制探索建立[1]。

创新区域法治模式,总结基层实践探索。的确,近年来,区域法治研究已经成为法学界的理论热点,反映中国哲学社会科学最高层次的国家社会科学基金项目每年都有相关课题资助立项;中国法学会高度肯定、全力推动区域法治的学术创新[2];法学界关于区域法治的学术讨论交流活跃;高层次人才培育体系正在建立,中共中央党校(国家行政学院)政治和法律教研部、南京师范大学法学院等在法学理论专业招收培养"区域法治"方向博士研究生,广东外语外贸大学法学院在相关专业招收培养"区域国别"方向博士研究生。其中,以文正邦、公丕祥、葛洪义、叶必丰、石佑启教授等为代表的法理学和行政法学者,为推动区域法治创新研究作出了开拓性贡献。还要特别指出的是,以公丕祥教授为旗帜,南京师范大学法学院积极推进区域法治学术研究,学科团队不断壮大,学术平台持续搭建,如学术研究平台——江苏高校区域法治发展协同创新中心,整合江苏高校法学力量,协同成效明显;成果发布平台——《区域法治发展丛书》,由法律出版社自2016年起连续不间断出版;学术信息平台——"区域法治研究网",特色鲜明;学术交流平台——"区域法治论坛",每年有学术主题。公丕祥教授还明确提出建立"区域法治发展学"的构想,南京师范大学法学院学术影响力日益增强,发展成为名副其实、学界公认的区域法治研究学术重镇。

开展评估实证研究,证成区域法治可能。中国政法大学法治政府研究院研究项目,以2014—2017年连续四年在全国范围内开展地方法治政府评估为基础,通过对历次评估结果进行分析,发现地方法治政府建设过程中经济、政治、文化等因素的交互作用和地方法治政府建设过程中的客

---

[1] 2019年6月,上海市法学会、江苏省法学会、浙江省法学会、安徽省法学会在上海召开沪苏浙皖法学会工作联席会议,正式签署《沪苏浙皖法学会关于建立长三角区域法治研究协同机制的意见》。参见孔令泉、胡鹏:《沪苏浙皖法学会建立长三角区域法治研究协同机制》,https://www.sls.org.cn/levelThreePage.html?id=10781,2019年9月10日访问。

[2] 如2013年10月26日,张文显教授代表中国法学会出席"变革时代的区域法治发展"学术研讨会,并作题为"变革时代区域法治发展的基本共识"的学术总结。参见公丕祥:《变革时代的区域法治发展》,法律出版社2014年版,第3页。

观规律,探索加快推进法治政府建设的动力机制。地方法治政府的建设水平是全国法治政府建设的微观镜像,地方政府法治水平的全面评估,验证了区域法治发展不平衡的客观现实,具体既表现为东、中、西部之间的法治水平存在差异,也表现为不同区域城市间均衡度不同。结合地方法治政府评估得分与当地 GDP 和居民人均收入之间的相关系数分析,证成法治政府建设的水平与地区的经济发展之间存在较强的正相关关系,无论是城镇居民人均收入还是农村居民人均收入,均与法治政府评分之间存在正相关关系,尤其是与城镇居民人均收入之间的正相关关系更强,这种相关性在东部和西部表现得更加明显。中部部分省市的政治推动也起到了重要作用,在一定程度上稀释了经济的基础作用。区域所具有的相同或者相似的文化因素缩小了城市间的差异,提高了区域政府法治状况的趋同度。市场经济高度发达,社会的整体法治意识更高,尤其是权利意识更强。由于社会对政府依法行政的要求更高,自然促进政府法治水平的提升。区域法治水平差距的加大存在影响国家法治平衡和统一的可能性,也会加剧经济和社会发展的不平衡。因此,评估地方法治政府建设的现状,探索其发展规律,发现推动地方法治进步的动力因素,对于找准国家法治建设的突破口和着力点具有重要的实践意义,不同地区应因地制宜,根据地方、区域不同的自然环境、经济基础、文化传统等特点探索加快法治进步的着力点。①

但是,我们也应清醒地看到,总体而言,区域法治的基础理论研究还很薄弱,高质量研究成果不多,研究成果的广度和深度难言令人满意;学术团队的联合集体攻关研究不足,学术队伍建设有待加强;话语体系、学术体系、学科体系尚未完全建立,学术创新能力亟待提升。综观区域法治研究发展的整体轨迹和学术文献,目前,学界关注的重点主要集中在应用对策领域,具体研究热点包括以下几个方面:特别类型的区域法治研究(如民族区域法治,香港、澳门特别行政区法治);区域法治比较研究②;区

---

① 参见王敬波:《我国法治政府建设地区差异的定量分析》,载《法学研究》2017 年第 5 期。
② 如 2019 年"粤港澳大湾区和长三角区域法治比较研究研讨会"的主要议题设置有:粤港澳大湾区法律制度比较与适用;港、澳法律制度与法律适用的最新趋势;香港司法制度及司法机构的完善;长三角区域法治比较研究;金融司法与区域经济发展;国际商事争议多元化解决——国际商事法庭、仲裁、调解等。

域立法合作研究;区域法治生态研究;区域执法合作研究(如税务执法、环境执法等);区域司法协助研究;区域法治评估研究;区域法治创新研究(制度创新、机制创新、社会治理创新等);区域法治协调机制研究;区域一体化法治保障研究[①];区域一体化政府合作法律问题研究;基层司法研究(如"枫桥经验"研究);法治乡村研究(包括村民自治研究)[②];区域法治文化研究[③];等等。

2022年4月16日,为纪念中国哲学社会科学博士后制度实施30周年,第七届中国法学博士后论坛在中国社会科学院法学研究所举行,论坛由中国社会科学院、全国博士后管委会、中国博士后科学基金会主办,中国社会科学院博士后管委会、法学研究所承办,横琴粤澳深度合作区执委会、珠海经济特区法治协同创新中心、《法学研究》编辑部、《环球法律评论》编辑部、《国际法研究》编辑部共同支持,论坛聚焦"中国区域法治的理论与实践"主题,主要围绕习近平法治思想与区域法治建设、区域立法协同与区域法治、区域执法司法协作与区域法治、区域法治与涉外法治、粤港澳大湾区经济社会发展与法治建设等重大理论与实践问题展开研讨,来自高校、研究机构、政府机关和法律实务部门等单位的300余位代表参加了本次论坛,是近年来法学领域影响较大的学术会议。

第七届中国法学博士后论坛组委会于2021年10月发布的筹办公告中指出,随着京津冀协同发展、长江经济带发展、粤港澳大湾区建设、长三角一体化发展、黄河流域生态保护和高质量发展等国家重大战略纵深推进,区域法治的理论与实践已成为保障国家重大战略,全面建设社会主义现代化国家的重要课题。同时,公开征集论文,围绕主题设置了如下选题(包括但不限):以习近平法治思想为引领,加快区域法治建设;粤港澳大

---

① 参见贾小雷、周悦丽、牟效波:《京津冀区域法治建设的问题及思考》,载《北京日报》2016年10月31日;虞浔:《区域一体化发展亟待夯实法治基础》,载《人民日报》2018年8月8日。

② 加强法治乡村建设是实施乡村振兴战略、推进全面依法治国的基础性工作。2020年3月,中央全面依法治国委员会印发《关于加强法治乡村建设的意见》,明确规定到2035年基本建成法治乡村。

③ 参见公丕祥:《区域法治发展与文化传统》,载《法律科学》2014年第5期;夏锦文主编:《区域法治发展的文化机理》,法律出版社2015年版;夏锦文、李炳烁:《把社会主义核心价值观融入区域法治建设》,载《新华日报》2017年4月27日。

湾区建设法治问题研究;京津冀协同发展法治问题研究;长三角区域一体化法治问题研究;长江经济带发展与生态保护法治问题研究;黄河流域生态保护和高质量发展法治问题研究;自贸区自贸港建设法治问题研究;区域法治视野下统筹推进国内法治与涉外法治研究;区域法治建设的其他重大理论与实践问题研究。

中国法学会副会长王其江的致辞、南京师范大学法学院公丕祥教授的主旨演讲指明当下区域法治研究的方向和重点,值得重视。王其江表示,论坛聚焦"中国区域法治的理论与实践"主题,具有很强的时代性、实践性和理论性,并结合"区域协调发展法治保障问题",提出了以下思考:第一,加强区域协调发展战略法治保障是习近平法治思想的重要内容;第二,区域协调发展战略实施越深入越要强调法治;第三,区域协调发展必然要求法治统一;第四,区域协调发展法治保障需要央地共同发力;第五,区域法治是地方法治通向国家法治的重要路径和方式。公丕祥从三个维度对新时代的中国区域法治发展进行了阐释:一是要深刻把握推进新时代中国区域法治发展的内在必然性,中国式法治现代化进程受到中国社会的、经济的、政治的、文化的、历史的和地理的诸方面条件与因素的综合影响,有着独特的历史特点;二是要深刻把握区域法治发展的特定内涵,区域法治发展现象,是以行政区域为基本空间单元的区域法治和跨行政区域的为基本空间单元的区域法治的有机整体;三是要深刻把握推进新时代中国区域法治发展的重点任务,一方面要深入推进以行政区域为基础空间单元的法治建设,另一方面要推进以跨行政区划为基础的区域法治发展。

从以上学术梳理可以看出,地方(以行政区划为基础的区域,如省、市、县、乡)是区域法治的基本构成,也是区域法治研究的基础;因应新经济秩序和社会治理的新要求,地方和地方之间因不同目标与功能特点而形成的新兴区域,包括自贸区、示范区、一体化协作区等的法治问题,往往是区域法治研究关注的重点,如在2020年度教育部哲学社会科学研究重大课题攻关项目招标指南中,就设置了"粤港澳大湾区法律建设研究""新时代区域协调发展战略研究""新时代城乡社区治理体系研究"等课题。

2022年3月，研究阐释党的十九届六中全会精神国家社科基金重大项目公布，新时代实施区域协调发展战略研究、面向现代化的城乡区域发展战略研究、区域协同推进碳达峰碳中和路径与政策研究等项目入列立项名单。全国红色基因传承研究中心2022年度重点课题设立了"湘赣边区域红色旅游跨区域协作研究"。与此同时，国家加快相关领域立法，引领区域法治高水平发展。2021年4月，《中华人民共和国乡村振兴促进法》公布，自6月1日起施行，为全面实施乡村振兴战略提供了坚实法律保障；6月，《中华人民共和国海南自由贸易港法》（以下简称《海南自由贸易港法》）颁布实施，这是第一次为特定地区制定国家法律，为海南自由贸易港建设开展制度集成创新、系统协调推进各项改革提供了立法引领和法律保障，全面助力在法治轨道上打造更高层次、更高水平新时代中国开放型经济新高地。

2022年4月，习近平在海南考察时指出："推进自由贸易港建设是一个复杂的系统工程，要做好长期奋斗的思想准备和工作准备。要继续抓好海南自由贸易港建设总体方案和海南自由贸易港法贯彻落实，把制度集成创新摆在突出位置，强化'中央统筹、部门支持、省抓落实'的工作推进机制，确保海南自由贸易港如期顺利封关运作。"①《海南自由贸易港建设总体方案》提出，建设具有国际竞争力和影响力的海关监管特殊区域，全岛封关运作是海南自由贸易港建设具有里程碑意义的系统工程，是全面实现"一线放开、二线管住、岛内自由"货物进出口管理制度的重要标志。其中，2025年以前主要是打基础、做准备，2022年是重要时间节点，全岛封关运行准备启动。

法治化是自由贸易港高标准建设的根本保障，是建构自由贸易港治理体系的基础性先导性工作，《海南自由贸易港法》已制定实施，赋权海南省人大及其常委会就贸易、投资及相关管理活动制定海南自由贸易港法规。着力破除各方面体制机制弊端，形成更大范围、更宽领域、更深层次

---

① 《解放思想开拓创新团结奋斗攻坚克难 加快建设具有世界影响力的中国特色自由贸易港》，载《人民日报》2022年4月14日。

对外开放格局,打造中国特色自由贸易港①,立法先行、制度集成创新成为工作重点。聚力封关运作的顶层设计,学习借鉴国际自由贸易港建设经验、立足中国国情、结合海南实际,以《海南自由贸易港法》为遵循,充分发挥地方立法功能,特别是用好用足授权立法和管理权限,对标世界最高水平开放形态,谋划构建衔接国际惯例、体现中国特色、反映海南自由贸易港发展定位的法律法规体系,加快制定实现货物、资金和人员等要素自由流动和高效配置的法规,在贸易自由便利、投资自由便利、跨境资金流动自由便利、人员进出自由便利、运输来往自由便利等方面出台创新政策和改革举措,形成具有全球竞争力的开放政策和制度体系,对经济活动、意识形态等领域问题划出边界,为封关运作提供全面法治保障是系统工程的重中之重,具体要细化制度设计,优化营商环境,聚焦放宽市场准入特别措施、贸易自由化便利化若干措施、金融改革开放意见等政策举措,重点围绕8个"一线口岸"、10个"二线口岸"和64个非设关地综合执法点全面加快基础设施建设。海南自由贸易港建设也为区域法治创新研究提供了新机遇、新空间、新养料。

中国幅员辽阔、人口众多,各地区自然资源禀赋差别之大世界少有,统筹区域发展从来都是国家治理的一个重大问题。党的十八大以来,以习近平同志为核心的党中央着眼于中华民族伟大复兴,用大战略运筹区域协调发展大棋局,谱写了立足新发展阶段、践行新发展理念、构建新发展格局、推动高质量发展的新篇章,京津冀协同发展、长江经济带发展、粤港澳大湾区建设、长三角一体化发展、黄河流域生态保护和高质量发展、西部大开发、东北全面振兴、中部地区崛起、东部率先发展等区域发展重大战略高质量推进,主体功能区战略和制度逐步完善,形成了国土空间布局更加优化,东西南北中纵横联动,主体功能明显、优势互补的区域协调发展新格局。

习近平指出:"我国经济发展的空间结构正在发生深刻变化,中心城

---

① 自由贸易港简称自贸港,是指设在国家或地区境内、海关监管关口之外,允许境外货物和资金自由进出的口岸区域,所有或大多数进出港区的货物均免征关税,并允许在自由港储存、展览、加工和制造。目前世界各地共建立有130多个自贸港区和具有类似内涵或功能的2000多个经济自由区。

市和城市群正在成为承载发展要素的主要空间形式。我们必须适应新形势,谋划区域协调发展新思路。"①十三届全国人大四次会议表决通过的《中华人民共和国国民经济和社会发展第十四个五年规划和2035年远景目标纲要》提出,深入实施区域重大战略、区域协调发展战略、主体功能区战略,健全区域协调发展体制机制,构建高质量发展的区域经济布局和国土空间支撑体系。具体包括以下方面:

1. 优化国土空间开发保护格局。立足资源环境承载能力,发挥各地区比较优势,促进各类要素合理流动和高效集聚,推动形成主体功能明显、优势互补、高质量发展的国土空间开发保护新格局。完善和落实主体功能区制度,开拓高质量发展的重要动力源,提升重要功能性区域的保障能力。

2. 深入实施区域重大战略。聚焦实现战略目标和提升引领带动能力,推动区域重大战略取得新的突破性进展,促进区域间融合互动、融通补充;加快推动京津冀协同发展,全面推动长江经济带发展,积极稳妥推进粤港澳大湾区建设,提升长三角一体化发展水平,扎实推进黄河流域生态保护和高质量发展。

3. 深入实施区域协调发展战略。深入推进西部大开发、东北全面振兴、中部地区崛起、东部率先发展,支持特殊类型地区加快发展,在发展中促进相对平衡;推进西部大开发形成新格局,推动东北振兴取得新突破,开创中部地区崛起新局面,鼓励东部地区加快推进现代化,支持特殊类型地区发展,健全区域协调发展体制机制。

4. 积极拓展海洋经济发展空间。坚持陆海统筹、人海和谐、合作共赢,协同推进海洋生态保护、海洋经济发展和海洋权益维护,加快建设海洋强国;建设现代海洋产业体系,打造可持续海洋生态环境,深度参与全球海洋治理。积极发展蓝色伙伴关系,深度参与国际海洋治理机制和相关规则制定与实施,推动建设公正合理的国际海洋秩序,推动构建海洋命运共同体;深化与沿海国家在海洋环境监测和保护、科学研究和海上搜救

---

① 习近平:《推动形成优势互补高质量发展的区域经济布局》(2019年8月26日),载《习近平谈治国理政》(第三卷),外文出版社2020年版,第270页。

等领域务实合作,加强深海战略性资源和生物多样性调查评价;参与北极务实合作,建设"冰上丝绸之路";提高参与南极保护和利用能力;加强形势研判、风险防范和法理斗争,加强海事司法建设,坚决维护国家海洋权益;有序推进海洋基本法立法。

"加快建立健全以国家发展规划为统领,以空间规划为基础,以专项规划、区域规划为支撑,由国家、省、市县级规划共同组成,定位准确、边界清晰、功能互补、统一衔接的国家规划体系。"①2020年10月,党的十九届五中全会立足五年、谋划十五年、着眼百年(即"两个一百年"奋斗目标、百年大党初心使命、世界百年未有之大变局),擘画了中国高质量发展宏伟蓝图。从党的十九届五中全会到全国两会,习近平总揽全局、引领航向,以宽广战略眼光和战略思考谋划未来,党的主张转化为国家意志,成为亿万人民共同行动的纲领。立足新发展阶段,贯彻新发展理念,构建新发展格局,开启全面建设社会主义现代化国家新征程,"十四五"规划和2035年远景目标纲要,为新时代区域法治实践开辟了广阔空间,为区域法治研究提供了多样化场景以及丰富多彩的创新素材和生动案例。

2021年1月,中共中央印发的《法治中国建设规划(2020—2025年)》明确要求:建设完备的法律规范体系,以良法促进发展、保障善治。"坚持立法和改革相衔接相促进,做到重大改革于法有据,充分发挥立法的引领和推动作用。对改革急需、立法条件成熟的,抓紧出台;对立法条件还不成熟、需要先行先试的,依法及时作出授权决定或者改革决定。授权决定或者改革决定涉及的改革举措,实践证明可行的,及时按照程序制定修改相关法律法规。""加强京津冀协同发展、长江经济带发展、粤港澳大湾区建设、长三角一体化发展、黄河流域生态保护和高质量发展、推进海南全面深化改革开放等国家重大发展战略的法治保障。""加强地方立法工作。有立法权的地方应当紧密结合本地发展需要和实际,突出地方特色和针对性、实效性,创造性做好地方立法工作。健全地方立法工作机制,提高立法质量,确保不与上位法相抵触,切实避免越权立法、重复立法、盲目立

---

① 资料来源:《中华人民共和国国民经济和社会发展第十四个五年规划和2035年远景目标纲要》,载《光明日报》2021年3月13日。

法。建立健全区域协同立法工作机制,加强全国人大常委会对跨区域地方立法的统一指导。"

2022年3月,十三届全国人大五次会议通过《全国人民代表大会关于修改〈中华人民共和国地方各级人民代表大会和地方各级人民政府组织法〉的决定》,明确区域协同立法、区域发展合作机制,贯彻国家区域协调发展战略,总结地方实践经验和做法,增加规定:一是省、设区的市两级人大及其常委会根据区域协调发展的需要,可以开展协同立法。二是县级以上地方各级人民政府可以共同建立跨行政区划的区域协同发展工作机制,加强区域合作;上级人民政府应当对下级人民政府的区域合作工作进行指导、协调和监督。具体规定条文包括:第10条第3款:"省、自治区、直辖市以及设区的市、自治州的人民代表大会根据区域协调发展的需要,可以开展协同立法。"第49条第3款:"省、自治区、直辖市以及设区的市、自治州的人民代表大会常务委员会根据区域协调发展的需要,可以开展协同立法。"第80条:"县级以上的地方各级人民政府根据国家区域发展战略,结合地方实际需要,可以共同建立跨行政区划的区域协同发展工作机制,加强区域合作。上级人民政府应当对下级人民政府的区域合作工作进行指导、协调和监督。"

党的二十大擘画中国式现代化宏伟蓝图,对区域协调发展作出了更加长远、更加系统的战略部署和总体安排,赋予新时代区域协调发展新内涵。报告指出,高质量发展是全面建设社会主义现代化国家的首要任务,要加快构建新发展格局,着力推动高质量发展;促进区域协调发展,深入实施区域协调发展战略、区域重大战略、主体功能区战略、新型城镇化战略,优化重大生产力布局,构建优势互补、高质量发展的区域经济布局和国土空间体系。推动西部大开发形成新格局,推动东北全面振兴取得新突破,促进中部地区加快崛起,鼓励东部地区加快推进现代化。支持革命老区、民族地区加快发展,加强边疆地区建设,推进兴边富民、稳边固边。推进京津冀协同发展、长江经济带发展、长三角一体化发展,推动黄河流域生态保护和高质量发展。高标准、高质量建设雄安新区,推动成渝地区双城经济圈建设。健全主体功能区制度,优化国土空间发展格局。同下一盘棋,共绘一张图,加快构建区域发展的高质量发展动力系统,不断形成优势互补、高质量发展的区域经济布局,为推进中国式现代化注入强劲动能。

2022年10月27日,十三届全国人大常委会第三十七次会议审议《立法法》修正草案,这是继2015年修改后的首次。其中,完善有关规定建立区域协同立法工作机制,根据新情况新需要,修正草案对地方性法规、规章的立法权限和程序作出修改完善:(1)将设区的市的人大及其常委会可以对"环境保护"方面的事项制定地方性法规,修改为可以对"生态文明建设"方面的事项制定地方性法规,同时对设区的市、自治州人民政府制定规章的权限作相应修改。(2)贯彻国家区域协调发展战略,增加规定"省、自治区、直辖市和设区的市、自治州的人大及其常委会根据区域协调发展的需要,可以协同制定地方性法规,在本行政区域或者有关区域内实施;省、自治区、直辖市和设区的市、自治州可以建立区域协同立法工作机制"。(3)在部门规章制定主体的有关规定中增加规定"法律规定的机构"。

三、区域法治研究:价值与意义

时代课题是理论创新的驱动力,理论创新又为回答时代课题开辟更加宽阔的视野和有效路径。法学是治国理政之学,习近平强调:"推进全面依法治国是国家治理的一场深刻变革,必须以科学理论为指导,加强理论思维,从理论上回答为什么要全面依法治国、怎样全面依法治国这个重大时代课题,不断从理论和实践的结合上取得新成果,总结好、运用好党关于新时代加强法治建设的思想理论成果,更好指导全面依法治国各项工作。"①国家法治的成功实践,不仅取决于政府与社会的协力推动,而且有赖于法学研究的兴旺繁荣。构建当代中国法学学科体系、学术体系、话语体系,推动中国特色社会主义法治理论创新发展,必须增强中国法学、

---

① 习近平:《以科学理论为指导,为全面建设社会主义现代化国家提供有力法治保障》(2020年11月16日),载《习近平谈治国理政》(第四卷),外文出版社2022年版,第299页。

法治主体意识或主体性,扎根中国历史文化土壤、汲取中华法律文化精华、把握时代发展脉搏、立足中国法治实践,在坚持问题导向、拓展思路方法、丰富学术成果等方面紧跟时代和实践发展步伐,用中国法治话语阐释中国问题。但正如学者审思,当代中国主流法理学的发展呈现专业化、技术化和功能化加强的趋势,高度格式化、模式化,日益与整个社会生活失去联系,并把技术上的强功效当作法律发展的标准,从而脱离、遮蔽与消解对美好生活的追求,在主体性发展上无甚作为,陷入内卷化困境。要破解这种内卷化困境,我们可以坚持反思的现实观,运用想象力,以此发展中国的法律形式,表达整体性的中国社会,形成自主的中国法理学立场,最终形成中国法理学的可欲的主体性。[1] 中国法学的未来发展必须面向实践和时代,不仅应对中国和世界法治实践具有精准的解释力,还应对中国和世界法治变革具有强大的引领力。

党的二十大报告指出:"加强基础研究,突出原创,鼓励自由探索。"[2] 深化依法治国实践,加强法治中国建设,推进区域法治发展是探索法治发展中国道路的必然要求,是实现区域社会治理现代化的有效途径。随着区域科学的兴起与中国法治建设的加速前行,区域法治研究已经成为法治国家建设领域的全新论题,也是法治中国建设的基本内容。超越国家整体主义法治观的分析模式、学术框架、理论建构,按照法治发展的阶段性和渐进性,把法治实践形式类型化为国家法治和区域法治,以宽广的研究视角和综合的研究方法,更好揭示法治运行的内在规律,为法学学术繁荣提供了广阔空间。建设中国特色社会主义法治体系,建设社会主义法治国家,离不开区域法治的具体探索实践。区域法治现象是法治中国建设的阶段性和渐进性的生动表现,具有现实的社会基础和深刻的法理基础。全面推进依法治国,必然要求鼓励、培育并大力支持区域法治创新,通过"先行先试"探索和创新中国特色社会主义法治发展模式。[3] 因此,加

---

[1] 参见邹益民:《当代中国法理学主体性发展的内卷化及其克服》,载《法商研究》2021年第6期。
[2] 习近平:《高举中国特色社会主义伟大旗帜 为全面建设社会主义现代化国家而团结奋斗——在中国共产党第二十次全国代表大会上的报告》(2022年10月16日),载《人民日报》2022年10月26日。
[3] 参见付子堂、张善根:《地方法治建设及其评估机制探析》,载《中国社会科学》2014年第11期。

强区域法治理论研究,建构中国自主的法学知识体系,深刻理解和总结提炼区域法治的历史、内涵、功能与意义,必然具有推进法学理论发展与推动法治实践之双重意义,并且为世界发展中国家法治建设提供中国经验和精神指引,为全球治理体系变革、构建人类命运共同体提供中国智慧和中国方案,为人类法治进步提供理论指导做出中国法学的原创性贡献,也就是中国的区域法治实践包括概念、理论甚至规范价值等,必将对全球的知识和思想图景带来不同程度的改变。

(一) 区域法治的理论价值

实践是理论之源,科学的理论高于实践,指导新的实践,并在实践中经受检验;实践无止境,理论创新也无止境。法学作为实践性很强的学科,法学研究与法治建设的关系同样符合这一认识论规律。全面依法治国战略不仅对法治实践,而且对法学理论研究提出了前所未有的要求,法学理论研究的繁荣既是法学发展的基本途径,也是促进法治建设的重要动力。区域法治是国家法治在区域的具体落实与实践,是国家法律在区域的创造性实施。作为国家法治发展有机构成的区域法治,在中国特色社会主义法治新时代愈发显示出重要而独特的价值意义。加强区域法治的学术研究和实践探讨,深化法治中国实践重大问题的本质性和规律性认识,深入把握法治中国进程中不同类型区域法治发展研究的特殊逻辑,深刻揭示多样性区域法治特殊的本质性特点,总结陈述区域法治的经验成就特别是区域的创造性实践,不仅有助于拓展法治中国研究的学术视野与空间格局,中国法学研究学术视野的开拓,推动中国法学创新发展,为新的区域法治创新发展提供理论支撑,而且有助于深化依法治国的实践探索,推动法治中国建设的区域实践。同时,为人类法治文明发展作出中国贡献。特别是立足中国国情、在国家法治引领下的区域法治,孕育着大量国家治理的中国智慧,从区域法治的生动实践、具体实效中,对这些智慧和经验进行系统化理论梳理、概括和总结,提出新的法理命题,创造具有新时代中国标识度的概念范畴,展现法治中国的多彩图景,为建设法治中国作出更多原创性学术贡献。也有助于建构不同于西方以形式理性为核心的法治理论框架和话语体系构建,增强中国特色社会主义法治道路自信和理论自信,与西方理论对话,讲好法治中国故事,修正西方学界、民间对中国法治建设的认知认识误区。

1. 拓展法学研究领域,丰富新时代中国法学的研究内容

新时代的法学研究和学术话语必须关注中国法律的运行情况、回应中国的改革发展现状、回答社会发展中出现的新问题、不断拓展法学研究的新边界。法学界主动适应全面推进依法治国新的战略定位,观照区域法治创新实践,推动区域法治发展的理论研究,是建构法治发展的中国话语体系的基本要义,区域法治的创新实践突破了中国法学的传统理论、学术研究的思维定势,为中国法学创新发展提供了丰厚沃土。国家法治发展与区域法治发展本就是一个内在关联、相辅相成、不可分割的法治共同体系,反映了当代中国法治运行的基本状况。面对新时代区域法治发展这一重大法治议程,法学界必须从理论、历史与现实的结合上,深入研究建设法治中国对于推进区域法治发展的全新要求,努力探寻区域法治发展的多样性统一的运动样式、运行规律,用中国话语阐释中国法治。当前的重点,是要加强对区域法治的概念内涵、基本性质、客观基础、总体目标、主体内容、价值依归、路径选择、动力机制、功能类型、文化机理、发展模式、评价指数和方法论等问题的深入研究,以及对于法治中国进程中的区域法治的典型样本分析和不同区域法治发展的实践探索的比较考察,及时总结区域法治创新的鲜活经验,着力推动形成一个全新的理论分析工具系统,借以概括与揭示区域法治发展的一般原理和基本规律,用中国法治理论阐释中国实践,用中国法治实践升华中国法治理论,提炼标识性学术概念,形成一整套系统表达中国法治实践的概念、范畴,为讲好中国法治故事奠定话语基础,进而拓展和丰富中国特色社会主义法学理论体系、话语体系和学科体系,创建出基于中国经验之上的新时代中国法学。[①]

2014年12月2日,习近平在主持召开中央全面深化改革领导小组第七次会议时深刻指出:"改革开放在认识和实践上的每一次突破和发展,

---

① 参见公丕祥主编:《区域法治发展研究》(第1卷),法律出版社2016年版,第19页。

无不来自人民群众的实践和智慧。要鼓励地方、基层、群众解放思想、积极探索,鼓励不同区域进行差别化试点,善于从群众关注的焦点、百姓生活的难点中寻找改革切入点,推动顶层设计和基层探索良性互动、有机结合。"① 法治是治国方略,是公民美好的生活方式;法治既是宏大的,更是具体的。宏大价值的实现,主要依赖于具体政制、法律和程序,只有通过具体法治,才能使法治达到实至名归的境界。中国法学研究长期以来倾向于总体性的思维方式,导致习惯于自上而下的视角观察研究法律问题,体现了一种本质主义的立场。作为方法论的区域法治或地方法制,则强调在处理统一与分散、权力与权利、中央与地方、中心与边缘、法治与法制、自上而下与自下而上等关系中,给予分散、权利、地方、边缘、法制、自下而上等更为积极的关注,从中挖掘法治发展的细节因素。新研究方法的运用,可以观察到中国的法治发展,始终植根于中国大地和改革开放的历史进程,逐步形成了公权与私权、中央与地方、国家与社会之间分工、合作及博弈关系基础上的规则意识、权利意识与责任意识。这是中国法治发展最显著的成就与最坚实的基础。毫无疑问,中央的积极推动是中国法治发展的关键性力量,但是决定性的成果几乎都来自社会成员、社会组织以及相互竞争的地方国家机关的创造性实践。基于此,中国法治发展的未来,或许同样取决于如何保持和发挥地方层面法治实践的积极性。②

2. 打破学科疆域壁垒,推动不同学科交叉研究融合发展

数字化时代,科技革命和产业变革突飞猛进,生产力和生产关系重构加速,知识获取、知识利用和传授方式都发生重大变化,科学研究范式的转变也在加速演进,学科交叉融合已经成为学科发展的必然趋势。新兴交叉学科是传统学科的衍生,是法学学科新的增长点,最有可能产生重大的学科突破和革命性变革,也最能及时回应和解决现实生活中重大复杂的社会性问题和全球性问题,主动适应数字化变革的时代潮流,推动法治实践的不断深化。区域法治是与国家法治相对而言的,是国家法治的逻

---

① 《鼓励基层群众解放思想积极探索 推动改革顶层设计和基层探索互动》,载《人民日报》2014年12月3日。
② 参见葛洪义:《作为方法论的"地方法制"》,载《中国法学》2016年第4期。

辑延伸,而国家法治发展与国家发展或国家现代化处于同一个历史进程之中,乃是国家发展或国家现代化的重要内容,构成了国家发展及其现代化的制度基础。区域法治是国家法治在一定空间区域范围内的具体的历史性展开,是在遵循国家法治发展的总体方向的前提下,适应区域发展的现实需求,建构区域法治秩序、推动区域经济社会发展的法治进程,因而是治国理政的区域性依法治理模式。① 区域法治是中国法制现代化进程中的重大议程,加强对其的理论研究需要多学科的协同攻关,既需要法学学科之间的重视协同、形成合力,也需要法学学科之外学科的交叉融合,借鉴吸收如区域科学等其他学科的知识与研究方法。如此,才能打破学科划分疆域,拓展法学研究视野,超越既有学科藩篱,促进跨学科交流对话,推动多学科协同的综合研究,有效回应在法治轨道上推进国家治理体系和治理能力现代化的时代主题,为新时代中国法学研究注入新的生命活力。同时,立足新发展阶段,完整、准确、全面贯彻新发展理念,服务构建新发展格局,推动高质量发展,与国家发展同频共振,围绕深化改革、乡村振兴、区域发展、教育回归、生态治理、对外开放、社会建设、风险防控等重点领域法律问题的地方、区域性探索经验加强研究,深化浙江共同富裕示范区建设、中部高质量发展、东北全面振兴、横琴粤澳深度合作区建设等国家重大发展战略相关法律问题研究,不断提升服务科学决策的能力水平。

  新的思想往往是源自新问题的提出,而新问题又往往需要跨越几个学科的知识与训练才能得到较为完善的解答。② 学科协作、知识共享、理论互补,构建跨学科、跨专业、跨领域的知识体系,已经成为学科发展的新趋势,借鉴不同学科领域丰富的理论资源和储备,推进新时代中国法学在前沿领域的知识生产,是法学工作者的学术责任和时代使命。从知识发生学的视角来看,学科交叉融合是哲学社会科学繁荣发展的必由之路,环境法学、税法学、监察法学、法人类学、卫生法学、网络法学或信息法学、数字法学等新兴法学的兴旺发展就是学科交叉融合的鲜活范例。区域法治

---

① 参见公丕祥:《法治中国进程中的区域法治发展》,载《法学》2015 年第 1 期。
② 参见林毓生:《中国传统的创造性转化》,生活·读书·新知三联书店 1988 年版,第 298 页。

是全面依法治国方略的崭新法治形态,开展区域法治研究既是区域科学发展的题中之义,也是新时代中国法学繁荣发展的必然要求,同时还有"区域经济""区域政治""区域行政"等新兴交叉学科研究的前导和佐证。加速推进法学新兴交叉学科的培育和发展,深入阐释区域法治的历史逻辑、理论逻辑与实践逻辑,为新时代中国法学创新发展提供学术养分和学理支撑,是完善中国特色社会主义法学学科体系的重要内容,具有重要的学科建设意义、理论创新意义和法治实践意义。中国法治建设主流观念,长期以来的突出表现是唯理主义建构观,其重视设计国家法律制度而忽视总结提炼地方法律实践,特别是创造性探索。当前,区域法治举措频繁,"区域法治观"逐渐明晰。从"国家法治"到"区域法治"的观念转型,有益于在经验总结与反思基础上推进新时代中国特色社会主义法治发展,增强法学研究的系统性、针对性、创造性。法学界对区域法治或地方法治的研究已初具规模;在概念上,"区域法治"仍有争议;在区域法治必要性上,学术界从社会学、经济学、政治学等多角度对其进行了论证;在区域法治的路径上,学术界对浙江、湖南、广东等省域的地方法治经验进行了概括总结。①

3. 构建法学中国话语,创新中国特色社会主义法治理论

传统法治理论和知识依据其自身的体系和逻辑对理论或知识进行了学科或门类的界分。这种界分或许满足了理论和知识在文化意义上自洽性建设的要求,却实实在在地限制了理论的视野和知识的解释力及广延度,形成了法治理论和知识视角与社会发展事实之间不同轨的现象。特别是在我国法学理论的发展尚不成熟,理论研究资源较为集中地投入到各学科自身建设的情况下,当代中国社会发展的一些重大主题,往往要么被忽略,法学理论缺席于对相关问题的研究和讨论,要么在理论或知识上被切割,被管中窥豹地解说。因此,法治话语体系创新的一个重要方向就是让理论和知识资源投向或回归到社会发展的重大主题之上,形成相应的理论和知识体系,在保持"法理学—部门法学"的传统理论和知识建构

---

① 参见吴华琛:《从"法治国家"到"法治地方"——地方法治研究述评》,载《中共福建省委党校学报》2013年第4期。

与模式的基础上,进一步形成以中国社会发展重大主题为轴心的法治理论与知识谱系。① 马克思主义认为,实践是理论的基础,是理论的出发点和归宿点,同时理论必须接受实践的检验;理论来自实践,指导实践、服务实践,并随着实践的发展而不断丰富和发展。法学知识的生产受到不同国家文化背景、现实情况等的深刻影响,唯有以问题为导向,从中国法治实践的问题出发,回到中国的实际语境中去概括话题、提出命题,不拘于学科的局限,不断根据法治发展审视既有的理论和知识的合理性,从鲜活实践中寻求理论和知识创新的原动力,才能打造具有自主性的中国法学,增强中国法学在知识和理论生产上的竞争力。

2017年5月3日,习近平在中国政法大学考察时强调指出,"没有正确的法治理论引领,就不可能有正确的法治实践";要求广大法学理论工作者要"加强法治及其相关领域基础性问题的研究,对复杂现实进行深入分析、作出科学总结,提炼规律性认识,为完善中国特色社会主义法治体系、建设社会主义法治国家提供理论支撑"。② 构建和完善中国特色社会主义法学学科体系、学术体系、话语体系是推动法治中国建设深入发展的重要基础性工作,是实现全面依法治国的必然要求,必须从过去以法律体系为研究对象的部门法学体系转型提升为以法治体系为研究对象的法治学科体系,系统总结运用中国特色社会主义法治建设特别是新时代区域法治的鲜活经验,准确解读中国现实、回答中国问题,提出新观点、构建新理论、不断深化研究,推出具有中国特色的原创性成果。有学者指出,如果要认真检讨和反思改革开放以来中国法治研究与法治话语的弊病,那么最值得指出的当属地方法治问题的边缘化:一是地方法治问题在法治研究中处于边缘化的位置;二是地方法治在国家法治建设中的地位被边缘化。③ 如果从1987年起算,中国的区域法治实践与研究已经进行了30多年。其间,区域法治研究经过了依法治×的雏形阶段、地方法制与先行

---

① 参见顾培东:《当代中国法治话语体系的构建》,载《法学研究》2012年第3期。
② 参见王晔、李学仁:《立德树人德法兼修抓好法治人才培养 励志勤学刻苦磨炼促进青年成长进步》,载《人民日报》2017年5月4日。
③ 参见黄文艺:《认真对待地方法治》,载《法学研究》2012年第6期。

法治化阶段、区域法治阶段,相继对区域法治的含义、与国家法治的关系、区域法治的意义等问题作出了讨论。但总体来看,区域法治研究算不上成熟与繁荣,并且由于研究视角一直是以描述的角度来观察区域法治,其重心在于"法治"而非"区域"或"地方",缺少对区域内部的分析,因此依旧存在区域内涵界定不清、区域法治推进力量模糊、缺乏问题导向等诸多问题。①

加强区域法治理论研究,要从深层次上把握"区域法治"这一概念的沿革和发展、内涵和意义、义理和精神,依照学术规律展现法学的实践品格,有效推动区域法治的知识创新,回应区域法治研究中的新挑战新问题,更大程度上凝聚区域法治概念和理念的共识,彰显自身理论特色,形成新的学术创见,打造融通中外的新概念、新范畴、新表述,回应、阐释和引领当代中国区域法治实践。区域法治研究只有紧密联系多样性的区域法治实践,坚持理论创新和实践探索相统一,加强对区域法治历史、现状与趋势的研究,才能为区域法治健康发展提供学理支撑和理论指引。区域法治发展丰富法治中国建设内涵,只有在区域法治实践中才能逐渐总结和提炼出法治中国制度形态;区域法治建设则是法治中国建设的实践基础和现实载体,是法治中国的着眼点和落脚点。与此同时,法治中国建设又为区域法治建设提供合法性基础和方向性指引,并将区域法治经验和成果整合在法治中国建设的框架中。为此,需要从法治中国视阈下推进区域法治建设,建立和健全区域开发和发展的法律体系;加强省(市、区)域间的立法、执法和司法协调与合作;多方面营造区域开发和发展的良好法治环境。② 不容置疑,区域法治的概念在理论与实践两个层面都是科学的,已经名正言顺地进入中国特色社会主义法治话语体系,也当然属于中国法学的概念体系。区域法治理论是中国法学与法律界在 21 世纪初叶的原创性理论,对区域法治发展发挥着积极的指导作用和理论规范作用,丰富和发展了中国特色社会主义法学理论体系和法治理论体系。③

---

① 参见谢遥:《对地方法治研究三十年的整理与反思》,载《河北法学》2018 年第 7 期。
② 参见文正邦:《法治中国视阈下的区域法治研究论要》,载《东方法学》2014 年第 5 期。
③ 参见张文显:《变革时代区域法治发展的基本共识》,载公丕祥主编:《变革时代的区域法治发展》,法律出版社 2014 年版,第 3 页。

在人类历史上，从农业社会到工业社会，从刀耕火种到声光化电，每一次科技革命都会带来制度体系和治理方式的变革。国家法治视域下的区域法治，既具有法学基础理论创新的开创性意义，也具有方法论创新的哲学价值。传统政治治理、国家治理、社会治理、法治理论，都是以明确的地域和清晰的行政区划边界为基础，而区域法治立足行政区域，同时又超越行政区域，因此既是理念的突破、思维的创新，更是实践的创造。特别是以互联网、大数据、云计算等新兴信息技术为依托，以"互联网＋政务服务"为目标，全域（省、市、县乡村）一体政务服务全覆盖以及跨行政区域乃至全国一体化"一网通办"的大力推进，以简政放权、创新监管、提升服务为核心，以政府权力清单为基础，以信息化技术为支撑，创新实践"互联网＋"思维，政务服务已从政府供给导向向群众需求导向转变，从"线下跑"到"网上办"、从"辖区定点办"到"跨区域通办"、由"分头办"到"协同办"，全面开启了从"群众跑腿"到互联网"数据跑腿"的服务管理新模式。顺应信息化、数字化、网络化、智能化发展，政府服务再造具有深远的多重意义：加快服务型政府建设，提高政务服务效能，为民众和市场主体提供更高效便捷公共服务；打破行政壁垒，助力区域间要素的自由流动、城乡居民自由迁徙；加强区域合作，推动区域协同治理效能、区域经济高质量发展；畅通国内大循环，有利于不同区域立足新发展阶段、贯彻新发展理念，更好融入以国内大循环为主体、国内国际双循环相互促进的新发展格局。其中，政府服务创新的每一个领域、每一个环节、具体事项清单、数据安全等，都需要法的指引、法律调节、法治保障，即用法治力量破解区域协同治理难题，为各级政府立足地方、着眼区域、服务全国，因地制宜开展区域法治改革探索提供了时代机遇和广阔舞台。

例如，重庆市、四川省、贵州省、云南省、西藏自治区（以下简称西南五省区市）山水相连、地理相接、地缘相近、人缘相亲、人文相通、经济相融，2021年4月，西南五省区市共同签订《协同推进西南五省政务服务"跨省通办"合作协议》，打破地域阻隔，着力解决群众急难愁盼问题，满足企业和群众异地办事需求，建立省级协作机制，协同推进线上"一网通办"、线下异地代收代办,加强数据共享和业务协同;8月,西南五省区市联袂打造的"跨省通办"服务专区正式上线,第一批通办事项清单包含国家要求通办的128项以及区域特色服务20项,涉及民政、税务、交通等17个部门,涵盖户籍迁移、医保社保、住房公积金办理、道路运输等高频政务服务事项,五省无差别受理、同标准办理、线上线下融合服务,群众异地间不用来回跑。① 那么,如何在推进中加强事项标准化建设,畅通线下邮政寄送渠道,建立统一好差评服务机制?如何在区域协同中加强"跨省通办"业务指导培训,切实提升政务服务效能,逐步实现"线上线下一体化,五省协调高效化"的新型跨省通办政务服务模式,为企业和群众提供更加便利的异地办事服务,让企业和群众的获得感成色更足?如何推进线上线下一体化监管,完善与创新创造相适应的包容审慎监管方式,根据不同领域特点和风险程度确定监管内容、方式和频次,提高监管精准化水平?顺应数字文明新浪潮,利用数字技术加快政府职能转变,推动政府治理转型,增强数字政府效能,这是政府治理模式、治理结构、服务模式的深刻变革,不仅是对传统行政、治理理论提出的新挑战,涉及政府治理规范化程序化法治化,更是区域法治研究的新领域、新天地。推动区域法治基础理论研究与应用对策研究融合发展,不断研究新情况、解决新问题,深入认识区域法治内涵及其表现形态,着力提高理论解释力,及时总结新经验、发现新问题、回应新期待,区域法治必将在理论创新与实践创新的良性互动中蓬勃发展。

(二) 区域法治的实践意义

区域法治夯实国家法治基础,丰富国家法治内涵,拓宽国家法治路径。德国法学家鲁道夫·冯·耶林认为:"目的是全部法律的创造者,每条法律规则的产生都源于一种目的,即一种实际的动机。"② 新时代是法治

---

① 参见鲜敢等:《西南五省份协同推进政务服务"跨省通办"》,载《人民日报》2022年7月1日。
② 转引自〔美〕E. 博登海默:《法理学:法律哲学与法律方法》,邓正来译,中国政法大学出版社2004年版,第115—116页。

中国大踏步前进的时代,推进区域法治发展,是深化依法治国实践的重要战略与策略选择。区域法治作为全新的法治发展类型,是在国家顶层设计的指引下,地方政府以积极的姿态介入其中并加以推动的时代产物。正是地方政府的这种推动力、创新力,使得国家法治发展格局呈现出一幅崭新的图景——在法治中国的整体部署下,区域法治蓬勃兴起。因此,无论是权力推动型的区域法治如京津冀协同发展、国家公园体制试点[①]的法治实践,还是市场驱动型的区域法治如长三角一体化发展的法治探索,区域法治发展的目标一致:一是为法治发展的中国道路探索经验;二是为区域间合作治理提供法治框架;三是以发展区域法治来推动国家法治全面均衡发展;四是为区域经济社会发展提供法治保障。[②] 加强区域法治研究,总结、探索区域法治的特点和规律,依据地方、区域自然环境、经济基础、文化传统等客观实际,明确加快法治进步的着力点,形成具有区域特色的法治运行机制,意义重大而深远。

1. 贯彻国家区域发展战略

国家现代化是现代国家治理的永恒课题,其中区域发展特别是区域均衡发展问题将永远相伴随行;实施区域发展战略,让国家发展更平衡、更充分,成为现代国家治理的基本目标。实践表明,国家区域发展战略的制定与实施,蕴含着制度创新的勃勃生机与活力,但区域不同,定位不同,发展的战略目标不同,只有源于实践的顶层设计,才是充满生机活力的蓝

[①] 如作为长江、黄河、澜沧江的发源地,三江源地区是我国淡水资源的重要补给地、高原生物多样性最集中的地区,在全国生态文明建设中具有特殊重要地位,关系到国家生态安全和中华民族长远发展。自三江源国家公园体制试点启动以来,青海省立足国家生态安全战略,把体制机制创新作为试点的"根"与"魂",举全省之力确立建园理念,形成公园体系,解决监管难题。2016年6月,三江源国家公园管理局正式挂牌,长江源、黄河源、澜沧江源三个园区管委会一并成立,突破传统束缚,打破体制藩篱,构建起大部门管理体制,优化重组各类保护地,开启了全新的生态治理之路。公园试点区域总面积12.31万平方公里,涉及治多、曲麻莱、玛多、杂多四县和可可西里自然保护区管辖区域,共12个乡镇、53个行政村,经过三年的试点探索,彻底改变了原来"九龙治水""条块分割""政出多门"的局面,形成了"山水林田湖草"一体化的管理体制。目前,三江源地区的生态系统退化趋势已得到有效遏制,生态环境状况明显好转,农牧民生产生活水平稳步提高,国家生态安全屏障进一步筑牢。参见万玛加:《三江源:绿水青山间 新景擘画来》,载《光明日报》2019年12月21日。

[②] 参见骆天纬:《区域法治发展的理论逻辑——以地方政府竞争为中心的分析》,法律出版社2017年版,第9—10页。

图,如长江三角洲区域一体化发展(简称"长三角一体化发展")和粤港澳大湾区发展规划,都是经由区域实践探索总结上升为国家战略。① 党的十九大报告指出:"实施区域协调发展战略。加大力度支持革命老区、民族地区、边疆地区、贫困地区加快发展,强化举措推进西部大开发形成新格局,深化改革加快东北等老工业基地振兴,发挥优势推动中部地区崛起,创新引领率先实现东部地区优化发展,建立更加有效的区域协调发展新机制。"②2018 年 11 月,《中共中央 国务院关于建立更加有效的区域协调发展新机制的意见》明确提出了到 2020 年、2035 年、21 世纪中叶的总体目标,其中到 21 世纪中叶,要"建立与全面建成社会主义现代化强国相适应的区域协调发展新机制,区域协调发展新机制在完善区域治理体系、提升区域治理能力、实现全体人民共同富裕等方面更加有效,为把我国建成社会主义现代化强国提供有力保障"。毫无疑问,法治是推动建立区域协调发展新机制的重要内容和基础保障。审视近年来产生于部分省(区、市)的地方法治创新实践,提炼其"理想类型",并进一步分析地方参与国家建设的深度、广度和限度,在当前全面深化改革的关键时期显得尤为重要。通过对"程序型法治"的湖南案例、"自治型法治"的广东案例以及"市场型法治"的浙江案例的考察不难发现,地方法治试验可以在提升国家能力、建设社会组织、塑造公民意识、弥补中央治理欠缺等方面发挥重要作用。然而,法治建设的原动力问题依然需要在地方法治试验中不断地加

---

① 长三角区域一直是中国经济社会发展的重要引擎,长三角概念和空间范围从 1982 年起便不断变化扩展,到 2018 年演变成为以上海为龙头、34 个城市组成的城市群;2018 年 6 月,(上海、江苏、浙江、安徽)《长三角地区一体化发展三年行动计划(2018—2020 年)》印发;2018 年 11 月 5 日,习近平在首届中国国际进口博览会上宣布,支持长三角区域一体化发展并上升为国家战略;2019 年 3 月 5 日,李克强在政府工作报告中指出:将长三角区域一体化发展上升为国家战略,编制实施发展规划纲要。粤港澳大湾区从学界讨论到地方政策考量,再到国家战略的提出,历时 20 余年。1994 年,时任香港科技大学校长吴家玮提出对标旧金山建设深港区;21 世纪初,广州率先提出依托南沙港对标东京湾区;2009 年 10 月,粤港澳三地政府联合提出共建珠江口湾区,成为粤港澳大湾区的雏形;2014 年,深圳市政府工作报告首现"打造湾区经济";2019 年 2 月,《粤港澳大湾区发展规划纲要》提出,粤港澳大湾区不仅要建成充满活力的世界级城市群、国际科技创新中心、"一带一路"建设的重要支撑、内地与港澳深度合作示范区,还要打造成宜居、宜业、宜游的优质生活圈,成为高质量发展的典范。

② 习近平:《决胜全面建成小康社会,夺取新时代中国特色社会主义伟大胜利》(2017 年 10 月 18 日),载《习近平谈治国理政》(第三卷),外文出版社 2020 年版,第 26 页。

以探索。①

粤港澳大湾区是具有全球治理视野的多元制度整合意义的示范区。正如2019年2月中共中央、国务院印发的《粤港澳大湾区发展规划纲要》所指出,建设粤港澳大湾区,既是新时代推动形成全面开放新格局的新尝试,也是推动"一国两制"事业发展的新实践。为全面贯彻党的十九大精神,全面准确贯彻"一国两制"方针,充分发挥粤港澳综合优势,深化内地与港澳合作,进一步提升粤港澳大湾区在国家经济发展和对外开放中的支撑引领作用,支持香港、澳门融入国家发展大局,增进香港、澳门同胞福祉,保持香港、澳门长期繁荣稳定,让港澳同胞同祖国人民共担民族复兴的历史责任、共享祖国繁荣富强的伟大荣光。为此,该规划纲要明确要求:"'一国两制',依法办事。把坚持'一国'原则和尊重'两制'差异有机结合起来,坚守'一国'之本,善用'两制'之利。把维护中央的全面管治权和保障特别行政区的高度自治权有机结合起来,尊崇法治,严格依照宪法和基本法办事。把国家所需和港澳所长有机结合起来,充分发挥市场化机制的作用,促进粤港澳优势互补,实现共同发展。""加强法律事务合作。合理运用经济特区立法权,加快构建适应开放型经济发展的法律体系,加强深港司法合作交流。加快法律服务业发展,鼓励支持法律服务机构为'一带一路'建设和内地企业走出去提供服务,深化粤港澳合伙联营律师事务所试点,研究港澳律师在珠三角九市执业资质和业务范围问题,构建多元化争议解决机制,联动香港打造国际法律服务中心和国际商事争议解决中心。实行严格的知识产权保护,强化知识产权行政保护,更好发挥知识产权法庭作用。"

2. 推进区域生态环境治理

党的十九大擘画了"建设美丽中国"蓝图,生态文明建设加速推进,生态环境治理力度空前,跨行政区域的大江大河水质保护、生态保护、流域保护与治理,以及区域大气污染防治等,自然成为区域法治的重点。例

---

① 参见周尚君:《国家建设视角下的地方法治试验》,载《法商研究》2013年第1期。

如,长江经济带共抓大保护、不搞大开发,京津冀雾霾协同治理,黄河流域生态保护等。① 又如,在区域行政执法合作方面,北京市、河北省已经探索环保税的协调属地征收(京高、冀低);而区域立法合作保护江河流域的实践正在各地方兴未艾。再如,得天独厚的生态环境是海南省大特区建设的生命线,牢牢守住生态底线,加强资源环境生态红线管控,是海南开放开发必需坚守的基本原则。为此,2019年5月,中共中央办公厅、国务院办公厅印发《国家生态文明试验区(海南)实施方案》,明确要求:"强化法治保障。海南省人大及其常委会可以充分利用经济特区立法权,制定海南特色地方性法规,为推进试验区建设提供有力法治保障。试验区重大改革措施涉及突破现行法律法规规章和规范性文件规定的,要按程序报批,取得授权后施行。"

笔者曾在鄂渝湘黔交界的武陵山片区腹地恩施市工作10年,长期观察并亲自参与的个案——《酉水河保护条例》,是湖北省恩施土家族苗族自治州和湖南省湘西土家族苗族自治州为保护酉水河及其流域生态而开展的区域立法合作的成功探索。酉水河全长427公里,流经鄂渝湘黔4省(市)的2个自治州、11个县(自治县),《酉水河保护条例》作为恩施、湘西两州的跨区域立法合作,合作双方以新发展理念为指导,以加快推动民族地区绿色发展变革为主线,以着力流域生态保护为目标,探索区域立法合作范式,探寻流域生态保护路径,是绿色发展理念在法治领域的生动实践,是区域立法合作的成功范例。《恩施土家族苗族州酉水河保护条例》由州七届人大常委会第三十二次会议通过,并经湖北省十二届人大常委会第二十五次会议批准,于2017年3月1日起正式施行;《湘西土家族苗族州酉水河保护条例》由州十四届人大一次会议通过,并经湖南省十二届人大常委会第二十九次会议批准,于2017年5月1日起正式施行;两个

---

① 2019年9月18日,习近平在郑州主持召开黄河流域生态保护和高质量发展座谈会强调指出:"黄河流域生态保护和高质量发展,同京津冀协同发展、长江经济带发展、粤港澳大湾区建设、长三角一体化发展一样,是重大国家战略。加强黄河治理保护,推动黄河流域高质量发展,积极支持流域省区打赢脱贫攻坚战,解决好流域人民群众特别是少数民族群众关心的防洪安全、饮水安全、生态安全等问题,对维护社会稳定、促进民族团结具有重要意义。"参见《共同抓好大保护协同推进大治理让黄河成为造福人民的幸福河》,载《人民日报》2019年9月20日。

《酉水河保护条例》特别明确的 8 条"禁令",严格保护酉水河及其流域环境生态,必将有力促进酉水河流域生态保护,开创了民族地区跨行政区域依法共同治理中等河流的先例,为区域法治特别是流域生态保护创造了新经验,探索了新模式。①

3. 探索国家重大改革经验

2021 年 7 月 9 日,中央全面深化改革委员会第二十次会议指出,党的十八大以来,我们先后部署设立 21 个自由贸易试验区,形成了覆盖东西南北中的试点格局,推出了一大批高水平制度创新成果,建成了一批世界领先的产业集群,为高质量发展作出了重要贡献。要深入推进高水平制度型开放,赋予自由贸易试验区更大改革自主权,加强改革创新系统集成,统筹开放和安全,及时总结经验并复制推广,努力建成具有国际影响力和竞争力的自由贸易园区,发挥好改革开放排头兵的示范引领作用。②以点带面、一叶知秋是中国人的哲学思维,也是古人的审美意境。应用于治理实践,试点是推动治理变革的重要办法、有效途径,试点能够积累经验、测试效果、突破障碍和缓冲压力。用最通俗形象的表述,"摸着石头过河"已经成为中国改革的方法论,即"试点—推广",在实践中不断完善,其蕴含的实践理性已经成为国家改革政策试错的重要方法论,可以为新举措的全面实施探索经验、形成广泛共识。坚持顶层设计和基层探索相统一,稳步推进改革,对重大改革坚持试点先行,取得经验后再推广,可以不断积累改革经验,防范改革风险,降低改革成本,探索可复制可推广的法治体制机制和样本。特别是先行先试为深化改革、扩大开放探索新路径、积累新经验,为地方发展提供新机遇、注入新动力,同时通过先行先试摸索出规律、积累了经验之后,再在全国范围复制和推广。实践证明,发挥国家战略牵引地方高质量发展的作用,推动国家战略在地方先行先试,积极探索可复制可推广的经验,是一条行之有效的路径,是我们党治国理政

---

① 参见戴小明、冉艳辉:《区域立法合作的有益探索与思考——基于〈酉水河保护条例〉的实证研究》,载《中共中央党校学报》2017 年第 2 期、人大复印报刊资料《宪法学、行政法学》2017 年第 9 期、《中国社会科学文摘》2017 年第 10 期。

② 参见《统筹指导构建新发展格局 推进种业振兴 推动青藏高原生态环境保护和可持续发展》,载《人民日报》2021 年 7 月 10 日。

的重要方式。

譬如,国家监察体制改革是事关全局的重大政治体制改革,构建集中统一、权威高效的国家监察体制,深化国家监察体制改革是健全党和国家监督体系、推进国家治理体系和治理能力现代化的战略举措。2016年11月,中共中央办公厅印发《关于在北京市、山西省、浙江省开展国家监察体制改革试点方案》,部署在三省市设立各级监察委员会,从体制机制、制度建设上先行先试、探索实践,就是为了在全国实施积累经验。实践证明,三省市通过改革试点,完善了党和国家自我监督体系,推动了党内监督和国家监察的有机统一;健全了反腐败领导体制,加强了党对反腐败斗争的统一领导;建立起集中统一、权威高效的监察体系,实现了对所有行使公权力的公职人员监察全覆盖;推动了人员融合和工作流程磨合,构筑起规范内部运行和纪法衔接的制度体系。同时,三省市改革试点还积累了如下重要经验:一是加强政治建设,牢固树立"四个意识",理顺坚持执政党全面领导的体制机制,改革领导小组充分发挥指导、协调和服务作用,各级党委、纪委切实担当起政治责任,负好主责和专责;二是加强思想建设,把思想政治工作做在前面,切实提高涉及改革部门和人员的政治站位和政治觉悟;三是加强制度建设,凡属重大改革于法有据,确保在法治轨道上推进改革,同时完善制度体系,对改革成果及时予以确认吸收,将改革增量确立为新的制度存量;四是加强统筹协调,确保纪检机关、监察机关和司法执法机关的相互协同配合、步调一致,保障改革顺利推进。①

改革是权力配置的优化,是利益关系的调整,是法治变革与完善。党的十八大开启了全面深化改革、全面依法治国的新征程,改革试点与法治先行相互促进,以法治思维引领改革、推动改革,全面深化改革于法有据,赋予顶层设计与基层探索新的时代内涵。习近平指出:"试点是改革的重要任务,更是改革的重要方法。试点能否迈开步子、趟出路子,直接关系改革成效。要牢固树立改革全局观,顶层设计要立足全局,基层探索要观照全局,大胆探索,积极作为,发挥好试点对全局性改革的示范、突破、带

---

① 参见张磊:《贯彻落实党的十九大精神的具体行动——在全国各地推开国家监察体制改革试点透视》,载《中国纪检监察报》2017年10月30日。

动作用。"①

顶层设计更注重系统思维和整体战略,为实践探索提供科学指引;实践探索则更注重创新思维和基层实践,为顶层设计提供实践基础。2013年以来,中央全面深化改革领导小组积极稳妥在国家治理各领域部署开展了一系列重大改革试点,为顶层设计探索了一批可复制可推广的经验,如司法体制改革、户籍制度改革、国家监察体制改革、全面创新改革试验区、自由贸易试验区试点等。实践表明,通过顶层设计与基层探索相结合,全面深化改革各项决策部署进展顺利,形成了一大批改革理论成果、制度成果、实践成果。习近平在中央全面深化改革委员会第十次会议上强调指出:"落实党的十八届三中全会以来中央确定的各项改革任务,前期重点是夯基垒台、立柱架梁,中期重点在全面推进、积厚成势,现在要把着力点放到加强系统集成、协同高效上来,巩固和深化这些年来我们在解决体制性障碍、机制性梗阻、政策性创新方面取得的改革成果,推动各方面制度更加成熟更加定型。"②2019年8月,国务院印发《中国(山东)、(江苏)、(广西)、(河北)、(云南)、(黑龙江)自由贸易试验区总体方案》,提出要坚持新发展理念,坚持高质量发展,主动服务和融入国家重大战略,更好服务对外开放总体战略布局,把自贸试验区建设成为新时代改革开放的新高地,明确了6个自由贸易区各有侧重的差别化改革试点任务和具体举措③,并强调了自贸试验区建设过程中,要强化底线思维和风险意识,

---

① 《树立改革全局观积极探索实践 发挥改革试点示范突破带动作用》,载《人民日报》2015年6月6日。
② 《加强改革系统集成协同高效 推动各方面制度更加成熟更加定型》,载《人民日报》2019年9月10日。
③ 山东自贸试验区包括培育贸易新业态新模式、加快发展海洋特色产业和探索中日韩三国地方经济合作等;江苏自贸试验区包括提高境外投资合作水平、强化金融对实体经济的支撑和支持制造业创新发展等;广西自贸试验区包括畅通国际大通道、打造对东盟合作先行先试示范区和西部陆海联通门户港等;河北自贸试验区包括支持开展国际大宗商品贸易、支持生物医药与生命健康产业开放发展;云南自贸试验区包括创新沿边跨境经济合作模式和加大科技领域国际合作力度等;黑龙江自贸试验区包括加快实体经济转型升级和建设面向俄罗斯及东北亚的交通物流枢纽等。从2013年自贸试验区工作启动以来,中国自贸试验区的建设布局逐步完善,形成了覆盖东西南北中的改革开放创新格局,在投资贸易自由化便利化、金融服务实体经济、政府职能转变等领域进行了大胆探索,取得了显著成效。参见《国务院印发:关于六个新设自由贸易试验区总体方案的通知》,载《人民日报》2019年8月27日。

完善风险防控和处置机制,实现区域稳定安全高效运行,切实维护国家安全和社会安全;充分发挥地方和部门积极性,抓好各项改革试点任务落实,高标准高质量建设自贸试验区;各地方要加强地方立法,完善工作机制,打造高素质管理队伍;各有关部门要及时下放相关管理权限,给予充分的改革自主权;要加强试点任务的总结评估,加强政策的系统集成性,形成更多可复制可推广的改革经验,充分发挥示范带动作用。

4. 深化依法治国实践

区域治理具有自发性、自主性、共生性、协调性等法律共性,区域法治与区域治理、区域发展协同互进,全面深化新时代依法治国实践。特别是依据新修订的《立法法》,充分发挥地方自主立法权的功能,积极通过区域法治促进区域经济社会发展、环境保护,助力国家治理现代化的发展大局。例如,珠三角、长三角、京津冀一体化等迅速发展,超大城市群的设计与治理对中国,乃至世界的地方自治和城市治理都提供了宝贵经验;2015年6月5日,中央全面深化改革领导小组第十三次会议同意海南省就统筹经济社会发展规划、城乡规划、土地利用规划等开展省域"多规合一"改革试点,省域科学规划打破部门壁垒和区划分割,全省一张蓝图、一个生态红线标准,从此改变的不只是空间规划,还有资源管理和配置方式,以及行政职能调整和行政效能提升。[①] 而在具体的司法领域,中共十八届四中全会通过的《中共中央关于全面推进依法治国若干重大问题的决定》明确指出:"探索设立跨行政区划的人民法院和人民检察院,办理跨地区案件。"设立跨行政区划的人民法院和人民检察院,是新时代司法综合配套改革的重要内容,目的在于排除对审判工作和检察工作的干扰;保障法院和检察院依法独立公正行使审判权和检察权;构建普通案件在行政区划法院审理、特殊案件在跨行政区划法院审理的诉讼格局。譬如,作为全国第一批司法改革试点法院,海南省法院服务和保障生态立省发展战略,试行环境资源案件跨流域、区域提级集中管辖以及民事、刑事、行政案件"三合一"归口审理,在2017年已完成环境资源案件审判改革主体框架,解决

---

① 参见陈伟光、丁汀:《一张蓝图,迈开步子蹚出路子》,载《人民日报》2017年9月1日。

了环境资源案件司法证据采信难题,为全国提供了改革样本。①

近年来,中国批准建立了18个自由贸易试验区,制度创新的红利持续释放,市场主体数量大幅增加,对区域经济的辐射带动作用不断增强。在更深层意义上,自贸试验区有效推进改革向纵深发展,引领了开放新模式和新阶段的实践探索,有力推动了高质量发展。然而,在贸易保护主义抬头的形势下,"单兵突进""微创新"的模式已很难满足高水平开放、高质量发展的新时代要求,需要开辟发挥改革系统集成作用的试验田。海南拥有独立的地理单元和完整的闭合空间,30多年的经济特区探索也积累了经验教训。高质量高标准在海南启动世界水准自由贸易港建设,就是要以制度集成创新、更高水平开放促进更深层次改革,搭建起开放式经济社会体系、试验最高水平的自由贸易,即用全面深化改革助力自由贸易港试验最高水平的开放政策,同时最高水平的开放政策则历练全面深化改革的敏感性适应能力,使改革与开放相互助推,搭建自由贸易港的试错、容错机制以及协同共识机制。作为我国全面深化改革、全面扩大开放的一项国家重大战略,建设海南自由贸易港必须坚持在法治轨道上推进,包括在法治框架内推进改革的顶层设计、在法治层面形成对改革创新的容错纠错机制、增强有效防范化解改革风险的法治保障等,坚持改革决策和立法决策相统一、相衔接,做到重大改革于法有据,以法治思维和法治方式为大胆试、大胆闯、自主改保驾护航,确保改革和法治同步推进,探索形成具有国际竞争力的开放制度体系,打造深度融入全球经济体系的前沿地带。

《海南自由贸易港建设总体方案》的核心要义是深化改革、扩大开放、升级制度创新。方案指出,海南是我国最大的经济特区,具有实施全面深化改革和试验最高水平开放政策的独特优势,支持海南逐步探索、稳步推进中国特色自由贸易港建设,分步骤、分阶段建立自由贸易港政策和制度体系。制度设计可概括为"6+1+4"——"6"即贸易自由便利、投资自由

---

① 参见刘杰:《海南试行环境资源案件跨区域集中管辖 今后将逐步铺开》,http://www.hkwb.net/news/content/2016-09/27/content_3053267.htm,2016年10月20日访问。

便利、跨境资金流动自由便利、人员进出自由便利、运输来往自由便利、数据安全有序流动;"1"即构建现代产业体系,大力发展旅游业、现代服务业和高新技术产业,增强经济创新力和竞争力;"4"即加强税收、社会治理、法治、风险防控等四个方面的制度建设。根据国家发展和改革委员会的具体解读,《海南自由贸易港建设总体方案》的推进实施可以分为打基础和全面推进两个阶段:"第一个阶段,从现在起到2025年以前主要是打基础、做准备。这一阶段的目标任务是,突出贸易投资自由化便利化,在有效监管的基础上,有序推进开放进程,推动各类要素便捷高效流动,形成早期收获,适时启动全岛封关运作。围绕这一目标任务,我们将抓紧开展工作,争取用3年左右的时间能够取得突破性的进展,为全面封关奠定一个良好的基础。第二个阶段,2035年以前,主要是全面推进自由贸易港政策落地见效。这一阶段的目标任务是,进一步优化完善开放政策和相关制度安排,实现贸易自由便利、投资自由便利、跨境资金流动自由便利、人员进出自由便利、运输来往自由便利和数据安全有序流动,基本形成完备的法律法规体系、现代产业体系和现代化社会治理体系,打造我国开放型经济新高地。"[①]

四、区域法治前瞻:基础与未来

(一) 基层治理:区域法治根基

社会治理是社会建设的重大任务,是现代国家治理的重要内容。一个现代化的社会,应该既充满活力又拥有良好秩序,呈现出活力和秩序有机统一。中国是传统农业大国、农业社会,纵览历朝历代,农业兴旺、农民安定,则国家统一、社会稳定;农业凋敝、农民不稳,则国家分裂、社会动荡。新中国缔造者毛泽东从中国的历史状况和社会状况出发,深入研究中国革命的特点和中国革命的规律,以对中国国情的全面深刻把握和中

---

① 《海南自贸港明确两个阶段时间表 2025年前适时启动全岛封关运作》,http://news.cctv.com/2020/06/08/ARTIu7T7qXqWSFFZTZH4lm9f200608.shtml?spm=C94212.PBZrLs0D62ld.EKoevbmLqVHC.261,2020年8月5日访问。

国基层社会的深切了解,大革命失败后,审时度势,以政治家的非凡政治勇气鲜明提出"枪杆子里面出政权",创建井冈山革命根据地,从理论上阐述了中国必须走以农村包围城市,最后夺取全国胜利的革命道路。① 农民是无产阶级的最可靠的同盟军,基于对中国社会的深刻分析,1936年,在延安会见美国著名记者埃德加·斯诺时,毛泽东更是以无产阶级革命家、战略家和理论家的远见卓识,精辟指出:"谁赢得了农民,谁就会赢得中国","谁能解决土地问题,谁就会赢得农民"。②

回顾1840年鸦片战争以来中国人民在屈辱苦难中奋起抗争,为实现民族复兴进行的种种探索,探寻中国共产党的百年奋进史,追寻百年来党的光辉足迹,党的力量在于组织,党的力量来自组织,党的基层组织深深扎根于人民之中,组织群众、宣传群众、凝聚群众、服务群众,力量倍增、排山倒海。在中国共产党的领导下,新中国的成立标志着中国从一个传统国家迈入了现代国家。"社会主义制度的建立,是我国历史上最深刻最伟大的社会变革,是我国今后一切进步和发展的基础。"近代以来,旧中国之所以积贫积弱、落后挨打,一个重要原因就是由于国家和社会"一盘散沙",没有有效组织起来。1949年,中华人民共和国成立,中国最基层社会得到有效组织、整合,特别是在最基层,把最广大的农民组织起来,从社会结构上解决了长期妨碍中国成为现代国家的"一盘散沙"问题,国家面貌从此大不一样。"建立和巩固了工人阶级领导的、以工农联盟为基础的人民民主专政即无产阶级专政的国家政权。它是中国历史上从来没有过的人民当家作主的新型政权,是建设社会主义的富强民主文明的现代化国家的根本保证。""实现和巩固了全国范围(除台湾等岛屿以外)的国家

---

① "在党的许多杰出领袖中,毛泽东同志居于首要地位。早在一九二七年革命失败以前,毛泽东同志就已经明确指出无产阶级领导农民斗争的极端重要性以及在这个问题上的右倾危险。革命失败后,他是成功地把党的工作重点由城市转入农村,在农村保存、恢复和发展革命力量的主要代表。"《关于建国以来党的若干历史问题的决议》(一九八一年六月二十七日中国共产党第十一届中央委员会第六次全体会议一致通过),中共党史出版社2013年版,第62页。

② 参见〔美〕洛易斯·惠勒·斯诺编:《斯诺眼中的中国》,王恩光等译,中国学术出版社1982版,第47页。

统一,根本改变了旧中国四分五裂的局面。"①

求木之长者,必固其根本。实践证明,基层党建,做实了是生产力,做强了是竞争力,做细了是凝聚力。中国共产党能够成功领导革命、建设、改革事业,离不开基层组织战斗堡垒作用和共产党员先锋模范作用的充分发挥。2020年一场突如其来、百年未遇、持久不散的新冠肺炎疫情重大公共卫生危机,对世界各国的政治制度和治理模式是一场同台竞争的考试,为全球不同政治体制带来一次强大压力测试。新冠肺炎疫情防控对人力、物力、财力、信息的需要大大超出了常规科层制所能提供的治理能力。尽管欧美国家国力强盛,但是面对疫情长时间没有找出有效对策,唯独中国在面对疫情严峻考验之初,就能在极短时间内推出完善、有效的应对方案,成功控制疫情扩散和化解危机。那么,中国为什么能?其中的根本原因和差别,就在于中国共产党的领导力、中国特色社会主义制度的独特优势,通过长期的组织网络积累和政治信任建构,塑造了一个危机治理的命运共同体,以政治动员广泛发动社会力量并整合各类资源,及时高效组织动员基层社会,做到最大限度地动员广大人民群众直接参与,权威信息直达基层、直达百姓、直达每一个社会成员,老百姓能在第一时间知道应该做什么、怎么做,因此取得了全民抗疫人民战争胜利,彰显了国家超强的动员力、数据治理能力。执政党严密的组织体系覆盖最偏远的边疆村镇,在应对风险挑战中展现了强大的组织力、执行力和行动力。中国的抗疫成就世人有目共睹,中国党和政府赢得全体国民的高度认同、信任。

党的力量来自组织,上下贯通、执行有力的严密组织体系,是马克思主义政党的优势所在、力量所在。一个支部就是一座堡垒,一名党员就是一面旗帜,党的基层组织是党在社会基层组织中的战斗堡垒,是党的肌体的"神经末梢",是党的全部工作和战斗力的基础。历经百年风雨,以党的政治建设为统领,持续推进党的建设新的伟大工程,严密党的组织体系,厚植党在基层的组织优势,中国共产党一路走来,始终把基层党组织和党

---

① 《关于建国以来党的若干历史问题的决议》(一九八一年六月二十七日中国共产党第十一届中央委员会第六次全体会议一致通过),中共党史出版社2013年版,第63页。

员队伍建设作为党的建设的基础性工作,不断吸收新鲜血液,着力锻造先锋队伍,以星星之火从小到大、由弱到强,永远保持着旺盛生机、活力和强大战斗力,从建党时只有50多名党员,发展成为9500多万名党员、领导着14亿多人口大国、具有重大全球影响力的世界第一大执政党。根据中共中央组织部发布的统计数据,截至2021年6月5日,党员总数为9514.8万名,基层组织486.4万个,其中基层党委27.3万个,总支部31.4万个,支部427.7万个;全国党的各级地方委员会3199个,其中省(区、市)委31个,市(州)委397个,县(市、区、旗)委2771个;全国8942个城市街道、29693个乡镇、113268个社区(居委会)、491748个行政村已建立党组织,覆盖率均超过99.9%;全国共有机关基层党组织74.2万个,事业单位基层党组织93.3万个,企业基层党组织151.3万个,社会组织基层党组织16.2万个,基本实现应建尽建。① 横向到边、纵向到底的组织网络,党的组织体系更加严密、更加健全,政治功能和组织功能不断强化,党的"细胞"更具蓬勃生机与活力,党和人民凝聚成一个团结统一、同舟共济的命运共同体,使我们党具有了世界上任何其他政党都不具有的强大优势。习近平指出:"江山就是人民、人民就是江山,打江山、守江山,守的是人民的心。中国共产党根基在人民、血脉在人民、力量在人民。"②

毛泽东指出:"什么叫问题? 问题就是事物的矛盾。哪里有没有解决的矛盾,哪里就有问题。"③人是社会发展的动力,也是社会进步的主体;有人的地方就有需要,就会有期待,就会有矛盾;公共组织、公共机构是国之公器,就是要为民众提供公共服务、公共产品,治理就是化解社会矛盾、满足社会需求,构建社会和谐,创造美好生活。"国家乃人民之事业,但人民不是人们某种随意聚合的集合体,而是许多人基于法的一致和利益的共同而结合起来的集合体。"④因此,国家的一切法律和治理,都应该以提高

---

① 参见中共中央组织部:《中国共产党党内统计公报》,载《人民日报》2021年7月1日。
② 习近平:《在庆祝中国共产党成立100周年大会上的讲话》(2021年7月1日),载《人民日报》2021年7月2日。
③ 毛泽东:《反对党八股》(一九四二年二月八日),载《毛泽东选集》(第三卷),人民出版社1991年版,第839页。
④ 〔古罗马〕西塞罗:《论共和国 论法律》,王焕生译,中国政法大学出版社1997年版,第39页,同时参见第5、100、126、159页。

人民生活水平与素质为最基本目标。法律是社会的产物,更是时代的产物,不可能脱离一定时间和空间而存在。在19世纪的历史法学派看来,法律不是被创造出来的,而是被发现的,其根植于一个民族在过往历史中所形成的生活经验和实践智慧。① 国家治理即是地方性知识、经验的积累。

理论是时代的产物,也是实践的产物和升华。实践是理论之源,孕育理论创新,伟大实践孕育伟大思想,实践是检验理论的标准,真理的标准只能是社会的实践。"人的思维是否具有客观的[gegenständliche]真理性,这不是一个理论的问题,而是一个实践的问题。人应该在实践中证明自己思维的真理性,即自己思维的现实性和力量,自己思维的此岸性。"② 马克思主义尽管诞生在一个半多世纪之前,但历史和现实都证明它是科学的理论,迄今依然有着强大生命力。正如习近平对"马克思主义依然占据着真理和道义的制高点"的深刻认识:实践证明,"无论时代如何变迁、科学如何进步,马克思主义依然显示出科学思想的伟力,依然占据着真理和道义的制高点"③。为什么马克思主义能够超越民族和国界,打破中西文化隔阂,成为一股不可忽视的强大力量?实际上,世间并没有"放之四海而皆准"的理论,任何一种理论准不准、灵不灵、管不管用,关键在于如何在具体的实践中对待和运用它。"实践告诉我们,中国共产党为什么能,中国特色社会主义为什么好,归根到底是马克思主义行,是中国化时代化的马克思主义行。拥有马克思主义科学理论指导是我们党坚定信仰信念、把握历史主动的根本所在。"④

---

① 如在美国,持枪是一种文化,是宪法赋予公民的权利,这种持枪文化源于美国的殖民历史和扩张历史。早期的美国,西方的入侵者来到这片土地,他们人少,为了对抗土著印第安人、野兽以及其他殖民者,他们都配有枪支;再后来,为了控制黑人、为了在西部、南部开疆拓土扩大殖民地,他们都会配有枪支;加之西方人有渔猎和狩猎传统,所以持枪一开始就是他们的配置选择。这些因素综合在一起,就延续下来了美国的持枪文化,对枪的使用也越来越规范化、法制化,什么样的人、什么样情况下用枪是合法的,都有非常详细的规定。

② 马克思:《关于费尔巴哈的提纲》,载《马克思恩格斯选集》(第一卷),人民出版社2012年版,第134页。

③ 习近平:《在哲学社会科学工作座谈会上的讲话》(2016年5月17日),载《人民日报》2016年5月19日。

④ 习近平:《高举中国特色社会主义伟大旗帜 为全面建设社会主义现代化国家而团结奋斗——在中国共产党第二十次全国代表大会上的报告》(2022年10月16日),载《人民日报》2022年10月26日。

科学理论的形成与创新,往往源于一定的思想基础,萌发于具体实践,经历实践检验,不断增强时代性,走向丰富发展,进而成熟为一整套理论体系。习近平新时代中国特色社会主义思想孕育于习近平的七年知青岁月(陕西梁家河大队)①,生成于习近平在县域(河北正定县)、市域(福建厦门、宁德、福州)、省域(福建、浙江、上海)的治理探索以及在中央工作的总结升华,发展于新时代波澜壮阔的治国理政实践;从"摆脱贫困"到"脱贫攻坚",从"美丽浙江"到"美丽中国",从"法治浙江"到"法治中国",从"平安浙江"到"平安中国",从"海洋强省"到"海洋强国",从"全面小康"到"现代化强国"……从福建到浙江,从浙江到中央,一路走来,干在实处,引领发展,一次次创新探索,一个个重大突破,一系列战略布局、重大改革举措及其创新实践理念前后对应、一脉相承,在县域、市域、省域层面对中国特色社会主义进行的卓有成效的理论思考和实践创新,成为新时代治国理政的新思想、新精神、新战略的源头活水。②

先进的思想总是与非凡的事业彼此辉映,科学的理论总是与伟大的实践相互激荡。习近平新时代中国特色社会主义思想是立足中国实践、扎根中国大地、指引中国强盛的科学理论,是当代中国马克思主义、21世纪马克思主义,是马克思主义中国化时代化的最新理论成果。在新时代新征程上,必须继续推进马克思主义中国化时代化,深化马克思主义基本原理同中国具体实际和中华优秀传统文化相结合,不断夯实马克思主义中国化时代化的历史根基和群众基础。具体从习近平法治思想的创立逻辑观察,从黄土地一路走来,从小村庄到党中央,从农村大队党支部书记到党的总书记,在长期的领导实务和治理实践中,各具特点的区域多样性"鲜活范例""实践样本",习近平积累了基层治理、依法治县、依法治市、依

---

① 习近平:"陕西是根,延安是魂。我69年插队到延安,75年离开,在延安的很多事情历历在目,现在的思维行动也都和那个时候有关联,就像是诗人贺敬之说的那样'几回回梦里回延安'。"资料来源:《习近平忆插队:我把自己当做一个延安人》,http://www.xinhuanet.com/politics/2015-02/14/c_1114370816.htm,2016年10月18日访问。

② 参见杨琳等:《在谋一域中谋全局——〈瞭望〉报道中的习近平闽浙治理实践》,载《瞭望》2021年第16期。

法治省和依法治国的创新实践和丰富经验,创造性提出一系列依法治理、法治建设新理念新论断新战略,形成当今时代最鲜活的马克思主义法治理论,为发展当代马克思主义法治理论做出了重大原创性贡献,是引领新时代法治中国建设取得更大成就的思想旗帜,具有鲜明的实践逻辑、科学的理论逻辑和深厚的历史逻辑。

习近平指出:"要加强社区基层党组织建设,加强和改进社区工作,推动更多资源向社区倾斜,让老百姓体会到我们党是全心全意为人民服务的,党始终在人民群众身边。"① 国家治理的基础在区域、根基在基层、难点在社区、活力在底层,基层治理是国家治理的"最后一公里",党联系群众的"最后一公里",也是人民群众感知党的执政能力、感知公共服务效能和温度的"神经末梢";社会治理是国家治理的重要方面,最坚实的力量和支撑在基层,最突出的矛盾和问题也在基层。作为国家治理的基础性环节,基层社会治理是国家治理体系和治理能力现代化的构成要素和重要基石,党的执政根基在基层,国家治理的神经末梢在基层,人民对美好生活的感知在基层,法治必须落地于基层、落实于社区、植根于人民,基层是防范化解重大风险的前哨阵地和战斗堡垒。正是在这个意义上,国家法治与区域法治是相互联系、相辅相成、共同协进的。我国《宪法》要求维护社会主义法律、制度的统一和尊严,"一切法律、行政法规和地方性法规都不得同宪法相抵触"(第5条)②,

---

① 《在新时代东北振兴上展现更大担当和作为 奋力开创辽宁振兴发展新局面》,载《人民日报》2022年8月19日。

② 对行政法规、地方性法规、司法解释开展备案审查,是宪法法律赋予全国人大及其常委会的一项重要监督职权。2021年1月20日,全国人大常委会法制工作委员会负责人向全国人大常委会作2020年备案审查工作情况的报告时指出,一年来,全国人大常委会法工委在备案审查工作中坚持正确政治方向,认真开展合宪性、合法性和适当性审查,对存在违背宪法规定、宪法原则或者宪法精神,与党中央的重大决策部署不相符或者与国家的重大改革方向不一致,违背上位法规定,或者明显不适当等问题的,区分不同情况分别予以纠正、作出处理。其中包括有地方性法规规定,各级各类民族学校应当使用本民族语言文字或者本民族通用的语言文字进行教学;还有的地方性法规规定,经本地教育行政部门同意,有条件的民族学校部分课程可以用汉语言文字授课。对此,全国人大常委会法工委审查认为,上述规定与《宪法》第19条第5款关于国家推广全国通用的普通话的规定和国家通用语言文字法、教育法等有关法律的规定不一致,已要求制定机关作出修改。参见沈春耀:《全国人大常委会法工委关于2020年备案审查工作情况的报告》,http://www.npcxj.com/index.php/Mobile/News/info/cate_id/49/id/5208.html,2021年3月6日访问。

同时强调"充分发挥地方的主动性、积极性"(第 3 条),最大限度包容和鼓励区域法治探索,为区域法治发展开辟了广阔空间和舞台。

国家是多样性区域的聚合。治国安邦,重在基础;管党治党,重在基层。大国治理,机杼万端;要在中央,事在四方;基础不牢,地动山摇。2019 年 10 月,党的十九届四中全会通过的《中共中央关于坚持和完善中国特色社会主义制度 推进国家治理体系和治理能力现代化若干重大问题的决定》指出:"构建基层社会治理新格局。完善群众参与基层社会治理的制度化渠道。健全党组织领导的自治、法治、德治相结合的城乡基层治理体系,健全社区管理和服务机制,推行网格化管理和服务,发挥群团组织、社会组织作用,发挥行业协会商会自律功能,实现政府治理和社会调节、居民自治良性互动,夯实基层社会治理基础。加快推进市域社会治理现代化。推动社会治理和服务重心向基层下移,把更多资源下沉到基层,更好提供精准化、精细化服务。注重发挥家庭家教家风在基层社会治理中的重要作用。加强边疆治理,推进兴边富民。"社会治理的重心在基层,难点在乡镇街道的村居、社区。

(二)技术进步与基层社会治理

2022 年 6 月 28 日,习近平在湖北省武汉市考察党建引领基层社区治理及便民服务等情况时强调指出:"社区是城市治理体系的基本单元。我国国家治理体系的一个优势就是把城乡社区基础筑牢。要加强社区党组织建设,强化党组织的政治功能和组织功能,更好发挥党组织在社区治理中的领导作用,更好发挥党员先锋模范作用。要把更多资源下沉到社区来,充实工作力量,加强信息化建设,提高应急反应能力和管理服务水平,夯实城市治理基层基础。"[①]市场经济下社会结构复杂,利益多元化,新的阶层不断涌现,社会矛盾日益增多,在技术革命与全球化助力下,社会发展和技术进步,社会成员广泛流动,民众获取信息的途径快捷,眼界开阔、见识增多,教育程度、智识水平已大幅提升,热点问题、偶发事件处置稍有

---

① 《把科技的命脉牢牢掌握在自己手中 不断提升我国发展独立性自主性安全性》,载《人民日报》2022 年 6 月 30 日。

不慎都可能激化社会矛盾冲突,加剧社会对立、社会动荡。

信息化、流动性、多元化必将给传统社会管理模式、基层社会动员、治理方式带来巨大冲击和严峻挑战。特别是网络普及化、社交媒体应用日常化,网络平台和社交媒体各种各样不良内容推送所造成的社会危害,在世界各国已经非常普遍,网络霸凌、网络诈骗、虚假消息、仇恨言论等破坏社会和谐的内容司空见惯,恐怖主义利用网络传播也成常态。互联网发展是中国社会的缩影,中国互联网络信息中心(CNNIC)发布的第 50 次《中国互联网络发展状况统计报告》显示,我国网民规模持续提升,网络接入环境更加多元,截至 2022 年 6 月,网民规模已达 10.51 亿,互联网普及率达到 74.4%。也就是说,剔除不会上网的婴幼儿和老年人,几乎所有中国人已经被互联网紧紧联结在一起,上网成为人们基本的生活方式。往日只能在报刊上才能见到的热点议题争鸣、讨论,现在可以随时转移到微博、今日头条等自媒体平台上。互联网时代也是新媒体时代,掌握媒体等于取得话语权。

在全球化、现代化与民主化的大时代背景下,全球化大时代与信息化"微时代""e 时代"相互交错叠加,城市化进程加速推进,区域一体化快速发展,民众的权利意识全面觉醒,更加积极主动表达利益诉求,大数据广泛应用,特别是互联网的日益普及,社交媒体、自媒体飞速发展,人人都是记者,大家都是编辑,人人都是深喉,大家都能爆料,可以随时制造话题、热点、舆论。民众发现,新闻热点就在身边,时时有新闻,天天有热点,处处都有摄像头,人人都是搬运工,视频随手可拍,也可立即发送,一些突发的小事,如果不能有效解决,都有可能引爆舆情,引发重大社会事件,甚至可能改变历史。现实生活中,官方信息发布的速度往往跟不上舆论关注的热度,世界许多重大突发事件信息都早于官方由社交媒体最先发布,传统媒体模式已被技术进步被全面解构,纷纷转型升级,全面进入融媒体、全媒体新时代,舆论生态、媒体格局、传播方式发生深刻变化。互联网是民间舆论场,网络时代的重大舆情具有"政治性",互联网新媒体无缝对接普通民众的情感和诉求,民意满满,例如疫情期间各地的基层治理、防控举措、社区民众生活状况等真实样态和原始影像,都是居民率性随机随手随时拍摄的朴素记录,第一时间几近实时或同步通过社交媒体展现、曝光,而政府信息发布滞后,因时间差、真实可感,或叙事亲和、情感共鸣,某些话题往往成为舆论引爆点。①

网络无边,国家有界。从国际视角观察,民粹主义在全球范围蔓延,选举民主、政党对立,社会撕裂、利益难以调和,身份政治猖獗、全民共识不再,传统政治形态正在急速转型,基层治理多样性、复杂性、艰巨性同时并存,社会治理难度前所未有,治理风险可能隐藏在毫不起眼的角落,牵一发而动全身,国家治理面临严峻挑战,所有政治都已经成为基层政治、草根政治、流动政治、网络政治,互联网使得"静静悄悄的革命"变得可能和频繁,美国利用非政府组织、媒体(社交媒体勃兴与广泛应用后更是重点)以及美国情报部门的助力,制造、煽动地区冲突,增加所在国安全压力,实现政权更迭,是其维持世界霸权的长期惯用伎俩,如中东的茉莉花革命、东欧的天鹅绒革命以及乌克兰危机等政治动荡与"颜色革命"。因此,当网络被操纵时,虚假信息以不同叙述手法和方式,引导网民共鸣而不易察觉,制造舆论民意对立,严重影响社会和谐稳定乃至国家安全,如何于日常监管中更全面应对网络安全,是信息化叠加世界百年未有之大变局进入加速演变期的复杂国际形势下社会治理、国家安全的重大课题。风险无处不在,危机随时存在,隐患就在身边,突发事件一旦"上网",在社交媒体平台如微信、QQ、抖音、微博、脸书等引发高度关注,牵动舆论神经,事件必将在新媒体舆论场扩散、越滚越大,成为重大事件的突破口、风暴眼,互联互通的世界使得任何冲击都有可能迅速蔓延、影响深远。② "断网",是近年全球不少国家包括印度、西班牙和法国等在面对国内群体性示威、骚乱事件时的一种标准管控手段。社交媒体不仅带来改变,而且极

---

① 信息化时代,面对突发网络舆情,过往的大量案例证明,无论什么"自以为是"的神操作,遮遮掩掩,侥幸拖延,结果只会对自己最不利,争分夺秒,在第一时间或不过夜,实事求是地及时回应最管用、最有效。

② 如何有效规制互联网,应对来自网络空间的安全威胁,是当前全球各国共同面临的一项重要任务。一个典型案例是:2019年12月11日,由于印度议会通过富有争议和影响深远的《公民身份法案(修正案)》,法案通过后不久阿萨姆邦和梅加拉亚邦东北部的街头就爆发了抗议,并连续出现大规模抗议及暴力活动,为控制局势印度政府派出军队并关闭当地的互联网。数字权益组织 Access Now 公布的一份报告指出,2018年记录在案的196起网络关闭事件中,仅印度就有134起。

大地改变着社会规范。近年来,标榜民主国家的西方各国选举或公投,低投票率的同时,社交媒体左右选举也是普遍现象。以社交媒体为推手,2016年英国脱欧公投,以及近年美国、法国、瑞典、意大利等大选,民粹右翼纷纷抬头,从政坛边缘走向权力中心,标志着西方新社会民粹主义政治思潮的兴起,全球民主正面临重大考验,以美国为代表的西方"民主的危机"近在眼前。以政治冷漠、低投票率和对公共议题兴趣缺失等为表征的"民主疲劳"频现,公民对民主参与或实践程度大幅下降。对立、谎言严重破坏美国的核心价值和建国之初的根本理念,政治极端化,政治品质日益恶化,决策机制在党争中几近瘫痪,民主党和共和党双方都"拒绝失败",在党派政治引领下,政治与社会的高度撕裂和内卷持续恶化,美国的敌人不是其他国家,而是一个更加"极化"、分裂的美国。国际观察人士普遍认为,在经历了引发分裂的总统选举、共和党对民主党的舞弊指控以及国会山骚乱后,美国民主正在全面倒退,美国民主制度的自我修复能力有待进一步观察。①

2022年,新年假期开始的包括哈萨克斯坦曼格斯套州首府阿克套、最大城市阿拉木图等在内的多个地区接连爆发大规模民众抗议,反对油气价格翻倍,随后对燃料价格的不满很快转化为对前总统纳扎尔巴耶夫更广泛的反对。这是哈萨克斯坦从苏联独立以来最严重的政治骚乱,很多自媒体账号鼓动民众上街参与大游行,集会活动的诉求也从刚开始的抗议液化气涨价,迅速转向要求政府提高国民待遇、政治改革等更多带有政治色彩的诉求,应对事态演变,哈萨克斯坦政府多次切断全国网络。2022年9月,22岁的玛莎·阿米尼(Mahsa Amini)之死引爆的伊朗民众抗议持续,这个因"没有戴好头巾"而被道德警察抓捕的姑娘的死亡,引发民众极大愤怒,成为民众抗争的新符号,参与抗争的绝大部分是年轻人,

---

① 根据美国《新闻周刊》2022年10月25日报道,随着人们对全球的西方式民主国家失去信心,中国在意识形态和政治斗争中首次击败美国,赢得发展中国家人民的好感。报道称,英国剑桥大学民主未来中心最近进行的一项民调显示,发展中国家目前有62%的人对中国有好感,61%的人对美国有好感。这些数据融合了30个全球调查项目,涵盖97%的世界人口。资料来源:《外媒:民调显示发展中国家民众对华好感度上升》,http://www.cankaoxiaoxi.com/china/20221028/2493704.shtm,2022年10月28日访问。

美国公开表示放松对于伊朗的网络限制,以支持伊朗抗议活动。更为深刻的是,技术进步推动了全球范围内信息社会的建设,电视影像媒体、网络新媒体的传播范围与影响力无所不在,成为塑造与传播国家形象、凝聚民心的重要途径,是增进社会共识、传播主流价值、增强国家认同的意识形态重地,是西方输出西式自由民主生活方式的无形"暗道"。因此,无须质疑,信息空间主导权在民族国家建设进程中对国家认同和意识形态安全的极端重要性不言而喻。与此同时,人们可见,在俄罗斯乌克兰军事冲突中,社交媒体的"认知战"以用户为导向的互联网思维,不同于传统媒体时代如电视的"直播战争",社交媒体的出现使得碎片化、圈层化、情绪化的信息更具传播优势。

根据中国互联网络信息中心(CNNIC)发布的第 48 次《中国互联网络发展状况统计报告》提供的数据,截至 2021 年 6 月,我国网民规模达 10.11 亿,较 2020 年 12 月增长 2175 万,互联网普及率达 71.6%,十亿用户接入互联网,形成了全球最为庞大、生机勃勃的数字社会。其中,农村网民规模为 2.97 亿,农村地区互联网普及率为 59.2%,较 2020 年 12 月提升 3.3 个百分点,城乡互联网普及率进一步缩小至 19.1 个百分点,贫困地区通信"最后一公里"已被打通,城乡数字鸿沟逐步缩小。这为基层社会治理带来挑战,也提供了新的机遇,也就是在基层社会治理过程中,大力加强信息化建设、充分运用大数据,实现基层社会治理现代化,既非常必要也完全可能。如 2020 年,面对突如其来的新冠肺炎疫情,互联网显示出强大力量,对打赢疫情防控阻击战起到关键作用。疫情期间,全国一体化政务服务平台推出"防疫健康码",累计申领人数近 9 亿人,使用次数超过 400 亿人次,支撑全国绝大部分地区实现"一码通行",大数据在疫情防控和复工复产中作用凸显。①

当然,数字化时代,知识、信息传播网络化、快餐化、流俗化,要不断完善网络安全法律制度,落实《中华人民共和国数据安全法》等法律法规要求,加强网络安全审查,谨防资本垄断网络、掌控舆论,制造信息陷阱,误

---

① 资料来源:《第 47 次〈中国互联网络发展状况统计报告〉(全文)》,http://www.cac.gov.cn/2021-02/03/c_1613923423079314.htm,2021 年 8 月 6 日访问。

导社会舆论;防范资本对微信、微博等新兴新闻基础设施的控制,尤其要严密防范资本、利益集团、敌对势力对媒体和舆论的操控,保障国家网络安全和数据安全,防范社交媒体成为社会凝聚力的"离心机"。① 事实上,随着云技术和5G的高速发展和普及,数字世界与现实生活不断融合,掌控着各种数据资源的大型科技公司的影响力,已经从单纯的舆论场扩展到现实世界中,从线上延伸到线下,现实与虚拟的边界也正在日趋模糊。如今,已有越来越多的人开始忧思:如果马斯克的"星链计划"成功部署运行,若干年后,这位现实中的钢铁侠,是不是就能越过全球各地的政府,有了直接主宰世界各地用户能不能上网、能上什么网的权力?听上去似乎遥不可及,但可以肯定,这不是危言耸听,现实就在眼前,就在你我身旁,马斯克承认"星链"互联网终端目前已在全球七大洲运行。传统社会公民的信息、数据收集和保护,主要是国家主权范围内政府的职责。随着通讯科技与互联网的高度发展,科技公司与社交媒体平台不仅有数据优势,还有可能突破国界限制,以网络将影响力和控制力拓展到其他国家。2018年以来,美国苹果、谷歌、亚马逊、脸书四大科技巨头总裁都曾出席美国国会听证会,被议员就有关垄断、不公平竞争和技术安全等问题激烈质询,背后反映的本质是主权国家政府与跨国科技巨头之间愈演愈烈的数据控制权之争。

俄罗斯乌克兰军事冲突,无疑是二战以来发生的最严重地缘政治危机,直接例证了没有网络安全就没有国家安全。2022年2月,俄乌军事冲突发生后,马斯克在第一时间回应基辅请求,启动了乌克兰的"星链"互联网服务,并送出设备帮助受俄军攻击的乌克兰地区实现互联网连接,"让

---

① 美国《新闻周刊》曾报道,社交平台脸书的创始人扎克伯格,2021年年末被美国自由主义刊物《新共和》评为"年度恶人",理由是他创建了"世界上最糟糕、最具破坏性的网站"。《新闻周刊》指脸书曾因涉嫌为牟利而传播虚假信息及在社交媒体上推送其他"愚蠢言论"而受到批评;而在2021年1月6日美国国会骚乱事件发生之际,脸书也被抨击传播了虚假信息和煽动暴乱,不过事件发生后,出于对出现后续暴力的担忧,脸书很快终止了特朗普的账号使用权限。参见王艺璇:《扎心了,扎克伯格被美国刊物评为"年度恶人"》,https://baijiahao.baidu.com/s?id=1720186097618446254&wfr=spider&for=pc,2021年12月26日访问。

乌克兰持续保持在线"。①随后战争持续表明,俄罗斯未能及时有效打击"星链"卫星,大范围切断乌克兰境内民用通讯,乌克兰与外界的通讯联络、网络连接也未能切断,乌克兰电视台每天准点的电视节目甚至依然覆盖全乌所有地区,举起手机拍摄视频的乌克兰民众也成为参与对俄信息战和舆论战的作战力量,俄军各参战部队的隐蔽部署甚至遭到西方舆论的"公开直播",而踏上乌克兰领土的俄军被现代移动通信技术暴露得"一干二净",让俄乌军事冲突成为世界上第一场"手机直播战争",甚至在社交媒体上的战场消息比两军情报机构都快。这种新概念互联网服务,到底在多大程度上影响了俄乌冲突？国际军事评论普遍认为,在俄乌军事冲突中,以卫星为传输基础的"星链"互联网系统成为乌克兰武装部队和政府的一个重要工具。美国《防务新闻》就称,"星链"对于乌军作战行动发挥了重要作用。当然,今后还将有如亚马逊等更多的空基互联网出现。因此,随着数字技术的飞速发展,政府治理、国家安全将面临重大考验。

还要特别指出的是,认知在现代国家竞争中具有先导性作用,进入数字化时代,网络安全、数字安全不仅仅是基础安全,更是国家战略安全。网络空间作为正在形成中的"智慧之国",已经成为没有硝烟的不一般战场,也必将是未来国际竞争着力的主战场。网络安全没有虚拟和现实的区别,两者已错综复杂地交织在一起,与陆、海、空领域一样真实和重要,数字安全领域的威胁性已不亚于传统安全,甚至更大,基础设施时刻面临网络袭击的威胁。2021年5月,美国最大燃油运输管道运营商遭到网络黑客攻击,被迫关闭整个供应网络,导致美国大部分地区一度出现燃料短

---

① 星链（Starlink）是美国太空探索技术公司（SpaceX）的一项卫星计划,是通过近地轨道卫星群提供覆盖全球高速互联网接入服务的创新工程。2015年,SpaceX 创始人兼首席执行官埃隆·马斯克（Elon Musk）在西雅图宣布推出太空高速互联网计划——星链,以近地轨道卫星超越传统卫星互联网性能以及不受地面基础设施限制的全球网络,为网络服务不可靠、费用昂贵或完全没有网络的区位提供不受地面干扰的高速互联网服务,即旨在通过大量低轨卫星让高通量、低延时的互联网通信网络信号覆盖全球,应用范围包括通信传输、卫星成像、遥感探测等领域。2018年以来,"星链"卫星已数十次成功发射,累计发射2500多颗"星链"卫星上天,"星链"卫星宽带服务用户25万。2022年2月24日,俄罗斯在乌克兰发起"特别军事行动"后,乌克兰政府为应对网络畅通安全,副总理米哈伊洛·费多罗夫即时向马斯克提出公开请求；2月26日,马斯克在推特上回应,"星链"服务系统已在乌克兰启动,乌克兰可以通过正在运行的"星链"卫星使用宽带服务。在俄乌军事冲突持续期间,"星链"互联网服务确保了乌克兰平民和军队保持在线。

缺现象；同年10月，伊朗加油站系统遭到网络攻击，导致全国多地加油系统停止服务。与此同时，地缘政治与意识形态对立也加大阵营的信息战、心理战，并快速广泛渗入民间，制造分裂、互相猜疑与误导民众，思想冲击与侵害比有形武器的危害更加深远。网络战无规则可言，随时随地可能发生、不宣而战，有组织的网络攻击、颠覆活动时常为国际关注，有效遏制、应对和还击日益猖狂的网络袭击，必须有坚强的网络防卫。面对网络时代来自外部环境日益增多、更有组织、更复杂的数字安全威胁，地缘政治环境日趋复杂、多变，国际竞争更加激烈、隐蔽，传统国家安全、国防生态凸变，美国、德国、新加坡等世界发达经济体未雨绸缪，近年来陆续组建陆、海、空之外的第四军种——国防数字防卫与情报部队或网络与信息空间部队，即网络部队，大力整合和提升在网络安全领域的防卫力量，构建网络时代不可或缺的国家安全支柱，加强国防数字防御能力，更好应对网络安全威胁。正如俄罗斯国防部第一副部长兼总参谋长格拉西莫夫在阐述俄军"混合战争"理论时所指出的，现代战争越来越转向综合使用政治、经济、信息及其他非军事手段，包括造成不利政治和社会局面的手段，比如颠覆、刺探、宣传和网络攻击等。格拉西莫夫军事思想的这一核心观点，也是俄军院校中不可缺少的一课。①

（三）以法治之力推进乡村振兴

法在生活里，法在文化中，生活永远是最好的老师，法律只有植根生活，才能服务生活，从头到尾都带着烟火的气息。所以，观察认识法治，视角固然要向上"连天线"，重视国家层面的顶层设计和制度建设，但更要向下"接地气"，热爱生活、深入生活，浸入"人间烟火"，即深入社会生活的实体性内容之中，读懂生活、领会文化的真谛和启示，实现形而上的理论研究和具体制度研究的完美结合，观察发现民间与基层利益在博弈中形成的各种问题、纠纷解决机制与举措，进而通过广泛凝聚智识，将制度优势转化为区域治理体系和治理能力现代化的强大动能，将统揽全局的顶层

---

① 参见马建光：《叙利亚战争启示录》，长江文艺出版社2017年版，"第二章"。

设计落实为全国一盘棋的改革行动。因为地方性因素的客观存在,实践中,法律规则在文本和适用时几乎永远存在偏差,熟人或半熟人社会民众已适应于地方习惯、规则和潜规则。地方、基层民间的法规与制度是整个社会依法办事、依法治理的前提,国家法律只有通过每个公民维护自身合法权利的行为、通过各种规则和制度在基层和地方的落实才能够实现,若脱离了经验常识,必然会掉进由抽象概念构筑的逻辑陷阱。

理论和智慧在民间、在生活里、在人民群众中。"一个学者如果忘记了生活本身提出的问题,而沉溺于某个学科的现有的定理、概念、命题,那么就不仅丧失了社会责任感,而且丧失了真正的自我,也丧失了学术。"[1]国家治理和社会治理都不是单一的,而是一项系统工程、多元治理。因此,必须高度重视区域法治建设及其经验,特别是及时总结推广区域法治、基层治理"微创新、微改革"探索的鲜活经验,尊重地方、基层和群众的首创精神;"要围绕人民对美好生活新期待,推出一些更有针对性、开创性的改革举措。要坚持眼睛向下、脚步向下,鼓励引导支持基层探索更多原创性、差异化改革,及时总结和推广基层探索创新的好经验好做法"[2]。改革创新最大的活力蕴藏在基层和群众中间,善于从人民的实践创造中汲取智慧和力量是任何一项改革成功的重要保障,没有人民的支持和基层参与,任何法治变革都不可能取得成功。中国40多年改革的光辉历程,就是一部亿万民众用实践和智慧创造历史的英雄史诗。乡镇是国家行政区划的基础,是区域法治的基本范畴。"乡镇是自然界中只要有人集聚就能自行组织起来的唯一联合体。因此,所有的国家,不管其惯例和法律如何,都有乡镇组织的存在。"[3]基层治理是国家治理的基石,统筹推进乡镇(街道)和城乡社区治理,是实现国家治理体系和治理能力现代化的基础工程。

中国地域广阔、民族众多,东西经济发展差异明显,南北地域文化特

---

[1] 苏力:《制度是如何形成的》(增订版),北京大学出版社2007年版,第250页。
[2] 《紧密结合"不忘初心、牢记使命"主题教育 推动改革补短板强弱项激活力抓落实》,载《人民日报》2019年7月25日。
[3] 〔法〕托克维尔:《论美国的民主》(上卷),董果良译,商务印书馆2009年版,第73页。

色鲜明,农村地区更是"十里不同风,百里不同俗",国家法律在地方、在基层、在乡村落地落实的区域差距客观存在。如以《中华人民共和国婚姻法》(以下简称《婚姻法》)的实施为例,一夫多妻在全国绝大多数地区已不可思议,但在西藏偏远地区,"改革婚姻制度,消除一夫多妻"就还有许多工作要做。历史传统上,古代群婚习俗遗存,一夫多妻、一妻多夫在西藏曾经比较流行,《西藏自治区施行〈中华人民共和国婚姻法〉的变通条例》虽然明令禁止一夫多妻、一妻多夫等多偶婚姻形式,但该条例实施前已经存在的,只要当事人不主动提出解除,准予维持。① 同时,西藏偏远乡村自然环境恶劣,当事人不希望分家析产,因此多偶婚姻仍然存在,近年来引发了不少纠纷:(1)婚姻登记,因法律只承认"一位"合法妻子,其他"妻子"处于无法律地位的尴尬境地;(2)劳动力纠纷,多位"丈夫"并存,一般"大丈夫"留守家里,其他"丈夫"外出打工,若在外地结识其他女性,希望建立新的家庭,则会向"大丈夫"提出解除原有婚姻关系,"大丈夫"往往不同意解除,理由是会削弱家里的劳动力,从而产生矛盾;(3)财产纠纷,外出打工"丈夫"要向家里"缴纳"打工收入,而当打工"丈夫"提出分家析产时形成财产分割纠纷。民间婚姻习俗遗存在其他区域也不同程度存在,2022年6月23日,四川省凉山彝族自治州布拖县召开的深化移风易俗工作第一次视频调度会对外公布阶段性数据:移风易俗工作开展以来,全县上下共签订了2万余份治理高价彩礼、丧事大操大办、农村人居环境脏乱差工作承诺书,已自愿解除"娃娃亲"399对。② 应该说,类似的案例不会普遍,可能只在特别区域存在,但从一个侧面反映国家法律落地落实的区域滞后性、区域差异性,特别是在边疆、偏远山区乡村,也决定了大国法治的艰巨性、区域法治的复杂性、基层治理的艰难性、乡村治理的重要性。所以,推动区域法治的创新发展,确保国家法律在基层、在边疆地区的有效实施,是国家治理体系和治理能力现代化的基本要义、时代主题。

---

① 《西藏自治区施行〈中华人民共和国婚姻法〉的变通条例》第2条规定:"废除一夫多妻,一妻多夫等封建婚姻,对执行本条例之前形成的上述婚姻关系,凡不主动提出解除婚姻关系者,准予维持。"

② 资料来源:http://www.bt.gov.cn/btxw/jrbt/202206/t20220627_2250387.html,2022年6月28日访问。

2022年1月27日,一则江苏徐州"丰县生育八孩女子"的视频在网络流传,铁锁链母亲的遭遇骇人听闻。由于工作疏忽,10余天里,当地政府丰县和徐州市面对舆论压力,相继公布四份细节漏洞百出、口径不一的通报,当破绽一再被捅破,案情日益扑朔迷离,舆论进一步发酵失控,频频出现在网络热搜榜,随后省市公安部门做了大量工作,仍然未能满足人们的"信息需求",甚至每一次"公开发布",都引来诸多质疑。2月23日,江苏省委省政府调查组发布最新调查处理情况通报,经纪检监察机关审查调查,对有关责任单位和责任人员依规依纪依法作出处理,责令徐州市委和市政府深刻检讨,对丰县县委书记、县长等17名党员、干部和公职人员失职渎职追责,进行撤职、免职。

新华社记者走访群众、民警、纪委等了解到,县、镇、村三级多人在该事件中失职失责,存在"结婚登记"造假、"计生管理"失控和特殊群体排查"空转"等问题;丰县县委书记娄海、县长郑春伟受访时均表示之前不知晓"八孩女子"事件。娄海说:"作为地方主官我感到很愧疚。这种愧疚将伴随我的下半生。"[1]事件犹如一枚多棱镜,折射出基层治理很多富有警示意义的信号,暴露出的所有问题,都是教科书般的警醒:为何从县到镇到村全部失察失守?为何县委县政府不第一时间进行现场核实?为何县委书记不亲自赶赴第一事发现场?为什么市委市政府不第一时间进行督办?事件充分暴露出基层治理的顽疾:乡村现代治理体系建构迟缓,基层组织软弱涣散,基层法治建设严重滞后,法治落伍、德治缺位,治理空转、失察漏管;基层服务管理长期缺位,对群众疾苦司空见惯、视而不见、无动于衷;特别是地方政府在基层组织建设、基层治理水平以及乡村民情、法治意识与道德建设等方面存在诸多问题和突出短板。

从一起极端个案,成为全社会关注的公共舆情事件,进而引发整个社会的沉重反思,中国乡村治理的话题重现舆论场,在随后的全国"两会"上,妇女权益、人口拐卖等与事件相关的话题,成为代表、委员们聚焦的重

---

[1] 资料来源:《江苏省委省政府调查组发布"丰县生育八孩女子"事件调查处理情况通报》,载《人民日报》2022年2月24日;《"丰县生育八孩女子"事件调查》,http://society.people.com.cn/n1/2022/0223/c1008-32358136.html,2022年2月23日访问。

点,也再一次引发全社会对基层治理、乡村治理的关注。在网络、信息如此畅通的今天,在江苏这样的东部经济发达省域,原本一个基层事件,县里说不清、市里说不清,只想一心一意大事化小、小事化无,但纸包不住火,不可能平息媒体、公众的反复追问,最后三级跳,省委省政府成立调查组,才把充斥网络的质疑大体驱散,政府公信力遭受巨大侵蚀,教训极其深刻,尤具典型现实意义。这就是,建立在传统乡土社会基础上的乡村治理方式,已经不能适应新时代中国社会巨变、传统乡村解构、乡村治理主体缺失,以及传统价值体系和道德观念解体、新价值体系和道德观念尚未建立的形势;以会议落实会议、以文件布置任务的形式主义与官僚主义危害无穷,加快推进基层治理新旧模式转换和治理重心下移,培植基层法治沃土,优化基层治理生态,让法律成为农村公共生活不可逾越的底线任务艰巨、紧迫;加强基层组织建设,夯实基层政权,健全党领导下的自治、法治、德治相结合的乡村治理体系,让敢管敢干、坚强有力的基层党组织成为乡村治理的核心力量,全面提升乡村法治意识,有效提高基层治理能力和水平,推进多层次多领域依法治理,提升社会治理法治化水平,把农村真正建设成安居乐业的幸福家园,还有很长、十分艰巨的路要走。

习近平强调指出:"基层强则国家强,基层安则天下安,必须抓好基层治理现代化这项基础性工作。"[①]城乡社区是社会治理的基本单元,也是社会治理体系中的基础部分。国家治理体系和治理能力的现代化水平很大程度上体现在基层。基层治理是最具创造性、创新性和生机活力的活动形态,既有空间表征上的层级、场域,也有时间序列的传统、变迁和发展,基层治理体系是涉及发展与治理、活力与秩序双向互动的系统性工程。基层距离群众最近、困难矛盾最集中,基层治理是国家治理的最末端,而基层党组织是贯彻落实党中央决策部署的"最后一公里"。基层党组织和党员队伍是党的执政之基、力量之源,严密的组织体系是中国共产党的强大优势。"党的工作最坚实的力量支撑在基层,经济社会发展和民生最突出的矛盾和问题也在基层,必须把抓基层打基础作为长远之计和固本之

---

① 《向全国各族人民致以美好的新春祝福 祝各族人民幸福吉祥祝伟大祖国繁荣富强》,载《人民日报》2021年2月6日。

策,丝毫不能放松。"①有效统筹资源、力量,健全基层治理体制机制,全面落实《中共中央关于深化党和国家机构改革的决定》要求,"加强基层政权建设,夯实国家治理体系和治理能力的基础","推动治理重心下移,尽可能把资源、服务、管理放到基层,使基层有人有权有物,保证基层事情基层办、基层权力给基层、基层事情有人办"。

《中共中央 国务院关于加强基层治理体系和治理能力现代化建设的意见》指出:"基层治理是国家治理的基石,统筹推进乡镇(街道)和城乡社区治理,是实现国家治理体系和治理能力现代化的基础工程。"该意见主动适应治理体系和治理能力现代化要求,着眼现有基层组织的功能升级与再造,明确提出推进编制资源向乡镇(街道)倾斜,推动治理重心下移,彰显了国家治理立足基层、重视基层、服务基层、植根基层的鲜明导向,是对既有社会治理结构的调适与重塑,是固底板、补短板的强基之策和新时代基层治理的重大创举,为夯实国家治理根基提供了落地可行的工作路径和制度保障。该意见还鲜明提出,完善党全面领导基层治理制度,加强基层政权治理能力建设,健全基层群众自治制度,推进基层法治和德治建设,加强基层智慧治理能力建设;深化基层机构改革,统筹党政机构设置、职能配置和编制资源,设置综合性内设机构,除党中央明确要求实行派驻体制的机构外,县直部门设在乡镇(街道)的机构原则上实行属地管理,继续实行派驻体制的,要纳入乡镇(街道)统一指挥协调。

农业农村农民问题是关系国计民生的根本性问题,推进农业农村现代化是全面建设社会主义现代化国家的重大任务,是解决发展不平衡不充分问题的重要举措,是推动农业农村高质量发展的必然选择。经过接续奋斗,中国历史性地解决了绝对贫困问题,打赢人类历史上规模最大的脱贫攻坚战,实现了小康这个中华民族的千年梦想。党的二十大报告明确指出,要全面推进乡村振兴,坚持农业农村优先发展,巩固拓展脱贫攻坚成果,加快建设农业强国,为后续的农业农村工作指出了明确方向。在

---

① 《看清形势适应趋势发挥优势 善于运用辩证思维谋划发展》,载《人民日报》2015年6月19日。

经济市场化、交通便利化、人口流动化的格局下,创新乡村治理方式、提高乡村善治水平,更好服务全面推进乡村振兴,绘就乡村振兴新画卷新图景,基层治理、乡村发展需要新理念新思维新战略。农为邦本,本固邦宁;务农重本,国之大纲。中国自古以农立国、以农兴国、以农强国,农村、农业、农民历来是国家治理的基础,关注农村、重视农业、关爱农民是中国共产党治国理政的优良传统。截至2021年年底,按城镇常住人口计算,我国的平均城镇化率已达到64.7%,城乡融合发展更进一步,基层治理也迎来新的挑战。乡村振兴是现代化进程中国家建设的基础,也是国家的责任。全面建设社会主义现代化国家,实现中华民族伟大复兴,最艰巨最繁重的任务依然在农村,最广泛最深厚的基础依然在农村。强国必先强农,农强方能国强,没有农业强国就没有整个现代化强国;没有农业农村现代化,社会主义现代化就是不全面的。乡村振兴,关键在人核心在干,农民永远是乡村振兴的主力军,要尊重农民主体地位,让更多农民成为高素质新农人,让返乡入乡创业创新人才在乡村大展身手。

乡村是人的村庄,乡村振兴是乡村生产生活生态全面发展,是农业农村农民全面振兴,发展是基础,村治是保障,民富是目标,要以产业兴旺为重点、生态宜居为关键、乡风文明为支撑、治理有效为基础、生活富裕为根本,深入推进农村重点领域改革,全面激活乡村要素市场,积极引导要素向乡村流动,充分发挥乡村作为消费市场和要素市场的重要作用,畅通城乡要素循环,盘活各类资源要素,扎实有序做好乡村发展、乡村建设、乡村治理重点工作,确保农业稳产增产、农民稳步增收、农村稳定安宁,以农村治理现代化赋能乡村振兴;尊重顺应乡村发展规律,巩固完善农村基本经营制度,立足乡村特色资源禀赋,因地制宜发展特色产业,壮大做强村级集体经济,牢固树立绿色低碳理念,实现乡村建设与自然生态环境有机融合,传承保护传统村落民居和优秀乡土文化,突出地域特色和乡村特点,保留具有本土特色和乡土气息的乡村风貌;聚力推进乡村建设行动,加强农村基础设施和公共服务体系建设,加大农村信息基础设施建设投入,推进数字技术与农村生产生活深度融合,以数字农业和智慧农业点亮现代化,不断提升乡村宜居宜业、宜养宜游的条件和水平;坚持现代"颜值"与传统乡愁相统一,挖掘乡村之美,突出"一村一品"特色,避免"千村一面"窠臼,打好生态牌,念好"山水经",做强农文旅,遵循以农为本、以文为魂、以文兴农,发展现代农业,着力以文塑旅、以旅彰文、以旅促农,农文旅融合,提档升级乡村环境,推动广袤乡村生态华丽蝶变,交出绿意盎然乡愁答卷——"望得见山,看得见水,记得住乡愁"。推动乡村振兴取得新进展、农业农村现代化迈出新步伐,为建设业兴村强、民富人和、美丽宜居、稳定繁荣的现代新农村奠定坚实基础。

加强法治乡村建设是实施乡村振兴战略、推进全面依法治国的基础性工作。2020年3月,中央全面依法治国委员会印发的《关于加强法治乡村建设的意见》提出,要走出一条符合中国国情、体现新时代特征的中国特色社会主义法治乡村之路,为全面依法治国奠定坚实基础;2022年中央一号文件(《中共中央 国务院关于做好2022年全面推进乡村振兴重点工作的意见》)明确要求,推进更高水平的平安法治乡村建设。一个支部就是一座堡垒,一名党员就是一面旗帜,党的全面领导是应对一切风险挑战的"定海神针",要以高质量党建引领乡村治理现代化,推动巩固拓展脱贫攻坚成果同乡村振兴有效衔接,找准基层党建与乡村治理的结合点和着力点,立足建强组织、配强队伍、做强保障;以资源、服务、管理下沉做实基层,推动社会治理重心向基层下移、资源向基层下沉、服务向基层下延,有效整合资源要素、降低治理成本、提升服务效能,持续聚力党建引领乡村治理。领导力来自组织力,组织形成力量,组织就是力量,推进基层乡村治理核心是人、关键靠人,因此要不断强化农村基层党组织建设,充分发挥基层党组织战斗堡垒作用,建强村级"两委"班子,特别是配强党组织负责人,建设一支政治过硬、本领过硬、作风过硬的乡村振兴干部队伍。

治理有效是乡村振兴的重要保障。基层治理组织建设是支撑,组织优势发挥是关键,实现基层治理现代化,管党治党是保障,党的基层组织是党的全部工作和战斗力的基础。一个支部一道梁,一名党员一面旗,乡村要发展,农民要致富,支点在支部,关键要靠基层党组织。坚持加强党建引领与严密组织体系相结合,以提升组织力为重点,着力锻造全面进步全面过硬的基层党组织,加强党对基层治理的领导,将基层党组织的政治优势、组织优势转化为基层治理效能,让现代化治理体系和治理能力在基层生根发芽、有效运行,夯实筑牢基层治理的厚实底座,是党不断提高执政能力和领导水平、实现治理能力和治理水平现代化的必然要求。要坚持从实际出发,根据乡村自然环境、经济状况、人口结构、风土人情等不同情况,因地制宜开展法治乡村建设,勇于探索创新,注重工作实效。习近平指出:"目前,我国农村社会处于深刻变化和调整时期,出现了很多新情况新问题,虽然错综复杂,但归结起来就是一个'散'字。加强和改进乡村治理,要以保障和改善农村民生为优先方向,围绕让农民得到更好的组织引领、社会服务、民主参与,加快构建党组织领导的乡村治理体系。要巩固农村扫黑除恶专项斗争成果,形成持续打击的高压态势。要深入推进平安乡村建设,严厉打击把持基层政权、操纵破坏基层换届选举、侵吞集体资产等违法犯罪活动,依法制止利用宗教、邪教干预农村公共事务。要用好现代信息技术,创新乡村治理方式,提高乡村善治水平。"[①]

家和则村安,村治则国稳,民富国强则天下治。要有效构建全面支撑新时代乡村振兴的乡村治理体系,筑牢稳固法治社会根基,有效贯彻落实《中共中央关于全面推进依法治国若干重大问题的决定》提出的法治中国建设路径指引,大力推进基层治理法治化,以法治乡村建设助力乡村振兴战略的实施。全面推进依法治国,基础在基层,工作重点在基层,要充分发挥基层党组织在全面推进依法治国中的战斗堡垒作用,加大基层干部法律培训,不断提升乡村干部法治理念、法治意识,增强基层干部法治观念、法治思维、法治为民意识,推动乡村治理在法治轨道上运行;提高依法办事能力和水平,适应新形势新常态,克服"本领恐慌",根本扭转"老办法不管用,新办法不会用,硬办法不能用,软办法不顶用"现实困境;加强基层法治机构建设,强化基层法治队伍,建立重心下移、力量下沉的法治工作机制,改善基层基础设施和装备条件,推进法治干部下基层活动。加强基层法律服务,开展经常性普法宣传教育,如选取贴合乡村实际、生活性

[①] 习近平:《坚持把解决好"三农"问题作为全党工作重中之重 举全党全社会之力推动乡村振兴》,载《求是》2022年第7期。

的法治内容,以及群众喜闻乐见的法治节目、法治宣讲,传统媒体与新兴媒介相结合,向村民进行常态化法治宣传,提升民众的法律意识;坚定文化自信,有效激活民间法治资源,传承传统乡村共治智慧,充分发挥自然法、民间法在乡村和谐、社会治理中的作用,实现国家法、自然法和民间法的融合协同。①

乡村治,百姓安,国家稳;民族要复兴,乡村必振兴;乡村振兴不仅要塑形,更要铸魂,文化就是乡村的魂。工业化、城镇化、现代化离不开文化滋养,不能割断乡土乡音、乡愁乡恋。乡村的特色在于自然、传统和本真,要始终将绿色作为底色、涵养乡土特色,实现人居环境更好、更美、更清洁,以乡村振兴助力农村宜居宜业、农民富裕富足。习近平强调指出:"乡村振兴不能只盯着经济发展,还必须强化农村基层党组织建设,重视农民思想道德教育,重视法治建设,健全乡村治理体系,深化村民自治实践,有效发挥村规民约、家教家风作用,培育文明乡风、良好家风、淳朴民风。要健全农村扫黑除恶常态化机制,持续打击农村黑恶势力、宗族恶势力,依法打击农村黄赌毒和侵害妇女儿童权益的违法犯罪行为。"②加快现代公共法律服务体系建设,推进公共法律服务均衡发展,均衡配置城乡法律服务资源,加强欠发达地区公共法律服务建设,保障特殊群体合法权益,促进公共法律服务均等化、多元化、专业化,让高质量的法律服务更加人人可享、人人可得;不同区域尤其是经济欠发达地区、广大农村地区,要适应人口密度较低、人口分布松散以及人员结构状况、人流实时动态信息管控难度巨大的新特点新环境,因地制宜、因村施策;城乡基层治理往往面对黑恶势力的挑战,黑恶势力利用规则和资源,演变为可以影响基层治理的地方势力,必须深挖彻查黑恶势力背后"保护伞",除恶务尽不留后患,巩固拓展扫黑除恶斗争成果,推动扫黑除恶常态化,着力城乡基层社会治安防控,持续重点整治"村霸""乡霸""沙霸"等各种黑恶势力对乡村资源的垄断,对基层政权的侵蚀,对民众生活的干扰,在扫黑除恶中稳固基层政

---

① 参见第五章第三部分。
② 《把提高农业综合生产能力放在更加突出的位置 在推动社会保障事业高质量发展上持续用力》,载《人民日报》2022年3月7日。

权坚强堡垒;家族宗族势力长期是农村基层治理的"老大难",要防止基层政权空转内耗,防范家族宗族势力把持基层,如家族宗族拉帮结派、拉票贿选、干扰村民自治等,坚决杜绝乡村成为家族的"独立王国",乡村自治成为少数人"合谋"、异化为乡里乡亲的相互包庇,乡村沦为法治洼地。

"欲筑室者,先治其基。"①农耕文化是中华文明的鲜明标识,乡村是中华文明的根脉,是充满希望的田野,是中华文化再生产的重要基点。中国是传统乡土社会,具有丰富的历史文化底蕴、独具特色的乡村治理智慧。从本质上说,乡村治理现代化也是乡土文化的创新转化和农民现代化的过程,乡村治理的观念、机制和方法等,要在继承传统治理智慧的同时不断守正创新,从优秀农耕文化中汲取乡村振兴的精神力量。譬如,拓展天人合一、道法自然的思想观念,孝老爱亲、耕读传家的道德风尚,邻里帮扶、共克时艰的大爱情怀,守望相助、以和为贵的行为规范,坚忍不拔、自强不息的人文精神等融入乡村建设和乡村治理,充分挖掘和发挥传统农事节气文化的重要价值与践行社会主义核心价值观相结合,寓节于乐、寓节于教、寓节于兴,推动新时代文明实践,推进新时代农村精神文明建设,提升乡村德治水平。坚持法治与自治、德治相结合,以自治增活力、法治强保障、德治扬正气,促进法治与自治、德治相辅相成、相得益彰;坚持和发展新时代"枫桥经验",进一步健全和强化党组织领导的自治、法治、德治、智治协同互进的城乡基层治理体系,以数字乡村建设推进农业农村现代化,以数字化助推城乡发展和治理模式创新,推动数字化与基层治理深度融合,全面推行网格化管理和服务;以精准化、精细化为目标,推进乡村治理体系和治理能力现代化,建设充满活力、和谐有序的善治乡村,实现党建引领乡村治理,发展凝聚人心民意,四治融合教化民心,美丽乡村提振信心。《中共中央 国务院关于加强基层治理体系和治理能力现代化建设的意见》明确要求,以加强基层党组织建设、增强基层党组织政治功能和组织力为关键,以加强基层政权建设和健全基层群众自治制度为重点,以改革创新和制度建设、能力建设为抓手,建立健全基层治理体制机制,

---

① (北宋)苏辙:《新论中》。

推动政府治理同社会调节、居民自治良性互动,提高基层治理社会化、法治化、智能化、专业化水平;力争用5年左右时间,建立起党组织统一领导、政府依法履责、各类组织积极协同、群众广泛参与,自治、法治、德治相结合的基层治理体系,健全常态化管理和应急管理动态衔接的基层治理机制,构建网格化管理、精细化服务、信息化支撑、开放共享的基层管理服务平台;党建引领基层治理机制全面完善,基层政权坚强有力,基层群众自治充满活力,基层公共服务精准高效,党的执政基础更加坚实,基层治理体系和治理能力现代化水平明显提高。在此基础上,力争再用10年时间,基本实现基层治理体系和治理能力现代化,中国特色基层治理制度优势充分展现。

需要强调指出的是,全面依法治国基础在基层,工作重点在基层,加强市县法治建设,提升市县治理法治化水平是实现基层善治的基本路径,是确保全面依法治国各项部署要求落地落实的关键,是推进基层治理体系和治理能力现代化的重要保障。2020年11月,中央全面依法治国工作会议对加强基层法治建设作出重要部署;《法治中国建设规划(2020—2025年)》《法治政府建设实施纲要(2021—2025年)》《法治社会建设实施纲要(2020—2025年)》对基层法治建设任务提出明确要求。2022年8月,中央全面依法治国委员会印发的《关于进一步加强市县法治建设的意见》,是打通党中央全面依法治国决策部署在基层落实"最后一公里"的有效途径,是抓实市县法治建设重点任务、切实解决人民群众反映强烈的基层法治建设突出问题的有力举措,对于提升市县法治工作能力和保障水平,增强人民群众在法治领域的获得感、幸福感、安全感,夯实全面依法治国基层基础,促进提升基层治理体系和治理能力现代化水平具有重要意义。该意见对强化市县法治建设进行了全面规划,释放出强力推进基层法治建设的信号,也为基层法治建设描绘了蓝图。该意见坚持问题导向,突出工作重点,协同强基固本,把坚持和加强党的全面领导贯彻落实基层治理全过程,将法治思维和法治方式融入基层治理和发展的各方面,用法治手段提升基层社会治理的规范化、精细化;强化力量保障,加强协同联动,创新普法形式和载体,推进法治乡村建设,提升法律服务层级和专业化水平;贯彻民生理念,着力服务经济高质量发展、维护基层安全稳定、服务保障和改善民生,加大重点领域执法力度,用法治维护人民群众安居乐业。该意见明确提出"三个纳入",即市县党委要将法治建设纳入地区经济社会发展规划和重点工作,将党政主要负责人履行推进法治建设第一责任人职责情况纳入年终述职内容,将法治建设情况纳入市县党政领导班子和领导干部考核内容,这是加强党对市县法治建设领导提出的重要举措,推动市县党委在推进法治建设中切实发挥把方向、管大局、作决策、促落实作用,具体诠释了"党的领导是社会主义法治最根本的保证"。该意见还要求立足市县经济社会发展实际、区位优势特点、基层治理实践,找准法治建设服务构建新发展格局、推动高质量发展、促进共同富裕的切入点、着力点,将全面依法治国顶层设计转化为推进市县法治建设的制度规范、政策措施和实际行动,确保党中央关于全面依法治国的决策部署落实到"最后一公里"。

• 以案析法 •

唐山"烧烤店打人案"暴露的基层治理共性顽症

2022年6月10日凌晨2点40分许,河北唐山市路北区机场路某烧烤店发生寻衅滋事、暴力殴打他人恶劣事件。流传网上的视频显示,烧烤店监视器记录了完整过程,女子在烧烤店内夜宵时,因拒绝男子骚扰,遭到暴力殴打,多名同伙男子加入施暴,还将受害人拖至店外持续痛殴踢打,同餐女子上前劝阻也被殴打,受害人被打得头破血流,躺地浑身是血奄奄一息,多名男子的暴力仍不罢休;画面最后显示,同行女子躲离时,还有男子持酒瓶追打。案发后,犯罪嫌疑人逃离现场。在公安部统一部署下,6月11日下午,最后一名涉案人员在江苏被抓获,该案9名涉案人员全部归案。

暴力事件随视频迅速传播,全网关注、急速发酵,全社会愤慨,引爆互联网舆论场,相关话题也多日霸榜微博热搜、百度热搜等新媒体平台。涉案人员目无法律、践踏法治,凶残暴戾地欺凌女性,案件性质极其恶劣,放在改革开放四十多年的情境下看,不能不令人震惊,放在近年来扫黑除恶大环境下看,更是让人匪夷所思。因为挑衅社会法治和道德双重底线,案件已经产生非同一般的传导效应,使所有屏幕前的人们感受到了一种剧烈的不安。人们的愤怒与困惑非常合理:唐山市不是法治社会的一部分么,何以"法"这个字没有任何震慑力?唐山市没有有效的社会治理吗?案发地距市公安局路北分局机场路派出所直线距离仅800米,既然"当时有顾客报警,警方已介入处理",为何犯罪嫌疑人能连夜跨省跑路畅行无阻,34个小时后警方才抓捕到所有犯罪嫌疑人?要知道,这可是在常态化疫情防控下,34个小时已经远远超过寻找和锁定密接的时间。特别是涉案者中5人有前科劣迹,包括寻衅滋事、非法拘禁、故意伤害等,主犯更是案底累累,犯罪不拘存在已久,事件另牵出案中案。这些人是如何躲过近几年声势浩大的"扫黑除恶专项斗争"？事出反常必有妖，这些问题都接连引发网络舆论质疑。①

　　社会大众的愤怒，舆论的义愤、质问和不安不断发酵。有人说暴力案具有偶然性，当然有一定道理，但其预防措施、极端程度、应对机制、处理效率却和一个地方的社会治安综合治理水平密切相关。事件引发网络聚焦后，高压态势下民众"借东风"，互联网掀起实名举报潮，顺势公开举报当地黑恶势力敲诈勒索、非法拘禁、商业诈骗、暴力侵占、霸占市场等恶行，其中涉及路北区地域的有多起，桩桩件件公安机关正侦办证实中，已抓捕多人。同时，唐山市公安局成了网红地，信访接待大厅门前现场排起长龙宛如春运，"没想到会有这么多人"，第一天接访据说来访群众需排队三四个小时，举报者井喷式增长，具体印证了所谓冰冻三尺非一日之寒。试想，普通百姓实名举报需要多大的勇气？如果不是长时间被逼上绝路，为何要选择网络举报？海恩法则明言：任何不安全事故都可以预防；一次严重事故之前必有 300 起未遂先兆。人们也都有这样的体验和省悟：某些荒唐事发生在某一特定地方或地域，会显得"合情合理"，因为后者提供了纵容、默许此类事情的社会环境。不妨回忆一下，唐山曾在近期一个多月的时间里三次登上全网热搜，除了此次恶性案件，另外几次是什么？

　　2022 年 5 月初，唐山市辖区一位老农在疫情防控期间着急下地干活，被当地巡察人员看到，结果是老农用大喇叭向全村村民自我批评、自我"游街"。"唐山硬核防疫不许下地种地"随即以一种黑色幽默的叙事登上全网热搜。此前的 4 月底，唐山市所辖迁安市为防止疫情扩散，施行"硬隔离"措施，要求部分住户交出钥匙用以反锁家门，将部分居民楼的房门

---

① 在网络舆论的密切监督下，2022 年 6 月 21 日，河北省纪委监委通报，河北省纪检监察机关对唐山市某烧烤店寻衅滋事、暴力殴打他人案件及其他相关案件涉及的公职人员涉嫌严重违纪违法问题，依纪依法开展审查调查。目前，经河北省纪委监委指定管辖，唐山市路北区政府党组成员、副区长，市公安局路北分局党委书记、局长马爱军，正接受廊坊市纪委监委纪律审查和监察调查；经唐山市纪委监委指定管辖，唐山市公安局路北分局机场路派出所所长胡斌、长虹道警务站副站长韩志勇、机场路派出所民警陈志伟（曾公开谎称"接警后 5 分钟赶到"）、光明里派出所原所长范立峰，正分别接受唐山市曹妃甸区纪委监委、唐山市丰南区纪委监委纪律审查和监察调查。资料来源：《唐山市公安局路北分局局长马爱军等人接受审查调查》，http://www.hebcdi.gov.cn/2022-06/21/content_8818508.htm，2022 年 6 月 21 日访问。

用铁丝绑住。这个"措施"不仅"震撼"大众,甚至超出了大众的想象力。地方行政部门眼里没"人"吗?坚持以人民为中心,一切为了人民、一切服务人民体现在哪里?难道不知这样的情况一旦发生火灾后果不堪设想?地方行政部门眼里没"法"吗?难道不知道这相当于剥夺财产、侵犯公民权利吗?

一而再、再而三,既是偶然,也是必然,这种无"人"无"法"的治理状态,为我们当下理解唐山刚刚发生、原来发生的一系列"恶",提供了一个观察角度或新的视角。官员敬畏法与民众守法是一体两面,公正司法、严格执法与全民守法是一体两面,能随便铁丝锁门、禁足公民的地方,能荒唐到不让农民种地的地方,如此暴行接警记录单留下的却为"一般打架",会有怎么样的法治环境,会有什么样的法治治理水平,会有怎么样的社会法律意识,可想而知。这样的治理环境,自然无法震慑和预防极端恶行事件。这样的环境中出现一群不以殴打女性为耻、不知暴力要负刑责,人格和智商上的双重垃圾,奇怪吗?①

围殴女性、种地道歉、铁丝锁门,三起于几个月内发生在唐山的社会事件,无疑都是社会治理的失效,暴露出基层治理短板共性,也都隐喻着"法"的威信在一个地域间的流失,彼此之间已经形成了一个耐人寻味的逻辑链条。2022年8月26日,烧烤店打人案及陈某志等涉嫌恶势力组织违法犯罪案件,由河北省廊坊市广阳区人民检察院依法提起公诉。经公安机关依法深入侦查,检察机关审查查明,2012年以来,陈某志等长期纠集在一起,在唐山市等地涉嫌以暴力、威胁等手段,实施非法拘禁、聚众斗殴、故意伤害、开设赌场、抢劫、掩饰、隐瞒犯罪所得、帮助信息网络犯罪活动、寻衅滋事等刑事犯罪11起,实施寻衅滋事、故意伤害等行政违法4起,逐渐形成了以陈某志为纠集者的恶势力组织。2022年9月13日至15日,广阳区人民法院一审公开开庭审理;9月23日,一审公开宣判,主犯陈某志数罪并罚,决定执行有期徒刑24年,其余27名被告人依法判处11年至6个月有期徒刑不等的刑罚。该恶势力组织为非作恶,欺

---

① 参见白定:《围殴女性、种地道歉、铁丝锁门:唐山为何一个月三次热搜?》,https://news.ifeng.com/c/8GknlbZdtih,2022年6月11日访问,以及综合同时段媒体报道。

压百姓,破坏当地经济、社会生活秩序,造成恶劣的社会影响。十年来作恶多端的陈某志,如果不是被网络曝光,其恶行还要横行多少年?多年来逍遥法外,公安机关为何发现不了?

　　社会稳定是国家强盛的前提,法治社会是构筑法治国家的基础。人们不禁追问:作为曾蝉联四届的"全国文明城市"、河北第一工业城市、省域现代化中心城市的唐山,社会治安尚且这样,那么偏远山区、乡村治理又能如何?法治建构之慢之难,法治破坏之快之容易,当给更多执法者、司法者、公共政策制定者以警钟之声,时时响彻耳边,日日警醒,不能懈怠;也再次为全国基层治理以典型镜鉴,深度揭示基层治理短板共性,基层法治任重道远。依法除暴,斩草除根,方能安良。基层乃百姓宁静生活之定所,国家长治久安之基石;基层治理是民众安全最直接的保障,关乎百姓幸福生活,关系党的执政基础。完善社会治理体系,健全共建共治共享的社会治理制度,全面提高基层治理法治化水平,持续提升社会治理体系和治理能力现代化,夯实巩固国家治理现代化的法治根基,有效根治基层治理的顽瘴痼疾,彻底铲除黑恶势力滋生的土壤,清除破坏社会治安的毒瘤;织密、扎牢基层治理法治网,发展壮大群防群治力量,筑牢社会安全屏障,提升社会治理效能,及时把矛盾纠纷化解在基层、化解在萌芽状态,不断巩固平安中国建设成果,让正义的阳光沐浴每一寸土地,即便在没有摄像头的偏僻角落,也能让百姓重拾安居乐业的信心,这是不断满足人民群众对美好生活向往的国家责任和政府担当。

第八章

典型样态：民族区域法治[*]

民族区域法治属于区域法治的特殊类型、典型样态，在发展起点、条件、目标、功能及具体内容上存在独特性，也兼具其他类型区域法治的特点。民族区域法治70多年的成功探索，为新时代深化依法治国实践贡献了宝贵经验，坚持和完善民族区域自治制度，合理科学配置自治机关自治权，推动基层社会治理创新，保障区域社会和谐稳定，实现经济社会协调发展，是民族区域法治发展的根本任务。

"本民族内部事务"的"本民族"是指民族自治地方的聚居少数民族，"本民族内部事务"就是聚居少数民族的内部事务，自治立法权的客体就是聚居少数民族独有的政治、经济和文化事务事项。《立法法》修订赋予设区的市一定范围立法权，自治州人大常委会因此获得地方性法规制定权，但自治州人大常委会的地方性法规制定权对自治州人大的自治立法权构成新的侵蚀。区域立法合作是区域法治的重要内容，《酉水河保护条例》以新发展理念为指导，以绿色引领共治，以共治保障共享，是民族区域立法合作的第一次有益尝试，为区域立法合作提供了宝贵经验。

法治中国是制度之治，也是治国道路和治国理论，民族区域自治制度是法治中国建设的重要内容。现代治理是文化认同、文化共识之上的规则之治、良法善治。新时代新征程，坚持和完善民族区域自治制度，推进民族自治地方治理体系和治理能力现代化，要"依法治理民族事务，确保各族公民在法律面前人人平等。要全面贯彻落实民族区域自治法，健全民族工作法律法规体系，依法保障各民族合法权益。要坚持一视同仁、一断于法，依法妥善处理涉民族因素的案事件，保证各族公民平等享有权利、平等履行义务，确保民族事务治理在法治轨道上运行。对各种渗透颠覆破坏活动、暴力恐怖活动、民族分裂活动、宗教极端活动，要严密防范、坚决打击"[①]。

---

[*] 潘红祥、冉艳辉博士参与部分书稿写作。
[①] 习近平：《铸牢中华民族共同体意识》（2019年9月27日），载《习近平谈治国理政》（第三卷），外文出版社2020年版，第301页。

一、新中国民族区域法治与经验

民族区域法治是国家法治在民族区域的生动展现、具体实践,构成中国区域法治的独特形态、典型样态。新中国民族区域法治70多年的发展历程,是我国区域法治成功实践的鲜活样本,是国家法治在特殊区域的创造性探索,展示了中国区域法治的多样性、丰富性和开放性,为新时代深化依法治国实践提供了生动范例、贡献了宝贵经验,开辟了区域法治发展的广阔前景①。

(一)民族区域法治的基本内涵②

1. 区域与区域法治的概念

区域的概念可以从多学科的角度进行理解和阐释,法学界主要从主权或者行政区划的角度理解区域。从国家治理视角而言,区域意味着在一个主权国家范围内以特定的行政管辖层级为基础的地区单元,或者是以一定的地缘关系为纽带而形成的若干个行政管辖层级所组成的地区单元集合体,理论上行政管辖边界清晰,实践中却并不尽然,所以时常有涉及林草、矿产资源等边界纠纷的发生。如民族区域地域广阔、资源富集,广义的民族区域,可能是指水系源头区、生态屏障区,或文化特色区、边疆

---

① 例如,2019年8月,《中共中央 国务院关于支持深圳建设中国特色社会主义先行示范区的意见》提出,率先营造彰显公平正义的民主法治环境,"用足用好经济特区立法权,在遵循宪法和法律、行政法规基本原则前提下,允许深圳立足改革创新实践需要,根据授权对法律、行政法规、地方性法规作变通规定"。这一"变通规定"的意见就是来源于民族区域法治成功探索实践和经验积累的智慧。

② 民族区域有广义和狭义之分,广义的民族区域包括民族自治地方和非民族自治地方的民族乡,以及民族村、民族社区,狭义的民族区域仅指民族自治地方,即少数民族聚居区并享有自治权的地方。《宪法》《民族区域自治法》分别采用"少数民族地区"(《宪法》第4条第2款)、"各少数民族聚居的地方"(《宪法》第4条第3款、《民族区域自治法》第2条)、"民族自治地方"(《宪法》第六章、《民族区域自治法》各章)等概念。本章从区域法治的角度展开论述,为与其他行政区域、经济一体化区域的表述保持一致,故采用"民族区域"的概念,在内涵和外延上与"民族自治地方"相一致。

边境区;特定民族区域即指某一民族自治地方。

区域法治则是与国家法治相对应的概念,是国家法治在一定区域内的展开、延伸,是根据区域自然环境、经济基础、历史传统、民族构成等因素,因地制宜依法治理而形成的具有地方、区域特色法治运行模式和法治样态。区域法治是一个开放性或曰包容性概念,既包括单一行政区划内的地方法治,也包括跨行政区划的一体化、合作型法治。① 在一个主权国家范围内,不同区域法治的运动发展不可能是处于互不相关、绝对排斥的状态,因而必定会构成国家法治发展这个"总体"。同时,各个区域有着不同的自然地理环境、经济发展程度、历史文化传统,区域法治的发展也必然呈现出多样化"个性"。因此主权国家范围内的区域法治发展是一个多样性与统一性有机结合的过程。② 有学者将区域法治归纳成五种类型:第一,国家试点形成的区域法治。也就是,国家为进行某个领域的法治建设,试点单位在经过若干制度探索后,则可能形成一种区域法治模式。第二,主权国家之间自主协定形成的区域法治,例如中国—东盟自由贸易区等。第三,民族自治形成的区域法治③。第四,经济特区形成的区域法治。第五,国家战略形成的区域法治,例如以"西部大开发法治"为内核的区域法治。④ 区域法治包含于国家法治,与国家法治具有内在的统一性、一致性。但是,"在法治发展的起点、条件、过程、动力机制、实现方式等等诸多方面,区域法治发展与国家法治发展之间无疑存在着明显的差异性"⑤。正是这种差异性,构成了国家法治的丰富内涵,也为区域法治的理论研究提供了广阔空间,拓展和丰富了新时代中国法学的研究内容。

---

① 参见本书第六章第三部分"区域法治概念辨析"。
② 公丕祥:《区域法治发展的概念意义——一种法哲学方法论上的初步分析》,载公丕祥主编:《变革时代的区域法治发展》,法律出版社 2014 年版,第 116 页。
③ 中国依据宪法确立的享有自治权的区域,除民族自治地方外,还有香港特别行政区、澳门特别行政区。
④ 姜涛:《区域法治:一个初步的理论探讨》,载公丕祥主编:《变革时代的区域法治发展》,法律出版社 2014 年版,第 171—172 页。但笔者认为概括不尽全面,还有遗漏,参见本书第六章第二部分"区域法治研究缘起"。
⑤ 公丕祥:《区域法治发展的概念意义——一种法哲学方法论上的初步分析》,载公丕祥主编:《变革时代的区域法治发展》,法律出版社 2014 年版,第 111 页。

2. 区域法治视角下的民族区域法治

民族区域法治属于区域法治,是区域法治的特殊类型、典型样态,实践中往往还兼容了其他类型区域法治的特点。以武陵山片区为例,空间范围包括湖北、湖南、重庆、贵州四省市交界地区的 71 个县(市、区)。其中,恩施土家族苗族自治州、长阳土家族自治县、五峰土家族自治县、湘西土家族苗族自治州、城步苗族自治县、酉阳土家族自治县、秀山土家族苗族自治县、彭水苗族土家族自治县、石柱土家族自治县、道真仡佬族苗族自治县、务川仡佬族苗族自治县是民族自治地方,是国家西部大开发战略的有机组成区域,还是国家重大战略的试点区域,武陵山片区区域发展与扶贫攻坚试点工作也为全国其他集中连片特困地区提供了示范。

与其他类型的区域相比,民族区域在发展起点、条件、目标、功能以及具体内容上也存在独特性。民族区域自治制度是我国的基本政治制度之一,从设立民族区域的初衷看,一方面是基于国家统一、民族和谐、边疆安全等考虑,另一方面是为了帮助少数民族地区在经济、社会、文化等方面的发展。宪法赋予民族区域广泛的自治权,其中自治立法权是核心,民族区域可以结合当地民族的实际情况,执行或者变通执行国家的法律。民族区域法治建设的内容主要包括:中华民族共同体建设的法治保障,民族区域与国家之间关系的法治化,民族区域自治权的规范行使,落实上级国家机关对民族区域的职责要求,保障民族区域公民的合法权益,以及民族区域之间、民族区域与其他区域之间的法治合作等。

(二)新中国民族区域法治的发展

1. 民族区域及其核心法律规范的建构

新中国成立初期是民族区域法律体系的建构时期,这个时期的法律规范主要解决民族区域与国家之间的关系问题,任务是创立民族区域的政权组织架构、加强国家在民族区域的政权建设、保护少数民族权利、巩固新生的人民民主政权,核心规范包括 1949 年的《共同纲领》、1952 年的《中华人民共和国民族区域自治实施纲要》(以下简称《民族区域自治实施纲要》)、1954年的《宪法》(即"五四宪法")。

中国是统一的多民族国家,中国共产党建立民族区域自治制度而不是联邦制,这个重大政治决断及其法律化最早体现于《共同纲领》,它明确回答了民族区域与国家之间的关系问题。在《共同纲领》第六章的民族政策中,规定各民族一律平等,实行团结互助,各少数民族聚居的地区,实行民族的区域自治,按照民族聚居的人口多少和区域大小,分别建立各种民族自治机关。对此,周恩来在中国人民政治协商会议第一届全体会议召开前向政协代表作的报告中指出:"不管人数多少,各民族间是平等的。""这里主要的问题在于民族政策是以自治为目标,还是超过自治范围。我们主张民族自治,但一定要防止帝国主义利用民族问题来挑拨离间中国的统一。""今天帝国主义者又想分裂我们的西藏、台湾甚至新疆,在这种情况下,我们希望各民族不要听帝国主义者的挑拨。为了这一点,我们国家的名称,叫中华人民共和国,而不叫联邦。"①

《民族区域自治实施纲要》是新中国第一部关于民族区域自治的专门法律,集中规定了民族自治区的类型、自治区域界线划定、自治机关以及自治权利。民族自治区包括三种类型:一是以一个少数民族聚居区为基础而建立的区域;二是以一个大的少数民族聚居区为基础,并包括个别人口很少的其他少数民族聚居区所建立的自治区;三是以两个或多个少数民族聚居区为基础联合建立的自治区。从性质上看,民族区域自治是民族自治与区域自治的结合。李维汉指出:"有些与汉族聚居区相联接或相交错的少数民族聚居区,因为经济、政治和历史的原因,在实行区域自治时,包含了一部分汉族居民区和城镇,个别民族自治区所包含的汉族居民甚至占自治区人口的多数。这是允许的,因为这既有利于民族团结,更有利于自治区的建设。"对于民族自治区的区域界线问题,李维汉认为:"应允许先做临时处理,以免急躁或拖延。对行政地位,原则上可依自治区的地

---

① 周恩来:《关于人民政协的几个问题》(一九四九年九月七日),载《周恩来统一战线文选》,人民出版社1984年版,第139—140页。

域大小和人口多少决定。"自治机关的建立和组织依据民主集中制和人民代表大会制的基本原则,"其具体形式,则要依照实行区域自治的民族大多数人民及与人民有联系的领袖人物的意愿,使能适应各少数民族当前发展阶段的面貌,成为实行区域自治的民族人民容易了解和乐于亲近的形式"。① 自治区在经济、财政、文化、教育及地方人民武装等方面享有自治权利。

"五四宪法"将民族区域自治制度载入,为民族区域法治建设奠定了宪法基础。"五四宪法"的制定过程是一个对民族问题进行深入探讨和达成广泛共识的民主协商过程,宪法对民族区域自治制度做出了更明确具体的规定。譬如,关于自治权的权限范围,"五四宪法"第70条规定:"各民族自治地方的自治机关按照宪法和法律规定的权限行使自治权。"在刘少奇主持的宪法起草委员会第四次全体会议上,一些同志对此条款提出疑问:是否这一条意味着自治权受到很多限制了?法律没有规定的事情就不能做了?对此,邓小平鲜明地指出:"宪法上充分保障了少数民族的权利,不能设想在宪法之外还可以做别的事情。要求脱离中国,加入别的国家,那不行;要求特殊,独立起来,也不行。具体的,政治、经济、文化的权利,是充分保障的。如果现在规定得还不够完备,将来还可以补充,但也要由法律来补充。"②

上述规范初步构建了我国民族区域的法律体系,在实现多民族国家政治整合的同时,也为民族区域法治建设奠定了宪制基础。特别是使新中国初期的民族关系发生了根本性变化,从政治上的不平等、歧视、各自为政转变为平等、团结、互助的新型民族关系,极大地增强了中华民族的凝聚力。随着民族区域自治制度在全国的推行,在新的民族自治地方组建起来的同时,原有自治地方也作出了调整。截至1958年年底,先后建立了新疆、广西、宁夏3个自治区,29个自治州,54个自治县(旗),加上1947年建立的内蒙古自治区,全国共建立起87个民族自治地方。③ 1965年,西藏自治区成立。在1966年之前,民族立法工作出现短暂的繁荣,全国人大

---

① 参见李维汉:《统一战线问题与民族问题》,人民出版社1981年版,第465、466页。
② 转引自韩大元:《1954年宪法制定过程》,法律出版社2014年版,第283页。
③ 参见黄光学:《当代中国的民族工作》(上),当代中国出版社1993年版,第91页。

常委会批准了48个民族自治地方的组织条例,还通过了《民族自治地方财政管理暂行办法》等法律规范。

2. 民族区域法治的重建与发展

"文革"期间,由于受极"左"的思想严重干扰,民族立法工作全面停滞,1975年《宪法》甚至取消了民族自治地方制定自治条例和单行条例的规定。1978年《宪法》虽然恢复了"五四宪法"关于民族区域自治的规定,但是民族法制建设仍然停滞不前。党的十一届三中全会以后,民族工作与国家其他工作同步全面拨乱反正,民族区域法治迎来新的春天。

1981年6月,党的十一届六中全会通过的《中国共产党中央委员会关于建国以来党的若干历史问题的决议》明确要求:"必须坚持实行民族区域自治,加强民族区域自治的法制建设,保障各少数民族地区根据本地实际情况贯彻执行党和国家政策的自治权。"1982年《宪法》、1984年《民族区域自治法》的颁布施行是民族区域法治建设恢复与重建的重大标志。1982年《宪法》继承和发展了"五四宪法"关于民族问题的基本原则和精神。根据《宪法》制定的《民族区域自治法》,细化和完善了民族区域自治制度。此后,除了涉及民族区域自治制度的法律规范,民族自治地方的自治条例、单行条例和变通规定、补充规定也蓬勃发展起来。

随着改革开放政策的推行,"共同富裕""两个大局"思想的提出和西部大开发战略的实施,民族区域法治的内涵不断丰富发展。1988年11月2日,邓小平为祝贺广西壮族自治区成立三十周年题词:"加速现代化建设,促进各民族共同繁荣。"这体现了中国解决民族问题的战略思想,是社会主义本质要求——共同富裕理念在民族工作中的具体展现。在邓小平"共同富裕""两个大局"思想基础上①,1999年,中央提出实施西部大开发战略。西部是我国少数民族分布最集中的区域,少数民族人口占全国总

---

① 邓小平指出:"沿海地区要加快对外开放,使这个拥有两亿人口的广大地带较快地先发展起来,从而带动内地更好地发展,这是一个事关大局的问题。内地要顾全这个大局。反过来,发展到一定的时候,又要求沿海拿出更多力量来帮助内地发展,这也是个大局。那时沿海也要服从这个大局。"参见邓小平:《中央要有权威》(一九八八年九月十二日),载《邓小平文选》(第三卷),人民出版社1993年版,第277—278页。

人口的 80% 以上;全国 5 个民族自治区都在西部,30 个自治州有 27 个在西部,国家西部大开发战略的实施为推动民族区域的全面振兴迈出了坚实步伐。

在西部大开发的新形势下,为推进民族区域经济社会发展,原有法律规范在加大对民族区域的投入和强化上级国家机关职责方面作出了修改。2001 年 2 月 28 日,九届全国人大常委会第二十次会议发布了《全国人民代表大会常务委员会关于修改〈中华人民共和国民族区域自治法〉的决定》,修改后的《民族区域自治法》正式确立了民族区域自治制度作为国家基本政治制度的法律地位。同时,新规定加大了对民族地区的财政、金融、基本建设、环境保护、教育等方面的投入,扩大了民族自治地方的对外贸易自主权。2005 年 5 月 31 日,《国务院实施〈中华人民共和国民族区域自治法〉若干规定》施行,这是在 1991 年《国务院关于进一步贯彻实施〈民族区域自治法〉若干问题的通知》的基础上,根据 2001 年修改通过的《民族区域自治法》以及民族自治地方的实际,对《民族区域自治法》的进一步细化。尤其是对上级国家机关不履行或不当履行职责的法律责任规定,是我国民族区域法治建设的一个重大突破[①]。特别是《国务院实施〈中华人民共和国民族区域自治法〉若干规定》第 6 条,还以行政法规的形式确认了西部大开发战略在民族区域的全面实施,对未列入西部大开发范围的自治县,明确要求由其所在省人民政府在职权范围内比照西部大开发有关政策予以扶持。

民族区域法治恢复与重建之后,其功能也逐渐发生变化。随着改革开放政策的推行,经济建设成为国家大局和工作的中心,由于民族区域自然环境差异巨大、经济基础薄弱、生态基础脆弱,特别是边疆民族地区,条

---

① 例如,《国务院实施〈中华人民共和国民族区域自治法〉若干规定》第 31 条规定:"对违反国家财政制度、财务制度,挪用、截留国家财政用于民族自治地方经费的,责令限期归还被挪用、克扣、截留的经费,并依法对直接负责的主管人员和其他直接责任人员给予行政处分;构成犯罪的,依法追究刑事责任。"第 32 条规定:"各级人民政府行政部门违反本规定,不依法履行职责的,由其上级行政机关或者监察机关责令改正。各级行政机关工作人员在执行本规定过程中,滥用职权、玩忽职守、徇私舞弊,构成犯罪的,依法追究刑事责任;尚不构成犯罪的,依法给予行政处分。"

件复杂恶劣、原有社会发展水平低下,在经济建设过程中,最突出、最主要的表现就是民族区域发展严重滞后,以及东西部差距不断扩大,解决上述问题、推动国家区域之间均衡发展,是这一时期民族区域法治建设的主要功能。

3. 民族区域法治在新时代的机遇与挑战

社会主义市场经济的深入发展,城市化进程的加速推进,信息化网络化的广泛运用,国家行政管理体制改革逐步深化。与此同时,区域间经济社会发展的不平衡性,促使区域之间开展广泛的联合与协作成为可能,区域合作机制产生。无论是纵向的行政管理体制改革,还是横向的地方政府之间协作,都给民族区域法治发展带来新的挑战。

一方面,传统行政管理体制下形成的行政区域与新兴的经济一体化区域之间存在矛盾,自由大市场难以形成,行政区块的垄断与分割极大地妨碍了资源的合理配置和商品的自由流通,在行政管理体制改革的大背景下,民族区域自然也面临管理体制改革这个共同问题。例如,发端于20世纪90年代的"强县扩权"改革,运用于民族区域时导致了自治权的虚化[①];行政区划调整也是行政体制改革中常用手段,对被撤并民族区域的自治权产生影响[②];在经济发展、城市化、信息化进程较快的部分民族区域,对自治州的未来引发讨论,学界提出设立"自治市"的构想[③]。在实践

---

① 参见解佑贤等:《"强县扩权"、财政"省直管县"之下的自治州地位问题研究》,载《黑龙江民族丛刊》2012年第3期。

② 长期以来,行政区划调整都是我国行政体制改革中普遍采用的方式。例如,成立于1985年的辽宁省凤城满族自治县,1994年撤县改为凤城市;成立于1989年的辽宁省北镇满族自治县,1995年撤县改为北宁市;1987年成立的海南省东方黎族自治县,于1997年撤县设立东方市;1984年成立的黔江土家族苗族自治县,于2000年撤县改为黔江区;广西防城各族自治县于1958年成立,1993年经国务院批准分为防城区、港口区和东兴市;1988年国务院批准湖南省设立大庸市(后改为张家界市),将原属湘西州的大庸县和桑植县划归张家界市管理,成为张家界市的永定区、桑植县;2002年,国务院批准云南省撤销丽江地区和丽江纳西族自治县,设立地级丽江市,将原属于丽江纳西族自治县的大研镇、龙山乡等6个乡镇划归丽江市古城区管辖,丽江市辖原丽江地区的永胜县、华坪县、宁蒗彝族自治县和新设的古城区、玉龙纳西族自治县。参见金炳镐、田烨:《新世纪中国民族区域自治制度创新的一个亮点——"民族自治市"》,载《西北民族大学学报》(哲学社会科学版)2007年第5期;周勇、马丽雅主编:《民族、自治与发展:中国民族区域自治制度研究》,法律出版社2008年版,第266页。

③ 参见金炳镐、田烨:《新世纪中国民族区域自治制度创新的一个亮点——"民族自治市"》,载《西北民族大学学报》2007年第5期;张殿军:《自治州及其辖区行政体制改革的困境与创新》,载《民族研究》2013年第3期。

中,2012年国务院下发《关于进一步促进贵州经济社会又好又快发展的若干意见》(国发〔2012〕2号),为此,黔东南苗族侗族自治州开展了自治州及辖区行政体制改革试点工作。

另一方面,随着区域之间合作协同发展的推进,尤其是"一带一路"战略以及构建人类命运共同体理念的提出和实施,高水平的对外开放和区域协作格局形成,对民族地区的区域协作与开放能力提出新的更高要求。我国区域协作的规范依据主要是行政协议和区域规划,较早的如2005年5月福建、江西、湖南、广东、广西、海南、四川、贵州、云南九省区签订的《泛珠三角区域地方税务合作协议》,新近的有2019年2月中共中央、国务院印发的《粤港澳大湾区发展规划纲要》等。区域合作的发展,区域法治随之系统推进。例如,在司法领域,党的十八届四中全会通过的《中共中央关于全面推进依法治国若干重大问题的决定》明确指出:"探索设立跨行政区划的人民法院和人民检察院,办理跨地区案件。"在立法领域,2015年3月,十二届全国人大三次会议修订《立法法》,将地方性法规的制定权赋予所有设区的市和自治州,为地方充分发挥自主性提供了更加明确具体的法律依据[1]。地方立法权的扩容也为民族区域的立法和立法合作提供了契机。笔者曾亲自参与的立法项目——《酉水河保护条例》,就是湖北省恩施土家族苗族自治州和湖南省湘西土家族苗族自治州为保护酉水河及其流域生态而开展的区域立法合作,是民族区域立法合作的首次成功探索[2]。

区域协作已在民族区域形成丰富实践:一是跨省级行政区划的协作,例如2011年国务院批准的《武陵山片区区域发展与扶贫攻坚规划(2011—2020)》,涉及湖南、湖北、重庆、贵州、四川等省市的民族区域;二是市级层面的区域性合作,例如乌昌一体化区域;三是县级层面的区域性合作,例如武陵山龙山来凤经济协作示范区。2015年3月28日,国家发

---

[1] 根据《立法法》第72条第5款的规定,自治州的人民代表大会及其常务委员会可以就城乡建设与管理、环境保护、历史文化保护等方面的事项制定地方性法规。
[2] 参见本章第二部分"民族区域立法合作的实践探索"。

改委、外交部、商务部联合发布《推动共建丝绸之路经济带和21世纪海上丝绸之路的愿景与行动》,正式启动中国与相关国家双边多边机制的区域合作即"一带一路",共同打造政治互信、经济融合、文化包容的利益共同体、命运共同体和责任共同体。"一带一路"是促进共同发展、实现共同繁荣的合作共赢之路,作为国家重大战略,开创了区域新型合作机制,不仅是打造区域经济合作的平台,也包括政治、法律、文化等方面的全方位合作,涉及地域广阔的民族区域特别是西部边疆民族省区。为了更全面直观地了解当前有关区域发展战略对民族自治地方的影响,笔者对"十二五"期间(2011—2015年)30个自治州所处的经济一体化区域(包括经济示范区、协作区、试验区、生态保护区等)进行了如下梳理(见表1)①。

表1 全国30个自治州所属经济一体化区域一览表

自治州	所属行政区域	所属主要经济区域
延边朝鲜族自治州	吉林省	延龙图一体化
恩施土家族苗族自治州	湖北省	武陵山片区;武陵山龙山来凤经济协作示范区
湘西土家族苗族自治州	湖南省	武陵山片区;武陵山龙山来凤经济协作示范区
凉山彝族自治州	四川省	乌蒙山片区
甘孜藏族自治州	四川省	全国14个集中连片特困区——甘孜藏区
阿坝藏族羌族自治州	四川省	川西北生态经济示范区
伊犁哈萨克自治州	新疆维吾尔自治区	丝绸之路经济带
巴音郭楞蒙古自治州	新疆维吾尔自治区	库(尔勒)尉(犁)一体化;丝绸之路经济带
克孜勒苏柯尔克孜自治州	新疆维吾尔自治区	丝绸之路经济带
昌吉回族自治州	新疆维吾尔自治区	乌昌一体化区域

---

① 以各自治州近五年的政府工作报告以及《第二届全国民族自治州全面建成小康社会经验交流现场会交流材料汇编》(恩施发展研究院,2016年9月)为依据统计。

(续表)

自治州	所属行政区域	所属主要经济区域
博尔塔拉蒙古自治州	新疆维吾尔自治区	丝绸之路经济带
甘南藏族自治州	甘肃省	丝绸之路经济带
临夏回族自治州	甘肃省	丝绸之路经济带
玉树藏族自治州	青海省	丝绸之路经济带
果洛藏族自治州	青海省	青甘川滇四省藏区
海北藏族自治州	青海省	丝绸之路经济带
海南藏族自治州	青海省	三江源保护区
海西蒙古族藏族自治州	青海省	青海省柴达木循环经济试验区
黄南藏族自治州	青海省	三江源保护区
怒江傈僳族自治州	云南省	片马边境经济合作区
大理白族自治州	云南省	滇西边境片区
文山壮族苗族自治州	云南省	滇桂黔石漠化集中连片扶贫开发区
西双版纳傣族自治州	云南省	勐腊(磨憨)重点开发开放试验区
红河哈尼族彝族自治州	云南省	个旧、开远、蒙自一体化;昆玉红旅游文化产业经济带
迪庆藏族自治州	云南省	滇川藏经济走廊
楚雄彝族自治州	云南省	乌蒙和滇西片区连片扶贫开发区
德宏傣族景颇族自治州	云南省	瑞丽沿边重点开发实验区
黔东南苗族侗族自治州	贵州省	黔中经济区;凯(里)麻(江)同城化;黔东一体化;黎(平)锦(屏)同城化
黔南布依族苗族自治州	贵州省	瓮安与福泉、惠水与长顺、贵定与龙里一体化
黔西南布依族苗族自治州	贵州省	泛珠三角区域、中国—东盟自贸区、珠江—西江经济带、左右江革命老区

总的说来,随着民族区域法治的发展,新时期民族区域与上级国家机关之间的行政管理体制、民族区域与其他行政区域的关系,正在适应新经济社会秩序和社会治理要求逐渐变革、调整。但当前行政管理体制改革和区域协作机制构建主要还是依靠行政手段推进,政策性特点突出,一些

责任还难以落实,对相关主体而言确定性不强、约束力不够,与法治化、国家治理体系和治理能力现代化的要求还有差距,这也是民族区域法治建设在新时代新征程需要着力解决的问题。

(三)民族区域法治的经验与展望

1. 坚持和完善民族区域自治制度

民族区域自治是新中国创立初期立宪者们做出的政治决断,是我国单一制国家结构形式的有机组成部分,体现了国家与民族区域的权力配置关系。党的十九大报告在新时代中国特色社会主义思想和基本方略中明确指出,必须坚持和完善民族区域自治制度。民族区域法治的目标和内容将随着时代变迁而不断丰富和发展,但是,作为宪制基础的基本制度安排,民族区域自治制度不会动摇,这是用中国话语阐释中国法治、加强民族区域法治研究应有的制度自信和学术态度。为此,要始终坚持以习近平新时代中国特色社会主义思想为指导,深入学习贯彻习近平关于加强和改进民族工作的重要思想,以深化依法治国实践为主线,以国家治理体系和治理能力现代化为保障,以铸牢中华民族共同体意识为目标,坚定不移走中国特色解决民族问题的正确道路,牢牢把握"五位一体"总体布局和"四个全面"战略布局的基本要求,着力民族区域法治与地方治理创新研究。

坚定不移走中国式现代化道路,践行以人民为中心的发展思想,着力解决发展不平衡不充分问题,推动人的全面发展、全体人民共同富裕取得更为明显的实质性进展,不断完善贫困治理体系,大力提升贫困治理能力,推动各民族共同走向社会主义现代化,"要完善差别化区域支持政策,支持民族地区全面深化改革开放,提升自我发展能力"[1]。如前所述,随着经济社会发展和城市化进程加速推动的社会转型,学者们对民族区域自治权所受到的冲击十分担忧,因此提出创新宪法和法律规定的民族自治地方的主张,例如将自治州改为自治市。也有学者认为,自治权只是民族

---

[1] 习近平:《以铸牢中华民族共同体意识为主线,推动新时代党的民族工作高质量发展》(2021年8月27日),载《习近平谈治国理政》(第四卷),外文出版社2022年版,第247页。

区域享受国家优惠和照顾的权利,设立民族自治地方只是一种暂时性的措施,"当民族自治地方已经达到法定撤销自治县(自治州)的行政建制、改设市的行政建制时,恰恰表明了民族自治地方在国家优惠和照顾制度(民族区域自治制度)之下,已经达到甚至超越于一般地方的发展水平,'国家'也已经实现对民族自治地方'造血'能力的培育(而非简单的'输血'),因而符合法定条件而进行撤自治县(州)改设市的思路正是民族自治地方城市化发展的正确方向"①。

马克思指出:"权利决不能超出社会的经济结构以及由经济结构制约的社会的文化发展。"②随着城镇化的发展,行政区划调整特别是撤县设区成为区域治理的新趋势。近年来,伴随中国经济一路高歌猛进,北京市、天津市、上海市、南京市等特大或超大城市通过撤县设区实现了全市无"县"。但需要强调指出的是,由于自治县或边疆地区边境县地处偏远,县域管辖面积相差巨大,并且具有民族团结、边疆稳固、生态安全或文化保护的特殊意义,具体调不调整、采取哪种方式调整,不能割断历史渊源,盲目撤县建市设区,而要从政治上看问题,也就是要站在国家战略、国家安全、边疆治理高度,具体问题具体分析,不能简单以人口和经济规模论之。例如,阿克塞哈萨克族自治县(简称阿克塞县)隶属于甘肃省酒泉市,位于甘肃、青海、新疆三省(区)交汇处,常住人口虽然只有1.1万余人,但全县总面积达3.14万平方公里,约占甘肃省总面积的8.56%。再如,新疆塔什库尔干塔吉克自治县地处帕米尔高原东麓,总面积2.5万平方公里,内与叶城县、莎车县及克孜勒苏柯尔克孜州阿克陶县毗邻,外与巴基斯坦、阿富汗、塔吉克斯坦及克什米尔地区接壤,是全国唯一的塔吉克民族自治县和人口较少民族自治县,具有"一县邻三国,两口通两亚,两路连东西"的独特区位优势,2019年年末户籍人口41188人,县域能源资源丰富,旅游资源独特。2022年6月22日,中央全面深化改革委员会第二十六次会议明确强调:"要把历史文化传承保护放在更重要位置,深入研究我国行

---

① 沈寿文:《撤自治县(州)改设"市"异议之商榷——兼驳增设"自治市"主张》,载《黑龙江民族丛刊》2013年第4期。
② 马克思:《哥达纲领批判》,载《马克思恩格斯选集》(第三卷),人民出版社2012年版,第364页。

政区划设置历史经验,稳慎对待行政区划更名,不随意更改老地名。要坚持行政区划保持总体稳定,做到非必要的不调、拿不准的不动、时机条件不成熟的不改。"

县域是国家治理体系和治理能力现代化的基础"接点",县城是推进城镇化建设的重要载体,也是实现城乡融合发展的重要切入点。习近平强调:"郡县治,天下安。在我们党的组织结构和国家政权结构中,县一级处在承上启下的关键环节,是发展经济、保障民生、维护稳定的重要基础。"①全国区县数量众多、类型多样,县域县城数量大,发展路径各不相同,所处发展阶段不同,经济发展水平也有较大差异。县城作为新型城镇化体系的有机组成部分,是城乡融合发展的关键支撑,对促进新型城镇化建设、城乡融合发展、构建新型工农城乡关系意义重大。因此,要以县域为基本单元推进城乡融合发展,发挥县城连接城市、服务乡村作用,增强对乡村的辐射带动能力,增强县城"以城带乡"的关键"接点"作用,立足地域范围、人口规模、民族文化以及发展水平、资源禀赋差异,以城乡深度融合、实现高质量发展为目标,构建城乡融合发展新格局,坚持以人为核心推进新型城镇化,尊重县域发展规律,立足县城自身资源环境承载能力、区位条件、产业基础、功能定位、人口集聚,彰显"人无我有、人有我优"的差异化优势,统筹生产、生活、生态、安全,固底板、扬优势、强特色,错位发展、创新发展,因地制宜补齐县域发展短板弱项,推进以县城为重要载体的城镇化建设,加快破解县城建设的重点难点问题,培育发展优势产业,分类打造县域产业链,夯实县城运行基础支撑,推动县域城镇化可持续发展,为实施扩大内需战略、协同推进新型城镇化和乡村振兴提供有力支撑。

坚持民族区域法治发展目标和正确方向,必须系统把握《民族区域自治法》的深邃意涵和民族区域自治精神,对自治权的属性有清晰而全面透彻认知。从理论上说,在我国单一制国家结构形式之下,自治权具有双重属性:第一,自治权具有权力的属性,来源于国家的授予,属于国家权力的一部分,所以,《宪法》和相关法律规定,民族自治地方自治机关行使地方

---

① 《做政治的明白人发展的开路人群众的贴心人班子的带头人》,载《人民日报》2015 年 7 月 1 日。

国家机关的职权,与此同时又依法行使自治权,根据本地方实际情况贯彻执行国家的法律、政策。第二,自治权具有权利的属性,代表着自治群体的利益[①]。自治权利包括针对整个区域的暂行特别措施或优惠政策,例如接受上级国家机关财政、物资、技术等方面援助的权利,同时也包括基于民族因素采取的差别对待措施,目的在于保持文化多样性和贯彻民族平等,如尊重少数民族使用和发展自己的语言文字、决定保持或改革本民族的风俗习惯等方面的权利。如果将自治权只是等同于接受国家优惠政策或者照顾的权利,显然是有失偏颇的。

的确,随着民族区域经济社会发展与其他区域间差距的逐步均衡,一些暂行的特别措施将适时逐步取消,但文化多样性是人类社会一个漫长而持久的价值追求,与民族文化认同相关的权利也应当得到尊重。民族区域自治制度并不仅仅具有经济上的"造血"功能,还蕴含着更高的价值目标、价值追求——多民族国家的政治整合、国家建设。因此,要从国家建设、民族团结即国家治理、社会治理全局出发谋划和推动民族事务治理,正确处理中华文化和各民族文化的关系,为铸牢中华民族共同体意识夯实思想文化基础;大力弘扬法治精神,全面贯彻党的民族政策,在依法治理、共同治理中不断提升民族事务治理体系和治理能力现代化水平,更加自觉地有效实施民族区域自治法和相关法律法规,更加自觉担负起维护国家统一、促进民族团结的责任。习近平指出:"铸牢中华民族共同体意识,既要做看得见、摸得着的工作,也要做大量'润物细无声'的事情。推进中华民族共有精神家园建设,促进各民族交往交流交融,各项工作都要往实里抓、往细里做,要有形、有感、有效。各族干部要全面理解和贯彻党的民族理论和民族政策,自觉从党和国家工作大局、从中华民族整体利益的高度想问题、作决策、抓工作,只要是有利于铸牢中华民族共同体意识的工作就要多做,并且要做深做细做实;只要是不利于铸牢中华民族共同体意识的事情坚决不做。"[②]

[①] 参见本书第四章第四部分"自治权及其理论基础"。
[②] 《不断巩固中华民族共同体思想基础 共同建设伟大祖国 共同创造美好生活》,载《人民日报》2022年3月6日。

2. 合理配置民族区域与上级国家机关之间的权力

无论是在单一制国家还是联邦制国家,整体与局部、中央与地方、全国性中央政府与区域性地方政府之间的权力配置都存在着"度"的权衡与掌控,这个"度"既取决于立宪者或立法者对当时国家权力配置所做的基本判断,也会随着政治实践的探索而发生改变,这是国家治理体系和治理能力现代化的应有之义。过度分权必然导致结构性失衡,无法进行负责任的国家建设、紧急动员或集体行动。特别是一旦中央与地方权力配置的"度"失衡或破坏,就会危及国家的统一或是各组成部分的利益。民族区域自治制度之核心在于自治权,自治权的有无及其范围的大小是中央与民族自治地方权力配置的"度"最直接的体现。习近平强调:"要正确把握中华民族共同体意识和各民族意识的关系,引导各民族始终把中华民族利益放在首位,本民族意识要服从和服务于中华民族共同体意识,同时要在实现好中华民族共同体整体利益进程中实现好各民族具体利益,大汉族主义和地方民族主义都不利于中华民族共同体建设。"[1]坚持和完善民族区域自治制度,确保党中央政令畅通,确保国家法律法规实施,支持各民族发展经济、改善民生,实现共同发展、共同富裕。

《中共中央关于全面深化改革若干重大问题的决定》指出:"全面深化改革的总目标是完善和发展中国特色社会主义制度,推进国家治理体系和治理能力现代化。"从政府治理创新的角度,改革的核心就是要实现权力配置的优化,也就是通过深化行政体制改革、党和国家机构改革,使体制机制更加健全,机构设置更加合理,职能设定更加科学,权力配置更加优化,权力运行更加顺畅,权力监督更加有效,党的领导更加有力。国家权力配置包括纵向权力配置和横向权力配置。从纵向而言,长期以来,由于我国没有相应的中央与地方关系组织法,《民族区域自治法》也未具体明确,5大自治区的自治条例至今还没有制定出台,30个自治州的自治条例也无权规定其与上级国家机关之间的关系。因此,中央与地方、中央与民族自治地方、上级国家机关与民族自治地方之间权力配置"度"的调整,

---

[1] 习近平:《以铸牢中华民族共同体意识为主线,推动新时代党的民族工作高质量发展》(2021年8月27日),载《习近平谈治国理政》(第四卷),外文出版社2022年版,第246页。

主要依靠行政因素主导和决定,始终未能走出"一管就死,一放就乱"的循环,法治化、稳定性有待提升。① 因应经济社会的发展和改革的深化,2015年《立法法》修订,地方立法权扩容,从理论上说,民族自治地方尤其是自治州,将有更多机会在立法创制过程中实现与上级国家机关的利益协商博弈。但是,从多年以来自治条例、单行条例以及地方性法规的制定情况来看,在缺乏明确的央地关系法和规范的立法争议解决机制情况下,试图通过行使地方立法权,以实现民族区域与上级国家机关之间合理的权力配置几乎是不可能的。这也是今后民族区域法治建设中需要系统研究和亟待解决的实践难题,民族区域自治制度的生命力在于民族自治地方治理体系完善优化和治理能力的不断提升,也就是全面提高民族自治地方自治的现代化水平。

3. 着力解决民族区域与其他区域法治发展中面临的共同问题

2018年11月,《中共中央 国务院关于建立更加有效的区域协调发展新机制的意见》发布,要求到21世纪中叶,"建立与全面建成社会主义现代化强国相适应的区域协调发展新机制,区域协调发展新机制在完善区域治理体系、提升区域治理能力、实现全体人民共同富裕等方面更加有效,为把我国建成社会主义现代化强国提供有力保障"。从法治国家的角度,无论民族区域还是其他区域之间的协调发展,法治都是最有效的保障。随着国家对生态环境保护力度的空前加大和地方政府合作的深入,区域法治在相关领域已经开展了大胆探索。国家层面的立法,例如2014年修订的《中华人民共和国环境保护法》第20条规定:"国家建立跨行政区域的重点区域、流域环境污染和生态破坏联合防治协调机制,实行统一规划、统一标准、统一监测、统一的防治措施。前款规定以外的跨行政区

---

① 《中共中央关于坚持和完善中国特色社会主义制度 推进国家治理体系和治理能力现代化若干重大问题的决定》指出:"健全充分发挥中央和地方两个积极性体制机制。理顺中央和地方权责关系,加强中央宏观事务管理,维护国家法制统一、政令统一、市场统一。适当加强中央在知识产权保护、养老保险、跨区域生态环境保护等方面事权,减少并规范中央和地方共同事权。赋予地方更多自主权,支持地方创造性开展工作。按照权责一致原则,规范垂直管理体制和地方分级管理体制。优化政府间事权和财权划分,建立权责清晰、财力协调、区域均衡的中央和地方财政关系,形成稳定的各级政府事权、支出责任和财力相适应的制度。构建从中央到地方权责清晰、运行顺畅、充满活力的工作体系。"

域的环境污染和生态破坏的防治,由上级人民政府协调解决,或者由有关地方人民政府协商解决。"地方层面的立法,如《湖南省行政程序规定》第15条第1款规定了地方政府之间合作的基本原则:"各级人民政府之间为促进经济社会发展,有效实施行政管理,可以按照合法、平等、互利的原则开展跨行政区域的合作。"上述规定为区域合作行为提供了一些法律依据,但距离法治目标和实践的要求还远远不够。譬如,作为一个公权力主体,区域合作组织应当由宪法、组织法规定或专门法律授权,但从现行法律规范中还找不到设立区域合作组织的依据。另外,区域合作的模式、领域、程序、保障机制等,都需要法律进行有效回应。①

2019年2月,在主持召开中央全面依法治国委员会第二次会议上,习近平深刻指出:"改革开放40年的经验告诉我们,做好改革发展稳定各项工作离不开法治,改革开放越深入越要强调法治。要完善法治建设规划,提高立法工作质量和效率,保障和服务改革发展,营造和谐稳定社会环境,加强涉外法治建设,为推进改革发展稳定工作营造良好法治环境。"②新时代打造全面开放新格局,在国际层面上的区域合作,必然会越来越多涉及一系列合作协议的签订、合作组织的设立以及贸易争端的解决。民族区域与其他区域一样,在对外经济合作过程中,都要积极了解和参与推动双边、多边贸易协定的签订,充分运用国际贸易规则,着力相关主体之间利益的均衡和保护,助推"一带一路"建设和人类命运共同体的构建,实现区域经济的协调发展和社会和谐稳定。以新疆维吾尔自治区为例,今天的大美新疆已不再是边远地带,而是一个核心区、一个枢纽地带,"随着我国扩大对外开放、西部大开发、共建'一带一路'等深入推进,新疆从相对封闭的内陆变成对外开放的前沿,要推进丝绸之路经济带核心区建设,把新疆的区域性开放战略纳入国家向西开放的总体布局中,创新开放型经济体制,加快建设对外开放大通道,更好利用国际国内两个市场、两种

---

① 参见杨志坤:《区域治理的基本法律规制:区域合作法》,载《东方法学》2019年第4期。
② 《完善法治建设规划提高立法工作质量效率 为推进改革发展稳定工作营造良好法治环境》,载《人民日报》2019年2月26日。

资源,积极服务和融入新发展格局"①。

总之,大国治理,机杼万端。中共中央印发的《深化党和国家机构改革方案》明确提出,赋予省级及以下机构更多自主权,突出不同层级职责特点,允许地方根据本地区经济社会发展实际,在规定限额内因地制宜设置机构和配置职能,这是新时代国家治理体系现代化的重大创新举措。我国现有5个自治区、30个自治州、120个自治县(旗),土地面积达681万平方公里,占国土面积的71%,民族区域地域辽阔、文化独特、民族多样,"人民日益增长的美好生活需要和不平衡不充分的发展之间的矛盾"尤为突出,基层治理任务艰巨而繁重。以区域法治推动民族自治地方社会治理创新,保障民族区域社会和谐稳定、经济社会协调发展,对于加强国家建设、实现中华民族伟大复兴的中国梦具有重大理论和实践意义。2022年3月11日,十三届全国人大五次会议审议通过了《全国人民代表大会关于修改〈中华人民共和国地方各级人民代表大会和地方各级人民政府组织法〉的决定》,明确区域协同立法、区域发展合作机制,为新时代区域法治提供了基本遵循,民族区域法治研究必须立足新时代新征程深化依法治国实践新要求开展系统性创新探索,围绕政府治理创新、区域法治创新、社会治理创新、基层组织创新、绿色发展创新、治贫减贫创新、边疆治理创新等重点,科学总结新中国民族区域法治发展的创新经验,深刻揭示民族区域社会治理创新实践中的难点问题,为新时代区域法治特别是民族区域法治发展提供学理支撑和创新路径。

二、民族区域立法合作的实践探索②

区域治理合作、区域经济一体化是当今世界的重要话题,越来越多跨

---

① 《完整准确贯彻新时代党的治疆方略 建设团结和谐繁荣富裕文明进步安居乐业生态良好的美好新疆》,载《人民日报》2022年7月16日。
② 参见戴小明、冉艳辉:《区域立法合作的有益探索与思考——基于〈酉水河保护条例〉的实证研究》,载《中共中央党校学报》2017年第2期;人大复印报刊资料《宪法学、行政法学》2017年第9期全文转载。

越国界的经济合作区域正在形成。在中国,经济的一体化发展也已突破原有的行政区域界线,地方政府之间合作与竞争并存。传统行政区域治理方式的影响以及对本地经济指标的过分关注,往往导致地方政府之间竞争失序,地方政府滥用权力、切割区域市场,自由大市场难以形成,跨行政区域公共事务治理陷入困境,如江河流域保护等区域生态环境治理艰难。立法从根本上说就是有权主体对利益进行平衡和确认,因此,区域立法合作是协调地方政府之间利益冲突治理的重要方式、有效手段。

(一)区域立法合作模式概说

在不同的政治体制、法治背景下,区域立法合作模式不尽相同。近年来,世界范围内受到学术界关注的主要有三种区域立法合作模式:

一是以欧盟为代表的跨国区域立法合作,其复杂的立法合作过程受到学界关注。① 在欧盟,"没有一个机构能够使欧盟形成一个全面而有效的政策制定机制或实施明确而连贯的政策"。欧盟不仅通过共同签订条约的方式进行,更多是通过成立超国家的机构并赋予各机构以立法权来协调各成员国的立法。欧盟成员将相当多的立法权让渡给了欧盟理事会、欧盟委员会、欧盟议会等机构。欧洲法院作为欧盟的最高法院,某些情形下负有直接使用欧盟法律的职责,同时解释欧盟法律条款和确保欧盟各项条约得以贯彻执行,以保证欧盟法律的连贯性和一致性。②

二是以美国为代表的联邦制国家的区域立法合作,其州际协定的制定和争议解决方式受到学界关注。③ 美国《宪法》第1条第10款第3项规定:"未经国会同意,各州不得征收船舶吨位税,不得在和平时期保持军队和军舰,不得和另外一州或国缔结任何协定或契约,除非实际遭受入侵,

---

① 参见刘秀文等:《欧洲联盟政策及政策制定过程研究》,法律出版社2003年版;陈瑞莲等:《区域公共管理理论与实践研究》,中国社会科学出版社2008年版。
② 参见刘秀文等:《欧洲联盟政策及政策制定过程研究》,法律出版社2003年版,第27、92—93页。
③ 参见何渊:《州际协定——美国的政府间协调机制》,载《国家行政学院学报》2006年第2期;《试论美国宪法中的"协定条款"及对我国的启示》,载《中国地质大学学报(社会科学版)》2007年第1期。

或者遇到刻不容缓的危急情形时,不得从事战争。"美国联邦上诉法院曾在 1962 年作出一个判决:各州不能签订政治性的州际协定,除非得到国会批准,但不涉及政治的州际协定无须国会同意。① 联邦最高法院在 1978 年的判决中指出,只要一个州际协定没有用侵占联邦权力的方式来扩大州权,其生效无须国会同意。② 此后,兼具州法和合同协议性质的州际协定成为最重要的区域合作机制,同时,有的问题也可以通过日常的、简单的合作机制就能轻易得到解决,如公路的修建。③

三是以法国为代表的单一制国家,其地方政府之间的合作经验受到关注。1982 年,密特朗总统推动新的地方政府制度改革,以 1982 年 3 月国民议会通过的《关于市镇、省和大区的权力和自由法案》为转折点,大区成为地方自治团体,两个或几个大区在其职权范围内,可以订立协定的方式开展立法合作。④ 同时,中央政府是区域合作的有力推动者。通过中央立法、设立相应的中央机构消除行政区域的局限对资源优化配置的影响,先后成立"国土整治和区域行动评议会""国土整治全国委员会"等常设机构,负责解决地区之间的发展差距问题。⑤

在中国,学界对区域立法合作的关注点主要集中在政府之间协作制定规章的过程。⑥ 根据《立法法》的规定,地方立法有三种形式:一是制定地方政府规章,二是制定地方性法规,三是民族自治地方制定自治条例和单行条例。由此可见,我国区域立法合作也包括三种形式:一是地方政府之间合作制定行政规章,这是实践中常见的一种立法合作,以辽宁、黑龙江和吉林三省于 2006 年 1 月签署的《东北三省政府立法协作框架协议》

---

① See Cases of Tobin v. United States, 306 F. 2d 270, Judgment of 7 June 1962, United States Court of Appeals District of Columbia Circuit.

② See Cases of Steel Corp. v. Multistate Tax Commission, 434 U. S. 452, Judgment of 21 February 1978, Supreme Court of the United States.

③ 参见〔美〕罗伯特·W. 本内特:《美国的区域治理:结构、问题与解决机制》,汤善鹏译,载公丕祥主编:《区域治理与法治发展》,法律出版社 2017 年版,第 487—488 页。

④ 参见王名扬:《法国行政法》,中国政法大学出版社 1988 年版,第 113 页。

⑤ 参见汪伟全:《地方政府合作》,中央编译出版社 2013 年版,第 80—83 页。

⑥ 参见王春业:《区域合作背景下地方联合立法研究》,中国经济出版社 2014 年版;王子正:《东北地区立法协调机制研究》,载《东北财经大学学报》2008 年第 1 期。

为代表;①二是地方人民代表大会及其常务委员会之间合作制定地方性法规,如 2015 年至 2016 年,地处武陵山片区腹地的湖北省恩施土家族苗族自治州与湖南省湘西土家族苗族自治州合作制定《酉水河保护条例》,开创了民族自治地方人大常委会之间立法合作的先例;三是民族自治地方人大之间合作制定自治条例和单行条例。2015 年《立法法》修订之后,设区的市和自治州在城乡建设与管理、环境保护、历史文化保护三个方面被授予地方性法规制定权,但是据笔者了解,目前民族自治地方人大之间还没有开展自治立法合作的实例,如果恩施、湘西两州在《立法法》修订之前合作制定《酉水河保护条例》,就是单行条例的合作立法。地方人大常委会之间的立法合作,比地方政府之间的立法合作更为复杂,更能反映出区域立法合作中存在的问题。因此,接下来将以《酉水河保护条例》的制定过程为例,对我国区域立法合作的现状和未来展开讨论。

(二)《酉水河保护条例》制定过程

酉水河又称更始河,是长江支流沅江的最大支流,流经武陵山片区腹地湖北省的宣恩、来凤,湖南省的龙山、永顺、古丈、保靖、花垣、沅陵,重庆市的酉阳、秀山,贵州省的松桃等县域,是土家族苗族聚居地区,流域面积达 18530 平方公里。《酉水河保护条例》是湖北省恩施土家族苗族自治州(以下简称恩施州)与湖南省湘西土家族苗族自治州(以下简称湘西州)以新发展理念为指导,以绿色引领共治,共同保护酉水河及其流域生态而开展的跨行政区域立法合作项目,也是民族区域立法合作的有益尝试与成功探索。

1. 酉水河保护立法合作主体。《酉水河保护条例》的立法合作主体是恩施州人大常委会和湘西州人大常委会。在酉水河流域,享有立法权的地方包括四个省市(湘鄂渝黔)、两个自治州(恩施州与湘西州)和三个自治县(重庆的酉阳土家族苗族自治县、秀山土家族苗族自治县、贵州的

---

① 参见钱昊平:《东北三省横向协作立法 能否一法通三省受关注》,http://news.sina.com.cn/c/l/2006-08-04/033710625425.shtml,2016 年 8 月 3 日访问。

松桃苗族自治县），各地长期以来对酉水河及其流域生态采取的保护方式不同，本届人大的立法计划也不相同，最后能够达成立法合作共识的是地域毗邻的恩施州与湘西州。

2. 酉水河保护立法合作方式。酉水河保护立法的正式合作方式是联席会议，会后也通过恩施、湘西两州相关部门之间的沟通、对话、协商开展工作。酉水河保护立法工作第一次联席会议于2015年9月在湖北省来凤县召开。会议对恩施州、湘西州将《酉水河保护条例》列入本届人大常委会2015年度立法计划，并由恩施州、湘西州分别报请湖北省、湖南省列入2016年度立法计划达成共识；会议讨论完善了酉水河保护合作立法工作方案以及《酉水河保护条例（草案）》初稿。根据联席会议的决议，2016年3月，恩施州报请七届人大常委会第二十八次会议对《酉水河保护条例》进行了审议。

2016年5月，酉水河保护立法合作第二次联席会议在湖南省永顺县召开，与会者深入讨论了《酉水河保护条例》草案文本，并将第一次联席会议审议的统一文本，修改为《恩施土家族苗族自治州酉水河保护条例》和《湘西土家族苗族自治州酉水河保护条例》两个文本。会后，恩施州、湘西州分别开始筹备报送州人大常委会审议和两省人大常委会批准的事宜。2016年9月29日，恩施州七届人大常委会第三十二次会议审议通过《恩施土家族苗族自治州酉水河保护条例》，2016年12月1日，湖北省十二届人大常委会第二十五次会议批准；[①]2017年1月9日，湘西州十四届人大一次会议审议通过《湘西土家族苗族自治州酉水河保护条例》，2017年3月31日召开的湖南省十二届人大常委会第二十九次会议批准。条例获得批准通过后由恩施州、湘西州各自发布施行。

3. 酉水河保护立法合作成果。从酉水河保护立法合作的过程看，联席会议的成果首先以会议纪要的方式呈现，双方将会议纪要的内容贯彻落实到立法条款之中，双方分别出台的《酉水河保护条例》是立法合作的最终成果。

---

① 参见程芳等：《恩施州首部地方性法规诞生 加强酉水河环境保护》，载《恩施日报》2016年12月2日。

提交第一次联席会议的草案内容涉及整个酉水河流域的保护,共计九章。在第一次联席会议上,除对草案提出修改意见之外,双方以会议纪要的形式对以下问题达成共识:(1)关于联合成立立法工作协调领导小组;(2)关于人大常委会主导与委托第三方草拟立法文本;(3)关于制定《酉水河保护条例》的时间表和路线图;(4)关于考察调研工作;(5)关于聘请专家咨询评估;(6)关于立法工作经费问题。

在提交第二次立法联席会议讨论的草案文本中,恩施州的版本修改为六章,湘西州的版本修改为七章。为使立法更具可操作性,双方都将第一次联席会议讨论稿中的"文化传承与保护"等内容删掉,立法目标从对整个酉水河流域的保护调整明确为酉水河的保护;同时,突出区域立法合作重点,双方都将跨行政区域协调保护机制单列一章。第二次联席会议的会议纪要中记载了双方如下共识:"对不同行政区域的条例文本进一步处理好共性与个性、统一性与差异化的关系,本着存大同、求小异的原则,突出跨行政区域协作机制的建设。"

(三)区域立法合作探索经验与启示

《酉水河保护条例》的制定是一个典型的民族区域立法合作实践案例,合作各方基于毗邻的地域、相连的山水、相通的文化、共同的理念、共同的目标,通过联席会议的形式进行协商沟通,借助专业的力量形成共识文本,然后各自依法定程序审议、报批、发布、实施。探索、磋商过程体现了区域立法合作可能和将要面对的种种问题和挑战,为区域立法合作贡献了更为丰富的经验。

1. 区域立法合作的意义。 区域立法合作的意义随着自由大市场的形成和跨行政区域公共事务治理的现实需要日益凸显。以流域治理为例,我国长期以来对流域保护问题高度重视,专门的立法保护从水污染控制起步,始于20世纪70年代末、80年代初,但是实施效果却令人大失所望。1984年到1994年是《中华人民共和国水污染防治法》实施的第一个十年,中国各大流域的污染却呈急剧扩大趋势。1994年淮河重大污染事件发生后①,国家投入 600 亿元治污,但直到 2004 年,淮河还是被宣布为"基本失去自净能力"。② 流域是完整的自然生态区域,但由于行政区划的局限,分割不同地方政府管辖,立法上受到行政区域分治模式的制约,不尊重流域的自然统一性、功能统一性,加之各地监管体制"多龙治水",地方利益、部门利益恶性竞争,形成流域治理的"公用地悲剧"。

近年来,一些省市开始建立流域保护的政府合作机制。例如,2009年长三角城市经济协调会第九次会议形成了长三角跨界水体生态补偿机制总体框架。③ 但是,政府之间以协议、宣言等方式订立的行政协议并不是法律规范,在解决流域治理问题上,规范性、长效性都存在不足。区域间的立法合作尤其是合作制定地方性法规或者单行条例,可以建立长期、有效的流域保护机制,但在我国区域合作实践中没有受到重视。于 2015年开始的由湖北省恩施州与湖南省湘西州人大常委会开展的酉水河治理与保护立法合作,对于流域保护以及长期以制定行政规章为主的区域立法合作实践来说,的确是一项创举,是区域法治实践特别是区域生态环境治理的有益探索。

2. 区域立法合作的性质。对于经济一体化区域内各地方的立法合作现象,学界有不同的说法。有人称为"立法协作"或者"协作立法",例如《东北三省政府立法协作框架协议》采用"立法协作"的说法;有人称为"联合立法",例如王春业教授在其著作《区域合作背景下地方联合立法研究》中采用的是"联合立法"的说法;还有人称为"同步立法"。概念是人们认识的总结和提炼,不同概念代表着人们对于区域立法合作性质的不同认识。笔者认为,这三个概念侧重点不同,联合立法强调的是立法主体之间的联合,比较松散的立法主体联合是区域立法联席会议,比较紧密的联合则是成立区域立法委员会等专门立法机构;协作立法强调的是立法过程中的沟通,例如立法项目的沟通,立法草案的共同商定,以及其他立法信

---

① 1994 年,淮河因上游突降暴雨而开闸泄洪,导致水质恶化,沿河各自来水厂被迫停止供水达 54 天之久,百万淮河民众饮水告急。参见丁莞歆:《中国水污染事件纪实》,载《环境保护》2007 年第 14 期。
② 参见吕忠梅等:《长江流域水资源保护立法研究》,武汉大学出版社 2006 年版,第 45 页。
③ 参见胡晓红等:《我国跨区域水环境保护法律制度研究》,法律出版社 2012 年版,第 145 页。

息的交换、转达与共享等;同步立法强调的是立法时间表的一致,例如立法规划的同步、立法起草进程的同步、立法审议与出台时间的同步等。

以《酉水河保护条例》的制定过程为例,根据酉水河保护立法工作第一次联席会议纪要,湖南省湘西州人大常委会与湖北省恩施州人大常委会商定:首先将《酉水河保护条例》分别纳入2015年本届人大常委会立法计划,再向各自省人大常委会负责立法的工作机构及时汇报,将制定《酉水河保护条例》分别纳入2016年度省人大常委会立法计划。然后,双方共同委托专家组进行草案的起草工作,草案分别由双方的人大常委会审议后,分别报请湖北省人大常委会和湖南省人大常委会批准。从上述立法合作过程可以看出,两个自治州人大常委会也是在立法时间表统一的前提下,充分沟通、形成文本,分别提交审议、分别出台地方性法规,这个过程属于协作立法、同步立法以及松散的联合立法。

3. 区域立法合作的合法性。 区域立法合作的合法性包括区域合作组织的合法性和区域合作行为的合法性。关于区域合作组织,从理论上说,既可以来自宪法、组织法的一般性授权,也可以来自某些法律规范的专门性授权。但是,从我国现行法律规范中找不到任何依据。关于区域合作行为,2014年修订的《中华人民共和国环境保护法》第20条规定:"国家建立跨行政区域的重点区域、流域环境污染和生态破坏联合防治协调机制,实行统一规划、统一标准、统一监测、统一的防治措施。前款规定以外的跨行政区域的环境污染和生态破坏的防治,由上级人民政府协调解决,或者由有关地方人民政府协商解决。"上述规定为地方政府在跨行政区域流域治理问题上展开合作提供了法律依据,只是在合作机制方面没有进一步规定。《湖南省行政程序规定》第15条第1款规定了地方政府之间合作的基本原则:"各级人民政府之间为促进经济社会发展,有效实施行政管理,可以按照合法、平等、互利的原则开展跨行政区域的合作。"上述规定为区域合作行为提供了法律依据。

《酉水河保护条例》的立法合作方式与我国当前的区域行政立法合作方式相似,采用的都是联席会议制度,联席会议只是一种会议形式,通过协商的方式统一立法时间表和文本主要内容,并不是正式的联合立法机构,不会涉及组织法意义上的依据问题。如果联席会议决议在实践中得不到遵守或者执行,联席会议也没有处罚权或者强制执行权。因此,联席会议这样的立法合作组织并没有突破现行法律框架,不会也不应该遭到合法性质疑。

4. 区域立法合作的内容。立法是一个复杂的利益博弈过程,需要耗费大量的社会成本,合作立法的成本更高,必须根据实际情况选择合作立法方式。我国地方立法主体多元化,《立法法》对地方性法规的限制与地方政府规章相比要严格得多,地方性法规制定程序更为复杂,耗费的立法成本也较高。因此,究竟开展怎样的区域立法合作,需要因地制宜、因事而异,根据共性治理事项进行慎重选择。

(1) 在地方性法规与规章之间的选择。从立法权的行使原则看,"地方性法规遵循'不抵触'原则,即不能与宪法、法律、行政法规相抵触;而地方政府规章遵循'根据'原则,即应当根据法律、行政法规、地方性法规制定地方政府规章"[①]。地方性法规可以进行创制性立法,地方政府规章则只能规定解释性或者执行性内容。2015年修订后的《立法法》第82条第5款规定:"应当制定地方性法规但条件尚不成熟的,因行政管理迫切需要,可以先制定地方政府规章。规章实施满两年需要继续实施规章所规定的行政措施的,应当提请本级人民代表大会或者其常务委员会制定地方性法规。"这一条款扩大了地方政府规章的权力,某些事务尚未制定地方性法规,但属于行政管理迫切需要的,可先制定地方政府规章,规章的实施期限为两年。在地方立法合作中,对于关系到整个区域长远发展的事项,可以采用各地方人大及其常委会协作制定地方性法规的方式,对于某些比较迫切需要解决、制定地方性法规条件不成熟、成本太高的事项,可以选择地方政府之间合作制定规章的方式。《酉水河保护条例》没有选择地方政府规章的方式展开合作,原因在于:酉水河的保护是一项具有长期性、持续性和重要性的重大工程,由于上位法的抽象性和酉水河保护的实际需要,必然要求立法主体在上位法的基础上进行创制立法,规章虽然

---

① 叶必丰等:《行政协议:区域政府间合作机制研究》,法律出版社2010年版,第165—166页。

也可以"先行先试",但是在没有地方性法规的情况下先行制定的规章,存续期只有两年。恩施、湘西两个自治州选择合作制定地方性法规,更为符合酉水河保护工作的需要。

(2)在地方性法规与单行条例之间的选择。民族自治地方开展立法合作与其他区域相比更为复杂。2015年《立法法》修订之后,恩施州和湘西州人大及其常委会的立法权变得比较复杂:一是人大继续享有自治立法权,二是人大及其常委会被授予城乡建设与管理、环境保护、历史文化保护等方面的地方性法规制定权。酉水河保护的内容涉及环境保护方面的事项,既可以制定单行条例,又可以制定地方性法规;《酉水河保护条例》既可由自治州人大以单行条例的方式通过,也可由自治州人大以地方性法规的方式通过,还可由自治州人大常委会以地方性法规的方式通过。由于自治州人大和人大常委会的工作机制不同,自治州人大每年只召开一次,自治立法权的行使周期较长,自治州人大常委会的会期则要灵活得多,制定地方性法规的周期相对较短。权衡了相应立法成本之后,恩施州、湘西州两地在第一次联席会议上决定由自治州人大常委会合作制定地方性法规。①

(四)区域立法合作实践引发的思考

从《酉水河保护条例》的制定过程可以看出,区域立法联席会议虽是一种比较松散、灵活的合作方式,但缺乏相应的实施保障机制。随着区域立法合作的深入开展,立法联席会议存在的问题将会更加突出:一方面,立法合作组织的权威性影响合作决议的效力。联席会议不是正式的联合立法机构,虽可以回避组织法意义上的合法性问题,但会影响合作组织的权威和合作的成效。即使合作各方事先对联席会议的权限范围达成共识,共识也只能在符合法律规定的前提下、在合作各方自愿协商的基础上作出,而且共识并不能成为联席会议行为的合法性依据,因此联席会议不可能由此获得对决议的强制执行权。另一方面,合作决议执行机制的缺

---

① 需要说明的是,《湘西土家族苗族自治州酉水河保护条例》因立法规划变动,最后改以单行条例的方式出台。

失也影响其效力。联席会议决议并没有相应的保障实施机制,如果合作一方反悔或者对联席会议决议作出重大改变,另一方也无能为力。对上述问题,笔者认为,区域立法合作决议由公权力机关作出,既是建立在合作各方自愿协商基础上的契约,又是受法治原则调整的规范。从不同的属性出发,可以对区域立法合作机制的完善路径进行具体的探索。

1. 规范意义上的区域立法合作。凯尔森认为,规范的效力"就是指规范(norm)的特殊存在。说一个规范有效力就是说我们假定它的存在,或者就是说,我们假定它对那些其行为由它所调整的人具有'约束力'。法律规则,如果有效力的话,便是规范。"他明确指出了奥斯丁把"命令"和"约束性的命令"两个概念等同起来的错误:"一个命令之所以有约束力,并不是因为命令人在权力上有实际优势,而是因为他'被授权'或'被赋权'发出有约束力的命令。而他之'被授权'或'被赋权',只是由于一个预定是有约束力的规范性命令,授予他这种能力(capacity),即发出有约束力命令的权限(competence)。因此,即使命令人对接受命令人事实上并没有什么实际权力,但他指向另一人行为的那种意思表示,便是一个有约束力的命令。"[①]因此,相应的规则是否具有效力,其权力来源是一个决定性因素。这也是学者们主张未来区域立法机构一体化的原因所在。目前,学界存在两种比较有代表性的区域立法机构一体化主张:

一是在地方层面实现区域立法机构一体化。例如,珠三角地区,在同一个行政区划内实现区域法制协调并不存在太大问题,但是跨行政区域的法制协调则面临较大困难。因此,有学者提出建议在中央立法和各省市立法之间增加探索区域行政立法。也就是,"在法制统一的前提下,经国家权力机关或国务院授权,由相关省市政府在协商自愿的基础上组成区域行政立法委员会,作为区域行政立法机构,制定能在相关省内统一适用的行政立法"[②]。

---

① 〔奥〕凯尔森:《法与国家的一般理论》,沈宗灵译,中国大百科全书出版社 1996 年版,第 32—33 页。

② 方世荣、王春业:《经济一体化与地方行政立法变革——区域行政立法模式前瞻》,载《行政法学研究》2008 年第 3 期。

二是从中央层面实现立法机构一体化。"我国由于机构改革大大滞后于区域经济发展,目前中央政府尚未建立起专门性的区域协调机构,这完全有悖于区域合作的基本原则和发达国家的普遍做法。在西欧国家,议会中都有永久性的或临时性的专门委员会,其职能是既介入一般区域管理与规划制定,又参与最严重的区域问题。因此,中央政府设立一个负责区域管理的综合性权威机构:区域协调管理委员会。"①同时,学者主张制定国家区域开发方面的法律,认为区域合作往往涉及财政、税收、海关、金融和外贸在省级行政区域之间合作的基本原则和基本方式,这些都是国家立法的范围,因此有必要在中央层面实行协调。②

立法机构一体化是美国、欧盟等国家和地区开展区域立法合作的主要方式。在美国,州际协定规定成立相应的机构来负责实施,其实施机构的法律地位、组织和运行由法律规定。③ 欧盟一体化过程中各成员国之间的联合立法,不仅通过共同签订条约的方式进行,更多是通过成立超国家的机构并赋予各机构以立法权来协调各成员国的立法。随着我国区域法治化进程的推进,区域立法合作必将更为频繁,合作程度更为深入,通过立法机构一体化的方式促进区域合作是未来可以选择的路径之一。只是在当前法治体制下,至少有以下问题需要解决:

第一,立法机构的一体化依据问题。区域地方政府或者人大常委会之间联合发布的决议,并不能成为区域立法协作的组织法依据。在美国,州际协定可以规定成立相应的机构来负责实施,因为州际协定本身也是法律。在我国,只有通过修改《宪法》《中华人民共和国地方各级人民代表大会和地方各级人民政府组织法》《立法法》等法律规范,才能为立法机构一体化提供组织法依据。

第二,区域一体化立法机构所制定规则的效力位阶问题。有学者认为,"首先,应将区域行政立法形式作为我国法律渊源之一,从而使它成为

---

① 陈瑞莲等:《区域公共管理理论与实践研究》,中国社会科学出版社2008年版,第314页。
② 参见韦以明、周毅:《区域合作经济的国家立法回应——以泛珠三角区域合作为主例》,载《学术论坛》2006年第10期;宣文俊:《关于长江三角洲地区经济发展中的法律问题思考》,载《社会科学》2005年第1期。
③ 参见叶必丰等:《行政协议:区域政府间合作机制研究》,法律出版社2010年版,第19页。

我国立法的合法法律形式,有利于它的良性发展。至于区域行政立法的位阶,由于法律位阶是依据法律规范的效力来源而确定法律规范之间相互关系的,因此,在效力上,区域行政立法应在省级的地方性法规之下,而在地方规章之上。这样规定的目的,主要从制定机关的性质及立法权限考虑的,不能因为区域行政立法适用范围广而使之凌驾于地方人大和地方性法规之上"①。对于行政立法而言,上述观点有合理性。但是,当前区域立法合作主体包括地方政府、地方人大及其常委会,立法机构一体化之后制定的规则与地方政府规章、地方性法规相比,效力层次又当如何?还需要《立法法》等进一步予以明确。

第三,区域合作立法的审查监督问题。针对行政立法合作,有学者认为,"这种行政立法虽然在范围上仍属于地方政府的立法,但由于其适用范围已超过现有的行政区划,因此,如果再由地方国家权力机关直接进行监督审查就容易产生诸多问题。应确立主要由国务院负责监督审查为主、地方人大及其常委会协助监督的审查监督体制"②。对于地方人大及其常委会之间合作立法,其审查监督机制应当如何构建?按照上述思路,地方人大及其常委会的合作立法,是否应由全国人大常委会负责审查?这些问题也需要《立法法》等予以明确。

2. 契约意义上的区域立法合作。区域立法合作是订立公法意义上的契约行为③,认识到这一点,对于完善区域立法合作机制具有重要意义。正如凯尔森所指出,契约的成立与效力不是同一回事:第一,契约的成立取决于当事人的意志。"为了要成立一个'有约束力的契约',两个人就一定要表示他们的协议,即他们关于某种相互行为的一致意图或意志。契约是双方缔约当事人的意志的产物。"第二,契约的效力并不以当事人的意志为转移。"即使在后来当事人一方改变他的意思而不再想要他在缔约时表示想要的东西时,这个契约还是被假定生效的。因此,契约就使这

---

① 刘秀文等:《欧洲联盟政策及政策过程研究》,法律出版社2003年版,第104页。
② 王春业:《区域行政立法模式——长三角一体化协调的路径选择》,载史德保主编:《长三角法学论坛——长三角区域法制协调中的地方立法》,上海人民出版社2008年版,第103页。
③ 对区域合作协议的契约性及其拘束力的探讨,参见叶必丰:《区域合作协议的法律效力》,载《法学家》2014年第6期。

一方承担了违反其真实意志的义务,所以,约束力不在于双方当事人'意志';这种'意志'也不可能在契约已缔结后,继续'有效力'。"①对于契约的这两点认识直接影响到区域立法合作机制完善的路径选择。

(1) 区域立法合作过程中示范文本的作用。区域立法合作中,"可能会出现某一地方表决通过法案而另一地方权力机关表决没通过的问题,达不到立法协调的目的,或各地方都对法案的条款进行了重大修改以至于违背了共同制定地方性法规的初衷"。因此,有学者建议,在区域立法中采用示范文本。②

从《酉水河保护条例》的合作过程看,并没有一个示范文本可以参考,提交第一次立法联席会议讨论的草案与提交第二次立法联席会议的草案在内容上差异较大,而且草案从最初的统一文本变成两个不同文本,合作双方利益分歧很大,立法合作是一个复杂的利益博弈过程。③ 最终合作各方以"求大同、存小异"为原则,通过充分协商,在跨行政区域协调保护机制这个核心问题上达成共识。尽管由于两地实际情况的差异,文本某些条款规定不一致,但是核心问题达成共识,立法合作的目标就已经实现。

笔者认为,学者建议的示范文本,在区域合作立法中优越性并不明显。示范文本主要用于两种情形:一是由于法律的起草周期比较长,便可以考虑先采取示范法的方式,让各地针对自身的实际情况先行立法。例如,1999 年年初,司法部法律援助中心起草了《中华人民共和国法律援助示范法(草案)》,旨在推动地方立法。二是在各地差异性较大的情况下可适用。例如,我国香港、澳门、台湾与大陆四个法域彼此之间的差异较大,甚至还存在着某些现阶段不易调和的矛盾,可以共同拟定一个示范法。④

---

① 〔奥〕凯尔森:《法与国家的一般理论》,沈宗灵译,中国大百科全书出版社 1996 年版,第 34 页。
② 相关研究参见王春业:《区域合作背景下地方联合立法研究》,中国经济出版社 2014 年版,第 145 页。
③ 2015 年,受恩施土家族苗族自治州人大常委会委托,笔者全过程参与了《酉水河保护条例》草案文本的拟定。需要指出的是,《酉水河保护条例》的内容以湖北省和湖南省人大常委会批准的文本为准,文中对立法合作过程中公开征求意见的几个版本进行对照,目的是考察合作各方利益冲突的焦点所在。
④ 参见翁国民、曹慧敏:《论示范法在中国的应用》,载《浙江大学学报(人文社会科学版)》2006 年第 4 期。

我国现阶段的区域立法合作,既不是国家层面主导的立法合作,也不是地方层面可以自主决定的立法合作。一方面要在国家法制统一的前提下进行,不能违反上位法规定,可以说,上位法即起到了示范法的作用;另一方面要在合作各方自愿协商的基础上进行,"强扭的瓜不甜",即使采用示范文本,由于合作各方的利益并不完全一致,在立法过程中必定要对示范性文本进行修改,同样也可能出现对条款进行重大修改以至于违背合作立法初衷的情况。因此,是否采用示范文本不是合作立法能否成功的关键,关键在于合作各方是否能够充分表达和沟通,形成合意。

(2)对区域立法合作决议的履行。契约的效力并不以当事人的意志为转移,契约应当履行:一方面是缔约各方主动履行,另一方面是不履行契约的一方要承担责任。从理论上讲,区域立法合作越是经过双方充分的协商,双方越容易遵守。但是,实践中利益关系复杂多变,合作各方极有可能出现违约的情况。从区域合作立法的契约性出发,可以从以下几个方面促进其履行:首先,充分考虑区域立法合作决议的契约属性,在订立区域立法合作决议的过程中事先约定争议的解决方式,可以更好地促进合作各方协商解决争议。其次,事先没有约定争议的解决方式,可以参照立法的批准程序,向共同的上级权力机关申请裁决。由于我国没有建立起公权力主体之间权限争议的司法解决机制或者第三方争议解决机制,实践中,争议产生后都是向上一级的权力主体寻求解决。因此,区域立法合作过程中产生的争议可以向共同的上级权力机关申请裁决。最后,从构建规范、长效的区域立法合作争议解决机制的角度考虑,还需要构建起我国公权力主体之间争议的仲裁、调解机制,或者改革完善行政诉讼制度,将行政机关之间的争议纳入司法审查的范围。

三、民族自治地方自治立法权保障

(一)中国两级立法的新拓展

根据法律规定,中国实行的是两级立法,一个是全国人大及其常委会；一个是省、直辖市、自治区一级，依法享有地方立法权。2015年3月，十二届全国人大三次会议修改《立法法》，赋予所有设区的市地方立法权，对立法主体、立法权限、审批程序、批准确定开始立法的程序等方面作出规定，并根据全国人大代表审议意见，将原《立法法》中使用的"较大的市"概念表述修改为"设区的市"；除设区的市以外，《立法法》还同时赋予自治州和四个不设区的地级市地方立法权：一是在自治州人大可以依法制定自治条例、单行条例的基础上，赋予30个自治州人大及其常委会制定地方性法规的职权；二是广东省东莞市和中山市、甘肃省嘉峪关市、海南省三沙市是地级市，虽不设区，但按照赋予设区的市地方立法权的精神，仍赋予地方立法权。2018年3月，十三届全国人大一次会议通过《宪法修正案》，进一步确认了设区的市具有地方立法权的宪法地位。

现在全国所有地级市都享有地方立法权，地方立法主体相比过去的不到100个已大幅增加，当然，设区的市地方立法权不是完整意义上的立法权，只是部分立法权。考虑到赋予所有设区的市地方立法权，既要适应地方的实际需要，又要相应明确其地方立法权限和范围，避免重复立法，维护法制统一，《立法法》在依法赋予所有设区的市地方立法权的同时，明确设区的市可以对"城乡建设与管理、环境保护、历史文化保护等方面的事项"制定地方性法规，设区的市制定了地方性法规后还不能生效，要经省级人大常委会批准后才能生效。法律对较大的市制定地方性法规的事项另有规定的，从其规定。因此，《立法法》一方面对新赋予地方立法权的设区的市立法事项作出了规范，另一方面也对原较大的市今后立法的事项范围作了限制规范。截至2020年8月，我国享有地方立法权的设区的市、自治州共322个，包括289个设区的市、30个自治州和3个不设区（三沙市于2020年经国务院批准成为设区的市）的地级市。其中，除去49个原"较大的市"（包括27个省会市、18个经国务院批准的较大的市以及4个经济特区所在地的市）之外，《立法法》修改后新赋予地方立法权的设区的市目前共有273个。随着海南自由贸易港法规、浦东新区法规等重要地方法规陆续制定，中国特色社会主义法律体系增添了新形式，极大增强地方立法实效性，为各地改革发展提供坚实法治保障。

2021年4月,中共中央、国务院公布《关于支持浦东新区高水平改革开放打造社会主义现代化建设引领区的意见》,要求"强化法治保障。建立完善与支持浦东大胆试、大胆闯、自主改相适应的法治保障体系。比照经济特区法规,授权上海市人民代表大会及其常务委员会立足浦东改革创新实践需要,遵循宪法规定以及法律和行政法规基本原则,制定法规,可以对法律、行政法规、部门规章等作变通规定,在浦东实施。对暂无法律法规或明确规定的领域,支持浦东先行制定相关管理措施,按程序报备实施,探索形成的好经验好做法适时以法规规章等形式固化下来。本意见提出的各项改革措施,凡涉及调整适用现行法律和行政法规的,按法定程序办理"。

2021年6月,十三届全国人大常委会第二十九次会议表决通过了《全国人民代表大会常务委员会关于授权上海市人民代表大会及其常务委员会制定浦东新区法规的决定》①。授权后上海同时拥有了两类不同性质的立法:一是依职权的省级人大立法,适用于全上海;二是特区立法,根据全国人大常委会授权,行使制定"浦东新区法规"的立法权,专门为浦东制定法规,这是全国人大常委会首次授权非经济特区的上海变通适用国家法律、行政法规,是新时代中国立法制度的又一次重大变革创新。建立完善与支持浦东大胆试、大胆闯、自主改相适应的法治保障体系,推动浦东新区高水平改革开放,打造社会主义现代化建设引领区,比照经济特区法规,授权上海市人大及其常委会根据浦东改革创新实践需要,遵循宪法规定以及法律和行政基本规则,制定法规,可以对法律、行政法规、部门规章等作变通规定,进一步拓展了"重大改革于法有据"的法治路径。浦东新区不是经济特区,但是上海市人民代表大会及其常务委员会在浦东新区行使相当于经济特区的立法权,且适用于浦东新区的立法有特定的名

---

① 2021年6月10日,十三届全国人大常委会第二十九次会议决定:"一、授权上海市人民代表大会及其常务委员会根据浦东改革创新实践需要,遵循宪法规定以及法律和行政法规基本原则,制定浦东新区法规,在浦东新区实施。二、根据本决定制定的浦东新区法规,应当依照《中华人民共和国立法法》的有关规定分别报全国人民代表大会常务委员会和国务院备案。浦东新区法规报送备案时,应当说明对法律、行政法规、部门规章作出变通规定的情况。三、本决定自公布之日起施行。"资料来源:《人民日报》2021年6月11日。

称——"浦东新区法规",这在上海、在中国都是前所未有的创举,"浦东新区法规"成为制定法上新的特定概念,上海市地方立法进入行使比照经济特区立法权的崭新时期。

2015年3月15日,十二届全国人大三次会议通过《全国人民代表大会关于修改〈中华人民共和国立法法〉的决定》,修改后的《立法法》第72条第2款规定:"设区的市的人民代表大会及其常务委员会根据本市的具体情况和实际需要,在不同宪法、法律、行政法规和本省、自治区的地方性法规相抵触的前提下,可以对城乡建设与管理、环境保护、历史文化保护等方面的事项制定地方性法规……"该条第5款同时规定:"自治州的人民代表大会及其常务委员会可以依照本条第二款规定行使设区的市制定地方性法规的职权……"因此,在民族自治地方的建置中,自治州与自治区一样,都享有自治立法权和地方立法权。当然,相对于自治区来说,自治州享有的地方立法权只是部分立法权——它只能对城乡建设与管理、环境保护、历史文化保护等方面的事项行使地方立法权。

《立法法》授权自治州制定地方性法规的规定可从积极意义和消极意义两个层面进行解读。对自治州立法机关来说,授权为未来的立法工作预设了更大的形式和程序选择空间,立法效率由此提升,此为积极意义;从消极意义层面而言,授权导致已然的规范冲突和可能的实践式微。在规范层面,由于《立法法》第72条授权的主要对象是设区的市,在附带赋予自治州人大及其常委会行使设区的市制定地方性法规的职权时没有充分评估自治州已有的立法权限和立法实践,一定程度上使原本"剪不断、理还乱"的民族自治地方自治立法权和地方立法权之间的纠葛更加扑朔迷离。如在民族自治地方,"历史文化"具有厚重的民族色彩,它应该属于自治立法的事项范围,但根据新的授权,有关少数民族历史文化保护的事项就可采用地方性法规的形式立法。此外,依据《宪法》《民族区域自治法》的相关规定,自治州的人大既是自治机关又是权力机关,它既拥有制定自治条例和单行条例的权力,也拥有制定地方性法规的权力,而且按照新修改的《立法法》的相关规定,自治州人大制定单行条例和地方性法规的程序是相同的。如果自治州人大制定和通过一部法案(除自治条例外),那么如何判断该法案是单行条例还是地方性法规呢?在实践层面,授权可能弱化自治州自治立法的运用频次,导致民族自治地方自治权行使不充分的问题愈显突出。因为如果从最宽泛的意义来理解"城乡建设与管理、环境保护、历史文化保护"等语词,自治州的绝大部分事务都可归入上述三类事项并纳入到地方性法规的立法范围之中。① 此外,与单行条例相比,制定地方性法规的成本较小,自治州更有一种以地方立法替代自治立法的冲动,从而使自治立法活动式微。

解决上述冲突的关键是要从学理上科学地厘定民族自治地方自治立法权和地方立法权的事项范围。② 这是随现行《宪法》和《民族区域自治法》颁布之后便一直存续着的一个难解但又有着重要实践意义的命题,只不过新修订的《立法法》再一次刺激法学界,旧话重提引发新的争鸣。③ 厘定民族自治地方自治立法权和地方立法权的边界,亦即各自指向的事项范围,首要的任务是确定自治立法的事项范围④。因为在民族自治地方,地方立法和自治立法的事项范围在逻辑上属于一种包含与被包含

---

① 根据笔者对 30 个自治州已颁布、现行有效的 269 部单行条例的统计,如果将"城乡建设与管理"中的"城乡管理"一词的理解扩大到城乡经济发展、城乡规划建设管理和社会保障等领域,那么涉及城乡建设与管理、环境保护、历史文化保护等方面事项的单行条例占单行条例总数的 83%。如果上述事项都纳入地方性法规的事项范围,自治州可以制定单行条例的事项范围会大大限缩。

② 虽然自治县没有地方立法权,但是厘清自治区、自治州自治立法权和地方立法权的边界对自治县规范行使自治立法权也具有重要的实践指导意义。因此,本章将讨论的主题扩充为民族自治地方自治立法权和地方立法权的划分与配置问题。

③ 在 2015 年《立法法》未修改之前,由于自治区同省、直辖市一样享有地方立法权,五大自治区都是以地方立法替代自治立法,迄今为止没有颁布一部自治条例和单行条例。而自治州、自治县则对"民族事务"和"地方事务"不作任何区分,颁布出台了不少规范地方事务内容的单行条例。

④ 从已有讨论民族自治地方自治立法权和地方立法权的文献来看,学者们均认为两者是有区别的。有学者从制定机关、制定程序和立法的事实依据等方面来区分两者(参见沈寿文:《民族区域自治立法权与一般地方法权的关系——以"优惠照顾理论"范式为视角》,载《广西民族研究》2016 年第 3 期);也有学者从主体、程序、范围和位阶等形式要素方面对两者进行区分(参见李雷:《自治州自治立法权与地方立法权的竞合及消解》,载《广西民族研究》2016 年第 3 期等);还有学者认为两者在立法主体、立法形式、立法权限与范围、法律效力、制定程序等方面存在差别(参见张殿军:《民族自治地方一般性地方立法与自治立法比较研究》,载《前沿》2011 年第 5 期)。上述文献的共同特点就是没有从立法权的客体,即事务标准层面来探讨两者的区别,学理上确定不同职权行使的事项范围并依此在法律文本中对事权做列举式的技术规定,被认为是科学配置政府间纵向职权关系和横向职权关系的客观标准,以确定性事务的标准来厘定不同职权的行使边界可以使职权主体获得独立、自主的空间,从而避免政府间纵向职权关系和横向职权关系的纠葛。本章可看作是一种沿着这一方向所做的尝试性努力,以期达到抛砖引玉之功效。

的关系,如果确定了自治立法的事项范围,剩余的就属于地方立法的事项范围了。

赋予聚居少数民族自治权的基本功能之一就是为了保障其自我管理本民族内部事务权利的实现,否则,民族区域自治权就没有存在的必要。将这一立法意旨结合《民族区域自治法》第19条的规定来理解:"民族自治地方的人民代表大会依据当地民族的政治、经济和文化的特点制定自治条例和单行条例。"我们认为,自治立法权的客体是民族自治地方的"本民族内部事务"。但是,到底什么是"本民族内部事务"?"本民族内部事务"中的"本民族"又做何解?由于中国各民族分布总体上呈现出一种"大杂居、小聚居"的格局,在多个民族聚居的地方实行区域自治,其自治立法权的客体是该地方实行区域自治民族的"本民族内部事务"?还是该地方所有少数民族"本民族内部事务"?抑或是该地方所有民族的"本民族内部事务"?这些问题构成我们讨论的主旨。

德国法学家拉伦茨认为,"解释均始于字义"。当人们对法律文本某一用词的涵义可能存在着不同的理解时,就会发生"何种解释最能配合立法者的规定意向或其规范想法"的问题。① 在后述的文字阐释中,我们将以原旨主义的解释方法②,对"民族自治权""民族区域自治权"以及立法文本中的"当地民族""本民族内部事务"等相关范畴的性质、内容和实践禀赋进行学术梳理和理论分析。在此基础上,明确民族自治地方自治立法所指涉的事项范围,纾解目前实践中自治区、自治州行使自治立法权和地方立法权时不分彼此的紊乱状态。

(二)立法权界分:民族自治地方与一般地方③

在现行《宪法》和《民族区域自治法》文本中,"自治权"在规范上表现

---

① 参见〔德〕卡尔·拉伦茨:《法学方法论》,陈爱娥译,商务印书馆2003年版,第201、207页。
② 具体来说,原旨主义方法有三种解释的基本路径:一是根据法律文本来探求立法者的意图,此为"文本主义"(textualism);二是根据立法目的来探求立法者的意图,此为"目的主义"(intentionalism);三是根据各法律部门间的结构和关系以及立法上下文来推断立法者的意图,此为"结构主义"(structuralism)。See Paul Brest, The Misconceived Quest for the Original Understanding, B.U.L.REV, No.60 (1980).
③ 初稿执笔潘弘祥博士。

出两种样态:一种是各聚居民族管理本民族内部事务的自治权(利),即少数民族的自治权或者说民族自治权,其法源为《民族区域自治法》序言第二段;①另一种是民族自治地方自治机关管理本民族内部事务和本地方事务的自治权(力),即民族区域自治权,其法源同样为《民族区域自治法》序言第二段以及《宪法》第 115 条和《民族区域自治法》第 4 条。从两者的关系看,前者是后者的本源和基础,正如宪法原理中"权利是权力的本源和基础,权力以保障权利为存在目的"一样;后者是前者的制度化形式或是实践形式。为了准确地反映上述两种不同自治权的属性以及行文的方便,文中将前一种"自治权"称为"政治原则意义上的自治权",将后一种"自治权"称为"规范实践意义上的自治权"。②

1. 民族区域自治权的归属主体是民族自治地方所有聚居少数民族

政治原则意义上的自治权,源于中国共产党奉行的马克思主义的民族平等原则。如 1914 年 3 月,俄国社会民主党工人党团决定向第四届国家杜马提交的《关于废除对犹太人权利的一切限制及与任何民族出身或族籍有关的一切限制的法律草案》明确提出:"1. 居住在俄国境内的各民族公民在法律面前一律平等。2. 对俄国的任何一个公民,不分性别和宗教信仰,都不得因为他的任何民族出身或族籍而在政治权利和任何其他权利上加以限制。"③斯大林也指出:"每个民族都是自主的,一切民族都是平等的。"④中国共产党人在革命和建立新中国的现代国家建设实践中,始终将马克思主义民族平等思想作为处理国内民族关系的基本原则。早在抗日战争时期,就鲜明提出了"各民族一律平等、少数民族有管理本民族事务的权利"的主张,"允许蒙、回、藏、苗、瑶、夷、番各民族与汉族有平等

---

① 《民族区域自治法》序言第二段规定:"民族区域自治是在国家统一领导下,各少数民族聚居的地方实行区域自治,设立自治机关,行使自治权。实行民族区域自治,体现了国家充分尊重和保障各少数民族管理本民族内部事务权利的精神,体现了国家坚持实行各民族平等、团结和共同繁荣的原则。"

② 直至今天,研究民族区域自治制度的学者仍没有从学理上认真区分"民族自治权"和"民族区域自治权"两个概念的不同内涵,以至于在相当多的文献中将两个概念互换使用。

③ 列宁:《关于民族平等的法律草案》,载《列宁全集》(第二十五卷),人民出版社 2017 年版,第 20 页。

④ 斯大林:《马克思主义和民族问题》,载《斯大林选集》(上卷),人民出版社 1979 年版,第 74 页。

权利,在共同对日原则之下,有自己管理自己事务之权,同时与汉族联合建立统一的国家"。① 在 1946 年 6 月 22 日《解放日报》的社论《实行正确的民族政策》中重申:"正像陕甘宁边区施政纲领中的规定而在实际上已经执行了的,必须允许国内各少数民族与汉族在政治经济各方面有平等权利,在共同抗日的原则下,承认他们有管理本民族各种事务之权,建立蒙回民族自治区,并尊重各少数民族的文化宗教风俗习惯,以实现国内各民族亲密的抗日团结。"新中国成立时,起临时宪法作用的《共同纲领》规定:"中华人民共和国境内各民族一律平等,实行团结互助,反对帝国主义和各民族内部的人民公敌,使中华人民共和国成为各民族友爱合作的大家庭。反对大民族主义和狭隘民族主义,禁止民族间的歧视、压迫和分裂各民族团结的行为。"1954 年 9 月,刘少奇在一届全国人大一次会议上做的《关于中华人民共和国宪法草案的报告》也指出:"必须让国内各民族都能积极地参与整个国家的政治生活,同时又必须让各民族按照民族区域自治的原则自己当家作主,有管理自己内部事务的权利。"1984 年《民族区域自治法》序言第二段规定:"实行民族区域自治,体现了国家充分尊重和保障各少数民族管理本民族内部事务权利的精神,体现了国家坚持实行各民族平等、团结和共同繁荣的原则。"

从上述经典论述和法律文件可见,中国共产党第一代领导集体已经充分认识到,无论是中国革命,还是在多民族中国的现代国家建设中,创立新中国、实现各民族共同团结奋斗、共同繁荣发展必须实行民族平等,并将之确定为宪法的基本原则。落实少数民族实现政治平等的基本举措,就是除在国家层面给予特别政治代表权之外②,各少数民族都拥有自我管理本民族内部事务的权利。换言之,赋予少数民族自我管理本民族内部事务的权利,是基于国内各民族一律平等的政治原则,为保障少数民族当家作主、自我管理权利的实现而实施的一项基本举措,是少数民族在国家共治层面政

---

① 中共中央统战部:《民族问题文献汇编》,中共中央党校出版社 1991 年版,第 595—597 页。
② 如《宪法》第 59 条关于在全国人大中"各少数民族都应当有适当名额的代表"的规定,以及在政治实践中人口 100 万以上的少数民族有 1 名代表担任全国人大常委会常委和五大自治区实行区域自治的少数民族有 1 名代表担任全国人大常委会的副委员长或全国政协的副主席的政治惯例,都体现了少数民族在国家层面政治参与的政治代表权。

治参与有效性不足的一种补充。从这个意义上说,各少数民族的自治权,即自我管理本民族内部事务的权利,是一种政治原则意义上的自治权。

民族自治权必须通过制度化的宪法保障机制来保证其落实到具体实践之中,否则,民族平等原则无法在现实中得到有效实现。于是,中国共产党和中国政府采取了民族区域自治这一形式来保障国内各聚居少数民族的平等地位和自我管理本民族内部事务权利的实现。事实上,在多民族国家实行民族区域自治来保障少数民族平等权利和自我管理本民族内部事务的权利是马克思主义处理民族问题时遵循的又一普遍原则。列宁指出:"民主集中制不仅不排斥地方自治以及有独特的经济和经济条件、民族成分等等的区域自治,相反,它必须既要求地方自治,也要求区域自治。""必须实行广泛的区域自治和完全民主的地方自治,并且根据当地居民自己对经济条件和生活条件、居民民族成分等等的估计,确定地方自治地区和区域自治地区的区划。""至于自治,马克思主义者所维护的并不是自治'权',而是自治本身,把它当做民族成分复杂和地理等条件各异的民主国家的一般普遍原则。"①

新中国成立后,中央人民政府 1952 年制定《民族区域自治实施纲要》,确立在各少数民族聚居的地方实施区域自治,通过设立各类型的自治区来保障聚居少数民族自我管理本民族内部事务的权利。乌兰夫在《关于〈中华人民共和国民族区域自治实施纲要〉的报告》中指出:"一切聚居的少数民族,都有权利实行民族的区域自治,建立自治区和自治机关,按照本民族大多数人民及与人民有联系的领袖人物的志愿,管理本民族的内部事务。这就是少数民族当家作主的权利。"②1984 年颁布的《民族区域自治法》将"民族区域自治"确立为国家的基本政治制度,肯认"实行民族区域自治,对发挥各族人民当家作主的积极性,发展平等、团结、互助的社会主义民族关系,巩固国家的统一,促进民族自治地方和全国社会主

---

① 列宁:《关于民族问题的批评意见》,载《列宁全集》(第二十四卷),人民出版社 2017 年版,第 149 页;《关于民族问题的决议》,载《列宁全集》(第二十四卷),人民出版社 2017 年版,第 61 页;《论民族自决权》,载《列宁全集》(第二十五卷),人民出版社 2017 年版,第 274 页"注"。

② 全国人大常委会秘书处秘书组、国家民委政法司编:《中国民族区域自治法律法规通典》,中央民族大学出版社 2002 年版,第 94—95 页。

义建设事业的发展,都起了巨大的作用。今后,继续坚持和完善民族区域自治制度,使这一制度在国家的社会主义现代化建设进程中发挥更大的作用"①。可见,民族区域自治是保障我国聚居少数民族自我管理本民族内部事务的权利的基本制度形式。由此,政治原则意义上的自治权就制度化为一种规范实践意义上的自治权,即民族自治权(利)转化为了一种民族区域自治权(力),少数民族当家作主、自我管理民族内部事务的权利获得了具体的实践载体和实现形式。

　　政治原则意义上的自治权转化为规范实践意义上的自治权必须满足一个必要条件——存在聚居的少数民族。换言之,只要存在聚居的少数民族,聚居少数民族就可依据宪法赋予的民族自治权在其居住的区域通过区域自治的形式来实现其管理本民族内部事务的权利。应该说,1952年中央人民政府颁布的《民族区域自治实施纲要》就体现了这样的理念和设想。《民族区域自治实施纲要》第4条规定:"各少数民族聚居的地区,依据当地民族关系、经济发展条件,并参酌历史情况,得分别建立下列各种自治区:(一)以一个少数民族聚居区为基础而建立的自治区(单一型自治地方)。(二)以一个大的少数民族聚居区为基础,并包括个别人口很少的其他少数民族聚居区所建立的自治区(包容型自治地方)。包括在此种自治区内的各个人口很少的其他少数民族聚居区,均应实行区域自治。(三)以两个或多个少数民族聚居区为基础联合建立的自治区(联合型自治地方)。此种自治区内各少数民族聚居区是否需要单独建立民族自治区,应视具体情况及有关民族的志愿而决定。"并且第七条还特别规定:"各民族自治区的行政地位,即相当于乡(村)、区、县、专区或专区以上的行政地位,依其人口多少及区域大小等条件区分之。"由是观之,在新中国成立之初,中国共产党和新政府力图使每一个聚居少数民族,甚至包括人口较少、居住区域较小的聚居少数民族都能通过多结构、多层级的区域自治形式来实现管理本民族内部事务的权利。但是,随着1954年《宪法》的颁布,行政区划的统一及其相应层级国家机关架构的完成,尤其是民族

---

① 《民族区域自治法》序言第三段。

自治地方自治权内容的进一步细化,作为民族自治区之一的乡(村)、区如再享有民族区域自治权也不合时宜。因此,1954年《宪法》将民族自治地方建置为三级——自治区、自治州和自治县,不再将乡(村)、区作为民族自治地方来对待,但仍然通过设立民族乡作为民族区域自治的补充,来保障居住区域较小、人口较少且分散的聚居少数民族部分地行使管理本民族内部事务的权利。此后的1982年《宪法》延续了上述有关民族自治地方建置的规定。

从理论上讲,只要有聚居少数民族的存在,聚居民族就可以依据宪法赋予的民族自治权在其居住的区域实行自治。聚居少数民族的存在及其享有的民族自治权,构成了民族区域自治权的本源。因此,民族区域自治权的归属主体应该是民族自治地方的聚居少数民族。但是,不少学者认为民族区域自治权的归属主体是民族自治地方实行区域自治的聚居少数民族。① 这一结论看似正确,实则犯有逻辑上没有"穷尽支判断"的错误。中国的民族自治地方有单一型自治地方、包容型自治地方和联合型自治地方三种类型,单一型自治地方和联合型自治地方的聚居少数民族就是实行区域自治的少数民族,这一点不会存有争议。但是,在包容型的自治地方,除了有一个人口最多、居住区域最大的聚居少数民族外,还生活着不少人口、居住区域规模次小的聚居少数民族。如果简单地将民族区域自治权的享有主体归属于人口最多、居住区域最大的聚居少数民族,那么就意味着该地方的"民族内部事务"只是实行区域自治的民族这一个聚居少数民族的内部事务,从而排除了其他聚居少数民族的内部事务成为该地方"民族内部事务"的可能性,这对于民族区域自治的实践来说是极为有害的,更遑论民族自治地方各民族平等、团结和共同繁荣了。如新疆维吾尔自治区有伊犁哈萨克自治州、博尔塔拉蒙古自治州、巴音郭楞蒙古自治州、克孜勒苏柯尔克孜自治州、昌吉回族自治州5个自治

---

① 参见乌兰夫:《民族区域自治的光辉历程》,载《人民日报》1981年7月14日;额尔敦初古拉:《应充分发挥自治主体民族的主人翁作用》,载《中国民族报》2012年7月27日;乌力更:《民族自治与民族共治——权利与少数民族》,载《理论研究》2003年第4期。

州和察布查尔锡伯自治县、和布克赛尔蒙古自治县、木垒哈萨克自治县、巴里坤哈萨克自治县、焉耆回族自治县、塔什库尔干塔吉克自治县6个自治县,我们是否可以说,新疆维吾尔自治区的"本民族内部事务"只是维吾尔族一个民族的内部事务,其他居住在新疆的哈萨克族、蒙古族、柯尔克孜族、回族等聚居少数民族的内部事务不是新疆维吾尔自治区的"民族内部事务"?这当然是错误的。正是基于上述因素考虑,笔者认为,民族区域自治权的归属主体是民族自治地方所有的聚居少数民族,而不能简单地归属于实行区域自治的聚居少数民族。作为民族自治地方层面的共治①,其内涵不仅体现在民族自治地方各民族对本地方事务的共同管理方面,而且体现在聚居少数民族对民族区域自治权的共同享有方面。

如果民族区域自治权的归属主体是民族自治地方所有的聚居少数民族,那么民族区域自治权的行使主体是谁呢?在民族区域自治的制度设计中,民族区域自治权的归属主体和行使主体是分离的——民族区域自治权的归属主体是民族自治地方的聚居少数民族,民族区域自治权的行使主体是民族自治地方的自治机关。②

如前所述,没有聚居少数民族的民族自治权,也就没有该民族的区域自治权。因此,从应然层面而言,民族区域自治是聚居少数民族的区域自

---

① 民族共治是多民族国家民族政治实践的基本事实,它不仅体现为国家层面各民族对国家事务共同管理,也体现为民族自治地方层面多民族对本地方事务的共同管理。参见朱伦:《论民族共治的理论基础和基本原理》,载《民族研究》2002年第2期。

② 早先也有学者注意到民族区域自治权归属主体和行使主体有所不同,只是没有有意识地将两者分离开来进行具体讨论。如冯刚认为:"民族区域自治虽是实行区域自治的少数民族的自治,但自治权不应由实行区域自治的少数民族单独行使,而应由实行区域自治地方的各族人民共同行使"(参见冯刚:《试论民族区域自治权的归属和行使》,载《广西民族研究》1997年第3期);乌力更认为:"自治权这种集体权利,只有转变为自治机关的权力之后,才能得以实现。但这并不意味着自治权就是自治机关本身的权利,自治机关只有行使自治权的权力,而没有享受自治权的权力"(参见乌力更:《民族自治与民族共治——权利与少数民族》,载《理论研究》2003年第4期);李军认为:"民族自治地方的自治机关只能是民族区域自治真正主体根本利益的代表机关和自治权行使的执行者,而不可能成为真正的民族区域自治权的主体"(参见李军:《民族区域自治权的法理思辨——以自治权的法源为切入点》,载《黑龙江民族丛刊》2012年第3期)。将民族区域自治权的归属主体和行使主体分离,有利于消弭或化解学术界关于民族区域自治权的主体是实行区域自治的民族还是自治机关的理论分歧,具有重要的学理和实践意义。

治。如果聚居少数民族所居住的区域没有任何其他民族与其杂居,那么该民族的本民族内部事务就是该区域的地方事务,聚居少数民族既是民族区域自治权的归属主体,也是民族区域自治权的行使主体。但是,世界上绝大多数实行民族区域自治的社会单元都是多民族杂居,中国也不例外。如即使是在民族成分相对单一的西藏自治区,除占人口总数的92%的藏族外,还有汉族、蒙古族、回族、纳西族、怒族、独龙族、门巴族和珞巴族等40多个民族。这时候,基于聚居少数民族身份而获得的区域自治权也被赋予给了生活在该地方的其他民族(包括汉族),民族区域自治就演绎为一种以聚居少数民族为主体、为主导,其他民族参与其中的区域自治。法律制度的这种设计,契合了宪法上规定的"各民族一律平等"的政治原则,保障了民族自治地方的散居少数民族和汉族公民管理地方事务的基本权利。它既满足聚居少数民族管理本民族事务的需要,也满足散居少数民族和汉族管理本地方事务的诉求。"如将宪法规定的'少数民族聚居的地方实行区域自治'转换为'居于主体地位的少数民族实行的区域自治',事实上就将居住在该地区的其他民族排除在了区域自治的主体之外,既不符合民族平等的要求,又剥夺了不具有自治民族身份的公民的政治权利,与公民平等的宪法要求不符。"①

事实上,从《宪法》第4条第3款、第112条至122条以及《民族区域自治法》第4条、第15条至18条所规定的内容来看,民族区域自治权是由民族自治地方人民代表大会和人民政府所组成的自治机关来行使的,自治机关组成人员中不仅包括实行区域自治的聚居少数民族的代表,而且包括其他散居少数民族和汉族的代表,只是在自治机关的人员组成中,实行区域自治的民族的代表占据着主导地位。② 这种采取由实行区域自治的民族占主导地位、区域内其他民族参与管理的共治形式和民主协商机制是一个蕴含着充分政治智慧和政治技巧的制度安排,它兼顾了包括

---

① 田钒平:《民族区域自治的实质内涵辨析》,载《贵州社会科学》2014年第9期。
② 《民族区域自治法》第16条第1款规定:"民族自治地方的人民代表大会中,除实行区域自治的民族的代表外,其他居住在本行政区域内的民族也应当有适当名额的代表。"第17条第1款规定:"自治区主席、自治州州长、自治县县长由实行区域自治的民族的公民担任。自治区、自治州、自治县的人民政府的其他组成人员,应当合理配备实行区域自治的民族和其他少数民族的人员。"

实行区域自治的民族在内的所有聚居少数民族管理本民族内部事务和地方内所有民族共同管理本地方事务权利的均衡实现。显然,这种制度安排十分有利于构建平等、团结、互助、和谐的社会主义民族关系。民族区域自治制度的开拓者之一的李维汉在讨论广西壮族自治区建立时指出:"从广西各民族的比例关系来说,自治区的自治机关同时带有联合政府的性质。自治区自治机关,要根据广西民族关系的具体情况,使汉族、壮族和其他少数民族的干部都占有相当的必要的地位。"如果"在处理上述各项人事安排的问题上能够适当地照顾到这一点,是符合于民族平等原则的,是符合于人民民主原则的,因此是必要的、合理的、有利于民族团结的"①。从上述论述可知,民族自治地方的自治机关并不只是实行区域自治的民族管理本民族内部事务的机关,它也是该地方其他聚居少数民族管理本民族内部事务和各民族共同管理本地方事务的机关。因此,习近平特别强调:"民族区域自治不是某个民族独享的自治,民族自治地方更不是某个民族独有的地方。这一点必须搞清楚,否则就会走到错误的方向上去。"②

2."本民族内部事务"是指民族自治地方聚居少数民族的内部事务

承接上文,既然民族区域自治权的归属主体是民族自治地方所有聚居少数民族,那么法律文本中"本民族内部事务"就应该解释为"民族自治地方所有聚居少数民族的内部事务"。

学者曾围绕"本民族内部事务"这一概念所内含的文本意义和实践意义展开讨论。如赵健君认为,"从我国各民族大杂居、小聚居犬牙交错的分布特点来看,每一个自治地方内,总是几个民族共居其间,实行自治的民族在其中只占一定的比例,所以在我国不存在单一民族地区","生活在同一行政区域的各民族,他们本民族的政治、经济、文化等方面往往纳入它所在行政区域的社会生活之中,形成各民族之间密切联系、相互依存的共同社会生活"。所以,"'本民族内部事务'是指民族自治地方内,关系各

---

① 参见李维汉:《统一战线与民族问题》,人民出版社1981年版,第500—501页。
② 习近平:《全面贯彻党的民族政策和宗教政策》(2014年9月28日、2016年4月22日),载《习近平谈治国理政》(第二卷),外文出版社2017年版,第300—301页。

民族共同利益和共同繁荣发展的一切事务,而不是指实行自治的主体民族的有关事务。'各民族管理本民族内部事务的权利'也就是指在民族自治地方内,各民族作为国家的主人,平等地共同处理民族自治地方内部一切事务的权利"①。对此,赵学发提出了商榷意见:"本民族内部事务"中的"本"字,"在任何一个实行民族区域自治的地方,都是有固定的具体对象的,是对应着实行民族区域自治的民族而言的","'本民族内部事务'同'实行自治的自治地方内部的一切事务'系两个不同范围的不同概念,'本民族内部事务'含于自治地方内部的一切事务之中,两者不能等同","民族自治地方管理自治地方内部的一切事务和管理本民族内部事务是统一于自治机关行使的地方国家机关的职权和自治权之中的"。②吴宗金先生则反对赵学发的观点:把"本民族内部事务"等同于"实行自治的自治地方内部的一切事务"固然不妥,但是把"本民族"理解为在任何一个实行民族区域自治的地方,都是指实行民族区域自治的民族而言的解释,也是十分欠妥的。"居住在一个自治地方内的不只是一个民族,而是若干个民族,凡居住在这个区域内的各民族人民都是这个地方的主人。民族自治地方内的各族人民都享有管理本自治地方的一切事务的权利。""'各少数民族管理本民族内部事务'是借助于并通过自治机关来行使和实现其自治权利的"。因此,"'本民族内部事务'的含义,是在民族自治地方范围内的、由各民族人民代表组成的自治机关,通过行使自治权来体现本地方各少数民族管理本民族内部事务权利的一种表现形式"。③吴宗金虽然没有直接回答"本民族内部事务"是"哪个"或"哪几个"民族的内部事务,也没有对民族区域自治权的归属主体与行使主体作学理上的区分,但是提出了一个有着重要实践意义的命题,即民族自治地方由自治机关来行使管理各少数民族内部事务的权利和管理本地方事务的权力,从而支持了笔者提出的"民族区域自治权的行使主体是民族自治地方的自治机关"的

---

① 赵健君:《如何理解"本民族内部事务"?》,载《中国民族》1986 年第 10 期。
② 参见赵学发:《也谈如何理解"本民族内部事务"》,载《中国民族》1987 年第 2 期。
③ 参见吴宗金:《"本民族内部事务"之我见——兼与赵学发商榷》,载《中国民族》1987 年第 2 期。

观点。

　　从上述三位学者的讨论可知,学界关于"本民族内部事务"的观点主要有二:一是将"本民族内部事务"定义为"本地方所有民族的内部事务";二是将"本民族内部事务"等同于"实行区域自治的民族的内部事务"。下面就此两种观点展开进一步讨论分析。

　　第一,"本民族内部事务"并不是"本地方所有民族的内部事务"。民族区域自治是民族因素与区域因素的有机结合,是民族自治和区域自治的有机结合,是民族自治地方所有聚居少数民族自主管理本民族内部事务与各民族共同管理本地方事务的有机结合。民族区域自治权的客体既包括"本民族内部事务"也包括"本地方事务"。由于"本民族内部事务"内含于"本地方事务"之中,因此有学者直接将民族区域自治权的客体界定为"本地方所有民族的内部事务"就不足为奇了,但是这一理解并不符合宪法原则和现行法律规定。首先,将民族区域自治权的客体界定为"本地方所有民族的内部事务"不符合宪法原则。毋庸置疑,没有民族自治权,也就没有民族区域自治权。在界定"本民族内部事务"一词的内涵时,如果将民族区域自治权的归属主体理解为民族自治地方包括汉族在内的所有民族,那么就意味着汉族这一主体民族也享有民族自治权,意味着"本民族内部事务"等同于民族自治地方所有民族(包括汉族)的事务,即地方事务了,法律文本也就没有区分"本民族内部事务与本地方事务"和"民族自治地方自治立法权和地方立法权"的必要了。其次,将"本民族内部事务"理解为"本地方所有民族的内部事务"也不符合法律文本规定。《民族区域自治法》在规定民族自治地方自治机关的自治权即民族区域自治权时,第19条、第22条使用了"当地民族"一词[①],其他条款如第24—30条、第33条、第35条、第36条、第39条、第40条、第44条则使用的是"本地

---

① 《民族区域自治法》第19条规定:"民族自治地方的人民代表大会有权依照当地民族的政治、经济和文化的特点,制定自治条例和单行条例……"第22条第1款规定:"民族自治地方的自治机关根据社会主义建设的需要,采取各种措施从当地民族中大量培养各级干部、各种科学技术、经营管理等专业人才和技术工人,充分发挥他们的作用,并且注意在少数民族妇女中培养各级干部和各种专业技术人才。"

方"一词①。在《中华人民共和国刑法》(以下简称《刑法》)、原《民法通则》、原《婚姻法》、原《中华人民共和国继承法》(以下简称《继承法》)以及《中华人民共和国妇女权益保护法》《中华人民共和国民事诉讼法》(以下简称《民事诉讼法》)、《中华人民共和国老年人权益保障法》等法律中,关于民族自治地方自治机关行使变通或补充规定制定权的授权规范使用的也是"当地民族"。② 由此可见,《民族区域自治法》和相关法律对民族区域自治权所指向的对象——"本民族内部事务"和"本地方事务"是有所区分的。所以,无论是理论研究,还是政治实践,不能用"地方事务"去吸收、竞合"民族事务"。综上所述,如果将民族自治地方所有民族的一切事务都看作是实行区域自治民族的"本民族内部事务",那么民族自治地方的地方事务和各聚居少数民族的内部事务就合二为一了。显然,这一观点是无法获得实在法规范的支持的。但在民族自治地方的立法实践中却大有市场,因为2015年《立法法》修改之前的立法实践中,自治州、自治县都是将所有地方事务纳入到了自治立法事项范围。这就是学界屡屡诟病民族自治地方自治立法无法体现民族性的症结之所在。

第二,"本民族内部事务"也不是"实行区域自治的民族的内部事务"。如果将民族区域自治权的归属主体和行使主体界定为实行区域自治的民族,将"本民族内部事务"理解为实行区域自治民族的内部事务,民族区域自治权指向的事项范围未免太窄。这既不符合各民族一律平等,保障各聚居少数民族自主管理本民族内部事务的宪法原则,也不符合《宪法》《民族区域自治法》将民族区域自治权的行使主体确定为民族自治地方自治

---

① 如《民族区域自治法》第25条规定:"民族自治地方的自治机关在国家计划的指导下,根据本地方的特点和需要,制定经济建设的方针、政策和计划,自主地安排和管理地方性的经济建设事业。"第40条第1款规定:"民族自治地方的自治机关,自主地决定本地方的医疗卫生事业的发展规划,发展现代医药和民族传统医药。"

② 如《刑法》第90条规定:"民族自治地方不能全部适用本法规定的,可以由自治区或者省的国家权力机关根据当地民族的政治、经济、文化的特点和本法规定的基本原则,制定变通或者补充的规定,报请全国人民代表大会常务委员会批准施行。"原《婚姻法》第50条规定:"民族自治地方的人民代表大会有权结合当地民族婚姻家庭的具体情况,制定变通规定……"原《继承法》第35条规定:"民族自治地方的人民代表大会可以根据本法的原则,结合当地民族财产继承的具体情况,制定变通的或者补充的规定……"

机关的文本规范。① 首先,将"本民族内部事务"理解为实行区域自治民族的内部事务不符合宪法原则。在包容型的民族自治地方,除实行区域自治的民族外,还存在其他在次级地方实行区域自治的聚居少数民族。试想,当民族自治地方自治机关行使自治权,只考虑实行区域自治民族的本民族事务而对其他聚居少数民族的事务弃之如履时,甚至出现为实现实行区域自治民族的利益而排斥、侵害其他聚居少数民族利益时,各民族平等、团结和共同繁荣的宪法精神将成为空谈。显然,在民族自治地方,将"本民族内部事务"理解为实行区域自治民族的内部事务是不符合宪法原则和立法精神的。其次,将"本民族内部事务"理解为实行区域自治民族的内部事务不符合文本规范和立法原意。《民族区域自治法》第三章"自治机关的自治权"的绝大部分条款(除第 23 条和第 31 条外)直接写明了民族自治地方自治机关行使"制定自治条例和单行条例、培养各级干部、组织公安部队、自主地安排和管理地方性的经济建设事业、确定本地方内草场和森林的所有权和使用权、管理和保护本地方的自然资源"等职权。事实上,全国人大在制定《民族区域自治法》的过程中,对民族区域自治权是由实行区域自治的民族来行使还是由各民族组成的自治机关来行使存在争议。据时任第六届全国人大常委会秘书长的王汉斌回忆:"全国人大六届二次会议召开前,1984 年 5 月 8 日晚上十点钟,彭真通知召集会议,研究民族区域自治法的问题。""这个会议争论得很厉害,主要是要不要规定自治民族行使自治权利(应为'自治权力',引者注)、自治机关主要成分是自治民族这两条,意见分歧不能达成一致。""5 月 12 日 9 点,在勤政殿,中央政治局召开第 19 次扩大会议,我列席了会议。会上,我代表法工委党组做了关于民族区域自治法(草案)几个问题的汇报后,胡乔木同志首先发言。""他在会上就念民族自治地方有哪些权利,一条一条地念,说这些都是很大的权利啊,这些权利如果只由自治民族行使,而自治区内的其

---

① 有学者也持相同观点:如将宪法规定的"少数民族聚居的地方实行区域自治"转换为"居于主体地位的少数民族实行的区域自治",事实上就将居住在该地区的其他民族排除在了区域自治的主体之外,不符合民族平等的要求。参见田钒平:《民族区域自治的实质内涵辨析》,载《贵州社会科学》2014 年第 9 期。

他民族不能享受这些权利,可是个非常大的问题。最后,乔木同志说,民族区域自治法里面不能规定由自治民族行使自治权利。会议同意,不能写自治民族行使自治权利,而是自治机关行使自治权利。"①从现有法律文本和立法者的立法原意来看,在民族自治地方,民族区域自治权的行使主体是自治机关,而不是实行区域自治的民族。在管理民族事务方面,自治机关不仅要保障实行区域自治的聚居少数民族管理本民族内部事务的权利,也要保障区域内其他聚居少数民族自我管理本民族内部事务的权利,同时还要保障其他散居少数民族和汉族公民享有的宪法上的基本权利。因此,民族区域自治权语境下的"本民族内部事务"不应该只是实行区域自治民族的内部事务,也包括区域内其他聚居少数民族的内部事务,否则,在民族自治地方就无以体现各民族一律平等的宪法原则,无以实现各民族共同团结奋斗、共同繁荣发展的立法目的。

此外,从上述关于民族区域自治权归属主体与行使主体的争议和法律规范中"当地民族"一词的语用意义来看,民族区域自治权所内含的"本民族内部事务"肯定不仅仅是民族自治地方实行区域自治的民族独有的"本民族内部事务","本民族"肯定不仅仅是单指"实行区域自治的民族"。但是,排除这一种解释后,"当地民族"一词仍可从两个层面来理解:一是包括实行区域自治的民族在内的所有少数民族;二是包括实行区域自治的民族在内的所有聚居少数民族。如果是这样,我们为什么将"本民族内部事务"理解为民族自治地方所有聚居少数民族的内部事务而不是所有少数民族的内部事务呢?这主要基于两点理由:第一,没有政治原则意义上的民族自治权,就没有规范实践意义上的民族区域自治权。根据《民族区域自治法》的相关规定,只有聚居少数民族才能享有民族自治权,即管理本民族内部事务的权利,而其他非聚居少数民族因为不享有民族自治权,也就不能成为民族区域自治权的归属主体,当然这不排除非聚居少数民族依据"主权在民"的政治原则参与组成自治机关,从而与其他民族一起行使管理本地方事务的区域自治权。第二,只有聚居的少数民族才能

---

① 王汉斌:《王汉斌访谈录——亲历新时期社会主义民主法制建设》,中国民主法制出版社2012年版,第174—175页。

在一定的地域范围内,在长期的生产实践和生活实践中,形成自己异于其他民族的独特的生产生活方式、行为规范和文化模式,表现出显见的民族性。而那些非聚居的少数民族由于个体数量少且没有独立的生活空间,其生产生活方式和行为规范可能被其他聚居民族所浸润、吸收,无法形成自己特有的民族事务。所以,从宪法原则和立法目的来看,民族区域自治权的归属主体应为民族自治地方所有聚居少数民族,民族自治地方自治权所内涵的"本民族内部事务"应为民族自治地方内所有聚居少数民族的事务。这是一个既符合宪法原则又暗含实践理性的唯一的正确解释。

3. 自治立法权的客体是民族自治地方所有聚居少数民族的内部事务

从《民族区域自治法》的文本规范来看,民族区域自治权的客体既包括"本民族的内部事务"也包括"所有民族共同的地方事务",民族区域自治权是民族自治地方聚居少数民族自主地管理本民族内部事务与各民族人民共同管理本地方事务的双重权力的结合。但是,民族区域自治权中的自治立法权的客体只能是"本民族的内部事务",即民族自治地方所有聚居少数民族的内部事务。《民族区域自治法》第19条和《立法法》第75条明确规定,民族自治地方的人大制定自治条例和单行条例的现实依据就是当地民族的政治、经济和文化特点。所以说,民族自治地方自治立法权"这一权力所体现的本质,就是从民族自治地方的实际出发,因地制宜地实践少数民族'自主地管理本民族内部事务'这一实行自治的核心理念"①。学者们之所以一致认可民族自治地方根据上位法的授权制定变通或补充规定属于行使自治立法权,就是因为变通或补充规定的客体只能是民族自治地方聚居少数民族的政治、经济和文化事务。

民族自治地方自治立法权的客体是民族自治地方聚居少数民族的政治、经济和文化事务,但这并不意味着民族自治地方聚居少数民族的所有政治、经济和文化事务都属于自治立法的事项范围。在中国各民族"大杂居、小聚居"的现实背景下,民族自治地方没有哪一个民族独居在特定的

---

① 郝时远:《在实践中不断完善民族区域自治制度》,载《中国民族报》2011年5月13日。

地域。在长期的生产实践和生活实践中,民族自治地方聚居少数民族与其他民族(包括其他聚居少数民族、散居少数民族和汉族)编织了一张复杂紧实的社会关系网络。一方面,他们有着共同的政治、经济和文化生活,分享着相同的历史命运和集体记忆,是体现"互通、自然、人文、聚合"主题的命运共同体;①另一方面,聚居少数民族也是在与其他民族的关系存在中来塑造自身的文化特质和显现自我与他者的文化差异②。从社会学关系实在论层面来说,民族虽然是"自然的""天生的",是血缘群体的有机进化,是镶嵌于历史进程中的原生性实体,它能够通过生产方式以及与特定生产方式相联系的风俗习惯、语言、宗教等传递出来的文化特质与其他民族加以区分,但是这些文化特质和文化差异是在流动的自我与他者的关系网络中塑造生成并不断变化的,自我和他者之间是你中有我、我中有你的关系。换言之,民族自我是一种动态的、关系化的时空实体,虽然在确定时空场域中,我们可以甄别和辨识出各个民族的文化特质,但是这并不意味着每个民族的每一种文化特质都是自身所独有的,民族之间的交往、交流和交融使得民族之间的文化特质既具有异质性也不乏同质性。③因此,民族自治地方聚居少数民族的政治、经济和文化事务与其他民族的政治、经济和文化事务在很多方面存在交叉性和共通性。只有那些属于聚居少数民族独有的政治、经济和文化事务才能成为自治立法的事项范围,而那些聚居少数民族与其他散居少数民族和汉族的共同事务则超出聚居少数民族"内部事务"之外,外溢为民族自治地方共同的地方事务,成为地方立法权涵括的事项范围。笔者将对聚居少数民族独有的政治、经济和文化事务内容进行类型化分析,以期清晰地展示民族自治地方自治立法权的具体事项范围。

首先,民族自治地方聚居少数民族的政治生活事务,其法益为聚居少数民族的政治参与权。这类权利与少数民族群体身份直接相关,表征少

---

① 阮宗泽:《人类命运共同体:中国的"世界梦"》,载《国际问题研究》2016年第1期。
② 这里的文化差异是指广义的文化差异,是指除生物学意义的差异之外的生产生活方式差异、制度与行为规范的差异以及语言、宗教、风俗习惯、思维方式、价值理念的差异。
③ 参见王军:《民族与民族主义研究:从实体论迈向关系实在论初探》,载《民族研究》2008年第5期。

数民族群体在互动的公共领域中的地位和功用。其中，少数民族公民一般是作为聚居少数民族群体的代表而参与政治生活的，因此其政治参与带有群体权利的属性。具体而言，聚居少数民族的政治生活事务包括：(1) 涉及民族自治地方自治机关少数民族的构成比例的事务。如《延边朝鲜族自治州自治条例》第12条第4款规定："自治州人民代表大会常务委员会组成人员中，朝鲜族成员可以超过半数，其他民族也应该有适当名额"；第16条第2款规定："自治州州长由朝鲜族公民担任。在副州长、秘书长、局长、委员会主任等政府组成人员中，朝鲜族成员可超过半数"。(2) 民族自治地方国家机关少数民族人员的配备事务。如《延边朝鲜族自治州自治条例》第25条第4款规定："自治州中级人民法院、人民检察院中应当有朝鲜族公民担任院长、检察长或者副院长、副检察长。"(3) 少数民族人大代表的选举、罢免或其他政治参与权利保障事务。如《甘肃省甘南藏族自治州自治条例》第21条第2款规定："自治州中级人民法院审理藏族当事人案件时，合议庭成员必须有藏族公民。"(4) 少数民族干部培养选拔与任用以及少数民族参与本地方公共事务决策的协商机制等事务。上述事务与民族自治地方聚居少数民族群体利益密切相关，民族特性明显，因此，宜作为自治立法的事项。

其次，民族自治地方聚居少数民族特有的经济生活事务，其法益为少数民族群体享有的从事传统生产方式的权利以及文化遗产、传统知识开发惠益权和生态环境权。具体而言，聚居少数民族的独特的经济生活事务主要有：(1) 维系少数民族生计的生产方式。在多民族聚居的地方，各少数民族在长期的交往、交流和交融的过程中，生产方式已表现出高度的同质性，已经不具有显著的民族性。因此，该部分事务不能纳入自治立法的事项范围。但是，如果部分聚居少数民族依然保持着本民族所独有的生产方式，那么该类型的生产方式就具有民族性的特点，应属于自治立法的事项范围。如鄂温克族是一个以驯鹿为主业的民族，驯鹿一直是鄂温克族人维护生计和发展经济的特色，也是本民族最重要的收入来源。驯鹿作为鄂温克族主要的生产方式和民族经济发展的重要组成部分，当然具有民族性，应归属于自治立法的事项范围。(2) 聚居少数民族的文化遗产与传统知识的开发利用事务。随着民族文化产业和旅游产业的兴起,不少聚居少数民族的文化遗产与传统知识成为文化和旅游消费产品。少数民族群体作为文化遗产和传统知识的财产权主体,应该享有从其文化遗产和传统知识的商业开发中获得收益的权利。(3)民族地区自然资源的开发利用与生态环境保护事务。在多民族聚居的地方,自然资源和生态环境是各民族共同的生活场域以及生产、生活的资料来源,自然资源的开发利用和生态环境的保护构成该区域内所有民族的共同事务,具有地方性而不具有民族性。因此,有关民族自治地方自然资源的开发利用和生态环境保护应纳入地方立法的事项范围。不过,由于不同民族有关于利用自然资源和保护生态环境的知识并形成了一些特定的惯行,当国家法授权民族自治地方可以根据当地民族的特点和实际情况进行变通或补充立法时,这类事务可以归于自治立法的事项范围。

最后,民族自治地方聚居少数民族特有的文化生活事务,其法益为聚居少数民族个体或群体的受教育权、语言文字权,以及宗教信仰自由、风俗习惯的权利和文化遗产与传统知识的知识产权等。具体而言,民族自治地方聚居少数民族的文化生活事务主要包括:(1)少数民族教育事务。如《延边朝鲜族自治州朝鲜族教育条例》第2条规定:"自治州自治机关保障朝鲜族教育的优先发展。"同时,该条例还就朝鲜族教育的办学形式、课程设置、物质保障等方面进行了具体规定。(2)少数民族语言文字的使用。如《玉树藏族自治州藏语文工作条例》第9条规定:"自治州制定、发布的单行法规和地方国家机关下发的文件和布告、公告等主要公文,使用藏汉两种文字。"第15条规定:"自治州内的藏族公民可以用藏文书写各类文书。"(3)少数民族宗教事务的管理,包括宗教人员的管理、寺院的管理等。(4)少数民族风俗习惯的保持与发展、清真食品的管理和民族节假日的确定。如《甘肃省临夏回族自治州清真食品管理规定》第2条规定:"本办法所称清真食品,是指按信仰伊斯兰教少数民族(以下称少数民族)的饮食习俗生产、加工、经营的各类食品。"《张家川回族自治县自治条例》第58条第2款规定:"自治县境内信仰伊斯兰教的少数民族职工、学生在尔德节放假三天,古尔邦节放假两天。"(5)少数民族文化遗产和传统知识的保护与传承。少数民族文化遗产和传统知识主要包括：传统习俗保存完整、民族风情浓郁或建筑格式具有显著民族特色的村寨，具有民族特色的民间文学、楹联、典籍、契约、碑碣、艺术品，民族服饰、乐器、美术工艺品、传统建筑及其制作技术工艺或民歌、音乐、演唱技法，民族传统体育、舞蹈和游戏等视觉表演形式，以及少数民族关于遗传资源、种子、医药、动植物群特性的知识等。对于这些文化遗产和传统知识，少数民族有权保持、管理、保护和发展自己对它们的知识产权。对此，如《黔东南苗族侗族自治州民族文化村寨保护条例》《阿坝藏族羌族自治州非物质文化遗产保护条例》《凉山彝族自治州非物质文化遗产保护条例》《湘西土家族苗族自治州土家医药苗医药保护条例》《玉树藏族自治州藏医药管理条例》等单行条例都有规定。此外，各类以传承少数民族文化为宗旨的公益性社团的成立也属于少数民族的文化事务，应纳入自治立法的事项范围。

民族自治地方的历史文化，包括语言文字、风俗习惯、物质文化遗产和非物质文化遗产等，大多具有民族性的特点，应纳入民族自治地方自治立法的事项范围，但是《立法法》第72条第2款规定，自治州的人民代表大会及其常务委员会可以对城乡建设与管理、环境保护、历史文化保护等方面的事项制定地方性法规。如此一来就出现了一个问题：少数民族的历史文化事务既是自治立法事项范围又是地方立法的事项范围，两者之间存在着抵牾和冲突，应如何解决这一矛盾呢？

一种思路是根据法律规范冲突解决规则确立的"新法优于旧法"的竞合原则来化解两者之间的矛盾。规定民族自治地方自治立法权的《民族区域自治法》和规定自治州地方立法权的《立法法》都属于全国人大制定的基本法律，具有相同的效力等级。根据同等级法律规范冲突解决规则中的"新法优于旧法"原则，无论是民族自治地方具有地方特点的"历史文化"事务还是具有厚重民族特色的"历史文化"事务，均可由自治州人大及其常委会制定地方性法规，但该做法实际上并没有在规范上区分地方的历史文化事务和少数民族的历史文化事务。

另一种思路是由自治州人大常委会通过民主协商程序来确定立法形

式类型。自治州可制定《××自治州人大及其常委会立法条例》,明确规定如遇到某类事务既可制定地方性法规,又可制定单行条例的情形时,由人大常委会全体会议决定立法的形式。如果立法的内容仅关涉少数民族的历史文化事项,此时采取单行条例的形式立法为宜;如果立法的内容既关涉民族自治地方所有民族共同的历史文化事务,也就是地方性的历史文化事务,又关涉聚居少数民族的历史文化事务,此时采用地方性法规的形式立法亦可。

第三种思路就是在实践中,上级国家机关、自治区、自治州人大及其常委会需要正确领会民族区域自治制度的核心价值,从而合理地界分自治立法权和地方立法权并使两者相得益彰。一是需要自治州人大及其常委会充分认识界分自治立法权与地方立法权对于践行民族区域自治制度的意义,不能因为自治立法程序烦琐和立法周期较长而以地方立法权来替代自治立法权;二是上级国家机关在履行批准或备案审查职责时,应对自治州人大及其常委会的立法草案进行充分的论证,以便确定哪些属于自治立法的事项和哪些属于地方立法的事项。当然,全国人大常委会还可以启动法律解释机制,对自治立法和地方立法各自关涉的事务进行解释和说明,便于自治州人大及其常委会在立法时准确地界定自治立法权和地方立法权的权限范围。

(三)民族自治地方自治立法权的保障[①]

根据《宪法》第116条和《民族区域自治法》第19条的规定,民族自治地方的人民代表大会有权依照当地民族的政治、经济和文化的特点,制定自治条例和单行条例。民族自治地方自治立法权为落实民族区域自治制度、发展民族自治区域政治、经济、文化提供了有力保障,但是在行使过程中也面临民族自治地方行使自治立法权的周期较长、超越自治范围行使立法权、立法遭遇上级国家机关的不当干预等诸多问题。上述问题的症结在于民族自治地方与上级国家机关之间的权限划分不明确。

---

① 初稿执笔冉艳辉博士。

根据修改后的《立法法》规定,30个自治州在原有自治条例和单行条例立法权的基础上,又被赋予了地方性法规的制定权,自治州立法单行条例与地方性法规双轮并行。2015年以来,30个自治州人大及其常委会不断探索完善地方性法规立法权的行使,共制定地方性法规76件。其中,2016年和2017年分别制定11件、16件,2018年和2019年分别制定22件、27件。具体而言,《立法法》修改以来,自治州关于地方性法规的立法情况与其原有的自治条例和单行条例立法相比,具有以下几个特点：①

一是立法主体放宽至自治州人大常委会,较之每年一次自治州人大才能制定通过单行条例而言,《立法法》修改后进一步提高了自治州的立法效率,同时也对自治州人大常委会的立法能力提出了更高的要求。

二是立法程序上,自治州单行条例多由自治州人大民族宗教委员会承担起草、审议等具体工作,根据《立法法》规定和实践情况,自治州地方性法规多由自治州人大法制委、常委会法工委承担具体工作；同时,在省、自治区人大常委会审查批准阶段,也出现了具体审查工作是由政府民族宗教委(局)还是人大法工委来具体操作的不同安排,对省级人大立法的体制机制提出了新的调整需求。

三是在立法事项上,根据《立法法》第75条的规定,民族自治地方的人民代表大会有权依照当地民族的政治、经济和文化的特点,制定自治条例和单行条例。就立法原意而言,自治州单行条例旨在落实民族区域自治下需要变通法律法规的情况。有意见提出,实践中在《立法法》修改前自治州单行条例已有突破单行条例立法事项范围,就环境保护、城市管理等事项出台多项单行条例的情况。对此,《立法法》修改以来,各自治州积极制定或修改自治州立法条例,进一步厘清了单行条例与地方性法规规范事项的区别。同时,各自治州及时制订调整地方立法计划,根据不同情况分别制定地方性法规和单行条例。

可见,《立法法》修改后,在规范授权立法、授予设区的市地方立法权、明确税收法定原则、加强规范性文件备案审查制度等方面的修改对立法

---

① 参见囯然：《立法法修改五周年设区的市地方立法实施情况回顾与展望》,载《中国法律评论》2020年第6期。

权的规范有着积极意义,对民族自治地方的立法权也产生了一定影响,但还是未能从根本上解决民族自治地方与上级国家机关之间的权限划分问题。在此,我们基于民族自治地方自治立法权的具体行使状况,以《立法法》的修订为背景,对《立法法》《民族区域自治法》等相关法律进一步合理划定民族自治地方与上级国家机关之间的立法权限提出构想。

1. 民族自治地方自治立法权行使的难点

民族区域自治制度作为我国的一项基本政治制度,是实现民族平等、民族团结和各民族共同繁荣的重要途径。根据《宪法》《民族区域自治法》和《立法法》的相关规定[①],民族自治地方的立法权包括作为地方国家机关的立法权和民族自治机关的自治立法权,前者包括自治区、自治区政府所在地的市人大及其常委会制定地方性法规、政府制定规章的权力,《立法法》修订之后又授予自治州人大及其常委会制定地方性法规的权力;后者包括自治区、自治州、自治县人大制定自治条例和单行条例的权力。行使自治立法权是民族自治地方实现自治权的主要方式。目前,全国30个自治州中,除新疆的五个自治州外,已经有25个自治州制定了自治条例,并从2002年《民族区域自治法》修订后陆续进行修订。[②] 在120个自治县中,只有新疆6个自治县没有制定自治条例,但五大自治区的自治条例至今没有出台。各民族自治地方单行条例数量较多,以恩施土家族苗族自治州为例,目前已出台16个单行条例。民族自治地方的变通立法权也在一些领域得到运用,例如《甘肃省甘南藏族自治州施行〈中华人民共和国婚姻法〉结婚年龄变通规定》(1989年9月27日甘肃省七届人大常委会第十次会议批准)、《阿坝藏族羌族自治州施行〈四川省义务教育条例〉的补充规定》(1998年4月6日四川省九届人大常委会第二次会议批准)。自治条例和单行条例在民族自治地方的政治、经济、文化事务中发挥了积极

[①] 根据《宪法》第115条和《民族区域自治法》第4条,自治区、自治州、自治县的自治机关行使地方国家机关的职权,同时行使自治权。根据《宪法》第116条、《民族区域自治法》第19条、《立法法》第75条(修订前为第66条),民族自治地方的人民代表大会有权依照当地民族的政治、经济和文化的特点,制定自治条例和单行条例。

[②] 参见黄元姗:《民族区域自治制度的发展与完善:自治州自治条例研究》,中国社会科学出版社2014年版,第51页。

作用，在实际行使过程中也面临诸多困难。

各民族自治地方除五大自治区外，自治州、自治县等都分布于各省市，上级国家机关与民族自治地方在自治立法过程中的利益博弈十分普遍。以《恩施土家族苗族自治州自治条例》的修订过程为例，恩施土家族苗族自治州人大常委会于 2003 年正式启动自治条例修订工作，但是，直到 2008 年 11 月，自治条例的修订案才获湖北省人大常委会批准。在《恩施土家族苗族自治州自治条例》的修订过程中，自治州与湖北省政府、省直部门之间的利益争夺十分激烈，争议主要集中在基础设施项目配套资金、矿产资源补偿费、新增建设用地土地有偿使用费、林业规费、水资源费、高考优惠政策等方面。在恩施州最初提交湖北省政府批准的修订草案中，对上述六方面事项规定如下：①

(1) 上级国家机关在自治州境内安排的基础设施建设项目，享受国家免除配套资金的照顾。(2) 矿产资源补偿费由州、县市人民政府按国家规定征收，除上缴中央外，全部留自治州用于矿产资源的开发、利用和保护。(3) 新增建设用地的土地有偿使用费，由县、市国土资源行政主管部门征收，除上缴中央外，全部留自治州用于耕地开发。(4) 自治州的林业规费，由州、县、市林业行政主管部门收取，用于育林、护林、发展自治州林业和维护森林生态环境。(5) 水资源费由自治州和县、市人民政府水行政主管部门征收，享受水资源费上缴省级的比例低于非自治地方的照顾，专项用于水资源的开发和保护。自治州内兴建的总装机五千瓦以上水电站的水资源费，由州、县、市水行政主管部门征收，全部留归自治州用于防洪和水利设施建设。(6) 设在自治州内的高等院校面向自治州招生时，招生比例按规模同比增长并适当倾斜。对报考专科、本科和研究生的少数民族考生，在录取时应当根据情况采取加分或者降分的办法，适当放宽录取标准和条件。

然而，草案中包含上述要求的条款，在《湖北省人民政府关于〈恩施土家族苗族自治州自治条例（修订草案）〉的批复》(鄂政函[2006]48 号)中

---

① 参见《恩施州人民政府关于请求审批〈恩施土家族苗族自治州自治条例（修正案草案）〉的请示》(恩施州政文[2005]67 号)。

被全部否决,巨大的分歧致使自治条例修订工作一度陷入僵局。将近六个月后,恩施州对修改后的自治条例草案再次提请湖北省政府批复。在矿产资源补偿费、新增建设用地土地有偿使用费、林业规费、水资源费等问题上,恩施州作出妥协,承认上述事项依旧由省级统管,湖北省按项目安排相关规费使用时,对自治州予以照顾。上述妥协得到湖北省政府认可,在《湖北省人民政府关于〈恩施土家族苗族自治州自治条例(修订草案)〉的批复》(鄂政函[2006]138号)中,湖北省政府对相关事项批复如下:

(1)上级国家机关在自治州境内安排的基础设施建设项目,实行对民族自治地方基础设施配套资金照顾政策,并按照《国务院实施〈中华人民共和国民族区域自治法〉若干规定》的有关规定落实。(2)自治州享受省安排使用国家依法征收的矿产资源补偿费省留成部分时加大对民族地区的投入,并优先考虑原产地的民族地区的照顾。(3)自治州收取的新增建设用地有偿使用费省级留存部分和省在自治州将农用地转用时收取的耕地开垦费,享受省按项目安排民族自治地方用于专项土地开发整理和土地开发复垦以及中低产田改造的照顾。(4)自治州享受省从本州征收的育林基金、维简费、森林植被恢复费通过建设项目优先安排给自治州发展林业的照顾。(5)自治州享受省安排使用国家依法征收的水资源费省留存部分时加大对民族地区的投入,并优先考虑原产地的民族地区的照顾。(6)自治州少数民族考生在高考招录时加10分投档;自治州少数民族考生报考恩施州、宜昌市范围内高校的,加20分投档。

最后提交湖北省人大常委会批准、由恩施州人大公布的自治条例修订案,上述六个事项,除高考优惠政策条款被湖北省人大改为"高考录取时,对自治州少数民族考生实行优惠政策,按照国家和省有关规定执行"之外①,基本保持了湖北省政府第二次批复的内容。

《恩施土家族苗族自治州自治条例》的修订历经五年,这是作为民族自治地方的恩施州与作为上级国家机关的湖北省之间一个漫长的利益博

---

① 参见《湖北省人民代表大会常务委员会关于〈恩施土家族苗族自治州自治条例〉的批复》(鄂常文[2008]12号)第58条第6款。

弈过程。民族自治地方与上级国家机关之间的利益博弈不仅发生在自治州这一级,五大自治区的自治条例至今尚未出台,都与此存在直接关系。当然,立法本身就是一个利益博弈的过程,参与主体的利益一旦被法律规范所确认、保障,就成为法律上的权力、权利。① 但是,民族自治地方与上级国家机关之间的权限划分并不明确,导致实践中双方的利益博弈缺乏法定评判依据。

2. 民族自治地方与上级国家机关立法权限划分之缺陷

从制度层面看,《宪法》确立了民族区域自治制度,在第116条明确规定了民族自治地方的自治立法权,即民族自治地方的人民代表大会有权依照当地民族的政治、经济和文化的特点,制定自治条例和单行条例;《民族区域自治法》则几乎照搬了《宪法》关于自治立法权的条款,对具体行使和保障措施没有规定。《民族区域自治法》第三章规定了自治机关的自治权,对自治权范围内的事项进行了列举,第六章规定了上级国家机关的职责,但在民族自治地方与上级国家机关之间的关系问题上,则语焉不详。在上级国家机关职责方面,从第54条至第71条,自始至终都在强调上级国家机关对民族自治地方的帮助、扶持的义务,至于上级国家机关对民族自治地方行使自治权的监督措施、自治权遭到上级国家机关不当干预之后的救济途径等问题,则没有作出任何规定。

《立法法》除重申《宪法》《民族区域自治法》相关自治立法权条款之外,在原第66条(修订后为第75条,内容未变)对自治立法权限的规定可以概括如下:第一,有权依照当地民族的政治、经济和文化的特点,制定自治条例和单行条例;第二,可以依照当地民族的特点,对法律和行政法规的规定作出变通规定;第三,变通规定不得违背法律或者行政法规的基本原则;第四,不得对《宪法》和《民族区域自治法》的规定以及其他有关法律、行政法规专门就民族自治地方所作的规定作出变通规定。

《立法法》有关民族自治地方立法权限的规定,除以上所述第二点将《立法法》对《宪法》第115条和《民族区域自治法》第4条"根据本地方实

---

① 一旦社会利益得到法律的确认,就以法定权力或者权利的形式表现出来,简称"法权",自治权就是一种法权。关于法权的论述参见童之伟:《再论法理学的更新》,载《法学研究》1999年第2期。

际情况贯彻执行国家的法律、政策"的具体化,将"政策"规定为"行政法规",使之更为规范、明确之外,其他几点均值得商榷:第一点是对《宪法》《民族区域自治法》相关内容的重复,"当地民族的政治、经济和文化的特点"这样的描述致使自治立法权可大可小,自治机关与上级国家机关之间的权限划分不明,实践中自治立法权的行使困难重重;第三点的"法律或者行政法规的基本原则"十分抽象,根本无法成为民族自治地方行使自治立法权的依据;第四点要求不得对"其他有关法律、行政法规专门就民族自治地方所作的规定作出变通规定"也值得商榷,因为依据《宪法》第115条,自治机关依照宪法和法律行使自治权。[1]

综上所述,目前民族自治地方自治立法权的相关法律规定无法为民族自治地方与上级国家机关之间的利益博弈提供明确指引。从《恩施土家族苗族自治州自治条例》的修订过程可以看出,恩施州在自治条例修订稿中提出"放权"要求的事项,究竟哪些属于自治立法权的范围,哪些属于上级国家机关的权限范围,才是解决争议的关键。但实践中民族自治地方与上级国家机关之间利益博弈的结果,常常取决于上级国家机关的主导性地位,这种利益判定方式缺乏明确法定依据,极可能导致两种后果:一是自治立法机关超越自治权,上级国家机关的权力被僭越;二是自治立法机关放弃自治权,民族自治地方的自治权得不到保障。

3.《立法法》修订后民族自治地方自治立法权的处境

《立法法》修订后赋予设区的市一定范围的立法权,由于自治州的自治机关行使下设区、县的市的地方国家机关的职权,同时行使自治权,因此自治州的立法主体也从人大扩大到人大常委会。《立法法》修订涉及民族自治地方立法权的有以下两点:一是授权自治州人大及其常委会在城乡建设与管理、环境保护、历史文化保护等事项上制定地方性法规。根据修订后的《立法法》第72条第2款和第4款,自治州的人民代表大会及其常务委员会根据本市的具体情况和实际需要,在不同宪法、法律、行政法规和本省、自治区的地方性法规相抵触的前提下,可以对城乡建设与管

---

[1] 参见王允武、田钒平:《民族自治地方变通立法权若干问题研究》,载吴大华主编:《民族法学评论》(第5卷),华夏文化艺术出版社2007年版,第232页。

理、环境保护、历史文化保护等事项制定地方性法规;二是授权自治区、自治州制定地方性法规时可以"先行先试"(限于城乡建设与管理、环境保护、历史文化保护等方面的事项)。根据《立法法》第 73 条第 2 款、第 3 款规定,除第 8 条法律保留的规定外,对城乡建设与管理、环境保护、历史文化保护等方面的事项,国家尚未制定法律或者行政法规的,自治区、自治州根据本地方的具体情况和实际需要,可以先制定地方性法规。在国家制定的法律或者行政法规生效后,地方性法规同法律或者行政法规相抵触的规定无效,制定机关应当及时予以修改或者废止。上述修订对民族自治地方自治立法权产生了一定影响。

(1) 民族自治地方与上级国家机关之间权限划分仍然不明。修订后的《立法法》对全国两百多个设区的市"下放"立法权,扩大了地方立法权的主体。与设区的市同级的自治州人大及其常委会也被授予城乡建设与管理、环境保护、历史文化保护等方面制定地方性法规的权力。虽然这三方面事项的立法权原本包含在自治州自治机关即自治州人大的自治立法权之中,但由于《宪法》和《民族区域自治法》的相关规定比较抽象,民族自治地方自治机关在行使自治立法权时常常面临与上级国家机关之间的利益博弈,因此对相关事项行使自治立法权十分困难。《立法法》修订后将原本就属于自治州人大自治立法权限范围内的城乡建设与管理、环境保护、历史文化保护等事项明确列入自治州人大制定地方性法规的范围,自治州人大行使城乡建设与管理、环境保护、历史文化保护方面自治立法权的过程,相较以前的确会更为顺畅。但是,上述影响十分间接,而且只限于城乡建设与管理、环境保护、历史文化保护三方面事项,正如学者所言:"自治权十分广泛,以立法的形式使自治权得以行使的民族自治地方立法,比一般地方立法的范围也更显广泛。"[①]因此,上述授权并没有解决民族自治地方与上级国家机关之间权限划分问题。

(2) 自治州人大的自治立法权被人大常委会的地方性法规制定权削弱。修订后的《立法法》授予自治州人大及其常委会在城乡建设与管理、

---

① 周旺生:《立法学》(第二版),法律出版社 2009 年版,第 293 页。

环境保护、历史文化保护等方面制定地方性法规的权力,该规定扩大了民族自治地方享有立法权的主体范围——从自治州人大扩展到自治州人大常委会。值得注意的是自治州人大常委会立法权的性质,《立法法》第72条授予自治州人大常委会制定地方性法规的权力并不是自治立法权。根据《宪法》第112条和第116条,民族自治地方的自治机关是自治区、自治州、自治县的人民代表大会和人民政府,民族自治地方的人民代表大会有权依照当地民族的政治、经济和文化的特点,制定自治条例和单行条例,常委会没有自治立法权。因此,从表面上看,自治州人大常委会的地方性法规制定权与人大的自治立法权并没有直接联系。但在实践中,由于自治州人大和人大常委会的工作机制不同,自治州人大每年只召开一次会议,自治立法权行使的周期比较长,自治州人大常委会的会期比较灵活,制定地方性法规的周期较短。被授予地方性法规制定权后,自治州人大常委会就可以在城乡建设与管理、环境保护、历史文化保护等方面绕开自治州人大进行立法,用地方性法规取代自治立法。自治州人大常委会的这种做法,一方面可以解决目前存在的自治立法周期较长的问题,提高立法效率;另一方面可以避免因自治立法权限不明确而导致的自治地方与上级国家机关之间的利益博弈。但是,自治州人大常委会在相关事项上用地方性法规制定权代替自治立法权,也会直接造成自治立法权在相关领域被架空。

虽然修订后的《立法法》也赋予自治州人大常委会在制定地方性法规时的"先行先试"权,但该项权力是属于一般地方国家机关的立法权,与自治立法中的"变通权"完全不同。根据《立法法》第73条第2款的规定,"先行先试"权是在国家尚未制定法律或者行政法规的前提下,省、自治区、直辖市和设区的市、自治州根据本地方的具体情况和实际需要,先制定地方性法规。在国家制定的法律或者行政法规生效后,地方性法规同法律或者行政法规相抵触的规定无效。而根据《宪法》《民族区域自治法》和《立法法》的相关规定,"变通权"是自治条例和单行条例依照当地民族的特点,对法律和行政法规的规定作出变通规定。对上级国家机关的决议、决定、命令和指示,如有不适合民族自治地方实际情况的,自治机关也可以报经该上级国家机关批准,变通执行或者停止执行。因此,"变通权"比"先行先试"权的权限范围要大得多。如果自治州人大常委会用地方性法规取代自治立法,必然削弱民族自治地方的自治权。

总的说来,《立法法》的修订致力于打破全国立法"一刀切"局面,赋予地方更大立法自主权,顺应了新时代中国政治、经济、文化发展的需要,但对于民族自治地方来说,仍然没有解决民族自治地方行使自治立法权过程中与上级国家机关之间权限划分的问题。《立法法》的修订扩大民族自治地方立法主体,授予自治州人大常委会一定地方性法规制定权,实践中本就存在虚置的自治州人大自治立法权又将面临新的困境。如何切实保障民族自治地方自治立法权,落实民族区域自治制度,实现民族平等、民族团结和各民族共同繁荣发展,是《立法法》《民族区域自治法》等相关法律需要进一步面对的问题。

4. 民族自治地方自治立法权属性及其权限

民族自治地方自治立法权限在学界一直存有争议,以自治条例为例,有两种具有代表性的观点:第一种观点认为,自治条例可以规范和约束上级国家机关。有学者从自治条例的效力等级和法律性出发,认为"自治条例可以规范和约束上级国家机关"[1]。有学者认为:"自治法规不像地方性法规那样仅仅适用制定机关本行政区域内的主体行为,它还可以对拟制机关的上级机关,尤其是上级机关的特别行为进行规范,甚至还可以对拟制机关所在的民族自治地方之外的地方的行为规定特别规范。也正是因为如此,自治法规才必须经过上级国家机关批准。"[2]第二种观点认为,自治条例不能规范上级国家机关。"我国是单一制国家结构,地方的权力源于中央通过立法的授予;中央和地方是领导与被领导的关系,同时下级要服从上级,因此自治州自治条例不能规范上级国家机关的行为。"[3]

---

[1] 吴宗金、敖俊德主编:《中国民族立法理论和实践》,中国民主法制出版社1998年版,第390页。
[2] 毛公宁、王铁志主编:《民族区域自治新论》,民族出版社2002年版,第317页。
[3] 黄元姗:《民族区域自治制度的发展与完善:自治州自治条例研究》,中国社会科学出版社2014年版,第45页。

对于第一种观点,从自治条例的效力等级和批准程序上看,其与一般的地方性法规并无多大差异,民族区域自治是一种特别类型的自治,自治条例与地方性法规本就同属权力性质的产物,不存在法律位阶高低之分①,因此并不能作为判断其立法权限的依据。对于第二种观点,在我国单一制的宪法框架下,宪法也为地方自治留下了空间,除特别行政区的高度自治权之外,民族自治地方也具有较大的自治权,对于国家的法律、政策,上级国家机关的决议、决定、命令和指示,可以变通执行。即使是在普通地方行政区域,《宪法》第3条第4款也规定:"中央和地方的国家机构职权的划分,遵循在中央的统一领导下,充分发挥地方的主动性、积极性的原则。"因此,中央与地方并不是简单的"下级服从上级"关系。随着立法权的大规模下放,单一制国家结构形式的内涵越来越丰富,关于中国国家结构形式是"复合单一制"的判断也逐渐得到认同。② 因此,以单一制国家结构形式为标准判断自治立法的权限范围缺乏说服力。

我们认为,对"权"的属性的理解直接决定对其内容的理解。自治立法权作为自治权的一种,具有权利和权力双重属性③:"一方面,自治权具有公共属性,代表的是公共利益或国家利益,在这个层面上,自治权是国家权力的一部分,来自于国家的授予,自治群体在宪法和法律规定的权限范围内行使自治权,以实现国家利益和公共利益。""另一方面,自治权具有私权属性,代表自治群体本身的利益,在这个层面上,自治权是自治群体所固有的,国家只是依据宪法和法律不予干预或提供保障而已。"④从自治立法权的属性出发,完全可以对其权限范围做如下理解:自治立法权的权力属性决定其是国家权力的一部分,根据现行《宪法》,地方的权力来自中央的授予,必须受中央与地方分权原则和具体规定的限制,从这个层面上,自治立法权不得约束和规范上级国家机关的权力。同时,自治立法权的权利属性决定上级国家机关不仅不得随意干预,还要提供相应保障,只

---

① 参见张文山等:《自治权理论与自治条例研究》,法律出版社2005年版,第116页。
② 参见本书第四章第二部分"中国特色国家结构形式"。
③ 权力权利二者之所以能够统一到"自治权"这个概念中,是因为其共同本质都是利益。See Rudolf von Ihering, *Law as a Means to an End*, trans. Isaac Husik, New York: Macmillan, 1913, p. 33.
④ 参见本书第四章第四部分"自治权及其理论基础"。

有在这个层面上,自治立法权可以约束和规范上级国家机关的权力。

以恩施州自治条例修订稿中提出"放权"要求所涉基础设施项目配套资金、矿产资源补偿费、新增建设用地土地有偿使用费、林业规费、水资源费、高考优惠政策等事项为例,考察其中"权"的属性,可以判断自治州和上级国家机关的立法权限范围。

首先,自治立法权作为一种权力,自治州和上级国家机关的立法权限划分,要遵守宪法和法律对中央与地方、上下级国家机关之间权限划分的相关规定。结合相关法律规定①,《恩施土家族苗族自治州自治条例》修订过程中所涉事项可以作如下分析:第一,国家安排的基础设施建设项目资金来源于中央财政性建设资金、其他专项建设资金和政策性银行贷款等,在投放于地方基础设施建设时,有权要求地方承担配套资金。第二,根据国务院《矿产资源补偿费征收管理规定》第 11—13 条,矿产资源补偿费的具体使用管理办法,由国务院财政部门、国务院地质矿产主管部门、国务院计划主管部门共同制定。省级人民政府地质矿产主管部门会同同级财政部门批准,可以依法批准减、免缴矿产资源补偿费。第三,按照《财政部 国土资源部 中国人民银行关于调整新增建设用地土地有偿使用费政策等问题的通知》,中央分成的新增建设用地土地有偿使用费,由财政部会同国土资源部分配给各省市,各省市分成的部分,加上中央财政专项分配的部分,统一由省级财政部门会同国土资源管理部门分配给下级县市。第四,财政部、国家林业局 2002 年颁布的《森林植被恢复费征收使用管理暂行办法》第 20 条规定,授权各省、自治区、直辖市财政部门、林业主管部门制定具体实施办法。湖北省财政厅、林业局 2003 年据此出台了《关于执行〈森林植被恢复费征收使用管理暂行办法〉有关问题的通知》,对全省森林植被恢复费的征收比例作出规定。第五,国务院于 2006 年颁布的《取水许可和水资源费征收管理条例》第 35 条规定,征收的水资源费应当按照国务院财政部门的规定分别解缴中央和地方国库;第 28 条规定,水

---

① 实践中,由于大多数法律对于自治权的规定并不清晰,主要通过国务院及其各部委的政策性文件来实现中央与民族自治地方在财政、税收、资源开发等领域的权力界限的具体化。相关论述参见田钒平:《民族自治地方自治立法权限的法律实证研究》,载《云南大学学报(法学版)》2009 年第 1 期。

资源费征收标准由省、自治区、直辖市人民政府价格主管部门会同同级财政部门、水行政主管部门制定,报本级人民政府批准,并报国务院价格主管部门、财政部门和水行政主管部门备案。第六,依据《中华人民共和国教育法》《中华人民共和国高等教育法》,高校的招生录取工作在教育部统一领导下,由各省级招生委员会组织实施,有关省(区、市)可以自行增加政策性照顾项目。综上,可以判定基础设施项目配套资金、矿产资源补偿费、新增建设用地土地有偿使用费、林业规费、水资源费、高考优惠政策等事项,均属于上级(中央或省级)国家机关的权力范围。除非依照法定程序经过上级国家机关批准,自治立法不得规定上级国家机关的权力和义务。

其次,自治立法权作为一种权利,自治州和上级国家机关的立法权限划分,要尊重宪法和法律所保障的民族自治地方的自治权利。《宪法》第122条规定,国家从财政、物资、技术等方面帮助各少数民族加速发展经济建设和文化建设事业,帮助民族自治地方从当地民族中大量培养各级干部、各种专业人才和技术工人。《民族区域自治法》和其他相关法律对上级国家机关的职责也进一步予以细化:第一,《民族区域自治法》第56条规定,国家在民族自治地方安排基础设施建设,需要民族自治地方配套资金的,根据不同情况给予减少或者免除配套资金的照顾;第二,《民族区域自治法》第63条规定,上级国家机关在投资、金融、税收等方面扶持民族自治地方改善林业等生产条件、水利等基础设施;第三,《国务院实施〈中华人民共和国民族区域自治法〉若干规定》第8条规定,国家征收的矿产资源补偿费在安排使用时,加大对民族自治地方的投入,并优先考虑原产地的民族自治地方;第四,《国务院实施〈中华人民共和国民族区域自治法〉若干规定》第21条规定,对民族自治地方的高等学校以及民族院校的学科建设和研究生招生,给予特殊的政策扶持。因此,在安排基础设施项目配套资金、分配新增建设用地土地有偿使用费、林业规费、水资源费、矿产资源费、制定高考优惠政策时,自治地方均有要求上级国家机关照顾的权利。

最后,可以对《恩施土家族苗族自治州自治条例》修订过程中涉及恩施州和湖北省之间的权限争议作如下评述:恩施州第一次提交的修订案单方面提出免除基础设施项目配套资金，矿产资源补偿费、新增建设用地土地有偿使用费、林业规费、水资源费等由州、县市人民政府或相关主管部门收取并留存自治州用于资源保护和开发，自治州内高等院校对少数民族考生实行加分或降分录取等要求，僭越了上级国家机关的法定权力，不具正当性和合法性。湖北省政府在第一次批复中全部予以否决，遵循了宪法和相关法律对中央与地方、上下级国家机关之间的权力划分，并没有侵犯自治地方的自治权。恩施州第二次提交修订案时转变了思路，改为请求享受省按项目安排相关规费在自治州使用时的照顾，这是在行使民族自治地方"接受国家从财政、物资、技术等方面的帮助"的权利，具有正当性和合法性，上级国家机关有义务予以保障。

5. 民族自治地方自治立法权行使的措施保障

由于立法权限不明确、保障措施不健全，民族自治地方自治立法权在现实中往往走向两个极端：一是民族地方自治立法变成向上级国家机关讨要优惠政策的工具，甚至在自治条例中规定上级国家机关权力范围的事项。二是民族自治地方怠于行使自治权，自治立法大量照搬上位法，造成立法资源的浪费，或者用地方性法规代替自治立法，民族区域自治制度不能有效落实。[①] 目前，《立法法》《民族区域自治法》的相关规定无法解决实践中民族自治地方与上级国家机关之间立法权限分配存在的问题，相关条款的内容还需进一步明确或完善。

(1) 合理解释现行法律规范以明确自治立法权的范围。 民族自治地方与上级国家机关之间不同于一般地方与上级国家机关之间的关系，自治条例、单行条例与其他法律规范的关系，也不能简单用下位法与上位法的关系来解释。因此，仅仅以争议事项所属的规范类型或效力等级为标准判定利益博弈的结果并不具有合理性。笔者认为，结合自治立法权的权力权利双重属性，由有权机关（如全国人大常委会）对《立法法》《民族区域自治法》以及相关权力配置规范作出解释，是当前明确自治立法权限范围最为可行的路径。

[①] 相关研究参见黄元姗：《民族区域自治制度的发展与完善：自治州自治条例研究》，中国社会科学出版社 2014 年版，第 74 页。

一方面，自治立法权具有权力属性，在对民族自治地方、上级国家机关与中央权力配置规范进行解释时，首先，依据《宪法》第3条第4款的规定，中央和地方的国家机构职权的划分，遵循在中央的统一领导下，充分发挥地方的主动性、积极性的原则。因此，中央在权力划分上起着决定性作用，是目前宪制体制下解释权力配置的基本遵循。其次，中央与地方权力的划分主要通过宪法和法律实现，如《宪法》第115条规定，民族自治地方的自治机关"依照宪法、民族区域自治法和其他法律规定的权限行使自治权，根据本地方实际情况贯彻执行国家的法律、政策"。《立法法》第8条第3款规定，民族区域自治制度只能制定法律；第75条要求，变通规定不得违背法律或者行政法规的基本原则。所以，解释自治立法权的范围应以宪法和法律作为根本依据。最后，由于法律规范的抽象性，全国人大及其常委会在制定法律时通常都会授权国务院或相关领域主管部门制定实施细则，上述实施细则也就成为解释自治立法权范围的重要参考。

另一方面，自治立法权具有权利属性，权利的保障不仅要防范上级国家机关对自治立法权的不当干预，还要求上级国家机关对自治立法权的行使提供保障措施。从这一属性出发，对《宪法》第122条关于"国家从财政、物资、技术等方面帮助各少数民族加速发展经济建设和文化建设事业。国家帮助民族自治地方从当地民族中大量培养各级干部、各种专业人才和技术工人"的规定，对《民族区域自治法》第六章关于上级国家职责的规定，都可以从国家对民族自治地方自治权利的行使提供保障的角度做出合理解释，从而使得上述规范成为上级国家机关的法定义务，而不仅仅是倡导性内容。当然，任何权利的行使都有边界，民族自治地方也应当"依照宪法、民族区域自治法和其他法律规定的权限行使自治权，根据本地方实际情况贯彻执行国家法律、政策"。

在实践中，并不是所有法律都对自治立法权的边界作出了规定，因此在解释自治立法权范围时会面临三种情形：第一，法律明确规定自治立法权，以法律规定的内容为依据。以《恩施土家族苗族自治州自治条例》修订中存在争议的林业规费为例，《森林法》第48条规定，民族自治地方不能全部适用本法规定的，自治机关可以根据本法的原则，结合民族自治地方的特点，制定变通或者补充规定，依照法定程序报省、自治区或者全国人民代表大会常务委员会批准施行。由此可以看出，林业规费的决定权在于中央和上级国家机关，民族自治地方在不违背《森林法》原则的前提下进行变通，需要经过上级国家机关的批准。实践中《立法法》《中华人民共和国全国人民代表大会和地方各级人民代表大会选举法》《刑法》《民法典》《民事诉讼法》等法律规范都有相应规定。第二，法律对自治立法没有明确规定，但是结合《宪法》《民族区域自治法》对自治权的规定，有权机关可以作出解释。以矿产资源开发为例，《民族区域自治法》规定："民族自治地方的自治机关根据法律规定和国家的统一规划，对可以由本地方开发的自然资源，优先合理开发利用。"《中华人民共和国矿产资源法》（以下简称《矿产资源法》）没有如《森林法》一样规定民族自治地方的变通权，致使民族自治地方与其他地区在矿产资源开发利用上的优先权失去制度基础。此时完全可以由全国人大常委会对《矿产资源法》作出解释，在不违背法律原则的前提下，明确民族自治地方在矿产资源开发领域的自治立法权。第三，宪法和法律对自治立法权作出限制，有权机关必须遵循相应限制性规定对自治权范围作出解释。如《宪法》第 115 条规定，民族自治地方自治机关"依照宪法、民族区域自治法和其他法律规定的权限行使自治权"；《立法法》第 75 条规定，自治条例和单行条例"不得违背法律或者行政法规的基本原则，不得对宪法和民族区域自治法的规定以及其他有关法律、行政法规专门就民族自治地方所作的规定作出变通规定"。以自治机关为例，《宪法》第 112 条和《民族区域自治法》第 15 条均规定民族自治地方的自治机关是自治区、自治州、自治县的人民代表大会和人民政府，因而自治立法就不得再授予其他机关自治权。当然，如果对《立法法》第 75 条本身存在争议，则由全国人大常委会作出是否合宪的解释。

（2）完善监督救济机制以规范自治立法权的行使。无论是基于民族自治地方自治立法权的权力属性还是权利属性，从法权实现的角度而言，都应当有监督、救济机制。对于民族自治地方或上级国家机关怠于行使权力或不当行使权力的，民族自治地方权利遭遇侵害或者缺乏保障的，都应当规定法律后果。对《立法法》《民族区域自治法》以及相关权力配置规范作出解释,从实施方式上看,可以分为有权机关作出的主动解释和产生争议之后应申请作出的被动解释。无论采取何种方式,同样需要相应程序条款保障。

目前,对民族自治地方不当行使权力有一定的监督机制。根据《立法法》第97条,全国人大有权撤销全国人大常委会批准的违背《宪法》和《立法法》第75条第2款规定的自治条例和单行条例;全国人大常委会有权撤销省、自治区、直辖市的人大常委会批准的违背《宪法》和《立法法》第66条第2款规定的自治条例和单行条例。但是,对上级国家机关怠于或不当行使权力缺乏监督机制。《民族区域自治法》第19条规定:"……自治区的自治条例和单行条例,报全国人民代表大会常务委员会批准后生效。自治州、自治县的自治条例和单行条例报省、自治区、直辖市的人民代表大会常务委员会批准后生效,并报全国人民代表大会常务委员会和国务院备案。"对于变通执行,《民族区域自治法》第20条规定:"上级国家机关的决议、决定、命令和指示,如有不适合民族自治地方实际情况的,自治机关可以报经该上级国家机关批准,变通执行或者停止执行;该上级国家机关应当在收到报告之日起六十日内给予答复。"如果上级国家机关对自治条例或变通执行报告不予批准或者不予答复,民族自治地方又存在异议的,应当可以提交有权机关进行解释、裁决,但目前缺乏这样的救济途径。《恩施土家族苗族自治州自治条例》的修订历时五年,从程序的角度而言,主要原因就在于缺乏规范的争议解决机制。因此,完善全国人大常委会的法律解释机制、赋予民族自治地方程序启动权等,是保障民族自治地方规范行使自治立法权的重要举措。

结合目前的自治立法过程,有学者认为,"从'报请批准'对法律生效的直接后果而言,自治区制定自治条例的立法权更应是一种中央与地方的'共有立法权'(自治州、自治县的立法权通过省级权力机关的批准而代表中央政府行使监督权,从而形成共有立法形式)",因此,对于立法过程中的利益冲突,主张由上级人大常委会牵头、上级人民政府参与、自治地方负责起草完善的"三位一体的联动机制"来解决[①],这一认识对于解决实

---

① 参见彭建军:《自治区自治条例所涉自治立法权问题研究》,载《民族研究》2015年第2期。

践中自治立法所面临的困境具有启发意义。作为一种自治地方与上级国家机关的"共有立法权",最大的问题在于缺乏监督救济机制:由上级人大常委会进行审批的立法程序流于形式,由上级政府予以批准的工作程序于法无据,民族自治地方的自治立法周期长、受不当干预。"三位一体的联动机制"的设想,一定程度上反映了民族自治地方与上级国家机关行使"共有立法权"的现实状况,正视这个机制的存在,能够促进各方利益博弈的规范进行,减少各方权益遭受不当侵害的可能性。当然,前提是要运用法律将机制明确。由于自治立法权具有权力权利双重属性,作为一种权力,自治立法权受到上级国家机关较大的限制,从程序设置上,直接体现为向上级国家机关"报请批准"无可厚非,但法律上应当明确的是,有审批权的机关应当是上级人大常委会,不是上级人民政府。由于自治立法涉及民族自治地方和上级国家机关的利益博弈,上级人民政府或者其他相关部门应当以利害关系人的身份参加到立法程序,在上级人大常委会主持的听证会或其他征求意见程序中,充分发表自己的意见,最后由上级人大常委会对自治立法予以审批;同时,自治立法作为一种权利,程序不仅是实现权利的步骤和方式,更是对上级国家机关不当干预的一种"防御"。在上级人大常委会主持的听证会或其他征求意见程序中,自治机关可以利害关系人的身份,与同为利害关系人的上级国家机关展开平等协商,从而避免上级国家机关利用权力优势作出不当干预。如果自治立法中的利益协商过程得以规范化,大多数冲突都能在协商过程中妥善解决。

此外,虽然《宪法》规定民族自治地方"依照宪法、民族区域自治法和其他法律规定的权限行使自治权",但是现实中法律条文多由国务院的行政法规或者各部委的规章、其他规范性文件进一步具体化,如果民族自治地方认为行政法规或部委的规章、其他规范性文件违反了《宪法》《民族区域自治法》或者其他法律的基本原则,则还涉及规范的合法性审查问题。如果要解决《立法法》第75条禁止对"其他有关法律、行政法规专门就民族自治地方所作的规定作出变通规定"的内容引发的争议,则应启动违宪审查机制。

(3) 及时制定配套措施以防止自治立法权虚置。合理解释现行规范与完善监督救济机制,主要针对自治立法权遭到侵害的情形。对于《立法法》修订后可能出现自治州人大常委会削弱人大自治立法权的问题,《立法法》第72条第5款规定,"自治州开始制定地方性法规的具体步骤和时间,由省、自治区的人民代表大会常务委员会综合考虑本省、自治区所辖的设区的市的人口数量、地域面积、经济社会发展情况以及立法需求、立法能力等因素确定,并报全国人民代表大会常务委员会和国务院备案",完全可以"防患于未然"。当前,许多自治州人大常委会制定地方性法规的权力还没有启动,因此自治州人大常委会行使地方性法规的立法权对自治州人大自治立法权造成的实际影响,有待进一步观察。但是,为了发挥《立法法》对立法行为的指引作用,防止自治州人大常委会造成自治州人大在城乡建设与管理、环境保护、历史文化保护等事项范围内自治立法权的虚置,上级人大常委会在确定自治州开始行使地方性法规制定权的具体步骤和时间时,也应当考虑到自治州人大常委会削弱人大自治立法权的可能性,及时制定配套措施规范自治州人大常委会的立法行为。同时,上级人大常委会还应当加强对自治州人大常委会行使地方性法规制定权的检查、监督①,确保《立法法》的初衷得以落实。

总的说来,目前我国民族自治地方自治立法权的困境在于:一是自治立法权受到民族自治地方上级国家机关(主要是上级人民政府及其组成部门)不当干预;二是《立法法》修订之后可能出现的自治州人大常委会削弱自治州人大自治立法权的问题。上述问题从根源上说,都是民族自治地方与上级国家机关之间权限划分不明所致。从制度层面看,依据《宪法》第115条,自治机关依照宪法和法律行使自治权。但是,《宪法》《民族区域自治法》对于自治立法权的权限范围都没有作出明确规定,《立法法》

---

① 《民族区域自治法》第72条规定,上级国家机关应当对各民族的干部和群众加强民族政策的教育,经常检查民族政策和有关法律的遵守和执行。《民族区域自治法》实施30多年来,全国人大常委会先后于2006年、2007年开展了民族区域自治法执法检查和跟踪检查,2012年以来又连续三年开展民族地区经济社会发展专题调研,2015年6月23日又一次启动民族区域自治法的执法检查。参见崔清新:《全国人大常委会启动民族区域自治法执法检查》,http://news.xinhuanet.com/2015-06/23/c_1115699672.htm,2018年8月19日访问。其他上级国家机关的人大常委会也应当积极履行这一职责,保障民族自治地方自治权的落实。

禁止民族自治地方对"其他有关法律、行政法规专门就民族自治地方所作的规定作出变通规定"的条款还面临着合宪性的拷问。因此,通过修改法律或者由有权机关进行解释的方式明确《宪法》《民族区域自治法》《立法法》以及相关法律规范中关于民族自治地方自治立法权限的规定,才能从制度上解决民族自治地方自治立法权所面临之困境。从实践层面看,多年来民族自治地方自治立法权的行使遭遇困境,《立法法》修订后扩大了民族自治地方的立法主体,授予自治州人大常委会一定范围的地方性法规制定权,极大地促进了自治州行使立法权的积极性,但同时自治州人大常委会的地方性法规制定权可能对自治州人大的自治立法权造成的威胁也必须受到重视,上级人大常委会应及时制定配套措施作为指引。同时,《立法法》修订扩大民族自治地方的立法主体,是否会激发民族自治地方自治机关对作为自治主体和地方国家机关的双重身份进行反思,推动民族自治地方自治机关自治权与地方国家机关权力之间的合理配置,是值得进一步关注的问题。

随着我国区域法治的发展,未来民族自治地方立法权与其他地方立法权的差异缩小是必然趋势。但是,当前民族区域自治制度作为国家的一项基本政治制度,是实现民族平等、民族团结和各民族共同繁荣发展的重要制度保证,全面激活民族区域自治制度的优势和功能,必须为民族自治地方自治立法权的行使提供制度保障。同时,民族区域自治是区域法治的一种特殊类型,民族自治地方与上级国家机关在自治立法过程中依法进行协商、博弈的经验,也可以为其他地方国家机关依法处理与上级国家机关的关系、规范行使立法权提供借鉴。

四、法治中国建设与民族区域自治[①]

法治兴则国家兴,法治强则国家强。但是,法治是一个艰难的、漫长

[①] 本部分为 2014 年 5 月 29—30 日,笔者应国家民委邀请参加纪念《民族区域自治法》颁布实施 30 周年活动,在"民族区域自治制度理论暨民族自治地方行政体制改革座谈会"上所作的主题发言。人大复印报刊资料《民族问题研究》2014 年第 6 期全文转载;《中国民族报》2014 年 5 月 30 日"《民族区域自治法》30 周年"特刊部分选登。

的过程。新中国发展的历史经验告诉我们,中国的进步与中华民族的伟大复兴离不开法治的同步发展,法治兴则中国兴,法治废则中国危。《论语·为政》有言道:"三十而立。"《民族区域自治法》公布施行的30多年,正是法治中国建设的辉煌时期,也是民族区域自治制度在坚持中不断巩固发展、在发展中不断继承创新并取得显著成效的阶段。特别是党的十八大以来,有效发挥法治固根本、稳预期、利长远的保障作用,法治中国建设全面推进,法治在国家民族事务治理中的地位日益凸显,法治对民族事务治理的引领和保障作用空前增强。

(一)民族区域自治制度是法治中国建设的重要内容

宪法为铸牢中华民族共同体意识、加强中华民族共同体建设、推进国家治理现代化提供根本法治保障。1954年,新中国第一部《宪法》诞生,开启了当代中国法制建设的新纪元,为社会主义法制建设奠定了基础与前提。但在法制建设的发展过程中,经历了严重曲折,特别是"文革"期间法律虚无主义盛行,使得民主法制建设一度受挫。党的十一届三中全会以后,中国的法治历程伴随着改革开放的深入而崎岖前行、蓬勃发展,1982年,现行《宪法》公布施行,从"一手抓经济,一手抓法制",到"用法治凝聚改革共识":我们党深刻总结社会主义法制建设正反两方面经验,明确提出"加强社会主义民主,健全社会主义法制"等主张,党和国家事业步入法制建设的正常轨道。1997年,党的十五大明确提出"依法治国"的治国方略和建设社会主义法治国家的战略目标,从"法制"到"法治",国家的法治建设事业走向新的阶段;2004年,《宪法》修订,实现"人权入宪","国家尊重和保障人权"成为中国《宪法》的重要条款之一;2011年,中国特色社会主义法律体系形成。进入新时代,习近平提出一系列原则性的治国理政新理念新思想新战略,其中"法治中国"重大命题由党的十八届三中全会所确认。2019年10月,党的十九届四中全会从13个方面深入系统地总结了我国国家制度和国家治理体系的显著优势,其中一个重要方面就是"坚持各民族一律平等,铸牢中华民族共同体意识,实现共同团结奋斗、共同繁荣发展的显著优势"①。十三届全国人大四次会议表决通过的《中华人民共和国国民经济和社会发展第十四个五年规划和 2035 年远景目标纲要》第五十八章发展社会主义民主、第五十九章全面推进依法治国中明确提出:"全面贯彻党的民族政策,坚持和完善民族区域自治制度,铸牢中华民族共同体意识,促进各民族共同团结奋斗、共同繁荣发展。""坚定不移走中国特色社会主义法治道路,坚持依法治国、依法执政、依法行政共同推进,一体建设法治国家、法治政府、法治社会,实施法治中国建设规划。"

  法律是民族历史文化精神的产物。现代治理是文化认同、文化共识之上的规则之治、制度之治、宪制之治,国家治理能力就是法治能力,国家治理体系本质上就是法治体系。但是,我们必须清醒地认识到,各国具体国情不同,制度安排和治理体系不会也不可能完全相同。因为任何国家,其生活方式、制度形式都不可能完全一样,都要符合各自的历史传统和民族精神,从来就没有大家想象中的那种绝对普遍性的东西摆在那里,普遍性不过是体现在不同国家具体的历史经验中的为人类所共享的东西。有效的制度和治理体系必须植根于一国国情。民族问题是社会总问题的重要组成部分,民族事务是多民族国家的重要事务。在多民族国家的现代国家建设中,有效整合族际政治是国家治理的重要内容。人类政治文明的演进表明,依法治理民族事务,是法治国家解决国内民族问题的最佳路径选择。国家乃是人民的事业,但人民不是人们某种随意聚合的集合体,而是许多人基于法的一致和利益的共同而结合起来的集合体,这种联合的首要原因主要不在于人的软弱性,而在于人的某种天生的聚合性,即对于国民来说,国家不但是契约的创造物,而且是命运的共同体,法律是人民基于国家共识的共同契约。②

  人类单独的个人之所以会放弃部分自由结成社群,进而组建国家,一

---

  ① 《中共中央关于坚持和完善中国特色社会主义制度 推进国家治理体系和治理能力现代化若干重大问题的决定》,载《中国共产党第十九届中央委员会第四次全体会议文件汇编》,人民出版社 2019 年版,第 20 页。

  ② 参见〔古罗马〕西塞罗:《论共和国 论法律》,王焕生译,中国政法大学出版社 1997 年版,第 5、39 页。

个重要的原因就在于,人们期待借助集体力量即公共力量摆脱风险或个体在突发风险面前脆弱无力的命运。在中国,家国一体的观念深入人心;家国同构,家是最小的国,国是最大的家;家国情怀是中国传统文化的核心,是中华民族凝聚力、向心力的根源。法治是当代中国民主政治的基石,中华人民共和国是全国各族人民的共有家园,民族区域自治是我们党运用马列主义基本原理与中国民族问题具体实际相结合的重大制度创新,具有鲜明的中国特色。统一是原则、前提,共治是基础,自治是手段,和而不同是特色,共同发展是目标。从宪法和宪制层面而言,"多民族的统一国家"的基本内涵是:中国只有一部《宪法》,只有一个中央政府,地方各级政府受中央政府的统一领导,这就是单一制国家结构的宪制架构。从国家族体构成而言,中华民族是多民族的有机整体、多民族的有机整合,即国内各民族在国家政治、经济和文化生活等各方面,相互间已历史地结成了不可分割的紧密联系,同时又各自保持本民族族体及文化的相对独立性,相互信任,相互尊重,相互欣赏。正因如此,"多元一体"的民族生态以及文化多样性、区域复杂性的国情要素,成为我国宪制架构和法治中国建设的基本考量,决定了中国国家结构的特殊性。

　　法治中国是制度之治,也是治国道路和治国理论,民族区域自治是法治中国建设的应有之义。正如胡锦涛所指出:"民族区域自治制度,是我国的一项基本政治制度,是发展社会主义民主、建设社会主义政治文明的重要内容,是党团结带领各族人民建设中国特色社会主义、实现中华民族伟大复兴的重要保证。在国家统一领导下实行民族区域自治,体现了国家尊重和保障少数民族自主管理本民族内部事务的权利,体现了民族平等、民族团结、各民族共同繁荣发展的原则,体现了民族因素和区域因素、政治因素和经济因素、历史因素和现实因素的统一。实践证明,这一制度符合我国国情和各族人民的根本利益,具有强大生命力。民族区域自治,作为党解决我国民族问题的一条基本经验不容置疑,作为我国的一项基本政治制度不容动摇,作为我国社会主义的一大政治优势不容削弱。"[①]这

---

① 胡锦涛:《新形势下做好民族工作的指导原则和主要任务》(2005年5月27日),载《胡锦涛文选》(第二卷),人民出版社2016年版,第322—323页。

既是宪法权威的体现,更在于它是一种政治定位:通过政治约定的方式来平衡社会成员之间的利益、主张与偏好,包容具有差异性的利益要求,从而为不同民族合法、平等、和谐地解决利益差异和分歧提供制度平台与行为规范,即法治之上的政治架构。

(二)加强民族法制建设,坚持和完善民族区域自治

《民族区域自治法》为铸牢中华民族共同体意识、加强中华民族共同体建设、推进民族区域法治创新实践提供基本法指引。现代国家不仅仅是地域概念,更是指政治共同体、社会共同体、文化共同体、文明共同体和命运共同体,宪法即统合政治共同体一体化的根本大法、文明之法、包容之法。宪法学的基本理论启迪我们,作为多价值功能的现代宪法,其功能之一就在于致力于或试图致力于以国家根本大法的形式整合全体国民和全社会的"意志"和"利益",使之成为集中、统一的国家"意志"与"利益",从而更好地保障国民个体利益。正所谓:"家是最小国,国是千万家,在世界的国,在天地的家,有了强的国,才有富的家。"[1]因此,在多民族国家,加强国民法治教育,凝聚社会价值共识,抵御外部渗透,超越民族认同,强化国家认同和国民认同,利用宪法在价值取向上的多向性和内容的广泛包容性来妥善处理国内民族问题和整合族际关系,成为当代宪法的重要内容和主要发展趋势。以新中国成立以来的《宪法》变迁和宪制实践观察,早在新中国成立前夕,中国人民政治协商会议第一届全体会议通过的具有临时宪法作用的《共同纲领》就庄严宣示:"中华人民共和国境内各民族,均有平等的权利和义务。"(第9条)"各少数民族聚居的地区,应实行民族的区域自治,按照民族聚居的人口多少和区域大小,分别建立各种民族自治机关。凡各民族杂居的地方及民族自治区内,各民族在当地政权机关中均应有相当名额的代表。"(第51条)1954年的新中国第一部《宪法》第3条进一步明确规定:"中华人民共和国是统一的多民族的国家。各民族一律平等。禁止对任何民族的歧视和压迫,禁止破坏各民族团结

---

[1] 引自歌曲《国家》,词作者王平久。

的行为。各民族都有使用和发展自己的语言和文字的自由,都有保持或者改革自己的风俗习惯的自由。各少数民族聚居的地方实行区域自治。各民族自治地方都是中华人民共和国不可分离的部分。"

其后,尽管中国法治之路艰辛,诞生过多部《宪法》文本("七五宪法""七八宪法""八二宪法"),但上述原则和精神始终未变,并为现行《宪法》即"八二宪法"所继承和发展,序言指出:"中国是世界上历史最悠久的国家之一。中国各族人民共同创造了辉煌灿烂的文化,具有光荣的革命传统。""中华人民共和国是全国各族人民共同缔造的统一的多民族国家。平等、团结、互助的社会主义民族关系已经确立,并将继续加强。在维护民族团结的斗争中,要反对大民族主义,主要是大汉族主义,也要反对地方民族主义。国家尽一切努力,促进全国各民族的共同繁荣。"第4条规定:"中华人民共和国各民族一律平等。国家保障各少数民族的合法权利和利益,维护和发展各民族的平等、团结、互助关系。禁止对任何民族的歧视和压迫,禁止破坏民族团结和制造民族分裂的行为。国家根据各少数民族的特点和需要,帮助各少数民族地区加速经济和文化的发展。各少数民族聚居的地方实行区域自治,设立自治机关,行使自治权。各民族自治地方都是中华人民共和国不可分离的部分。各民族都有使用和发展自己的语言文字的自由,都有保持或者改革自己的风俗习惯的自由。"

随着国家政治生活民主化进程的推进,在宪法精神和具体原则的指引下,1984年5月31日,六届全国人大二次会议总结新中国30多年的法制经验,特别是各地民族区域自治实践的基础上通过的《民族区域自治法》,进一步完善了民族区域自治制度。从此,民族区域自治有了基本的法律保障,民族区域自治向规范化、法制化轨道迈出坚实步伐。同时,《民族区域自治法》的颁布实施为各种民族法规的制定确定了基本原则和立法精神,并为民族法制体系的最终形成提供了动力。此后,国家在制定其他基本法律和部门法律法规的时候,更加注重民族地区经济社会发展和少数民族权益保障,在法律法规中都以一定篇幅或专门条文对民族事务、少数民族权益作出具体规定。《民族区域自治法》的颁布施行,也进一步推动了地方民族法制建设。特别是一些多民族的省纷纷制定贯彻实施

《民族区域自治法》的措施、办法等地方性法规,民族自治地方也加快了自治法规的立法步伐,为加强民族自治地方的民主政治建设、维护社会政治稳定、繁荣民族经济、解决民族工作中的实际问题发挥了积极作用。

在现代化道路上推动各民族共同繁荣发展,是中国式现代化的题中应有之义。适应社会主义市场经济体制的建立与发展以及国家西部大开发战略的实施,2001年2月28日,九届全国人大常委会第二十次会议通过新修订的《民族区域自治法》,充分反映了新时期民族自治地方在政治、经济、文化和社会建设方面的迫切要求,并首次在序言中明确宣示:民族区域自治制度"是国家的一项基本政治制度"。2005年颁布的《国务院实施〈中华人民共和国民族区域自治法〉若干规定》,重点从加快经济社会发展、培养各类人才、维护民族团结、明确法律责任和建立监督机制等方面做出具体规定。国务院有关部门也相应制定了一系列落实《民族区域自治法》和《国务院实施〈中华人民共和国民族区域自治法〉若干规定》的配套规章或规范性文件。

目前,以《宪法》为基础,以《民族区域自治法》为主干,包括国务院及其职能部门制定的行政法规、部门规章以及民族自治地方制定的自治条例和单行条例,各省、自治区、直辖市和地方各级人大、政府制定的民族事务方面的地方性法规等在内的民族区域法律法规体系基本形成。习近平强调指出:"坚持和完善民族区域自治制度,要做到'两个结合'。一是坚持统一和自治相结合。团结统一是国家最高利益,是各族人民共同利益,是实行民族区域自治的前提和基础。没有国家团结统一,就谈不上民族区域自治。同时,要在确保国家法律和政令实施的基础上,依法保障自治地方行使自治权,给予自治地方特殊支持,解决好自治地方特殊问题。二是坚持民族因素和区域因素相结合。民族区域自治,既包含了民族因素,又包含了区域因素。民族区域自治不是某个民族独享的自治,民族自治地方更不是某个民族独享的地方。这一点必须搞清楚,否则就会走到错误的方向上去。"[①]这一重要论述和要求进一步为坚持和完善民族区域自

[①] 习近平:《全面贯彻党的民族政策和宗教政策》(2014年9月28日、2016年4月22日),载《习近平谈治国理政》(第二卷),外文出版社2017年版,第300—301页。

治制度提供了科学指引。党的十九届四中全会通过的《中共中央关于坚持和完善中国特色社会主义制度 推进国家治理体系和治理能力现代化若干重大问题的决定》中关于坚持和完善民族区域自治制度的总体部署,切实贯彻这一重要论述和要求,对坚持和完善人民当家作主制度体系具有重大意义,为推进新时代民族团结进步事业提供了强有力的制度保障。

(三)全面落实民族区域自治法,推进法治中国建设

"当法律与民族情感和民族意识契合不悖,或逐渐调适而融和无间,则法的功用和价值在于褒扬民族情感和民族意识。"①宪法明文规定,中华人民共和国是全国各族人民共同缔造的统一的多民族国家。中华人民共和国各民族一律平等;国家保障各少数民族的合法的权利和利益,维护和发展各民族的平等团结互助和谐关系;禁止对任何民族的歧视和压迫,禁止破坏民族团结和制造民族分裂的行为。"铸牢中华民族共同体意识,就是要引导各族人民牢固树立休戚与共、荣辱与共、生死与共、命运与共的共同体理念。"②综观人类法治变迁历程,宪法法律具有最高地位和最大权威是法治国家的最典型特征,维护宪法法律权威是法治中国建设的核心内容和根本保障。"法乃国家布大信于天下",宪法法律是党的意志、国家意志、人民意志的集中体现,是通过科学民主程序形成的普遍行为规范,是全国各族人民都必须严格遵守的共同行为准则。若宪法法律没有权威和尊严,治国安邦就失去依据,公民行为就失去规范,公平正义就失去标准,政治就不可能清明,民族就不可能和睦,社会就不可能和谐,人心就不可能安定。建设法治中国,必须坚持依法治国、依法执政、依法行政共同推进,坚持法治国家、法治政府、法治社会一体建设。依法治国、依法行政、依法执政的重点,就是依据《宪法》与法律治国、行政与执政。而《民族区域自治法》的贯彻实施状况、成效,在一定程度上决定、影响着法治中国建设进程。

---

① 〔德〕萨维尼:《论立法与法学的当代使命》,许章润译,中国法制出版社2001年版,第32页。
② 习近平:《以铸牢中华民族共同体意识为主线,推动新时代党的民族工作高质量发展》(2021年8月27日),载《习近平谈治国理政》(第四卷),外文出版社2022年版,第245页。

从法律地位而言,《民族区域自治法》是仅次于《宪法》的基本法,是国家保障少数民族和民族地区各项权利的基本法律,是国家民族工作走向法治化、规范化轨道的重要保障。从调整关系来看,民族区域自治法是规范民族区域自治的基本法,它所调整的是民族自治地方与国家(中央)之间、民族自治地方与上级国家机关之间、民族自治地方与非民族自治地方(一般行政区、特别行政区)之间、民族自治地方之间的关系,以及民族自治地方内的民族关系,而且主要是调整民族自治地方与国家之间的关系,并不仅仅是调整民族自治地方内的民族关系。从规定内容来看,虽然大部分条文适用于民族自治地方,但也有相当多的条文适用于民族自治地方以外的其他地方和上级国家机关。例如,"上级国家机关的职责""民族自治地方的人民法院和人民检察院"条文,以及"总则""附则"中保障民族自治地方自治机关行使自治权和保障实施的若干条文,就适用于全国人大及其常委会、国务院、最高人民法院、最高人民检察院以及辖有自治州、自治县的省和直辖市的人大及其常委会、"一府两院"。又如,与民族自治地方开展经济、技术协作和对口支援、进行资源开发有关的生态保护规定,则适用于民族自治地方及以外的所有地方、组织和个人。

总之,民族区域自治制度充分彰显中国共产党领导各民族繁荣进步的制度优势,彰显了党集中统一领导的政治优势,是法治中国建设的重要内容,具有深厚的民族性、本土性、实践性特点,作为地方治理的特别治理模式是国家治理体系的重要组成部分。党的十八届三中全会通过的《中共中央关于全面深化改革若干重大问题的决定》明确提出:"全面深化改革的总目标是完善和发展中国特色社会主义制度,推进国家治理体系和治理能力现代化。"可以期待,全面深化改革的推进将为民族区域自治制度的完善与发展提供新的契机,与此同时,《民族区域自治法》的有效实施、民族区域治理能力和治理水平的提升也可为国家治理体系和治理能力的现代化提供经验与借鉴。当前,世界百年未有之大变局加速演进,中华民族伟大复兴进入关键时期,我们面临的风险挑战明显增多,面对错综复杂的国内国际环境,进一步完善民族事务治理体系,提高民族事务治理能力,提升民族事务治理法治化水平,防范化解民族领域风险隐患,必须坚持党对全面依法治国的领导,准确把握和全面贯彻习近平关于加强和改进民族工作的重要思想①,坚持和完善民族区域自治制度,确保党中央政令畅通,确保国家法律法规实施,特别是要在关键环节和重点领域扎实做好以下方面的工作:

第一,坚持依法治理民族事务,推进民族事务治理体系和治理能力现代化。习近平在中央民族工作会议上明确指出:"党的民族工作创新发展,就是要坚持正确的,调整过时的,更好保障各民族群众合法权益。要正确把握共同性和差异性的关系,增进共同性、尊重和包容差异性是民族工作的重要原则。""要依法保障各族群众合法权益,依法妥善处理涉民族因素的案事件,依法打击各类违法犯罪行为,做到法律面前人人平等。"②党的二十大报告强调,"以铸牢中华民族共同体意识为主线,加强和改进党的民族工作",要坚持依法治理民族事务,不断健全完善铸牢中华民族共同体意识民族政策和地方法规体系,善于运用法治思维和法治方式妥善处理涉及民族因素的矛盾和问题,有效防范民族领域的各种风险隐患,持续把保障少数民族群众利益纳入制度化、规范化、法治化轨道,加快推进民族事务治理体系和治理能力现代化。各级人大要适应社会变迁、社会转型和技术革命的新形势、新环境,即全球化、网络化、自媒体、大数据新时代世情、国情的深刻变化,有效集成信息资源,切实承担起监督职能,经常开展《民族区域自治法》贯彻执行情况的监督检查、评估,并且有针对性地及时研究和督办、解决民族区域法律法规实施过程中存在的突出问题,维护宪法法律权威,如国家安全特岗人才(双语警官、双语法官等)储

---

① 习近平关于加强和改进民族工作的重要思想,是马克思主义民族理论中国化的最新成果,是党的民族工作理论和实践的智慧结晶,具体包括"12个必须":必须从中华民族伟大复兴战略高度把握新时代党的民族工作的历史方位;必须把推动各民族为全面建设社会主义现代化国家共同奋斗作为新时代党的民族工作的重要任务;必须以铸牢中华民族共同体意识为新时代党的民族工作的主线;必须坚持正确的中华民族历史观;必须坚持各民族一律平等;必须高举中华民族大团结旗帜;必须坚持和完善民族区域自治制度;必须构筑中华民族共有精神家园;必须促进各民族广泛交往交流交融;必须坚持依法治理民族事务;必须坚决维护国家主权、安全、发展利益;必须坚持党对民族工作的领导。参见习近平:《以铸牢中华民族共同体意识为主线,推动新时代党的民族工作高质量发展》(2021年8月27日),载《习近平谈治国理政》(第四卷),外文出版社2022年版,第244—245页。
② 习近平:《以铸牢中华民族共同体意识为主线,推动新时代党的民族工作高质量发展》(2021年8月27日),载《习近平谈治国理政》(第四卷),外文出版社2022年版,第246—247页。

备,民族地区双语教学推进和高素质双语师资培养①,民族自治地方行政区划变更、调整,省直管县(民族自治地方县、市)体制改革探索,民族自治地方关键领导岗位少数民族干部的培养、选拔、任用,民族政策和法律法规的适时修订,等等②。与此同时,坚持理论发展的正确导向,相关理论阐释、创新和建构既要适应时代特点,同时必须立足社会主义初级阶段的基本国情,要特别警惕和防范大汉族主义思潮的抬头,大汉族主义和地方民族主义都不利于中华民族共同体建设。以民族区域自治的道路自信、理论自信、制度自信和文化自信为统领,着力推动民族事务治理体系完善、民族自治地方管理理念和治理模式转变。

第二,坚持和完善民族区域自治制度,激发各族人民共同富裕的内生动力。"一定的经济基础既是法的出发点,也是法的归宿。"③保障少数民族权利,大力推动区域均衡发展,实现对各民族政治、经济、文化等权利的平等保护,必须大力支持各民族发展经济、改善民生,实现共同发展、共同富裕,在推进共同富裕、共创美好生活的奋斗实践中,激发积极性主动性创造性,提升获得感幸福感安全感,增强吸引力向心力凝聚力。为此,"要

---

① 国家通用语言文字是一个国家主权的象征,文化认同是最深层的认同。同时,语言文字是人类文明代代相传的载体,是打开沟通理解之门的钥匙,是促进不同文明交流互鉴的纽带,已经成为促进人的全面发展和社会进步的重要力量。各民族使用国家通用语言文字既是宪法和法律赋予的责任和义务,更是各族人民热爱祖国、热爱中华民族的具体体现,也是促进民族团结进步的必由之路。笔者认为,民族地区的双语教学实际上是汉语言文字(即国家通用语言文字)、文化与少数民族语言文字、文化的教学互动活动,不仅是少数民族学生对汉语言文字、文化的学习,还包括汉族学生对当地少数民族语言文字、文化的学习。双语教育教学的成效直接决定民族地区青年一代的语言能力、综合素质和人生发展,也在一定程度上决定着民族地区的未来。但要特别指出的是,双语教学工作在有的地区尤其是边疆民族地区长期进展缓慢,必须从国家战略层面予以高度关注和重视,并通过制度创新、采取非常举措加以持续推进。如在近年来经常发生暴力恐怖事件的新疆和田地区皮山县,据《环球时报》记者2014年5月24日的实地调查,当地维吾尔族同胞学汉语的热情不高,初中毕业的学生绝大多数不会用汉字写自己的名字,特别是在农村地区更为明显。这既与缺少语言环境有关,也与当地教师职业水平不高有关。当地规定,只有初中毕业才能领结婚证,一些孩子才坚持上学,否则可能早就不上了。即便如此,不少学生平时不爱上课,三四十人的班有时到课的只有十多人。参见《探访乌市暴恐分子老家:警车不多维稳标语不少》,http://news.cnr.cn/native/gd/201405/t20140527_515585323.shtml,2014年6月8日访问。

② 如2021年4月,中央全面依法治国委员会已将少捕慎诉慎押刑事司法政策列入年度工作要点,随着少捕慎诉慎押从刑事司法理念上升到刑事司法政策,20世纪80年代开始推行的专门针对少数民族的"两少一宽"刑事政策,即"对少数民族的犯罪分子要坚持'少捕少杀',在处理上一般从宽"政策,建议有关部门应研究予以废止。

③ 李龙主编:《法理学》,武汉大学出版社1996年版,第56页。

根据不同地区、不同民族实际,以公平公正为原则,突出区域化和精准性,更多针对特定地区、特殊问题、特别事项制定实施差别化区域支持政策"①。2014年5月、2020年9月,中央第二次、第三次新疆工作座谈会强调"坚持依法治疆";2015年8月、2020年8月,中央第六次、第七次西藏工作座谈会提出"坚持依法治藏"。各级政府和自治机关要适时制定和完善《民族区域自治法》的配套法律法规、具体措施、实施办法和细则,抓紧制定或修订自治条例和单行条例。特别指出的是,自治条例作为规范民族自治地方自治机关依法行使自治权的重要法规,是民族区域法治体系的重要组成部分,制定自治条例是自治机关实现自治权的重要方式和完善民族区域自治制度的重要步骤,也是一项十分复杂的法律和制度建设工程。但目前,广西、西藏、新疆、内蒙、宁夏5大自治区以及新疆所辖的5个自治州、6个自治县的自治条例仍然没有出台,这不仅不利于《民族区域自治法》的全面贯彻落实、民族区域自治的法治实践,与新时代国家形象和法治中国建设目标也不相适应②,加快工作推进已刻不容缓。

2022年3月,十三届全国人大五次会议审议通过了《全国人民代表大会关于修改〈中华人民共和国地方各级人民代表大会和地方各级人民政府组织法〉的决定》,充实完善了"铸牢中华民族共同体意识"等内容并完善相关规定,根据宪法有关规定和中央民族工作会议精神,在地方人大和地方政府职责中分别增加"铸牢中华民族共同体意识""促进各民族广泛交往交流交融"等内容,并将"保障少数民族的权利"修改为"保障少数民族的合法权利和利益";同时,将少数民族聚居的乡镇人大行使职权时"应当采取适合民族特点的具体措施",修改为"可以依照法律规定的权限采取适合民族特点的具体措施";将地方各级人民政府职权中的"尊重少数民族的风俗习惯",修改为"保障少数民族保持或者改革自己的风俗习惯

---

① 习近平:《以铸牢中华民族共同体意识为主线,推动新时代党的民族工作高质量发展》(2021年8月27日),载《习近平谈治国理政》(第四卷),外文出版社2022年版,第247页。
② 如在有些年的"两会"期间,外国记者都要向大会新闻发言人提出类似的问题。

的自由"。① 民族自治地方相关法规的修订完善工作应及时跟进,确保国家宪法法律在民族区域的全面有效实施。

第三,充分发挥民族区域自治制度维护民族团结进步的制度保障功能,紧紧围绕民族团结和民生改善推动经济发展、促进社会全面进步。尤其是边疆民族地区,地处边境边陲,国家安全前哨,要统筹发展和安全,持续推进固边兴边富民,实现边民生活有保障、致富有渠道、守边有动力、发展有支撑。2014年9月中央民族工作会议明确指出:"用法律来保障民族团结,增强各族群众法律意识。"民族自治地方要做到共同性和差异性的辩证统一、民族因素和区域因素的有机结合,切实保证党和国家大政方针在本地区的贯彻执行,同时从本地实际出发,正确、有效行使《宪法》和《民族区域自治法》赋予的各项自治权利,依法坚决铲除民族分离主义滋生的土壤,提升防范暴恐的能力和意识,如互联网安全、信息传播、情报收集、金融监管、公共区域安保、危险物品管制、暴恐防控知识普及、跨(国)境管理以及境外极端势力防范等,严厉打击"三股势力"②,旗帜鲜明地反对宗教极端思想,从根本上切断"三股势力"对宗教的利用。

健全基层组织,有效整合社会资源,把党的组织优势转化为治理优势;加强基层党建,以高质量党建引领推动高效能治理、高品质生活;延伸

---

① 具体规定条文包括,第11条:县级以上的地方各级人民代表大会行使下列职权:"(十四)铸牢中华民族共同体意识,促进各民族广泛交往交流交融,保障少数民族的合法权利和利益"。第12条第1款:乡、民族乡、镇的人民代表大会行使下列职权:"(十三)铸牢中华民族共同体意识,促进各民族广泛交往交流交融,保障少数民族的合法权利和利益";第2款:"少数民族聚居的乡、民族乡、镇的人民代表大会在行使职权的时候,可以依照法律规定的权限采取适合民族特点的具体措施"。第73条:县级以上的地方各级人民政府行使下列职权:"(九)铸牢中华民族共同体意识,促进各民族广泛交往交流交融,保障少数民族的合法权利和利益,保障少数民族保持或者改革自己的风俗习惯的自由,帮助本行政区域内的民族自治地方依照宪法和法律实行区域自治,帮助各少数民族发展政治、经济和文化的建设事业"。第76条:乡、民族乡、镇的人民政府行使下列职权:"(五)铸牢中华民族共同体意识,促进各民族广泛交往交流交融,保障少数民族的合法权利和利益,保障少数民族保持或者改革自己的风俗习惯的自由"。

② 2001年6月15日,上海合作组织签署《打击恐怖主义、分裂主义和极端主义上海公约》,首次对恐怖主义、分裂主义和极端主义作了明确定义。所谓三股势力,是指暴力恐怖势力、民族分裂势力、宗教极端势力。暴力恐怖势力是指通过使用暴力或其他毁灭性手段,制造恐怖,以达到某种政治目的的团体或组织;民族分裂势力是指从事对主权国家构成的世界政治框架的一种分裂或分离活动的团体或组织。民族分裂势力是反社会发展和人类进步的政治力量;宗教极端势力是指在宗教名义掩盖下,传播极端主义思想主张、从事恐怖活动或分裂活动的社会政治势力。

组织"触角",扩大党在新兴领域的号召力和凝聚力。着力加强基层政权建设,改善基层干部工作条件和生活状况,大力整治基层治理存在的"懒政思维"与腐败,创新民族区域社会治理,实现社区村镇群防群治,严防暴力恐怖活动,从严惩处恐怖分子,全力维护辖区社会政治稳定和长治久安。近年来,新疆持续开展反恐怖主义和去极端化斗争,坚持严打方针,始终保持对"三股势力"严打高压态势不动摇,扎实推进反恐维稳法治化常态化专业化,根本扭转了暴力恐怖活动多发频发局面,实现了各族民众对平安稳定的渴望与期盼。总之,既要检讨物质主义或复古主义工作路径,摒弃简单思维,尊重规律,与时俱进,因地制宜,系统施策,推动区域经济科学发展,巩固拓展脱贫攻坚成果同乡村振兴有效衔接,切实保障民生持续改善,让各族同胞共享发展成果,特别是更多更公平地惠及广大基层民众,如教育普及和质量提升、优质双语教学①、产业布局、就业保障、文化建设、生态保护等,又要继承传统,凝聚共识,包容差异,创新思路,探索、引导建立各民族相互嵌入的社会结构和社区环境,创新基层社会治理,营造积极、开放、包容的社区文化,促进各民族民众交往交流交融,着力民族区域综合治理、有效治理,助力各民族共同团结奋斗、共同繁荣发展。

第四,坚定不移走中国特色社会主义政治发展道路,扎实推进全过程人民民主,扩大民众有序政治参与,有效畅通参与渠道,积极引导各民族群众共同参与所在区域公共事务治理、公共政策过程,在公共生活中不断形成和扩大共识,增强民族互信共治。保证和支持人民当家作主不是一句口号、不是一句空话,必须落实到国家政治生活和社会生活之中,体现在国家治理和社会治理的每一个环节。"说到底,法律活动中更为广泛的公众参与乃是重新赋予法律以活力的重要途径。除非人们觉得那是他们的法律,否则就不会尊重法律。"②人民民主的真谛是有事好商量、众人的事情由众人商量,找到全社会意愿和要求的最大公约数,全过程人民民主

---

① 2013年7—8月,课题组曾对青海省黄南藏族自治州泽库县的藏汉双语教学状况进行深入考察。目前,合格双语教学师资短缺、双语教材滞后、双语教学经费投入不足等因素严重制约着双语教学的成效,其中双语教师的教学能力最为关键。

② 〔美〕伯尔曼:《法律与宗教》,梁治平译,商务印书馆2012年版,第36页。

是人民当家作主的生动实践和必由之路,要充分发挥协商民主在全过程人民民主中具有的独特功能和制度优势,全面发展协商民主,以协商民主助推基层社会治理效能提升。习近平指出:"涉及人民群众利益的大量决策和工作,主要发生在基层。要按照协商于民、协商为民的要求,大力发展基层协商民主,重点在基层群众中开展协商。凡是涉及群众切身利益的决策都要充分听取群众意见,通过各种方式、在各个层级、各个方面同群众进行协商。"①《民族区域自治法》规定,自治机关在处理经济社会发展重大问题和涉及本地方各民族群众切身利益问题时,必须与他们的代表充分协商。但并未具体规定参与主体、遵循步骤、协商方式和决议依据等,亟待完善,要着力制度化民主协商,拓展群众性自主协商。民族自治地方完善自治机关协商民主决策机制,关键在于创新基层协商载体,建立健全能够保证不同民族群体公民参与决策的制度平台,保证民众的知情权、参与权、表达权、监督权落实到公共治理各方面各环节全过程,确保人民意愿的充分表达,党和国家在决策、执行和监督落实的各个环节都能听到来自基层的声音。要完善人大的民主民意表达平台和载体,健全吸纳民意、汇集民智的工作机制,推进人大协商、立法协商,把各方面社情民意统一于最广大人民根本利益之中,通过建立公开透明、平等参与、民主协商的政治整合机制,体现程序正义。

"我要说,使人人都参加政府的管理工作,则是我们可以使人人都能关心自己祖国命运的最强有力手段,甚至可以说是唯一的手段。在我们这个时代,我觉得公民精神是与政治权利的行使不可分的。"②坚持党的领导,发展全过程人民民主,在重大决策前和决策过程中进行充分协商,既能把各方智慧和力量凝聚到发展上来,也能厚植党的领导的民意基础。2021年3月,十三届全国人大四次会议通过修改后的《全国人民代表大会组织法》,明确规定:"全国人民代表大会由民主选举产生,对人民负责,受人民监督。全国人民代表大会及其常务委员会坚持全过程民主,始终同

---

① 习近平:《推进协商民主广泛多层制度化发展》(2014年9月21日),载《习近平谈治国理政》(第二卷),外文出版社2017年版,第297页。
② 〔美〕托克维尔:《论美国的民主》(上卷),董果良译,商务印书馆2009年版,第296—297页。

人民保持密切联系,倾听人民的意见和建议,体现人民意志,保障人民权益",并对全国人大代表充分发挥在全过程人民民主中的作用提出要求。2022年3月,《中华人民共和国地方各级人民代表大会和地方各级人民政府组织法》第六次修正,第4条规定:"地方各级人民代表大会、县级以上的地方各级人民代表大会常务委员会和地方各级人民政府坚持以人民为中心,坚持和发展全过程人民民主,始终同人民保持密切联系,倾听人民的意见和建议,为人民服务,对人民负责,受人民监督。"第43条规定:"地方各级人民代表大会代表应当与原选区选民或者原选举单位和人民群众保持密切联系,听取和反映他们的意见和要求,充分发挥在发展全过程人民民主中的作用。"因此,要不断拓展落实人民意愿的有效实现途径,全面提升人大、政协工作质量和水平,尤其要充分发挥各级人大、政协相关专门委员会作用,推进协商工作机制常态化、制度化和规范化,大事小事协商解决,以协商民主精神赋能基层治理,在回应百姓期盼中,灵活搭建平台,协调多方利益,满足大多数人诉求,通过对话、协商与妥协减少分歧,增进共识,实现民事民议、民事民决、民事民办,聚力问题在协商中解决、矛盾在协商中化解、人心在协商中凝聚,有事好商量,商量成好事。特别是,"社区工作连着千家万户,要充分发挥社区基层党组织的战斗堡垒作用,把工作重心下沉,紧贴各族居民所思所想所盼,帮助大家办好事、办实事、解难题,促进各族群众手足相亲、守望相助,共建美好家园、共创美好未来"①。

第五,坚决维护国家主权、安全、发展利益,防范民族领域重大风险隐患,汇聚共圆中华民族伟大复兴梦想的磅礴力量。国家凝聚力与共识的基础必须教育传承,也要因应时代更新。文化认同是民族团结的根脉,要加强和改善意识形态工作,做好新形势下的舆论引导,守住意识形态阵地,积极稳妥处理涉民族因素的意识形态问题,持续肃清民族分裂、宗教极端思想流毒,有效抵御各种极端、分裂思想的渗透颠覆。尊重舆论,引导舆情,借力新媒体,坚守教育、文化、宣传等主战场,严格移动互联网应

---

① 《完整准确贯彻新时代党的治疆方略 建设团结和谐繁荣富裕文明进步安居乐业生态良好的美好新疆》,载《人民日报》2022年7月16日。

用程序（APP）信息服务审查、监管，牢牢掌握主导权，创新理论宣讲，用鲜活的语言、以符合现代传播规律的方式，向国际国内大力宣传中国特色解决民族问题的正确道路、党的民族理论和民族政策、党关于加强和改进民族工作的重要思想、民族区域法律法规，及其与时俱进的创新、发展和完善，宣传多民族统一中国的历史形成、各民族同胞的守望相助以及民族地区的经济社会发展；宣传、普及中华民族共同体意识，推动各民族坚定对伟大祖国、中华民族、中华文化、中国共产党、中国特色社会主义的高度认同；深入实施文明创建、公民道德建设、时代新人培育等工程，引导各族群众在思想观念、精神情趣、生活方式上向现代化迈进。要紧跟时代步伐，增强工作的主动性、预见性、创造性，准确把握民族工作面对的时代课题，特别是针对民族事务和民族工作领域的热点问题，敢于发声、及时发声、善于发声、正确发声，阐明其事理、法理、情理，这既是信息公开、析疑解惑，也是法制宣传、普法教育，只有善恶必分、惩恶扬善，才能传播民族团结正能量，形成社会凝聚力、向心力，从而以向善和正义的力量引领国家认同、政治认同、民族和睦、社会和谐，共聚中国力量，共铸中国精神，同力构筑中华各民族共有精神家园，铸牢中华民族共同体意识，构建起维护国家统一和民族团结的坚固思想长城。

•区域创新•

云贵川协同立法保护赤水河[①]

2021年5月28日,云南省十三届人大常委会第二十四次会议表决通过《云南省赤水河流域保护条例》《云南省人民代表大会常务委员会关于加强赤水河流域共同保护的决定》。这次立法为云南、贵州、四川三省共同立法,以"条例+共同决定"的开创性地方立法形式,为赤水河流域保护治理提供有力法治保障。条例和共同决定2021年7月1日起正式施行。

协同立法站在人与自然和谐共生的高度来谋划经济社会发展,建立健全保护生态环境就是保护生产力、改善生态环境就是发展生产力的利益导向机制,倒逼和引导形成绿色发展方式、生产方式和生活方式,推动实现从"要我保护"到"我要保护"的转变,为保护赤水河流域独特的自然、生态和人文环境,加强赤水河流域综合治理、系统治理、源头治理提供了法治保障。特别是"条例+共同决定"的立法原则、程序、实现路径和相关机制,兼顾流域生态环境保护和治理方式的共性与个性,既强化流域共治,又体现各自特色,为立法保障跨区域联合保护生态环境开辟了新的路径。

三省协同立法保护赤水河,既是上下游联动、共治共享的需要,也是跨区域协作、创新地方立法的探索实践。2020年以来,云南、贵州、四川三省积极推动条例和共同决定的起草制定工作。三省各自通过的保护条例结构内容大体一致,但各有特点,在体现共性立法需求的同时,反映了三省各自保护治理实际和个性化立法需求,主要解决本省行政区域内如何保护的问题。共同决定则重点聚焦三省如何协调配合、联防联控、共同保护治理,经三省共同协商形成共同文本。协同立法着力地方立法的形

[①] 参见瞿姝宁:《云贵川三省共同立法"条例+共同决定"保护赤水河》,http://dehong.yunnan.cn/system/2021/05/31/031485375.shtml,2021年7月5日访问;张天培:《推动省际跨区域生态环境保护共同治理》,载《人民日报》2021年7月29日。

式、内容衔接、工作机制创新,特别是三省共同决定"同一文本,同时审议,同时公布,同时实施",实现了区域立法从"联动"到"共立"的跃升。

云南省通过的条例共9章68条,由总则、规划与管控、资源与生态环境保护、水污染防治、绿色发展、文化保护与传承、区域协作、法律责任和附则组成。条例对照长江保护法等法律法规和国家有关长江流域保护、赤水河流域保护的重大决策措施,进一步明确了云南省各级各地及相关部门应当履行的职责,对各类禁止行为作出了规范。同时,条例还对流域生态环境保护治理修复、优化流域产业结构和产业布局、建立健全生态保护补偿制度等作出规定。

统一规划标准,统筹协同保护。共同决定明确:云南、贵州、四川三省全面开展立法、行政执法、司法、普法、监督和规划、防治等领域的协同配合,确保赤水河流域水资源有效保护和合理利用、水环境质量明显改善、水生态功能显著提升,全面协同推进赤水河流域经济社会绿色低碳循环发展。其中,对"五统一""两机制"专门作出规范,"五统一"即三省对赤水河流域保护实行统一规划、统一标准、统一监测、统一责任、统一防治措施;"两机制"即三省共同建立赤水河流域联席会议协调机制,完善多元化生态保护补偿机制。

赤水河是长江流域的重要支流,保护赤水河就是保护长江。三省协同立法突出水资源、水环境、水生态合作治理,将更好贯彻落实长江保护法,细化衔接长江保护法有关规定。共同决定还对三省协同推进绿色发展、调整产业结构、山水林田湖草系统治理修复、开展红色文化资源保护利用、有关国家机关及其工作人员在赤水河流域保护工作中失职渎职行为处理等作出规范。

三省聚焦上下游、左右岸、干支流之间产业布局、发展需求、环境准入、污水排放标准、环境监管执法等不一致带来的难点焦点问题,着力于跨行政区域的协调配合,以系统性思维和法治观念完善三省协同保护机制,形成上下游联动、干支流统筹、左右岸合力,推动省际跨区域生态环境保护共同治理,构建赤水河流域共抓大保护新格局。

京津冀诞生首部区域协同立法[①]

2020年1月18日,天津市十七届人大三次会议表决通过《天津市机动车和非道路移动机械排放污染防治条例》。此前,同一条例的河北版、北京版分别于1月11日、17日在两省市人代会上通过。至此,同一文本三家相继通过,5月1日起同步施行,京津冀诞生首部区域协同立法,推进京津冀协同发展。这也是我国第一部区域协同统一对有关污染防治作出全面规定的区域性立法,为全国省级层面区域协同立法提供了制度范本。

2014年2月,京津冀协同发展上升为重大国家战略后,立法如何护航协同发展成为三省市人大工作聚焦的重点。在河北省人大常委会倡议下,京津冀协同立法开启帷幕。随后,三地人大常委会加强顶层设计,探索建立了联席会议、协商沟通、立法规划协同等一系列协同立法机制,并且确定将大气污染防治作为协同立法的突破口。

数据显示,京津冀三地机动车保有量近3000万辆,其中河北省保有量1687.6万辆,境内每年在途重型柴油货车约1.3亿辆次,占污染源比例15%至32%。但机动车的流动性及属地化管理给三地联防联治车辆污染排放带来困难。协同出题目,立法做文章。2019年,机动车和非道路移动机械排放污染防治条例成为京津冀重点协同立法项目,三地积极探索协同起草、同步审议,最大程度推进立法内容和文本协同。

求同存异是关键。立法过程中三省市坚持互利共赢,先后召开了11次会议,反复就相关问题进行协商。经过共同努力,最终在条例题目、框架结构、监管措施、行政处罚、出台时间等方面达成一致,京津冀协同立法取得重大成果。条例专章就京津冀联防联控联治作出规定,明确三地将

[①] 参见周洁:《京津冀诞生首部区域协同立法》,载《河北日报》2020年1月19日;周宵鹏:《京津冀打造地方协同立法新样本》,载《法制日报》2020年3月22日。

建立机动车和非道路移动机械排放污染联合防治协调机制，通过区域会商、信息共享、联合执法、重污染天气应对、科研合作等方式开展联合防治。

条例还就三地共建信息共享、抽检抽查、登记管理等机制作出详细规定。通过建立京津冀排放超标车辆信息平台，将执行标准、排放检测、违法情况等信息共享，可实现对排放超标车辆协同监管；建立新车抽检抽查机制后，三地可协同对新车污染物排放情况进行监督检查，进一步加强源头防控；通过建立登记管理系统，可以摸清铲车、叉车等非道路移动机械底数，加强监督管理。条例将三省市大气污染联防联治纳入法治化轨道，为执法部门破解监管难等问题提供了法律保障。

后　记

"世间数百年旧家无非积德，天下第一件好事还是读书。"对理论工作者来说，学习是生命的本能，阅读是生活的习惯，表达是情感的抒发，思考是思想的遨游，写作是领悟的记录，研究是智慧的沉淀。

记得20世纪80年代上大学时，可看的世界学术名著还不是很多，但《共产党宣言》《资本论》《社会契约论》等是专业必读书目。"我学的专业本来是法律，但我只是把它排在哲学和历史之次当做辅助学科来研究。"① 伟大思想家马克思的教导，激发我以跨学科的思维思考法律、感悟法治。"生为一个自由国家的公民并且是主权者的一个成员，不管我的呼声在公共事务中的影响是多么微弱，但是对公共事务的投票权就足以使我有义务去研究它们。我每次对各种政府进行思索时，总会十分欣幸地在我的探索之中发现有新的理由来热爱我国的政府！"② 18世纪启蒙思想家、法国大革命的先驱卢梭的这段名言，使我深受启发、教育。

向学求道，久久为功；阅读是美好的修行，阅读才能深度思考。政治哲学家亚里士多德曾言："一个人无论是在年纪上年轻还是在道德上稚嫩，都不适合学习政治学。"③ 面对人类法治文明的历史长河，在浩瀚博大的法律思想和文化积累与存在面前，研习法理、参悟法治，需要丰富的知

---

① 马克思：《〈政治经济学批判〉序言》，载《马克思恩格斯选集》（第二卷），人民出版社2012年版，第1页。
② 〔法〕卢梭：《社会契约论》，何兆武译，商务印书馆2009年版，第3—4页。
③ 〔古希腊〕亚里士多德：《尼各马可伦理学》，廖申白译注，商务印书馆2003年版，第6页。古时知识分工还未细化，亚氏所讲的政治学涵盖法学等学科；"既然政治学使其他科学为自己服务，既然政治学制定着人们该做什么和不该做什么的法律，它的目的就包含着其他学科的目的。"（同前，第4页）

识积淀,也需要生活实践的经验积累,更要关注关怀国家法治的进步与脉动。本书是我负责承担的国家社会科学基金重点项目结题成果的主体部分。2007年6月,离开学习、工作20多年的武汉市,我来到鄂西地区的恩施市,任职湖北民族学院院长①。从此,让我有机缘在办学治校治学之余,能够"零距离"观察中国区域法治与地方治理,特别是县域治理、基层社会治理的真实样态,目睹中西部欠发达地区山乡的10年巨变,见证法治中国新高度。同时,我入乡随俗,深刻认识到独特的地域环境、特殊的内陆区位、多元的民族构成、多样的民族文化等,是区域法治、基层社会治理的客观基础,也是学术观察考量的基本因素。基于长期调研和认真思考,2014年6月,我以"法治中国建设与民族区域自治"为题申报国家社会科学基金重点项目,并成功立项。

2016年6月,我离开湖北民族学院,到湖北省委党校(湖北省行政学院)任职;短暂停留后,同年8月,离开湖北来到北京,任中央党校报刊社总编辑,宣传报道党的十八届六中全会精神、参与编辑《习近平的七年知青岁月》系列采访实录(19篇)连载首发、推动《学习时报》改版扩版……同时,根据自己的学术兴趣和研究基础,在政治和法律教研部招收法学理论专业区域法治方向博士研究生,并为法学专业博士研究生开设"全面依法治国的理论前沿问题·区域法治"专题讲座,与学生的交流互动,拓展了学术思维,激发学术灵感,助力课题研究。2019年1月至2020年1月,我任职于图书馆、图书和文化馆,每日沉浸在书海,与书刊为伴,与文化相随,静心感悟"读书志在圣贤,非徒科第;为官心存君国,岂计身家"的思想真谛,重温经典,跨越时空,问道领袖,对话先贤,修心养性,反思反省,品味人生,心无杂念,怡然自得,成为生命中最美好的回忆。

从山区到都市,从高校到党校,从基层到中心,从省城到首都,新环境、新岗位、新要求、新挑战,开阔了视野,提升了站位。为了不影响新的工作,并确保项目研究的高质量,我及时调整了项目研究进度,在项目组

---

① 2018年,湖北民族学院更名为湖北民族大学。湖北民族大学位于曾是国家集中连片特贫地区——武陵山片区腹地、鄂渝湘黔四省市交界的恩施土家族苗族自治州恩施市,许多人曾误以为该大学在省会城市武汉。恩施州,当地人俗称"湖北的青藏高原"。

成员潘红祥、冉艳辉、李奇峰、魏红英、刘木球的共同努力下,于2019年11月提交了结题成果;2020年4月,经专家鉴定、全国哲学社会科学工作办公室审核结项,鉴定等级优秀(证书号:20202091)。

"未经省察的人生没有价值",这是古希腊著名哲学家苏格拉底站在法庭审判席上申辩时的临终遗言。20世纪80年代初,我离开湖南山区老家到湖北武汉求学,大学毕业后在武汉工作生活20年,在恩施的工作生活也近10年。从农村到城市,从城市到山区,在学习中成长,在思考中成熟,在奋进中奉献,在淬炼中提升。无悔10年,用青春诠释奉献的意义与价值,人生更加丰满,生命更加精彩。承蒙组织关心、关怀,于知天命之年来到北京,任职任教中央党校,这是我人生的荣幸、生命的荣光。

红色学府处处有魂。中央党校是信仰高地、传播马克思主义的圣地、中国共产党人的精神家园,1933年跟随党从江西瑞金一路走来,筚路蓝缕,红色资源丰富,红色文化底蕴深厚。校史馆一件件革命文物、珍贵图片,珍藏着厚重的红色记忆;掠燕湖上一百年前浙江嘉兴南湖红船的历史场景,见证红色历史的开篇;校园里一处处红色打卡点,都是坚定理想信念、加强党性教育的生动教材:一张照片就是一段历史、一个故事,一座雕像就是一座丰碑、一盏灯塔,一组雕塑就是一群英模、一种力量,一副对联就是一道指引、一条告诫……

譬如,革命导师马克思、恩格斯,老校长毛泽东,总设计师邓小平,县委书记的榜样焦裕禄、谷文昌等——竖立在北校区中轴线和东西两侧的一座座雕像,不仅仅是雕塑,更是精神,是历史的永恒;上善若水、厚德载物,高山仰止、德建名立等悬挂于古楼亭上的一幅幅匾额,不仅仅是牌匾,更是文化,是艺术;多姿多彩、错落有致,静静挺拔在校园道旁的一排排大树,不仅仅是绿化,更是理念,是生态;彰显最高红色学府文化积蕴,镌刻在校园中心照壁上的"实事求是"校训和中国共产党人一以贯之的精神道统"为人民服务",不仅仅是准则,更是宗旨,是永远的追求……每日漫步在校园里,行走在教学楼中,身临其境,沉浸其间,踱方步、冷思考,体悟文化之味、党性之魂、绿色之气,净化心灵,陶冶情操,提升境界,锤炼党性心性。正所谓——

> 大有四季,季季有景;红色学府,处处养魂;
> 诗意栖居,美美与共;踱步校园,日日三省。①

最后需要说明的是,为便于普通(非专业)读者阅读,本书出版时对项目成果进行了一些章节删减(三分之一项目鉴定成果)。2020年1月,任职全国党校(行政学院)教师进修学院后,工作任务非常繁重,只能利用工作之余修改、完善,影响了出版的进度。书中大部分内容近年来已在《人民日报》《光明日报》《学习时报》《新华文摘》《中共中央党校学报》《法学评论》等报刊发表,并曾应邀在有关学术会议上交流,有的还在不同类型的干部培训班次中讲授、讨论。

从严格意义上说,这是一个集体作品,除上述课题组同仁外,中央党校(国家行政学院)图书和文化馆的杜敏、李丹等同志为文献查询、借阅提供了最大便利,即使在新冠肺炎疫情期间也给予特别帮助;我指导的博士研究生石峰、李响、苗丝雨同学,做了部分书稿的文字校对,在此一并表达感谢!还要特别鸣谢北京大学出版社的杨立范编审、王业龙主任、李小舟编辑,在本书的统筹出版、编辑加工的过程中,我们进行了很好的合作。

作为理论研究成果,受本人见识、阅历和智慧的限制,加之写作时间的跨度,书中谬误之处在所难免,敬请读者批评、指正,任何指教和建议都会悉心听取!

戴小明

2021年10月6日,国庆假期于北京海淀大有庄寓所

---

① 习近平:"安排领导干部到党校学习,就是为大家在工作'热运行'中提供一个'冷思考'的宝贵时机,创造一个能静下心来'踱方步'的宝贵时机,使大家有时间来回顾和总结自己以往的工作与生活,从中汲取经验与教训,坚持真理、修正错误,使自己的认识和工作立于新的起点,以利实现新的提高。"[《谈谈党校学员的学习》(在中央党校二〇一二年秋季学期开学典礼上的讲话,2012.9.1),载《习近平党校十九讲》,中共中央党校出版社2015年版,第287页]曾子曰:"吾日三省吾身——为人谋而不忠乎?与朋友交而不信乎?传不习乎?"(《论语·学而》)

增订版补记

相由心生，静由心造；言表善恶，文如其人；书香修心，阅读致远；人生是不断学习的旅程，与智者同行，与大师为伴，读书是最平等的思想交流，阅读是最经济、最方便的学习，也是最低门槛的高贵；阅读开阔眼界，奠基不一样的人生，优秀的大脑来自持续学习力，子曰："学而不思则罔，思而不学则殆。"(《论语·为政》)人的思考必须通过表达来完成，生命之道、生活之道，即是思想之道、理论之道，孕育于生命成长里，完善于生活积累中，所有精品力作都是思想和时光打磨的结晶。"一切文明时代的人类思想都是向前发展的，即使是最有益和最重要的著作，经过一个时期，也会由于后来的发现而减少其价值。因此，有识之士总希望时常有这类新书问世，把从前同该问题有关的书籍编纂时尚未认识到的一些改进包括进去。"①

法存于自然，法因国而兴，法为民而贵；国有法能昌，法败则国乱；时代在变，法的形式在变，但法的真谛永远不变。《法理·法意·法治——法治中国建设与区域法治研究》，遵循人类公共生活治道演进，致力探究法理、体悟法治，找寻法治理想与现实道路；赓续文化根脉、厚植法治信仰；感悟自然之理、涵养德性生活。初版印行以来，获得读者肯定，网络平台热销，当当、京东等信息反馈，连续多月位列法律（理论法学）新书热卖榜、图书畅销榜，2022年8月基本售罄；许多朋友、学界同道、党校学员，主动联络，交流心得，肯定鼓励，讨论异见，指正错误，不时推介，十分感

---

① 〔英〕威廉·葛德文：《政治正义论》（第一卷），何慕李译，商务印书馆1980年版，第1页。

动,也激励良多,让我不断地思索、深入思考。同时,心中忐忑,进一步倒逼我反思缺陷、省思谬误,读原著,重温马克思主义理论经典、中外政治法律原典,跨越时空、对话圣贤,聆听教诲、修身养性,努力在躬身实践中,深刻领悟古圣先贤的经典著述,参悟古今思想智慧,深刻感知法于生命质量、高品质生活的特殊意义,感受法治温馨与美好。

在与出版社沟通商议后,立即启动书稿增订,工作日忙碌,难得有完整的时间,周末假日不休,广泛听取、有效吸纳各方特别是治理一线领导干部高见,优化论述、精准阐释,深化观点、补正史料,引经据典,"述而不作",遵循"凡读古书,须明古人词例,不可以后世文义求之也"[①]。同时,补充最新典型案例,恢复了原课题成果中部分删减的引注;微调结构,添加代序"中国特色社会主义法治话语的重要创新",增加第五章"时空逻辑的法理和法治";复原课题成果中删减的部分文字,结构与内容更加完善。全书在科学理论指导下立足和观照中国法治实践,用中国理论回答法治现代化的"中国之问",在法治理想中关注现实,在法治现实中追求理想,在坚守启蒙价值中相信人类理性,在"中国之治"与"西方之乱"的比较中,坚定制度自信,着力展现法的真意、法律的意旨,更好贴近法治中国演进的时代脉搏,展示区域法治呈现的多样性形态,关注基层治理效能的具体表现,更好体现政理与学理、理想与现实、宏观与微观、理论与案例,以及制度分析与人文关怀的结合,更好兼顾专业性与通俗性、学术性与可读性,更好适宜非法律专业人士,尤其是治国理政前沿的党政干部和其他公共治理领域的管理者阅读,满足广大领导干部深入学法之需,深入浅出,立体丰满。当然,增订并非本质的改动,与原版的基本精神不相矛盾,只是进一步厚实了理论含量,提升了学术品位。增订后,文字篇幅也有较大增加,数据、文献资料截至2023年1月。

"吾生也有涯,而知也无涯。以有涯随无涯,殆已。"(《庄子·养生主》)法在生命里,法在生活中;生活是法律之源,法律的生命在于经验。

[①] 余嘉锡笺疏:《世说新语笺疏》,中华书局2011年版,第442页。

不知不觉间,新冠肺炎疫情时逾3年,肇始于2020年年初、肆虐全球的世纪疫情跌宕反复,病毒不断变异冲击,面对大自然所施加的疫情大流行阴霾,生活如常、恢复活力、自由与舒畅实乃不易,危害人类健康的瘟疫又一次把全人类命运绑在一起,人类也应停下脚步,"歇歇脚"反躬自省,天地间生命个体的渺小,国家存在的意义和价值。"致中和,天地位焉,万物育焉。"(《礼记·中庸》)抗疫的力量是每一点平凡的汇聚,在周而复始的破防、暴发、封控、流调和清零中,几乎所有人都曾遭遇"封控"的体验,世间百态、人情冷暖、治理样式,真实可感;疫情防控最前线,默默付出、无私奉献的一批批无名英雄,承受着巨大的风险和压力,向死而前冲在第一线,他们中的广大医务人员、基层工作者、社区志愿者、外卖骑手、爱心车队司机……驰援逆行者一张张无法看清容颜的脸,以及社区封控小区、楼栋里底层普通民众的一个个感人故事和暖心场景,充分折射出在大疫大灾危难时刻的人性光辉,让人终生难忘、永远铭记。

"大疫3年",全球天天报道,坚持就是胜利,世纪疫情不仅触及每一个生命个体,对世界格局也产生重大影响,深刻改写了人类历史,重塑人类文明史,人们亲眼见证了历史;疫情防控也再次证明,没有人是一座孤岛,筑牢人民与政府互信的深厚基础,激发民间守望相助、邻里互助的仁爱精神,人民对党和政府及彼此之间的高度信任,是战胜一切危机的力量源泉、不二法宝。疫情磨砺人性,消磨人的意志,考验人性的真善美;面对磨炼和挑战,民众总是展现出超常的从容和乐观。"会桃花之芳园,序天伦之乐事",万事不如居家好,偶遇"封控",适度"静默",生命个体可以停下脚步,享受与自己相处的时光,也是难得的相互陪伴、读书学习、静思参悟、观察反思的非一般机会。

生命如花,感恩是生命强大的源泉活水。"达生之情者,不务生之所无以为;达命之情者,不务知之所无奈何。"(《庄子·达生》)天有道,人有德,生活有不可违背的规律及常识;道是准则,德是修养,万物由道而生,却要由德滋养;"天道无亲,常与善人"(《道德经·第七十九章》);循道制规,崇德尚义,善治之要;"修道而不贰,则天不能祸"(《荀子·天论》);太阳的存在是温暖,温暖宇宙,温暖万物;人生的真谛去芜存菁,活着的意义是奉献,奉献家庭,奉献社会;"你未必光芒万丈,但一定温暖有光"。翻译家杨绛先生在《一百岁感言》中曾明言:"我们曾如此渴望命运的波澜,到最后才发现:人生最曼妙的风景,竟是内心的淡定与从容……我们曾如此期盼外界的认可,到最后才知道:世界是自己的,与他人毫无关系。"人生最美是小满,起起落落是常情,关键是在正确时段,努力做好自己该做的事,守本分、尽责任,挑战激发潜能,奋斗的足迹最值得欣赏;家贫志不移,贪读如饥渴。迈入不惑之年后,非常有幸摆脱了物质困扰的忧惑,衣食无忧、自知自足;回眸人生、静思往事,至诚至善、好学深思,用心体验人世间的美好,寻觅生活的趣味,享受生命过往的每一个"现场",品味年少时在苦难中学习和成长,坚守初心,保养善心,不为名利所累,没有了纷扰的杂念;以大眼界养大格局、以真本性过小日子,"结庐在人境,而无车马喧";心存善念、以善养心,抱朴守真、虚极静笃,乐天知命、灵魂安静,工作之余,时常越洋与孙辈视频,享受天伦之乐;用心若镜,与物为春,每日阅读,间或写作,关注社会,参政议政,以学咨政,记录时代,浸润其中,其乐无穷。

"人生犹似西山日,富贵终如草上霜。"人生无常,生活难得十全十美,淡然面对生活的起伏,心安便是归处;人的一生犹如一条没有尽头的江河,不可预设,风雨相随,可能无限,行则将至,但不是所有合理的和美好的都能按照自己的愿望存在或者实现。"道生之,德畜之,物形之,势成之。"(《道德经·第五十一章》)狂人李白,才华横溢,年少天才,抱负远大,一生以大鹏自比,20岁漫游蜀中即作《上李邕》:

> 大鹏一日同风起,扶摇直上九万里。
> 假令风歇时下来,犹能簸却沧溟水。
> 世人见我恒殊调,闻余大言皆冷笑。
> 宣父犹能畏后生,丈夫未可轻年少。

然无人赏识,才不得用,从未真正踏足朝堂,没有一天实现过自己的理想,可就成了诗仙;本该拥有美满幸福人生,偏偏岁月蹉跎,一生波澜起伏。

人生坎坷、仕途不顺的李白，看透世间荣华的虚幻，哀而不伤，怨而不诽，飘逸潇洒、随性而为，将人生、情感、雄心，愁苦、豪迈、自在，化为不朽诗篇流传千古，深深感动一代又一代后世的人们。当白居易站在李白墓前，感慨万千，挥手写下《李白墓》：

> 采石江边李白坟，绕田无限草连云。
> 可怜荒垄穷泉骨，曾有惊天动地文。
> 但是诗人多薄命，就中沦落不过君。

心若阳光，花自盛开；人若从容，万事不惧；慎终如始，则无败事。过往的挫折、辛酸苦楚，是生活的底色，"不同寻常的经历"抑或磨难，都是宝贵的财富；小时候，没觉悟，唯有哭是解决问题的绝招；长大后，明白了，笑是我们面对现实的武器。"人生天地之间，若白驹之过郤，忽然而已。"(《庄子·知北游》)时光荏苒，岁月如梭，青春无悔，步履不停，如切如磋，如琢如磨；华丽的跌倒，是生命成长的体验，胜过无谓的徘徊；栉风沐雨，生命在风雨中成长，只有经历磨砺，在岁月流转中不断蝶变，才会丰盈坚强。热爱生活，不仅仅是一种态度，一种境界，更是一种能力，这是对生活鞭辟入里的感悟。凡心所向，素履以往；生如逆旅，一苇以航；简朴的生活、高贵的灵魂，是人生的至高境界。最后，借用美国当代著名哲学家罗伯特·诺齐克的人生省察聊作结语：我不会像苏格拉底那样说，未经反省的人生不值得过——那是没有必要的严苛；但当我们的生命由自己深思熟虑的思考所指引，它便不是别人的，而是当下我们活着的自己的生命；就此而言，未经省察的人生，是不完整的人生。

增订版与北京大学出版社的再次合作，进一步深度体验了"学术的尊严，精神的魅力"，感谢李小舟编辑认真的工作态度、严谨的敬业精神。感谢2022级博士研究生王柯清同学，帮助完成了增订版的全部文字校对。

戴小明

2023年·新年元旦假期

于北京颐和园旁大有庄·中央党校